谨以此书献给

为甘肃高速公路发展事业作出贡献的决策者、建设者、管理者

图1　G8513平凉至绵阳国家高速公路甘肃境内成县至武都高速公路府城枢纽互通式立交　（供图／甘肃省交通规划勘察设计院股份有限公司）

图2 G1816 乌海至玛沁国家高速公路甘肃境内康家崖至临夏高速公路南阳山路段　（摄影／祁伟）

图3 G22 青岛至兰州国家高速公路甘肃境内平凉市崆峒区崆峒山路段　（摄影／贺得荣）

Record of Expressway Construction in
Gansu

图4　G7011 十堰至天水国家高速公路甘肃境内成县西峡隧道　（摄影 / 蔡富选）

图5　G22 青岛至兰州国家高速公路甘肃境内平凉至定西路段　（摄影 / 刘波摄）

图6　G7011十堰至天水国家高速公路甘肃境内陇南路段　（摄影/兰文治）

图7　G22青岛至兰州国家高速公路甘肃境内平凉至定西路段　（摄影/张宾）

图8　G7011 十堰至天水国家高速公路甘肃境内天水铁堂峡路段　（摄影／蔡富选）

图9　G7011 十堰至天水国家高速公路甘肃礼县大堡子段　（摄影／兰文治）

图10 G30 连云港至霍尔果斯国家高速公路甘肃境内武威路段 （摄影／蔡富选）

图11 G3017 连云港至霍尔果斯国家高速公路甘肃境内武威路段 （摄影／蔡富选）

Record of Expressway Construction in
Gansu

图12　G6 北京至拉萨国家高速公路甘肃境内白（银）兰（州）高速公路忠和路段　（摄影／蔡富选）

图13　G30 连云港至霍尔果斯国家高速公路甘肃境内天水市东岔路段　（摄影／祁伟）

图14 G6 北京至拉萨国家高速公路甘肃境内新田黄河大桥路段　（摄影／赵志礼）

图15 G22 青岛至兰州国家高速公路甘肃境内平凉市崆峒区崆峒山后山高速公路一段　（摄影／刘波摄）

图16　G22青岛至兰州国家高速公路甘肃境内平凉至定西高速公路定西十八里铺互通式立交　（摄影 / 蔡富选）

图17　G22青岛至兰州国家高速公路甘肃境内庆阳市庆城县董志塬路段　（摄影 / 贺得荣）

图18 G30 连云港至霍尔果斯国家高速公路甘肃境内定西岘口至柳沟河路段 （摄影／蔡富选）

图19 G30 连云港至霍尔果斯国家高速公路甘肃境内天（水）定（西）高速公路广武隧道东出口路段 （摄影／蔡富选）

图20　G30 连云港至霍尔果斯国家高速公路甘肃境内陇西西出口立交　（摄影 / 蔡富选）

图21　G30 连云港至霍尔果斯国家高速公路甘肃境内永昌至山丹路段　（摄影 / 祁伟）

图22　G30 连云港至霍尔果斯国家高速公路甘肃境内天水市党川路段　（摄影 / 蔡富选）

图23　G30 连云港至霍尔果斯国家高速公路甘肃境内天水市麦积区甘泉环行路段　（摄影 / 刘波）

图24　G30 连云港至霍尔果斯国家高速公路甘肃境内张掖市山丹段高速公路通过明长城路段之一　（摄影／甘肃省交通运输厅工会）

图25　G30 连云港至霍尔果斯国家高速公路甘肃境内张掖市山丹段高速公路通过明长城路段之二　（摄影／甘肃省交通运输厅工会）

甘肃
高速公路建设实录

图26　G30 连云港至霍尔果斯国家高速公路甘肃境内张掖市山丹至临泽高速公路新墩互通式立交　（供图 / 甘肃省公路学会）

图27　G70 福州至银川国家高速公路甘肃境内甘（肃）宁（夏）交界处高速公路一段　（摄影 / 蔡富选）

图28　G70 福州至银川国家高速公路甘肃境内庆阳市长庆桥路段　（摄影 / 蔡富选）

图29　G70 福州至银川国家高速公路甘肃境内甘（肃）宁（夏）交界处胭脂峡路段　（摄影／蔡富选）

图30　G75 兰州至海口国家高速公路甘肃境内兰州至临洮高速公路太石、刃家崖互通立交　（供图／赵志礼）

Record of Expressway Construction in
Gansu

图32　G22 青岛至兰州国家高速公路甘肃境内雷家角至西峰高速公路西峡服务区互通立交路段　（摄影／兰文治）

图33　G75 兰州至海口国家高速公路甘肃境内武（都）罐（子沟）高速公路洛塘河双层高速公路一段　（摄影／蔡富选）

图34　G75 兰州至海口国家高速公路甘肃境内武都市黄家坝高速公路互通式立交路段　（供图 / 甘肃省陇南公路管理局）

图35 G75 兰州至海口国家高速公路甘肃境内武都市区高架桥路段 （供图／甘肃省陇南公路管理局）

图36 G75 兰州至海口国家高速公路甘肃境内武都至罐子沟桔柑高架桥路段 （供图／甘肃省陇南公路管理局）

图37 G1816乌海至玛沁国家高速公路甘肃境内康家崖至临夏高速公路一段 （供图/甘肃省交通运输厅工会）

图38 G1816乌海至玛沁国家高速公路甘肃境内临夏至合作高速公路王格尔塘互通式立交 （摄影/后志良）

甘肃
高速公路建设实录

图39　G2012 定边至武威国家高速公路甘肃境内营（盘水）双（塔）高速公路景泰路段
（摄影 / 刘波）

图40　G6 北京至拉萨国家高速公路甘肃境内兰州至海石湾高速公路吴家川立交　（摄影 / 赵志礼）

图41　G7011 十堰至天水国家高速公路甘肃境内天水市天水镇立交路段　（摄影 / 蔡富选）

图42　G7011 十堰至天水国家高速公路甘肃境内杜公隧道出入口　（摄影 / 兰文治）

图43　G8513 平凉至绵阳国家高速公路甘肃境内陇南市康县望关高速公路一段　（摄影 / 贺得荣）

图44 G7011 十堰至天水国家高速公路甘肃境内天水皂角互通式立交 （摄影/蔡富选）

图45　S17 阿拉善右旗（内蒙）至永昌（甘肃）高速公路金昌市下四分路段　（摄影／贺得荣）

图46　G3011 柳园至格尔木国家高速公路甘肃境内瓜州至敦煌高速公路双塔路段　（摄影／蔡富选）

甘肃
高速公路建设实录

图47　1994年6月，天水至北道高速公路通过甘肃省交通厅专家组工程技术人员的竣工验收　（摄影/蔡富选）

图48　2006年6月，G30连云港至霍尔果斯国家高速公路宝鸡（陕西）至天水高速路甘肃境内牛背里隧道施工场景　（摄影/蔡富选）

图49　2007年8月，由中铁十二局承建的G30连云港至霍尔果斯国家高速公路宝鸡（陕西）至天水高速公路甘肃境内仙人崖大桥施工场景　（摄影/蔡富选）

Record of Expressway Construction in
Gansu

图50 2009年8月,由安徽交通建设工程有限公司承建的G1816乌海至玛沁国家高速公路甘肃境内康家崖至临夏高速公路一标段施工场景 (摄影/蔡富选)

图51 2009年8月,由甘肃路桥建设集团有限公司承建的G1816乌海至玛沁国家高速公路甘肃境内康(家崖)临(夏)高速公路南阳山隧道工程施工场景 (摄影/蔡富选)

图52 2009年6月,省张掖公路分局加强高速公路养护管理,及时修复公路交通安全设施,确保公路的安全畅通。图为该局高养中心打桩机施工作业修复损坏的护栏板情景 (摄影/赵小强)

图53 2009年9月,由甘肃路桥建设集团有限公司承建的G22青岛至兰州国家高速公路甘肃境内庆(阳)平(凉)高速公路长庆桥路段施工场景 (摄影/蔡富选)

图54 2009年10月,由中铁十三局承建的G30连云港至霍尔果斯国家高速公路甘肃境内天水至定西高速公路定西北互通式立交桥路段施工场景 (摄影/蔡富选)

甘肃
高速公路建设实录

图55 2009年11月，甘肃省兰州公路总段的养护职工在中川机场高速公路进行温拌沥青路面施工场景 （供图 / 甘肃省兰州公路管理局）

图56 2012年5月，甘肃路桥建设集团有限公司施工人员在G30连云港至霍尔果斯国家高速公路甘肃境内永昌至古浪高速公路古浪段工程进行路面铺筑作业 （摄影 / 兰文治）

图57 2012年6月，G22青岛至兰州国家高速公路甘肃境内雷家角至西峰高速公路段家湾大桥箱梁吊装场景 （摄影 / 后志良）

图58 2012年9月，由甘肃路桥建设集团有限公司承建的G2012定边(陕西)至武威国家高速公路甘肃境内营盘水至双塔高速公路路面沥青下面层试验段摊铺作业场景 （供图 / 甘肃路桥建设集团有限公司）

图59 2012年10月，G3017国家高速公路金昌至武威高速公路路基工程顺利完成下穿兰新铁路顶进涵洞施工 （供图 / 甘肃省远大路业集团有限公司）

图60 2012年6月，由甘肃路桥建设集团有限公司承建的G22青岛至兰州国家高速公路甘肃境内雷家角至西峰高速公路子午岭特大桥桥面施工场景 （供图 / 甘肃路桥建设集团有限公司）

图61　G75 兰州至海口国家高速公路甘肃境内武都市区高速公路高架桥路段工程施工场景
（供图 / 甘肃省陇南公路管理局）

图62　G75 兰州至海口国家高速公路甘肃境内武都大岸庙高架桥施工路段　（供图 / 甘肃省陇南公路管理局）

图63　2011 年 6 月，甘肃省兰州公路总段在 G30 连云港至霍尔果斯国家高速公路甘肃境内柳沟河至忠和路段开展沥青路面热再生养护维修作业　（供图 / 甘肃省兰州公路管理局）

图64　2011年1月，甘肃省定西公路总段高等级公路养护管理中心在G30连云港至霍尔果斯国家高速公路甘肃境内天水至定西路段开展清除积雪工作　（摄影/付顺）

图65　2011年8月，甘肃省武威公路总段养护职工在G30国家高速公路甘肃境内武威过境段养护维修工程中首次进行"SBS改性乳化沥青微表处罩面"施工　（供图/甘肃省武威公路管理局）

图66　2011年1月，甘肃省天水公路总段高等级公路养护管理中心职工在G30连云港至霍尔果斯国家高速公路宝天高速甘肃境内天水过境段进行除雪防滑保畅工作　（摄影/王海鸿）

图67　2008年1月，甘肃省酒泉公路总段为职工在G30连云港至霍尔果斯国家高速公路甘肃境内嘉（峪关）瓜（洲）高速公路玉门段进行清雪保畅工作　（供图/高匡宇）

图68　2009年4月，甘肃省兰州公路总段的养护职工在G6北京至拉萨国家高速公路甘肃境内白银至兰州路段进行路面铣刨维修施工场景　（供图/甘肃省兰州公路管理局）

图69　2009年6月，甘肃省交通规划勘察设计院的技术人员在G22青岛至兰州国家高速公路甘肃境内雷家角至西峰路段进行勘察测量　（供图/甘肃省交通规划勘察设计院股份有限公司）

Record of Expressway Construction in
Gansu

图70　G30 连云港至霍尔果斯国家高速公路甘肃境内兰州北龙口服务区　（供图 / 赵志礼）

图71　2009 年 1 月 23 日，甘肃省交通运输厅在兰州举办庆祝《辉煌交通 30 年》春节联欢晚会。图为该场文艺晚会演出的节目——《喜瞰陇原交通新变化》　（摄影 / 蔡富选）

甘肃境内国家高速公路路线方案

路线编号及名称	甘肃境内路段起点	甘肃境内路段终点	规划里程（公里）
G6:北京—拉萨	刘寨柯(宁甘界)	海石湾(甘青界)	269
G0611:张掖—汶川	张掖	扁都口(甘青养管界)	156
	赛尔龙(青甘界)	郎木寺(甘川界)	
G7:北京—乌鲁木齐	白疙瘩(蒙甘界)	明水(甘新界)	137
G69:银川—百色	甜水堡(宁甘界)	罗儿沟圈(甘陕界)	315
G75:兰州—海口	兰州	罐子沟(甘川界)	530
G85:银川—昆明	潘城(宁甘界)	大桥村(甘陕界)	85
G8513:平凉—绵阳	平凉(四十里铺)	青龙桥(甘川界)	569
G1816:乌海—玛沁	营盘水(宁甘界)	赛尔龙(甘青界)	550
G2012:定边—武威	营盘水(宁甘界)	武威(双塔)	157
G22:青岛—兰州	雷家角(陕甘界)	沿川子(甘宁界)	543
	司桥(宁甘界)	兰州	
G30:连云港—霍尔果斯 主线	牛背(陕甘界)	星星峡(甘新界)	1550
G3001	兰州市绕城高速(内一环)		112
G3011:柳园—格尔木	柳园	当金山口(甘青养护界)	382
G3017:武威—金昌	武威	金昌	89
G70:福州—银川	凤翔路口(陕甘界)	沿川子(甘宁界)	141
G7011:十堰—天水	大石碑(陕甘界)	天水(皂郊)	189
小计	国家高速15条、约5118公里（扣除共线里程）		

省级高速公路规划路线方案

路线编号及名称	规划里程（公里）	路线编号及名称	规划里程（公里）
一、绕城环线（6条）		S11:泾源(宁夏)—华亭	28
S01:兰州市外环绕城高速	315	S12:肃北—阿克塞	55
S02:平凉市绕城高速	81	S13:中川机场联络线	17
S03:天水市绕城高速	155	S14:陇西—渭源	36
S04:武威市绕城高速	60	S16:麦积—天水	13
S05:张掖市绕城高速	58	S17:阿拉善右旗(内蒙)—永昌	105
S06:酒(泉)嘉(峪关)绕城高速	114	S18:张掖—肃南	79
二、北南纵线（6条）		S19:临夏—东乡	25
S15:吴起(陕西)—平凉	257	S22:白银—兰州新区	45
S25:静宁—天水	236	S24:兰州—永靖	48
S35:景泰—礼县	495	S26:正宁—榆林子	22
S45:碌曲—久治(青海)	135	S28:灵台—华亭	140
S55:阿拉善左旗(内蒙)—武威—西宁(青海)	300	S32:临夏—积石山	60
S65:航天城—酒泉	200	S34:临夏—循化(青海)	38
三、东西横线（2条）		S36:临洮—广河	64
S10:凤县(陕西)—合作	552	S38:夏河—王格尔塘	35
S20:两河口—郎木寺	170	S42:漳县—礼虎桥	15
四、联络线（18条）		S44:康县—望关	33
小计: 省级高速32条、约3365公里（扣除共线里程）			

甘肃省高速公路布局规划方案图

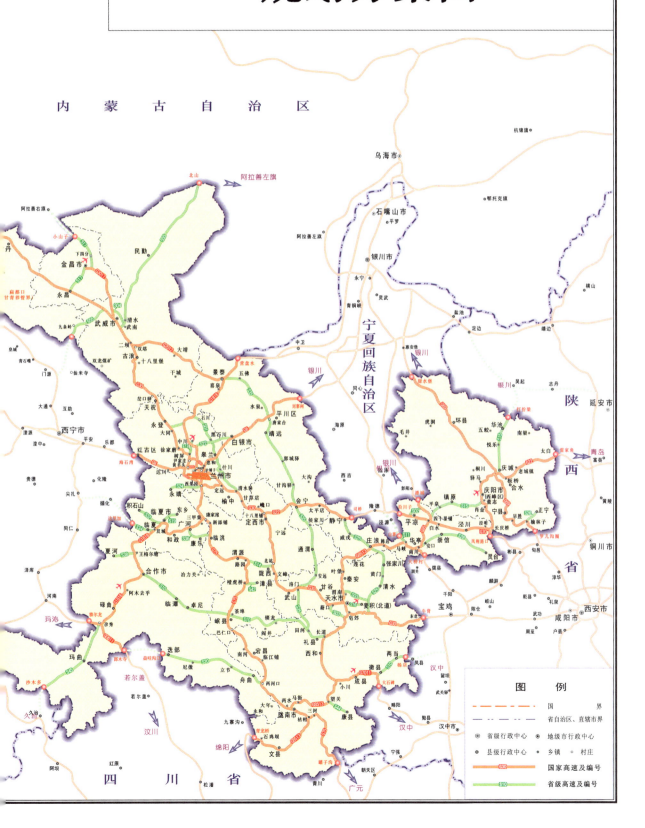

"十三五"国家重点图书出版规划项目

中国高速公路建设实录

Record of Expressway Construction in
Gansu

甘肃高速公路建设实录

甘肃省交通运输厅

人民交通出版社股份有限公司
China Communications Press Co.,Ltd.

内 容 提 要

本书是《中国高速公路建设实录》系列丛书之甘肃卷,内容包括甘肃省情与交通运输发展情况、现代公路和运输在甘肃的建设和发展历程、高速公路网规划、高速公路的勘察与设计、高速公路建设、高速公路建设项目、高速公路建设的科技创新、高速公路管理、高速公路精神文明建设、高速公路建设的特点和经验教训、高速公路建设对地方经济社会发展的影响、高速公路建设地方行政法规,以及高速公路建设大事记等。

本书全面系统总结了甘肃省高速公路建设发展成就,详细记述了高速公路建设过程中的管理经验、科技创新、文化建设以及项目建设实情,具有很高的史料价值。本书可供交通运输建设行业相关人员阅读、学习与查询参考。

图书在版编目(CIP)数据

甘肃高速公路建设实录 / 甘肃省交通运输厅组织编写. — 北京:人民交通出版社股份有限公司,2018.11
ISBN 978-7-114-14847-7

Ⅰ.①甘… Ⅱ.①甘… Ⅲ.①高速公路—道路建设—甘肃 Ⅳ.①U412.36

中国版本图书馆 CIP 数据核字(2018)第 137569 号

"十三五"国家重点图书出版规划项目
中国高速公路建设实录

书 名:	甘肃高速公路建设实录
著 作 者:	甘肃省交通运输厅
责任编辑:	刘永超 张 斌 潘艳霞
责任校对:	张 贺
责任印制:	张 凯
出版发行:	人民交通出版社股份有限公司
地 址:	(100011)北京市朝阳区安定门外外馆斜街 3 号
网 址:	http://www.ccpress.com.cn
销售电话:	(010)59757973
总 经 销:	人民交通出版社股份有限公司发行部
经 销:	各地新华书店
印 刷:	北京雅昌艺术印刷有限公司
开 本:	787×1092 1/16
印 张:	40.75
字 数:	991 千
版 次:	2018 年 11 月 第 1 版
印 次:	2018 年 11 月 第 1 次印刷
书 号:	ISBN 978-7-114-14847-7
定 价:	300.00 元

(有印刷、装订质量问题的图书,由本公司负责调换)

《甘肃高速公路建设实录》
编审委员会

主　　任：李　睿

副 主 任：王繁己　赵彦龙　刘建勋　任忠章
　　　　　杨惠林

委　　员：杨重存　杨碧峰　袁得豪　仇金选
　　　　　孙永涛　胡雄韬　牛思胜　丁兆民
　　　　　司俊军　陈亚民　吴敏刚　寇学聪
　　　　　雷鸣涛　乔松青　陈宏斌　马德科
　　　　　赵河清　陈　晖　张军仁　杨佑君
　　　　　贺得荣　孙进玲　乔小兵　魏公权
　　　　　韩建民

《甘肃高速公路建设实录》
编纂工作委员会

主　　编：李　睿

副 主 编：刘建勋　　杨惠林　　牛思胜　　贺得荣

委　　员：陈旺生　　李福林　　罗红刚　　刘金亮

　　　　　李晓民　　陈纪胜　　张晓军　　王宏源

　　　　　王晓钟　　李　渊　　张卫东　　张志泰

《甘肃高速公路建设实录》
编 写 组

组　　　长： 贺得荣

副 组 长： 刘　波

成　　　员： 蔡富选　张　斌

工作人员： 魏丽萍　张　转

序
Preface

甘肃地处祖国西北地区,东通陕西,南瞰四川、青海,西达新疆,北扼宁夏、内蒙古,西北端与蒙古国接壤,战略地位极其重要,自古以来就是中西方经济文化交流的大通道。道路交通有着悠久辉煌的历史,两千多年来,秦修"驰道",汉凿"丝路",隋唐远交西域,史垂千载,被视为"国之要路",使甘肃成为沟通中原至新疆乃至中亚、西亚、东欧的交通要冲,为中国经济社会的发展繁荣、民族融合、边防安全以及中西方经济文化的交流起过很大的推动和促进作用。

地理位置的特殊,决定甘肃成为中国东中部地区连接大西北的交通枢纽。甘肃的交通建设,关乎着西部地区社会经济发展、民族团结和边疆稳定的大局。改革开放以来,党和政府非常重视甘肃的公路建设,尤其是随着西部大开发战略的实施和精准脱贫、全面实现小康社会宏伟目标的提出,甘肃公路建设进入新阶段。甘肃交通紧紧围绕新时代经济社会发展的主题,牢牢把握服务全省经济建设和社会发展的主线,解放思想,抢抓机遇,发展步伐明显加快,交通基础设施建设持续改善,全省交通面貌发生了翻天覆地的变化。尤其是高速公路建设,从20世纪90年代初开始起步,不到30年,从一无所有到连接成网,从最初的13km到今天的4014km,取得了辉煌成就。

回顾近30年走过的艰难历程,甘肃高速公路建设历程就是甘肃交通人筚路蓝缕、攻坚克难、众志成城的奋斗史。

1992年,在全国刚刚开始修建高速公路时,甘肃交通人就不甘落后,谋划修建天(水)北(道)高速公路,1992年8月开始测设,12月奠基动工,1994年6月竣工,7月1日通车。这条路虽然只有短短的13km,但作为甘肃修建的第一条高速公路,其示范作用与带动的经济效应具有深远的意义和价值。在当时的历史条件下,资金筹措困难,技术力量有限,地形地貌复杂,修建一条高速公路,其难度可想而知,但甘肃交通人不畏艰险,大胆探索,坚决毅然地拉开了甘肃建设高速公路的序幕。

1994年到1998年，甘肃高速公路建设在艰难中曲折前行。受经济大气候影响，这时期全国高速公路建设规模普遍较小，更遑论甘肃。但就是在这样的历史背景下，甘肃于1994年修建成了兰州至中川一幅高速公路。当然，从严格意义上讲，这并不是高速公路，但它对甘肃交通来说，却有一定的历史价值可供书写。因为它毕竟是兰州市区到中川机场的一条快捷通道，使得行车速度大大提高，有效缓解了312国道兰州过境段交通拥堵的状况，对改善兰州的投资环境，推动兰州经济社会发展都具有十分重大的意义。

1998年开始，随着国家提出西部大开发战略，甘肃高速公路建设迎来了前所未有的历史性发展机遇。2002年10月，白银至兰州、巉口至柳沟河、柳沟河至忠和、尹家庄至中川、古浪至永昌、永昌至山丹（二期）六条高速公路同时建成通车，全省高速公路建设取得了突破性发展，通车里程一跃而达到320km。以兰州为中心的高速公路网加快形成，交通枢纽地位日益凸显。

2004年，国务院审议通过《国家高速公路网规划》后，甘肃高速公路建设进入了跨越腾飞阶段，通车里程逐年增长，路网密度不断提高。"十五"末，全省高速公路总里程突破1000km；"十一五"末，达到2042km；"十二五"末，总里程3600km的高速公路网不仅将14个市州紧密联系在一起，而且与周边6个省区实现高速公路相连，京藏、连霍、青兰、十天等国家高速公路在甘肃境内全线贯通。进入"十三五"，甘肃高速公路建设全面发力，聚焦全面建成小康社会，紧盯精准扶贫、精准脱贫，主动作为，奋力攻坚，交通运输发展取得新的成绩，交通对经济社会发展的瓶颈制约基本消除。2017年建成高速公路及一级公路249km，高速公路通车总里程达到4014km，县通高速公路比例达到64%。全省高速公路建设规模、辐射范围持续扩大，营运能力、管理水平不断提高，一大批工人先锋号、文明窗口、先进班组、"五一"劳动奖集体，在高速公路建设和运营管理中涌现出来，成为新时期甘肃高速公路行业的旗帜与楷模。

近30年来，甘肃交通人不辱使命、艰苦奋斗，经历了艰难历程、走过了曲折道路、克服了重重困难、攻克了众多难关、取得了丰硕成果，在陇原的山川大地、戈壁沙滩，绘就了绚丽多彩的优美线条。一条条通衢大道，连接了甘肃的山山水水、城市乡村，改变着全省经济产业和时空布局，将甘肃与祖国东、中、西部地区紧密地联系在一起，带动了城乡经济社会的快速发展，人流、物流、信息流的快速流动，改善了甘肃人民的生产生活方式,促进了甘肃经济社会统筹协调发展,凸显了甘肃在西部地区经济发展的区域优势和战略地位。不仅为甘肃社会的进步发展,发挥地区潜力,与全国同步进入小康社会提供了可靠有力的基础保障,而且在加强民族团结,推动民族地区经济社会发展,巩固西北地区国防建设上作出了重要贡献。

根据交通运输部的统一部署,按照中国公路建设行业协会的统一要求,在甘肃省交通运输厅的领导下,甘肃省交通运输系统各相关单位共同参与,甘肃省公路学会组织,经过3年多的不懈努力,在参编人员的共同协作下,《甘肃高速公路建设实录》终于与读者见面了,该书从起步、探索、规划、建设、管理、运营各个方面,全面记载了甘肃高速公路发展的历史轨迹。这是一部凝聚着甘肃交通人智慧与心血、辛勤与劳作、付出与贡献,全方位展示甘肃高速公路建设发展成就的优秀图书。在编写过程中,编写组工作人员付出了艰辛劳动,尤其是几位直接参与编纂的老同志,不计报酬,任劳任怨,为本书的编纂、出版、发行殚精竭虑,作出了贡献,十分令人钦佩。

盛世修史,史以资治。值《甘肃高速公路建设实录》出版之际,是为序!

甘肃省交通运输厅党组书记、厅长 李睿

2018年5月

一、《甘肃高速公路建设实录》(以下简称《实录》)是按照交通运输部和中国公路建设行业协会的要求,并根据其提出的编纂方案,确定了编写原则、程序和方法,在甘肃省交通运输厅的领导下,由甘肃省公路学会承担,在甘肃省交通运输行业相关单位的配合下,完成的一部全面记载甘肃省高速公路建设起步、探索、规划、设计、建设、管理、运营的历史,彰显甘肃高速公路发展轨迹,传承甘肃公路建设文化,展现改革开放以来甘肃高速公路建设取得的巨大成就。该书属于交通运输部组织编纂的《中国高速公路建设实录》丛书之甘肃卷,其体例、方案、大纲、编写方法均与交通运输部和中国公路行业建设协会制定的相关要求一致。

二、《实录》一书收录的高速公路为甘肃省境内2017年以前建成和通车的所有国家高速公路和地方高速公路,对甘肃省境内高速公路建设过程、参建单位及人员、取得的技术进步及科研成果进行总结和记录,使该书具有专业性、资料性和实用性。旨在记录历史、突出智慧、反映面貌、体现文明、聚焦发展。

三、《实录》一书所涉高速公路依据2015年甘肃省人民政府颁布的《甘肃省省道网规划(2013—2030年)》有关高速公路的内容。共计十二章三十六节,下设子目若干,前有序和凡例,后有高速公路建设大事记和后记。

四、《实录》一书以文字记述为主,配以适当图及表,使用国家统一颁布的简化字,用纪实笔法撰写。图片有文字说明,符合史书叙述要求,时间、地点、事件、人物要素齐全。年号采用公元纪年。

五、《实录》中记述各条高速公路的名称和编号代码是根据《国家公路网规划》《甘肃省省道网规划(2013—2030年)》要求,按照《国家高速公路网命名和编号规则》确定的。

六、《实录》主要内容由甘肃省交通运输厅办公室、规划处、财务处、公路处、运输处、安全处、技术处、法规处,甘肃省公路航空旅游投资集团有限公司,甘肃省公路管理局,甘肃省道路运输管理局,甘肃省公路路政执法管理局,甘肃省高速公路管理局,甘肃省交通工程质量安全监督管理局,甘肃省公路网规划办公室,甘肃省交通规划勘察设计院股份有限公司,甘肃省路桥建设集团有限公司提供并参与编纂。

七、《实录》一书相关数据采集于《甘肃年鉴》和《甘肃交通年鉴》,部分内容参考和采用了《大道行》《甘肃交通史话》《甘肃古代交通图集》等图书。部分交通线路示意图仅作为参考性资料,若与实际运用的交通线路示意图有不同之处,则以现时使用图例为准。

八、由于甘肃地形地貌复杂多样,沟壑纵横,山大坡陡,境内高速公路桥梁众多,限于本书篇幅,难以全述。本书的桥梁隧道资料另外成书,以供读者查阅参考。

九、由于编纂者知识水平有限,加上众手成书等因素,缺点、错误、遗漏之处在所难免,敬请读者批评指正。

目录
Contents

第一章 甘肃省情与交通运输发展情况 ······ 1
    第一节 基本省情 ······ 1
    第二节 交通运输发展情况 ······ 11

第二章 现代公路和运输在甘肃的建设和发展历程 ······ 29
    第一节 公路建设发展历程 ······ 29
    第二节 运输发展历程 ······ 37

第三章 甘肃省高速公路网规划 ······ 42
    第一节 规划制定的背景 ······ 42
    第二节 高速公路网规划的编制 ······ 43
    第三节 甘肃省高速公路网规划 ······ 44

第四章 甘肃省高速公路的勘察与设计 ······ 99
    第一节 甘肃省地质地貌地形特点 ······ 99
    第二节 甘肃省高速公路勘察设计概况 ······ 107
    第三节 甘肃省高速公路勘察设计的创新与特色 ······ 111
    第四节 甘肃省高速公路主要道路的勘察和设计 ······ 149

第五章 甘肃省高速公路建设 ······ 186
    第一节 甘肃省高速公路建设基本情况 ······ 186
    第二节 甘肃省高速公路建设管理体制的发展变化 ······ 187
    第三节 甘肃省高速公路建设的投融资方式 ······ 190
    第四节 甘肃省高速公路的建设历程 ······ 193
    第五节 甘肃省高速公路建设施工管理 ······ 201
    第六节 甘肃省高速公路建设质量安全管理 ······ 220

第六章 甘肃省高速公路建设项目 ······ 232
    第一节 国家高速公路 ······ 232
    第二节 省级高速公路 ······ 419

第七章	甘肃省高速公路建设的科技创新	438
第一节	高速公路建设科技创新开展情况	438
第二节	高速公路建设中重大科研课题	444
第三节	绿色生态文明在高速公路建设中的应用	460
第四节	信息化、智能化技术在甘肃高速公路建设和运营中的推广应用	461
第五节	甘肃省高速公路建设中的主要科技成果	464

第八章	甘肃省高速公路管理	466
第一节	甘肃省高速公路的运营管理	466
第二节	甘肃省高速公路的养护与维修	492
第三节	甘肃省高速公路路政管理	499

第九章	甘肃省高速公路精神文明建设	504
第一节	甘肃省高速公路职工队伍建设	504
第二节	甘肃省高速公路廉政建设	511
第三节	甘肃省高速公路文化建设	517

第十章	甘肃省高速公路建设的特点和经验教训	525
第一节	甘肃省高速公路建设的特点	525
第二节	甘肃省高速公路建设的经验教训	531

第十一章	甘肃省高速公路建设对地方经济社会发展的影响	535
第一节	高速公路建设对甘肃道路运输发展带来的变革和影响	535
第二节	高速公路建设带动了甘肃经济社会发展	543

第十二章	甘肃省高速公路建设的地方行政法规	548
第一节	甘肃省高速公路管理法规建设情况	548
第二节	甘肃省高速公路建设地方行政法规（选编）	550

附录	甘肃高速公路建设大事记	562
后记		599

第一章
甘肃省情与交通运输发展情况

第一节 基本省情

一、基本概况

甘肃古属雍州,以古甘州(今张掖)、肃州(今酒泉)两地首字而得名,简称甘。又因省境大部分在陇山之西,古代曾有陇西郡和陇右道的设置,故又称陇。甘肃位于祖国中心地区,地处黄河上游黄土高原青藏高原交汇地带,介于北纬 32°31′~42°57′、东经 92°13′~108°46′之间。甘肃东接陕西,东北与宁夏毗邻,南邻四川,西连青海、新疆,北靠内蒙古,并与蒙古人民共和国接壤,是古丝绸之路的锁钥之地和黄金路段,东西蜿蜒 1655km,南北宽 530km,总面积 42.58 万 km^2,占全国总面积的 4.72%。

二、地理地貌

甘肃大部分位于中国二级阶梯上,地貌复杂多样,山地、高原、平川、河谷、沙漠、戈壁,类型齐全,交错分布,地处中国东部湿润森林草原向西部干旱荒漠草原与高寒荒漠阜甸草原的过渡带,亦为华北、华中、西北与青藏高原的交错毗邻区,以及东部农业区与西部游牧畜牧区的过渡带,自然条件复杂多样,具有明显的过渡性。地势自东南向西北倾斜,地形狭长,山地和高原占全省土地总面积的 70% 以上,西北部的大片戈壁和沙漠,约占 14.99%。复杂的地貌形态可分为各具特色的六大地形区域:陇南山地、陇中黄土高原、甘南高原、河西走廊、祁连山地、北山山地。

陇南山地:位于甘肃南部渭水以南地区,东接陕西,南临四川,这里山大沟深,溪流激荡,峰锐坡陡,为秦岭向西延伸部分,风光十分秀丽。

陇中黄土高原:位于甘肃中部和东部,东起甘陕省界,西至乌鞘岭。黄河穿境而过,这里曾经孕育了华夏民族的祖先,建立过炎黄子孙的家园。

甘南高原:属于"世界屋脊"——青藏高原东部边缘一隅,地势高耸,平均海拔超过 3000m,是个典型的高原区。这里草滩宽广,水草丰美,是甘肃省主要畜牧业基地之一。

河西走廊：斜卧于祁连山以北，北山以南，东起乌鞘岭，西讫甘新交界，是块自东向西、由南而北倾斜的狭长地带。海拔在1000～1500m之间。长1000余公里，宽由几十公里到百余公里不等。这里地势平坦，机耕条件好，光热充足，水资源丰富，是著名的戈壁绿洲，有着发展农业的广阔前景，是甘肃主要的商品粮基地。

祁连山地：在河西走廊以南，长达1000多公里，大部分海拔在3500m以上，终年积雪，冰川逶迤，是河西走廊的天然固体水库，植被垂直分布明显，荒漠、草场、森林、冰雪，组成了一幅色彩斑斓的立体画面。

北山山地：河西走廊以北地带，东西长1000多公里，海拔在1000～3600m，这里靠近腾格里沙漠和巴丹吉林沙漠。山岩裸露，荒漠连片，虽有一块块山间平原，却是难以耕作之地，这里人烟虽然稀少，却能领略"大漠孤烟直，长河落日圆"的塞外风光。

甘肃是个多山的省份，地形以山地、高原为主。主要山脉有祁连山、陇山（即六盘山、岷山、子午岭）、阿尔金山、马鬃山、龙首山、西倾山等。省内的森林资源多集中在这些山区，大多数河流都从这些山脉发源。

三、气候状况

甘肃地处黄土、青藏和内蒙古三大高原交汇地带，境内地形复杂多样，山脉纵横交错，海拔相差悬殊，高山、盆地、平川、沙漠和戈壁等兼而有之，是山地型高原地貌。气候复杂变化多样，从东南到西北包括了北亚热带湿润区到高寒区、干旱区的各种气候类型。甘肃省气候干燥，温差大，光照充足，太阳辐射强。年平均气温在0～14℃之间，由东南向西北降低；河西走廊年平均气温为4～9℃，祁连山区0～6℃，陇中和陇东分别为5～9℃和7～10℃，甘南1～7℃，陇南9～15℃。年均降水量300mm左右，各地降水差异很大，在42～760mm之间，自东南向西北减少，降水各季分配不均，主要集中在6～9月。甘肃省光照充足，光能资源丰富，年日照时数为1700～3300h，自东南向西北增多。河西走廊年日照时数为2800～3300h，是日照最多的地区；陇南为1800～2300h，是日照最少的地区；陇中、陇东和甘南为2100～2700h。

复杂多样的地理地貌和气候，使得甘肃省气象灾害的种类繁多，灾情也比较严重。主要的气象灾害有干旱、大风、沙尘暴、暴雨、冰雹、泥石流、霜冻和干热风等。同时，干旱气候区丰富的光能、热量、风力资源、大气成分资源等气候资源，又是甘肃省不可多得的可再生利用资源。根据甘肃省气候资源的分布状况和其特点，可进行气候资源分区规划、开发利用，为甘肃的经济建设和社会发展服务。

四、自然资源

甘肃地处西北内陆省份，自然资源丰富。全省总土地面积42.58万km^2，居全国第七位,折合6.8亿亩❶,人均占有土地26.31亩,人均占有可耕地2.71亩,比全国人均占有量高出一倍多。甘肃农业经济中种植业居突出地位,主要作物由小麦、玉米、马铃薯、糜子、胡麻、油菜籽、甜菜、棉花、大麻、烟叶、当归、党参等,还有各种蔬菜瓜果,形成了种类繁多、布局合理的种植体系,很多产品已成为甘肃的名优特产。甘肃是全国重要的畜牧基地,畜禽品种有马、牛、驴、骡、骆驼、猪、羊、鸡、兔等。甘肃森林资源面积约有396.65万公顷,主要分布于白龙江、渭河、洮河、陇山山脉、祁连山脉一带,森林中的野生植物多达4000余种,野生动物多达50余种,其中大熊猫、金丝猴、野马、野驴、野牦牛、野骆驼都属国家稀有珍贵动物。甘肃各类草地资源为1575.29万公顷,是中国主要的牧业基地之一。甘肃是矿产资源比较丰富的省份之一,矿业开发已成为甘肃的重要经济支柱。境内成矿地质条件优越,矿产资源较为丰富。截至2006年底已发现各类矿产173种(含亚矿种),占全国已发现矿种数的74%。甘肃查明矿产资源的矿种数有97种,在查明矿产资源储量的矿种中,甘肃列全国第一位的矿产有10种,前五位的有25种,前十位的有49种。

工业是甘肃国民经济的主导产业,甘肃利用丰富的资源优势,重点发展基础工业,形成以重工业为主,轻重工业协调配合,包括煤炭、石油、电力、冶金、机械、化工、建材、森林、食品、纺织、造纸等工业企业,已成为中国有色金属、电力、石油化工、石油机械制造和建筑材料的重要基地。

五、历史文化

甘肃有着悠久的历史,文化源远流长,是中华民族灿烂文化的重要发祥地之一。史前时期,生活在这里的各民族互相频繁接触,互相交流,互相渗透,形成了伟大华夏文明的重要构成部分,其代表文化有处于母系氏族公社阶段的马家窑文化、齐家文化和已进入原始社会末期或奴隶社会早期的辛店文化以及距今8000~5000年的人类文明曙光的大地湾遗址。先秦时期,各族人民相互融合,迁徙往来,在交流中互相促进,创建了先秦文化。汉唐时期,丝绸之路穿境而过,连接了东西方文明,促进经济文化的发展,推动了社会历史的进步和发展。著名的关陇道、萧关道、陈仓道、阴平道、沓中道、唐蕃道等都是中国历史上著名的古驿道,它承载着历代王朝的兴衰成败,发生过许多可歌可泣的动人故事。秦始皇西巡,汉武帝在河西走廊置"两关"、设"四郡",张骞出使西域,诸葛亮六出祁山,隋炀帝西巡、在张掖召开"万国博览会",文成公主进藏、唐僧西行取经,萨班与阔端会盟于凉州,明初修建嘉峪关,清末左宗棠西征收复新疆等,这些著名的历史事件,都发生在甘肃这块古老的土地上,对促进中国封建社会经济的繁荣、边疆的稳定、促进中华民族大融合和民族经济的发展发挥过十分重要的作用。同时,也创建了丰富多彩的历史文化,在甘肃大地

---

❶ 1亩≈666.7m²。

上留下了无数的历史文化遗迹。千百年来,始祖文化、黄河文化、长城文化、丝路文化、石窟文化、城堡文化、民俗文化、碑铭文化等多元文化在陇原大地交融荟萃;大漠戈壁、冰川雪峰、森林草原、峡谷溶洞、砂林丹霞等多种地形地貌也在这里交相辉映,成为甘肃珍贵多彩的文化遗产,同时也成为中国文化和世界文化的宝贵财富。以《丝路花雨》《大梦敦煌》《敦煌乐舞》等为代表的优秀剧目和舞台艺术,竞相彰显着甘肃特色文化独特的内涵和大西北的风情。甘肃出版的《读者》、饮食文化的代表兰州牛肉面等,都向世人展现着悠悠中华数千年的文明传承。

丝绸之路上的汉代交通关隘——玉门关远眺

丝绸之路上的汉代交通关隘——阳关故址

六、道路交通

甘肃道路交通历史悠久。早在史前时期,生活在甘肃大地的先民们就开始了频繁的社会活动。在甘肃仰韶文化遗址的墓葬中曾发现过海贝,说明当时从甘肃通向海边的交通通道就已开辟。距今七八千年以前的大地湾文化,留有大量先民们生活、交往、往来的历史遗存,部落内部的道路错落有致,通往外界的桥梁遗迹,至今犹隐隐可显,可以说"大地湾遗址"是甘肃古代交通雏形和道路初始形成最有力的佐证。此后,随着中原地区仰韶文化的西行,与大地湾文化相会融合,逐渐形成了以大地湾为中心向东通往陇东、向西到达洮河流域的原始交通线。马家窑、齐家文化的成熟,甘肃的原始交通线随即跨越了黄河延伸至河西走廊。夏、商、周三代,甘肃的道路可以通向河西以西,大禹治水足迹远到积石。商代可以到达更远的地方,从《竹书纪年》和《述异记》的记载里分析,商代很有可能已与欧洲意大利西西里岛之间有了来往。据一些学者推测,商王武丁为了获取远在西域的昆仑玉,不惜财力远征的鬼方,就是生活在今敦煌以西的少数民族。通过这场战争,商王朝打通了一条绵延数千公里的通道,这条路从天山南北、横穿大漠,进入玉门关,最终抵达中原。从此,昆仑山上的玉料经由此路,源源不断地输入中原,奠定了中国玉文化的物质前提,这就是历史上著名的"玉石之路"。到了西周,穆王西巡昆仑,也是从甘肃境内而过,远到西域,会见了西王母。先秦时期,甘肃的道路交通已有相当规模,周、秦先民先后在陇东和陇西开辟了通往关中的"贡道",大量的物资通过这些道路源源不断地运往中原地区。秦昭襄王兴建西起临洮东至陕北的长城,加速了道路网络的形成,自此关中通往陇右地区的支线道路发展更为迅速。秦王嬴政时期,在陇东、陇西开始兴建"驰道",为秦王朝建立后在全国大修"驰道""直道"开辟了先例。公元前221年,秦始皇统一六国,建立了我国历史上第一个统一的多民族封建王朝。公元前220年,秦始皇为了"示强威,服海内",开始巡行各地。为方便帝王巡行,全国兴修"驰道",而秦始皇率先巡行的地方就是陇西、北地二郡,《史记·秦始皇本纪》说"二十七年(公元前220年)治驰道。"这些做法对甘肃道路交通的发展,都起到了很大的促进作用。此后,秦始皇又命大将蒙恬率30万大军扩修长城,修建直道,将道路延伸至黄河南岸,有效地巩固了统一的封建王朝。

秦代在陇东(今甘肃庆阳境内子午岭)修建的"秦直道"遗址

西汉初年,历经战乱,经济凋敝,社会极为贫困,西汉政府无力抵御匈奴族的南下骚扰,采取了被动的"和亲"政策,通往西域的道路交通受到了很大影响。随着"休养生息"政策的实施,特别是"文景之治",历经两代三四十年的发展,西汉王朝封建政权得到了巩固,社会经济日益复苏,商贸活动范围日趋扩大,国家逐渐走向繁荣昌盛。到了汉武帝时期,国家空前强盛,积聚了大量社会财富,对于匈奴占据河西走廊,严重阻碍中原王朝与西域的正常交流的现象,是绝对不能容忍的。于是汉武帝首先派遣张骞通西域,联络西域各国。再命大将霍去病大败匈奴于河西走廊,占有河西走廊,在河西地区"列四郡、据两关",徙民实边,打通了通向西域的道路,形成了一条横贯亚欧大陆的大通道,这就是举世闻名的"丝绸之路"。在这条被称为"文化运河"的大通道上,中原的丝绸、瓷器等物资,以及凿井术、冶金术及"四大发明"等技术被传至西域;西域的骆驼、驴、骡和葡萄、核桃、石榴、苜蓿、胡椒等异域物品被带到中国,促进了当时封建经济的进一步发展。经济的交流带动了文化的相互渗透,东汉明帝时,佛教传入中国,并与中国传统的儒学、道教文化相结合,形成具有中国特色的汉传佛教,河西走廊迅速成为佛教东传的必经之地和译经中心,对中国文化产生了深远影响。丝绸之路上的莫高窟、炳灵寺、麦积山等洞窟造像和壁画遗存,就是佛教文化在甘肃的集中生动展示。

魏晋南北朝时期,中原战乱,南北割据,国家长期处于分裂混战之中,"丝绸之路"也遭到阻塞而几近不通。但是,甘肃尤其是河西地区,却远离战区,偏安于一隅,相对平稳,与周边的少数民族政权联系并没有彻底中断,与西域、中亚、西亚的贸易来往也没有停止,甘肃天水、陇西一带出土的早期东罗马帝国金币、新疆高昌故城发现的波斯萨珊王朝银币,都是最好的历史证明。随着经济的交流,文化的渗透也日益频繁,佛教从东汉传入中国,在这一时期,呈现出大举东进的态势,来往于"丝绸之路"的印度和中国僧侣日渐增多,法显、鸠摩罗什都是这一时期的著名代表人物,随之而起的就是出现在河西走廊和新疆境内的大量佛教石窟艺术,敦煌的莫高窟、天水的麦积山石窟、永靖的炳灵寺石窟、新疆的柯尔克孜石窟都是兴建于此时。与此同时,生活在甘肃境内的少数民族的割据政权,也十分重视道路交通建设,局部地区交通十分繁荣。尤其是在河西走廊,各民族政权承担着沟通中原与西域的"居间"角色,十分注重道路交通的建设,不断加强物资文化的交流,从而,在河西走廊形成了以凉州、甘州、肃州、沙洲为中心的中西方贸易物资集散地。

在两汉、魏、晋、南北朝时期,甘肃陇南的道路交通在少数民族的开发下也得到了发展。西汉元鼎六年(公元前 111 年),汉武帝平定西南夷,设置武都郡(郡治在今西和县西南),生活在这里的氐、羌等各族人民,为了加强同关中、四川、陕南等地区的联系,依山傍势,因地制宜地修建了山区的道路和桥渡。在沿着通往四川、陕南的高山、江河沿岸峭壁陡崖上,凿孔架桥,筑起连阁而成的栈道,如陇南故道、天井山道、羌氏道、阴平道以及架设在沿江之上的索桥、溜索、握桥等。随着这些道路的开通,通往川西平原和成都的道路交通就被打通了,原来集中在成都的巴蜀物资如茶叶、药材等,就可运输到武都地区,再转运到西北各游牧部落,从而使武都成为甘肃陇南地区重要的物资集散地。三国时期,蜀相诸葛亮为了维护蜀汉政权,采取以攻为守的战略策略,先后六出祁山。魏将邓艾伐蜀从羌氏道,经沓中(今临潭)到临洮(今岷县),沿岷江而下,过"邓邓桥",沿白龙江到武都,由阴平栈道进入四川灭了蜀国,在这里留下了无数的历史遗迹和传说,也证明了当时甘肃通往四川的道路交通得到了开发和发展。

到了隋朝,政治统一,经济发展,国力日渐强盛,隋文帝平突厥、吐谷浑,重开"丝绸之路",使东西方贸易来往更为频繁,往来于"丝绸之路"的商旅使者不绝于道,《资治通鉴》记载,炀帝大业三年"西域诸胡多至张掖交市,帝使吏部侍郎裴矩掌之"。公元 609 年,隋炀帝西行到达张掖,在张掖举行了盛大的商品交易会,接见了西域 27 国王子和众多西域国家使者,可谓是盛况空前,这是中国历史上首次由政府主办的大型商品贸易博览会。

唐朝政治更趋稳定,国力更为强盛,经济文化的发展都达到了封建社会空前的繁荣,在当时国际上有很高的声望,因此也进一步加强了对西域的管理。"中国既安,四夷自服"(魏征语)。唐朝在取得对西域的有效管理后,在天山南路设置了"安西都护府",下辖"安西四镇",后来在天山北路又设置"北庭都护府",以确保对西域的统一,保障"丝绸之路"的畅通无阻,使"丝绸之路"真正成为中西经济交往的大通道。"丝绸之路"起点的京都长安、东都洛阳都成了唐代国际性商业大都市。"丝绸之路"南线成为"国路",此后的二百多年间,在这条国际大通道的沿线,不仅农业经济非常发达,而且随着商业活动的发展,形成了许多繁荣的城市和富庶地区,尤其是凉州和敦煌,成了国际性贸易集散中心。至于敦煌,更有"华戎所交一都会",敦煌城有子城(衙城或牙城或小城,官府厅衙的驻地)、罗城(大城,商行贸易和臣民居住区,并有商业设施)、羊马城(加筑隔墙,以备战时安置羊马牲畜之用)之分,其城建规模之大、道路之畅达、闹市之繁华和运输之繁忙,在当时可谓声名远播,不愧为"丝绸之路"交通之枢纽。

宋代以后,中国的政治经济中心,逐步由西向东、由北向南转移,海上交通和商品经济日渐发展,逐渐代替陆路的对外交往,使"丝绸之路"的地位发生变迁并开始衰退,甘肃的经济地位与文化发展亦逐渐衰落。即使这样,"丝绸之路"在甘肃境内仍然保留了相当长时间的繁荣,依旧在中外交通、中外交流上起着不可替代的积极作用。宋代党项民族在西北建立的西夏政权,有效控制了河西走廊,为确保"丝绸之路"畅通,中西经济文化交流起到了积极的作用。

元朝中国的经济中心继续向东、向南移动,对外的交流和来往虽然主要靠海路,但通西域的陆路交通并没有停下。为进一步发挥"丝绸之路"的作用,成吉思汗在道路沿线广设驿站,道路四通八达,商贾使者往来不绝,意大利著名的旅行家马可·波罗,就是经由这条路到达中国的,元朝大臣耶律楚材、道教代表人物长春子丘处机到西方朝见成吉思汗,走的也是"丝绸之路"。

"丝绸之路"的衰退始于明朝,除了海运兴起的原因外,更重要的是明代关闭嘉峪关的人为阻隔,传统的陆上"丝绸之路"在中西交往中悄然失去昔日辉煌。但对西域、中亚和西亚各地来说,陆路交通仍是到中国和中原地区的捷径。《明史》中有记载,当时通过"丝绸之路"与中国进行贸易的有意大利人、西班牙人、波斯人、土耳其人,还有中亚的撒马尔罕人、塔什干人等。他们当中,有的是名副其实的商人,有的则是打着使者招牌的商人,甚至有些真正的使者,也带有众多的商贸物资和人员,兼作经济贸易。明朝永乐年间,吏部员外郎陈诚奉命出使西域和中亚各国还是走的"丝绸之路"这条传统国际大通道(事见《西域行程记 西域番国志》)。西北的于阗、西夏、角厮啰、金、窝阔台、鞑靼、乌思藏等少数民族政权与中原王朝的关系也仍很紧密,开创于北宋的"茶马互市"在明朝也多于长城沿线进行,历经千年而不衰。可见,这条以中国西安(或洛阳)为起点的联系中国与西方各地的"丝绸之路",在历史上曾经长时期发挥着巨大的作用,即使在中国海上交通非常发达的宋元明时代,也依旧有不少人往来于这条著名的交通线上,为中西方经济文化的交流奉献着自己不竭的力量。

　　清朝统一后,为巩固统治,稳固边疆,统治者在全国各地大修道路,加速对西北的开发,使"丝绸之路"交通得以继续发展。清政府很重视通向西域交通的畅达,在嘉峪关外设置军台、驿站,将西路驿道延伸至巴里坤,并划拨专款,指定官员加强管理,形成"官马西道",成为中原通达西北和新疆的主要驿道。清末,左宗棠西征期间为便利军需运输整修了陕甘新驿道,被后人誉称为"左公大道",它是清代中原同西北进行政治、经济和物资、文化交流以及商业贸易的主要道路,也是清朝廷统一西北边疆用兵、运粮的主要通道。由于清政府对这条驿道的重视,其设施和管理一直比较健全,通畅条件始终良好。左宗棠出任陕甘总督后还提倡民众修治道路,组织官兵整修官马西道,构成了以官马西道为主线的驿道网,对西北道路交通发展起到了显著作用,为西北各省、区现代公路的兴修奠定了基础,而且使"丝绸之路"再度成为沟通中原同边疆,乃至中亚的大通道。因此,清代"丝绸之路"交通的发展对现代公路交通的崛起和现代运输业的兴办都起到了承前启后的作用。

清末,左宗棠奉命西征期间修建的"左公大道"

　　甘肃古代道路交通,从最初兴起的原始古道,到清朝末年"左公大道"的兴盛,在沟通中西方交通、文化交流、维护民族团结、巩固边防、保障国家安全等方面发挥了十分重要的作用,在促进民族经济文化进步与发展中起着举足轻重的作用。即使在中央政治中心、经济文化东移南迁的时候,甘肃地方政权与民间的道路交通往来也未曾终止过,直至近代、现代公路的兴起。20世纪20年代,在一些志士仁人一片"开发西北"的呼声中,甘肃开始修建公路,自此,甘肃的近代交通就开始了。经过近一个世纪的发展,时至今日,甘肃的道路交通发生了翻天覆地的变化,为甘肃经济社会发展做出了卓越的贡献。截至2017年底,甘肃省公路网总里程达到14.3万km,高速公路总里程达到4014km,14个市州政府驻地全部以高速公路贯通,县通高速达到55个,在全省占比为64%,京藏、连霍、青兰、十天等国家高速公路在甘肃境内全线贯通。86个县区政府驻地以二级和二级以上公路贯通、100%的乡镇以沥青路或水泥路贯通,客运站和汽车停靠站覆盖全省96%的乡镇和48%的行政村,为广大人民群众的出行带来便利和快捷。古老的丝绸之路,焕发出现代的气息,伟大的中华民族,已经不仅仅从这里走向西方、走向世界,而且通过酒泉卫星发射中心,走向探索太空、探索宇宙的重要征程,走向伟大民族的复兴之路。

七、社会经济发展状况

行政区划。甘肃省现设兰州市、嘉峪关市、金昌市、白银市、天水市、武威市、张掖市、酒泉市、平凉市、庆阳市、定西市、陇南市、临夏回族自治州、甘南藏族自治州。

兰州市:辖五区三县,城关区、七里河区、西固区、安宁区、红古区、榆中县、皋兰县、永登县。

嘉峪关市:不辖区、县,市直管六街道、三镇,五一街道、新华街道、前进街道、胜利街道、建设街道、镜铁山矿区街道、峪泉镇、文殊镇、新城镇。

金昌市:辖一区一县,金川区、永昌县。

白银市:辖二区三县,白银区、平川区、会宁县、靖远县、景泰县。

天水市:辖二区五县,秦州区、麦积区、清水县、秦安县、甘谷县、武山县、张家川回族自治县。

武威市:辖一区三县,凉州区、古浪县、民勤县、天祝藏族自治县。

张掖市:辖一区五县,甘州区、山丹县、民乐县、临泽县、高台县、肃南裕固族自治县。

酒泉市:辖一区二市四县,肃州区、玉门市、敦煌市、金塔县、瓜州县、肃北蒙古族自治县、阿克塞哈萨克族自治县。

平凉市:辖一区六县,崆峒区、泾川县、灵台县、崇信县、华亭县、庄浪县、静宁县。

庆阳市:辖一区七县,西峰区、正宁县、华池县、合水县、宁县、庆城县、镇原县、环县。

定西市:辖一区六县,安定区、通渭县、陇西县、漳县、渭源县、岷县、临洮县。

陇南市:辖一区八县,武都区、成县、两当县、徽县、西和县、礼县、康县、文县、宕昌县。

临夏回族自治州:辖一市七县,临夏市、临夏县、康乐县、广河县、永靖县、和政县、东乡族自治县、积石山保安族东乡族撒拉族自治县。

甘南藏族自治州:辖一市七县,合作市、舟曲县、卓尼县、临潭县、迭部县、夏河县、碌曲县、玛曲县。

全省合计有:12个地级市,2个自治州;4个县级市;58个县;7个自治县;17个市辖区。

人口民族宗教。甘肃自古以来就是个多民族聚居的省份。2015年末,全省常住人口为2599.55万人,其中城镇人口1122.75万人,占常住人口的43.19%,乡村人口1476.80万人,占常住人口的56.86%。全省有54个少数民族,少数民族人口241万人。在少数民族中,世居甘肃的少数民族有回、藏、东乡、土、裕固、保安、蒙古、撒拉、哈萨克、满族等16个民族,其中东乡族、裕固族、保安族为甘肃的独有少数民族。

从分布情况来看,回族主要聚居在临夏回族自治州和张家川回族自治县,散居在兰州、平凉、定西等地市;藏族主要聚居在甘南藏族自治州和河西走廊祁连山的东、中段地区;东乡、保安、撒拉族主要分布在临夏回族自治州境内;裕固、蒙古、哈萨克族主要分布在河西走廊祁连山的中、西段地区。

甘肃是个多民族居住地,长期的历史文化形成了不同的宗教信仰,主要有伊斯兰教、佛教、道教、基督教、天主教等。信仰伊斯兰教的信众主要分布在回族、东乡、保安、撒拉族、哈萨克族等民族中,约有160多万人;佛教分为汉传佛教和藏传佛教,汉传佛教信众约有35万人,藏传佛教信众约有45万人,主要信species为藏族和蒙古族;道教信众约有20万人,省内平凉崆峒山为著名的道教活动场所。基督教信众约有6万人,天主教信众3万人,并分别有活动场所近400处。

国民经济社会发展状况。"十二五"期间,甘肃省生产总值连续跨越两个千亿元台阶,平均年增长率10.5%,达到6790亿元。三次产业结构由2010年的14.5∶46.8∶38.7调整到14.4∶36.8∶48.8,实现由"二三一"向"三二一"的转变。粮食生产实现"十二连丰",总产量稳定在1000万t以上。城镇化率达到43%,比2010年提高6.9个百分点。万人发明专利拥有量达到1.59件,是2010年的3.53倍;技术合同交易额达到130.3亿元,是2010年的3.02倍;科技进步贡献率由2010年的42.5%提高到50.3%,科技进步综合指数从全国的25位提升到19位。战略性新兴产业占生产总值的比重达到12.1%。以文化旅游为龙头的第三产业发展迅速,旅游综合收入达到975亿元,是2010年的4.1倍。兰州新区生产总值达到125亿元,是2012年国家批复建区时的2.23倍。非公经济占生产总值的比重由2010年的38.2%提高到45.8%。一般公共预算收入达到743.9亿元,比2010年增长110.4%;一般公共预算支出达到2964.6亿元,比2010年增长101.9%。城乡居民人均收入分别达到23000元和6900元,年均增长11.4%和13.2%。

"十三五"发展战略。"十三五"时期是甘肃省全面建成小康社会的决胜阶段,是深化改革、扩大开放的重要阶段,是经济社会发展转型升级的关键阶段。为确保到2020年与全国一道全面建成小康社会,甘肃省编制了《甘肃省国民经济和社会发展第十三个五年规划纲要》,分析了"十三五"时期的发展基础和发展环境,提出了经济社会发展的指导思想、主要目标、重大支撑、重大工程及保障措施。确定了"十三五"时期经济增长年均7.5%的预期,2020年全省生产总值比2010年翻一番、超过万亿元,人均生产总值达到5700美元左右,逐步缩小与全国的经济发展差距;确定"十三五"时期城乡居民人均可支配收入年均分别增长7%和9%,城乡居民收入增速高于全国平均水平1~2个百分点,缩小与全国平均水平的差距;确定了脱贫攻坚目标,到2020年实现现行标准下农村贫困人口脱贫、贫困县全部摘帽、解决区域性整体贫困,"十三五"前两年争取每年脱贫100万人以上,后三年抓好巩固提高和冲刺扫尾工作,稳定实现农村贫困人口不愁吃、不愁穿,义务教育、基本医疗和住房安全有保障;加大基础设施建设,"十三五"时期将继续全面实施交通提升行动和水利保障行动。实施创新驱动发展战略,发挥科技创新在全面创新中的引领作用,"十三五"时期单位地区生产总值能耗、主要污染物排放总量和单位地区生产总值二氧化碳排放量控制在国家下达的指标内;发展文化产业。到2020年文化产业增加值占全省地区生产总值的比重达到5%,满足人民群众日益增长的精神文化需求的需要,培育新的经济增长点;以开放带动发展,构建我国向西开放的重要门户和次区域合作战略基地,坚持开放发展,抢抓"一带一路"倡议机遇、拓展发展空间;加大基本公共服务,到2020年城镇新增就业140万人以上、平均受教育年限达到9.2年、人均预期寿命提高到74岁。

第二节 交通运输发展情况

一、综合交通运输战略规划

改革开放初期,甘肃省没有一条高等级公路,群众生产生活十分不便。经过几十年的艰苦奋斗,特别是西部大开发战略实施以来,交通基础设施建设突飞猛进,初步形成了由铁路、公路、水路、民航、管道等多种运输方式构成的综合交通网络,交通运输保障能力和服务水平明显提高,交通运输发展实现了从"瓶颈制约"到"基本适应"的重大跃升,对甘肃经济发展、民生改善、城镇建设、扩大开放等起到了重要促进作用。

（一）指导思想

改革开放以来,国家将工作的中心转移到经济建设上来,及时将能源、交通、通信作为国民经济发展的战略重点,全省紧抓发展机遇,加快交通基础设施建设。国家实施西部大开发战略以来,全省紧紧围绕实施西部大开发战略、建设社会主义新农村和落实省委省政府"四抓三支撑"发展要求的历史机遇,坚持服务于改革开放、服务于经济社会发展、服务于人民群众方便出行,走"建运并举、水陆并进、和谐发展"之路,先后实施了交通建设"会战东部"、道路运输"提速中部","中心辐射、东西推进、区域带动、全面提升"的交通发展战略和"抓两头带中间"的路网结构调整战略,交通建设和公路运输驶入了发展的快车道。未来,将全面贯彻落实国家和省上重要会议精神,坚持"创新、协调、绿色、开放、共享"五大发展理念,抢抓国家"一带一路"倡议机遇,扎实推进交通精准扶贫精准脱贫攻坚,基本建成安全便捷、畅通高效、绿色智能、群众满意的现代综合交通运输体系,显著提升综合交通运输供给能力和服务品质,使交通运输成为我省"构建我国向西开放的重要门户和次区域合作战略基地"的先行引领,为全省经济发展提供坚强有力的交通运输保障。

(二)战略定位

甘肃省综合交通运输体系的战略定位是:我国向西开放的战略通道、丝绸之路经济带重要枢纽、引领城镇化和产业发展的骨架系统、构建国家级文化发展战略平台的重要支撑。

——**我国向西开放的战略通道**。甘肃地处我国西北地区,是我国向西开放的战略要地,不仅是我国面向中亚、西亚开放的战略通道,也是我国内陆地区通往新疆、西藏、青海等西部省区的咽喉要地。甘肃通过进一步强化互联互通综合运输大通道建设,将在我国向西开放格局中发挥重要通道作用。

——**丝绸之路经济带重要枢纽**。我国提出打造丝绸之路经济带,以中哈、中吉、中塔等沿边口岸为门户,以综合运输大通道为走廊,在我国与中亚、西亚各国之间形成经济合作区域。甘肃立足连接西北与西南的区位优势,通过优化配置运输枢纽资源、提升运输服务水平,将形成丝绸之路经济带上的重要枢纽,为各类要素的衔接转换流动提供有效保障。

——**引领城镇化和产业发展的骨架系统**。交通运输对于新型城镇化和产业发展具有重要的支撑和引领作用,甘肃省通过构建完善综合交通网络,将促进各类要素资源、产业和城镇空间向交通轴带集聚,实现要素资源在省域内的优化配置,为甘肃省构建"一群两带多组团"新型城镇化格局以及构建现代产业体系提供有效保障。

——**构筑国家级文化发展战略平台的重要支撑**。甘肃华夏文明传承创新区是国家批准建设的第一个国家级文化发展战略平台。围绕"一带、三区、十三板块"文化发展布局,加快推进综合交通运输体系建设,不断完善"三区"内外交通条件,强化各文化园区、旅游景区之间的便捷交通联系,促进全省文化资源和各类生产要素集聚,有效支撑甘肃省构建华夏文明传承创新区。

(三)发展目标

经过改革开放以来的发展,甘肃综合交通运输发展实现了从"瓶颈制约"到"基本适应"的重大跃升,对甘肃经济发展、民生改善、城镇建设、扩大开放等起到了重要促进作用。今后一段时期,全省交通基础设施发展重点将逐步转向高速公路、干线铁路、综合枢纽、民航机场和内河水运等骨干网络布局的进一步完善,各种运输方式融合发展进程将明显加快,综合交通网络将加快形成,运输结构逐步优化,整体效能进一步发挥,"互联网+

交通运输"将成为推动交通运输产业重构的重要动力,甘肃省交通运输将更加有效支撑和引领经济社会发展、更加有力服务人民群众出行。

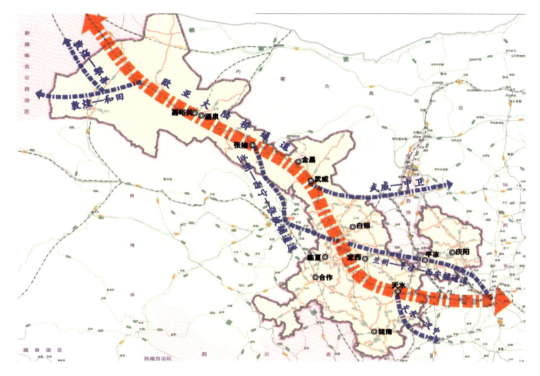

欧亚大陆桥通道甘肃段构成示意图

1. 总体目标

力争到2030年,形成以兰州—白银全国性综合交通枢纽和天水、酒泉—嘉峪关、平凉—庆阳三大区域性交通枢纽为核心,张掖、金昌—武威、临夏、合作、定西、陇南、敦煌等地区性交通枢纽为支撑,综合运输大通道为主骨架,多层次综合运输网络为基础的现代综合交通运输体系,交通网络完备高效,枢纽功能优化提升,运输服务优质便捷,支持保障有力可靠,实现人便于行、货畅其流,让经济社会发展更加充满活力,让交通与自然、社会更加和谐,全面适应甘肃经济社会发展需要。

交通网络完备高效。建设以综合运输大通道为主骨架的综合交通网络,甘肃的战略通道作用更加突出,形成以重载铁路、客运专线、高速公路为主体,畅通高效的过境运输通道;甘肃各级城镇节点高效连通,甘肃省各城市群(带)之间、各市州之间形成以轨道交通为骨架、高速公路为基础、民航为补充的快速化、立体化交通运输网络;兰州市区与兰州新区之间形成以市域轨道,快速地面公交为主导的大容量快速通勤系统。兰州到各地市出行时间不超过3h,城市群(带)、都市圈内部城市之间2h到达,甘肃东、西两翼主要城市之间当日往返。

枢纽功能优化提升。形成层次清晰、分工合理、功能互补、衔接顺畅的枢纽体系,甘肃的交通枢纽功能更加完善、地位更加突出。兰州成为我国向西开放的重要物流基地,全国性综合交通中枢,天水、酒泉—嘉峪关、平凉—庆阳成为区域性的交通枢纽和物流中心,枢纽城市内外交通衔接顺畅。各市州基本建成以铁路客运站和机场为主的综合客运枢纽,旅客在综合客运枢纽内实现"零距离"换乘;以多式联运为特征的物流园区基本覆盖全省主要工业集中区,货物运输实现多种方式间"无缝隙"衔接;综合交通枢纽站场集疏运系统配套完善。

运输服务优质便捷。公路、铁路、民航、水运等运输方式与城市交通衔接转换顺畅,综合枢纽一体化服务体系全面建立,基本形成高效、经济、可靠的多式联运系统以及统筹城乡、衔接紧密的多层次客运服务网络,公众出行更加便捷,货物运输更加顺畅,交通运输基本公共服务水平明显提升;邮政普遍服务和快递服务两个体系全面覆盖,邮政与农村物流融合发展,流通成本低、运行效率高、服务"三农"的邮政物流配送网络基本形成。

行业管理科学规范。交通运输行业管理全面实现法制化、规范化、信息化,体制机制运转有序,法律法规和技术标准体系完善,电子政务全面应用;现代科技广泛应用,基础设施和运输装备运行监测网络基本建成,重点营业性运输装备监测全面覆盖;安全监管与应急保障有力,交通运输风险防控体系基本建成,应急保障能力明显提升;低碳交通运输体系基本建成,交通与资源和生态环境和谐统一。

2. 阶段目标

甘肃综合交通运输体系发展的阶段目标是:到2020年,综合交通运输基础设施网络基本建成,各种运输方式的比较优势充分发挥;交通运输服务水平显著提高,实现客运快速化和城乡交通一体化,多式联运和甩挂运输得到快速发展;交通运输与信息技术融合程度全面提高,基础设施和技术装备整体达到先进水平;资源利用和节能减排成效显著,安全和应急保障充分有力,基本建成安全便捷、畅通高效、绿色智能、群众满意的现代综合交通运输体系。

(1)基础设施互联互通

通道完善。完善辐射全国、沟通"一带一路"沿线节点城市的"两横七纵"综合运输通道布局(两横:欧亚大陆桥通道、兰州—陇东—延安通道;七纵:延安—平庆—天水—陇南—九寨沟通道、兰州—成都通道、兰州—重庆通道、银川—兰州—西宁通道、银川—陇东—西安通道、内蒙古—金武—西宁通道、口岸—酒嘉—格尔木通道),通道运输能力和效率不断提升,满足人员和货物的高效流动,适应全省经济社会发展的需要。

公路畅通。全省骨干公路网络全部建成,公路安全生命防护工程不断推进,实现公路"五通"(县县通高速、乡镇通国省道、村村通沥青或水泥路、省际出口公路畅通、口岸公路畅通);贫困地区"康庄大道路""幸福小康路""平安放心路""特色致富路"建设成效显著,形成广覆盖、多层次、网络化的公路网络。到 2017 年,实现 100% 的建制村通沥青(水泥)路。到 2020 年,高速公路通车里程达到 7300km 以上,普通国道二级及以上公路里程达到 8000km,比重达到 80% 以上。普通省道三级及以上公路里程达到 14000km,比重达到 80% 以上。

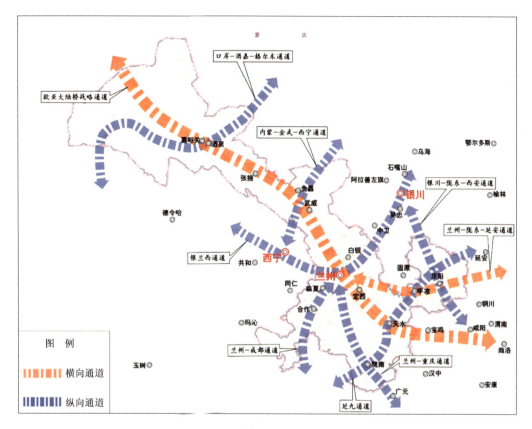

甘肃省综合运输通道示意图

航路广通。民用机场布局不断完善,通用航空健康快速发展,航空服务覆盖范围不断扩大,开通与丝绸之路经济带沿线国家重要节点城市航线,与国内省会城市和重要旅游、商贸城市航线直通。到 2020 年,全省民用机场力争达到 12 个(含武威机场),实现市州民航服务全覆盖,县级城市单元覆盖率达到 85%(含武威机场);开通航线力争达到 160 条,国内通达城市达到 85 个,国际(地区)通航城市达到 20 个。

水路开通。内河航道通航条件显著改善,兰州、临夏、白银、陇南四个重要港口实现规范化运营,水运在旅游客运中的潜力得到有效发挥,在综合运输体系中的作用逐渐增强。到 2020 年,全省内河航道通航里程力争突破 1000km,等级航道里程达到 700km 以上,占通航里程的 70% 以上。

邮路融通。基本形成统筹均等、供给多元、开发融合、便捷高效、与小康社会相适应的现代邮政运行体系和普惠城乡、技术先进、服务优质、安全高效、绿色节能、通达国内外的快递服务体系。深入开展运邮合作,推动邮政站所和快递处理配送中心与枢纽、服务区等交通基础设施融合发展。到2020年,邮政普遍服务实现"乡乡设所、村村通邮",建制村直接通邮比例基本达到100%;快递服务实现"县县有分拨、乡乡有网点、村村通快递"。

枢纽互联。基本建成"布局合理、换乘便捷、运行高效、服务优质"的综合客运枢纽体系和"结构合理、分工明确、功能完善、运转高效"的货运枢纽(物流园区)体系。基本形成"一主三副、多极多点"(以兰州—白银全国性综合交通枢纽与天水、酒泉—嘉峪关、平凉—庆阳区域性综合交通枢纽为核心,以张掖、金昌—武威、临夏、合作、定西、陇南、敦煌等地区性交通枢纽为支撑,以县乡集散性枢纽为基础)的综合交通枢纽体系,在全国以及"一带一路"战略格局中的枢纽地位显著增强,运输组织效率和服务品质全面提升。

(2)运输服务转型升级

基本形成多方式可选、深层次融合、换乘便捷的客运服务网络和高效、经济、可靠、便利的现代货运体系,运输服务供给能力显著增强,人民群众满意度和认可度进一步提高。到2020年,交通基础设施管养效能明显提升,运输服务设施日趋完善,具备条件的建制村通硬化路比例、具备条件的建制村通客车比例、城区常住人口100万以上城市建成区公共交通站点500m覆盖率均达到100%。

(3)支持保障有力可靠

信息技术先进适用。交通运输与信息技术融合程度进一步提高,"互联网+"与交通运输深度融合,实现信息服务"一点通",公众出行"一卡通",服务监督"一号通"。到2020年,重点区域内城市间交通"一卡通"互联互通率达到100%。

科技标准创新规范。交通运输科技基础条件明显改善,企业技术创新主体地位不断增强,科研成果在交通建设管理中的应用率进一步提高。交通行业标准化理念深入普及,标准先进性、有效性和适用性显著增强,计量、检验检测、认证认可能力显著提高,到2020年,建成适用交通发展需要的标准体系。

资源环境低碳绿色。交通领域逐步实现规划设计生态化、建设过程清洁化、资源利用高效化、环境影响最小化。到2020年,营运车辆单位运输周转量能耗强度和碳排放强度分别比2015年下降6.7%和7.9%。

安全应急可靠高效。交通运输安全生产法规及制度体系逐步健全完善,安全监管能力显著增强,安全运营水平显著提升,交通运输应急保障充分有力。到2020年,一般灾害情况下公路应急救援到达时间不超过2h、一般灾害情况下公路应急抢通时间不超过12h,内河干线重要航段应急到达时间不超过30min。

行业治理科学务实。交通运输重要领域和关键环节改革取得突破性成果,逐步建立与转型升级发展相适应的体制机制。法律法规和标准体系逐步健全,交通运输市场监管更加规范,依法行政水平和行业监管能力明显提高。

(四)政策策略

近年来,国家和省上陆续出台了一系列支持交通发展的政策文件,为全省交通运输持续、健康发展提供了坚实的政策保障。

1. 国家出台的有关支持政策

(1)《中共中央国务院关于深入实施西部大开发战略的若干意见》(中发〔2010〕11号)。意见明确了西部大开发在我国区域协调发展总体战略中的优先地位,强调要把交通基础设施建设置于优先地位,坚持夯实基础,着力提升发展保障能力。提出了"要继续把交通、水利等基础设施建设放在优先地位"的方针和"加快综合交通网络建设"的任务,要求"把西部地区作为国家公路建设的重点区域";加快打通省际"断头路",基本建成国家高速公路网西部路段,加强国省干线公路改造,加快推进农村公路建设,推进综合客运枢纽建设;加强大中型干线机场建设和改造,新建一批对改善边远地区交通条件,促进旅游等资源开发以及应急保障具有重要作用的支线机场;提高航道标准,加强重点内河港口建设,加强集装箱和大型散货公用码头建设。

(2)《国务院办公厅关于进一步支持甘肃经济社会发展的若干意见》(国办发〔2010〕29号)。意见针对甘肃实际,明确了甘肃省"连接欧亚大陆桥的战略通道和沟通西南、西北的交通枢纽"的交通运输发展战略定位,提出了"到2015年基础设施条件得到明显改善,到2020年综合运输体系基本建成,基本公共服务能力大幅提高"的发展目标。提出了"加快推进国家高速公路建设,加大国省干线公路改造力度,加快推进公路运输枢纽及物流园区建设,加快农村和国有农场公路'通达工程'和'畅通工程'建设,提高农村客运站覆盖率和加强民航建设"的要求。

2. 省上出台的有关支持政策

(1)加快交通建设方面

甘肃省人民政府印发《关于加快全省公路建设的意见》(甘政发〔2014〕105号)。意见提出了按照"划分建设事权,明确主体责任"的原则,加快建立由"省上负责国家高速公路和普通国道建设管理,市州负责地方高速公路和普通省道建设管理,县区政府负责农村公路建设管理"的三级公路建设管理体制,把进一步加快公路建设放在我省基础设施建设的突出优先地位,明确了新时期新阶段公路建设的主要目标和重点任务,对全面加快我省公路建设步伐,努力提升公路交通对经济社会发展的保障能力,具有十分重要的意义,是指导甘肃省当前和今后相当长一段时间公路建设工作的重要政策性文件。

(2)简化前期工作方面

①甘肃省编办、省深改办、省发改委、省交通运输厅联合下发《关于调整全省重点公

路建设项目前期工作审批权限的通知》(甘机编办发〔2015〕53号)。文件提出了调整二级及以下项目可行性研究报告审批权限、初步设计审批权限、施工图设计审批权限及高速公路项目控制性工程试验段审批权限,进一步下放了项目可研报告、初步设计、施工图设计及控制性工程试验段的审批权限,进一步推动了政府职能转变,加快全省公路项目审批工作。

②甘肃省人民政府办公厅印发《关于调整投资项目初步设计等审批权限的通知》(甘政办发〔2015〕140号)。文件进一步明确了省发改委、省直行业主管部门、市州的项目审批权限,对进一步调动市州和部门的积极性,充分发挥各部门的专长和优势,提高项目审批效率具有重要意义。

③甘肃省人民政府办公厅印发《关于进一步明确公路项目可行性研究报告及初步设计审批权限的通知》(甘政办发〔2015〕165号)。文件明确了普通国道、省级高速公路、普通省道一级和二级公路可行性研究报告由省级投资主管部门审批,普通省道三级及以下公路可行性研究报告由市州投资主管部门审批,普通国道、省级高速公路、普通省道一级公路初步设计由省交通运输主管部门审批,普通省道二级及以下公路初步设计由市州交通运输主管部门审批,进一步明确了实行审批制公路项目的审批权限。

(3)强化资金保障方面

①甘肃省人民政府办公厅转发《省交通运输厅关于鼓励和引导民间资本投资交通基础设施领域实施意见的通知》(甘政办发〔2012〕228号)。文件明确了投资范围、条件、运作方式、支持政策等,提出鼓励和引导民间资本以独资、控股、参股等多种方式参与交通基础设施的投资、建设和经营,充分发挥民间资本在推动交通产业结构优化、发展方式转变、构建现代交通运输业中的重要作用,推动甘肃省交通运输加快发展。

②甘肃省人民政府印发《关于创新重点领域投融资机制鼓励社会投资的实施意见》(甘政发〔2015〕23号)。文件提出了建立完善政府主导、分级负责、多元筹资的公路投融资模式,省交通运输厅负责国家高速公路和国道建设投融资,市州政府负责地方高速公路和省道建设投融资。凡符合开放条件的公路、桥梁、隧道、车站、港口、码头、综合运输枢纽、物流园区、运输站场等交通基础设施均鼓励社会资本以独资、合资、控股、参股、BOT、BT、BOOT等融资方式建设运营,鼓励和引导社会资本以合资、合作、联营等方式参与民航基础设施的投资、建设和经营。积极吸引社会资本参与干线机场以及航站楼等机场配套服务设施投资建设。

③充分发挥财政资金的引导和杠杆作用,积极推动设立公路、铁路、民航发展基金。甘肃省政府与中国建筑股份有限公司合作设立总规模1000亿元的甘肃丝绸之路交通发展基金,成为目前国内央企与地方政府合作设立的规模最大的综合交通基础设施建设专项基金;甘肃省交通运输厅与中国交通建设股份有限公司共同发起设立总规模400亿元

的"甘肃交通投资基金(有限合伙)",与中国邮储银行合作设立总规模200亿元的甘肃公路建设基金。同时大力推行"BOT(建设—经营—转让)+EPC(设计、采购、施工)"模式,积极探索"PPP(公私合作制)"模式,广泛吸引社会资本积极参与,有效扩大社会资金投入规模。

(五)发展规划

自实施西部大开发战略以来,甘肃省相继组织编制了《2001—2010年甘肃藏区公路建设规划》《西部开发甘肃公路交通发展规划》《全面建设小康社会甘肃交通发展规划》《甘肃省高速公路网规划》《甘肃省高速公路网规划(2009年调整)》《甘肃省内河水运发展规划》《甘肃省高速公路交通工程总体规划》《甘肃省干线公路网发展规划》《甘肃省农村公路网发展规划》《甘肃省国家公路运输枢纽总体规划》(含兰州、酒嘉、天水、张掖、平凉5个枢纽规划)《甘肃省二级公路交通救援保障服务区建设规划》《国家级甘肃交通运输应急救援中心建设规划》《深入实施西部大开发战略甘肃交通运输发展规划》《甘肃省集中连片特困地区交通扶贫开发规划》(含六盘山区、秦巴山区、甘肃藏区3个片区规划)《兰州新区综合交通运输发展规划》《关中—天水经济区综合交通运输发展规划》《甘肃省城市群综合交通规划》《甘肃省交通运输行业支持循环经济发展专项规划》《甘肃省交通扶贫攻坚建制村通畅工程建设规划(2013—2020年)》(含省级试点县、交通先行示范市县2个专项规划)《甘肃省国家公路网线位规划》《甘肃省省道网规划(2013—2030年)》,以及"十五""十一五""十二五"3个五年规划和汶川地震、舟曲泥石流、陇南天水暴洪、岷县漳县地震水毁等重大自然灾害灾后恢复重建规划等50余项重要规划。

二、交通运输行政管理体系

(一)历史沿革

1950年,甘肃省人民政府交通厅正式成立,其内部机构经过数次调整和完善,到1955年,厅机关及下属各专业管理机构达到155个,职工总数达到了6126人。1961年,为贯彻中央"调整、巩固、充实、提高"的路线方针,省交通厅将市、州交通管理局的人、财、物全部划归厅直接领导和管理,全省公路施工力量全部集中,由省交通厅统一领导。此后,在历史发展沿革中,甘肃省交通机构先后经过数次调整,基本形成了省级政府部门集中管理的模式。1968年,在当时形势下,将省交通厅改为省交通运输管理局。1970年7月,为适应当时形势的需要,根据国务院、中央军委的指示,原省交通运输局与省邮政局合并,成立甘肃省革命委员会交通邮政局。1973年9月,国务院、中央军委再次发文,交邮分开,省交邮局改为省交通局。1980年,省交通局奉省政府令改名为省交通厅,沿用至2009年。2009

年,根据《中共中央办公厅国务院办公厅关于印发〈甘肃省人民政府机构改革方案〉的通知》(厅字〔2009〕16号)和《中共甘肃省委甘肃省人民政府关于印发〈甘肃省人民政府机构改革实施意见〉的通知》(省委发〔2009〕9号)精神,甘肃省交通厅更名为"甘肃省交通运输厅",为省政府组成部门。

(二)发展变化

纵观60年甘肃省交通发展,交通管理体制总体上呈现出由松散向集中过渡的趋势。新中国成立之初,交通管理相对松散,公路建设和运输组织协调难度较大,在一定程度上制约了交通事业发展。为了改变这种松散管理的弊端,甘肃省交通部门一直进行着积极的探索。1950年,成立甘肃省人民政府交通厅,1961年以后,省级层面交通统一管理的轮廓基本形成。改革开放后,甘肃省交通厅适应经济建设和交通发展的要求,先后数次对内部组织管理体制进行了调整,每一次调整都是一次内部资源的优化和配置,每一次调整都是一次效率的提高和大胆突破。2009年,甘肃省交通运输厅正式揭牌,这不仅是名称的变化,而是根据时代发展的需要,在不同时期积极地对交通体制、机制改革进行了有益的探索。

1. 建立了符合甘肃省实际的高等级公路运营管理体系

针对以前"建管不分、管养不分"带来的弊病,省交通厅及时调整思路,提出了"建管分离、管养分离"的改革思路。按照这一思路,省交通厅对全省高速公路养护职能和运营管理模式进行了调整。由省高等级公路运营管理中心统一负责高速公路的收费运营管理及综合服务工作。由省公路局统一负责高速公路养护的行业管理和监督,各公路总段(分局)负责辖区内高速公路的养护管理工作,全省高速公路实现了由建设业主多头管理养护变为集中管理。这一符合甘肃实际、具有甘肃特色的改革经验得到了交通运输部的肯定。

2. 理顺了全省公路建设和公路路政管理体制

省交通运输厅对厅属有关单位职能进行了重新划分整合,将公路建设职能统一划归建设业主,即省公路局负责路网改造项目,省交通厅工程处、甘肃长达路业公司、甘肃路桥投资公司负责高等级公路建设项目管理,改变了以往多头建设、多头管理的模式,提高了工作效率和工程建设质量。同时,将全省公路路政职能从省公路局剥离出来,成立了甘肃省公路路政管理总队,统一负责全省公路路政执法工作,进一步规范了公路路政执法行为,提高了路政执法水平。

3. 继续深化国有交通企业改革

坚持以市场为导向,以机制创新、管理创新为重点,进一步规范企业法人治理结构,围绕交通主业抓项目,突出行业特色抓经营,发展优势产业增效益,企业管理水平和经济效益普遍提高。制订行业监督管理办法和交通企业目标考核管理办法等制度。开展了站场国有资产清理确权试点工作。全面完成了全省86家客货道路运输企业改制工作,民营经济成分成为全省道路运输市场的主导。

4.加快事业单位机构改革

按照省上的统一部署,积极配合省编办、人事厅、财政厅对厅属公路管理机构(包括交通征稽机构)的人员进行了核定,定编、定员、定岗、定职责,为实行规范管理奠定了基础。这些变化不仅仅是字面上的刷新,更重要的是机制的重构、体制的完善,还是责任和分工。新组建的甘肃省交通运输厅承担着全省公路、水路行业的管理以及指导城市客运和机场建设管理的职责。这种综合运输体系有利于公路、水路、民航、城市客运等各种运输方式统筹协调发展,对优化资源配置,实现运输方式的互补和无缝对接,发展现代交通业等都具有十分重要的作用。

(三)现状

甘肃省交通运输行业总体实行"条块结合、以条为主"的管理体制,设一厅(甘肃省交通运输厅)、八局(甘肃省民航机场管理局、甘肃省邮政管理局、甘肃省公路管理局、甘肃省道路运输管理局、甘肃省公路路政执法管理局、甘肃省高速公路管理局、甘肃省水运(海事)管理局、甘肃省交通工程质量安全监督管理局)和其他事企业单位。

甘肃省交通运输厅:主要负责全省公路、水路和民航机场等交通运输基础设施的建设、维护和管理(省交通运输厅加挂省民航机场管理局牌子),联系指导全省邮政行业管理工作。厅直属省公路管理局、省道路运输管理局、省公路路政执法管理局、省高速公路管理局、省水运(海事)管理局、省交通工程质量安全监督管理局等单位。

甘肃省民航机场管理局:2012年12月21日,甘肃省交通运输厅加挂甘肃省民航机场管理局的牌子,宣布甘肃省民航机场管理局正式成立,这是甘肃交通和民航发展史上的一件大事,标志着甘肃省民航机场管理工作揭开了新的篇章,也预示着甘肃省构建现代综合运输体系工作进入一个新的阶段。甘肃省民航机场管理局的成立,是甘肃省委、省政府认真贯彻国家有关民航管理的法规条例,结合甘肃省民航事业发展实际慎重决策的结果。履行省政府赋予的机场投资、建设和管理职责,组织实施机场项目建设。

甘肃省邮政管理局:根据《国务院关于印发邮政体制改革方案的通知》(国发〔2005〕27号)和《国务院办公厅关于印发省(区、市)邮政监管机构机构设置主要职责和人员编制规定的通知》(国办发〔2006〕8号)精神。2006年9月,省邮政管理局成立,受国家邮政局垂直领导,省交通运输厅联系指导行业管理工作。为全省邮政监管机构,履行政府监管职能,负责贯彻执行国家邮政法律法规、方针政策和邮政服务标准,研究制定邮政发展规划,监督管理邮政市场以及邮政普遍服务和机要通信等特殊服务的实施,负责行业安全生产监管、统计等工作,保障邮政通信与信息安全,承办政府交办的其他事项;邮政公司负责经营和管理国有资产,经营各类邮政业务,从事邮政金融、投融资和其他业务。

甘肃省公路管理局:主要承担全省路网和农村公路建设初始规划、二级公路建设改造和通行费征收、高速公路和普通干线公路养护管理、公路交通应急保障、行业文明建设等工作,同时对全省农村公路建设、养护和管理实行行业指导,全省设14个公路管理局,各县市区交通运输局下设县乡公路管理站,具体指导和承担县道、乡道和村道等农村公路养护管理。

甘肃省道路运输管理局:负责全省道路运输行业管理,依法行使行政管理职能;负责全省道路运输政策法规、运政执法、发展规划和行业技术规范、标准的制定、组织及实施;负责全省道路运输行业安全监管及抢险救灾、战备物资运输指令性计划的组织实施;负责全省道路旅客运输、货物运输、运输场站、维修检测、驾驶员培训及相关业务管理工作;负责指导全省城市公交、出租汽车行业管理工作;负责全省道路运输基础设施建设与管理工作,信息化建设与推广应用工作;负责全省道路运输国有资产的监管工作;负责指导全省道路运输行业精神文明建设、运政人员岗位培训等工作。按行政区划分为省、市(州)、县(市、区)三级,全省设有各级道路运输管理机构143个。

甘肃省公路路政执法管理局:负责全省高速公路、国省干线公路路政执法管理、超限超载运输治理,指导农村公路路政执法管理工作。

甘肃省高速公路管理局:主要负责全省高速公路的资产管理、养护监管、标志标牌设置和隧道、机电系统、服务区设施的维护管理工作,负责全省高速公路服务区广告、光缆的经营管理工作,负责全省高速公路的应急救援、调度指挥和交通战备保障、监控管理。负责交通信息收集与发布以及全省高速公路所属单位的组织人事、劳动工资、档案和安全生产管理工作,全省设11个高速公路收费管理处。

甘肃省水运管理局、甘肃省地方海事局、甘肃省船舶检验处实行三块牌子一套机构的管理体制。主管全省水运、海事、船舶检验和航道管理。负责水运工程建设及质量监督,水上交通安全监督管理等工作。

甘肃省交通工程质量安全监督管理局:负责参与拟定适应全省实际的公路工作质量监督、监理、试验检测工作的管理制度和实施细则,并监督实施;负责全省公路工程质量监督的行业管理和各地质监站及其人员的考核发证工作并受省交通厅委托实施行政处罚;负责监督检查公路工程建设各方建立健全质量保证体系、质量责任制度和从业单位资质资信,质量管理和工程实体质量;负责全省受监工程的质量检测评定工作,参与工程交(竣)工验收;负责全省公路工程监理、试验检测工作的管理及机构、人员资质资信管理和人员的业务培训;负责仲裁工程质量争端,参与对重大工程质量事故的调查处理和全省交通行业优秀勘察、设计、优质工程的评审等工作。

目前,全省交通运输行政执法实行"统一管理,条块结合,分类执法,分级负责"的管理体制,主要有公路路政、道路运政、水运(海事)、船舶检验、交通工程质量监督等执法门类。省级具有交通运输行政执法职能的单位为省运管局、省水运(海事)局、省路政执法局(全省设14个路政执法管理处)和省交通工程质量安全监督局等四个业务主管局。道路运输和水运海事管理实行市州属地管理。国省干线公路路政和养护管理实行省、市、县三级垂直管理。

三、各种运输方式的发展

(一)发展政策

近年来,国家和省上出台了许多交通运输发展相关的政策文件。《中共中央国务院关于深入实施西部大开发战略的若干意见》(中发[2010]11号)、《国务院办公厅关于进一步支持甘肃经济社会发展的若干意见》(国办发[2010]29号)、《关中—天水经济区发展规划》《甘肃省循环经济总体规划》《陕甘宁革命老区振兴规划》等一系列国家支持西部地区和甘肃发展的意见、规划和国家支持藏区、革命老区发展的政策等都把加快交通基础设施建设置于基础性、先导性的位置,为西部地区和甘肃省经济社会和交通运输发展提供了难得的历史机遇。《甘肃省高速公路网规划》(甘政办发[2007]37号)、《甘肃省内河水运发展规划》(甘政办发[2008]122号)等一批重大规划相继实施,强化了对交通运输发展的战略指导。2015年,省委省政府抢抓国家"一带一路"倡议重大历史机遇,决定实施丝绸之路经济带甘肃段"交通突破"行动,加快推进全省交通基础设施建设,努力实现公路铁路民航三大突破目标,切实为打造丝绸之路经济带甘肃黄金段,加快全面建成小康社会奠定坚实的基础。

(二)基础设施

1. 公路

公路是交通运输网的主脉络,具有覆盖面广、适应性强、直达性好及机动灵活等优点。甘肃的公路交通四通八达、纵横成网,初步形成以高速公路为骨架,以国省干线为次骨干,以农村公路为支脉,以兰州为中心、以市(州)为节点的多级公路网络系统。

截至2015年底,到"十二五"末,14个市州政府驻地全部以高速公路贯通,86个县区政府驻地以二级和二级以上公路贯通,100%的乡镇以沥青路或水泥路贯通;交通基础设施建设完成投资、高速公路新增里程、二级及以上公路比重、建制村通沥青(水泥)路比重均比"十一五"末翻一番。

2017年末全省公路总里程14.3万km,公路密度33.4km/百km^2;全省高速公路通车里程4014km,二级及以上公路里程1.33万km;全省农村公路里程11万km,乡(镇)和建制村通畅率分别为100%、95%。

公路汽车天桥　　　　　　　　　　　　　　公路改建工程

2. 铁路

铁路是国民经济发展的大动脉，是国家重要的交通基础设施，是资源和环境友好型的运输方式，具有安全、经济、全天候运输等特点，在中长途和大宗货物运输中优势明显，是综合交通体系的骨干，加快铁路发展已经成为社会各方面的共识。甘肃省铁路以兰州枢纽为中心，以陇海、兰新为主轴，贯穿甘肃东西，连接了陇原东中部及整个河西走廊，北接包兰，西连兰青、青藏，宝中铁路纵穿平凉市，干武线拉近了河西走廊与宁夏、蒙西地区的距离，铁路基本覆盖了甘肃省大部分地区。2015年末全省铁路营业里程达到4245km，覆盖全省14个地州市行政中心中的10个，电化率和复线率分别为80%和60%。2015年，兰新高铁开通运营，2017年，宝兰高铁开通运营，实现了甘肃省西出东进全线高铁贯通，兰渝铁路历经9年建设全线开通，圆了建设西部地区南北铁路大动脉的跨世纪百年梦想。甘肃的交通枢纽地位和通道优势更加凸显。

铁路

3. 民航

航空运输具有快速、舒适、安全等特点，在综合交通运输体系中的地位和作用日趋重要,对经济和社会发展的影响越来越大。以大型枢纽机场为核心,相关产业在周边地区聚集辐射,在空间上呈现圈层结构的临空经济区。2017 年末甘肃共有民用航空机场 9 个(兰州中川、嘉峪关、敦煌、张掖、天水、夏河、庆阳、金昌、成县),县级城市单元覆盖率达到 55%,已形成了通达至日韩、东南亚等国际地区及全国各省会、直辖市、重点旅游商贸城市的航线网络,同时实现了与全国排名前 50 位机场的通航。

民航机场

4. 内河水运

内河水运作为传统的运输方式,已经成为一个继公路、铁路、航空之后国家大力发展的运输方式。水路运输具有投资少、成本低、运量大等优点,在国民经济和社会发展中做出了巨大贡献,是综合运输体系的重要组成部分。2015 年末全省内河航道通航里程913.77km,等级航道 456.1km,占通航总里程 49.9%。

内河水运

(三)运输装备

2015 年末全省拥有载客汽车 19876 辆、44.83 万客位,其中大型客车 7115 辆、27.69 万客位。拥有载货汽车 28.6 万辆、138.31 万吨位。其中普通载货汽车 25.66 万辆、10.25 万吨位;专用载货汽车7146辆、9.10万吨位。全省拥有水上运输船舶449艘,净载质量1484吨位,平均净载质量3.3t/艘,载客量7563客位。全省城市及县城拥有公共汽电车7513辆,全省城市及县城拥有出租汽车3.48万辆。

(四)信息化建设

1. 交通运输信息化基础设施逐步完善

甘肃省采用自建或租用运营商线路共用的方式,初步建成覆盖全省交通运输行业的基础通信专网,基本实现了在线业务实时流转和信息资源共享;基本建成交通地理信息系统,为各业务系统提供基础的地理数据。行业数据中心初具规模,基本实现信息技术和数据资源的共享利用;高速公路特大桥梁和特长隧道已全部实现视频监测,其中特长隧道监测覆盖率达到100%;超限超载检测站已建成150处;"两客一危"入网率达到100%。各类智能终端逐步趋于完善,进一步提升了行业安全监控和管理水平。

2. 行业管理信息化应用全面覆盖

公路水路交通运输行业管理基础业务全面实现信息化,核心业务信息化应用广度和深度逐步提高。"公路水路畅通与应急处置系统""省交通运输统计分析监测和投资计划管理信息系统""客运站汽车站联网售票系统""包车客运管理信息系统""水运海事信息管理系统"等应用系统已按照交通运输部的规划和建设标准指南落实建设,实现信息化与业务管理的初步融合,提升了行业监管水平和工作效率。

3. 交通电子政务系统稳步推进

甘肃省交通运输管理部门突出"以人为本"的理念,以电子政务建设为重点,通过各级交通管理部门,管理机构的门户网及省政务服务网向公众提供行业政策法规、行政许可、办事指南和便民服务等政务信息,极大地提升了行业的政务服务能力。

4. 公众信息服务能力不断提高

以公众出行需求为导向,加快推进提升交通运输信息服务。通过"96969"和"12328"热线电话为公众提供路况查询、问题咨询、救援服务、投诉建议等服务;省高速公路管理局通过网站、微博、微信等平台为公众提供高速路况、气象服务、服务区等信息;省道路运输管理局开通了网上政务大厅、政务信息服务APP软件,积极推进行政许可和运政业务管理网上办理;省水运管理局通过网站给公众提供气象信息。

5. 信息化发展环境日益优化

随着公路水路交通运输信息化建设加快推进,行业信息化建设经验不断积累,专业人才梯队初步形成。省交通运输厅成立了交通信息化建设领导小组,大力推动信息化建设,进一步创造良好的发展环境。

(五)发展运营情况及对我省经济社会的贡献值

1. 交通发展运营情况

按照"十二五"期全省"中心带动、两翼齐飞、组团发展、整体推进"的区域发展战略，我省交通运输发展实施"中心辐射、东西推进、区域带动、全面提升"的交通运输发展战略，全省交通运输发展取得了显著成就。

兰州国家公路运输枢纽建设稳步推进，物流基础设施逐步完善，西客站投入运营，中川机场成为国际航空口岸，中川机场综合交通枢纽实现了公路、铁路、民航的"零距离"换乘，兰州综合运输枢纽地位进一步增强，对全省乃至西北地区的"率先、带动、辐射、示范"作用更加凸显。随着兰州至永靖、永登至古浪等一批高等级公路的建成通车，兰州都市圈交通运输网络进一步完善，"圈层+放射线"的"轮辐状"路网优势逐步发挥，与周边区域的联系更加紧密，辐射范围和服务能力进一步增强。

以综合运输通道建设为重点，全面推进东西双向交通运输网络发展，连霍、青兰、福银、定武、十天等国家高速甘肃境内路段全线贯通，实现了全省横向通道全面贯通，纵向通道能力明显提升。东南部路网密度不断加大，有效支撑了平(凉)庆(阳)传统能源开发区域和关(中)天(水)国家经济区天水及陇南等市发展。西部以连霍横向通道为主干，南北纵向通道为支脉，建成了瓜州至敦煌快速通道，区域通道功能明显增强，运输效率显著提升，促进了以酒(泉)嘉(峪关)为中心，贯通张掖、金(昌)武(威)经济区和敦煌的"两翼"新能源开发利用示范区建设。

全面贯彻落实国家和甘肃区域发展战略及规划，围绕兰州、平凉、酒嘉、天水、张掖等5个国家级公路运输枢纽，建成了永登至古浪、雷家角至西峰、瓜州至敦煌、武都至罐子沟、金昌至武威、临夏至合作等一批高速公路，实现了全省所有市州通达高速公路，出省通道运输能力显著增强，衔接顺畅的1~2h交通圈基本形成，有效支撑带动了兰州—白银—定西、平凉—庆阳、酒泉—嘉峪关、天水—陇南、金昌—张掖—武威、甘南—临夏少数民族地区经济社会发展，区域比较优势得到发挥，特色经济产业蓬勃发展。

全面加强交通运输基础设施建设，公路路网等级结构和通行能力稳步提升，内河水运和民航发展潜力逐步释放，统筹考虑邮政发展，各种运输方式间的衔接、优化和协调进一步完善。加快转变交通发展方式、调整运输结构，交通可持续发展水平稳步提升，基础设施建设与管养、运输服务水平、交通科技创新与信息化、交通安全与应急保障、绿色交通与低碳运输、行业体制机制改革等重点领域取得新突破，交通支撑全面建成小康社会、"一带一路"、精准扶贫精准脱贫等战略的能力全面提升。

2. 对经济社会的贡献值

目前，甘肃省交通运输发展实现了从"瓶颈制约"到"基本适应"的重大跃升，对甘肃经济发展、民生改善、城镇建设、扩大开放等起到了重要促进作用。

精准扶贫精准脱贫行动的实施,将农村公路与扶贫攻坚、异地搬迁、富民产业发展、美丽乡村建设紧密结合,多措并举推动贫困地区交通率先发展。各地依托农村公路建成了一批特色产业基地,实现了农资送到地头、客商进入园区、产品直达市场,促进了马铃薯、苹果、蔬菜等特色优势产业发展,加快了贫困地区脱贫致富步伐,群众满意度和幸福指数不断提高。

交通运输固定资产投资有效支撑全省经济社会发展。近年来,全省交通固定资产投资年均增长率近30%,明显高于全省平均水平,形成大规模固定资产投资,有效带动了建材、电子、能源等相关领域和配套产业发展,为稳定经济增长提供了强大的支撑作用。以"十二五"期为例,按照高速公路投资带动测算,"十二五"期全省2488亿元的交通固定资产投资,约占全省固定资产投资的8%,带动了社会总产值约7500亿元,创造地区生产总值约1000亿元,创造约500万个就业岗位,极大地带动了相关产业发展和就业。

第二章
现代公路和运输在甘肃的建设和发展历程

第一节 公路建设发展历程

一、现代公路在甘肃省的出现和早期发展状况

甘肃自民国13年(公元1924年)开始兴修公路,到民国38年(公元1949年),在长达25年的时期内,共修建公路34条,全长5161.1km。这些公路在修建过程中,干线公路因投资、材料、技术和地理环境等条件的限制,普遍标准低、质量差,支线公路的标准和质量就更低更差了。在主要干线公路上共修建桥梁462座,长7257m,其中永久式桥梁只占总长的28.92%。

辛亥革命胜利后,国家曾计划进行现代化交通建设。民国11年(公元1922年)9月,中华全国道路协会向北洋政府提出《全国道路意见书》,并附《建设中华全国汽车道路图》,提出以兰州为中心,修筑经线4条,纬线5条,长达10.6万km的建设计划。民国17年(公元1928年),国民政府交通部又拟定了《全国道路修建计划》,把全国道路分为国道、省道、县道三种,国道又分干线、支线两类,干线则分为经、纬两线,兰州是经纬线的中心。以兰州为中心的全国道路建设计划的提出,对甘肃公路的兴修和发展,有很大的促进和推动作用。但当时由于军阀混战,财政困难,修路计划未能实现。

民国22年(公元1933年)秋,甘肃省建设厅又草拟了一个以兰州为中心的6大干线、43条支线的公路修建计划,并经省政府于民国23年(公元1934年)4月省务会议通过。6大干线是:

甘陕线由皋兰起经定西、静宁、隆德、平凉、泾川至窑店而达陕西,甘肃境内长491km。

甘新线由皋兰起经永登、古浪、武威、张掖、酒泉、玉门、安西至星星峡而达新疆,甘肃境内长1489km,这条路线连接甘陕线后,成为西北交通的一条东西大干线。

甘青线由皋兰起至享堂而达青海,甘肃境内长185km。

甘宁线由皋兰起,经靖远至兴仁堡而达宁夏,甘肃境内长237km。

甘川第一线由华家岭起,经通渭、秦安、天水、成县至武都,长510km。

甘川第二线由皋兰起,经洮沙(太石)、临洮、临潭、岷县、西固(舟曲)、武都至碧口,

长778km。

6大干线公路共长3690km,43条支线公路里程共长3540km,干支线公路合计总长7230km。预算工程费约需3289.4万元,分5年完成,每年应筹款600余万元。由于甘肃经济落后,财政困难,国民政府又不予拨款,经费无着,计划落空。但它对后来甘肃公路事业的发展和公路网的构成,提供了一份有公路布局的蓝图。

直到民国13年(公元1924年),甘肃才开始按通行汽车的标准修建公路。当时甘肃督军陆洪涛出任中华全国道路建设协会名誉会长,其部下参谋长魏鸿发和陇东镇守使张兆钾、陇南镇守使孔繁锦分别在兰州东稍门至东岗镇、窑店至花所、天水至张家川县马鹿镇等处各修了一段公路。民国16年(公元1927年),由于军事和救济灾民等原因,国民政府开始拨款,由省政府征雇民工,组织军工,采取"以工代赈"的办法,在原有大车道的基础上整修了兰平、兰肃、兰秦、兰宁、兰固、兰临、兰湟、宁夏共8条可勉强通行汽车的公路。后因政局变化,且无汽车行驶,已修路段大部分废弃。民国23年(公元1934年),全国经济委员会在西北成立公路管理机构,正式修建西兰公路,并制定了管理制度和修路标准。到1935年5月1日,西兰公路全线修通并投入营运。甘肃公路建设兴起后,经过抗日战争和解放战争时期,历时25年发展和改善,到1949年8月,在全省修建的34条公路中,实际能通行汽车的有19条,长3279.8km,这无疑是划时代的进步和发展。但是,甘肃幅员辽阔,人口居住分散,资源丰富,亟待开发,而铁路仅有陇海线通至天水,长50余公里,绝大部分物资运输,行人往来全靠公路交通,当时的公路建设与实际需要还有相当的差距。交通落后,运输不便,行路难、过河难的问题十分严重。尤其是陇南山区、河西边远地区以及陇东老区、甘南、临夏少数民族地区交通闭塞,经济落后的问题更为严重。甘肃公路事业的基础很薄弱,而发展的条件却十分艰苦和困难。

二、新中国成立后甘肃省公路建设和发展状况

1949年8月兰州解放,年底甘肃全省解放。中国革命的胜利和中华人民共和国的成立,揭开了中国历史发展的新篇章。甘肃的公路事业步入了新的历史发展时期,在薄弱的基础上和艰苦困难的条件下,集中人力、物力和财力,广泛发动群众进行了积极恢复、重点发展和艰苦创业的工作。

1949年7月以后,西兰、甘新、兰郎、甘川、甘青、华双等干线公路的重要路段和桥梁先后在国民党军队溃退时遭到破坏。据统计被破坏的路段,折合土、石、砂砾工程量9万余立方米,有近百座桥梁成了危桥,其中有59座大、中型桥梁被炸毁。再加上严重的失修失养、自然损坏等因素,干线公路大部分路段和部分桥梁不能通车。尤其是华双、西兰公路和兰州黄河铁桥以及马陵关、马陵沟、沏河、洮河上的浮桥等被破坏以后交通基本上中断,这不仅直接影响着人民解放军西进、南下,而且对甘肃工农业生产的恢复、正常的交

通往来也带来了严重影响。因此,抢修公路和桥梁,迅速恢复公路通车,成为当时各级军管会和公路员工的重要任务。早在兰州解放前夕,陇东、天水、定西等地的养路员工和公路沿线的广大群众就曾对西兰、华双、宝平等干线公路进行了临时性抢修,对大批车辆支前,保障人民解放军进行兰州战役军需物资的运输等起了重要作用。兰州解放后,兰州军管会交通处,一方面抓紧军事接管和机构组建工作,一方面号召公路员工尽快复工,抢修被国民党军队破坏了的公路和桥梁。据统计,仅1949年7月至12月,兰州和各级军管会就组织、动员全省主要干线的养路员工和公路沿线群众抢修公路投入7万多劳动工日,承担了开修便道、抢修路基、备运养路砂砾、突击养护路面等项目,累计完成土石方和砂砾工程量10余万立方米。在沿路群众的配合下,公路养护员工还修复、加固桥梁50余座。尤其是兰州解放以后,兰州、天水、平凉、定西、临夏、武威等地州的养路员工,抢修干线公路的任务更艰巨、更繁重。他们积极响应各级军管会的号召,都先后投入到抢修西兰、华双、甘新、兰郎、甘川、甘青等干线公路的行列中。在各级军管会的带领下,积极抢修公路和桥梁,使甘肃境内西北公路大动脉的干线公路——西兰、甘新、华双、甘川、甘青、兰宁等跨省公路及其他主要干线公路得以恢复通车,这不仅为人民解放军西进新疆、南下青海、四川,并为解放甘肃全省作出了贡献,而且也为全省干线公路的畅通和道路交通的全面恢复奠定了基础。

新中国成立初期,甘肃的公路部门在抢修公路、桥梁、支援前线的同时,主要集中人力、物力,保证西兰、甘新、兰宁、华双、兰郎等干线公路的畅通,保证石油东运和援藏(西藏)、进疆(新疆)和青海物资运输的顺利进行。1950年初,西北军政委员会交通部公路局成立了平凉、天水、兰郎等公路工程处,加快了公路恢复和抢修工作的进度。1950年4月,甘肃省交通厅成立,西北交通部把公路修建和养护逐步下放省管后,省交通厅于1951年6月召开了全省第一届交通工作会议,强调了依靠地、县、乡党政,依靠群众养好管好公路,并要求各级政府设立交通管理机构,明确了若干政策。会后,全省公路建设和养护工作全面展开,加快了进度,并为以后的工作打下了基础。在1950年至1952年三年经济恢复时期,公路沿线的广大群众为整修和改善公路路况做出了巨大贡献。农民投入义务建勤达219.41万个工日,6.52万车日,牲畜1.28万头次。1953年,进入国民经济第一个五年计划时期以后,省交通厅为了适应全省经济建设的需要,配合石油东运和内地物资西运,以及食盐、煤炭、矿产和森林资源的开发,在全面整修、改善甘新和重点改善西兰、甘川、甘青、兰包等干线公路的同时,先后新修了河雅、武九、永天、永窑和镜铁山等食盐、煤炭、矿山专用公路,加固了兰州黄河铁桥,新修或改建了永宁镇等一批大中型桥梁。

1955年,全国农业合作化步伐加快,短途运输紧张,地方交通落后的状况亟待改变。省委、省政府和公路部门为了改变农村,尤其是山区、老区和少数民族地区的交通面貌,于1955年冬,在全省范围内掀起了县乡公路建设的第一次筑路高潮,大修县乡公路。同时,重点整修了天郎、兰郎和平凉、庆阳地区的几条公路。到1957年底,全省公路通车里程达到1.31万km,实现了县县通公路的目标。还在甘新等干线公路上试铺了洒油灭尘或渣油路面。同时,公路管理机构逐步健全,原有的管理制度经过修改加以利用,并制定了一些制度、标准和修养公路的工程定额等。这些都对甘肃公路事业的恢复和初步发展起了重要作用。

甘肃第一条沙漠公路——河[西堡(甘肃)]
雅[布赖(内蒙古)]公路一段

华双公路永宁镇大桥

自1958年到1965年的8年间,国民经济经历了探索发展和调整巩固的历程。全省公路事业也得到了较大的发展,甘肃路网的雏形已基本形成。1958年至1960年,全省先后新修、接通和重点改建了风甜、靖宝、兰郎、天郎、红当等干线公路和一大批桥梁。1958年夏秋之交,全省掀起了县乡公路建设的第二次筑路高潮,各地、县动员大量农村劳力,突击整修道路,仅天水地区就动员6万余人,平凉地区动员数万人,武都地区各县还抽调部分劳力进行常年性公路建设。各地筑路大军逢山开路,遇河架桥,使县乡公路建设得到比较快的发展。到1960年底,全省公路通车里程达到2.07万km。1961年以后,甘肃公路部门认真贯彻中共中央"调整、巩固、充实、提高"的方针,缩短建设战线,压缩投资规模。公路建设从筑路转向加强养护,以改善、提高公路质量。在公路沿线广植行道树,在主要干线公路上试铺渣油路面,推广"沙土封层""泥结碎石""松散磨耗层"等路面养护办法,改善和提高了砂砾路面的质量,使晴雨通车里程增加了3000余公里。同时,重点修建、改造了甘川、兰郎及通往张家川、阿克塞、肃南、肃北、玛曲、碌曲等少数民族地区的公路和桥梁。到1965年底,全省公路通车里程达到2.2万km,比1957年增加8800km,其中县乡公路发展较快,8年累计净增7158km,使全省的公路网络形成雏形,对全省国民经济的发展和调整及农村交通条件的改善起了重要作用。

从1966年5月开始到1976年底,是"文化大革命"时期,全省公路事业受到了干扰。但是,公路部门的广大职工以工人阶级的高度责任感排除干扰,坚守生产第一线,大搞旧路改造,进行以铺筑黑色路面为主的路面改善,并在全省范围内开展了以县乡公路建设为主要内容的第三次筑路高潮,重点发展支援农业和山区、少数民族地区的县乡公路。这一时期,共改造公路3000余公里,新修县、社公路里程为1.2万km。同时加快了国防和边防公路建设,1969年至1976年,共改建、新建国防、边防公路20条,里程为2281.59km。到1976年底,全省公路通车里程达到3.45万km(含等外专用公路);有路面的公路里程已达2.37万km,其中黑色路面里程达到6318.3km。

这一时期,全省各级公路部门,在交通部和省、地、县党委、政府和驻军的领导及支持下,着重抓了以下工作:一是集中财力、物力和技术力量优先安排国防公路建设工程,成立由省公路部门、驻军机关、各级政府主要领导参加的甘肃省战备公路指挥部和地、州、市、县的战备公路指挥部、领导小组、委员会等临时性机构,从而保证了国防公路建设工程的实施。全省修建和改建的定天、宜兰、酒建、定临、民门等公路的竣工,不仅是全省干线公路网的重要组成部分,也是战备公路的重要公路或路段,对国防公路的建设和加强起了重要作用。二是省公路部门,采取以道班、公路段、总段为主,坚持自力更生,集中主要力量进行了旧路改造工程,重点是西兰、华双、甘新、兰郎、甘川、兰包等干线公路,并逐步扩展到一些重点的县乡公路。通过对旧路的工程改造,不仅提高了公路等级,而且为黑色路面的普及创造了条件。三是开展公路养护大检查,恢复公路养护制度,加强了公路养护工作。四是广泛动员公路沿线群众组织"民工建勤",并采取适当给予补贴和薄酬的方法,大搞以洒油灭尘为主的渣油路面工程,有效地改善了全省干线公路路面技术低下的状况。五是根据全国农业学大寨和交通部"交通支农"现场会议精神,紧密结合全省农田水利建设规划的要求和农业机械化的进展情况,采取了山、水、田、林、路统一规划,综合治理的办法,在全省范围内掀起了县乡公路第三次筑路高潮。使全省县乡公路里程由1.2万km增加到1.99万km,支援了农业,使广大农村,尤其是老区、少数民族地区、边远山区交通落后的面貌得到较大的改善。六是学习先进经验,新修了一批新型桥梁,大力发展了双曲拱桥等桥梁型式,推动了全省公路桥梁建设朝着大型、永久化的方向发展,解决和克服了钢材、水泥等原材料不足的困难。七是开展公路科研活动,在实践中探索和研究公路水毁、翻浆、泥石流等路害形成规律及预防、治理的科学方法。八是及时总结和推广先进经验,提高路面养护,尤其是渣油路面铺筑和养护技术,稳定路面质量,改善公路通行条件。九是开展了工业学大庆活动,加强了职工教育和道班建设,大搞技术革新,改善职工生产劳动和生活条件。十是开办农场、林场、苗圃,解决公路绿化苗木来源,增加农副产品收入,改善职工生活。

三、改革开放后甘肃省公路建设的跨越式发展

1976年,国家进入了新的历史发展时期,尤其是党的十一届三中全会决定把工作重点转移到社会主义现代化建设上来,揭开了新的历史时期社会主义建设新篇章。甘肃公

路事业发展也迈入了一个全新的阶段。按照交通部"全面规划、加强养护、积极改善、重点发展、科学管理、保证畅通"的公路工作方针，全省交通系统进行了一系列的调整、改革和整顿工作，公路工作总体上在步入规范、不断开拓的基础上全面发展。

随着全省经济体制的改革发展，甘肃公路管理体制也进行了大的调整和改革。文革中下放到各地、州、市的公路总段再次收归省上领导，并重新组建了省交通厅公路局，调整了公路基本建设机构，加强国省干线公路建设和养护管理工作。随后，全省各地、州、市和各县（市）也对公路交通管理机构进行了改革调整。

在对公路管理部门内部机构、职权范围等进行调整和整顿的同时，公路建设、养护管理制度和技术规范也得到了完善和修订。公路建设施工中，开始推行经济承包责任制，并实行招标投标施工和施工监理；"以工代赈"修建、改建的县乡道路中，实行分级管理、按项承包、责任到人、有奖有罚的原则和办法。公路养护方面，除了1972年制定的《甘肃省公路养护和管理规定（试行）》得到全面修订和充实，甘肃省"全优工程"和"全优路段"标准和要求、贯彻执行交通部《公路养护技术规范》的六条标准和检查、评定和考核办法、甘肃省公路小修保养作业计划编制办法等先后制定。为解决各地、州、市、县重修轻养的问题，1986年，省交通厅公路局制定了《甘肃省县乡公路养护若干规定》，农村公路养护投资、组织机构和实施开始规范。

从1979年7月开始，根据交通部的统一部署，省交通厅成立公路普查领导小组，抽调全省公路系统技术和行政骨干组成若干公路普查队，在省公路局的具体组织实施下，历时一年，完成了全省公路普查和交通量观测工作。这次普查，基本摸清、掌握了全省公路网布局及其问题、公路标准及技术状况等实有公路发展状况。根据普查统计资料，省交通厅制定了以增加通车里程和提高公路技术等级为主要目标的《1986—2000年甘肃省公路交通规划》（即《十五年规划》），并围绕国道路网需要，完成了省道、县乡道和专道的划定和编号命名工作，为公路建设和养护管理工作奠定了坚实的基础。

通过一系列调整、整顿和改革开放政策的实施，随着全省公路管理步入规范和公路网结构发展思路的确定，甘肃公路建设及改造、养护管理工作进入了新的发展时期。

按照交通部"普及与提高相结合，以提高为主"的公路建设方针，根据全省公路《十五年规划》，省交通厅以现有公路网为基础，把改善、提高国道、省道公路的技术等级和质量列入公路建设的重点，集中力量予以实施，以适应新的历史发展时期全省国民经济改革、发展对公路建设的要求。据1977年至1990年的13年统计，全省用于公路新建、改建和养护方面的资金共13.32亿元。省交通厅实施了宜兰公路、玛曲黄河大桥、甘新公路马营河、张掖黑河大桥和平凉扁壳拱桥、甘南州齐哈马黄河吊桥、庆阳西河大桥和"一洞""三桥""五路"（一洞即七道梁隧道，三桥即大河家桥、玉垒关桥、庆阳东河桥，五路即国道109线兰州至唐家台段、国道312线兰州至巉口段、国道109线兰州至享堂段、国道215线红柳园至当金山口段、省道216线桥湾至跃进山段)等一批重点建设项目,有计划地对甘肃境内的国道312线、109线、212线、211线、213线等11条国道公路和省道201线、212线、203线、308线、309线、211线、203线等14条省道公路进行了技术改造。同时,采取"民工建勤""以工代赈"的办法,坚持"民办公助"的原则和谁受益、谁修路的政策,修建、改建了一大批县道、乡道公路和桥梁,13年间全省共新建、改建国省公路1296.81km,县道、乡道5952.6km。到1990年底,全省公路通车总里程达到3.47万km,以国道、省道公路为主体,以县道、乡道公路为网络,干支衔接、经纬交织的公路网基本形成。

1977年以后,沥青渣油路面的铺筑规模逐年减少,全省公路养护由群体性会战逐步转向专业化施工。施工组织主要由公路段组织道工和一部分有经验的民工完成。1982年,全国公路养护工作会议在甘肃省平凉召开,确立了"修养并举,以养为主"的方针,全省开始推行养护经济责任制,促进了公路养护工作发展。特别是对省间接头路段的改善、养护和渣油路面的铺筑,由于材料应用和施工工艺得到改进,不仅速度加快,而且质量也大大提高。到1990年底,全省油路里程已达到9160km,比1976年增长了54%。全省公路养护达到《公路养护技术规范》六条标准的里程为6503km,省养公路平均好路率达到65.6%,综合值69.8。全省县乡公路养护里程达到2.14万km,占到县乡公路总里程的95.69%,比1976年净增1.2万km,县乡公路好路率达到37.8%。

1990年6月,交通部在大连召开全国公路养护与管理工作会议,提出"建养并重、强化管理、深化改革、调整结构、依靠科技、提高质量、依法治路、保证畅通"的32字公路工作方针。根据32字方针,省交通厅紧密联系甘肃公路工作实际,提出了"修养管并重,以养管为主"的指导思想,制定了"以改革为动力,以实施GBM(公路标准化美化)工程为龙头,以强化路政管理和质量管理为重点,以经济责任制为手段,以科技为依托,以人为本,全面提高公路综合效益和服务水平"的公路养护管理工作方针。针对甘肃经济基础薄弱、财力有限、建设资金来源单一、紧缺的实际,全省采取贷款修路,收费还贷和部里、省上补助一点,地方政府支持一点,各单位挤一点,职工自力更生奉献一点"四个一点"等方式,多种方式筹措资金改造公路,使得全省公路事业取得了长足发展。

从"八五"开始,全省以"贷款修路、收费还贷"的方式,以实施"两纵两横"公路主骨架为重点,加大了投资力度,先后完成国道312线柳园至星星峡、安西至柳园、兰州绕城线一期工程、兰州至巉口、静宁至巉口和国道109线唐家台至刘寨柯段建设任务。其中静宁至巉口全长151km,1991年8月开工,1995年10月竣工。新线避开华家岭、祁家大山,缩短里程54km,完全按二级公路标准修建,行车时速由原来的每小时30km提高到60km,由静宁至兰州只需5h。同时,对张掖、平凉、金昌、庆阳等地、市的过境路和出口路段进行了改造。1994年7月建成的中川公路(时称一幅高速公路)和改建的国道109线大沙坪至忠和公路,时速达到80km。同月,天水至北道高速公路竣工通车,长13km,是甘肃省历史上第一条高速公路。还有国道312线张掖过境段、省道212线河永段、国道312线平凉过境段和武南一级公路都是在此期间建成的二级以上标准的公路。

为了改善甘肃公路的路容路貌,促进公路标准化、美化建设,1991年,结合"文明样板路建设",与大、中修工程、小修保养、水毁修复和民工建勤项目相结合,发动全省公路系统大力实施GBM工程。从1991年起至1996年底,全省共完成GBM工程1714km。其中"八五"期间,共在国道312线兰州到安西、国道313线安西至敦煌、省道217线敦煌至千佛洞、兰州至合作、国道109线兰州至白银、西峰至长庆桥等8条路线和收费路段上实施GBM工程1550km,提高了公路路况质量,改善了路网结构。特别是从1991年开始建设的河西千里窗口路GBM工程,总长1112km,其规模之大、任务之艰巨、成效之突出均是甘肃公路史上前所未有的。

截至1997年底全省通车里程达到3.56万km。其中,二级以上的等级公路2670km,等级公路中,高级、次高级路面达到1.25万km。全省99%的乡镇通了公路,83.4%的行政村通了汽车。

四、甘肃省高速公路建设的发展线索

甘肃省高速公路建设起步于1992年,1992年8月8日甘肃省交通厅在敦煌召开全省"河西千里窗口"公路经验交流会。会议上确定了修建天(水)北(道)高速公路,12月22日,天(水)北(道)高速公路奠基开工建设,1994年7月1日建成通车。

"十一五"期间,甘肃交通建设以加快发展为主题,以项目建设为重点,以结构调整为主线,深入贯彻实施交通建设"挺进西部、突破中部、会战东部"战略,坚持"抓两头、带中间"和"养好公路是第一要务"的工作思路,努力提高公路养护水平和运输服务能力,逐步形成了便捷、畅通、高效、安全的公路交通运输体系。

"十一五"以来,按照省委"发展抓项目、改革抓企业"的战略部署,省交通厅全面启动了"东部会战"战略,预计用5~8年的时间,建成甘肃省东部3条总长1147km的高速公路和1条104km的二级公路,力争在"十一五"末在甘肃东南部地区基本形成"中路直插、两翼齐飞"的高速公路主骨架。这是甘肃公路建设史上投资规模最大、高速里程最长、覆盖地域最广、受益群众最多的交通现代化建设工程,成为甘肃省高等级公路建设的又一里程碑式的壮举,这项工程的实施将从根本上改善甘肃东部地区的公路交通状况,为东部地区乃至全省经济社会发展和全面建设小康社会提供强有力的交通保障和支持。同时,继续实施"挺进西部"和"突破中部"战略,进一步完善国道主干线和西部省际通道在甘肃境内的线路。2006年,武威过境段、永山一级改高速和嘉安一级235.42km建成通车,G30甘肃定西以西路段基本实现高速化。2008年,开工建设金昌至永昌高速公路,成为甘肃省第一条省地联建的高速公路。"十一五"期间,已经或即将建设天水至定西、康家崖至

临夏、西峰至长庆桥至凤翔路口、武都至罐子沟、天水过境、徐家磨至古浪、瓜州至星星峡和兰州南绕城段等高速公路项目,规划建设沿川子至长庆桥、临洮至岷县、营盘水至武威等高速公路项目,高速公路网将连接甘肃省14个市州政府所在地、47个县(市区)政府驻地,通过19个县,共计通达全省66个县。

"十二五"时期是甘肃省交通运输发展进程中极不平凡的5年。按照省委、省政府的决策部署和交通运输部建设"四个交通"的总体要求,全省交通运输系统以科学发展为主题,以转变发展方式为主线,坚持"陆水空邮并举、建管养运并重",积极认识和适应新常态,努力当好发展先行官,圆满完成了"十二五"规划目标任务,不仅为全省经济社会发展提供了可靠保障,而且在服务精准扶贫脱贫和人民群众安全便捷出行方面发挥了重要作用。省政府《关于加快全省公路建设的意见》《甘肃省省道网规划(2013—2030年)》为交通运输发展提供了强力的政策保障。同时,交通运输部对甘肃省交通运输发展给予了大力支持,签署了部省扶贫共建协议等,为甘肃省交通运输发展提供了有力的政策、资金和项目支持。交通运输作为稳增长的重要支撑,促改革的前沿阵地,惠民生的主要保障,在服务全省经济社会发展中的战略地位不断提升。到"十二五"末,14个市州政府驻地全部以高速公路贯通,86个县区政府驻地以二级和二级以上公路贯通,100%的乡镇以沥青路或水泥路贯通。交通基础设施建设完成投资、高速公路新增里程、原有省道中二级及以上公路比重、建制村通沥青(水泥)路比重均比"十一五"末翻一番,特别是全省交通基础设施建设完成投资2488亿元,达到"十一五"的2.95倍,再创历史新高。全省新增高速公路1607km,总里程达到3600km,县通高速公路比例达到62%,连霍、青兰、十天等国家高速公路在甘肃境内全线贯通。新建、改建二级公路4580km,新增农村公路1.94万km。全省公路网总里程达到14万km,比"十一五"增加2.12万km。2017年底,甘肃高速公路总里程突破4000km,达到4014km,55个县通了高速公路。

第二节 运输发展历程

自古以来,道路运输在甘肃经济社会发展中就发挥着举足轻重的作用。建国初期直至我国国民经济恢复时期,随着国家运输经济政策的确立,甘肃省采取多种途径提高公路运输企业的运输能力,一是通过旧车修复,改装拼装,修理回收国民党政府遗弃的大批旧汽车;二是通过汽车修理部制造大批汽车配件;三是从政策、资金、物资供应等方面扶持私营运输企业,使其尽快恢复生产,投入社会运输;四是对私营汽车运输业和民间运输业进行生产资料所有制的社会主义改造,整顿、壮大国有汽车运输力量,为社会主义建设服务;五是随着改革开放,多种运输方式齐头并进,甘肃省道路运输事业蓬勃发展,取得了显著成绩。

新中国成立后,甘肃省道路运输发生了翻天覆地的变化,道路运输市场的建立、发育、形成及其发展的历史轨迹,基本上与经济体制改革的步伐同步,其市场化进程大致经历了四个时期:

第一个时期:道路运输市场雏形期。建国初期,随着我国国民经济恢复时期运输经济政策的出台,甘肃公路运输企业在经历了社会改造和"大跃进"两个时期后得到了较快发展,建立了集中统一的计划运输企业管理体制,实行了严格的"三统"政策,即统一货源、统一运价、统一调度。各地都成立了"三统运输办公室",对公路运输企业的货源、运价和车辆进行计划管理,公路运输企业被纳入了计划经济的轨道。交通部在1950年4月成立了汽车运输总公司,政企合一,负责全国的公路运输工作。同时,各行政区域也成立了公路交通管理机构,并下设汽车运输公司。1956年,交通部向全国发出了《对私营汽车运输企业(包括私营汽车修理企业)实行全行业定息合营的要求》,甘肃省也将私营畜力人力运输全部纳入运输合作化的轨道。从而,完成了对私营公路运输企业的社会主义改造,形成了由国有汽车运输企业为主,以民营合作运输为辅的经营管理模式。

第二个时期:道路运输市场化初期。道路运输行业是开放较早的一个行业。在改革开放初期,为了解决人民群众"出行难""运货难"的问题,1982年,国家经贸委和交通部联合发表声明,实行"有路大家行车""国营、集体、个人一起上"的开放政策。1985年,为打破甘肃省交通运输业"政企不分、统的太死、集中过多"的局面,省交通厅将直属27户国有道路运输企业下放地方管理,使全省道路运输业形成了"一家管、多家办""国营、集体、个体运输业户一齐上"的新局面,道路运输对国民经济的制约得到明显缓解,基本上做到了使企业由单一生产型转为经营开拓型,真正成为按经济规律办事的经济实体,进一步扩大了企业自主权,增强了企业活力,交通运输管理也基本实现了从微观上只抓直属企业,转变到从宏观上抓全省运输行业的管理,积极发挥了运输管理部门的统筹、协调、监督、服务的作用。

第三个时期:道路运输市场培育期。道路运输市场的全面开放,使大量私营、个体经营业户涌入市场,道路运输供需矛盾在得到了有效缓解同时,也出现了运输企业"多、小、散、弱"、道路运输市场秩序混乱等突出问题。为适应社会主义市场经济要求,维护道路运输市场正常秩序,引导道路运输企业规模化经营和规范化服务,在随后的几年中,甘肃省道路运输行业重点抓了道路运输市场的整顿治理,以培育统一开放、竞争有序的道路运输市场为目标,建立健全行业宏观调控和监督体系,促进道路运输资源合理配置;正确引导、促进市场主体健康发展,加快道路运输市场培育;加大监管力度,规范经营行为,切实维护市场秩序;完善法规体系,加强队伍建设,不断提高执法水平。道路运输市场由单一的客货运输市场发展为以客货运输、运输站场、驾驶员培训、汽车维修市场为主,出租车、汽车租赁、物流、信息等为辅的完备市场体系。

第四个时期:道路运输快速发展期。1998年国家实施西部大开发,全省道路运输行业紧紧抓住国家实施积极财政政策、扩大内需、加快基础设施建设带来的历史机遇,全力实施道路运输跨越式发展战略和十一五"提速中部、东联西拓"规划部署,调整结构,规范市场,深化改革,提高公共服务和市场监管能力,有力推动甘肃道路运输业的持续快速健康发展,道路运输各项事业都取得了历史性突破和重大进展。道路运输业所取得的显著成绩为甘肃交通运输行业的改革发展奠定了坚实基础。

新中国成立以来,甘肃道路运输基础设施明显改善,企业结构明显优化,运输装备水平不断提高,行业管理力度进一步加强,公共服务水平和保障能力进一步提升。

道路运输经济稳步增长,对国民经济的贡献率进一步提高。1949年至1978年,当时的甘肃道路运输市场还处在雏形阶段,以计划经济为主从无到有逐步发展起来。1985年以后,甘肃省对公路交通管理体制进行了改革,从下放运输企业,放宽政策,鼓励竞争,到全面放开道路运输市场的一系列举措,促使全省道路运输经济保持持续、快速、健康发展的良好势头。道路运输在服务业中处于主导地位,已成为甘肃省经济社会的支柱性产业。

道路运输生产能力持续增强,基本满足了国民经济和社会发展需求。由建国初期最为普遍的人扛畜驮,发展到改革开放前的国营运输企业和运输合作社,道路运输对国民经济发展的影响十分突出。特别是改革开放初期,在全国经济建设飞速发展的大背景下,甘肃省道路运输发展的矛盾主要表现在"出行难、运货难"两方面。自1984年开始,随着国家政策倾斜,甘肃省道路运输"两难"局面得到进一步缓解。道路运输生产能力持续增长,彻底改变了运力不足的局面,为社会提供了广阔的就业市场,提升了道路运输对国民经济和社会发展的保障能力。

道路运输网络不断完善,社会公共服务能力显著提高。随着全国经济建设步伐的加快,客运班线不断发展,营运里程不断增加。道路运输网络不断完善,提升了道路运输保障能力,基本满足了不同层次、不同地域的运输需要,适应了人们出行从"走得了"向"走得好""走得舒适"的转变,货物流通从"运得出"向"运得及时"方向转变。

道路运输基础设施明显改善,基本适应综合运输网布局需要。新中国成立之初,由于甘肃地处西北偏远地区,当时的道路运输基础设施十分落后。改革开放后,随着地方工农业的发展,为了适应当时经济建设的需要,甘肃逐步加大了对道路运输基础设施的投入。近年来,甘肃省道路运输行业积极深化站场投融资体制改革,开放站场建设市场,推行站运分离,探索经营权有偿转让,实施项目法人招投标,充分调动社会资金、民间资本和外资投资站场建设,全省道路运输基础设施面貌焕然一新。基本形成了以兰州公路主枢纽为中心,市、州区域性枢纽为依托,县、乡、村三级站场为基础的点线相连,辐射到面的道路运输基础设施网络。

道路运输企业竞争实力逐步增强,为繁荣地方经济做出了积极贡献。建国初期,甘肃道路运输以国营运输企业为主,私营畜力和驮畜、各种人力车为辅。改革开放后,甘肃省道路运输企业经历了从20世纪80年代实行的单车承包经营、风险抵押承包经营和融资租赁等以单车为核心的改革办法,到2002年以来"职工身份置换、产权置换"等以产权制度为核心的企业改制,逐步适应了从计划经济体制向市场经济体制的转变。目前,甘肃省已经形成了以东运、兰运集团为龙头,20家区域性运输企业为骨干,300家客货运输企业竞争发展的合理格局。运输企业竞争实力的提升,为繁荣运输经济、推动行业发展起到了很好的主体引导作用。

道路运输管理部门依法行政水平不断提高,为道路运输发展起到了积极的引导和促进作用。20世纪60年代初,随着交通部成立了汽车运输总公司,我国各行政区域也成立了公路交通管理雏形机构,并下设汽车运输公司。1984年12月7日,自甘肃省政府批准成立省、市、县、重点乡镇四级道路运输管理机构以来,甘肃省有了职责明确、机构健全的道路运输管理部门。也就是从这时起,全省道路运输管理机构在地方各级党委、政府和交通主管部门的正确领导下,在改革发展的前沿,开拓创新,团结奋进,在道路运输市场培育、法制建设、结构调整、科技进步、市场监管、运输保障、区域合作等各个方面都取得了显著成绩。在运政管理、队伍建设、体制创新、依法行政等各个方面付出了艰辛努力,有力地引导和推动了道路运输行业发展,为全省道路运输行业的全面协调可持续发展作出了巨大贡献。

道路运输市场秩序日益规范,道路运输行业文明诚信水平不断提升。甘肃省道路运输市场从无到有,从小到大经历了一个漫长而曲折的发展过程。全省道路运输管理机构成立后就以建立统一、开放、竞争、有序的道路运输市场为己任,努力打破市场壁垒,消除违背市场规律、盲目保护辖区内企业、设置不公平条件、扰乱市场经营秩序的行为;着力取消影响市场开放的限制性规定,创造一个公平、公正、公开的市场竞争环境。认真履行行业监管职责,严厉打击各种违法违规经营行为,保护运输消费者和经营者的合法权益,规范运输市场秩序;强化安全生产源头管理,努力消除安全事故隐患,保障国家和人民生命财产安全。

从新中国成立初期到改革开放,甘肃道路运输业取得了显著的成就。产权制度改革为重点的运输结构调整。全省86户国有道路客货运输企业已全部改制为多种经济成分混合体。全省5000户客货经营业户完成了公司化改造。全省营运客货车中高级(大型)以上客车(货车)占到了客(货)车总数的42%(43%)。企业经营结构优化,实施"抓两头、带中间"战略,实行客运多样化、货运专业化、辅助业集约化;在客运多样化上积极引导发展快速客运、农村客运、旅游客运等特色优势运输业务,树立了"陇运快客"品牌。

"村村通班车"试点工程和"千乡万村农村客运网络"工程建设,有力促进农村客运和干线客运的协调发展,推进了城乡运输一体化进程。

站场资产监管为重点的投资体制改革。推行站运分离,将运输场站的所有权与经营权相分离,把企业客运站与所属企业分离,公用型车站与管理部门分离,汽车客运站与直接经营的车辆分离。

国家投资站场形成的国有优良资产比重不断加大,组建站场资产监管机构,授权担负国有资产保值增值的责任,对国有资产投资实行授权经营,形成了滚动发展模式。

科技信息为重点的道路运输产业改造提升。目前,全省建成连接交通运输部,覆盖省、市、县三级运政管理部门的运政监管平台和覆盖运输企业、场站、驾校、检测站、营运车辆的企业运营平台。通过办公自动化、运政管理信息、视频会议系统的应用,实现了全省运管机构的网上办公、运政业务的网上受理、会议的远程召开,提升了行业管理水平。通过 GPS 监控、应急救援指挥、智能 IC 卡、客运信息、物流信息、驾校和检测站管理等系统的开发应用,实现了运输车辆和场站的实时监控及调度管理,逐步实现货运信息共享和客运联网售票,提升了行业监管能力。

扩大开放为重点的区域运输合作。在兰州组织召开西部道路运输新概念论坛,签订 12+1 框架性合作协议,形成甘肃道路运输的东联西拓、南连北展的对外开放格局。

以保畅通为重点的应急运输体系。面对各种突发事件和自然灾害及时启动道路运输应急预案,确保节假日期间安全有序畅通,实现了节假日期间"无事故、无滞留、无投诉"。

第三章
甘肃省高速公路网规划

第一节 规划制定的背景

根据国民经济和社会发展的战略部署,交通部于"八五"计划期间提出了"五纵七横"国道主干线网规划,规划总里程约3.5万km,以此指导我国国道主干线公路的建设。2004年之前,在国家"五纵七横"规划网的指导下,甘肃省高速公路持续、健康、稳定发展。自2004年至今,在不同时期国家公路网规划的基础上,甘肃省共编制了3个关于高速公路的规划,分别为《甘肃省高速公路网规划(2007年版)》《甘肃省高速公路网规划(2009年调整)》《甘肃省省道网规划(2013—2030年)》。

2004年12月,交通部编制的《国家高速公路网规划》经国务院审议通过,在全国规划了"7918网"共8.5万km的国家高速公路网,标志着中国高速公路发展进入了新的历史阶段,其中涉及甘肃境内的路线长约3753km,为甘肃省高速公路网规划奠定了路线布设格局和规模基础。为确保国家高速公路的建设实施和提高国家高速公路网的综合效益,进一步明确甘肃省高速公路的发展目标和任务,推动甘肃省高速公路建设持续、快速、协调发展,适应和拉动甘肃社会经济发展,更好地承担起承东启西、南拓北展的国家交通通道义务,2004年,甘肃省启动了甘肃省高速公路网规划的编制工作。历经三载,编制完成了《甘肃省高速公路网规划》,并于2007年4月由甘肃省人民政府办公厅以甘政办发〔2007〕37号正式批复实施。

《甘肃省高速公路网规划》实施前两年,甘肃省高速公路建设取得了令人鼓舞的成就,实现了超常规跨越式发展。截至2009年9月底,已建和在建高速公路总里程达到了2381km,已安排开展前期工作的项目约1600km,共占规划总里程的84%。但从全国交通发展形势、全省经济社会发展全局、全省人民对交通需求等层面看,甘肃省高速公路的规划里程与服务能力总体上仍处于初级阶段,原规划方案存在总量不足、通达深度不够、路网联络线和迂回线较少等问题。特别是交通运输部在2008年"两灾"(冰雪灾害、地震灾害)发生后提出了"加快具有通道功能的地方高速公路建设,提高路网连通度"的要求,加之国家为应对全球金融危机,加大了对交通基础设施建设的投入,对交通运输网络的发展和完善提出更高要求。为了适应新的发展要求,甘肃省适时启动了甘肃省高速公路网调整加密工作,编制完成了《甘肃省高速公路网规划(2009年调整)》,并于2009年11月由甘肃省人民政府办公厅以甘政办发〔2009〕197号正式批复实施。

2013年,经国务院批准,国家发展与改革委员会印发了《国家公路网规划(2013—2030年)》,其中国家高速公路共36条,规划里程约11.8万km,另规划远期展望线约1.8万km。国家高速公路中甘肃省境内路线15条5118km。国家公路网规划调整后,甘肃省境内约33%的省级高速公路升级为国家高速公路,甘肃省高速公路网发生了重大变化,亟须对省道网规划进行调整;同时为抢抓国家新一轮西部大开发战略、扶贫开发战略和"一带一路"倡议等一系列重大政策机遇,根据交通运输部《关于开展省道网规划调整工作的指导意见》(交规划发〔2011〕788号),甘肃省编制完成了《甘肃省省道网规划(2013—2030年)》,并于2015年3月由省人民政府办公厅以甘政办发〔2015〕31号正式批复实施。目前甘肃省高速公路网规划由国家高速公路和省级高速公路两个层次组成,国家高速公路由《国家公路网规划(2013—2030年)》确定,省级高速公路由《甘肃省省道网规划(2013—2030年)》确定。

第二节　高速公路网规划的编制

一、《甘肃省高速公路网规划》

2004年版《国家高速公路网规划》提出的"7918"网中,涉及甘肃省境内路线为北京至拉萨、北京至乌鲁木齐、兰州至海口、定边至武威、青岛至兰州、连云港至霍尔果斯、柳园至格尔木、福州至银川、十堰至天水共9条3753km。为了确保国家高速公路网建设的顺利实施,明确甘肃省高速公路的发展目标和建设任务,在国家高速公路的基础上,甘肃省组织开展了《甘肃省高速公路网规划》的编制工作。规划编制组按照构筑一个"外通周边省(区)、省会直达市(州)、市(州)彼此通达、连接重要县(市)"的省域高速公路网络的目标定位,通过基础调研、与上位规划及周边省份衔接、广泛征求意见等过程,提出了规划背景、目的及意义,指导思想、基本原则,确定了甘肃省高速公路网的功能定位和规划目标,形成了布局规划(布局思路、布局目标、布局方案、效果评价)和实施方案(建设进展及资金需求、分阶段建设目标、建设标准、土地资源需求与环境保护),该工作历时3年多,经数次修改完善并经省政府审议通过后,形成了《甘肃省高速公路网规划》。根据规划,甘肃省境内布局高速公路17条4750km,其中国家高速公路9条3753km,省级高速公路8条997km。

二、《甘肃省高速公路网规划(2009年调整)》

《甘肃省高速公路网规划》(甘政办发〔2007〕37号)对甘肃省高速公路发展发挥了重

要的指导作用,但甘肃省高速公路就发展数量和服务能力来说,发展总体上仍处于初级阶段,交通瓶颈制约尚未得到根本缓解。为了适应新的发展要求,甘肃省交通运输厅对省高速公路网进行了布局优化和调整加密,在2007年版《甘肃省高速公路网规划》路线布局的基础上,按照"外接周边、内连市州、完善骨架、有效衔接"的思路,以"加密、连通、对接、扩容"为重点,增加了一批路网联络线、省际联络线及连接我省境内铁路、机场、主要旅游景点和重要产业基地的路线,形成了出省高速通道和兰州辐射市州的高速通道,实现所有的市州以高速公路互通,所有县城通高速公路。规划采用纵横线与放射线、联络线相结合的布局模式,形成了由两大系统(国家高速公路系统、地方高速公路系统)组成的高速公路网规划方案,经省政府审议通过后,形成了《甘肃省高速公路网规划(2009年调整)》。根据规划,甘肃省境内布局高速公路44条7950km,其中国家高速公路9条3753km,省级高速公路35条4197km。

三、《甘肃省省道网规划(2013—2030年)》

2013年5月,国家发展与改革委员会印发了《国家公路网规划(2013—2030年)》,其中涉及甘肃省的路线为北京至拉萨、北京至乌鲁木齐、兰州至海口、定边至武威、青岛至兰州、连云港至霍尔果斯、柳园至格尔木、福州至银川、十堰至天水、张掖至汶川、银川至百色、银川至昆明、平凉至绵阳、乌海至玛沁、武威至金昌共15条5118km。为做好与国家公路网的衔接,充分利用国家新一轮西部大开发、"一带一路"倡议机遇,甘肃省开展了省道网规划的调整工作,规划编制组按照"县县通高速、乡镇连省道、与周边省区顺畅衔接"的目标要求,秉承"开门搞规划""做阳光规划"的理念,做了充分的前期准备;规划正式编制阶段,通过征求地方建议方案、现场实地踏勘、衔接邻省路网、专家咨询论证、路网规模预测、与地方对接路线方案、多次专题会议研究、委托开展环境影响评价等过程,形成了规划方案,主要包括规划基础,指导思想、基本原则和规划目标,省道网布局方案,规划实施方案,保障措施五部分内容。经省政府审议通过后,形成了《甘肃省省道网规划(2013—2030年)》。根据规划,甘肃省境内布局高速公路47条8483km,其中国家高速公路15条5118km,省级高速公路32条3365km。

第三节　甘肃省高速公路网规划

一、《甘肃省高速公路网规划》(2007年)

(一)规划背景、目的及意义

高速公路是20世纪30年代在西方发达国家开始出现的专门为汽车交通服务的基础

设施。高速公路在运输能力、速度和安全性方面具有突出优势,对实现国土均衡开发、缩小地区差别、建立统一的市场经济体系、提高现代物流及客流效率方面都具有重要作用。高速公路发展水平不仅成为交通现代化的重要标志,也是一个国家或地区现代化的重要标志。

1. 发展回顾

高速公路在甘肃的发展是一个典型的跨越式发展过程:

1994年天水至北道13km高速公路建成通车,实现了甘肃省高速公路零的突破。20世纪90年代末,全省高速公路建设进入了快速发展时期,1999年和2000年先后开工建设的6条高速公路均于2002年建成通车,总里程达307km;至2004年底,忠和至树屏、兰州至海石湾、兰州至临洮和山丹至临泽等5条高速公路相继建成通车,使甘肃省高速公路通车总里程达到686km,其中兰州至海石湾高速公路通车,标志着西北第一条省际高速公路(兰州至西宁)全线贯通。2005年12月,刘寨柯至白银等高速公路建成通车后,实现了甘、青、宁三省(区)省会(首府)的高速连接。至2005年底,全省高速公路通车总里程突破千公里大关,达到1006km,成为全国18个高速公路里程突破1000km的省份之一。兰州的6个出口的全部高速化,标志着甘肃以兰州为中心呈放射状的高速公路网已具雏形。

高速公路成为甘肃经济社会发展的重要助推器,不仅显著提高了运输能力,降低了运输成本,增强了运输安全性,节约了国土资源,而且在改善投资环境,优化产业布局,促进资源开发利用,提高甘肃经济的机动性,增强甘肃竞争力,以及保障国防安全等方面,发挥着越来越重要的作用。

在肯定成绩的同时,我们还应该清楚地认识到,与全国整体发展水平相比,甘肃高速公路的发展起步晚、底子薄,总体上尚处于初始发展阶段,还不能完全适应社会经济发展和人民生活水平提高的需求,主要表现在:

(1)高速公路总量不足,覆盖范围需继续扩大

以2004年为例,全省高速公路占全路网总里程比重为1.68%,全国平均为1.84%,甘肃省高速公路密度为0.15km/100km^2,全国平均为0.36km/100km^2。从高速公路人口密度来看,2004年全国平均为每万人0.26km,西北地区5省(区)中陕西为0.26km,青海为0.32km,宁夏为0.93km,新疆为0.22km,甘肃为0.26km。当时全省尚有5个市(州)没有高速公路,仅白银、定西两市和省会兰州以高速公路直接连通。严重影响了地区社会经济的发展和区域之间的交流及省会兰州市辐射功能的充分发挥。

(2)高速公路尚未形成网络,规模效益难以发挥

根据甘肃省已建和在建高速公路路段分布状况,当时,仍系单线建设,还未在省内各市(州)之间和相邻省(区)之间形成高速公路的有效衔接。高速公路具有突出的网络化特征,而甘肃省规模适当、布局合理、内联市(州)、外通相邻省(区)的高速公路网络远未

形成,高速公路的规模效益还未得到发挥。

(3)和相邻省(区)出口路高速化进程缓慢,需加快步伐

到"十五"末,甘肃省出口路中仅去银川、西宁实现高速化,而去陕西、四川、内蒙古、新疆等省(区)的出口路则为二、三级路,严重制约了全省改革开放和社会经济的持续发展。

(4)地形复杂、建设成本高、资金筹措困难

甘肃地形、地质条件复杂,生态环境脆弱,高速公路投资大,成本高,一般地区每千米在2000万~4000万元之间,在特殊困难地区将高达6000万~9000万元。显然,财政困难、建设资金筹措难度大将是长期制约甘肃省高速公路发展的主要因素。

2. 规划背景

在国家"五纵七横"国道主干线建设规划的指导下,全国高速公路持续、健康、稳定发展,2005年底通车里程达到4.1万km,公路运输通道交通紧张状况得到明显缓解。为适应全面建设小康社会和实现交通现代化的新形势,2004年12月中旬,交通部编制的《国家高速公路网规划》经国务院审议通过,在全国规划了"7918网"共8.5万km的国家高速公路网,覆盖了全国现状人口20万以上的城市,标志着中国高速公路发展进入了新的历史阶段。国家高速公路网在甘肃省的布局有9条,即6条主线和3条联络线,总规模约3753km。

甘肃西通新疆、青海、西藏,北临宁夏、内蒙古,东连陕西,南接四川、重庆,承东启西、南拓北展,座中联六,境内2条国道主干线连霍线和丹拉线承接亚欧大陆和朝鲜半岛至印度洋国际通道。历史上,甘肃一直是连接内地与边疆少数民族地区的交通要道,也是内地经济向少数民族地区辐射的主要过渡带。古丝绸之路在境内绵延约1600km,一直是东西方经济文化交流的大通道,是一个历史走廊、文化走廊和交通走廊。独特的地理区位,决定了甘肃省高速公路网在西部地区、全国乃至国际范围内均具有重要的通道地位和枢纽作用。

3. 规划目的及意义

我国已进入全面建设小康社会的新时期,并将逐步实现现代化。为了贯彻落实党的"十六大"精神和实现甘肃省全面建设小康社会宏伟目标,加快现代化建设步伐,需要建立高效、便捷、安全的交通运输网络。高速公路以其跨区域、覆盖面广、大容量、快速化及其实现门到门运输的优势,在综合运输体系中占有重要地位。《国家高速公路网规划》经国务院审议批准后。根据规划,在全国布设了25条主线、50多条联络线、并行线、地区环线等,总规模约8.5万km,其中涉及甘肃境内的路线长约3753km,为甘肃省高速公路网规划奠定了路线布设格局和规模基础。为确保国家高速公路的建设实施和提高国家高速公路网的综合效益,进一步明确甘肃省高速公路的发展目标和任务,推动甘肃省高速公路

建设持续、快速、协调发展,同时,有效、合理控制路线走廊带,集约化利用土地资源,适应和拉动甘肃社会经济发展,更好地承担起承东启西、南拓北展的国家交通通道义务,制定全省高速公路网规划是非常必要和十分迫切的。

编制甘肃省高速公路网规划的目的和意义可概括为:保障国家高速公路网的建设和功能的发挥;为甘肃省全面建设小康社会和现代化建设服务;进一步研究、细化国家高速公路甘肃境内路线的走向控制点等;确定甘肃省高速公路网的布局、结构;贯彻科学发展观,集约利用土地资源,合理规划、利用、控制路线走廊带资源。

(二)指导思想、原则、依据、范围和期限

1. 指导思想

甘肃省高速公路网规划的指导思想是:以邓小平理论、"三个代表"重要思想和十六大精神为指导,坚持"以人为本,全面、协调、可持续"的科学发展观,转变发展观念,创新发展模式,提高发展质量,落实"五个统筹"。根据《中共甘肃省委关于加快全面建设小康社会进程的意见》和《甘肃省全面建设小康社会规划纲要》的部署,立足省情,以科学发展观统揽交通工作全局,按照"把握全局、突出重点、立足现实、着眼未来、布局合理、注重效率"的原则,服从并服务于国家经济社会发展大局和全省全面建设小康社会的需要,以建立发达的现代综合运输系统为出发点,以国家高速公路网为基础和立足点,全面推进甘肃公路交通运输现代化建设步伐,努力建设结构合理、功能完备、安全高效的省域高速公路网,使之真正成为甘肃经济社会发展的"黄金通道"。

2. 规划原则

(1)基本原则

高速公路网规划的编制,涉及社会经济、交通运输、工程技术、预测方法、优化理论等多方面内容,为了制定一个科学、合理可行的高速公路规划,必须遵循以下基本原则:

①先行于社会经济发展的原则;

②系统协调与长远发展的原则;

③工程经济性原则;

④环境保护原则。

(2)地方性原则

结合甘肃省情和作为地方高速公路网,甘肃省高速公路网在规划中除应遵循以上基本原则外,还应遵循以下原则。

①依托性原则;

②延续性原则;

③针对性原则；

④服务性和先导性原则。

3. 规划范围

（1）地域范围

纳入甘肃省高速公路网规划的地域范围为甘肃行政区划界定范围。

（2）路线范围

规划地域内所有高速公路（国家高速、地方高速）。

4. 规划期限

本规划以2004年为基年，规划目标年为2030年，目标测算具体分为近期（2001—2010年）、中期（2011—2020年）和远期（2021—2030年）3个阶段，特征年份分别为2010年、2020年和2030年。

（三）功能定位和规划目标

1. 远景交通需求

在对甘肃社会经济状况、存在的问题，以及交通运输发展进行深入分析的基础上，根据两者发展变化的趋势和规律，运用多种预测分析方法对全省公路运输需求进行预测，结果如下：

（1）公路运输量预测

2004年，全省公路客、货运量和周转量分别为1.51亿人、2.15亿t、96.32亿人km、130.01亿（t·km）。预计到2010年，全省公路客、货运量和周转量分别为2.13亿人、2.67亿t、148亿人km、175亿（t·km），分别是2004年的1.41倍、1.24倍、1.54倍和1.35倍；到2020年，全省公路客、货运量和周转量分别为3.83亿人、4.45亿t、275亿人km、320亿（t·km），分别是2004年的2.54倍、2.07倍、2.86倍和2.46倍。

（2）主要公路通道交通量预测

2004年，全省主要公路通道的平均交通量为7500辆/日（小客车，下同）。预计到2010年，全省主要公路通道的平均交通量将达到13000辆/日，2020年将达到29000辆/日，分别是2004年的1.91倍和3.86倍。

2. 功能定位

甘肃省高速公路网的功能定位为：甘肃省高速公路网是国家高速公路网的重要组成部分，是甘肃省公路网中层次最高的公路网主通道，是甘肃省综合运输体系的主要组成部分，是我国西部地区连接西北与东中部、西北与西南地区必需的公路主通道网络结合部，是2条国际大通道必经之走廊，是甘肃省社会进步、经济发展、民族团结、边疆稳定、国家安全的重要交通保障。具体体现在：

①以国家高速公路网为基础的甘肃高速公路网，是国家高速公路网的重要组成部分。其重要功能之一是实现快速过境，保障国家高速公路快速通道作用的充分发挥。

②甘肃省高速公路网是全省公路网中最高层次的公路主通道、干线公路网的主骨架，是以国家高速公路网省内路线为依托，并与之衔接、协调的省域高速公路网络体系。

③主要承担省际和省内区域间及大中城市间的快速客货运输，提供高效、便捷、安全、舒适、可持续的服务，并为抢险救灾等应急突发事件提供快速交通保障。

④内连辖区市（州）政府驻地和重要经济中心、重点旅游景区、军事军工要地，外通周边省（区）省（首府）城市。

⑤服务于国家和全省社会稳定、经济发展、社会进步和国防现代化，满足强省富民、安全稳定、科学发展的需求。

⑥是国际运输大通道的主要组成路段和重要的交汇点：G025丹拉线是朝鲜半岛—拉萨—印度洋国际大通道；G045连霍线是亚欧国际大通道，兰州是2条国际大通道在国内唯一的交汇点，成为国际通道的枢纽城市。2条通道的高速化是促进甘肃乃至全国对外开放、加强国际交流、适应经济结构战略性调整和实现世界经济全球化与一体化的需要。

⑦是甘肃省综合运输体系的重要组成部分，是实现省公路交通现代化的重要基础和载体。

3. 规划目标

甘肃省高速公路网规划的总体目标是：以国家高速公路网为基础，实现国家高速公路网的畅通，充分发挥省会兰州的辐射功能。到规划期末，构筑一个"外通周边省（区）、省会直达市（州）、市（州）彼此通达、连接重要县（市）"的省域高速公路网络，拉动区域经济增长，提高民众生活质量，保障经济、国防安全，满足甘肃全面建设小康社会和现代化建设的需要，并为21世纪中叶前甘肃实现公路交通现代化奠定良好基础。

（四）布局规划

1. 布局思路

甘肃省高速公路网布局规划的基本思路是：以规划目标为指向，以布局原则为依据，以"分层研究、逐层展开、整体优化"为主线，以单因素分析为补充，依托国网，立足省情，规划省网。

分层研究：即甘肃省域高速公路网按国家高速公路系统和地方高速公路系统分层研究。

逐层展开：即结合甘肃高速公路建设实际及发展特点，近期以国家高速公路网为主，中期以省域基础骨架层为主,远期以联结、完善高速公路层为主,合理安排布局层次和建设序列。

整体优化:即在各规划阶段,路网布局整体实现相应的优化与协调。

2. 布局目标

①连接周边省(区)省会及重要城市,形成省际高速公路通道;

②以兰州为中心,连接市(州)政府所在城市,形成省内高速公路网络;

③连接重要经济中心、资源和能源基地、重点旅游景区、边防要地,形成经济、旅游、文化、安全保障快速通道;

④连接交通枢纽,以建立完善的综合运输体系为主轴,与其他运输方式发展相协调,共同构成高效的集疏运系统,满足客货运输需求,为更加富足的人民生活提供便利和选择。

3. 布局方案

1)高速公路网结构层次及路线方案

甘肃省高速公路网由国家高速公路系统和甘肃地方高速公路系统两部分构成,规划总里程约4750km,其中,国家高速公路约3753km,地方高速公路约997km。具体如下:

(1)国家高速公路系统(甘肃段)

国家高速公路网中涉及甘肃的有9条路线,包括2条首都放射线、1条南北纵线、6条东西横线(含联络线)。

——首都放射线:国家高速公路网规划的7条首都放射线中涉及甘肃的有2条,即:

①(北)京拉(萨)高速甘肃段:白银(刘寨柯,甘宁界)—兰州(海石湾,甘青界),规划建设总里程295km;

②(北)京乌(鲁木齐)高速甘肃段:白疙瘩(内蒙古甘肃界)—明水(甘新界),规划建设里程约142km。

——南北纵线:国家高速公路网规划的9条南北纵线中涉及甘肃的仅有1条,即兰(州)海(口)高速公路甘肃段:兰州—陇南(罐子沟,甘川界),规划建设里程约541km。

——东西横线:国家高速公路网规划的18条东西横线中涉及甘肃的有6条(3条主线、3条横线联络线),分别为定(边)武(威)高速、青(岛)兰(州)高速、连(云港)霍(尔果斯)高速、柳(园)格(尔木)高速、福(州)银(川)高速和十(堰)天(水)高速。上述路线在甘肃境内具体线路规划方案如下:

①定(边)武(威)高速甘肃段:营盘水(宁甘界)—武威(双塔),规划建设里程约165km;

②青(岛)兰(州)高速甘肃段:庆阳(雷家角,陕甘界)—兰州,规划建设里程

约534km；

③连(云港)霍(尔果斯)高速甘肃段：天水(牛背，陕甘界)—酒泉(星星峡，甘新界)，规划建设总里程约1654km(其中主线1615km，陇渭连接线39km)；

④柳(园)格(尔木)高速甘肃段：柳园—花海子(暂定甘青界，有待两省进一步协商)，规划建设里程约370km；

⑤福(州)银(川)高速甘肃段：凤翔路口(陕甘界)—平凉(沿川子，甘宁界)，规划建设里程约141km；

⑥徽县(大石碑，陕甘界)—天水：是十(堰)天(水)国家高速公路(横线14联络线一)的重要组成部分，是陇东南一条重要的东向出省通道公路，规划建设里程198km。

(2)地方高速公路系统

甘肃规划的地方高速公路有8条路线，包括2条省会放射线、2条国网联络线、2条省际联络线、1条市域联络线、1条航空枢纽联络线。具体线路规划方案如下：

——省会放射线：有2条。

①兰州—郎木寺(甘川界)高速公路(即西部通道兰州—磨憨线省境内路段)，规划建设里程约397km；

②兰州—营盘水(甘宁界)高速公路，规划建设里程约172km。

——国网联络线：有2条。

①平凉—武都高速公路，规划建设里程约467km；

②金昌—永昌高速公路，规划建设里程约46km。

——省际联络线：有2条。

①庆城—吴旗(打扮梁，甘陕界)高速公路，规划建设里程约82km；

②平凉—宝鸡(大桥村，甘陕界)高速公路，规划建设里程约65km。

——市域联络线：有1条，即天水—北道高速公路，长13km。

——航空枢纽联络线：有1条，即白银—中川机场高速公路，规划建设里程约52km。

2)高速公路网布局形态

甘肃省高速公路网布局方案总体上贯彻了"依托国网、立足省情、规划省网"的基本思路，即采用"以国家高速公路网为基础和依托，以省会兰州为中心，国家放射线和纵横线为主、地方联络线为辅"的布局模式，省域高速公路网在整体上呈现"西干东网"的布局形态，形成向外呈放射状、东西横贯、南北纵跨的公路运输大通道，充分体现了甘肃地形特征及路网特性，从空间上的功能需求和结构上很好地满足了甘肃经济社会发展和交通现代化发展的需求。

4.效果评价

甘肃省高速公路网建成后，可在全省范围内形成"通达周边省(区)、省会直达市

(州)、市(州)彼此通达、连接重要县(市)"的高速公路网络,其作用和效果主要表现在:

①作为国家高速公路网的重要组成部分,将极大地推动国家高速公路总体发展战略实施,切实保障国家高速公路网通道功能的充分发挥。

②充分体现"以人为本":最大限度地满足人的出行要求,创造出安全、舒适、便捷的交通条件,使用户直接感受到高速公路系统给生产、生活带来的便利。

——建成后,省际间、省内大中城市间将形成现代化的快速公路运输网络,全省公路网的运营效率和效益将有很大的提高;将使车辆行驶速度比现有国省道平均车速提高1倍以上,公路运距在400~500km的可以当日往返,800~1000km的可以当日到达;将使全省范围内90%的县城半小时以内上高速,从而大大提高全社会运输车辆的机动性、灵活性和运输效能。

——将直接连通全省14个市(州)政府所在地;连通54个县(区、市)政府驻地,通过10个县域,共计通达65个县,占全省86个县(区、市)的75.6%;无疑将成为甘肃省公路基础设施建设的重点和促进社会经济发展的公路运输主动脉。

——直接连通了省内全部的6个"国家优秀旅游城市"(敦煌市、嘉峪关市、天水市、兰州市、张掖市、武威市)和有6个"世界第一"之称的和政县古动物化石博物馆;除肃南马蹄寺风景名胜区外,其他2个"国家AAAAA级著名景区"(嘉峪关文物景区、崆峒山风景名胜区)和14个"国家AAAA级著名景区"(敦煌鸣沙山—月牙泉风景名胜区、麦积山风景名胜区、西汉酒泉胜迹、兴隆山国家级自然保护区、兰州水车博览园、兰州五泉山公园、兰州吐鲁沟国家森林公园、漳县贵清山/遮阳山旅游风景区、武威文庙、武威雷台公园、张掖大佛寺、松鸣岩风景名胜区、冶力关风景区和拉卜楞寺)所在城市均有高速公路连接或过境,为方便游客出行、促进旅游经济发展创造了良好条件。

③重点突出"服务经济":强化高速公路对于国土开发、区域协调以及社会经济发展的促进作用。

——高速公路覆盖范围人口占全省总人口的85%左右,国内生产总值占全省的75%以上,是甘肃省自然资源最富集、社会经济活动最活跃的地带。规划的实施将对促进经济增长、带动相关产业发展、扩大就业等做出重要贡献。

——将显著改善和优化甘肃公路网结构,提高甘肃内部及对外运输效率和能力,"以线串点、以点带面",为加快西部大开发和甘肃全面建设小康社会提供有利的交通支撑。

——将进一步加快甘肃主要出口通道高速化进程,改善对外联系通道的运输条件,更好地服务于对外经济交流与合作。

——增强西陇海—兰新线经济带活力,扩大辐射范围,增强辐射力度,带动经济带沿线社会经济发展。

④着力强调"综合运输":注重综合运输协调发展,规划路线将连接甘肃所有重要的

交通枢纽城市,将有助于各种运输方式优势互补,形成综合运输大通道和较为完善的集疏运系统。

⑤全面服务于"可持续发展":规划的实施将进一步促进国土资源的集约利用、环境保护和能源节约,为建设节约型交通乃至节约型社会奠定基础,并有效支撑社会经济的可持续发展。

(五)实施方案

1. 建设进展及资金需求

在规划的约4750km省域高速公路网中,截至2005年底已建成1006km、在建638km、待建3106km,分别占总规划里程的21.18%、13.43%、65.39%。到2030年前后才能建成这个系统,建设任务相当繁重。为了保障规划方案的有序实施,建议按"联通、成网、完善"3个阶段实施,即近期联通、中期成网、远期完善。

按静态投资匡算,甘肃省高速公路网未来建设所需资金约1463亿元(含环保费用)。建设资金主要来源于中央投资、省内各项规费、国债资金、银行贷款及利用外资,包括社会资金。由于甘肃地方财力不足且项目融资能力弱,需要国家大力扶持。在确保国家对高速公路网建设稳定投入的前提下,通过深化投融资改革,积极搭建银政、银企融资平台,多方位、多渠道筹措资金,特别是地方高速公路,要充分发挥两个积极性,实行省地联建。总体上看,经过全社会的努力,甘肃省高速公路网建设目标是可以实现的。

2. 分阶段建设目标

甘肃省高速公路网规划总体目标大体分3个阶段实施。

近期(至2010年):以"联通"为主,主要任务是连接市(州)、打通"瓶颈"和重要出口路。

到"十五"末高速公路通车里程超过1000km,到"十一五"末高速公路通车里程预计达到2200km左右;实现14个市(州)政府驻地中有11个以高速公路连接,去宁夏、青海、陕西的出口路高速化,高速公路网骨架基本形成,省会兰州与周边省(区)省会(首府)(除乌鲁木齐外)及全省市(州)政府驻地可当日到达,500km内当日往返,公路运输紧张状况得到总体缓解。

中期(2011—2020年):高速公路基本"成网"。

2020年底高速公路总里程预计达到4000km左右,全省所有市(州)政府驻地基本以高速公路连接,兰州绕城高速建成,去新疆、四川出口路高速化,甘肃省高速公路基本实现网络化,"西干东网"基础骨干路网全部建成,形成外联周边省(区)、内通市(州)、协调发展的高速公路网络体系,为甘肃全面建设小康社会提供良好的交通运输条件。

远期(2021—2030年):实施"完善"工程,全面建成省域高速公路网。

以国家高速公路为依托,根据实际需要以联络线或支线对甘肃省域高速公路网进行完善,全面实现甘肃省高速公路网规划总体目标,全省高速公路总里程达到4750km左右。外联周边省(区)、内通市(州)、重要工矿区和旅游胜地的布局合理、功能完善、协调发展的省域高速公路网络体系全面建立,为甘肃实现公路交通现代化打好基础。

3. 建设标准

甘肃省高速公路网全部以四车道及以上的标准进行建设,即至少修建双向四个车道,并控制出入(在人烟特别稀少和无横向干扰的地区可适当放宽标准);在交通量特别大的重要路段应修建六车道以上高速公路,具体技术和经济指标应在项目前期工作中分析论证后确定。

4. 土地资源需求与环境保护

(1)土地资源需求

甘肃省高速公路建设用地需求总规模约为(不含临时用地)502800亩。其中2006年及以后各年规划项目用地约350000亩。

(2)环境保护

甘肃省高速公路网环境保护规划的总体目标是:力争到2030年,省域高速公路网环保措施落实率达到100%,外联周边省(区)、内通市(州)、重要工矿区和旅游胜地的畅通、安全、美丽、环保的生态高速公路遍布陇原大地,形成绿色通道、环保屏障,为21世纪中叶实现我省公路交通现代化和可持续发展奠定基础,为再造甘肃秀美山川和建设节约型社会作出贡献。

(六)保障措施

1. 以科学发展观统领交通工作全局,努力实现高速公路又好又快的发展

在高速公路建设与发展中要贯彻落实好科学发展观,一要着眼于不断满足人民群众对交通的需求,超前规划和建设高速公路,不断加大投入和建设力度,实现高速公路与经济社会发展的良性互动,为经济社会协调发展提供战略支撑;二要着眼于转变交通增长方式,为建设节约型、集约型、循环经济型交通行业提供基础保障;三要加大实施"科教兴交"和"人才强交"战略,着力增强自主创新的能力,为加快建设创新型交通行业提供智力支持。

2. 改革投融资机制、拓宽资金渠道,实现投资主体多元化、融资渠道多样化

甘肃省地形地质条件复杂多样,高速公路建设成本高,资金缺口大,要在"国家投资、地方筹资、社会融资、利用外资"和"贷款修路、收费还贷、滚动发展"的传统框架模式下,

坚持以改革促发展，积极推进交通投融资体制改革，进一步加大银政、银企合作力度，充分发挥省级交通融资信用平台的作用，努力争取国内银行和外国政府、国际金融组织贷款；同时，要善于把握时机，将高速公路推向市场，实行综合开发，形成社会参与、全民办交通的良好氛围。

3. 加强科技自主创新能力，降低工程造价，提高工程质量，推进智能化和信息化建设

进一步加强科技自主创新力度，积极开发和推广应用新材料、新工艺、新技术，重点是加强复杂地质条件下高速公路修筑成套技术、特大跨径桥梁及特长隧道成套技术的研发和推广应用，开发节能降耗和环境保护等关键技术。要加快开发和应用适合省情的智能交通运输系统，加强高速公路网信息化建设，提高路网使用效能、道路通行能力和安全性。

4. 注重环境保护，合理利用土地、环境、能源等资源，实现高速公路与社会、自然和谐发展

规划的实施要以推进和构建和谐交通及建设节约型交通为主线，从勘察设计、施工到营运各个阶段，搞好生态环境保护和水土保持工作，坚决执行国家最严格的耕地保护政策，努力提高对土地资源的集约利用，尽可能减少对环境的破坏和扰动，并及时进行生态恢复或重建，把公路建设对环境产生的负面影响降低到最低程度，使生产型的高速公路成为集生态、环保、旅游于一体的景观路，为21世纪高速公路建设融入新概念，努力实现人、车、路与环境的全面、协调、可持续发展。

5. 在抓高速公路建设的同时，加快农村公路的建设步伐，积极推进一般干线的建设，统筹各层次公路网络的协调发展，提高公路网的整体水平

按照"抓两头、带中间"的工作思路，处理好高速公路与其他层次公路协调发展的问题。一是要继续加快高速公路建设，疏通大动脉，形成大通道；二是要按照建设社会主义新农村的总体规划部署，加快农村公路建设步伐，尽快形成基础集疏网络，充分发挥"毛细血管"作用，使交通运输更直接地服务千家万户；三是带动一般国省干线公路发展，促进高速公路、国省干线和农村公路的有机衔接，更好地发挥路网规模效益。

6. 确保规划的指导性、严肃性、延续性，并适时进行跟踪调整

本规划经省政府批准后，即为全省今后高速公路建设的指导性文件和控制走廊带的依据，各市（州）对走廊带进行保护和控制，不得乱建乱占。本规划也是编制全省高速公路5年建设规划的依据，规划的实施由省交通主管部门进行监督和管理。在具体实施过程中，应遵循"近期细、中期粗、远期有设想"的基本思路，结合内外环境条件的变化，对规划实行动态管理，跟踪调整，滚动发展，不断完善。规划在执行中如遇特殊原因确需进行大的方案调整时，必须经过科学论证，由原规划编制单位提出修改报告，并报原批准单位审批，未经批准，不得随意修改。

甘肃省高速公路网规划方案（2007年）见表3-1。

甘肃省高速公路网规划方案（2007年）

表 3-1

公路属性	序号	路线类别	路线名称	甘肃境内路线起讫点	甘肃境内主要控制点	规划里程（km）	备注
国家高速公路	1	首都放射线5	北京—拉萨	白银（刘寨柯，宁甘界）—兰州（海石湾，甘青界）	刘寨柯（宁甘界）、王家山镇、平川区、吴家川、白银、忠和、树屏、黄羊头、河口、海石湾（甘青界）	295	含京拉高速公路兰州北绕城段（北龙口—黄羊头）24km
	2	首都放射线6	北京—乌鲁木齐	白疙瘩（内蒙古甘肃界）—明水（甘新界）	白疙瘩、马鬃山、明水	142	
	3	纵线8	兰州—海口	兰州—陇南（罐子沟，甘川界）	兰州、康家崖、临洮、渭源、岷县、武都、罐子沟	541	
	4	横线5联络线二	定边—武威	营盘水（宁甘界）—武威（双塔）	营盘水、景泰、寺滩、姜家营、双塔	165	
	5	横线6	青岛—兰州	庆阳—兰州	雷家角、柳沟、庆城、西峰、长庆桥、泾川、平凉、沿川子、司桥、静宁、会宁、魏口、兰州	534	
	6	横线7	连云港—霍尔果斯	天水（牛背，陕甘界）—酒泉（猩猩峡，甘新界）	牛背、甘泉、天水、甘谷、武山、陇西、定西、兰州、古浪、武威、张掖、酒泉、嘉峪关、安西、猩猩峡	1654	含连霍高速公路兰州南绕城段（定远—黄羊头）64km；陇渭连接线39km；含与京拉高速公路共线78km，22km
	7	横线7联络线一	柳园—格尔木	柳园—花海子（暂定甘青界）	柳园、敦煌（阿克塞、当金山口、花海子	370	含与连霍高速公路共线61km
	8	横线14	福州—银川	凤翔路口（陕甘界）—平凉（沿川子，甘宁界）	凤翔路口、长庆桥、罗汉洞、平凉、沿川子	141	含与青兰高速公路共线126km

续上表

公路属性	序号	路线类别	路线名称	甘肃境内路线起讫点	甘肃境内主要控制点	规划里程（km）	备注
国家高速公路	9	横线14联络线	十堰—天水	徽县（大石碑，陕甘界）—天水（皂郊）	大石碑,徽县（李家河）,成县,纸坊,西和,平南,皂郊	198	
	合计(建设里程)					3753	重复里程已相应扣除
地方高速公路	1	省会放射线		兰州—郎木寺（甘川界）	兰州,康家崖,临夏,合作,碌曲,郎木寺	397	含兰海国家高速公路重合段58km
	2	省会放射线		兰州—营盘水（甘宁界）	兰州（尹家庄）,中川机场,景泰,营盘水	172	含与定武高速公路共线段38km,连霍高速公路共线段5km
	3	国网联络线		金昌—永昌	金昌,河西堡,永昌	46	
	4	国网联络线		平凉—武都	平凉,华亭,庄浪,秦安,天水,礼县(祁山),西和成县,武都	467	含十天高速公路共线段131 km,与连霍高速公路共线段12km
	5	省际联络线		庆城—吴旗（打扮梁,甘陕界）	庆城（莲池）,玄马,温合,华池,打扮梁	82	
	6	省际联络线		平凉—宝鸡（陇县大桥村,甘陕界）	平凉,华亭（吴家堡）,下关,大桥村	65	含与平武高速公路共线47km
	7	市域联络线		天水—北道	天水,北道	13	
	8	航空枢纽联络线		白银—中川机场	白银,车路口,西岔,中川机场	52	含与兰营高速公路共线6km
	合计(建设里程)					997	重复里程已相应扣除

二、《甘肃省高速公路网规划(2009年调整)》

(一)规划调整的背景及意义

2007年4月经省政府审议通过并正式批复的《甘肃省高速公路网规划》(甘政办发〔2007〕37号)实施以来,对甘肃省高速公路发展发挥了重要的指导作用。截至2009年9月底,已建成1407km(其中:国家高速公路1377km,地方高速公路30km);在建里程974km(其中:国家高速公路861km,地方高速公路113km);已建和在建高速公路总里程达到了2381km。京藏国家高速公路在甘肃境内全部贯通,甘、青、宁三省区省会之间实现了高速公路连通;连霍国家高速公路甘肃境内建成和在建高速公路里程超过80%,省会兰州的6个出口公路全部实现了高速化。甘肃省高速公路建设取得了令人鼓舞的成就,实现了超常规跨越式发展,对全省经济社会的快速发展起到了重要的促进和推动作用。

但同时,也应清楚地看到,尽管甘肃省高速公路发展取得了明显成效,但站在全国交通发展趋势的层面来审视省高速公路发展水平,站在全省经济社会发展全局的要求来审视省高速公路适应能力,站在全省人民对交通需求的角度来审视省高速公路服务水平,从发展数量和服务能力来说,总体上仍处于初级阶段,交通瓶颈制约尚未得到根本缓解。特别是2008年"两灾"(冰雪灾害、地震灾害)发生后,我国陆路交通暴露出路网连通度不高、迂回线路偏少等问题,交通运输部已经确定了今后高速公路建设突破发展的四个重点方向:一是加快国家高速公路建设成网,发挥路网规模效应;二是加快国高网中的断头路建设,贯通省际通道;三是加快早期建成高速公路的扩容改造,提升路网通行能力;四是加快具有通道功能的地方高速公路建设,提高路网连通度。这四个方向对进一步完善高速公路网,增加迂回线路,提高公路抗灾能力提出了更高的要求。另外,国家为应对全球金融危机,扩大内需,确保国家经济运行安全,加大了对交通基础设施建设的投入,并对交通运输网络的发展和完善提出更高要求。

为了适应新的发展要求,全国各省区相继启动了高速公路网规划调整工作。甘肃省周边主要省区中,陕西、四川、内蒙古等省区调整后的高速公路网总规模均在8000km以上;青海省调整后的高速公路网总规模也达到了6630km。比较而言,甘肃省原规划的高速公路网总规模仅为4750km,总量明显偏少。而且,甘肃省原规划的高速公路中,除了已建和在建项目外,规划待建的高速公路实际里程仅2300余km,其中已安排进行项目建设前期工作的1600余km,今后需要安排的建设项目不足700km。这些项目将主要集中在2015年以前安排建设,2020年底以前有望基本建成;2021—2030年的规划期内项目严重不足。可以看出,受当时条件的制约,甘肃省原规划的高速公路网存在总量不足、通达深度不够、路网联络线和迂回线较少等问题,与西部周边省区调整后的路网规模相比还有一些差距。

甘肃地处祖国西部内陆,是西北五省交通运输的中枢、古丝绸之路的咽喉,也是第二亚欧大陆桥的重要通道,是承担过境和中转交通的关键区域,交通区位优势明显,战略地位十分重要。甘肃独特的地域特征和区位优势,决定了甘肃综合交通运输网络在西部地区、全国乃至国际范围内均具有重要的交通枢纽地位和作用。甘肃综合交通运输网络的建设,事关国家综合交通网发展全局,"甘肃通则西部通、西部通则全国通"。这就要求甘肃路网规划布局应站在更高的层面上,从全国交通需求的大局来思考,充分发挥交通枢纽省份应有的作用。

适应新形势、新任务和新要求,并结合国家扩内需,加大交通基础设施建设步伐等一系列政策措施,以科学发展观为指导,以贯彻落实甘肃省委、省政府提出的"四抓三支撑"总体工作思路和"中心带动、两翼齐飞、组团发展、整体推进"的区域发展战略为核心,以"三个服务"为宗旨,以促进具有西部特色的甘肃综合交通运输体系建设,增强高速公路网与其他运输方式的衔接,增强路网的通达性与机动性,为应对自然灾害、突发事件和保障国家安全提供基础设施保障为主线,以"加密路网、优化布局、完善结构、有效衔接"和"县县通高速"为基本目标,甘肃省交通运输厅对甘肃省高速公路网进行了布局优化和调整加密,经省政府审议通过后,正式编制完成了《甘肃省高速公路网规划(2009年调整)》。

甘肃省高速公路网规划的调整,将适应未来较长一段时期全省经济社会发展对交通的需求,对有力推动甘肃"两个社会"(建设全面小康社会、构建社会主义和谐社会)的建设,同时提高高速公路建设项目决策的科学性,提高交通走廊资源综合利用效率,确保全省高速公路持续、快速、有序发展具有十分重要的现实意义和战略意义。

(二)指导思想与调整原则

1. 指导思想

以党的"十七大"精神和科学发展观为指导,立足于甘肃经济地理特征和交通区位优势,围绕甘肃省工业强省、科教兴省的发展战略,以保增长、扩内需、强基础、调结构、促和谐为主线,服从并服务于全省经济社会发展大局,进一步完善甘肃省域高速公路网布局结构,构筑布局合理、高效畅通、覆盖全省、通达四邻、迂回便捷的高速公路网络,形成全国重要的交通枢纽,提高全省公路交通现代化程度,为省内5大经济区(陇中、河西、陇南、陇东、民族)协调发展、鄂尔多斯盆地能源开发、西陇海—兰新经济带和关中—天水经济区产业开发以及甘肃省主体功能区的规划建设提供良好的交通运输保障。

2. 调整原则

(1)体现规划的基础性

高速公路网规划的调整加密,要以《国家综合交通网中长期发展规划》《国家高速公路网规划》《甘肃省高速公路网规划》等现有规划所拟定的网络布局为基础和依托,遵循"总体不变,联网加密、优化完善"的基本思路和原则。

(2)突出规划的前瞻性

高速公路网规划的调整加密,要考虑近期经济社会发展的需要,但更要适应远期经济社会发展对交通运输提出的更高要求,应突出前瞻性与超前性,以规划控制引导需求,充分发挥高速公路在统筹区域协调发展、推进城镇化、工业化和农业产业化进程中的先导和引导作用。

(3)增强规划的适应性

高速公路网规划的调整加密,要与甘肃经济发展格局和生产力布局相适应,满足经济发展对运输的需求;要与城镇体系发展格局和人口布局相适应,满足人民群众便捷出行的要求;要与周边省(市、区)高速公路规划相适应,满足省际通道建设的需要。

(4)强化规划的指导性

高速公路网规划的调整加密,要适应当前建设及长远发展的要求,注重对不断出现的新问题、新矛盾的综合分析,采取更为灵活、适应现实及未来发展的规划对策,规划内容更加务实和具有全局性、战略性,规划的可操作性更强,对高速公路建设与发展的指导性更加突出。

(5)注重规划的协调性

高速公路网规划调整加密,要从满足现代综合运输体系发展的要求出发,进一步加强与铁路、机场、管道、航运等运输方式的协调,同时,也要更加注重与土地、水利、文物、环保等行业规划之间的相互协调,实现通道资源的高效利用,通过科学选线,达到合理布局、节省投资、节约土地、适应环境,构建资源节约型、环境友好型的现代综合运输体系。

(6)提高路网的通达性

高速公路网规划的调整加密,要从构建综合交通网络的需要出发,进一步加密既有路网,新增迂回线路,对高速公路"卡脖子"路段进行扩容改造,在满足功能要求的基础上,提高路网选择的灵活性、通达性和便捷性,增强网络的通行服务能力、经济辐射能力和应急保障能力。

(三)规划调整目标

甘肃省高速公路网规划调整以"完善网络、优化布局、扩大规模、强化枢纽、增容扩能、加快步伐"为总体目标,通过"增加通道、联网加密、区域均衡",以达到"扩大覆盖面、拓展辐射范围、增加迂回路线、加强网络效应"的目的。力争在规划期内构筑起布局合理、高效畅通、覆盖全省、通达四邻、迂回便捷的高速公路网络体系,实现"县县通高速"目标,进而促进具有西部特色的甘肃综合交通运输体系,为甘肃经济社会发展提供强有力的交通运输保障。

具体目标是：

一是有效对接周边省份，形成出省高速通道，实现兰州到宁夏、青海、四川、陕西等四省（区、市）省会（首府）城市和新疆、内蒙古等两个自治区毗邻的中心城市当日到达。

二是构筑省会兰州辐射市州的高速通道，实现省会到所有市州通高速，80%以上的市州可当日往返。

三是增加路网联络线、省际联络线，改善区域路网结构，提高路网通达性、机动性、迂回性和可靠性，实现相邻市州间的便捷联系；同时，进一步扩大高速公路网的覆盖面，实现全省所有的市州以高速公路互通，所有县城通高速公路。

四是连接省境内铁路、机场、主要旅游景点和重要产业基地，强化枢纽功能，增强高速公路与其他层次路网、其他运输方式的协调、衔接，形成高速集疏运通道，提供便捷、安全、可靠的交通运输保障。

（四）布局调整方案

1. 原布局方案

根据2007年4月省政府批复实施的《甘肃省高速公路网规划》，甘肃省高速公路网以国家高速公路网为基础和依托，以省会兰州为中心，国家放射线和纵横线为主，地方联络线为辅，规划布局了17条高速公路路线，总规模4750km，其中，国家高速公路省内路线9条（段）3753km，地方高速公路8条997km。规划按"近期联通、中期成网、远期完善"三个阶段实施，2030年左右全面建成省域高速公路网。

2. 布局调整方案

按照规划调整的指导思想、原则和目标，结合甘肃省经济社会发展、产业布局及城镇发展规划，在原《甘肃省高速公路网规划》路线布局的基础上，按照"外接周边、内连市州、完善骨架、有效衔接"的思路，以"加密、连通、对接、扩容"为重点，采用纵横线与放射线、联络线相结合的布局模式，形成由两大系统（国家高速公路系统、地方高速公路系统）、44条路线构成的省域高速公路网，路网总规模7950km，其中国家高速公路3753km，地方高速公路4197km。与原规划相比，规划新增高速公路27条、3200km。

（1）国家高速公路系统

涉及甘肃的有9条路线，包括2条首都放射线、1条南北纵线、6条东西横线（含联络线），规划建设总里程3753km。

（2）地方高速公路系统

规划调整后地方高速公路共计35条、4197km。包括2条省会放射线、9条国网联络线(新增7条)、8条省际联络线(新增6条)、1条市域联络线、1条航空枢纽联络线和14条通县高速支线(新增)。

3. 新增线路功能及路线规划

新增的27条高速公路(7条国网联络线、6条省际联络线、14条通县高速支线)线路功能及路线规划方案如下:

1) 国网联络线(7条)

(1) 庆阳—平凉高速公路:路线大体走向为庆阳(西峰)—镇原—平凉(四十里铺),全长约131km。路线两端分别与青兰、福银2条国家高速及华庆、平武地方高速公路连接,可形成延安—庆阳—平凉—天水—武都—九寨沟的省际快速联络通道。

(2) 环县—正宁高速公路:路线大体走向为甜水堡(宁甘界)—环县—庆城—合水—宁县—宫河—罗儿沟圈(甘陕界),全长约314km。路线北端接宁夏规划的银川—环县(甜水堡,宁甘界)高速,南端接陕西规划的西安—淳化—旬邑高速公路,形成北通银川,南至西安的省际快速联络通道;同时,规划路线分别与青银、定武、青兰、福银4条国家高速公路连接,是宁夏、甘肃、陕西三省区毗邻地区重要的对外运输大通道。

(3) 景泰—礼县高速公路:路线大体走向为景泰—平川—靖远—会宁—通渭—甘谷—洛门—礼县,全长约495km(含与连霍国家高速共线30km)。路线分别与定武、兰营、京藏、青兰高速公路连接,扩大了上述国家高速公路的连通度,是一条重要的高速路网联络线。

(4) 张掖—西宁高速公路:路线大体走向为张掖—民乐—扁都口(甘青界),全长约90km。路线南接青海省规划的西宁—民乐(扁都口)高速公路,分别与连霍、京藏国家高速公路连接,是一条重要的高速路网联络线,也是甘肃省河西走廊和新疆地区通达青海省西宁市的一条便捷省际快速运输通道。

(5) 航天城—酒泉高速公路:路线大体走向为河西(内蒙古甘肃界)—航天城镇(双城)—鼎新—金塔—酒泉,全长约220km。路线北联内蒙古规划的策克—额济纳旗—东风航天城一级公路相接,南接连霍国家高速公路,是甘肃省酒泉通往东风航天城和国家级策克口岸的主要公路,也是发展酒泉航天城现代科技旅游的重要线路,将直接沟通连霍与京新国家高速公路,有助于形成内蒙古、甘肃、青海三省区省际快速联络通道,具有十分重要的经济价值和国防战备意义。

(6) 武威至金昌高速公路:路线大体走向为武威—双城—金昌,全长约90km。路线东南方向接连霍高速公路与天祝藏区实现高速连通,西北方向连接金昌机场,构筑天祝藏区连接市政府驻地武威市、河西走廊东段重要的民航机场金昌机场的快速联络通道,具有重要的藏区维稳保障作用。

(7)静宁至天水高速公路:路线大体走向为静宁—威戎—庄浪—张家川—清水—天水(麦积区),全长约225km。路线分别与青兰国家高速公路、平武地方高速公路和连霍国家高速公路连接,是一条重要的高速路网联络线,构成甘肃省陇东南地区连接省会兰州的又一条便捷通道。

2)省际联络线(6条)

(1)凤县(陕西)—合作高速公路:甘肃境内路线大体走向为杨店(甘陕界)—两当—徽县—成县—西和—礼县—岷县—卓尼—临潭—合作,全长约552km(含与十天国家高速共线120km)。路线东联陕西规划的太白—平木—凤县—两当(杨店、甘陕界)高速公路,西接兰郎地方高速公路,并可通过规划新增的临(夏)循(化)地方高速与青海规划的西宁—平安—同仁高速公路连通,直接沟通了十天、兰海、兰郎等高速公路,形成东西横贯甘肃南部地区3市(州)、9县(市)的对外运输大通道。

(2)武都—九寨沟(四川)高速公路:甘肃境内路线大体走向为武都(两水镇)—铁坝—中寨—青龙桥(甘川界),全长约95km。路线南接四川规划的成都—松潘—九寨沟高速公路,东连兰海国家高速公路,北通平武地方高速公路,并可通过规划的庆(阳)平(凉)、吴(起)庆(城)地方高速公路与陕西省规划的延安—吴起高速公路连通,共同构筑延安—庆阳—平凉—天水—武都—九寨沟高速公路,形成纵贯陕北、陇东、陇南、川北的一条重要的省际快速联络通道。

(3)内蒙古、甘肃、青海三省区战备通道(阿拉善左旗—武威市—西宁)高速公路:甘肃境内路线大体走向为阔图湖(内蒙古甘肃界)—民勤—武威—九条岭—仙米寺(甘青界),全长约300km。路线北连内蒙古规划的临河—阿拉善左旗—民勤(内蒙古甘肃界)高速和一级公路,南接青海省规划的西宁—武威高速公路,可沟通京新、包茂、荣乌、连霍、京藏等国家高速公路,共同构成内蒙古、甘肃、青海三省区之间重要的省际快速联络通道,是全国荒漠化监控和防治的前沿地带(民勤县域腾格里沙漠、巴丹吉林沙漠地区)的重要生态保护公路,亦是一条重要的国边防战备公路,具有重要的经济和战略意义。

(4)临夏—循化(青海)高速公路:甘肃境内路线大体走向为临夏(双城)、临夏县、达里加山垭口(甘青界),全长约38km。路线西连青海规划的西宁—平安—尖扎—循化—达里加山高速公路,东接兰郎地方高速公路,是甘肃省临夏回族自治州通达青海省西宁市的一条重要省际快速联络通道。

(5)碌曲—久治(青海)高速公路:甘肃境内路线大体走向为碌曲(尕秀)—玛曲—阿万仓—沙木多黄河桥(甘青界),全长约135km。路线北连兰郎地方高速公路,南接四川、青海规划的汶川—马尔康—阿坝—久治—玛沁—西宁高速公路,是甘肃省甘南藏区与青海、四川毗邻藏区的一条重要的省际快速联络通道,同时也是青海、甘肃两省通达汶川地震断裂带的迂回线路。

(6)泾源(宁夏)—华亭高速公路:甘肃境内路线大体走向为山寨(宁甘界)—马峡—华亭,全长约28km(含与平武地方高速共线15km)。路线北连宁夏规划的银川—泾源—山寨高速公路,南接平武、平宝地方高速公路,是构筑银川—华亭—宝鸡跨省区快速联络通道的重要组成路段。

3)通县高速支线(14条)

为实现"县县通高速"的目标,规划建设通县高速支线共计14条,652km(已扣除共线里程12km)。具体路线分别是:兰州—永靖高速、正宁—榆林子高速、灵台—华亭高速、康县—望关高速、文县—青龙桥高速、两河口—舟曲高速、迭部—郎木寺高速、王格尔塘—夏河高速、临夏—积石山高速、临夏—东乡高速、康乐—广河高速、漳县—殪虎桥高速、肃北—阿克塞高速和元山子—肃南高速。

4. 布局调整效果评价

调整加密后的新规划实施后,将达到以下预期效果:

(1)高速公路网通达深度增加,覆盖范围扩大

省会兰州与各市(州)以高速公路相连,相邻市(州)以高速公路相连通;全省86个县(区、市)政府驻地通高速公路(比原规划增加32个);调整后的高速公路网总里程将达7950km,路网密度由原规划的$1.1km/100km^2$增加到$1.8km/100km^2$。调整后的高速公路网通达深度和覆盖范围显著提高。

(2)省际通道增多,省域高速公路网和国家高速公路网衔接更加紧密

原规划布局方案共有出省通道16条(陕西方向6条、四川方向2条、青海方向2条、宁夏方向4条、内蒙古方向1条、新疆方向1条)。调整方案新增加出省通道11条(陕西方向新增2条、四川方向新增1条、青海方向新增4条、宁夏方向新增2条、内蒙古方向新增2条)。调整后,与周边省区通道达27条,强化了省网与国网的衔接,与其他省区的路网衔接,使甘肃交通的走廊作用和枢纽地位得到显著增强。

(3)路网线路有迂回余地,交通机动性大大提高

调整方案增加了路网联络线,增多了出省通道,使车辆行驶路线有了较大的选择和迂回余地,提高了路网的通达性、机动性与可靠性,增强了应对自然灾害、突发事件和保障国家安全的能力,有利于建立快速、便捷、安全、高效的公路交通运输体系。

(4)路网布局形态更加合理

规划调整方案在河西地区增加了南北向高速通道,在东部增加了路网联络线,在少数民族地区和重要产业基地布设了新线,路网结构明显加密,使甘肃省高速公路网布局形态由原规划的"西干东网"状优化调整到"西树东网"状,布局形态更加合理。另外,注重了与其他路网层次(一般国省干线网、农村公路网)的有效衔接,使甘肃省公路网整体布局结构更加优化、完善。

(5)路网服务区域经济社会发展的能力显著增强

甘肃省高速公路网规划调整方案基本覆盖了全省主要经济区域,城镇化、工业化和农业产业化发展轴线。规划路线贯通了省内5大经济区(陇中、河西、陇南、陇东、民族),有利于促进区域协调发展;连通了鄂尔多斯盆地能源基地、西陇海—兰新经济带和关中—天水经济区,有助于促进鄂尔多斯盆地能源开发和西陇海—兰新经济带、关中—天水经济区的发展;能够满足甘肃省主体功能区战略框架(即"一横一纵六区"城镇化和工业化战略格局,"一带三区"为主体的农业战略格局和"三屏四区"生态安全战略格局)规划建设与发展的需要;连接了全省红色旅游基地和国家4A级、5A级著名风景区及旅游胜地,为发展全省旅游业提供了交通基础设施保障。调整方案实施后,高速公路将成为全省、市(州)、县(区、市)经济社会发展的黄金通道和公路交通实践"三个服务"的重要载体。

(6)有助于促进综合交通运输体系的发展

调整方案增强了高速公路网与铁路、民航等主要运输方式的衔接,运输枢纽的衔接,更加注重综合交通运输大通道和综合运输枢纽的建设,有助于形成高速集疏运通道。如:出于构筑综合运输大通道的考虑,新增张掖—西宁路线,与在建的兰新铁路二线张掖—西宁段处于同一走廊带,为今后以张掖综合运输枢纽为中心,构筑金昌—张掖—西宁综合运输大通道奠定了基础;又如,规划方案连通了全省已有枢纽机场和支线机场,并通达规划的全部支线机场所在地,有利于开展陆空联运。总之,高速公路网规划调整为巩固和提高公路交通在综合运输体系中的地位与作用和构建现代综合交通运输体系奠定了坚实的基础。

(7)有效促进交通的可持续发展

甘肃省高速公路网规划调整方案的实施,将进一步促进国土资源的集约利用、环境保护和能源节约,为建设环境友好型、节约型交通和实现交通现代化奠定基础,并有效支撑经济社会的可持续发展。

(五)实施方案

1. 建设进展及资金需求

调整加密后的甘肃省高速公路网总规模将达到7950km。除已建成和在建项目外,规划期内(2009—2030年)拟新开工建设项目实际建设里程约为5524km,建设任务相当繁重。为了保障规划方案的有序实施,拟按"近期联通、中期成网、远期加密"三阶段实施,力争2030年以前全面建成省域高速公路网。

按静态投资匡算,甘肃省高速公路网未来建设资金需求总量约为4170亿元。建设资金主要来源于中央投资、省内各项规费、国债资金、银行贷款及利用外资,包括社会资金。

由于甘肃地方财力不足且项目融资能力弱,需要国家大力扶持。在确保国家对高速公路网建设稳定投入的前提下,通过深化投融资改革,积极搭建银政、银企融资平台,全方位、多渠道筹措资金;特别是地方高速公路,要充分发挥两个积极性,实行省地联建。总体上看,经过全社会的共同努力,甘肃省高速公路网建设目标是可以实现的。

2.阶段性建设目标

甘肃省高速公路网规划总体目标大体分3个阶段实施。

近期(至2010年):以"联通"为主。主要任务是加快省会连接市(州)路线和国家高速公路网重要出口路、省际"断头路"建设。

力争到"十一五"末,全省高速公路通车里程达到2000km以上;出省高速通道口增加到5个;省会兰州与除甘南、陇南以外的其余市(州)政府驻地以高速公路连通;35个县(市、区)政府驻地通高速公路;省会与周边省区的银川、西宁、西安等中心城市可当日到达(500km以内当日往返)。

中期(2011—2020年):深入贯彻落实扩大内需促进经济增长十项措施的具体要求,进一步加快高速公路网建设步伐,争取"成网"。

——到2015年底:全省高速公路通车里程力争达到4000km以上;出省高速通道口增加到16个;实现省会兰州与各市(州)政府驻地全部以高速公路连通,50个以上的县(市)政府驻地通高速公路;省域高速公路网基本形成主干网。

——到2020年底:全省高速公路通车里程力争达到5500km左右;出省高速通道口增加到24个;68个以上的县(市、区)政府驻地通高速公路。外联周边,内通市(州)、重要工矿区和旅游胜地,布局合理、功能完善、协调发展的省域高速公路网基本形成。

远期(2021—2030年):实施"加密"工程,全面建成省域高速公路网。

以增加联络线、迂回线和扩容改造为重点,以新增路线建设为主要任务。到规划期末,全面建成省域高速公路网;出省高速通道口增加到27个;省会兰州与各市(州)政府驻地全部以高速公路连通,86个县(市、区)政府驻地通高速公路;布局合理、高效畅通、覆盖全省、通达四邻、迂回便捷的高速公路网络全面建成,为甘肃公路交通现代化、构建现代化综合运输体系奠定基础,为甘肃省经济社会全面协调和可持续发展提供良好的交通运输保障。

(六)对策措施

1.加强统筹协调,依法实施规划

调整加密后的甘肃省高速公路网规划是全省高速公路发展的宏伟蓝图,是全省国民经济和社会发展规划的重要组成部分,具有行政指导性和权威性,各行业发展规划、区域发展规划等要与本规划统筹兼顾、协调推进,保障高速公路规划目标能够顺利实现。

2. 明确目标任务,落实工作责任

调整加密后的甘肃省高速公路网总体规模大、资金需求量大、实施难度大。规划发展目标的实现,一是要寄希望于国家西部大开发战略的继续深入实施;二是要寄希望于国家加大对甘肃的支持力度;三是要寄希望于经过 10~20 年发展,甘肃经济实力能有显著提高,交通基础设施建设资金困难状况将有所好转;四是要寄希望于抓住国家对高速公路网进行调整的机遇,争取将我省规划的重要地方高速公路纳入国家高速公路网中。总之,规划的实施任重而道远,需要国家、省上、地方政府以及社会各界的关心与支持。

为保障本规划的顺利实施,全省各级政府和有关部门要在省政府的统一领导下,分级负责,分工协作,吸引和发挥社会各方力量,充分调动各方面的积极性。国家高速公路实行部、省联建,地方高速公路推行省、市联建或市、县联建,群策群力,共同推进甘肃省高速公路建设。

3. 创新融资渠道,建立资金保障

抓住国家加快交通基础设施建设的新机遇,力争一批具有通道功能的地方高速公路进入国家有关规划,争取更多的中央资金支持;在力争更多国家财政债券的同时,争取发行甘肃省地方性公路建设政府债券,鼓励发行公路建设企业债券;充分发挥省级交通融资信用平台的作用,进一步加大银政、银企合作力度,继续扩大银行信贷规模,积极争取国内银行贷款;进一步加强与世行、亚行等的合作,争取国外金融机构的贷款;建议省财政对高速公路建设给予一定的资金支持,各市政府配套部分建设资金;同时,积极吸引民间资本参与高速公路建设;积极研究税费改革形势下的公路建设投融资体制和运行机制,多渠道、多方式努力拓宽资金来源,为公路建设提供长期、稳定的资金保障。

4. 加强前期工作,强化项目管理

加紧开展规划项目的前期工作,做大、做实项目储备。按照"规划一批、论证一批、建设一批、储备一批"梯次推进,确保项目建设、报批、储备的连续性。制定明确的阶段任务,细化分解目标,建立切实推进项目加快建设的工作机制,以完善的项目法人责任制、招投标制、工程监理制、合同制和质量监督制,强化项目建设管理全过程,以工作的高质量,确保工程高质量。

同时,积极争取国家将部分对于加强省际和重要区域间联系、完善高速公路网整体结构和提高路网整体服务水平的重要通道公路纳入国家高速公路网规划。

5. 推进科技创新,实现科学发展

坚持以人为本、全面、协调、可持续的科学发展观。在规划、设计、建设各个阶段,要注意保护生态环境,搞好水土保持、节约自然资源。要根据我省地貌、地质特点因地制宜,广泛采用经济实用的筑路技术,尤其要加强特殊桥梁、长大隧道、路面结构、路基稳定等工程技术的研究应用。积极开发和应用新材料、新工艺、新技术,努力降低高速公路建设成本,要用科技创新,加快甘肃省高速公路建设步伐。

6. 注重统筹兼顾,实现协调发展

在高速公路建设过程中,要更加重视高速公路与公路网中其他层次路网的衔接,与其他运输方式的衔接和协调;要注重与土地、水利、文物、环保等行业规划之间的相互协调,实现通道资源的高效利用;要从构建综合交通运输体系的角度,合理布局、统筹安排、节省投资、节约土地、适应环境、协调发展,建设资源节约型、环境友好型的交通行业。

甘肃省高速公路布局规划方案(2009年调整)见表3-2。

三、《甘肃省省道网规划(2013—2030年)》

省级公路包括省级高速公路和普通省道,由具有全省政治、经济意义的公路及不属于国家公路的省际重要公路组成。2013年,国务院批准实施《国家公路网规划(2013—2030年)》以后,甘肃省境内约33%的省级高速公路升级为国家高速公路,约54%的普通省道升级为普通国道,省道网的布局和规模发生了重大变化,亟须对省道网规划进行调整。为抢抓国家实施新一轮西部大开发战略、扶贫开发战略和"一带一路"倡议等一系列重大政策机遇,全面推进小康社会建设,更好地与国家公路网衔接,完善省域干线公路网布局和结构,保障省域公路网持续、健康、协调发展,更好地服务于甘肃省经济、文化、生态三大国家级战略平台建设,根据交通运输部《关于开展省道网规划调整工作的指导意见》(交规划发〔2011〕788号),编制《甘肃省省道网规划(2013—2030年)》(以下简称《规划》)。规划范围为甘肃行政区划界定范围,规划对象为省道网(含省级高速公路和普通省道),规划期限为2013—2030年。

(一)规划基础

1. 发展形势

省道网由省级高速公路和普通省道组成,是全省公路网和综合运输体系的重要组成部分,在全省经济社会发展中发挥着重要作用。1981年国家干线公路网(简称国道网)试行方案颁发后,甘肃省共划定省道32条、5552km,其后虽有局部调整和新增,但从功能和布局上基本确定了普通省道网构架,为普通省道建设奠定了坚实基础。2007年省政府批准实施的《甘肃省高速公路网规划》,确定省级高速公路8条、997km,至此,省道网发展成为由省级高速公路和普通省道共同组成的格局。2009年省政府批准实施的《甘肃省高速公路网规划(2009年调整)》,确定省级高速公路14条、4197km,调整后省级高速公路覆盖范围明显扩大,路网服务能力大幅提升,基本确定了省级高速公路的布局形态。

甘肃省高速公路布局规划方案（2009年调整）

表 3-2

公路属性	序号	路线类别	路线名称	甘肃境内路线起讫点	甘肃境内主要控制点	规划里程(km)	规划标准	备注
国家高速公路	1	首都放射线	北京—西藏（拉萨）	白银（刘寨柯，宁甘界）—兰州（海石湾，甘青界）	刘寨柯（宁甘界）、平川区王家山镇,白银市平川区、吴家川、白银、鹿角峁、皋兰县、忠和镇、树屏镇、黄羊头、河口镇、达家台、海石湾（甘青界）	295	高速	含京藏高速公路兰州北绕城段（北龙口—黄羊头）24km
	2	首都放射线	北京—新疆（乌鲁木齐）	白疙瘩（内蒙古甘肃界）—明水（甘新界）	白疙瘩、马鬃山、明水	142	高速	
	3	南北纵线	兰州—海口	兰州—陇南（罐子沟,甘川界）	兰州、康家崖、临洮、渭源、武都、大岸庙、罐子沟	541	高速	
	4	青银横线之联络线	定边—武威	营盘水（宁甘界）—武威（双塔）	营盘水、景泰、寺滩、裴家营、土门双塔	165	高速	
	5	东西横线	青岛—兰州	庆阳（雷家角，陕甘界）—兰州	雷家角、柳沟、罗汉洞、庆城、驿马关、长庆桥、泾川、司桥、静宁、会宁、巉口、兰州	534	高速	
	6	东西横线	连云港—霍尔果斯	天水（牛背，陕甘界）—酒泉（猩猩峡,甘新界）	牛背、甘泉、天水、甘谷、武山、陇西、定西、兰州、古浪、武威、张掖、酒泉、嘉峪关、安西、猩猩峡	1654	高速	含连霍高速公路兰州南绕城线(定远—黄羊头)58km;陇渭连接线39km;含京藏高速公路共线78km;含与青兰高速公路共线22km
	7	连霍横线之联络线	柳园—格尔木	柳园—花海子（暂定甘青界）	柳园、敦煌、阿克塞、当金山口、花海子	370	高速	含与连霍高速公路共线61km
	8	东西横线	福州—银川	凤翔路口（陕甘界）—平凉（泾川子,甘宁界）	凤翔路口、长庆桥、罗汉洞、平凉、泾川子	141	高速	含与青兰高速公路共线126km
	9	福银横线之联络线	十堰—天水	徽县（大石碑,陕甘界）—天水（皂郊）	大石碑、徽县（李家河）、红川镇、成县、纸坊、西和、祁山、平南、天水（皂郊）	198	高速	
			合计（建设里程）			3753		重复里程已相应扣除

续上表

公路属性	序号	路线类别	路线名称	甘肃境内主要控制点	规划里程（km）	规划标准	备 注
地方高速	1	省会放射线	兰州—郎木寺	兰州、康家崖、临夏、合作、碌曲、郎木寺	397	高速	含与兰海国家高速公路共线58km
	2		兰州—营盘水	兰州、中川机场、景泰、营盘水（甘宁界）	172	高速	含与兰定高速公路共线38km，与连霍高速公路共线5km
	3		金昌—永昌	金昌、河西堡、永昌	46	高速	
	4	国网联络线	平凉—武都	平凉（四十里铺）、华亭、庄浪、秦安、天水、礼县、西和、成县、武都	467	高速	含与十天高速公路共线131km，与连霍高速公路共线12km
	5	省际联络线	平凉—宝鸡（陕西）	平凉（吴家堡）、下关、大桥村	65	高速	含与平武高速公路共线47km
	6		吴起（陕西）—庆城	打扮梁、华池、悦乐、玄马、庆城	82	高速	
	7	市域联络线	麦积—天水	麦积、天水	13	高速	即天北高速公路
	8	航空枢纽联络线	白银—中川机场	白银、车路口、西岔、中川机场	52	高速	与兰营高速公路共线6km
	小计（建设里程）				997		共线里程已相应扣除
原规划路线	1	国网联络线	庆阳—平凉	庆阳（西峰）、镇原、平泉、平凉	131	高速	
	2		环县—正宁	甜水堡（宁甘界）、环县、木钵、庆城、合水、宁县、早胜、宫河、罗儿沟圈（甘陕界）	314	高速	
	3		景泰—礼县	景泰、水泉、平川、靖远、会宁、通渭、甘谷、礼县	495	高速	
	4		张掖—西宁	张掖、新沟（民乐、扁都口（青甘界）	90	高速	
调整新增路线	5		航天城—酒泉	河西（内蒙古甘肃界）、航天城镇、鼎新、金塔、酒泉	220	高速	含与连霍高速公路共线30km
	6		武威—金昌	武威、双城、金昌	90	高速	
	7		静宁—天水	静宁、威戎、庄浪、张家川、清水、天水	225	高速	

续上表

公路属性	路线类别	序号	路线名称	甘肃境内主要控制点	规划里程（km）	规划标准	备注
地方高速	调整新增路线		省际联络线				
		1	凤县（陕西）—合作	杨店（陕甘界），两当,徽县,成县,小川,西和,礼县,岷县,铁坝,中寨,青龙桥（甘川界）	552	高速	含与天高速公路共线120km
		2	武都—九寨沟（四川）	两水,铁坝,中寨,青龙桥（甘川界）	95	高速	
		3	蒙甘青三省区设备通道：阿拉善左旗（内蒙）—武威市—西宁（青海）	阁图湖（内蒙古甘肃界）,民勤,武威,营儿九条岭,仙米寺（甘青界）	300	高速	
		4	临夏—循化（青海）	双城,临夏县,达里加（甘青界）	38	高速	
		5	碌曲—久治（青海）	岔秀,玛曲,阿万仓,沙木多黄河桥（甘青界）	135	高速	含与平武高速公路共线15km
		6	泾源（宁夏）—华亭	山寨（宁甘界）,马峡,华亭	28	高速	含与武九高速公路共线12km
	通县高速支线	1	兰州—永靖	达川,永靖	38	高速	
		2	正宁—榆林子	正宁,榆林子,岔路	22	高速	
		3	灵台—华亭	灵台,朝那,崇信,铜城,安口	140	高速	
		4	康县—望关	康县,长坝,望关	33	高速	
		5	文县—青龙桥	文县,东峪口,青龙桥	32	高速	
		6	两河口—舟曲	两河口,舟曲	18	高速	
		7	迭部—郎木寺	迭部,益哇沟口,郎木寺	75	高速	
		8	王格尔塘—夏河	王格尔塘,浪格塘,夏河	35	高速	
		9	临夏—积石山	临夏,积石山	60	高速	
		10	临夏—东乡	临夏,折桥,东乡	25	高速	
		11	广河—康乐	广河,康乐	47	高速	
		12	漳县—殪虎桥	漳县,三岔,殪虎桥	15	高速	
		13	肃北—阿克塞	肃北,阿克塞	55	高速	
		14	肃南—元山子	肃南,元山子	69	高速	
	小计（建设里程）				3200		共线里程已相应扣除
合计（建设里程）					4197	高速	共线里程已相应扣除
高速公路网总计（建设里程）					7950		共线里程已相应扣除

经过30年建设,甘肃省基本形成以省会兰州为中心,高速公路为主骨架,普通国省道为一般干线,乡村公路为基础,纵横交织、沟通全省城乡、连接周边省区的公路网络体系。截至2012年,甘肃省公路网总里程达到13.12万km,公路网密度为28.87km/100km²;普通国省干线公路10709km(其中普通国道4624km),二级及以上公路比重为55.92%;全省通车省道43条、总里程6253km,其中:省级高速公路5条、168km,普通省道38条、6085km。公路网的快速发展,有效缓解了交通运输紧张状况。

随着全省经济社会快速发展和人民生活水平不断提高,对公路交通的保障能力和服务水平提出了新的更高要求。公路网尤其是省道网面临一些亟待解决的问题,主要表现在:一是规模总量不足。2012年底全省普通省道网里程仅占公路网总里程的4.64%,密度仅为1.34km/100km²,远低于3.25km/100km²的全国平均水平;二是路网布局不完善。市际、县际和部分省际联络通道偏少,部分城市过境不畅,普通省道乡(镇)覆盖率较低;三是路网技术水平偏低。省级高速公路通车里程仅占规划里程的4%,普通省道中三级及以下公路占54.37%,简易铺装路面(次高级)和未铺装路面里程分别占45.56%和10.03%;四是路网服务水平亟待提高。安保设施、防护设施和交通工程设施不完善,抗灾能力弱,路网安全性不高;五是网络效率不高。公路网各层次之间、公路运输和其他运输方式之间的衔接协调不够,影响综合运输网络效益和效率的发挥;六是建设养护资金短缺。地方财政困难,随着普通公路融资平台的清理,建设资金筹措更加困难,长期养护资金不足,"以建代养"现象严重,制约着干线公路的可持续发展。

2. 发展要求

当前,全省交通运输发展正处在大有可为机遇期、负重前行攻坚期和转型发展改革期的关键阶段。全省交通运输发展将加快建设"五个交通"(综合交通、品质交通、平安交通、智能交通、满意交通),不断提升交通运输服务水平,努力为建设幸福美好新甘肃提供有力的交通运输保障。

(1)适应全省经济社会转型升级和全面建成小康社会的要求

随着全省经济社会持续快速发展,经济结构加速调整,工业化、农业现代化、城镇化、信息化继续发展,以及"1236"扶贫攻坚行动深入实施,交通运输总量将保持快速增长,要求进一步优化和完善省域公路网络,提高路网服务能力和水平,为全省经济社会转型升级发展和全面建成小康社会提供交通运输支撑和保障。

(2)支撑丝绸之路经济带建设,加快构建现代综合交通运输体系的要求

公路运输具有机动、灵活、便捷、门到门等自身优势,是当前甘肃省客货运输的主力军。立足推进丝绸之路经济带甘肃段建设的总体要求,围绕"完善交通物流网络,构建合作开放通道"的发展目标,优化完善公路交通网络,加快推进基础设施网络化和现代化建设,深入实施道路互联互通工程,促进各种运输方式的枢纽衔接,积极构

建综合交通运输体系,努力打造立体化、开放式的交通走廊,有利于充分发挥公路交通在综合运输体系中的基础性和骨干性作用,促进综合运输体系的形成和交通物流网络的发展。

(3)促进城乡区域协调发展的要求

在区域发展总体战略和主体功能区规划的指导下,未来甘肃将加快推进工业化、城镇化、农业现代化建设,进一步加大生态保护力度,构建以"六大片区"为主体的工业化战略格局,"一群两带多组团"为主体的城镇化战略格局,"一带三区"为主体的农业战略格局和"四屏五区"为主体的生态安全战略格局,加快华夏文明传承创新区,国家生态安全屏障综合试验区建设,加大对革命老区、民族地区、贫困地区的扶持力度,这必然要求进一步优化省域公路网布局与结构,扩大路网覆盖,加强通道建设,发挥省道上接国家公路,下连乡村公路的承上启下功能,统筹城乡协调发展,提升公路交通公共服务水平。

(4)提高应急保障能力的要求

保障国边防安全,提高军事交通机动性和运输保障能力,有效应对重大自然灾害、突发事件,要求在国家层面统筹考虑重要通道及其辅助路线、迂回路线布设的基础上,拓展省道覆盖范围,增设必要的联络线,提高通达深度,提升省域公路网的安全性、可靠性和应急保障能力。

(5)实现公路交通可持续发展的要求

发挥省域公路网络的整体效率和效益,实现公路交通可持续发展,要求明确公路网层次结构和各层次的功能定位,促进各层次间协调发展,统筹非收费公路和收费公路体系建设,并为科学编制公路交通发展规划,制定政策和加强建设、养护管理奠定基础。

(二)指导思想、基本原则和规划目标

1. 指导思想

全面贯彻落实党的十八大、十八届三中、四中全会和习近平总书记系列重要讲话及省第十二次党代会精神,以科学发展观为指导,以服务全面建设小康社会和全省经济社会发展为目标,根据国家和甘肃省主体功能区规划布局,从转变交通运输发展方式出发,加强与其他运输方式的衔接,在"一路一带"倡议的引领下,按照"功能明确、结构优化、布局合理、规模适度"的方针,统筹发展非收费公路和收费公路体系,优化省道布局、扩大服务范围、增强服务能力、提高网络效率,完善交通物流网络,构建合作开放通道,加快形成便捷、高效、安全、绿色的省域干线公路网络,为全省经济社会持续健康发展提供交通运输支撑和保障。

2. 基本原则

(1)服务全局

从全省发展总体战略出发,不仅要立足公路交通行业发展,而且要符合经济社会、综合运输、土地资源利用和环境保护等全局性的要求,服务全省经济社会发展大局。

(2)布局合理

以经济社会和交通运输中长期发展需求为基础,与人口分布、城镇化格局、城镇体系布局、资源分布和产业布局相适应,统筹考虑革命老区、集中连片特困地区、少数民族地区及资源富集地区发展需要,注重公平、效率,促进国土均衡开发。

(3)衔接顺畅

既注重省域公路网自身结构与布局的调整和完善,又突出与国家公路网、乡村公路网以及周边省区路网的协调衔接。同时,注重与其他运输方式的衔接,加强与城市交通的衔接,进一步发挥综合运输效率。

(4)继承发展

既注重规划新增路线,又注重对既有路线的优化和调整,结合地形、重要节点分布情况,统筹考虑路网的网络形态及编号体系的延续,处理好继承与发展的关系。

(5)规模适度

依据各市州自然条件,经济社会及交通运输发展趋势,因地制宜对省道路线进行优化调整和补充,充分考虑环境、土地、资金等因素,合理确定省道网总体规模。

(6)绿色发展

省道新增路线充分利用既有的县道、乡道和村道,节约集约利用土地;避绕环境敏感区和生态脆弱区,加强生态环境保护,防止公路建设引发的水土流失,促进公路建设与资源环境和谐发展。

3.规划目标

以国家公路网省内路线布局为基础和依托,以"县县通高速,乡镇连省道,与周边省区顺畅衔接"为总体目标,形成覆盖广泛、布局合理、功能完善、安全可靠的省域干线公路网。实现省会至东、中部市(州)和河西部分市(州)当日往返,至河西个别市(州)当日到达,市(州)至县(市、区)当日往返,路网功能得到充分发挥。

省级高速公路与国家高速公路形成提供高效服务的主骨架网络,具体目标如下:

①有效对接周边省份,增加出省高速通道,实现省际出口畅通。

②实现省会至所有市(州)、所有市(州)之间,以及所有县城通高速公路,为经济社会发展提供高效、快捷的运输服务。

③增加区域性综合交通枢纽城市绕城环线,完善枢纽城市集疏运网络。

④连接著名旅游景区、重要产业基地、国边防和军事要地。

普通省道与普通国道形成提供普遍服务的一般干线网络,具体目标如下:

①连接所有市(州)、县(市、区)和乡(镇),形成覆盖乡(镇)及以上行政区的一般干线公路网络,显著增强交通基本公共服务能力。

②加强县际联系,实现全省县级及以上行政区多路连通,为地区间客流、物流提供便捷的运输通道。

③连接 AAAA 级及以上旅游景区,覆盖重要的产业基地、经济开发区、工业园区,促进旅游业发展和产业结构升级。

④连接周边相邻省份县级及以上城镇节点,实现与周边省份干线公路的有效衔接,为区域合作提供良好的交通运输条件。

⑤连接铁路枢纽、机场和重要港口等交通枢纽,加强与铁路、民航、水运、城市道路等运输网络以及其他层次路网的衔接与协调,推进综合运输体系建设。

⑥覆盖重要的军事设施及边境城镇,增强国边防安全保障能力。

(三)省道网布局方案

甘肃省省道网规划总规模约为 20620km,由省级高速公路网和普通省道网两个层次构成。

1. 省级高速公路网布局

省级高速公路网由"6环6纵2横18联"32 条路线组成,即 6 条绕城环线、6 条北南纵线、2 条东西横线、18 条联络线,总规模约 3365km。省级高速公路布局调整以新调整的国家高速公路甘肃省境内路线布局为依托,对《甘肃省高速公路网规划(2009 年调整)》中升级为国家高速公路的省级高速公路,调入国家高速公路系统,剩余的省级高速公路,直接纳入省道网规划,不再做较大调整,只进行局部优化。同时,增加重要的综合运输枢纽城市绕城高速环线。

(1)绕城环线(6 条 347km)

S01 兰州市外环绕城高速、S02 平凉市绕城高速、S03 天水市绕城高速、S04 武威市绕城高速、S05 张掖市绕城高速、S06 酒(泉)嘉(峪关)绕城高速。

(2)北南纵线(6 条 1573km)

S15 吴起(陕西)—平凉、S25 静宁—天水、S35 景泰—礼县、S45 碌曲—久治(青海)、S55 阿拉善左旗(内蒙古)—武威市—西宁(青海)、S65 航天城—酒泉。

(3)东西横线(2 条 602km)

S10 凤县(陕西)—合作、S20 两河口—郎木寺。

(4)联络线(18 条 843km)

S11 泾源(宁夏)—华亭、S12 肃北—阿克塞、S13 中川机场联络线、S14 陇西—渭源、

S16 麦积—天水、S17 阿拉善右旗(内蒙古)—永昌、S18 张掖—肃南、S19 临夏—东乡、S22 白银—兰州新区、S24 兰州—永靖、S26 正宁—榆林子、S28 灵台—华亭、S32 临夏—积石山、S34 临夏—循化(青海)、S36 临洮—广河、S38 夏河—王格尔塘、S42 漳县—殪虎桥、S44 康县—望关。

2. 普通省道网布局

普通省道网由"6 射 40 纵 32 横 96 联"174 条路线组成,即 6 条放射线、40 条北南纵线、32 条东西横线、96 条联络线,总规模约 17255km。在保留原省道剩余路线(含原国道降级路线)的基础上,按照"连通所有乡镇、对接省际出口、扩大覆盖范围、完善网络衔接"的思路补充新增路线,完善普通省道网布局。

(1)放射线(6 条 724km)

S101 兰州—景泰、S102 兰州—永登、S103 兰州—黄河石林、S104 兰州(沈家坡)—东岗、S105 兰州—积石山、S106 兰州—临夏。

(2)北南纵线(40 条 7776km)

S201 延安(陕西)—新堡、S202 环县—泾川、S203 马峪口—千阳(陕西)、S204 碌曲—采日玛、S205 江洛—黄坪、S206 大岸庙—姚渡、S207 定西—天水、S208 马营—马街、S209 共和—九寨沟(四川)、S210 巴仁口—代古寺、S211 盐池(宁夏)—洪德、S212 雅布赖(内蒙古甘肃养管界)—下四分、S213 同心(宁夏)—桐川、S214 额济纳旗(内蒙古)—酒泉、S215 黑鹰山(内蒙古)—二指哈拉(甘新界)、S216 彭阳(宁夏)—上关(甘陕界)、S217 景泰—定西、S218 隆德(宁夏)—两当、S219 麻沿河—略阳(陕西)、S220 泾源(宁夏)—秦安、S221 泾源(宁夏)—石槽沟(甘陕界)、S222 西吉(宁夏)—燕子砭(甘陕界)、S223 西和—武都、S224 双铺—青江驿、S225 三营(宁夏)—锁龙、S226 宕昌—文县、S227 头寨子—渭源、S228 景家店—三岔、S229 榆中—陇西、S230 红古—岷县、S231 迭部—若尔盖(四川)、S232 达板—合作、S233 武胜驿—海石湾(甘青界)、S234 炭山岭—七山、S235 民勤—红崾岘(甘青界)、S236 东乐—马蹄寺、S237 平山湖(内蒙古甘肃界)—祁连(青海)、S238 玉门—昌马、S239 双塔水库—石包城、S240 哈密(新疆)—肃北。

(3)东西横线(32 条 6210km)

S301 九条岭—瓜州、S302 玉门东—肃北、S303 盐池湾—雅丹、S304 安口—甘谷、S305 清水—嘉峪关、S306 阳关—多坝沟、S307 阿拉善左旗(内蒙古)—红沙岗、S308 杜寨柯—永昌、S309 甘草店—积石山、S310 民勤—金昌、S311 定西—和政、S312 王格尔塘—达久滩(甘青界)、S313 张掖—肃南、S314 瓜州—拉配泉(甘新界)、S315 景泰—山丹、S316 大靖—丰乐、S317 太白(陕甘界)—华池、S318 黄陵(陕西)—郿岘、S319 正宁—平泉、S320 彬县(陕西)—华亭、S321 雷大—什川、S322 草滩—临夏县、S323 陇县(陕西)—榜罗、S324 冶力关—扎油、S325 张家—甘谷、S326 武山—碌曲、S327 江洛—江口、S328 略阳(陕西)—苏园、S329 略阳(陕西)—宕昌、S330 唐克(四川)—欧拉秀玛、S331 宁强(陕西)—琵琶、S332 阳坝—琵琶。

(4)联络线(96条2545km)

S501 五顷塬—三嘉、S502 山庄—紫坊畔、S503 合水—固城、S504 宁县—湘乐、S505 庆城—南庄、S506 孙家湾—白马、S507 白马铺—铁李川、S508 肖金—显胜、S509 木钵—八珠、S510 代家岔—樊家川、S511 新庄湾—天池、S512 孟坝—新集、S513 洪德—南湫、S514 三岔—殷家城、S515 张庄—武沟、S516 渗水坡—蒲窝、S517 泾川—白水、S518 郿岘—香莲、S519 西阳—麻武、S520 韩店—良邑、S521 南坪—盘安、S522 阳川—大庄、S523 峡口—司桥、S524 雷大—双岘、S525 三合—四河、S526 邢家岔—沙家湾、S527 张家川—平安、S528 诸葛垒塬—陇东、S529 清水—社棠、S530 腊家—连五、S531 天水—中梁、S532 寺嘴—魏店、S533 娘娘坝—秦岭、S534 东三十铺—古坡、S535 西三十里铺—武家河、S536 礼辛—谢家湾、S537 洛门—嘴头、S538 显龙—泰山、S539 东王坪—宋坪、S540 镡河—迷坝、S541 王磨—二郎、S542 豆坝—底娅、S543 周家坝—豆坪、S544 页水河—六巷、S545 石峡—西高山、S546 赵家庄—固城、S547 大桥—太石河、S548 铺底下—鱼龙、S549 三河—郭河、S550 麻崖子—三仓、S551 月照—五库、S552 罗坝—湫山、S553 瑶峪—上坪、S554 魏磨—三峪、S555 曹家坝—磨坝、S556 立亭—舍书、S557 寨子—梨坪、S558 河口—口头坝、S559 赵家坝—天池、S560 鸽衣坝—铁楼、S561 草滩—土高山、S562 韩家集—石碑岘、S563 大芦—若笠、S564 三岔口—新庄、S565 襄南—李家店、S566 葛家岔—新集、S567 马头川—宏伟、S568 红岘—德兴、S569 西二十里铺—五竹、S570 虎龙口—北顺、S571 韩家湾—新寨、S572 岷县—秦许、S573 河桥—东坪、S574 齐家—水泉、S575 马家咀—庄禾集、S576 坪定—化马、S577 果耶—八棱、S578 立节—大峪、S579 羊沙—临潭、S580 新城—西寨、S581 木耳—大峪沟、S582 博拉—阿拉、S583 沙木多—木西合、S584 西渠—收成、S585 干城—西沟、S586 哈溪—毛藏、S587 南营水库—旦马、S588 高坝—祁连、S589 王信堡—红山窑、S590 山丹—马场二场、S591 民乐—民联、S592 高台—火车站、S593 元山子—明花、S594 酒泉—黄泥堡、S595 嘉峪关—新城、S596 科克巴斯陶—阿勒腾。

(四)规划实施方案

1. 实施方案

1)规划技术标准

省级高速公路：原则上以四车道及以上高速公路技术标准建设,部分特殊路段可按一级公路技术标准建设。

普通省道：原则上以三级及以上公路技术标准建设,重要经济干线和出口通道按二级或一级公路技术标准建设。

具体建设技术标准在项目前期工作中予以确定。

2）建设需求

省级高速公路：截至 2012 年底，规划的 3365km 省级高速公路中已建成或在建约 231km，待建约 3134km。

普通省道：截至 2012 年底，规划的 17255km 普通省道中已建成或在建达到三级及以上公路技术标准约 7471km，待建约 9784km（改建 8890km，新建 894km）。

3）实施安排

以县（市、区）通高速、乡（镇）通普通国省道为重点，大力实施省道网等级提升工程，分阶段、有步骤地推进省道网建设。

（1）近期实施方案

省级高速公路：加快推进符合区域战略规划，对加强省际、区域和城际联系具有重要意义的省级高速公路建设。到 2015 年，力争通车里程达到 220km。

普通省道："十二五"期间，加大普通省道改造力度，以提高普通省道三级及以上公路比例为重点，优先支持集中连片特困地区普通省道项目建设，全面实施岷县漳县灾后交通基础设施恢复重建项目，加快建设普通省道中的断头路、出口路和重要城市之间的连接路与重要城市的过境路，提升普通省道技术等级、保障能力和服务水平。到 2015 年，三级及以上公路里程力争达到 8000km。

（2）中期建设重点

"十三五"期（2016—2020 年），加快推进县（市、区）通高速公路建设，省级高速公路通车里程达到 1000km 以上，省域内高速公路通车里程达到 6000km 以上；以点带面，深入实施省道网等级提升工程，普通省道建设实现突破性进展，三级及以上公路里程力争达到 1 万 km 以上。

（3）远期设想

2021—2030 年，全面优化和完善省域公路网络，基本建成省级高速公路网和普通省道网。

（4）资金需求

按静态投资匡算，未来省道网建设资金需求总量约为 5000 亿元，其中，省级高速公路建设资金需求量约为 3700 亿元；普通省道建设资金需求量约为 1300 亿元。

2. 效果评价

（1）路网通达深度增加，覆盖范围扩大

普通省道规模由 6085km 调增至 17255km，里程增加 11170km，连通乡（镇）由 330 个增至 877 个,新增 547 个,与普通国道共同实现所有乡(镇)全覆盖,调整后省道网通达深度和覆盖范围明显提高。

调整后省道网与国道网组成省域干线公路网,实现"2331 连通"和"5 个全覆盖",即:与周边 6 个省区省会城市以国家高速和普通国道双通;省内 14 个市(州)以高速、普通国道、普通省道 3 通;86 个县(市、区)基本以高速、普通国道、普通省道 3 通;全省所有具备条件的乡(镇)以普通国省道连通;普通国省道市(州)、县(市、区)、乡(镇)、AAAA 级及以上旅游景区、省级以上经济区全覆盖。

(2)路网结构更加合理、功能更加完善

调整后将形成"东部加密、中部成环、西部联网"的省道网布局,与甘肃人口、城镇体系和产业等布局基本一致。

东部加密,围绕国家级装备制造业基地、能源开发基地和新型城镇化建设,形成加密网格状路网,支撑陕甘宁革命老区,陕西、甘肃、宁夏、内蒙古"能源金三角"经济区,关天经济区和甘肃省陇东陇南城市带及关天、平庆等都市圈发展。

中部成环,围绕打造国家向西开放的重要门户和次区域合作战略基地,强化甘肃省连接亚欧大陆桥的战略通道和沟通西南、西北的战略枢纽地位,形成以兰白和兰州新区为中心、"圈层结构+放射线"构成的"轮辐状"路网,支撑兰白经济区和中部城市群、兰白都市圈、兰州新区发展,为推进全省"一群两带多组团"新型城镇建设和丝绸之路经济带甘肃段建设提供重要的交通网络支撑。

西部联网,适应西部城市群新材料、新能源利用及循环经济示范区、生态文明示范区建设需要,连线成网,路网由原来的鱼骨状、简单树枝状向简单网格状发展,支撑酒嘉经济区、张掖经济区、金武经济区和河西城市带及酒嘉、张掖、金武等都市圈发展。省域干线公路网将形成既提供基本公共服务的一般干线公路网,又提供高效服务的高速公路网,为协调发展非收费公路和收费公路两大公路体系奠定良好的基础。

(3)路网服务能力与水平大幅提升

根据预测,到 2030 年全省汽车保有量将持续增长,全省公路客货运量将达到 2012 年的 5.1 倍和 4.7 倍,主要公路通道交通量将以 8%~15% 的速度增长,原路网无法适应未来发展的需求。调整后的干线公路网(含国、省高速和普通国、省道)总规模增加了 1.67 万 km,密度由 2012 年的 4.11km/100km^2 增加到 2030 年的 7.79km/100km^2,提高了约 1.9 倍,路网平均技术等级由 2012 年的 2.09 提高到 2030 年的约 1.8,即由低于二级路提高到高于二级路的水平。路网规模的显著扩大和技术水平的明显提高,路网的供给能力和服务水平大幅提升,为满足未来公路交通需求,提供可靠的交通基础设施条件。

(4)有效支撑全省经济社会转型升级发展

交通运输先导性、基础性、支撑性和服务性功能将得到进一步发挥,有效支撑未来全省经济社会转型升级发展。一是有效支撑扶贫攻坚行动。省道网通乡连镇与乡村公路网紧密衔接,干线路网的辐射功能得以进一步拓展,省道集散功能得以进一步发挥,为实施"1236"扶贫攻坚行动,加快革命老区公路建设,带动农村地区发展,增强贫困地区自我发展能力,实现努力与全国一道全面建成小康社会目标提供坚实的交通运输保障。二是有效支撑旅游文化业发展。省道网连通了红色旅游基地和全省20个旅游大景区,支撑丝绸之路精品旅游线路,促进旅游业发展,助力华夏文明保护传承和创新发展示范区建设。三是有效支撑城镇化建设。省道网布局强化了"一群两带多组团"的城市群内外交通联系,加强了中心城市的辐射带动功能,促进了都市圈交通一体化发展,改善了中小城市的对外交通条件,实现了乡(镇)全覆盖,更好发挥交通网络对新型城镇化发展格局的支撑和引导作用。四是有效支撑经济发展。省道网布局加强了省际、市际、县际联系,增加了出行的便捷化和多元化选择,有助于降低运输成本,为促进全省经济转型升级发展提供基本公路运输服务。五是有效支撑生态屏障建设。省道网规划和建设始终把建设生态文明,保护生态环境放在突出位置,使公众出行更加便捷畅通,运输发展更加经济高效,为甘肃省国家生态安全屏障综合试验区建设提供交通运输保障。

(5)完善综合交通运输体系

公路交通是综合交通体系中最基础、最普遍、最便捷的运输方式,省道网上接国家公路网,下连乡村公路网,处在公路网中间层次,兼具干线和集疏网络功能。规划调整不仅完善了省道自身布局与结构,实现与国道、乡村公路的紧密衔接,全面优化完善了全省公路网布局,强化了对铁路枢纽、机场和重要港口的连接,有助于形成便捷的集疏运网络,为建设内通外畅、运能充分、布局合理、安全便捷的综合交通运输体系奠定了基础,为推进丝绸之路经济带甘肃段建设,促进道路互联互通创造了条件。

(6)加强国边防建设和安全应急保障能力

国省道布局中,均把边防口岸、边境城镇、军事要地作为重要节点,增加了河西地区迂回路线及沿大江、大河路线,随着路网规模的增加、通达深度的拓展,路网的机动性、迂回性显著提高,应对自然灾害、突发事件和保障国家安全的能力将明显增强,为更好地发挥甘肃省"坐中联六"的区位优势,维护国边防安全,提高应急保障能力提供交通运输支撑。

(7)促进公路交通与资源环境协调发展

普通省道布局方案利用原省道路线近3000km,新增路线基本以既有公路改造为主,可减少土地占用。路网布局的优化、技术等级的提高,将促进资源集约节约利用。规划实施中将采取各种措施把对生态环境的不利影响降到最低水平,最大限度地保护环境,发展以低碳为特征的公路交通体系,支持"资源节约型、环境友好型"社会建设。

（五）保障措施

1. 强化规划指导，实现有序发展

坚决维护规划的权威性，依据规划目标、布局方案和实施方案有计划、分步骤、科学有序地推进省道网建设与发展。统筹安排项目前期工作，增强项目储备，按照全省建设项目计划管理制度，建立省级建设项目管理系统，依托两年项目滚动申报和管理系统对建设项目计划进行动态管理，确保规划目标和重点建设任务的顺利完成。加强对规划的动态跟踪调整，根据经济社会发展实际，适时修订和完善规划，不断增强规划的指导性和适应性。

2. 深化体制改革，创新管理模式

立足转变管理职能，提高管理效能，深入推进交通运输管理体制改革，建立健全省、市、县三级公路管理体制，明确事权、分级负责、分工协作，调动和发挥地方政府的积极性。省交通运输厅负责国家高速公路和普通国道建设，市（州）政府负责省级高速公路和普通省道建设，县（市、区）政府负责乡村公路建设，鼓励有条件的市（州）、县（市、区）政府参与国家高速公路和普通国道建设。进一步创新公路建设管理模式，有条件的公路建设项目可实行代建制、设计施工总承包等建设模式，大力推广政府与社会组织合作的（PPP）模式。加快推进收费公路管理改革，建立政府财政保障与鼓励社会资本相结合的收费公路发展模式。根据项目建设需求及地方受益情况，对新开工项目实行"省市联建"模式，由省、市（州）两级政府共同投资，合力推进项目建设。公路建设目标任务纳入各级政府目标责任书，作为各级政府主要负责人和分管负责人任期目标管理责任考核内容。

3. 拓宽投融资渠道，提供资金保障

加快构建"政府主导、分级负责、多元筹资"的新型交通投融资体制，扩大建设资金总量。一是争取国家提高项目资本金补助比例，为项目建设提供稳定资金来源；二是争取省级财政资金通过中央转移支付、预算安排、发行地方政府债券等，加大对重点项目资本金补助；三是积极推进高速公路、二级以上收费公路按照"发债修路、收费还债"方式建设；四是发挥政府交通融资平台作用，保障公益性较强的公路项目建设资金的需求；五是发挥省公路航空旅游投资集团公司市场融资作用，保障全省重点公路项目建设的资金需求；六是支持市州政府加快推进地方公路交通融资实体建设，保障地方公路项目建设资金需求；七是鼓励和引导社会资本投资公路建设。

4. 落实生态文明，推动绿色发展

深入贯彻落实节约资源和保护环境的基本国策，加强与国土、环保、水利、农牧、林业等部门的衔接,集约节约利用土地等资源,在公路设计、建设中落实绿色、环保理念,优化设计方案,减少山体开挖,降低公路建设对草原、河流等的污染和破坏,加强新建公路道路绿化建设,项目开工前制定水土保持治理措施,加强水土流失预防和治理,最大限度保护生态资源。按照"东南部保护、中部恢复、西部治理"的思路,推行交通建设生态保护和生态修复工作,尽可能利用既有设施扩能改造,必须新建的尽可能利用既有交通走廊,多方案比选、合理布线,严格按照公路建设项目标准,少占耕地;尽可能避免对具有重要生态功能的生态系统的分割,从严控制穿越禁止开发区域和城市建成区,路线尽可能避绕自然保护区、核心区、缓冲区和文物敏感区,减少对生态脆弱区、环境敏感区的影响,促进公路交通的集约节约发展和绿色发展。

5. 倡导科技创新,强化技术支撑

积极推进公路信息化、智能化建设,提高与铁路、航空、水运等多种运输方式的中转和衔接能力,推进不同运输方式之间的联程联运,逐步实现交通运输一体化,提高运输服务水平,促进现代物流业发展;根据我省的地形、地质特征和交通需求特点,以部颁技术标准和规范为基础,研究制定符合我省交通建设实际的实施细则或办法;加大科技投入力度,支持公路发展关键技术的研发应用;强化公路行业人才队伍建设,加强技能型、管理型人才培养,提高从业人员素质。

6. 严格监督管理,确保质量安全

坚持质量为本,安全为先。严格落实项目法人责任制、招标投标制、合同管理制、工程监理制等制度规定,加强项目勘察设计质量、施工过程质量控制和交(竣)工验收工作。完善建设工程质量和安全监督机制,建立健全工程质量终身负责制、质量保证体系和安全责任体系。建立健全质量安全监督机构,充分发挥社会监督作用,实现建设项目质量监督全覆盖。全面推行现代化工程管理,建立标准化设计施工管理长效机制,提升省道网的安全性、可靠性和耐久性。

7. 注重统筹兼顾,促进协调发展

统筹国家公路、省级公路和乡村公路等各层次公路网协调发展,完善路网结构,提升路网整体技术水平和服务保障能力。坚持公路建设、管理、养护、运营并重,增强公路建设品质、养护管理水平和可持续发展能力。根据省内不同片区和城乡发展差异,区别对待,制定差异化发展目标和扶持政策,加大向集中连片特困地区和其他老、少、边、贫地区倾斜支持力度,促进区域、城乡协调发展和一体化发展。

甘肃省国家公路布局规划方案见表3-3,省级高速公路布局规划方案见表3-4,普通省道布局规划方案见表3-5。

甘肃省国家公路布局规划方案表

表 3-3

路线编号	路线名称	境内路线起讫点（省际接线点）	主要控制点	规划里程（km）	共线里程（km）	实际里程（km）
	合计（42条）			16434	1646	14788
	国家高速公路（15条）			5774	656	5118
G6	北京—拉萨	刘寨柯—海石湾	刘寨柯（宁甘界）、平川区、白银、皋兰、海石湾（甘青界）	269		269
G7	北京—乌鲁木齐	白疙瘩—明水	白疙瘩（内蒙古甘肃界）、马鬃山镇、明水（甘新界）	137		137
G75	兰州—海口	兰州—罐子沟	兰州、临洮、渭源、岷县、宕昌、武都、罐子沟（甘川界）	530		530
G2012	定边—武威	营盘水—武威	营盘水（宁甘界）、景泰、裴家营、双塔	157		157
G22	青岛—兰州	雷家角—沿川子司桥—兰州	雷家角（陕甘界）、庆城、庆阳、泾川、平凉、沿川子（甘宁界）、司桥（宁甘界）、静宁、会宁、兰州	543		543
G30	连云港—霍尔果斯	主线：牛背—星星峡；G3001：兰州市绕城高速（内一环）	牛背（陕甘界）、天水、武山、定西、兰州、武威、张掖、酒泉、嘉峪关、安西、星星峡（甘新界）	1550	111	1439
G3011	柳园—格尔木	黄羊头—当金山口	黄羊头、北龙口、定远、西果园、黄羊头、柳园、敦煌、阿克塞、当金山口（甘青护界）	112	29	83
G70	福州—银川	凤翔路口—沿川子	凤翔路口（陕甘界）、长庆桥、平凉、沿川子（甘宁界）	382	68	314
G7011	十堰—天水	大石碑—天水	大石碑（陕甘界）、徽县、成县、西和、天水（皂郊）	141	127	14
G0611	张掖—汶川	张掖（甘州区）；赛尔龙—郎木寺	张掖（甘州区）、民乐、扁都口（甘青界）、赛尔龙、郎木寺（甘川界）	189		189
G69	银川—百色	甜水堡—罗儿沟圈	甜水堡（宁甘界）、环县、庆城、宁县、正宁、罗儿沟圈（甘陕界）	156		156
G85	银川—昆明	彭阳—大桥村	潘城（宁甘界）、平凉、安口、大桥村（甘陕界、石咀子）	315	12	303
				85		85

续上表

路线编号	路线名称	境内路线起讫点（省际接线点）	主要控制点	规划里程（km）	共线里程（km）	实际里程（km）
G8513	平凉—绵阳	四十里铺—九寨沟	四十里铺、华亭、庄浪、秦安、天水、西和、武都、文县、九寨沟（青龙桥、甘川界）	569	205	364
G1816	乌海—玛沁	营盘水—寨尔龙	营盘水（宁甘界）、景泰、兰州新区、兰州、广河、临夏、合作、碌曲、寨尔龙（甘川界）	550	103	447
G3017	武威—金昌	武威—金昌	武威、金昌	89		89
普通国道（27条）				10660	990	9670
G109	北京—拉萨	刘寨柯—享堂	刘寨柯（宁甘界）、白银、享兰、兰州、红古、享堂（甘青界）	346		346
G211	银川—榕江	甜水堡—罗儿沟圈	甜水堡（宁甘界）、环县、庆城、合水、宁县、罗儿沟圈（甘陕界）	309		309
G212	兰州—龙邦	兰州—罐子沟	兰州、临洮、岷县、宕昌、武都、文县、罐子沟（甘川界）	672		672
G213	策克—磨憨	河西新湖—东岔垭口；寨尔龙—郎木寺	河西新湖（内蒙古甘肃界）、金塔、酒泉、肃州、敦煌、瓜州、东岔垭口（甘青界）；寨尔龙、郎木寺（甘川界）	587		587
G215	马鬃山—宁洱	马鬃山口岸—当金山口	马鬃山口岸（内蒙古甘肃界）、瓜州、敦煌、阿克塞、当金山口（甘青界护界）	672		672
G227	张掖—孟连	张掖—扁都口	张掖、民乐、扁都口（甘青管界）	93		93
G244	乌海—江津	打扮梁—渗水坡	打扮梁（陕甘界）、华池、庆城、西峰、泾川、灵台、渗水坡（甘陕界）	303		303
G247	景泰—昭通	景泰—青龙桥	景泰、靖远、会宁、通渭、秦安、天水、礼县、武都、青龙桥（甘川界）	864	179	684
G248	兰州—马关	兰州—益哇沟口	兰州、广河、康乐、临潭、益哇沟口（甘川界）	482	56	426
G307	黄骅—山丹	双窑铺—山丹	双窑铺（内蒙古甘肃界）、山丹	34		34
G309	青岛—兰州	雷家角—小园子；祁家南山—达川	雷家角（陕甘界）、合水（板桥）、庆城（铜川）、小园子（宁甘界）；祁家南山（甘宁界）、会宁（甘沟驿）、榆中（定远）、达川乡	549	20	530

续上表

路线编号	路线名称	境内路线起讫点（省际接线点）	主要经控制点	规划里程(km)	共线里程(km)	实际里程(km)
G310	连云港—共和	牛背—大河家	牛背（陕甘界）、天水、甘谷、武山、陇西、渭源、临洮、康乐、临夏市、积石山、大河家（甘青界）	564	6	558
G312	上海—霍尔果斯	凤翔路口—芨岭湾；司家桥—星星峡	凤翔路口（陕甘界）、泾川、崇信、崆峒区、芨岭湾（甘宁界）；司桥、会宁（宁甘界）、兰州市、永登、天祝、武威、山丹、张掖、临泽、肃州、嘉峪关、瓜州、星星峡（甘新界）	1578	327	1251
G316	长乐—同仁	杨店—甘同桥	杨店（陕甘界）、两当、徽县、成县、礼县、岷县、卓尼、临潭、合作、夏河、甘同桥（甘青界）	754	117	637
G327	连云港—固原	调令关—王咀子	调令关（陕甘界）、正宁县、宁县、镇原、王咀子（甘宁界、沟圈）	226	32	194
G331	丹东—阿勒泰	大红山—霍勒扎德盖	大红山（内蒙古甘肃界）、霍勒扎德盖（甘新界）	80	80	0
G335	承德—塔城	大红山—霍勒扎德盖	大红山（内蒙古甘肃界）、霍勒扎德盖（甘新界）	80		80
G338	海兴—天峻	营盘水—天堂寺	营盘水（宁甘界）、景泰、天祝、天堂寺（甘青界）	256		256
G341	胶南—海晏	打扮梁—辘轳坝—岗子沟	打扮梁（陕甘界）、华池乔河、环县、靖远、白银、永登、岗子沟（甘青界）	577	10	562
G344	东台—灵武	大桥村—北阳洼	大桥村（陕甘界）、宁早、北阳洼（宁甘界、双拥搭梁）	66	16	66
G345	启东—那曲	白河沟—益哇沟口；郎木寺—沙木多黄河大桥	白河沟（陕甘界）、康县、武都、舟曲、玛曲、益哇沟口（甘川界）；郎木寺（川甘界）、永登、沙木多黄河大桥（甘青界）	437	65	372
G566	西吉—天水	陶家庙—天水	陶家庙（宁甘界）、静宁、庄浪、张家川、天水、社棠镇	204		204
G567	礼县—康县	礼县—康县	礼县、祁山、西和、康县	148		148
G568	兰州—碌曲	兰州—碌曲	兰州、永靖、东乡、临夏市、合作、碌曲	349	83	267
G569	曼德拉—大通	深坑井—骆驼河口	深坑井（内蒙古甘肃界）、民勤、武威、骆驼河口（甘青界）	303		303
G570	永昌连接线	金昌（下四分）—永昌	下四分、金昌、永昌	63		63
G571	肃北连接线	阿克塞—肃北	阿克塞、肃北蒙古族自治县	64		64

甘肃省省级高速公路布局规划方案表

表 3-4

序号	路线编号	路线名称	甘肃境内主要控制点	规划里程（km）	共线里程（km）	实际里程（km）
		合计（32条）		3986	621	3365
（一）		绕城环线（6条）		783	436	347
1	S01	兰州市外环绕城高速	涝池滩、黑石川、皋兰、什川、金崖、夏官营、清水驿、连搭、定远、和平、西果园、黄峪、金沟、柳家、黄羊头、树屏、红城、龙泉寺、柳树、魏岭	315	166	149
2	S02	平凉市绕城高速	白庙、范家河、鄢刘、四十里铺	81	51	30
3	S03	天水市绕城高速	中滩、石佛、石岭、社棠、甘泉、皂郊门、李家门、太京、中梁、渭南	155	90	65
4	S04	武威市绕城高速	中坝、小винь发放、花盛、唐新庄、楼庄、柏树门、高坝、松树、金沙	60	40	20
5	S05	张掖市绕城高速	三闸、二十里堡、梁家墩、新墩、明水	58	25	33
6	S06	酒（泉）嘉（峪关）绕城高速	新城、银达、铧尖、三奇堡、文殊、大草滩、峪泉	114	64	50
（二）		北南纵线（6条）		1623	50	1573
1	S15	吴起（陕西）—平凉	打扮梁（甘陕界）、华池、悦乐、玄马、庆城、驿马、庆阳（西峰）、镇原、平泉、凉（州）嘉（峪关）四十里铺	257	50	207
2	S25	静宁—天水	静宁、威戎、庄浪、张家川、清水、麦积、甘泉	236		236
3	S35	景泰—礼县	景泰、水泉、平川、靖远、甘沟驿、会宁、通渭、洛门、礼县	495		495
4	S45	碌曲—久治（青海）	尕秀、玛曲、阿万仓、沙木多黄河桥（甘青界）	135		135
5	S55	阿拉善左旗（内蒙古）—武威—西宁（青海）	北山（内蒙古甘肃界）、民勤、武威、西营、九条岭、仙米寺（甘青界）	300		300
6	S65	航天城—酒泉	河西（内蒙古甘肃界）、航天城镇（双城）、鼎新、金塔、怀茂	200		200
（三）		东西横线（2条）		722	120	602
1	S10	凤县（陕西）—合作	杨店（陕甘界）、两当、徽县、成县、小川、西和、礼县、岷县、临潭、卓尼、合作	552	120	432

续上表

序号	路线编号	路 线 名 称	甘肃境内主要控制点	规划里程（km）	共线里程（km）	实际里程（km）
2	S20	两河口—郎木寺	两河口,舟曲,峰迭,立节,代古寺,旺藏,卡坝,迭部,益哇沟口,郎木寺	170		170
（四）		联络线（18条）		858	15	843
1	S11	泾源（宁甘界）—华亭	山寨（宁甘界）,马峡,华亭	28	15	13
2	S12	肃北—阿克塞	肃北,阿克塞	55		55
3	S13	中川机场联络线	中川机场,马家山,茅茨立交	17		17
4	S14	陇西—渭源	陇西,首阳,路园	36		36
5	S16	麦积—天水	麦积,天水	13		13
6	S17	阿拉善右旗（内蒙古）—永昌	小山子（内蒙古甘肃界）,下四分,金昌,河西堡,永昌	105		105
7	S18	张掖—肃南	张掖,肃南	79		79
8	S19	临夏—东乡	临夏,折桥,东乡	25		25
9	S22	白银—兰州新区	白银,车路口,西岔,兰州新区	45		45
10	S24	兰州—永靖	西果园,永靖北	48		48
11	S26	正宁—榆林子	正宁,榆林子,岔路	22		22
12	S28	灵台—华亭	灵台,朝那,崇信,铜城,安口	140		140
13	S32	临夏—积石山	临夏	60		60
14	S34	临夏—循化（青海）	双城,临夏县,达里加（甘青界）	38		38
15	S36	临洮—广河	临洮,康乐,广河	64		64
16	S38	夏河—王格尔塘	夏河,滚格塘,王格尔塘	35		35
17	S42	漳县—殪虎桥	漳县,三岔,殪虎桥	15		15
18	S44	康县—望关	康县,长坝,望关	33		33

甘肃省普通省道布局规划方案表

表 3-5

序号	路线编号	路线名称	主要控制点	规划里程（km）	共线里程（km）	实际里程（km）
		合计（174条）		18881	1626	17255
（一）		放射线（6条）		821	97	724
1	S101	兰州—景泰	三岔路镇、树屏镇、中川镇、上川镇、大水石岘、喜泉镇、景泰南	152		152
2	S102	兰州—永登	城关黄河桥北、大砂坪、罗家坪、水草乡、中川镇、龙泉寺镇	91	18	73
3	S103	兰州—黄河石林	青白石、什川镇、青城镇、水川镇、北湾镇、龙湾、中泉乡、红崖台	193	53	140
4	S104	兰州（沈家坡）—东岗	沈家坡、八里镇、阿干镇、马坡乡、榆中县城、三角城乡、夏官营镇、金崖镇、东岗	102	2	100
5	S105	兰州—积石山	岸门、大干沟、陈井镇、柏岭子、三条岘、永靖县城、王马家、合心坪、三坪、四堡子、大河家（甘青界）	132	14	118
6	S106	兰州—临夏	达川乡、盐锅峡镇、永靖县城、考勒乡、河滩镇、折桥镇、临夏市、枹罕镇、新集镇、双城、临夏县城、麻尼寺沟乡、达里加山垭口（甘青界）	151	10	141
（二）		北南纵线（40条）		8330	554	7776
1	S201	延安（陕西）—新堡	杨蔚庄（陕甘界）、南梁镇、几只窑口、山庄乡、城壕乡、新堡	71		71
2	S202	环县—泾川	杨旗、合道乡、冰草渠、演武乡、三岔镇、马家乡、庙渠乡、庙湾、孟坝镇、席家沟圈镇、镇原县城、屯字镇、玉都镇、泾川县城	246	25	221
3	S203	马岭口—千阳（陕西）	马岭口、大寨回族乡、崇信县城、黄花乡、梁原乡、朝那镇、方堤口（甘陕界）	142		142
4	S204	碌曲—采日玛	尕秀、玛曲县城、曼日玛乡、齐哈玛乡、采日玛乡	189	5	184
5	S205	江洛—黄坪	江洛镇、泥阳镇、成县县城、抛沙镇、小川镇、秦池乡、平洛镇、望关乡、黄坪乡	116	7	109
6	S206	大岸庙—姚渡	大岸庙、三河镇、琵琶镇、洛塘镇、通渭县城、王铺乡、碧玉乡、叶堡乡、姚渡镇	116		116
7	S207	定西—天水	景家店、杏园乡、马营镇、通渭县城、郭嘉镇、叶堡乡、秦安县城、云山乡、秦州区	204		204

88

第三章 甘肃省高速公路网规划

续上表

序号	路线编号	路线名称	主要控制点	规划里程（km）	共线里程（km）	实际里程（km）
8	S208	马营—马街	黑燕山,权家湾乡,云田镇,和平乡,直沟,杨家岘,洛门镇,四门镇,崖城乡,礼县县城,石桥镇,江口乡,中坝乡,白河镇,桥头乡,草坪乡,马营乡,马街镇	377	31	346
9	S209	共和—九寨沟（四川）	共和镇,高湾乡,大卢乡,鄂坡镇,鲁家沟镇,头寨子镇,安定区,通安驿镇,云田乡,文峰镇,马泉乡,四族乡,石川乡,蒲麻镇,同井镇,八力乡,理川镇,脚力铺,南河乡,腊子口乡,秦峪乡,麻牙,多儿乡（甘川界）	603	83	520
10	S210	巴仁口—代古寺	巴仁口,腊子口乡,代古寺	70		70
11	S211	盐池（宁夏）—洪德	狗拉豪（宁甘界）,秦团庄乡,耿湾乡,洪德乡	60		60
12	S212	雅布赖（蒙甘养管界）—下四分	雅布赖（内蒙古甘肃养管界）,红沙沟镇,下四分	102		102
13	S213	同心（宁夏）—桐川	燕麦堂（宁甘界）,小南沟乡,虎洞乡,合道乡,上嚈岘,蔡口集乡,土桥乡,北塬头,桐川乡	210	17	193
14	S214	额济纳旗（内蒙古）—酒泉	挖塔丰（内蒙古甘肃界）,金塔县铜矿,金塔县城,三墩镇,肃州区,酒泉火车站,大庄子乡,东坝镇,西明乡,中东镇	224		224
15	S215	黑鹰山（内蒙古）—二指哈拉（甘青界）	南泉（内蒙古甘肃界）,铝矿,民众路口,玉门东,大泉口,二指哈拉（甘青界）	318		318
16	S216	彭阳（宁夏）—上关（甘陕界）	高寨（宁甘界）,萧河回族乡,白庙回族乡,柳湖乡,峡门回族乡,崆峒区,底镇,华亭县城,南川,水联,上关乡（甘陕界）	135	18	117
17	S217	景泰—定西	大水隆,武川乡,白银区,四龙镇,平堡乡,冏子岔乡,上花岔乡,中连川乡,丰营乡,甘草店镇,龙泉乡,符家川镇,贡井乡,深山乡	275	18	257
18	S218	隆德（宁夏）—两当	苏台（宁甘界）,通化乡,逆门乡,土门乡,庄浪县城,良邑乡,杨家铺,麦积区,金集乡,马跑泉镇,麦积镇,马关乡,龙山镇,党川乡,两当县城,金洞乡,站儿巷镇,云屏乡	351		351
19	S219	麻沿河—略阳（陕西）	麻沿河乡,高桥乡,松树乡,榆树乡,伏家镇,徽县县城,大河店乡,大石碑（甘陕界）	115	26	89

续上表

序号	路线编号	路线名称	主要控制点	规划里程（km）	共线里程（km）	实际里程（km）
20	S220	泾源（宁夏）—秦安	桃山（宁甘界）、岳堡乡、南湖镇、卧龙乡、阳川乡、徐家城、莲花镇、五营乡、蔡河、中山乡、刘坪乡、秦安县城	141	1	140
21	S221	泾源（宁夏）—石槽沟（甘陕界）	桃山（宁甘界）、曹务乡、古城乡、威戎镇、雷大乡、仁大乡、莲花镇、五营乡、陇城镇、龙山镇、木河乡、张家川县城、恭门镇、石槽沟（甘陕界）	217	19	198
22	S222	西吉（宁夏）—燕子砭（甘陕界）	平峰（宁甘界）、灵芝乡、八里镇、静宁县城、城川乡、新店乡、陇川乡、陇山乡、陇阳乡、通渭县城、襄南乡、安远镇、新兴镇、甘谷县城、甘谷县城、藉口镇、云台乡、秦岭乡、宽川乡、马元乡、晒经乡、腾经乡、王磨镇、成县县城、鸡峰镇、白杨乡、康县、岸门口乡、白钱乡、铜钱乡、龙神沟、龙子砭（甘陕界）	556	71	485
23	S223	西和—武都	十里乡、何坝镇、洛峪镇、龙凤乡、汉王镇、敖河坝、龙坝乡、隆兴乡、甘泉乡、龙凤乡、汉王镇	161	18	143
24	S224	双铺—青江驿	黄骄乡、种田乡、复兴乡、刘家寨子乡、祁家南山、新源乡、祁家南山、新源乡、老君坡乡、青江驿	172	8	163
25	S225	三营（宁夏）—镇龙	窄巷子（宁甘界）、刘家寨子乡、土门岘乡、四房吴乡、角弓镇、沙湾镇、两河口乡、丁家沟乡、中川乡、华家岭乡、榜罗镇、什川乡、武山丹山县城、滩歌镇、寺儿沟	315	36	279
26	S226	宕昌—文县	南阳岗乡、竹院乡、狮子乡、新寨乡、永和、中寨镇、角弓镇、石鸡坝乡、石坊乡、文县县城、高德镇、丹堡乡、刘家坪乡、拱坝乡、范坝乡、碧口镇	463	66	397
27	S227	头寨子—渭源	马家堡、石峡湾乡、葛家岔乡、西巩驿镇、青岚山乡、安定区、香泉镇、北寨镇、渭源县城、五竹镇、会川镇、沈家河镇、田家河乡、麻家集镇	253	22	231
28	S228	景家店—三岔	景家店、团结乡、福星镇、李家堡乡、菜子镇、吴家门	119	5	115
29	S229	榆中—陇西	孙家湾、蒲滩、站滩乡、齐家镇、漫洼乡、秦祁乡、双泉乡、首阳镇	162	—	162
30	S230	红古—岷县	河嘴、坪村、达板镇、新寺乡、川城镇、衙下集镇、三源镇、砚原镇、王城镇、永靖县城、董岭乡、藏巴哇乡、柏林、洮砚乡、王旗乡、维新乡、中寨新乡、梅川镇	420	44	376

续上表

序号	路线编号	路线名称	主要控制点	规划里程(km)	共线里程(km)	实际里程(km)
31	S231	迭部—若尔盖(四川)	达拉沟口、俄界会议遗址、甘果(甘川界)	46		46
32	S232	达板—合作	达板大桥、布楞沟、东乡县城、百和乡、关卜乡、陈家集乡、三合镇、和政县城、买家集镇、新营乡、铁钩、卡加道乡、合作市	154	6	148
33	S233	武胜驿—海石湾(甘青界)	武胜驿镇、西岔、十字路、民乐乡、连城镇、河桥镇、海石湾镇(甘青界)	98	11	87
34	S234	炭山岭—七山	炭山岭乡、赛什斯镇、通远镇、七山乡	90	4	86
35	S235	民勤—红嘴岘(甘青界)	大滩乡、双茨科乡、夹河乡、东坝镇、台土井、南湖乡、吴家井乡、永丰滩乡、保和、洞水乡、黄羊镇、张义镇、哈溪镇、双龙煤矿、红嘴岘(甘青界)	329	6	323
36	S236	东乐—马蹄寺	东乐乡、六坝镇、新天镇、南古镇、马蹄藏族乡	70		70
37	S237	平山湖(内蒙至甘肃界)—祁连(青海)	平山湖蒙古族乡、三闸镇、张掖火车站、甘州区、甘浚镇、黑河峡谷、大孤山、三龙山、黄藏寺(甘青界)	182		182
38	S238	玉门—昌马	玉门市、大坝、昌马乡	72		72
39	S239	双塔水库—石包城	双塔水库、锁阳城镇、石包城乡	128		128
40	S240	哈密(新疆)—肃北	方山口(新甘界)、青墩峡、七里镇、敦煌市、莫高镇、肃北县城	261	7	254
(三)			东西横线(32条)	7163	953	6210
1	S301	九条岭—瓜州	九条岭、皇城乡、新城子镇、永固镇、永安乡、总寨、民乐县城、顺化乡、丰乐乡、新天镇、南古镇、花寨乡、大满镇、长安乡、甘州区、板桥镇、平川镇、合黎镇、高台县城、宣化镇、黑泉乡、金塔县城、独山子东乡族乡、下西号乡、玉门市、三道沟镇、河东乡、老君庙镇、腰站子东乡族乡、沙河回族乡、双塔乡、梁湖乡、十工	863	41	822
2	S302	玉门东—肃北	玉门东、昌马乡、石包城乡	341		341
3	S303	盐池湾—雅丹	盐池湾乡、肃北县城、华东乡、叶堡乡、马鬃镇、玉门关遗址、雅丹国家地质公园	364	8	356
4	S304	安口—甘谷	小庄、安口镇、华亭县城、南坪乡、韩店镇、庄浪县城、朱店镇、万泉镇、连花乡、安伏乡、西川镇、千户乡、金山乡、新兴镇	217	82	135

续上表

序号	路线编号	路线名称	主要控制点	规划里程（km）	共线里程（km）	实际里程（km）
5	S305	清水—嘉峪关	清水镇、丰乐乡、金佛寺镇、东洞镇、西洞镇、文殊镇、嘉峪关	119		119
6	S306	阳关—多坝沟	阳关、阿克旗、多坝沟	80		80
7	S307	阿拉善左旗（内蒙古）—红沙岗	青山（内蒙古甘肃界）、白土井、民勤县城、大坝乡、红沙岗镇	146	26	120
8	S308	杜寨柯—永昌	杜寨柯、北滩乡、永昌乡、兴隆乡、五佛乡、景泰县城、草窝滩乡、白墩子、上沙沃镇、裴家营镇、大靖镇、西靖乡、土门镇、润水镇、双塔、黄羊乡、新华乡、金塔乡、西营镇、金山乡、南坝乡、杜新庄、永昌	385	64	321
9	S309	甘草店—积石山	甘草店乡、高崖镇、峡口镇、新添镇、三甲集镇、果园乡、五家乡、赵家乡、那勒寺镇、东乡县城、东源乡、折桥镇、临夏市、土桥镇、李家乡、安集乡、胡林家乡、吹麻滩镇	220	60	160
10	S310	民勤—金昌	民勤县城、昌宁乡、九个井、双湾镇	82		82
11	S311	定西—和政	安定区、内官营镇、连儿湾乡、临洮县城、虎关乡、流川乡、广河县城、买家巷镇、高支沟	164	66	98
12	S312	王格尔塘—达久滩（甘青界）	王格尔塘镇、达麦乡、夏河县城、桑科乡、达久滩（甘青界）	104	14	90
13	S313	张掖—肃南	火车站、新墩镇、甘浚镇、白银蒙古族乡、康乐乡、白庄子	90	10	80
14	S314	瓜州—拉配泉（甘新界）	瓜州县城、南岔镇、莫高镇、敦煌市、沙枣园、阿克塞县城、拉配泉（甘新界）	423	91	333
15	S315	景泰—山丹	上沙沃镇、漫水滩乡、红水镇、大岭、直滩乡、海子滩镇、大靖镇、横梁乡、西大滩乡、柒什乡、十八里堡乡、古浪县城、定宁镇、民权乡、吴家井乡、长城、清源镇、清水乡、凉州区、永昌镇、双城镇、下四分、老军乡	501	53	448
16	S316	大靖—丰乐	大靖镇、黄花滩乡、永丰滩乡、武城镇、凉州区、中坝镇、五和乡、丰乐镇	135	25	110
17	S317	太白（陕甘界）—华池	太白镇（陕甘界）、林镇乡、山庄乡、华池县城	85	12	73

第三章 甘肃省高速公路网规划

续上表

序号	路线编号	路线名称	主要控制点	规划里程（km）	共线里程（km）	实际里程（km）
18	S318	黄陵(陕西)—郎岘	五里墩(陕甘界)、九岘乡、金村乡、湘乐镇、段家集乡、合水县城、吉岘乡、罗家畔、什社乡、西峰镇、太平镇、宁县县城、新城乡、草峰镇、红河乡、丰郎岘	276	34	243
19	S319	正宁—平泉	正宁县城、永正乡、榆林子镇、宫河镇、周家乡、长桥镇、荔堡镇、什合乡、王都镇、党原乡、中原乡、平泉镇	170	20	150
20	S320	彬县(陕西)—华亭	东郊(陕甘界)、邵寨镇、雷家河、独店镇、灵台县城、百里乡、星火乡、新集、朝那镇、五举衣场、周寨、新窑镇、大湾岭	171	16	155
21	S321	雷大—什川	王家沟圈、洽平乡、深沟乡、新景乡、鸡川镇、通渭县城、高庙山	150	22	128
22	S322	草滩—临夏县	新集、草滩乡、上湾乡、八丹乡、鸣鹿乡、八松乡、松鸣岩、居滩、新庄乡、新营乡、买家集镇、罗家集镇、漫路乡、尹集镇、双城	148	19	129
23	S323	陇县(陕西)—榜罗	马鹿林场(陕甘界)、秦安县城、合河口、白沙乡、清水县、西坪乡、王岔乡、西川镇、大庄乡、安远镇、大石乡、常河镇、兴丰乡、秦安县城、红堡镇、白驼镇、榜罗镇	261	11	250
24	S324	冶力关—扎油	冶力关镇、佐盖多玛乡、佐盖曼玛乡、合作市、扎油乡	133		133
25	S325	张家—甘谷	张家坪、利桥乡、黄家坪、党川乡、麦积镇、甘泉镇、麦积区、渭南镇、新阳镇、旅珀乡、六峰镇、甘谷县城	208	59	150
26	S326	武山—碌曲	鸳鸯镇、杨坪、武当乡、漳县县城、三岔镇、殪虎桥乡、金钟镇、洮砚乡、石门乡、新城镇、流顺乡、卓尼县城、路尔钦乡、木布乡、扎古录镇、阿拉乡、双岔乡、拉仁关乡、西仓乡、碌曲县城	382	54	328
27	S327	江洛—江口	青河、黄诸乡、晒经乡、虞关乡、兴隆乡、西和县城、姜席镇、雷王镇、江口乡	93	20	73
28	S328	略阳(陕西)—苏河	白水江(陕甘界)、幺儿门镇、成县县城、大南峪乡、嘉陵镇、水阳乡、抛沙镇、沙坝镇、辛庄、徽县县城、银杏树乡、伏家镇、栗川乡、毛坝、纸坊镇、苏河乡	141	37	104
29	S329	略阳(陕西)—岩昌	窑坪(陕甘界)、高桥乡、雷坝乡、云台镇、鄣河乡、车拉乡、白河乡、太石乡、好梯乡、沙金乡、敝河坝、龙凤、桥乡、南阳镇、兴化乡、岩昌县城、车拉子藏族乡	286	67	219

续上表

序号	路线编号	路线名称	主要控制点	规划里程（km）	共线里程（km）	实际里程（km）
30	S330	唐克（四川）—欧拉秀玛	索克藏寺（川甘界）、河曲马场、欧曲、黄河桥、欧拉乡、欧拉秀玛乡	181	13	168
31	S331	宁强（陕西）—琵琶	两河镇、金钗岭、岸门口镇、康县县城、豆坝乡、琵琶镇	123	31	92
32	S332	阳坝—琵琶	龙神沟、阳坝镇、太平、裕河乡、五马乡、两河口	123		123
（四）			联络线（96条）	2567	22	2545
1	S501	五顷塬—三嘉	正宁五顷塬回族头乡、三嘉乡	20		20
2	S502	山庄—紫坊畔	华池山庄乡、紫坊畔乡	17		17
3	S503	合水—固城	合水杨家沟、店子乡、固城乡	34		34
4	S504	宁县—湘乐	宁县县城、春荣乡、湘乐镇	38		38
5	S505	庆城—南庄	庆城崭山湾、南庄乡	18		18
6	S506	孙家湾—白马	庆城孙家湾、王咀头子、上里塬乡、五蛟乡、白马乡	86		86
7	S507	白马铺—铁李川	庆城白马铺、赤城、何家畔乡、铁李川	33		33
8	S508	肖金—显胜	西峰肖金镇、显胜乡	10		10
9	S509	木钵—八珠	环县木钵镇、八珠乡	21		21
10	S510	代家岔—樊家川	环县代家岔、樊家川乡	12		12
11	S511	新庄湾—天池	环县新庄湾、天池	16		16
12	S512	孟坝—新集	镇原孟坝镇、新集乡	16		16
13	S513	洪德—南湫	环县洪德、罗山川乡、南湫乡	75		75
14	S514	三岔—殷家城	镇原三岔镇、殷家城乡	18		18
15	S515	张庄—武沟	镇原张庄、武沟乡	10		10
16	S516	渗水坡—蒲窝	灵合渗水坡、蒲窝乡	15		15

第三章
甘肃省高速公路网规划

续上表

序号	路线编号	路线名称	主要控制点	规划里程(km)	共线里程(km)	实际里程(km)
17	S517	泾川—白水	泾川县城、王村镇、花所乡、白水镇	37		37
18	S518	崆峒—香莲	崆峒郿岘、香莲乡	14		14
19	S519	西阳—麻武	崆峒西阳回族乡、大秦回族乡、白庙回族乡、崆峒区、麻武	56	10	46
20	S520	韩店—良邑	庄浪韩店镇、郑河乡、永宁乡、良邑乡	38		38
21	S521	南坪—盘安	庄浪南坪乡、盘安乡	13		13
22	S522	阳川—大庄	庄浪阳川乡、大庄乡	10		10
23	S523	峡口—司桥	静宁峡口、司桥乡	11		11
24	S524	雷大—双岘	静宁雷大乡、双岘乡	10		10
25	S525	三合—四河	静宁三合乡、界石铺镇、邢家岔、红寺乡、四河乡	47	1	46
26	S526	邢家岔—沙家湾	静宁邢家岔、沙家湾	36		36
27	S527	张家川—平安	张家川上磨、平安乡	12		12
28	S528	诸葛垒塬—陇东	清水诸葛垒塬、草川乡、陇东乡	19		19
29	S529	清水—社棠	清水县城、草川乡、丰望乡、社棠镇	39		39
30	S530	腊家—连五	张家川腊家、连五乡	10		10
31	S531	天水—中梁	秦州区、中梁	12		12
32	S532	寺嘴—魏店	秦安寺嘴、魏店	25		25
33	S533	娘娘坝—秦岭	秦州娘娘镇、大门乡、汪川镇、高楼、罗堡、红河乡、杨家寺乡、秦岭乡	80		80
34	S534	东三十铺—古坡	甘谷东三十铺、古坡乡	17		17
35	S535	西三十里铺—武家河	甘谷西三十里铺、武家河	10		10
36	S536	礼辛—谢家湾	甘谷礼辛乡、大石乡、贯寺、谢家湾乡	27	3	24

续上表

序号	路线编号	路线名称	主要控制点	规划里程（km）	共线里程（km）	实际里程（km）
37	S537	洛门—嘴头	武山龙泉、嘴头乡	10		10
38	S538	显龙—秦山	两当显龙乡、鱼池乡、兴化乡、西坡镇、秦山乡	50		50
39	S539	东王坪—末坪	成县东王坪、末坪乡	44		44
40	S540	镡河—迷坝	成县镡河、迷坝乡	27		27
41	S541	王磨—二郎	成县王磨镇、二郎乡	16		16
42	S542	豆坝—底峡	康县豆坝乡、店子乡、三河坝乡、底峡	50		50
43	S543	周家坝—豆坪	康县周家坝、豆坪乡	12		12
44	S544	页水河—六巷	西和页水河、六巷乡	18		18
45	S545	石峡—西高山	西和石峡镇、西高山乡	11		11
46	S546	赵家庄—固城	礼县赵家庄、永坪乡、固城乡	31		31
47	S547	大桥—太石河	西和大桥、太石河乡	14		14
48	S548	铺底下—鱼龙	武都铺底下、鱼龙镇	11		11
49	S549	三河—郭河	武都三河镇、郭河乡	10		10
50	S550	麻崖子—三仓	武都麻崖子、月照乡、三仓乡	49		49
51	S551	月照—五库	武都月照、五库乡	27		27
52	S552	罗坝—漱山	礼县罗坝乡、漱山乡	27		27
53	S553	瑶峪—上坪	礼县瑶峪、洮坪乡、上坪乡	34		34
54	S554	魏磨—三峪	礼县魏磨、三峪乡	20		20
55	S555	曹家坝—磨坝	武都曹家坝、磨坝藏族乡	11		11
56	S556	立亭—舍书	武都立亭、舍书乡	13		13

第三章 甘肃省高速公路网规划

续上表

序号	路线编号	路线名称	主要控制点	规划里程（km）	共线里程（km）	实际里程（km）
57	S557	寨子—梨坪	文县寨子、梨坪乡	16		16
58	S558	河口—口头坝	文县河口、口头坝乡	18		18
59	S559	赵家坝—天池	文县赵家坝、天池乡	11		11
60	S560	鸽衣楼—铁楼	文县鸽衣坝、肖家山、铁楼藏族乡	24		24
61	S561	草滩—土高山	会宁草滩乡、土高山乡	17		17
62	S562	韩家集—石碑岘	会宁韩家集乡、八里湾乡、石碑岘	33		33
63	S563	大芦—若笠	靖远大芦乡、若笠乡	45		45
64	S564	三岔口—新庄	会宁三岔口、草滩乡、白草塬、郭城驿镇、新庄乡	79	6	73
65	S565	襄南—李家店	通渭襄南、李家店	14		14
66	S566	葛家岔—新集	安定葛家岔镇、新集乡	15		15
67	S567	马头川—宏伟	陇西马头川、宏伟乡	17		17
68	S568	红岘—德兴	陇西红岘、德兴	11		11
69	S569	西二十里铺—五竹	陇西二十里铺、碧岩镇、莲峰镇、锹峪乡、五竹镇	67		67
70	S570	虎龙口—北顺	漳县虎龙口、草滩乡、东泉乡、新寺镇、北顺	60		60
71	S571	韩家湾—新寨	渭源韩家湾、新寨镇	14		14
72	S572	岷县—秦许	岷县县城、秦许乡	11		11
73	S573	河桥—东坪	永登河桥镇、东坪乡	17		17
74	S574	齐家—水泉	广河齐家镇、水泉乡	20		20
75	S575	马家咀—庄禾集	广河马家咀、庄禾集	12		12
76	S576	坪定—化马	舟曲坪定乡、舟曲县城、东山乡、化马	64	2	62

续上表

序号	路线编号	路线名称	主要控制点	规划里程（km）	共线里程（km）	实际里程（km）
77	S577	果耶—八棱	舟曲果耶乡、西岔、八棱乡	23		23
78	S578	立节—大峪	舟曲立节乡、大峪乡	11		11
79	S579	羊沙—临潭	临潭羊沙乡、岔藏、洽盖乡、申藏乡、临潭县城	53		53
80	S580	新城—西寨	临潭新城镇、店子乡、三岔乡、西寨镇	37		37
81	S581	木耳—大峪沟	卓尼木耳镇、拉路、塔古、大峪沟	23		23
82	S582	博拉—阿拉	夏河博拉乡、阿拉乡	36		36
83	S583	沙木多—木西合	玛曲沙木多、木西合	25		25
84	S584	西渠—收成	民勤西渠镇、东湖镇、收成乡	19		19
85	S585	干城—西沟	古浪干城乡、东大滩乡、西沟	30		30
86	S586	哈溪—毛藏	天祝哈溪镇、大红沟乡、毛藏乡	39		39
87	S587	南营水库—日马	凉州南营水库、日马乡	30		30
88	S588	高坝—祁连	凉州高坝镇、祁连	42		42
89	S589	王信堡—红山窑	永昌王信堡、红山窑	12		12
90	S590	山丹—马场二场	山丹县城、位奇镇、李桥乡、大马营乡、马场二场	54		54
91	S591	民乐—民联	民乐县城、民联	14		14
92	S592	高台—火车站	高台县城、巷道镇、南华火车站	18		18
93	S593	元山子—明花	高台元山子、明花	19		19
94	S594	酒泉—黄泥堡	肃州区、泉湖乡、黄泥堡裕固族乡	27		27
95	S595	嘉峪关—新城	嘉峪关农衣科所、新城镇	21		21
96	S596	科克巴斯陶—阿勒腾	阿克塞科克巴斯陶、阿勒腾乡	26		26

第四章
甘肃省高速公路的勘察与设计

第一节　甘肃省地质地貌地形特点

一、地形地貌

甘肃省位于我国黄土高原、内蒙古高原与青藏高原交汇处，区域地形分属黄河流域、长江流域及内流河流域，在构造上主要属鄂尔多斯地台、阿拉善—北山地台、祁连褶皱系和西秦岭褶皱系，是一个山地型高原，境内有山地、高原、河谷、丘陵、盆地、沙漠、戈壁、沼泽、多年冻土和现代冰川等多种地形地貌，为我国少数几个各种地貌类型齐全、复杂多样的地区之一，区域地理、气候、地貌等特征都较为复杂。

甘肃省地域狭长，地势呈西南高东北低，大部分海拔都在1000m以上，阿尔金山的全脉以近似东西向伸入本省西部；祁连山以西北—东南向自河西南缘向陇中延伸，西秦岭山地以数条东西向的山脉，盘踞在陇南地区；六盘山纵贯本省东部，成为陇东、陇西的分界线。省内地貌组合分异明显，可分为以流水作用为主的东部季风湿润区、以风力和干燥剥蚀作用为主的西北干燥区、以冰缘和冰川作用占优势的青藏高原区三大地貌区域特色。

公路作为穿越不同地貌单元的线状人工构造物，其建设和发展受地貌的制约和影响较大。地貌形态对路线的规划、选线、造价、行车的舒适与安全、与环境的协调及施工、养护都具有极为重要的影响。公路地貌形态的几何要素中，最主要的是相对高程、地面坡度和地面破碎程度。根据影响公路的地貌几何要素，将甘肃省分为河西走廊平原区、黄土高原区、北山山地区、六盘山地区、西秦岭山地区、陇南山地区、甘南高原区、祁连—阿尔金山地区八个主要地貌单元。各地貌单元分布及特征如下：

1. 河西走廊平原区

位于本省西部祁连山地以北，北山山地以南，东起乌鞘岭，西讫甘、新边界，是长约1000km、宽几公里至百余公里的狭长地带。大部海拔在1000~1500m之间，地势自东向西、由南而北倾斜，由冲积、洪积平原组成。根据外营力因剥蚀堆积程度的不同，区内地貌形态又可分为洪积冲积平原、洪积倾斜平原。洪积冲积平原主要分布在河西走廊合黎山、龙首山以北，张掖、酒泉间和疏勒河下游一带，此外在祁连山脉的山间谷地中也有分布。

洪积倾斜平原分布在祁连山脉北麓和北山南麓的某些地段，与冲积平原相间分布，组成物质为晚更新世以来的砂砾石，由水流从山地搬运、堆积而成。

区内大黄山、黑山、宽台山把走廊分为三个主要区域，每一个区域对应一条较大的内陆河，即武威、永昌平原——石羊河流域；张掖、酒泉平原——黑河流域；玉门、敦煌平原——疏勒河流域。三大内流水系的冲积，形成许多独立的冲积平原。

2. 黄土高原区

位于本省中部和东部，陇南山地以北，东起甘陕边界，西至乌鞘岭，海拔 1200～2200m，相对高程 500～1000m，第四纪以来堆积了不同时代深厚的黄土层，区内地形起伏较大，水土流失尤为严重，是我国黄土高原受流水纵横深切、沟壑遍布的典型地区。以近南北走向的六盘山为界，可以把黄土高原分为陇东黄土高原和陇西黄土高原。

（1）陇东黄土高原

位于六盘山以东，止于甘陕省界，主要地貌类型为黄土塬，它是厚层黄土覆盖在古地形上，并受流水切割形成的，有董志、早胜、草峰、灵台等 26 个大小不同独立的黄土塬，其中董志塬最大，面积达 2309km²。该区地势大致由东、北、西三面向东南部缓慢倾斜，海拔较陇西黄土高原稍低，大概在 1000～1500m 之间，黄土堆积深厚，黄土沟塬相间，塬面保存比较完整。由于流水的长期侵蚀、切割形成大小不等的塬、梁、峁、崾岘和纵横深切的沟壑等地形。

（2）陇西黄土高原

位于六盘山（陇山）以西，乌鞘岭以东，是我国黄土高原的最西部分，一般海拔 2000m 左右，高差 10～100m，大部分山梁、丘陵及峁、岭、塬、坪、川、谷、盆地均被黄土层覆盖，厚度几米至数十米不等，局部地区的黄土覆盖厚度超过 200m。因河流切割，地形破碎，沟壑纵横，起伏很大，地貌类型以黄土沟壑和黄土梁峁丘陵为主，黄土丘陵上黄土喀斯特微地貌和滑坡、崩塌较发育。黄河干流流贯本区，形成盆地峡谷相间排列的一束一放状地形，较大的盆地有兰州、靖远等盆地，主要峡谷自西往东有刘家峡、盐锅峡、八盘峡、小峡、大峡、乌金峡、黑山峡等。

3. 北山山地区

位于河西走廊平原以北，包括北山（马鬃山）、合黎山、龙首山等，系断续的中山、低山组成，海拔 1500～2500m，相对高程 100～1000m，山势东西高，中间低。北山已准平原化，洪积与剥蚀平地所占面积超过了干燥剥蚀山地。由于气候干燥，风蚀严重，山地岩石与山麓砾石裸露，形成典型的戈壁景观。位于龙首山西北端的东大山，海拔 3616m，是本区最高点；黑河谷地是本区的最低点。

该区以北为阿拉善高原，属内蒙古高原的西部，地面多被高 100～500m 的丘陵山地分隔为大小不等的内陆盆地。由于该区气候干燥,受风力的吹扬和堆积作用强烈,盆地内由松散物质形成的波状沙地和沙丘,甚至沙山组成。

4. 六盘山山地区

位于陇东黄土高原和陇西黄土高原之间,是一近南北走向的石质山地,全长约120km,北面大部分在宁夏境内。本省范围的陇山山地平均宽度20km,山脊海拔超过2500m,山麓为2000~2200m,高差500m左右,为强烈切割的中山。山势虽不太高,但为南北走向,恰好阻挡了东来的湿润气团,使得山地以西的气候显著较山地以东干旱。

5. 西秦岭山地区

秦岭在甘肃境内包括岷山以北,陇南和陕南蜿蜒于洮河与渭河以南、汉江与嘉陵江支流—白龙江以北的地区。其中秦岭西段分别成为清姜河与嘉陵江、嘉陵江左岸支流与沮水河干、支流以及褒河一些支流的分水岭和发源地。相对高度1500~2600m。

6. 陇南山地区

位于渭河以南,临潭、迭部一线以东地区,为秦岭的西延部分,海拔从东部的800m上升到西部3500m左右,相对高度500~1500m,地势东低西高,北缘为长江和黄河两大水系在省内的分水地带。陇南山地由北向南有太子山、迭山和岷山三列明显的山地,迭山(4920m)和岷山(4302m)是区内最高山脉。陇南山地在地域上以徽成盆地为界,可将陇南山地分为南北两支:北支为北秦岭山地,山势较为低缓,相对高度一般在500~1000m,少数山峰海拔超过3500m,如露骨山(3941m)等;南支为南秦岭山地,山势比较高峻,相对高差较大,本省海拔最低点就分布于此(甘、川交界的白龙江谷地海拔仅550m左右),而介于洮河、白龙江之间的迭山,及甘川交界一带的岷山,平均海拔4000m左右,最高达4920m。徽成盆地是一个充填红色岩层的丘陵盆地,海拔1000~1500m。

由于新构造运动的强烈隆升和流水的急剧下切,形成高山深谷。区内山脉众多,河谷川坝面积小,河道交错,水文网密集,河流水量丰沛,多峡谷瀑布,水利资源丰富,山地大部为石多土少的土石山区,森林植被分布均匀,降水又多暴雨形式,所以水土流失现象普遍,区内滑坡、泥石流灾害十分发育。

7. 甘南高原区

位于本省南部、陇南山地以西,属青藏高原的东缘部分,海拔高度3000~4000m,地势大致东低西高,但起伏不大,分布有许多大片的平坦滩地,局部还有沼泽分布,如堪木日多滩、乔科滩、俄后滩、尕海滩、晒银滩、桑科滩、甘加滩等,都是水草丰茂的天然牧场,坡度小于3。西倾山和积石山分别从西北和西南伸入本区,为高原上的崇岭,黄河流经西南角,白龙江、洮河和大夏河均发源于本区。位于本区西南部阿尼玛卿山(积石山)上的乔木格日,海拔4806m,是本区的最高峰,其他如达里加、粗龙查家等海拔均超过4000m,此外还分布有碌曲、夏河盆地等。

8. 祁连、阿尔金山地区

位于本省西南部、甘青两省的交界处,东起乌鞘岭,西止当金山口。全省的高山、极高山几乎全部集中于本区,区内山地高程多为3500~4500m。祁连山地由一系列平行山岭和山间盆地组成,大致呈西北—东南走向,如苏干湖盆地介于阿尔金山、党河南山与赛什腾山之间。区内主要山岭有走廊南山、冷龙岭、陶赖山、野马山、大雪山、陶赖南山、疏勒南山、赛什腾山等,主要河流有黑河、陶赖河、疏勒河、党河、大哈勒腾河等。山地北坡高差在2000m左右,南坡高差大都不到1000m。位于甘、青两省界疏勒南山上的宰吾结勒(团结峰),海拔5808m,为本省最高点。

祁连山地山势西高东低,大部分海拔在3500m以上,玉门西南的大雪山最高,超过5000m,是一个复杂的褶皱断块山系,南北两侧以断裂下降,北坡比高2000m。按地形可将祁连山分为东、中、西三段:扁都口以东属东段,海拔一般低于4000m;扁都口到北大河谷之间为中段,山势较东段高,切割也较为强烈,海拔4000~4500m之间;北大河谷以西为西段。中、西段均为本省主要冰川分布区,海拔4000m以上的许多地区终年积雪,发育着现代冰川,同时也是河西走廊内陆河的源泉。

二、地层岩性

甘肃省地层发育齐全,从前中元古界到第四系有较完整的地层系统,在各地区的地层发育程度有所差异,具有海相、陆相的各种沉积,并经历后期各期次地壳运动和岩浆侵入等,三叠系及其之前地层以海相为主,兼有活动型、稳定型和过渡型沉积,其后皆为陆相地层。元古界和古生界广布山区,主要为火山岩—类复理石建造,为碳酸盐岩、碎屑岩、火山岩;中生界分布全省基岩区,以(含煤)碎屑岩为主;第三系分布山间盆地和山麓地带,以碎屑岩、泥岩为主;第四系遍布全省,具有多种成因的松散堆积物。

公路工程为建造于地表岩土体覆盖层中的线性构造物,与地表岩土体及其工程地质特性密切相关。按照岩土体工程地质类型标准划分,甘肃省岩体类型有岩浆岩建造、碎屑岩建造、碳酸盐建造和变质岩建造,土体类型有包括碎石土、砂性土、黏性土的一般土,以及包括黄土、淤泥质土、冻土、盐渍土的特殊土。

(一)岩体类型

1. 岩浆岩建造

以坚硬块状侵入岩为主,喷出岩次之。广泛分布于山区(陇东除外),主要岩性为花岗岩、安山岩、流纹岩等。

2.碎屑岩建造

祁连山西部疏勒山一带为厚层状砂砾岩；六盘山以东为层状砂岩；陇南山地、陇西地区为砂岩、砂砾岩夹黏土岩，其中黏土岩遇水易软化，稳定性差，往往造成滑坡、斜（边）坡失稳等地质灾害；徽成盆地、桑科盆地等地主要为黏土岩，风化层深度可达 5～40m，含煤碎屑岩分布在华亭、靖远、窑街、天祝等地，由炭质页岩、泥质砂岩夹煤层组成。

3.碳酸盐岩建造

包括以碳酸盐岩为主的岩组和碳酸盐岩与碎屑岩互层岩组，前者分布在白龙江中上游、北山等地，后者分布在尕海、冶力关—漳县、文县等地。

4.变质岩建造

以块状混合岩、片麻岩和石英岩为主的岩组，分布于马啣山、北山、祁连山西段，片麻岩构造节理发育、抗风化性强弱不均；以层状片岩、板岩、千枚岩、大理岩为主的岩组分布于陇南白龙江流域和祁连山、崛峈山等地，该岩组呈中厚层—薄层状，属软岩类，表层风化强烈，风化带深度可达 20m，易形成滑坡等灾害。

（二）土体类型

甘肃的第四系地层发育很好，分布广泛，成因类型较多，岩性、岩相变化较大。依据岩土体工程地质性质类型，可将第四系土体划分为一般土和特殊土两大类。

1.一般土

碎石土：广泛分布于河西走廊山前洪积扇带，各大河谷地带亦有分布，以砂砾卵石为主，前者为洪积物，后者则为冲积物，其结构松散，厚度大，透水性强。

砂性土：分布于武威—民勤以东的腾格里沙漠，民勤以北的巴丹吉林沙漠以及敦煌以西的库姆塔格沙漠等地，走廊内部亦有断续分布，如高台以西、金塔—花海地区、张掖、临泽等地，由风成中、细粉砂组成。一些河流两岸的砂性土则由冲积粉细砂组成。

黏性土：指粉质黏土和黏土等，主要分布于走廊平原细土带和较大河流的阶地之上，大多土地肥沃，农业发达。

2.特殊土

黄土：主要分布在甘肃省东部、中部的黄土高原地区，在陇南、河西地区也有少量分布。其特点是分布广、厚度大、岩性疏松，具有湿陷性，遇水易崩解，是黄土滑坡、斜坡失稳、路基湿陷等地质灾害的主要载体。按地域及湿陷属性可分为不同湿陷程度的自重湿陷性黄土和非自重湿陷性黄土，对公路修筑有很大影响。

盐渍土：主要分布在河西走廊的民勤、高台、酒泉、玉门、安西、敦煌等地和引黄灌溉区，土体含盐量 0.3%～4.0% 不等，最高达 30% 以上，盐类成分复杂，主要为氯化物和硫酸盐,可对公路路基造成盐胀、溶陷、翻浆等病害,对公路构筑物造成腐蚀危害。

淤泥(质)土:主要分布在黄河及其支流大夏河、洮河等河流沿岸,尕海盆地、黑河、疏勒河沿岸,张掖、武威地区附近也有分布。其特征是分布范围小,厚度薄,一般仅为数米。该土层性质软弱,工程力学性能差,处理后方可作为公路持力层。

冻(胀)土:仅见于祁连山、阿尼玛卿山等高山区,分为季节性冻土和永久性冻土,季节性冻土一般分布在海拔4000m左右,4500m以上则为永久性冻土。公路受冻胀、融化翻浆、冻融滑坡、泥流等病害的威胁。

三、区域地质构造

甘肃省地处青藏高原东北缘,位于西伯利亚板块、华北板块、塔里木板块、柴达木—祁连板块和扬子板块5个大陆板块接合部,也是诸新老构造体系的迭加与复合区,地质构造复杂,新构造运动和现代构造活动强烈,境内主要有4大构造带。

1. 阿尔金构造带

为青藏高原东北缘规模最大的活动断裂带之一,其东端从安南坝进入甘肃境内,经阿克塞、肃北至玉门西的宽滩山,该带现今活动极为强烈,境内表现为左旋走滑性质,沿阿尔金东段断裂带保留多期完整而清楚的地震断裂。

2. 祁连山构造带

为青藏高原东北缘主要的活动构造带,该构造带的褶皱和断裂规模一般较大,其中以位于河西走廊北部的龙首山构造带最为壮观。该构造带基本在甘肃境内,西自金塔附近,经龙首山,东至民勤县南的青山一带,长达450km,宽数十公里,总体展布北西西。其中龙首山南、北缘断裂规模大,晚更新世以来活动较强,主要表现为逆冲性和逆左旋走滑性质,沿带现今破坏性地震、历史地震及古地震事件较多。

3. 西秦岭构造带

呈近东西方向展布,褶皱、断裂规模较大,其中西秦岭北缘断裂带长达400km以上。晚更新世以来活动非常明显,表现为左旋走滑性质,平均水平滑动速率为2~2.5mm/a,沿带地震断层较多,礼县、甘谷、景泰等地断裂带上都有过中强地震。

4. 东昆仑构造带

位于柴达木盆地南部,总体展布方向为东西—北西西,是青藏高原东北部规模最大的构造带,新生代以来活动剧烈,表现为隆起、褶皱和断裂。该断裂小部分穿过甘肃南部,在境内有迭部—舟曲(白龙江)断裂和库—玛断裂(玛曲段)。

四、地震

甘肃省位于青藏块体的东北缘,地质构造复杂,新构造运动和现代构造活动强烈。由于青藏块体不断抬升和向北推挤的影响,垂直差异运动和水平走滑运动甚为明显,压性和压扭性断裂最为活动。在西部地区断裂多为北东东和北西西向,其运动方式以逆冲兼左旋走滑为主;陇东南一带断裂主要呈北西西和北东向,并有南北向者插入,它们的活动方式除左旋走滑外,还有倾滑型断裂;中部及走廊一带北北西向断裂,以右旋滑动为其特征。省内西部有阿尔金地震带、祁连山地震带和走廊地震带,东部为著名的南北地震带的北段,历史上地震密集,其频率和强度为全国较高的省区之一。

根据地震分布的时空特点、地质构造、地壳构造的有关资料,全省大致分为地震活动相对微弱的稳定地区和地震活动强烈的新构造运动显著地区。前者包括北部的北山地区和陇东地区,后者包括祁连—河西走廊地震带和南北地震带。

1. 祁连山—河西走廊地震带

西起肃北、安西,东至武威、古浪,北侧以合黎山、龙首山为界,南为祁连山系。总体走向北西西。与地震活动关系密切的强大活动断裂有:①河西走廊北缘断裂带(酒泉榆树沟北—合黎山、龙首山—武威以北);②祁连山北麓断裂带(旱峡—古浪);③北祁连断裂(昌马—西水峡沟);④阿尔金断裂(阿克塞—肃北—鹰嘴山北麓);⑤北西西向构造带(含嘉峪关断裂、榆树山东麓断裂、武威—古浪断裂)。

2. 南北地震带

位于本省中部和南部地区,包括民勤、陇中、陇南地区,是我国东部北东向构造带与西部北西向构造带的交织区。与地震活动密切相关的活动断裂有:①永昌—阿拉善断裂带(即河西走廊北缘断裂的东延部分);②毛毛山—南西华山断裂带(天祝毛毛山—老虎山—景泰—宁夏西、南华山);③马啣山—兴隆山断裂带(沿马、兴二山东北麓延伸);④西秦岭北麓断裂带;⑤武都—天水北东向线性构造带。

甘肃省地震活动与地质构造的关系大致表现为以下几个特征:①绝大多数强震都发生在活动明显的断裂带附近,或不同的活动断裂的交点附近,主要是北西西向断裂和北北西向断裂的交点附近;南北地震带上北东(或南北)向构造与北西向构造的相交部位也多发生强震;某些活动断裂的端点或拐弯弯曲折部也曾发生过强震,也是强震发生的场地。②地势高低悬殊、地壳垂直差异运动明显的隆升与沉降接触带,也是强震发生的场所。③活动性明显的小型断陷盆地内,主要是盆地边缘靠近活动断裂沉降中心或有断裂存在的处所,也常发生强震。④地球物理的异常带(如从河西走廊经兰州至岷县、武都的地壳厚度梯级带,通渭至武都及秦岭北缘的中、磁异常带)控制强震分布。⑤南北地震带也是我国东西两大地块活动性质、地质发展历史有明显差异的结合带,多发生强震。

根据地震烈度资料,除平凉、庆阳大部分地区基本烈度为Ⅵ度外,甘肃大部分地区烈度为Ⅶ度和Ⅷ度区。

五、公路地质灾害

公路地质灾害是指由自然因素或者人为活动引发的危害人民生命和公路工程安全的地震、山体崩塌、滑坡、泥石流、地面沉降、特殊性岩土等与地质作用有关的灾害。

甘肃省位于中国西北部。在漫长的地质历史中，在内外地质应力的共同作用下，经历了多次强烈的构造运动，奠定了若干大地构造单元，遗留了十分复杂的构造形迹，形成种类齐全、类型多样、成因复杂的地层岩性，构成了甘肃省独具特色的物质背景。地貌上属于我国三大阶梯中第三阶梯与第二阶梯的过渡地带，又是黄土高原、青藏高原和内蒙古高原的交汇处，平均海拔较高，地势起伏大、多山地和高原、没有真正意义上的平原、地势普遍北倾、地貌外动力多样化、风沙作用、流水作用和现代冰川冰缘作用分别在不同地区占优势，从而形成复杂多样的地貌类型。气候上甘肃深居内陆、远离海洋、地理纬度偏北，多数地区干旱少雨、温度偏低，是我国唯一占有三大自然区（或气候区），即东部季风区、西北干旱区、青藏高寒区各一部的省份。复杂的地质构造和地层岩性，多样的地貌形态，独特的气候类型，使得甘肃省境内地质灾害广泛分布、频繁发生，成为国内地质灾害发生较严重的省份之一。

甘肃省位于强烈隆起的青藏高原东北部及其地壳厚度变异带上，横跨中国大陆东部地台与西部地槽区的交接带，境内地形和地质构造极其复杂，新构造活动强烈。中国几个大的主要构造体系，如祁吕贺山字形构造、新华夏构造、河西构造等，均在甘肃省境内展布或转弯、交汇。由西向东规模巨大的阿尔金活断层、昌马活断层、龙首山北缘活断层等，几乎遍布整个甘肃省，也控制了甘肃省强震活动成带不均匀分布的特点。据统计，从公元前193年第一个有历史记载的陇西（今临洮）地震以来，两千多年中甘肃省内共发生中强以上破坏性地震147次，其中6级及6级以上地震38次，7级及7级以上的大地震15次，8级及8级以上的特大地震4次（包括当时属于甘肃省管辖的1920年海原8.5级特大地震）。这些破坏性地震给人民生命财产和工程构造造成了极大的危害。

甘肃省滑坡分布范围约达18.58万km^2，占全省面积的41%，是我国滑坡最发育的省区之一。根据目前实际调查和航片、卫片解译结果，全省分布有滑坡1.84万个。滑坡类型有2种，土质滑坡和岩质滑坡。其中以土质（黄土或黄土类土与堆积土）滑坡为主，岩质滑坡次之。土质滑坡主要分布在洮河上游、渭河上游及泾河上游区，岩质滑坡主要分布在白龙江沿岸地带。滑坡的直接诱因以暴雨为主，其次为地震以及融雪及融冻等。滑坡活动频繁，对人民生命财产和经济发展造成比较严重的影响，特别是发生在公路两侧的滑坡会造成严重危害。如甘川公路仅宕昌—两河口40km路段，自20世纪70年代以来，发生特大型滑坡7处，移动土石方近1亿m^3，阻断公路累计超过100天，至今部分路段仍不能正常运行。1983年3月7日在东乡县境内巴谢河北岸的洒勒山发生超大型黄土—红层滑坡,0.31亿 m³ 的土体在几十秒内急剧下滑,使洒勒、新化和苦顺三个村庄被埋于几十米黄土之下,死220人,伤22人,死牲畜433头,毁房500余间、农田3000余亩、水库两座、公路1km,造成重大灾害和人员伤亡,经济损失达数十万元之多。

甘肃省是全国四大泥石流危害区之一,全省6个县(市)中,53个发生过泥石流灾害。据统计,全省共有灾害性泥石流沟6260余条。泥石流按物质组成分为泥石流、泥流、水石流3种。泥流分布范围约6.4万 km²,主要分布在黄河谷地两岸及支流渭河、泾河及祖历河等流域。泥石流主要分布于迭部以东的白龙江中下游和西汉水流域以及兰州北山、陇南山区、河西走廊南部的祁连山北坡和北部的龙首山、合黎山南坡山麓地带,其发生的频率与暴雨的关系甚为密切。水石流主要分布在硬质岩石区,范围较小。泥石流灾害主要发生在每年的夏季或夏末秋初之际,发育在公路沿线的泥石流,常造成严重的人员伤亡和构造物损失。如1964年7月16日,兰州市西固区暴雨后发生强烈泥石流,掩埋平房20栋,冲埋陈管营火车站和3.4km铁路、公路,破坏农田40亩,导致157人死亡,铁路中断36h,经济损失上千万元。

黄土湿陷是黄土特有的一种灾害,工程建设中常见的病害如构造物沉陷、路基沉陷、路面开裂等都由黄土湿陷引起,严重影响着高等级公路的稳定和平整。甘肃省黄土分布北东起甘、陕省界,西至乌鞘岭,覆盖庆阳、平凉、天水、定西、白银、兰州、临夏、武威等8个地、市,分布面积约为12万 km²,构造上属鄂尔多斯台地和祁连褶皱系的交界地段,地域上以六盘山为界,分为陇东黄土高原和陇西黄土高原。

甘肃省沙漠面积大,分布广,是风沙危害严重的省份之一。据统计,全省荒漠化区域面积约24.9万 km²,占全省总土地面积的54.7%。全省风沙线东西长达1600km,主要风沙口846处,沙漠化土地总趋势呈蔓延态势。

甘肃省的盐渍土主要分布于河西内陆河流域中下游细土平原区,黄河中游仅在沟谷的个别地段零星分布,全省盐渍土主要为硫酸及亚硫酸盐渍土,仅在水分循环频繁的泉水溢出带分布碱性盐渍土。

冻土是一种特殊的土类,其特殊性主要表现在它的性质与温度密切相关,对温度十分敏感且性质不稳定。冻土地区冻融循环破坏是影响公路工程耐久性的主要因素,也是最严重的破坏形式之一。甘肃省多年冻土和季节性冻土分布主要集中在祁连山地区,分布面积 $95 \times 10^3 km^2$,年平均气温小于 $-2.0℃$,连续程度20%~80%。

第二节　甘肃省高速公路勘察设计概况

1994年,甘肃省建成了第一条高速公路——天(水)北(道)高速公路,实现了高速公路零的突破。随后的几年里,甘肃高速公路缓慢发展,1996年,甘肃修建兰州到中川机场的高速公路,但由于资金限制,只修了半幅。1998年以来,国家实施西部大开发战略,甘肃高速公路建设迎来了历史性的发展机遇,进入大规模的建设时期。2002年,白银至兰州、古浪至永昌等6条共320km高速公路建成通车,兰州至海石湾、临泽至清水、刘寨柯至白银等4条高速公路先后开工,全省建成和在建高速公路达到11条,总里程从13.16km跃升为808km;2003年,兰海高速公路忠和至树屏段22km建成通车,兰州市区至中川机场高速公路全线贯通,兰临、兰海、永山(二期)、山临4条344km高速公路建成通车,省城兰州的6个出口全部实现高速化,甘肃省以兰州为中心呈放射状的高速公路网初步形成;2005年,甘肃高速公路建设取得新的重大进展,刘寨柯至白银、树屏至徐家磨、清水至嘉峪关3条高速公路先后通车,甘肃省高速公路通车里程突破1000km,达到1006km,成为全国第18个高速公路突破1000km的省份,同时也标志着丹(东)—拉(萨)国道主干线甘肃境内路段全部实现高速化;2006年,清水至嘉峪关、武威过境高速公路建成通车,使甘肃河西地区从古浪至嘉峪关全线实现高速化;2010年甘肃高速公路通车里程突破2000km,高速公路网骨架基本形成,14个市(州)政府驻地中有12个以高速公路连接,宁夏、青海、陕西的出口路高速化,省会兰州与周边省(区)省会(除乌鲁木齐外)及全省市(州)政府驻地可当日到达,500km内可当日往返。2013年7月,永登至古浪段乌鞘岭隧道群建成通车,标志着连霍国道高速公路甘肃段全线贯通。2013年底,雷家角至西峰、金昌至武威、营盘水至双塔、武都至罐子沟4条高速公路相继建成通车,使甘肃省高速公路建设迈上了新的台阶。2014年底,瓜州至敦煌、成县至武都、临夏至合作3条高速公路相继建成通车,标志着全省14个市(州)政府驻地贯通高速。2015年,十天高速公路、金阿高速公路、兰州至永靖沿黄一级公路建成通车。2015年末,甘肃高速公路通车总里程达3600km,14个市(州)政府驻地全部以高速公路贯通,县通高速公路比例达62%,连霍、青兰、十天等国家高速公路在甘肃境内全线贯通。2016年,白疙瘩至明水、民勤至红沙岗高速公路建成,临渭高速公路通车试运营,使全省建成高速公路里程达3845km,高速公路路网结构进一步优化。

设计是工程的灵魂,每一条高速公路都倾注着广大公路测设者们辛勤的汗水和智慧。自全省高速公路进入快速发展以来,广大测设者战严寒、斗酷暑,栉风沐雨、披荆斩棘,为陇原公路建设作出了积极贡献。作为甘肃高速公路勘察设计的主力军,甘肃省交通规划勘察设计院股份有限公司(原设计院有限责任公司)承担了绝大部分高速公路的勘察设计任务。在历经数十载的创新发展中,甘肃省公路勘察设计技术水平和创新能力显著增强,积累了丰富的经验。

一是狠抓设计质量的提高和设计理念的转变。设计单位通过派员赴国内外学习考察贯彻ISO9001-2000质量管理体系、召开技术交流大会等方式,全员质量意识不断提高,

"安全、环保、经济、舒适"的新理念逐步在设计作品中充分体现。2003年,甘肃省交通规划勘察设计院顺利通过了ISO9001-2000质量管理体系认证,并在生产、管理的各个环节中严格执行。

二是严抓工序管理和设计审核。认真落实设计质量责任制,在项目中推行"地勘监理制",切实加强专家组在质量把关、文件审查、技术指导方面的作用,促进设计质量全面提高。

三是注重技术创新和成果应用。坚持以创新为龙头,大力提升设计理念,在广大技术人员中全面普及技术规范和质量管理体系规定的程序要求,在勘察设计中坚持以人为本,树立安全至上的理念;坚持人与自然相和谐,树立尊重自然、保护环境的理念;坚持可持续发展,树立节约资源的理念;坚持质量第一,树立让公众满意的理念;坚持合理选用技术指标,树立设计创作的理念;坚持系统论的思想,树立全寿命周期成本的理念。

仅"十五"期间,甘肃省交通规划勘察设计院股份有限公司先后投入1000余万元,用于购置测绘仪器、办公自动化设备和试验设备,通过新办公楼网络系统,做到了软件公用、文件共享、统一出图,提高了工作效率,节约了工作成本。在引进消化先进技术方面,GPS控制测量技术、航空摄影测量技术广泛运用于地形图测绘之中,GPS航测遥感和公路集成CAD系统、CARD/1软件也广泛运用于路线设计中。由公司独立承担或与其他科研院所合作开展的50余项交通科研课题研究取得了丰硕成果,解决了一些困扰公路设计、建设、养护的质量通病。其中,"三滩黄河大桥关键技术研究""土家湾隧道软黄土段地基加固技术试验研究""黄土地区隧道修筑技术研究""甘肃省沥青路面养护工程铣刨料的节能环保利用技术研究"分别获得甘肃省科技进步二等奖;"高填土路堤下涵洞(管)设计理论与方法研究""戈壁地区公路风沙危害综合防护体系研究""关山隧道断层破碎带衬砌受力特性及承压水处置技术研究"分别获得甘肃省科技进步三等奖。

经过几代技术人员的努力,我省勘察设计品牌技术、桥隧设计技术快速提高。目前,已具备了结构连续梁桥、变截面连续刚构、大跨径钢筋混凝土拱桥及钢管混凝土拱桥等特殊结构形式的桥梁设计能力,并改进、优化了桥梁结构、附属构造物等细节设计,先后完成了三滩黄河大桥关键技术研究、桥梁通用图设计等多项研究成果。

围绕刘家峡大桥关键技术等20多个研究项目进行科技攻关。在地质选线、上承式钢管混凝土拱桥、单跨桁架加劲梁悬索桥梁、高寒地区隧道结构耐久性、预防性养护、车辙处理、高寒阴湿路面处治等方面都取得了新的突破。以GPS全球定位、航空摄影测量、卫星遥感技术等为代表的数字化公路勘察技术已广泛运用于各项公路前期工作,技术实力和设计水平实现了质的飞跃。全省单跨跨度最大达530m的悬索桥临夏折桥至兰州达川二级公路刘家峡黄河大桥的设计,标志着我省在桥梁设计方面已步入了全国前列。在隧道设计方面,采用二次衬砌结构原理设计的白虎山(兴隆)黄土隧道群,采用组合式综合通风技术的七道梁特长隧道以及乌鞘岭特长隧道群,平凉至定西高速公路黄土隧道软基处置等,都标志着甘肃省隧道设计达到国内公路行业先进水平。在武都至罐子沟高速公路设计中,技术人员经过反复研究,最后在桥梁上设置了港湾式停车带,并设计了左右幅上下叠合的双层高架桥,这些创新技术的运用,使甘肃省山区高速公路设计取得了新突破。在徐古路隧道设计中,技术人员首次采用路面下融雪加温设施,有效消除雨雪天气隧道口结冰造成的安全隐患,受到专家好评。被称为"形象路""水平路""旅游路""生态路""科技路"的省部联合示范工程宝天高速公路(甘肃段),是甘肃公路工程技术人员奉献给陇原大地的又一力作。

随着甘肃公路勘察设计市场的不断开放,省外勘察设计单位积极合作参与甘肃省高速公路的勘察设计,设计了一批具有高难技术含量的精品工程,对促进省内外勘察设计行业理念与技术交流,提高全省高速公路勘察设计质量水平,推动高速公路建设发展发挥了积极作用。

由中交第二公路勘察设计研究院交通工程公司承担设计的宝天高速公路麦积山(原称"大坪里")隧道为G30连霍国家高速宝鸡至天水高速公路甘肃省境内的一条特长公路隧道,该隧道长度在建成时是仅次于秦岭终南山隧道的全国第二长公路隧道,位居亚洲第二、世界第三。隧道东起甘肃省天水市麦积区东岔镇境内,穿越秦岭主脊,西讫甘肃省天水市麦积区利桥乡境内,左洞全长12.286km;右洞全长12.29km,双洞共长24.576km。麦积山隧道按双线分离式隧道设计,设计行车速度80km/h,隧道净宽10.5m,隧道净高5.0m,最大埋深489m。隧道共设通风竖井4处、行人横洞17处、行车横洞16处以及灯光景观带4处。其设计特点主要是:全隧道采取独头掘进,钻爆法施工,为国内钻爆法独头施工最长的隧道工程;在设计、施工、管理中全面引入生态环保的建设理念;为保障长时间隧道内行驶的安全性和舒适性,在隧道内设置特殊灯光带,营造出"蓝天白云"的景观照明效果;积极采用动态设计施工;结合甘肃及天水历史文化丰富的特点,"汉阙""铠甲"洞门景观设计更是锦上添花,充分展示了建设工程与艺术、文化的完美结合。

由中交第一公路勘察设计研究院有限公司承担设计的西长凤高速公路泾河特大桥为本项目咽喉工程,该桥位于陇东黄土高原的长武塬(泾川县南塬)和董志塬两大黄土塬之间,桥型为连续钢构和预应力混凝土连续箱梁组合结构,共6联24跨,全长1723m,主桥跨径5×162m,桥面最大高度89m,是当时省同类桥型中跨径最大、墩高最高的特大桥,整个大桥的结构设计和施工技术难度在建成时为甘肃公路桥梁建设之最。

第三节　甘肃省高速公路勘察设计的创新与特色

一、路基设计

1. 分区域设计创新

随着甘肃省交通建设的不断发展,在道路专业设计上也取得了不少创新和突破:

(1)在河西戈壁荒漠地区,白明高速公路、瓜敦高速公路、民武高速公路等项目设计中,根据气候恶劣、风沙大等环境特点,提出了"低路堤、缓边坡、宽容路侧"的理念;结合降雨量稀少,边坡因风蚀破坏现象严重,沿线砂砾储备丰富的环境特点,边坡采用了平铺、夯拍碎砾石的防护设计,防止边坡因风蚀破坏;戈壁地区地基土层盐渍化严重,路基因盐胀、融陷破坏的现象时有发生,在设计中采取了合理路基高度设计,地基换填,设置隔断层等措施,确保路基具有足够稳定性。根据戈壁地区局部风积、湖积砂砾层较厚,地基承载力较低、压缩性大的特点,设计了振冲碎石桩、水泥土搅拌桩等复合地基方案,有效提高了地基承载力,减少了地基沉降量。

陇南山区公路边坡防护

(2)在陇东、陇中湿陷性黄土地区高速公路设计中,积极推广、应用、总结西部科技成果,强夯、冲击碾压、置换等成熟技术广泛用于工程实践;路堑边坡设计贯彻"低台阶、陡坡率、宽平台"的思路;边坡防护贯彻植物防护为主、圬工防护为辅的理念。防护材料体现地域特色,在雷西高速项目中,考虑到当地片石储量较少、运距远,但黏土砖较丰富且与当地风土人情结合较好的实际情况,首次采用了黏土砖拱形骨架护面,节省了工程造价。排水设计更加精细化、人性化,体现功能、环保与实用性紧密结合。

(3)陇南山区,地形、地质条件复杂,路基横断面根据地形、环境、地质条件灵活布置,路基分合有度,避免了对环境的破坏。为了解决陇南第三系渗水红层软岩边坡的稳定性这一工程难题,开展了"徽成盆地公路第三系渗水软岩边坡稳定综合技术研究"。由于陇南地区地质复杂,边坡土体较破碎,设计中结合课题研究大量的设置了框格梁与锚索、锚杆相结合的防护措施进行设计;为美化路容,根据当地气候特点,边坡防护框格内码砌植生袋植草绿化。

边坡土体单一路段,结合课题研究设计了"低台阶、缓坡率、速排水、固坡脚"的加固措施,同时根据边坡土体含水量较大的特点,采取了"内排外疏"的综合排水系统,有效地解决了边坡滑塌、渗水等技术难题。

2. 设计亮点

(1)湿软地基具有含水率大、承载力低、难以压实等一般软弱地基的特点。目前,采用高强度预应力混凝土管桩和浅层拌和法是常用的湿软路基处治技术。

两当至徽县高速公路设计中,部分路段软基厚度大、强度低、沉降量大,设计中引进了高强度预应力管桩PHC,有效地提高了地基承载力,降低了地基沉降量。高强度预应力混凝土管桩,是采用先张预应力离心成型工艺,并经过10个大气压(1.0MPa左右)、180℃左右的蒸汽养护,制成一种空心圆筒型混凝土预制构件,混凝土强度等级≥C80。施工中采取锤击或静压的方式将管桩压入软弱土层,使桩体与周围土体、桩端土体形成复合地基,提高地基承载力。由于管桩为刚性桩,打入地基后,可以大幅度降低地基沉降,管桩周围土层因挤压密实后,其压缩性也会大大降低。

临渭高速公路路基工程挖方路堑地基土较为湿软,地基土存在腐殖性黏土,平均天然含水率过高,路基湿软,CBR试验数据偏低,不能满足承载力强度的要求。通过运用浅层拌和法,将石灰、水泥、土壤加固剂等作为拌和剂,掺入表层土中,用人工或机械进行拌和、摊铺、碾压,使地表附近的地基形成一个人工的硬壳层,以提高地基的强度和承载力,达到稳定路基的目的。在该项目设计中通过掺加4%、6%的石灰和水泥,改善土的塑性指数,同时降低了土样对水的敏感性,承载比CBR值和无侧限抗压强度也逐渐增大。在项目实施中经对比推荐,选用2%石灰+4%水泥的处治方案和6%水泥的处治方案为最终的处治方案,有效地解决了湿软路基施工过程中遇到的难题。

(2)近年来甘肃省部分已建成项目路基与桥涵过渡段填土因压实操作面小,压实困难等因素,不同程度的存在桥头跳车等病害,为有效解决桥头跳车等路基病害,在设计中引进了高速液压夯施工技术,有效提高过渡段路基压实度。

液压夯具有夯实效果好,对周围环境影响小,施工费用较低等特点,因此将其用于路基过渡段补强压实施工,可以解决施工工作面小,填土压实困难等问题。

(3)钢筋混凝土轻型挡土墙应用效果显著。临渭路、小西湖立交改造工程等项目中,采用了厚度小、自重轻、地基承载力要求低的钢筋混凝土轻型结构——扶壁式挡墙,减少了圬工量,减少了造价。

空心圆筒型混凝土管桩

液压夯具

(4)挤密桩设计应用于水毁路基修复作用明显。针对在运营过程中黄土地区桥头路基水毁引起的沉降问题,采用干拌水泥碎石挤密桩,避免了常规施工采用开挖回填引起的社会影响问题和施工周期长,保通压力大的问题,取得了较好的效果。

(5)小型预制构件标准化设计,完善和提升了高速公路排水系统。针对三角形、浅碟形、矩形、梯形等不同类型的边沟预制块的尺寸和形式,做了优化和调整,以满足其排水需要和施工的标准化,并在设计中针对不同长度的挖方段落,采用不同断面尺寸的边沟进行组合设计。

扶壁式挡墙

二、路面设计

(一)路面技术发展概况

1. 甘肃省路面状况

甘肃省高等级公路除天北高速、武罐高速洛塘至罐子沟段(桥隧比例90%以上)采用水泥混凝土外,其余均采用沥青混凝土路面。

排水沟标准化设计

高速公路路面结构厚度组合从高速公路修建初期的(4+5+6)cm组合逐渐发展为(4+5+7)cm、(4+6+7)cm及(4+6+8)cm组合。

路面结构材料类型在初期基本采用沥青混凝土AC、抗滑表层沥青混合料AK类,到目前针对路面病害、交通量、气候等状况逐步采用性能优良的沥青玛蹄脂碎石SMA、高性能沥青混凝土Superpave和密级配沥青稳定碎石ATB组合。

调查甘肃省路面状况可知,全省高速公路路面病害主要为裂缝、水损害、车辙等。

2. 路面技术发展概述

回顾甘肃高速公路路面结构及材料近20年的发展历程,依据不同时期高速公路路面设计与施工的特征将整个发展过程分为三个阶段。

第一阶段,1997年至2008年,以探索并初具规模修建高速公路,提高路线和路面等级,以适应日益增长的交通量为特征,称为探索期。该阶段甘肃省高速公路设计及施工处于探索阶段,路面类型及结构相对比较单一,路面面层厚度较低,同时施工时对原材料控制及施工控制缺乏经验,因此在道路运营期大量重载车辆的作用和极端天气的影响下不可避免地出现了路面早期病害。

第二阶段,2008年至2012年,以解决路面早期病害,路面材料、施工控制等逐步受到重视的过渡性变化为特征,称为过渡期。该阶段建成高速公路路面早期病害大量出现,对部分高速公路实施具有针对性的养护维修工程取得很好的效果,道路车辙、松散、裂缝、坑槽等病害发展趋势得到遏制。高速公路养护维修工程的成功实施为全省后期维修工程及新建路面的施工储备了诸多技术和人才,并为后者积累了大量经验。到该阶段后期,新建高速公路路面质量有较大幅度提升,因此该阶段的过渡性特征较为明显。

第三阶段,2012年至今以提高路面使用性能,延长路面使用寿命,高速公路路面质量逐步稳定为特征,称为稳定期。该阶段全省新建高速公路路面质量逐步趋于稳定,根据自然区划和气候区划特点,路面结构呈现多样化,路面结构层材料设计更具针对性,路用原材料控制及施工控制技术已得到高度重视,高速公路路面质量稳步提升。

(二)路面技术创新

1. 沥青指纹识别快速检测系统

沥青红外指纹识别快速检测技术是一项关于沥青快速检测的重要成果,可在1min内快速识别沥青,有效地解决了沥青快速检测方面的难题。该技术具有成套设备便于携带、容易操作、识别准确、检测速度快的优点,现已在西北五省推广应用。此外,该成果荣获了甘肃省交通运输厅第二届"科研杯"全省交通运输职工五小发明成果一等奖和由省总工会、科技厅、人社厅举办的第八届全省职工优秀技术创新成果三等奖。

沥青指纹识别快速检测系统目前已在雷西、成武等10条高速公路以及17条二级公路进行了成功应用,能快速及时的判定各个项目沥青的质量,对规范沥青市场起到了关键的作用。2016年底,累计应用沥青指纹识别系统30台,完成产值2000多万元。该技术的应用,使得全省沥青质量大幅度提高,在质监站的交通产品抽检中,沥青合格率为100%,为沥青质量控制提供了有效的手段。

2. 道路快速修补材料体系

道路快速修补材料与技术目前共形成水泥聚合物类材料、环氧树脂类材料两大类共10种产品,主要突出不中断交通或快速修补的特点。其中高差修补材料采用改性乳化沥青、薄层修补材料和界面剂采用聚合物改性水泥混凝土,修补后2h即可开放交通;一系列不封闭交通桥梁铰缝加固材料利用注胶技术和抗流挂砂浆材料进行施工,在操作时对交通无任何影响;坑槽快速修补材料采用树脂代替沥青,无需对原沥青路面坑槽进行切边处理,操作简单,施工后20min即可开放交通。截至2016年底,在甘肃省大部分养护段以及部分县段累计应用3000多吨,后期观测修补效果良好,并在兰州市政小西湖桥、雁滩黄河大桥以及G312桥梁抢修中得到应用。

3. 微表处技术

微表处是在稀浆封层基础上发展起来的预防性养护方法,是用具有一定级配的石屑或砂、填料与聚合物改性乳化沥青、外掺剂和水,按一定比例拌制成流动型混合料,再均匀洒布于路面上的封层。微表处作为预防性养护技术直接用于道路的表面磨耗层,可减少石料的使用,降低工程造价,显著降低早期水损坏的发生。这一技术能使路面始终维持较好的服务状况,有效地延长路面寿命,同时也降低了路面的养护维修成本。为防止路面早期破坏和延迟路面破坏的进程,增加路面的使用寿命,在白兰路、兰临路、嘉安路、古永路武威过境段等路段使用微表处技术,累计实施面积超过2000万m^2。

4. Novachip 超薄罩面抗滑处治技术

改性超薄磨耗层 Novachip 系统是一种针对交通负载大，路面性能要求高的高等级道路的路面养护解决方案。主要应用于高等级沥青路面或水泥路面的预防性养护和轻微病害的矫正性养护，也可作为新建道路表面磨耗层，是一种超长耐久的表面层，具有抗滑、抗车辙、抗磨耗的优良性能。针对 G30 线宝天高速麦积山隧道水泥混凝土路面抗滑性能差的问题，采用 Novachip 超薄罩面抗滑处治技术，将 2.5cm 厚的 Novabinder 沥青混合料摊铺在 Novabond 改性乳化沥青黏层上，使用专用的设备进行施工，特种改性乳化沥青黏层喷洒和改性热沥青混合料摊铺同时进行，经压路机压实以后一次成型，有效改善了隧道内水泥混凝土路面抗滑性能差的状况。此外，该项技术在高速公路沥青混凝土路面修补上也得到了广泛的应用。

5. 沥青路面冷再生技术

沥青路面的现场冷再生是指利用旧路面材料（主要是面层材料，包括部分基层材料）加工后进行重复利用，根据需要加入部分新集料或细集料，按比例加入一定量的稳定剂（水泥、石灰、粉煤灰、泡沫沥青、乳化沥青等）和适量的水，在自然环境温度下连续地完成材料的铣刨、破碎、添加、拌和、摊铺及压实成型，重新形成具有所需承载能力结构层的一种工艺方法。冷再生材料铺筑的结构层主要作为公路路面的基层或底基层，也可作为低等级公路的面层。冷再生是目前养护中积极推广的一项技术，具有节能减排，低碳环保的优点。结合兰州公路管理局冷再生技术服务，对冷再生工程应用进行了深入研究。在 S201、G109、G312 的养护维修中，在省内首次采用旋转压实仪进行配合比设计，对冷再生级配进行调节，并对压实工艺进行改进。顺利实施冷再生试验段约 4km，取得了良好的效果，为以后工程的大规模推广奠定基础。沥青路面废旧料冷再生利用技术，可有效降低能源消耗，减少环境污染，节约工程造价，目前已成功应用超过 20km。

三、桥梁设计

甘肃位于西北地区的中心地带，东西狭长的特殊地形特点，使甘肃在中原与西北、西南乃至中亚、西亚地区的联系中，发挥着不可替代的重要战略通道作用。境内地形复杂，沟壑纵横，江河阻碍，加上无舟楫之利，自古交通不畅，桥梁建设历来是甘肃交通建设的重中之重。

甘肃省交通规划勘察设计院桥梁设计者，通过不懈的努力，取得了一个又一个可喜成绩。20 世纪 70 年代设计的玛曲黄河大桥被称为"黄河首曲第一桥"，80 年代设计的关头坝大桥，采用主跨 180m 的双链式钢桁架悬索吊桥，可代表当时我国悬索桥建设水平，90 年代设计的主跨 140m 的三滩黄河大桥为当时西北地区同类结构中跨径最大的桥梁。这些风格各异,特色鲜明的桥梁工程点缀在陇原大地江河峡谷上,见证着甘肃省桥梁取得的成绩和技术水平。

进入21世纪,伴随着国家经济的跨越式发展,我国路桥建设以前所未有的速度和质量向前发展。甘肃省也紧紧抓住了这一机遇,不断创新,建成了一些颇具特色的桥梁工程。祁家黄河大桥、刘家峡大桥、河口和西固黄河大桥便是其中的代表。在桥梁技术发展的同时,也重视桥梁景观设计,注重原创性和实用与艺术的融合,设计完成了一些独具特色的具有明显景观寓意的桥型。

(一)典型特色桥梁

1. 祁家黄河大桥

风景秀美,被称为"高原明珠"的刘家峡水库是我国第一个五年计划期间自行设计、自行施工的当时全国最大的水利电力枢纽工程,成为中华民族不怕艰难,勇于向大自然进军的象征,承载着经济发展和黄河安澜、百姓无忧的期盼。但同时因"高峡出平湖",加大了两岸之间沟通的难度,使国道213线成为"坐船"最久的国道。永靖黄河多古渡,曾有"涛飞峡口势如狂,频弄扁舟渡汪洋""河畔石矶河内船,风波日日客年年"的诗篇。建成于1973年的祁家黄河渡口,似乎穿越了时空,靠摆渡一直维系着国道213线,这一联系甘肃、四川两省主要通道任务。

祁家黄河大桥

2009年9月由甘肃省自行设计、施工、监理的祁家黄河大桥建成通车,不仅结束了黄河渡口摆渡带来的各种不便与安全隐患,结束了夜间车辆无法通行的历史,通车时间也缩短了1~2h,大大提高了国道213线的通行水平和安全保障能力。祁家黄河大桥也成为甘肃省第一座钢管混凝土公路桥梁,甘肃省国道干线公路上最后一座渡改桥工程,是甘肃省技术最复杂、科技含量最高的拱桥,是西北目前最大跨度的上承式钢管混凝土拱桥。

祁家黄河渡口于1973年建成,甘肃省交通规划设计院曾于1967年、1969年、1971年三次进行了勘测设计,曾设想采用桥梁方案,但限于当时资金、技术方面的原因,未能修建跨河大桥,而改设成渡口。鉴于渡口造成G213线"瓶颈"的问题,1980~1982年再次进行了项目建设的论证,但由于同样的原因而未能实施。进入21世纪,当再次启动了本项目时,对这一凝聚了甘肃省交通规划设计院数代桥梁设计者心血和愿望的项目,新一代桥梁建设者在利用原有成果的基础上,结合我国近年新的桥梁技术成果,提出了钢管混凝土拱桥方案。

钢管混凝土拱桥是广大桥梁工作者对拱桥轻型化、现代化的大量探索之后,找到的一种新型拱桥结构。钢管混凝土将钢材和混凝土有机地结合在一起,使两种材料优势互补,得到充分的利用。且由于钢管混凝土拱桥具有自架设的施工优势,这种桥型日益显示出其强大的生命力。

桥址河流深切基岩达180m,水深为72m,岸壁陡峭,为典型的高山峡谷区。大桥采用净跨180m无铰推力式拱,净矢跨比1/5,桥梁全长248.06m。钢管混凝土拱圈截面由横哑铃形桁式双肋组成。每肋由4根直径700mm、壁厚12mm的钢管组成,内灌混凝土作为弦杆。拱肋肋高3.5m,肋宽1.7m,两肋中心距7.0m。

祁家黄河大桥设计时首次在国内大跨度拱桥中引入桥梁频率、振动加速度和振动感觉指标等动力参数,考虑桥面粗糙度和车桥耦合效应,对大桥的舒适度进行了评价。使桥梁不仅安全,而且舒适,将以人为本的设计理念得到真正的落实。施工时,建设者也根据桥梁特点,不畏困难,提出了许多创新工艺。拱肋安装采用缆索吊分段安装,斜拉扣挂,空中合龙方案。拱肋混凝土灌注按上下游对称,分别按形成单肋的四个钢管和上下腹腔共分六个阶段进行。钢管内混凝土采用泵送顶升压注工艺,保证混凝土灌注的密实度,由两拱脚至拱顶对称均衡的一次性压注完成。一次压注的高度、跨度基本达到当时国内之最。双肋整体缆索吊装、混凝土一次压注成形、盖梁预制吊装、型钢连接的施工工艺分别获得省、部级工法。由于这些突出的成就,祁家黄河大桥2009年被评为甘肃省建设科技示范工程,获2010年甘肃省建设领域最高奖项"飞天奖",并获2011年度甘肃省优秀勘察设计一等奖。

祁家渡口告别了摆渡历史,使"坐船"的国道成为人们的回忆,也照射出了交通的喜人变迁!拱桥优美的、充满张力的曲线外形和强劲的力度感,气势宏伟,姿若虹霓,巧夺天工,昨日天堑,终成通途。

2. 刘家峡大桥

神奇的黄河三峡因修建刘家峡、盐锅峡、八盘峡三座大中型水电站而形成了炳灵湖、太极湖、毛公湖三大靓丽的高原湖泊,构成了西北高原特有的黄河风情绚丽画卷,但也给库区人民造成了诸多不便。承载着库区移民梦想的折达二级公路的建设,打通了"黄河三峡"三座水库间的交通瓶颈。刘家峡大桥为折达二级公路控制性工程,为跨越刘家峡水库而设。

刘家峡黄河大桥

刘家峡黄河大桥的建成通车,结束了刘家峡水库上无桥梁的历史,完成了甘肃省国道干线公路上最后一座渡改桥工程,而刘家峡大桥的建设更是实现了甘肃建桥史上的一次飞跃。刘家峡大桥采用单跨536m的桁式加劲梁悬索桥,为目前西北地区单跨最大的桥梁。首次采用钢管混凝土结构作为悬索桥桥塔,成为世界上最大直径的自应力钢管混凝土结构。

大桥主缆由5588根直径5.2mm镀锌高强钢丝组成,承担7000余吨的拉力,将大桥牢牢锚固于两岸。500多米长的金黄色钢桁梁,如彩虹飞渡,横跨深谷。矗立在悬崖边的钢管混凝土桥塔,更有一种壮美之感。在蓝天白云与湖面的碧水之间,大桥如诗如画,不禁会让人想起南宋大诗人陆游描绘古代悬索桥雄姿的诗句。"度笮临千仞,梯山蹑半空……"。

桥梁是人文科学、工程技术和艺术三位一体的产物。本桥所在地——甘肃省临夏州是中国伊斯兰教圣地,民族风情和宗教建筑特色鲜明。大桥色彩与装饰考虑了临夏伊斯兰文化图案的特点、喜好的色彩及其蕴含的文化内涵,选择了黄色和白色作为本桥的主色。桥塔以邦克楼作为景观造型寓意,将钢管混凝土抗压弯能力、邦克楼民族宗教特色及刚构式桥塔形态的简洁集于一身,将桥梁力学与桥梁美学有机融合在一起,使桥梁的地域文化标志作用得到清晰的体现。

刘家峡大桥为二级公路桥梁,桥面在国内同规模桥梁中最窄,桥梁质量较轻,抗风问题非常突出。高地震烈度区大型桥梁建设相对较少,而本桥两岸地震动参数也不同。这些独特的条件和其他地形、地质等因素一起使本桥独具特色,同时也给设计带来诸多困难。针对该桥设计中的关键性技术问题,进行了"岩体特性及水库区岸坡稳定""抗风性能""疲劳性能"和"抗震性能"等科学研究。刘家峡大桥的勘察设计实现多项技术创新,例如:首次在泥岩地质条件下,将平碉原位测试法和变形理论应用在桥塔水库岸坡稳定性研究中;将桥位处设置气象站获取的实测资料与虚拟气象站结合,提出了独特的桥梁抗风措施;首次研究了钢管混凝土桥塔悬索桥的地震反应规律等。

刘家峡大桥已通过多项成果鉴定,其中"刘家峡大桥成套技术"获中国公路学会2014年科技进步二等奖,编著了专著《刘家峡大桥设计》。施工中首次研发了自爬升门架,成功完成了索塔钢管的安装,根据建设条件和结构特点研发了旋转走行轨道拼装装置、吊索、索力索长调整装置、可折叠式猫道面托架滚轮、小型紧缆机、钢丝绳缆调速收放一体机装置、大型缆索吊承重索群锚等专用设施,形成发明专利7项,实用新型专利10项。本桥的勘察设计、科研、施工等均可代表甘肃省桥梁最高和我国桥梁较高建设成就。

刘家峡大桥于2013年建成通车,填补了甘肃省大跨度悬索桥的空白,使甘肃省大跨度悬索桥及大跨径桥梁的建设水平走向了全国,对甘肃省桥梁事业的发展具有划时代意义。本项目工程设计被评为甘肃省2015年度优秀工程勘察设计二等奖。

3. 河口黄河大桥、西固黄河大桥

刘家峡大桥拉开了甘肃省大跨度缆索支撑体系桥梁建设的序幕,而河口和西固黄河大桥则填补了甘肃省公路缆索支撑体系另一重要结构形式——斜拉桥建设的空白。

"天下黄河九道弯,奔流到海不复回"。滔滔河水,一路向东穿山劈峡,在金城兰州穿城而过,造就了风景秀美的黄河风情线。河口黄河大桥为兰州市黄河风情线的延伸段——被誉为"甘肃最美公路"的兰州至永靖沿黄一级公路控制性工程。桥梁全长978.5m,主桥采用(77+100+360+100+77)m结合梁斜拉桥。直插云霄的桥塔和金城兰州的南北两山遥相呼应;一排排斜拉索犹如一根根琴弦,一头牵着索塔,一头拉着钢结合梁,使重达两万多吨的桥面横越长空,实现到达彼岸的愿望。和着昼夜不息的黄河水,演绎现代交通发展的时代交响曲。桥塔"千斤重担一肩挑",是斜拉桥最重要的受力构件,也是最有表现力和构成大桥景观设计最为核心的结构。大桥采用"A"形桥塔,与斜拉索均为最为稳定的三角形构图元素,形成了桥梁纵横向稳定的支撑体系。设计者开展技术攻关,解决了隔板受力复杂的问题,采用空透隔板连接塔柱,极大地美化了桥塔,使桥梁不再只是'用木跨水'的工具,而是具有了美感和可观赏性。

河口黄河大桥为目前甘肃省最大跨度的斜拉桥,也是我国Ⅷ度及以上地震区最大跨度斜拉桥。为此,开展了高震区大跨斜拉桥抗震、桥梁抗风、剪力键的传力机理及动力特性、桥面板的应力三维分布、斜拉索锚固形式等多项研究,具有国内首次采用的组合焊接式钢锚梁锚固系统、国内最大吨位液压黏滞阻尼器减震体系等多项技术创新成果。施工方面,河口黄河大桥也是一座攻克多项难关的桥梁。在桥塔承台施工中,首次采用了"钻孔灌注桩支护+高压旋喷桩止水"的支护施工技术;充分考虑结合梁斜拉桥的结构受力特点,首次提出了温度变位强制合龙法,解决了河口黄河大桥低温合龙的技术难题。河口黄河大桥的建设,无论是从设计到施工,还是从技术到管理,都为甘肃省高等级公路大型复杂桥梁的建设,积累了宝贵的经验。

河口黄河大桥

西固黄河大桥

春华秋实,在耕耘者的辛劳中展现。河口黄河大桥经过1年多的设计和3年多的建设,于2015年10月建成通车。金城西门,两河交汇,曾经繁华的河口古镇,是名迹荟萃的历史文化之乡。随着水岸景观及古码头"一墙三街"项目的开发建设,将实现滨河水岸休闲文化和现代建筑艺术的完美融合。

与河口黄河大桥桥型、跨度相同在建的西固黄河大桥位于兰州市南滨河路黄河风情线柴家台水电站下游约1.8km,是兰州南绕城高速公路控制性工程。大桥塔高151m,由于斜拉桥塔、索、梁相互关联的结构受力特点,大桥便体现出了不同于河口黄河大桥的特点。

桥塔由于上、下塔柱高接近,采用了整体比例最为协调的菱形塔,使下塔柱内收尺寸明显小于上塔柱,增加了桥塔结构的稳定和轻巧感。利用河口黄河大桥的研究成果,本桥塔柱也用弧形隔板连接,形成合理的实、空比例,并在桥塔上、下塔柱相交处采用曲线设计。桥塔整体造型似"橄榄""种子""宝瓶",形成了多重美好的景观寓意,很好协调了结构受力与景观需求的矛盾。同样位于Ⅷ度地震区的西固黄河大桥,由于桥塔较高,抗震问题更为突出,大桥采用了650t的黏滞阻尼器,再次刷新了河口黄河大桥所创的记录。

桥梁横跨江河之上,纵览山川,不仅体现人类伟大的智慧和创造力,而且往往成为一个时代的经济与社会发展水平的标志,代表着时代的精神与审美特征。从兰州城关区桑园峡到永靖县太极岛的百里黄河风情线上,河口与西固黄河大桥、与黄河母亲、丝路古道、平沙落雁等人文景观和已建的其他造型各异的桥梁工程遥相呼应,形成了新的城市地标。

4.洛塘河双层高架特大桥

武罐高速公路洛塘河双层高架特大桥位于甘肃陇南南部峡谷山区,桥位处沟谷狭窄、地层破碎,地形、地质构造复杂,地震活动频繁且强度大,距离"5·12汶川特大地震"震源300km,地震动峰值加速度参数0.2g,生态环境脆弱,以滑坡、泥石流为主的地质灾害极为发育且危害严重,是甘肃省地形条件和地质构造最为复杂的地区。

武罐高速公路洛塘河双层高架特大桥

武罐高速公路洛塘河双层高架特大桥左线桥梁总长1500m、右线桥梁总长1200m,双层高架桥梁部分长度960m,其余部分均为分离式桥梁。左线为上层桥梁,两线设计标高之差9.50m,桥梁高度达30m、左右墩柱高度差别较大,上下层桥梁均采用简支转连续体系,跨径选用30m预应力混凝土连续小箱梁,分离式桥梁部分采用双柱式桥墩,矩形截面,上下叠置部分桥梁双层框架式桥墩(最大墩高27m),两处独柱式桥墩(最大墩高17m),钻孔灌注嵌岩桩基础;重力式U形桥台,扩大基础。

(1)首次在强震和地形地质的深沟峡谷地区采用了双层高架桥梁,形成成套技术。相对于高速公路常规单层桥梁,洛塘河双层高架桥采用左右线上下层叠的桥型结构,达到了节省空间、保护生态环境、减少占地、绕避不良地质和减小桥墩阻水面积的效果,其桥型设计具有原创性,在国内外高速公路建设史上均属首例。但其桥梁高度较大,双层结构叠合后结构受力更为复杂,建设难度更大。该桥从路线布置、桥型比选、跨径选择、双层框架式桥墩选型等方面展开研究,融入设计施工标准化理念,采用新型结构形式、常规结构构件,充分贯彻设计施工标准化理念,尽可能将复杂结构简单化、标准化。在满足桥梁功能要求的前提下,上部结构采用国内成熟的装配式预应力混凝土连续小箱梁结构,下部结构虽因地形地质条件的差异存在结构形式和尺寸的不完全一致,但设计过程中也尽量保证施工工艺尽可能统一、结构种类和尺寸尽可能归并,以达到设计施工标准化,有效地克服了建设条件较差、建设难度大的缺点,便于施工安全、质量和进度等方面的管理。

(2)首次对强震区双层高架桥梁抗震性能展开系统性研究,提出了适宜的结构体系。洛塘河双层高架桥位于地震烈度Ⅷ度区,桥墩抗震要求高,相对于单层桥墩,双层高架墩在遭受横向地震作用时,受力非常复杂,结构潜在的塑性铰区域可能多达8个,在结构达到延性能力之前有可能先发生结构整体稳定问题;相对于城市桥梁,山区桥梁的一个显著特点即为桥墩较高,高阶振型对结构的地震响应和位移延性能力可能有显著影响。本桥抗震设计在总结吸取汶川地震桥梁震害的经验教训的基础上,结合国内外抗震设计的最新成果,采用能力保护设计理念,建立了空间动力计算模型,研究了该结构的动力特性,采用反应谱和时程分析方法,分析得到了两个设防水堆的地震作用下结构主要构件的地震反应,并对结构进行了验算,确定了墩柱的合理配筋。同时还进行了缩尺模型的拟静力试验,对低周期反复荷载作用下双层高架桥的破坏形态、特征荷载、位移延性、刚度退化、耗能能力等性能进行了深入分析和讨论,同类型桥梁桥墩拟静力试验研究技术国内领先。

(3)结合双层高架桥梁特殊的运营条件,首次系统提出了山区高速公路双层高架桥梁运营安全体系。车辆行驶在双层高架桥梁上,下层桥梁行驶车辆容易产生心理压迫、视线阻隔等感觉,因此双层桥梁长度不宜过大,对在施工及运营过程中,出现的各种紧急情况,应做好应急处理措施。

(4)依托该工程,取得了多个国内领先的技术成果。"甘肃南部峡谷地区高速公路双层高架桥梁应用技术"科研鉴定为国内领先,该科研项目通过对双层框架墩拟静力模型试验分析和室内模式破坏试验,揭示了立柱、横梁、节点强度和刚度匹配关系,揭示了双层高架桥梁的地震破坏特性,还进行了结构静力、动力计算分析和抗震性能减隔震技术研究,较为全面的研究了双层高架桥梁的结构特性及抗震性能,提出了双层高架桥梁的结构选型、设计指南、施工方法、施工及运营安全措施,对保证该桥顺利建设奠定了坚实基础;"武罐高速公路抗震优化设计及灾害防治技术研究"为西部交通建设科技项目,双层桥抗震设计和震害防治技术为其中重要组成部分;"武罐高速公路洛塘河双层高架特大桥新型护栏结构及安全性能评价研究"成果效益显著,成功申请专利1项。完成的主要学术论文有:《山区高速公路双层高架桥梁设计探讨》(公路,2010年2月);《双层高架桥拟静力试验研究》(结构工程师,2012年12月);《山区高速公路双层高架桥双层框架式桥墩拟静力试验分析》(公路,2013年8月);《洛塘河双层高架桥箱梁预制方案比较研究》(交通标准化,2012年第23期);《洛塘河双层高架特大桥护栏碰撞条件与评价标准》(特种结构,2013年4月);《基于计算机仿真的双层高架特大桥护栏研发》(公路交通科技,2013年10期);《谈洛塘河双层高架桥桥墩设计》(山西建筑,2012年12月)。

在武罐高速公路中采用双层高架桥梁设计是高速公路建设理念的提升和设计思路的拓展,在以后的发展趋势中,双层高架桥梁的形式越来越普遍地应用于中小跨径桥梁、城市立交桥梁、山区高速公路桥梁,它具有节省空间、线形灵活的特点,是在某些特定条件下桥梁设计方案的一种必然选择。本桥的研究和应用积累了该类型桥梁在高震峡谷区的建设经验,将该类桥梁的设计提升到新的水平,推动了高速公路桥梁设计对新型桥梁结构的探索。

武罐高速公路洛塘河双层高架特大桥工程设计项目被评为甘肃省2015年度优秀工程勘察设计一等奖。

(二)桥梁结构、涵洞细节结构的改进

1.门架墩、整幅双柱墩

在十天、临合、甜罗、两徽高速公路设计中,部分旧路的天然气管道、输水管道等与高速公路交叉,且夹角交小,常规结构无法实现跨越,需对旧路或管道改移或采用大跨结构,不仅工程费用高,而且对旧路通行能力、管道输送能力等均有一定影响。甘肃省交通规划勘察设计院根据工程实际情况,提出了门架墩或整幅双柱墩的结构形式,通过增大或减小原有桥墩的柱间距,对旧路、管道实现了跨越或避让,有效解决了上述问题,节约了工程造价,保证了旧路的通行能力、管道的输送能力,达到了环保设计、精细化设计的理念。

2.轻型桥台的改进

在民武高速公路设计中,部分绿洲区跨村道或水渠处,需设置小桥或通道桥来满足地方百姓的通行,由于民武路项目区地层多为砂砾层,地基承载能力较低,致使常规的U形桥台扩大基础无法使用。通过计算分析优化,在原有轻型台的基础上,通过增加承载支撑梁、修改台身厚度、增加台身背面加劲肋等措施,提高了轻型桥台的自身结构安全和受力性能,通过桩基形式,解决了地基承载力较低的问题,实现了项目的顺利开展和进行。

3.高速公路装配式涵洞设计

涵洞工程具有点多线长、场地分散的特点,常规钢筋混凝土盖板涵现场施工作业时间

长,不利于标准化施工、工厂化集中施工。结合白明、瓜敦高速公路特点,开展高速公路装配式涵洞应用技术研究工作,对常规盖板涵、圆管涵、波纹管涵和箱涵进行综合论证比选,研究装配式涵洞的应用技术,取得研究成果并推广应用。

高速公路装配式涵洞(预制装配式盖板涵和预制装配式箱涵)采用工厂化集中预制,然后运输至涵位安装,将原结构的构件垂直、立体、串行施工变为水平、平面、并行制造。该类涵洞相对于多年来一直使用的普通盖板涵(涵台现浇,盖板预制或现浇),更能适应高速公路施工标准化和日益提高的技术、装备及工程材料等各个方面的新要求,能更适应高度机械化的大规模路基施工,缩短工期,节省工程造价。在S314线瓜州至敦煌公路改建工程和白疙瘩至明水高速中率先展开研究和应用,通过不断地完善和修正,装配式涵洞设计与施工技术已经初步形成体系,达到了省内领先的水平。

预制装配式盖板涵从结构验算、设计参数拟定、施工工艺流程、预制工艺流程、安装工艺流程和质量保障措施等方面展开研究,使该类涵洞形式具备构件受力合理、施工工艺完善和经济性优越的特点,能适用于各种地形条件下的公路工程项目;预制装配式箱涵构件体积较大,除了考虑上述设计要点外,还从预制块的运输、吊装机械选择、最优吊运方案和截面拼装组合等方面入手,克服箱涵单节段质量较重的缺点,并通过有效的限位措施来增强涵洞纵向的稳定性,使其能够更好满足公路建设的需要。

预制装配式盖板涵和预制装配式箱涵其结构相对原普通盖板涵,更为轻巧,利于安装,更为经济,能节约大量水泥、砂石,符合"节约能源、保护环境、发展循环经济和建设资源节约型社会"的国策。经过测算,2m孔径预制装配式盖板涵和预制装配式箱涵每延米造价分别为普通盖板涵的0.95和0.81倍,3m孔径分别为0.96和0.85倍,4m孔径为0.99和0.99倍,装配式涵洞尤其是小孔径装配式箱涵的经济效益更是显而易见的。

预制装配式涵洞技术使各个通道涵洞结构的可靠度更高,整个项目的涵洞结构可靠度一致,安全性和耐久性更好,且有利于延长项目整体寿命,进而降低维护成本和公路的全寿命周期成本。预制装配式涵洞还能使业主、监理、施工方易于管理工程,有利于公路建设的工业化、集约化,可以有效地节省工期、提升施工质量和减少建设施工过程中的安全问题,也能有效减少运营过程中的各种病害,具有很好的社会效益。

四、隧道设计

随着经济社会的发展和勘察设计理念的更新,甘肃的公路隧道建设也经历了从无到有、从少到多、从弱到强的发展历程。经过30余年的探索与实践,甘肃已在湿陷性黄土隧道、超浅埋大跨隧道、连拱及小净距隧道,尤其是特长公路隧道通风、高寒地区隧道结构耐久性及排水保温等方面取得可喜进展,针对河西、陇南、陇东等复杂地质、地形及气候条件,逐步形成了较为成熟的设计思路及施工方法。

(一)衬砌结构类型

1.二次模筑衬砌工法的提出及成功推广应用

二次模筑衬砌工法是针对甘肃黄土地层的地质特点,经过大量调研及方案反复论证,总结过去黄土隧道设计与施工的经验教训,针对甘肃黄土地层(一般新黄土、湿陷性黄土、弱胶结黄土泥岩地层、松散土质围岩地层)提出的一种有效解决方案,经过近20年的不断完善与创新、推广实践,取得了显著的经济效益和社会效益。

二次模筑衬砌工法主要适用于一般新黄土、湿陷性黄土、松散土质地层的衬砌支护方案。一次衬砌由模筑衬砌混凝土、钢拱架或格栅钢拱架(锁脚采用 $\phi42$ 或 $\phi60$ 小导管)、超前注浆小导管或超前注浆管棚组成,二次衬砌采用钢筋混凝土衬砌,在一次模筑衬砌与二次衬砌之间全断面铺挂复合防水卷材;洞口浅埋段采用双侧壁导坑先墙后拱法开挖(防止拱顶下沉影响结构安全及侵入建筑限界),洞身深埋段采用上弧形导坑留核心土台阶法先拱后墙法开挖。自1993年在G312线祁家大山隧道开始采用二次模筑衬砌的设计、施工工法以来,结合具体项目情况,系统开展了黄土隧道二次模筑衬砌设计施工技术、黄土隧道防排水设计施工技术、黄土隧道软弱地基加固技术试验等专题研究,基本解决了困扰甘肃多年的黄土隧道塌方、湿陷、渗漏等难题。通过近20年几十座黄土公路隧道工程的勘察设计与建设实践,取得了较可行的成套技术与经验成果。

目前,二次模筑衬砌工法已在甘肃黄土地区公路隧道的设计、施工中广泛推广应用,在连霍国道天巉公路黄土隧道群、巉柳高速公路黄土隧道群、兰海高速公路黄土隧道群、国道312线、兰刘二级公路及平凉至定西高速公路黄土隧道群、宝天高速公路等项目的隧道修建中成功实施,并进一步总结和完善。根据运营多年的实践效果分析,二次模筑衬砌工法从施工安全、支护有效、结构稳定、防排水效果综合比较是针对甘肃湿陷黄土地层隧道修建特点的一种可靠工法,在西北黄土地区公路隧道的设计、施工中广泛推广应用,取得了良好的经济效益和社会效益。

2.连拱及小净距隧道

武罐、十天、成武等山区高速公路项目,在地形受限、路线布设存在困难时,在围岩地质条件较好处设置了连拱及小净距中短隧道。与传统的分离式隧道相比,连拱、小净距隧道在线路平面布设、洞口位置等的选择上较为灵活,而且自由度较大,能够较好地处理桥隧相连的工程技术及景观问题;同时考虑到分离式隧道双洞进、出口均有较长的连接线,两幅分离距离较大引起的土地征用费增多,浪费国家资源,造成前后连接段路桥工程费用增加、洞身附属工程增加等一系列问题,使得连拱、小净距隧道综合造价往往较分离式隧道低。

小净距隧道　　　　　　　　　　　　　　　连拱隧道

3. 老黄土隧道

雷西高速公路所处地区为陇东黄土高原,隧道地层以老黄土地层为主,结合老黄土围岩特点,在该项目首次采用新奥法复合式衬砌结构,取消了拱部120°范围系统锚杆,确保了隧道施工的顺利开展。

4. 三车道黄土隧道

在兰州北环路、南山路、兰秦路等市政项目中设置了三车道隧道,地层岩性以湿陷性较强的新黄土为主,衬砌结构采用新奥法复合式衬砌。在传统新奥法衬砌结构的基础上,结合新黄土地质特点,加强超前导管及锁脚钢管的设置,取消了系统锚杆,按照"强支护、短开挖、少扰动、早闭合、勤量测"的原则,采用双侧壁导坑法进行施工,施工过程中加强临时支撑的设置。考虑到隧址区地表陷穴发育,新黄土地层围岩自稳性差、地基承载力低、受水易湿陷沉降的特点,隧道地基采用了洞内旋喷桩加固地基,以提高地基承载力及水稳性,确保隧道结构及运营安全。

5. 高地应力、岩爆段隧道

十天高速公路西秦岭隧道埋深大且穿越地层以灰岩等硬质岩为主,局部段落存在隐含岩爆。在做好施工预案及防护措施设计的基础上,针对岩爆类型及大小,在岩爆段洞壁上提前打应力释放孔、爆破减震孔或施作超前摩擦锚杆支护,超前卸压、释放高地应力,减弱岩爆强度;在施工工法上进行创新优化,改变传统开挖方式,施工中采用"短进尺循环,预留岩爆处理层"的新工艺方法,等岩爆过后再进行二次扩挖爆破和支护;在施工工艺上采用光面爆破、弱爆破,保证开挖洞室轮廓圆顺,避免造成局部应力集中而加剧岩爆。

6. 软岩大变形段隧道结构

在G212木寨岭隧道、永古高速路乌鞘岭隧道群及十天高速公路、宕迭二级公路等项目中,多座隧道存在软岩大变形。软岩大变形主要发生在碳质板岩、碳质页岩、碳质千枚岩等Ⅳ级及以下围岩中,其衬砌支护需采取主动式(柔性)与被动式(刚性)相结合的综合处置方法,力求有控制地产生一个合理的塑形圈,允许变形,有控制地释放围岩变形能量,又要尽可能保护围岩的强度不至快速下降,不产生大的松动圈。设计中采用加大预留变形量,"先柔后刚、先放后强、刚柔结合、综合处理",设计中加大开挖预留变形量,在初期支护施作完成但挤压变形显著段增加了拱部早强水泥药卷锚杆、加长边墙自进式注浆锚杆进行支护补强,加密钢拱架提高初支刚度。根据变形监控量测的信息反馈情况,支护补强后围岩及初期支护结构基本趋于稳定。

7. 断层破碎带及高地震区隧道结构

永古高速公路乌鞘岭隧道群及渭武高速公路隧道、宕迭二级公路隧道均穿越大型断层破碎带,设计创新采用"两次初支+模筑衬砌"的复合式衬砌结构穿越,二次初支的施作时间为一次初支变形收敛值小于0.2mm/天。主要采用加大预留变形量、注浆加固地层、强支护、扩大净空、设置减震层、柔性接头、增设变形缝等综合处治方案,以确保隧道施工安全,提高隧道抗震能力。地震区的隧道结构与围岩密贴有利于衬砌结构抗震,应注意衬砌背后空洞的检测;设计中考虑衬砌结构地震毁损的可能性,隧道预留净空以备结构补强,震区隧道净空预留空间的大小应结合100年内地震的概率计算和错动距离确定。

8. 富水隧道

永古高速公路乌鞘岭隧道群及渭武高速公路秦岭隧道、化马隧道局部段落位于富水地层,根据地质判断对施工涌水、排水做了专项设计,采取"以堵为主、以排为辅"的原则。对工程地质与水文地质较复杂地段及根据地质勘察资料判断前方有大型隐伏含水体地段,需根据施工开挖情况,结合超前预报手段综合判定。查明前方地质构造及地下水的分布状况及水量大小,根据涌水量大小、出水点、水压等实测数据合理确定环向注浆止水或局部帷幕注浆堵水方案,并配备大功率排水机械,确保施工涌水时能够及时排除水患。

(二)隧道路面

传统隧道路面结构一般以采用水泥混凝土刚性路面为主,存在着路面抗滑不足、噪声大的缺点,行车舒适性及安全性不高。近几年随着沥青混凝土专用阻燃剂的广泛使用和沥青混凝土铺筑技术的提高,长度在5km以下的隧道采用上沥青下水泥混凝土的复合式路面结构为主,既提高了行车舒适性和安全行,又保证了隧道的防火抗灾能力。

(三)隧道洞门景观

在隧道设计和施工中引入生态环保建设理念,优化进、出口洞门结构形式,尽可能采取"零开挖"进洞及傍山棚洞设计,保护原生植被减少边仰坡开挖及防护工程量。在关山隧道、宝天高速、武罐高速、雷西高速、永古高速隧道工程设计中均结合自然气候、地形、地质特点,实施了相应的单压耳墙、斜交半明半暗套拱、盖挖法等环保型进洞方式和洞门结构形式,并实施了多种新型洞门结构形式,有效改善了洞口景观及自然环境。

乌鞘岭隧道群洞门设计中注重景观设计,按照"一门一景"的理念,结合实际地形、地质、气候条件进行洞门设计,有条件的隧道洞口处尽量接长明洞以避免风吹雪对行车安全的影响,考虑到东、西向强光对驾驶员的影响设置了遮光棚;削竹式洞门能够更好地与地形融为一体,给人以美的视觉感受;古浪隧道采用了仿古城堡端墙式洞门,寓意古浪峡为河西走廊门户和古丝绸之路要冲。

乌鞘岭隧道洞门(一)

乌鞘岭隧道洞门(二)

(四)隧道通风、照明、内装饰及救援监控设施

1. 隧道通风

20世纪80年代初,在国道212线(甘川公路)七道梁隧道立项开展了特长隧道通风方案的研究并进行了国内外调研,在国内长大公路隧道设计建造中首次成功实施了纵向

射流通风技术。继七道梁隧道之后,纵向射流通风因其良好的经济、社会效益成为长大公路隧道的主要通风方式,七道梁隧道也因此成为我国公路隧道射流通风技术发展的标志性工程。后期结合新七道梁隧道、乌鞘岭隧道群等特长隧道对纵向射流通风+竖井送排式通风、辅助横洞通风、纵向射流通风+静电除尘技术、互补式网络通风等新技术进行研究。

(1)纵向射流通风+静电除尘技术

永古高速公路乌鞘岭隧道群具有"海拔高、纵坡大、规模大"的特点,加之隧址区地质复杂、环境恶劣,通风设计不仅直接关系土建工程的投资规模,而且还关系到隧道后期运营的安全、舒适与费用。国内一般特长隧道通风设计采用传统模式为全射流通风或射流通风结合竖(斜)井送排风的通风模式,根据各工况需风量计算,隧道左线由烟雾来控制需风量,如采用全射流通风,洞内近、远期风速不能满足设计规范要求,需要考虑其他通风方式来解决隧道的通风问题。通过对需风量计算中对污染空气的基准排放量及递减率、海拔高度系数、控制工况等参数的分析和研究,考虑到我国汽车工业的发展及本项目的交通特点,乌鞘岭隧道群下行线主要由烟雾控制需风量;从地形地质、环保理念、交通量分析、运营效果、防灾救援系统的安全可靠性等多角度研究,并由此在国内首创采用了"静电除尘结合射流通风"的通风方案。用此种通风方式,静电集尘主要针对烟雾的稀释,全射流通风主要针对CO的稀释,这样两者结合就能满足隧道运营通风的要求。

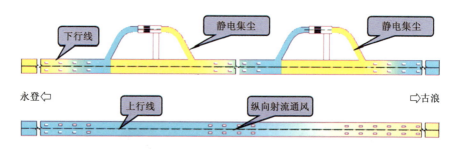

隧道纵向射流通风示意图

(2)互补式网络通风

根据西秦岭隧道远期需风量计算结果,右左线通风负荷比为2.055。针对其左右线通风负荷不均衡的情况,提出远期采用双洞互补式网络通风方案,即在左右隧道之间增设横向通风道,将两条隧道联系起来,用空气质量较好的左线隧道内新鲜空气去稀释空气质量较差的右线隧道内的污浊空气,并使两条隧道内的空气质量均满足通风要求。互补式网络通风方式特别适用于长度大于3km,且双洞需风量差异超过50%的双向行驶公路隧道,并兼具建设成本低、实施难度小和运营经济性高的特点。

该方案特点如下:

①左右线共设置两个通风横洞、两台轴流风机和70台射流风机,可以有效地发挥右

线下坡隧道的通风潜力,工程难度相对较小,运营管理费用较低。

②对于上坡隧道,由于通风阻力与风量的平方成正比,需风量的降低对于通风系统节能效果十分显著;对于下坡隧道,平时由换气控制,通风双洞双互,充分利用了富裕的新鲜风,减少了通风资源的浪费。需风量降低使得西秦岭隧道在保证隧道内空气质量的前提下,通风系统总体规模大幅降低。因为有效地利用了隧道内部空间和下坡隧道的富裕通风能力,通风系统总体规模大幅降低,经济效益显著。

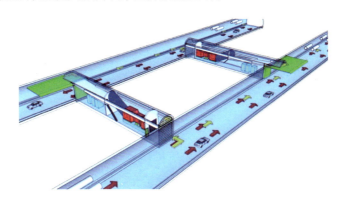

隧道互补式网络通风示意图

③增加了换气风道后,通风方式更加灵活,近期可以关闭换气风道,采用纯纵向式通风,远期在通风困难时采用互补式通风,可操作性强。

④互补式通风与通风井相结合,可以使通风井选择地点更有弹性,使隧道建设更加安全合理。

2. 隧道照明

传统隧道照明灯具采用高压钠灯,布设方式为拱顶双排布设。近几年结合国内外隧道照明及甘肃已建成隧道运营情况,将隧道照明进行优化,隧道照明灯具采用LED灯,布设方式为拱顶单排布设,既节能环保,又保证了隧道洞内的照明效果,改善洞内行车环境,提高行车安全性。在一类、二类隧道设置应急照明及疏散照明,以提高应急救援能力。

3. 隧道内装饰

在平定、宝天等项目中衬砌内缘两侧底部一定高度采用瓷砖、拱部采用防火涂料的装饰方案,在运营中出现瓷砖掉块、不易清洗的问题,因此在之后实施的雷西、临合等高速公路及二级公路隧道中衬砌均采用防火涂料的装饰方案。隧道检修道以上3.0m范围内,采用浅黄绿色防火涂料装饰;在检修道以上3.0~3.3m范围做30cm宽橙色腰带;拱顶采用浅灰色防火涂料装饰。隧道路缘两侧人行道立面采用黑黄相间的反光漆喷(抹)。隧道进、出口6m范围内采用复合反光板,以改善隧道进、出口行车环境。

隧道内涂装

4. 隧道救援监控

随着近几年交通量的加大,隧道运营监管措施不足,国内隧道火灾事故频发。甘肃省2011年、2012年兰临高速公路新七道梁隧道及宝天高速公路桃花沟隧道发生火灾,灾害损失巨大。为了做到有效防灾,隧道内装饰采用防火涂料,洞内设置了车行、人行通道、紧急停车带,洞外有条件时设置了联络通道,以方便火灾疏散及救援,并配备一定的消防设施。在隧道运营上应加强监管,尤其是加强对违禁危化品车辆的通行限制及相关灾后能够应急快速反应的安保措施。为了提高隧道防灾及应急救援能力,隧道设置了较为完善的智能信息化监控系统,监控系统是隧道管理及安全保障系统的重要组成部分,监测设施主要包括车辆检测、环境检测、视频监控、报警设施,控制和诱导设施主要包括紧急呼叫设施、信息发布及控制设施和本地控制设施。

(五)湿陷性黄土地层公路隧道技术

1. 隧道结构选型

在湿陷性黄土地层中修建的隧道浅埋段或浅埋隧道,由于成拱效果差、湿陷性地层含水率大、围岩与锚杆的握裹力较小、喷射混凝土与湿陷性地层的黏膜效应相对较弱,采取锚、喷、网的柔性联合支护体系难以起到有效控制地层沉降的目的,经过反复方案论证和设计、施工经验总结,提出并成功实施了湿陷性黄土地层二次模筑衬砌工法,一次衬砌采用刚度大的模筑混凝土(内设钢拱架、格栅钢架),二次衬砌采用混凝土或钢筋混凝土结构。

2. 隧道施工控制

在湿陷性黄土隧道的施工控制上,优先采用先墙后拱法,以有效控制拱脚下沉、变位导致的模筑混凝土衬砌结构拉裂、变形及渗漏水,可以有效避免先拱后墙法引起的落拱、衬砌结构侵入建筑限界等诸多弊端。仰拱采用钢栈桥整幅施工,避免了纵向施工缝,使隧道结构成环整体受力,提高了结构安全性。

3. 隧道软基处治

在湿陷性黄土隧道的软基处治方面,根据具体项目的工程地质特点,在巉柳高速公路土家湾隧道实施了竖向地表深孔旋喷注浆加固隧道软基;在平定高速公路上设计并进行了专项课题研究,实施了水平旋喷桩、树根桩、挤密桩、仰拱基底换填处理等软基加固处理方案。

4. 隧道防排水系统

在湿陷性黄土隧道的防排水系统方面,充分考虑湿陷性饱和黄土地层地下水矿物质含量高的特点,加大了隧道中心水沟的管径,加强了纵向、横向、环向排水盲管的连接,确保地下水的顺畅排放。

(六)高寒、高海拔隧道结构耐久性及防冻保温技术

永古高速公路4座特长隧道单洞总长42.12km,海拔高度在2410~3200m之间,最冷月平均气温在-16~-20℃;位于甘南藏区高原的尕玛路西倾山隧道地处海拔3400~4200m高寒地区,单洞长2380m。在项目设计过程中,经过广泛调研、分析论证,在隧道衬砌防冻保温及耐久性设计、进出口路面保温防冻技术、地下水保温排放等方面积累了成熟的经验。

1. 隧道洞口融雪防冻技术

乌鞘岭隧道海拔2850~2600m,根据气象资料及实地调查,隧址区气候条件恶劣,属高寒半干旱气候,积雪冰冻期长,昼夜温差显著,夏季炎热而冬季寒冷,最低气温达-40℃,最大冰冻深度2.0m。清代有诗"一峰红日一峰雪,半岭黄昏半岭明",传神地描写了乌鞘岭气候多变、六月飞雪的独特景象。结合近几年隧道洞口事故率高发,且多与隧道进出口路面结冰有关的特点,首次在隧道进出口路面设置加温除雪设施。

2. 隧道防排水系统

季节性冻土区隧道防、排水设计总体贯彻以排为主、防排结合、综合治理的原则。一般地段采用1.2mm厚EVA防排水板(乌鞘岭隧道群及尕玛路西倾山隧道);在地下水丰富地段,采用了1.2mm厚凸壳(HDPE)立体防排水板(乌鞘岭隧道、安远隧道、高岭隧道及福儿湾隧道);在浅埋跨沟、地表水影响严重地段,采用1.5mm厚单面自黏式复合防水板(雷西高速)。环向设置$\phi 100$软式半圆管或TMF12×3.5cm高抗压型隧道专用排水盲管(乌鞘岭隧道群),纵、横向采用$\phi 116$HDPE双壁波纹管,在隧道围岩裂缝渗漏水集中处铺设$\phi 50$软式半圆管或TMF7×3.5cm隧道专用排水盲管,施工缝隙、沉降缝处均设置背

贴式橡胶止水带。

隧道进出口段中心水沟采取深埋至仰拱下方的方案,并延伸至洞外填方段排入自然沟谷,适当加大洞外中心水沟的管径和纵坡,洞外中心水沟一般埋入冰冻线以下50~80cm。

3. 隧道防冻保温

在季节性冻土地区,隧道设计一般采用较大纵坡、加大中心水沟管径的方案确保中心水沟的无压纵向排水。在隧道进、出口范围利用地热资源对水沟进行保温,深埋中心水沟至仰拱下部并延伸至洞外填方段,设置炉渣保温出水口,确保地下水顺利排放;必要时,采取相应的工程辅助手段,如衬砌结构保温、利用地热深埋水沟保温、洞内管沟供暖加热、路面电伴热等处治方案。

1988年建成的S103线七道梁隧道,平面以直线为主,隧道长1560m,隧道纵坡2.8%,进口接线纵坡5.0%~7.0%,出口接线纵坡4.8%,隧道进、出口接线均为长大纵坡,进、出口海拔在2267~2310m,地下水丰富、洞内路面结冰、边沟冻胀破坏严重,严重影响冬季行车安全,设计采取了洞内边沟保温供暖管的方案解决地下水的保温排放问题,经过20多年的运营,效果良好。

1996年建成的六盘山隧道平面以直线为主,隧道纵坡2.4%,进、出口接线纵坡3.5%~4.3%,进口平曲线$R500m$、出口$R150m$,隧道进、出口接线均为长大纵坡。通过加大隧道纵坡、进、出口范围中心水沟深埋至仰拱下并延伸至洞外,在洞外中心水沟出水口周围设置砾石透水层和炉渣保温层的保温措施,经过14年的运营,纵向排水效果良好,无冻害现象。

2013年建成通车的乌鞘岭隧道群,根据项目所处的高寒、高海拔及冰冻深度大的特点,对明洞、洞门墙基础进行了优化设计,确保明洞、门墙基础埋深满足冰冻深度要求;考虑到衬砌结构耐久性需要,衬砌混凝土设计采用C30混凝土,二次衬砌抗渗等级为S8,以提高衬砌结构的抗冻融能力。

针对乌鞘岭隧道群所处区域环境、气候特点,在充分调研国内同等气候区工程经验的基础上,对隧道进、出口段衬砌进行了防冻保温设计。在进口500m、出口300m范围的二次衬砌内表面设置了隧道保温系统(具体实施长度,待隧道贯通后实验结果确定),隧道中心水沟采取深埋至洞外,出水口设置炉渣保温层的保温措施,确保纵向排水通畅。

(七)隧道灾后处治及加固技术

1. 火灾损毁隧道的加固

兰临高速公路新七道梁隧道、宝天高速公路桃花沟隧道火灾发生后,立即组织隧道检测、结构、机电工程专业技术人员组成的现场灾害调查组奔赴隧道火灾现场对隧道结构进行初步检测,开展隧道火灾受损情况调查和评估,评估灾害损毁情况,分析研究处治方案。根据检测报告提供结构损伤等级评定情况进行灾害处治,对于原结构损毁严重段进行拆旧换拱重新施做衬砌结构,对于二衬损毁深度较浅,受损衬砌具备60%以上承载能力的,采用铺挂钢筋网后喷射混凝土或聚合物砂浆混凝土进行修复,并对火灾损毁的交通、安全、机电设施进行恢复。

2.隧道病害处治及加固技术

专业技术人员赴现场实地检测评定,在分析旧隧道所处区域自然气候、地形、地质、水文条件等综合因素的基础上,认真研究建管养技术档案,分析病害原因,研究处治方案。

(1) G212木寨岭隧道

木寨岭隧道采用新奥法复合式衬砌结构,根据检测结果,木寨岭隧道洞身共计50m长段衬砌破损严重,主要发生在软弱围岩施工产生大变形段,施工阶段左侧衬砌裂缝主要为斜裂缝,倾向岷县方向,部分裂缝和伸缩缝贯通,裂缝渗水结冰,表层漆面鼓涨,脱落。该段衬砌混凝土强度满足设计要求,主要以剪切裂缝为主,衬砌表面无明显错台,初步分析是由于围岩压力变大,结构产生不均匀沉降引起的破坏。由于衬砌混凝土强度满足设计要求,对衬砌结构破损段设计提出了采用切槽置换型钢混凝土+粘贴钢板的组合结构进行加固,切槽置换型钢混凝土能提高衬砌结构刚度强度,而外侧植入螺栓粘贴钢板,能提高结构整体性,控制裂缝发展。粘贴钢板既能作为施工期间浇筑混凝土的模板,这是其短期效应;又能与槽内的型钢混凝土形成加固补强结构,有效地做到新增结构与原结构的共同承载、变形协调,发挥其新老组合结构的长期效应。其余裂缝均采用灌注聚合物砂浆及环氧树脂浆封闭裂缝的方法进行处治。该隧道衬砌渗漏水现象严重,根据二衬混凝土裂缝渗水情况设置半圆透水盲管,并与纵、横向排水管衔接,将水引至中心水沟检查井。在施工缝及变形缝渗漏水较小处增设止水条,渗水量较大处参考渗水裂缝处理。

(2) S304线双凤山隧道

双凤山隧道采用矿山法单层模筑衬砌结构,根据检测结果,该隧道进出口共计约100m段衬砌破损开裂严重,隧道洞身多处存在渗漏水。经实地检测,隧道衬砌存在多处裂缝及渗漏水现象,由于冻融破坏使原有的一次模筑衬砌结构混凝土强度降低,且混凝土浇筑不密实,与围岩间存在空洞,隧道衬砌结构存在较大的安全隐患。为阻止既有衬砌进一步裂损变形,同时起到防水的作用,采用了在原有一衬混凝土内侧设置C30钢筋混凝土套衬的整体加固方案,与原有衬砌组合形成两次模筑结构共同承载。

五、交通安全工程设计

交通工程安全设施是公路交通工程沿线设施的主要组成部分,它对减轻事故的严重度,排除各种纵、横向干扰,提高道路服务水平、提供视线诱导、增强道路景观起着重要的作用。特别是对充分发挥高速公路安全、快速、经济、舒适的功能,具有特殊的意义。世界各国尤其是西方发达国家,对安全设施的开发研究及其应用非常重视,不断推出形式多样、经济美观、性能优良和安全适用的新产品,满足交通运输发展对安全设施的需求。由此看来,公路安全设施是目前公路智能化与现代化的重要标志之一。公路交通工程安全设施主要由标志、标线、护栏、隔离设施以及相关的交通标志等构成。交通安全设施的完善与否直接影响到整个交通的工程质量。安全设施的建立有助于提前告知驾驶员公路的路况和方向变化,达到提升车辆舒适度,减少事故发生概率的目的。对公路交通工程安全设施进行科学的建设是工程管理制度能否顺利执行的有效保证。

(一)甘肃省公路交通工程安全设施的发展历程

我国从20世纪80年代开始系统地研究公路交通工程安全设施。初期主要结合我国国情和道路交通特点,对交通安全设施的材料、结构形式和设置原则等展开了全国性研究。"七〇五"国家重点科技攻关项目"高速公路交通安全设施的研究"成果,于1991年初通过了国家级鉴定,标志着交通安全设施的应用研究进入了新的发展阶段。甘肃地处西北内陆,属于贫困省份,设计理念和资金种种因素导致公路建设中对配套的交通安全设施重视较晚,在2008年之前基本就是按照规范,满足基本要求即可,随着"十二五"规划的开展,公路交通安全设施设计才逐步走向精细化和人性化设计。

(二)2006年之前甘肃交通安全设施建设状况

1. 公路交通标志设置不合理,缺乏统一的设计标准

公路交通标志是重要的交通信息,也是保证驾驶人员安全驾驶的重要信息。在设计公路交通标志时,通常根据公路及其周边环境的具体情况进行规划,并逐一确定交通标志的数量及设置地点等内容。即使我国在交通安全设施建设中有相关规范可以借鉴,如《公路交通标志和标线设置规范》,但在实际设计中仍然出现前置预告距离设置等问题,在实际建设中还是缺乏统一的设计标准,交通标志设置信息缺乏整体性。就目前形势来看,我国公路交通标志信息存在忽然中断、过载等现象,致使驾驶人员无法快速判断线路走向,进而影响行车安全,这种情况在甘肃也时有出现。

2. 公路护栏设置安全性较低,标线材料质量控制不严,新型材料在甘肃应用较晚

公路交通安全设施主要根据公路的具体特点、当地的气候环境以及公路建设资金等方面进行设置。2006年之前,由于交通安全设施标准较低,在实际设计中存在较多的人为主观因素,再加上外界资金等因素的影响,导致安全设施建设存在一系列的安全隐患,具体体现在:部分地区边坡度变化大且护栏设置不连续;桥墩前护栏较短,缺少过渡段,极易引发冲撞事故;标线技术和材料太过保守,受造价所限,一些优势材料在甘肃起步应用较晚。

（三）2006年之后我省交通安全设施建设状况

自2006年起，甘肃的交通安全设施工程按照交通部2006年陆续颁布的新规范标准实施，一些项目的交通安全设施得到不断地完善与总结，陆续采用了一些新技术、新工艺、新方法。尤其是近年来随着交通部标准化进程的实施，从设计到施工整个交通安全设施有了一个质的飞跃。以2013年底通车的雷西路和2015年底通车的十天路为例。

1. 雷西路交通安全设施

坚持以"安全第一、预防为主"的指导思想，遵循与主体工程"同时设计、同时施工、同时投入生产和使用"的建设原则和"伤害最小化"的设计原则，保障高速公路交通安全。

（1）安全设施设计原则

①安全设施的建设规模与标准根据公路网规划、公路功能、等级、交通量等确定。

②总体设计做到保证功能齐全、布局合理，使各类安全设施共同发挥功能。

③坚持"以人为本、以车为本"的设计理念，根据公路的特点，为驾乘人员提供人性化和周到的服务，全面提升公路的安全性和服务功能，使之更加现代化、人性化。

④坚持合理选用技术指标，树立设计创作的理念。

⑤确实做到保障交通安全，最大限度减少事故和降低事故的严重度。

（2）坚持系统论的思想，树立全寿命周期成本的理念

在标志版面设计中，充分考虑道路使用者的认知性，从以下几方面着手考虑：

①以全社会道路使用者为设计对象，力求做到标志功能完善、种类齐全。

②互通、枢纽是标志布设的关键部位，达到易读性、醒目性、公认性。

③在标志布设中，注意与监控、收费、通信和环保等其他沿线设施的协调配合，做到不重、不漏。

高速公路车道边缘线振动标线

④适当设置一些公益标志、旅游标志等种类的标志。

(3)在整个交通安全设施的设计当中,注重细节设计,做到"以人为本"

①全线的标线均采用热熔型反光标线,车道边缘线采用振动标线。

车道边缘线设计振动标线,可以在一定程度上减少因长时间疲劳驾驶而打瞌睡引起的交通事故。

②中分带采用齐平式设计,防眩板安装采用独立基础,做到既节省基础材料又可以最大限度地使线形顺畅。

高速公路中央分隔带防眩板

③跨线桥、隧道洞门均做了黑黄标线设计,隧道洞门设置了防撞桶,从细节上杜绝安全隐患。

2. 十天高速公路交通安全设施优化与创新

(1)涂装优化设计

《甘肃省高速公路交通安全设施标准化指南》规定隧道涂装洞顶采用浅灰色涂装。经过研究,十天高速公路换成了浅蓝色涂装,洞内光线更加通透。

长隧道容易造成视线疲劳,通过艺术手段来改善视觉疲劳,采用蓝天白云、侧墙壁画等,能够对长时间在隧道内行驶的驾驶人员起到改善视疲劳的效果。

高速公路跨线桥标线

隧道内涂装优化设计

(2)隧道进出口优化设计

在纵坡较小、不易积雪、积水的路段,采用间隔式设置防滑铺装,既节约造价也能起到减速防滑的作用。

在纵坡较大、易积雪、积水的路段,采用满铺式设置防滑铺装,缺点是造价较高,但防滑效果及视觉效果较好。

(3)轮廓标优化设计

路侧轮廓标设置,常规路段按照24m间距进行设置,立交区、服务区、隧道、桥梁段采用12m间距,经过夜晚实测,视线引导较好。

(4)标志优化设计

立交出口500m预告标志采用门架式。对于信息量较大,需要特殊预告的,可采用这种方式,避免版面内容过多,且指示内容清晰明了。

隧道内涂装优化设计

路侧洞口优化设计

路侧轮廓标优化设计

标志优化设计

(5)隧道内立面标记优化设计

隧道内紧急停车带原设计采用反光漆,根据现场情况尝试采用铝基反光膜,效果较好,隧道内较为醒目。

隧道内立面标记优化设计

六、绿化工程设计

公路绿化是公路建设的一个重要组成部分,它对于提高交通安全性和舒适性,缓解公路建设破坏自然地貌带来的不良影响,保护自然环境和改善生活环境等都具有极其重要的意义。自2000年初国家提出西部大开发战略,加快中西部地区发展的重要决策,公路建设向西部倾斜。迎着西部大开发的号角,甘肃省高速公路快速发展,从1999年至今已建成兰海忠树段、尹中、白兰、柳忠、巉柳、宝天、雷西、临合、十天等高速公路。从高速公路建设伊始,高速公路环保绿化建设也在探讨和实践中逐步成熟、完善。公路绿化的思想也由单纯满足环保和水保功能、兼顾交通安全基础,逐渐提升到集生态恢复、先进工艺、园林景观等多元化综合设计。

甘肃地处黄土高原、青藏高原和内蒙古高原三大高原的交汇地带,位于祖国西部地区,地处黄河中上游,地域辽阔,境内地形复杂,山脉纵横交错,海拔相差悬殊,高山、盆地、平川、沙漠和戈壁等兼而有之。地势自西南向东北倾斜,地形狭长,东西长1659km,南北宽530km。复杂的地形和气候条件是制约高速公路绿化发展的主要因素。根据气候区划,甘肃处于亚热带暖温带湿润区(陇南)、中温带半湿润区(天水、平凉、庆阳)、中温带半干旱区(兰州、白银、定西、临夏)、中温带干旱区(酒泉、张掖、金昌、武威)和寒温带湿润区(合作),高速公路绿化建设的模式主要由以上气候区划来确定。

(一)甘肃高速公路环保绿化建设发展历程

2000年以前,甘肃高速公路建设主要集中在亚热带暖温带湿润区,如兰海忠树段、尹中、白兰、巉柳高速公路。这几条高速公路绿化设计以及施工都是甘肃高速公路环保绿化建设的起始,凝聚着先行建设者们的汗水,绿化设计涵盖了路侧绿化、管养护服务设施绿化、立交匝道围合区绿化,以及中央分隔带内的防眩绿化。绿化植物选用了适宜本气候区域的乡土苗木。截至目前这几条高速公路路侧绿化植物郁郁葱葱、长势良好。从发展的眼光来看,当时植物选择以及搭配在立交区域较为薄弱,未能形成规模,但还是为以后高速公路的环保绿化建设积累了经验、提供了范例。

2000~2008年,甘肃高速公路建设涵盖到了中温带干旱区和中温带半湿润区,环保绿化设计理念有了进一步提升,逐步将风景园林设计手法、景观节点等设计元素纳入了设计体系。在刘白、临清、清嘉路的环保绿化设计中,充分尊重自然,根据实际气候条件、地理条件选择适宜绿洲段落(有灌溉水源)进行植物造景;宝天高速公路是甘肃第一条景观高速项目,设计前期通过充分的现场踏勘,提炼出项目景观轴线即路线走廊带的自然景观特点,归纳为"雄、秀、幽、险、奇、苍"。路侧绿化植物搭配与周围环境自然景观相协调,立交区采用了模纹图案结合高大乔木构成丰富的植物景观;服务区、房建场站采取了以人为本的园林设计手法,在植物造景的基础上加入一些景观小品,增加趣味。

边坡防护首次将三维植被网和厚层基材喷播应用到设计中,并在施工中成功应用实践,取得了良好的坡面防护和景观绿化效果,为以后项目的实施取得了宝贵的经验。

总体来看,近几年,公路环保开始体现在公路设计理念上,设计中从路线选线、桥涵设置等方面均考虑到了环保、景观,环保绿化设计也从后期的修修补补参与到了前期方案比选,从思想理念到认知变化均是一个跨越。

宝天高速公路立交绿化模纹图案在施工初期达到了良好的景观效果,但由于高速公路粗放式的养护模式,立交绿道内模纹图案植物自然生长两三年后已无法看出原设计图案,在后来的设计中减少了对模纹图案的设计,主要以通过植物枝叶颜色来丰富立交景观。

厚层基材喷播　　　　　　　　　　　三维植被网

立交模纹图案1　　　　　　　　　　　立交模纹图案2

2008年至今，甘肃高速公路遍布全省，临合路的建成通车也填补了全省高速公路最后一个气候分区寒温带湿润区。这8年内通过对外省实际项目的考察学习，对整个高速公路的景观绿化与环境保护体系有了系统的认知。码砌植生袋、恢复岩质边坡植被、黄土边坡打孔栽植等新工艺的应用与主体工程框格梁防护、隧道洞口减少扰动面、边坡防护等工程措施有机结合，使绿化防护与工程防护水乳交融，共同体现生态、安全、舒适的绿色廊道。

(二)创新及优势

以雷西路为例：

1. 全面绿化、恢复公路的生态环境

在设计阶段，对项目沿线的气候、生态、水质、植被、人文环境做了充分调查，吃透主体设计图纸，将高速公路隔离栅以内所有裸露的地方，设计栽植乔灌木进行全面绿化，采用乡土树种、草种进行布置，尽力模拟自然植物群落结构特征，以修补和恢复因公路施工对沿线植被和环境的不良影响，减轻破坏程度，大面积的绿化同时也是保持水土、改善环境的积极措施。

针对项目地处黄土直立型较好的董志塬，道路边坡防护采用"陡边坡、宽平台"的设计思路，主体道路工程放缓路堑边坡、放宽挖方边坡坡顶平台，给植物防护提供更加适宜的生长条件，相关的绿化也采用栽植国槐和紫穗槐相结合的护坡方式，配合主体防护，最终形成了和谐美观的生态边坡，减少了水土流失，增加了路域景观，将边坡绿化和固土护坡做到了完美结合。

高速公路绿化设计

路堑边坡植物模纹

边坡打孔栽植

挖方平台栽植小乔木1

挖方平台栽植小乔木2

2. 创建主题景观

为了使雷西公路景观既融于自然环境又异彩纷呈,相互衬托辉映,在设计阶段充分挖掘当地的特色文化和历史遗迹,最终确定将黄河古象作为设计元素提炼出来。这也是对合水黄河古象历史遗迹的宣传,在斟酌了场地及景观视觉观赏角度之后,决定将黄河古象在老城立交再现。

雷西高速公路景观设计

3. 利用生态防护技术,使隧道边仰坡复绿,修复被破坏了的生态环境

隧道边仰坡生态防护设计

4. 最大恢复,最小破坏

设计中很重视取弃土场的水土保持功能的恢复,对于永久占地类型的取弃土场通过草灌混播,临时性的取弃土场采取撒播豆科种子,最大限度地恢复土壤的可耕性,实现"最大恢复"的设计理念。在施工过程中,充分保护原有大树,保留了老城立交匝道绿地内的原有大树,将"最小破坏"的理念实践于工程中,孤植的大树也是一道靓丽的公路风景。

遵循"最小破坏"设计原则

以十天路为例：

1. 边坡防护圬工与生态防护合理结合

十天路挖方锚杆框格梁实现圬工防护和生态防护的有机结合，兼顾边坡稳定与生态恢复两方面，获得良好的路域景观。

路堑边坡框格梁内采取了码砌植生袋加栽植小灌木的绿化防护形式绿化边坡；碎落台采取分段栽植彩叶小乔木搭配时令花卉增加路域景观，突破了以前死板的常绿小乔木加落叶乔木的搭配方式。

挖方碎落台(土质路段)栽植小乔木紫薇与地被波斯菊相结合，其中紫薇花期6～9月、波斯菊花期6～8月，提升夏秋季节通行景观。

边坡防护圬工与生态防护设计

2. 服务区优化停车区、区划绿化区

通过与建筑专业优化服务区内布局，合理区划停车区、绿化区，提升服务区整体绿化景观效果，打造良好的服务环境。

边坡防护圬工与生态防护设计

服务区优化设计

3. 地方特色文化以小品形式展现

青泥岭隧道进口端墙式洞门间设计"李白赋诗青泥岭"主题浮雕。

西狭隧道出口端墙式洞门间设计"西狭颂"拓片阴刻文化墙。

在西和服务区小品体现西和乞巧剪纸文化。

十天高速公路路堑边坡框格梁内采取了码砌植生袋加栽植小灌木的绿化防护形式绿化边坡;碎落台采取分段栽植彩叶小乔木搭配时令花卉增加路域景观,突破了以前死板的常绿小乔木加落叶乔木的搭配方式;隧道三角带、服务区植物配置充分体现地域特色,并通过隧道铭字、剪纸小品等方式展示民俗文化。

以营双路为例:

通过营双高速公路沙漠段防风固沙绿化建设,总结出了沙漠公路的绿化模式,即通过沙障、防风林带(乔木林、灌木林)与积沙平台三者有机结合保护穿沙公路的畅通。

青泥岭隧道洞口人文景观设计

西狭隧道洞口人文景观设计

西和服务区人文景观设计

防护林带

通过多种气候环境下10多年的设计与实践,在绿化设计、绿化养护及验收方面取得了宝贵的经验,也将制定和颁布一套适宜甘肃的绿化设计、施工、养护的地方标准。

第四节　甘肃省高速公路主要道路的勘察和设计

一、河西走廊平原区典型项目

河西走廊是我国西北地区重要的生态屏障和战略通道,是中原联系新疆、青海、宁夏、内蒙古的桥梁和纽带。自2003年建成河西走廊地区首条高速公路——古浪至永昌高速公路起,甘肃省此后在河西走廊地区先后建成了山丹至临泽、永昌至山丹、临泽至清水、清水至嘉峪关、武威过境段、嘉峪关至安西、金昌至永昌、安西至星星峡、营盘水至双塔、金昌至武威等高速公路。其中,甘肃省交通规划勘察设计院股份有限公司(原有限责任公司)承担了除古浪至永昌、武威过境段和安西至星星峡三条高速公路之外的其他高速公路的勘察设计任务。

(一)嘉安高速公路

1. 项目简介

连云港—霍尔果斯(GZ45)国道主干线嘉峪关至安西公路为"西部大开发"八条大通道之一西宁至库尔勒公路的组成部分,该公路的建设对拉动西部地区的经济发展具有举足轻重的作用,同时本项目也是甘肃省实现再造河西这一宏伟目标的重点建设项目。所以本项目的实施,对国道干线功能的发挥,和对甘肃地方经济发展的促进,都有着十分重要的作用。

项目主体工程勘察设计由甘肃省交通规划勘察设计院股份有限公司(原有限责任公司)完成。根据交通量预测结果和道路通行能力的分析,本项目按路线经过的地形类别、建设规模与技术标准推荐采用设计车速为100km/h的局部封闭的一级公路。整体式路基总宽度为25.50m,分离式路基宽度为12.75m。

本项目路线全长234.79km,其中分离式路基共六段,全长125.68km。全线共设大桥5座,中桥13座,小桥55座,通道及涵洞520道,分离式立交3处,互通式立交2处。全线设置完善的交通标志、标线、中央分隔带护栏、路侧护栏,部分路段设置隔离栅。全线设置服务区1处、管理所1处、收费站(亭)2处、养护工区2个。

2. 项目实施过程

(1)2003年5月完成初步设计,2004年9月完成勘察设计;

(2)2004年12月开工建设,2007年12月建成通车。

3. 技术难点和创新

(1)本项目路线走向符合国家及甘肃省公路网主骨架总体规划要求。在考虑了路线顺畅的同时,结合地方城镇规划和经济布局、交通现状、路网结构、水利设施、地质条件等合理布设路线,改善了区域交通条件,建立了完善的综合运输体系。

(2)本项目综合考虑交通量、交通组成。通过设置互通式立交与现有道路沟通,对沿线车辆起到集散作用。将路线与城镇远景规划相适应,不穿越城镇规划区,使之"离而不远、近而不进",既保证交通顺畅,又利于带动地方经济发展。

(3)本项目有效利用了现有G312旧路空间布线,部分路段采用分离式路基,原有道路经局部改造后作为一幅,以减少拆迁,少占耕地,降低工程造价,保证施工时车流畅通。

(4)本项目路线线形顺适、连续、短捷、指标均衡,旧路改造利用中通过直线、曲线合理搭配,尽量增大曲线长度,减少长直线与小偏角,使平纵恰当组合,线形与地形、地物、环境相适应。路线布设结合路基设计,充分考虑了工程建设的实际情况和环保的要求,保证路基稳定,减少水土流失,减少工程建设对沿线环境的不利影响。路线远离或避开自然风景区、文物古迹及水源地,尽量减少与沿线电力、电信、输油管道、水利设施等的干扰。

(5)本项目在进行平纵面组合设计时,使路线与地形、地物、景观和视觉相协调,以保证舒适、安全的使用功能。在保证平纵面各自线形平顺、流畅的前提下,设计中尽可能使二者的技术指标保持均衡和协调。同时在空间位置上,按照规范的要求精心设计,避免出现各种不良的线形搭配和组合,以保证良好的视觉效果,提高行车舒适性。经路线透视图检验,全线线形顺畅协调,视觉诱导良好。

(6)本项目在路基设计方面,有三种特殊路基的设计。第一,膨胀土路基设计,在穿越膨胀土地带,岩性为棕红色砂质泥岩,具胀缩性、崩解性。当路幅内土基含水率发生不均匀变化时,易引起土体的不均匀胀缩,并产生幅度很大的横向波浪形变形。如雨季路面水下渗,土基受水浸湿软化,也将在行车荷载作用下形成泥浆,挤入粒料基层,并沿路面裂缝溅浆冒泥。在该类地段采取的措施:①路堑设计:路床应超挖80cm,换填砂砾土。对边坡、边沟、碎落台进行全封闭式浆砌片石防护。②路堤设计:若填土高度小于1m时,须挖除地表60cm的膨胀土,换填砂砾土。严禁利用膨胀土填筑路基。③路面面层采用两层密级配结构,并全断面铺筑。第二,盐渍土路基设计,由于该类土中含有易溶盐,土的物理、力学性质和筑路性质发生变化,引起诸多路基病害。为保证该地带工程构造物的安全与正常使用,必须采取工程措施对地基进行相应处理。在路线和取土场位置广泛取样试验,确定盐渍土的类型和盐渍化等级,对不符合路基填筑要求的,另行选取取土场位置。盐胀作用对路基稳定性或强度有影响时,采取如下措施加以解决:①根据地下水位高度,适当提高路基高度,加强路基边坡防护。②地下水位比较高的盐渍土路段,在路基两侧开挖排碱沟,从而降低地下水位。在填筑路基前,铲除地表0.3~1.0m过盐渍土或松散的盐壳,采用非盐渍土填筑路基。③地下水位比较低的盐渍土路段,在填筑路基前,铲除地表0.3~1.0m过盐渍土或松散的盐壳,采用非盐渍土填筑路基。④完善路基排水。第三,软土路基设计,该类土为沼泽型沉积,沼泽表面上覆有泥炭层,下面为饱和淤泥,是湖泊衰亡后形成的。沼泽软土的主要成分是有机质泥炭,并含有一定数量的化学沉积物和细颗粒黏土。除具有一般软土性质外,还具有盐渍土的特性。为保证该地带工程构造物的安全与正常使用,采取相应处理措施。在适当抬高路基的前提下,采取如下处理方法:①对于厚度<4m的软弱层,将路堤基底泥炭挖除换填砂砾。②对于厚度≥4m的软弱层,采用水泥粉喷桩进行加固,通过与软弱层形成复合地基来提高地基承载力。

(7)本路段经过地区为河西走廊中部平原区,地形较为平坦,但大部分为戈壁地带,植被脆弱,破坏后恢复缓慢,在设计中遵循工程造价与环境保护相结合的原则。在现场调查的基础上采取以下三种取土方式:第一,路外设集中取土坑取土。第二,路侧结合排水设置取土坑。第三,利用超挖或山包取土。

(8)本项目主要桥梁为白土梁大桥、赤金河大桥、巩昌河大桥、白杨河系列冲沟桥梁、疏勒河1号大桥、疏勒河2号大桥,上部结构为装配式部分预应力混凝土连续箱梁(空心板),采用简支转连续施工方法,下部结构采用柱式墩、柱(肋)式台、钻孔灌注桩基础。桥位基本服从路线走向,桥位所处河道顺直稳定。

(9)本项目小桥的上部结构采用预应力混凝土或是钢筋混凝土空心板,下部结构视台后填土高度、跨径大小和地基情况,采用柱式墩台、U形桥台、薄壁墩台;涵洞依其使用性质、泄洪流量、路基填土高度、地基条件,均采用钢筋混凝土盖板暗涵。

(10)本项目设置互通式立交5处,设置分离式立体交叉80处,通道涵33道,通道桥68座。互通式立交设置为喇叭形立交和定向式立交,特点如下:①服务水平高,平纵面线形指标较高。②兼顾了交通量的主次之分,有利于交通量的快速转换。③充分结合实际地形布设,经济合理,功能完善。在分离式立交、天桥、通道的设计中,充分考虑了被交道路的等级及未来交通的远景规划,符合现在及未来的交通发展。

(11)地质勘探将物探、震探、钻探相结合,提高了勘探精度。扩大了勘探范围,为设计提供了准确可靠的地质资料。

(12)在外业勘测中,采用了以下几项新技术进行测设,采用全站仪进行一级导线测设和加密及中桩放样,测设1:500、1:1000、1:2000大比例尺工点图及地形图,根据实地详细勘察的结果利用路线设计CAD软件对线形进行优化调整。

(13)凡路线纵向压占的水渠均改设新渠并予以加固,横向相交的水渠均设过水涵,使水渠连续贯通;对于路线纵向压占的主排洪沟,为确保排洪沟的畅通,在路基外侧开挖新的排洪沟道;凡路线纵向压占或横向相交不易设通道或平面交叉的农道均做了改移,其余横向相交的农道均设大小不一的通道或天桥。

(14)充分考虑本项目施工过程中车辆的通行问题,拟定的通行方案如下:①部分路段采用分离式路基,上下行线分阶段施工以解决通行问题。②部分整体式路段中线位于现有公路边缘,左右幅分阶段施工以解决通行问题。③对于部分路段,使车辆通过玉门市绕行以解决通行问题。④部分路段在路侧设置临时施工便道以解决通行问题。

通过本项目勘测设计,设计人员首次对高速公路的特点、功能和设计有了一个全面的认识和理解,特别对枢纽型互通式立交的设计取得了较为成功的经验,为今后设计黄土地区及各种地形、地质条件下的高速公路打下了坚实的基础。

(二)营双高速公路

1. 项目简介

营盘水(甘宁界)至双塔高速公路是青岛至银川国家高速公路陕西定边至武威联络线(G2012)的重要组成路段,也是甘肃省高速公路网规划的组成部分。定边至武威联络线连通青岛至银川、北京至拉萨(G6)和连云港至霍尔果斯(G30)国家高速公路,自东向西主要连接宁夏回族自治区银川市、中卫市、甘肃省白银市、武威市,是甘肃与宁夏、青海、陕西间交流与合作的主要纽带和桥梁,在国家和区域高速公路网中居重要地位。实施本项目,对完善国家高速公路网,改善区域交通条件,实现国家东西公路大通道的职能等具有重要的现实意义,同时也是实现甘肃省国道干线和省际通道高速化的重要举措。

项目主体工程勘察设计由甘肃省交通规划勘察设计院股份有限公司(原有限责任公

司)完成。项目起点位于甘肃、宁夏交界处的营盘水，接在建宁夏孟家湾至营盘水高速公路终点，先后经过景泰县城、景泰县寺滩乡、古浪县裴家营、大靖镇、土门镇，终点位于武威市古浪县泗水镇双塔，与古永高速公路衔接。路线全长157.477km，采用全立交、全封闭、控制出入的四车道高速公路标准，设计速度为80km/h，整体式路基宽度24.5m、分离式路基宽度12.25m。

营(盘水)双(塔)高速公路景泰路段

全线共设大桥19座4188m(整体式15座3559m,分离式4座629m)，中桥32座2060.4m,小桥5座140.4m,涵洞273道,隧道1座498m,在景泰、寺滩、大靖、土门、双塔等设置互通立交5处(其中枢纽立交1处)，分离式立交14处,通道147处,天桥14座。

2. 项目实施过程

①2009年11月完成初步设计,2010年3月完成施工图设计;

②2010年11月开工建设,2013年11月建成通车。

3. 技术难点和创新

本项目处于甘肃省北部的腾格里沙漠南缘，由于地表裸露，且气候干燥，风急沙大，形成了沙漠边缘的典型的风积地貌和风蚀地貌。本项目重点分布的两个风沙路段为治沙林场和八步沙林场，由风吹细砂堆积而成，沙层表面松散，均易遭受沙埋危害。

1) 风沙处理

设计中对风沙路段采取填方路基坡脚和挖方路基坡口外侧20m范围整平绿化,并在外侧依次设置25m宽紧密乔木防护林带、20m宽柴草沙障植物保护带、15m宽稀疏乔木防护林带、40m宽柴草沙障植物保护带等措施。

(1)填方路基

①路基高度<0.5m路段边坡采用1:8,坡面铺砌卵砾石;

②路基高度>0.5m且≤2m路段边坡采用1:4,坡面铺砌卵砾石;

③路基高度>2m且≤4m路段边坡采用1:3,坡面干砌片石防护;

④路基高度>4m路段边坡采用1:2,坡面铺柴草类防护。

(2)挖方路基

①挖方高度≤3m路段边坡采用1:6,坡面铺砌卵砾石后种草;

②挖方高度>3m路段边坡采用1:3,坡面铺柴草类防护并种草。

2)固沙措施

①边坡坡面分别采取了铺砌砾石、黏土包边栽种灌木防护、层铺柴草防护、平铺柴草或枝条纺织物等护面形式对沙丘进行固定;

②填方边坡坡脚外侧20m内、挖方边坡坡顶20m内范围采用机械整平后,压覆10cm厚卵砾石,形成整平带,便于风沙流通过;

③采用1m×1m半隐蔽式草方格防护对路基附近100m内的零星沙丘进行封闭固定,再配合种植灌木、沙生植物等措施以免流沙再起;

④在主导风向明显或风向单一的流沙地区,采用条带状沙障或阻沙墙,沙障或阻沙墙走向必须与主导风向垂直,间距不小于0.8m;

⑤在公路迎风面设置100m宽、背风面设置50m宽的人工固沙防护林带,并对迎风侧200m内、背风侧100m内的范围进行封闭;

⑥有条件的地方可配合地方政府在人工固沙防护林带外侧再设置200~500m宽的植物保护带。

4.重点控制性工程

双塔枢纽互通立交:该立交位于古浪县双塔镇(距现有连霍高速双塔立交、黄羊镇立交分别为3.6km、4km),与已建连霍国家高速相连接,主要实现营双高速公路和连霍高速公路两条高速公路交通流的快速转换。该立交匝道设计车速采用80km/h,为快速实现两条高速公路的交通流转换,该立交采用半定向Y形立交的形式,对称布置。被交道为连霍国家高速,路基宽度25.5m。

二、祁连山地区典型项目

河西走廊南部地区的乌鞘岭西接祁连山,向东没入黄土高原,属于祁连山脉北支冷龙岭的东南端,是河西走廊的门户与咽喉。由甘肃省交通规划勘察设计院股份有限公司(原有限责任公司)完成主体设计的永登至古浪高速公路,是该地区重要的交通要道。

永登(徐家磨)古浪高速公路路面施工摊铺作业时场景(兰文治 摄)

(一)永古高速公路项目简介

连云港至霍尔果斯公路(GZ45)是交通部规划的国道主干线"五纵七横"中的"第四横",自东向西横贯我国东部沿海发达地区和中西部广大地区,是我国西部地区甘肃、新疆等与沿海发达地区经济交流与合作的陆路运输主通道之一。其中永登(徐家磨)至古浪公路是连云港至霍尔果斯国道主干线的重要组成路段,也是甘肃省"四纵四横四个重点"主骨架公路网中第三横——牛背至猩猩峡路段的重要组成部分。

项目主体工程勘察设计由甘肃省交通规划勘察设计院股份有限公司(原有限责任公司)、中交第一公路勘察设计院有限公司完成。项目起点位于永登县红城镇徐家磨,接已建成的树屏至徐家磨高速公路终点,终于古浪县城北,与已建成的古(浪)永(昌)高速公路相连接。路线总长145.46km。GZ45永古高速公路全线设置大桥13座,长4284m;中桥16座,长984.56m;小桥23座,长641.02m;涵洞363道;隧道5处,累计单洞长43635m。(其中新建:大桥7座,共长2868.14m;小桥4座,长120m;涵洞58道;隧道5处,累计单洞长43635m。改扩建大桥6座,共长1415.86m;中桥16座,长984.56m;小桥19座,长521.02m;涵洞305道)新建互通式立交4处、分离式立交7处、通道39处(其中通道桥7座,通道涵32座)。改扩建互通式立交4处、分离式立交9处、通道151处(其中通道桥61座,通道涵83座、天桥7座),渡槽17座。全线设置了完善的交通工程及安全设施,并设匝道收费站8处(其中4处为改扩建,4处为新建)、服务区2处、养护工区3处、管理分中心1处、隧道管理站4处、华藏寺停车区1处。

本设计概算总金额为61.60亿元。其中第一合同段10.86亿元,平均每公里造价2044.51万元。第二合同段11.45亿元,平均每公里造价2335.19万元。第三合同段概算总额为39.28亿元,平均每公里造价9077.65万元。

(二)项目实施过程

(1)2005年7月完成初步设计,2008年12月完成施工图设计;

(2)2009年3月开工建设,2013年7月建成通车。

(三)技术难点和创新

1.景观设计

乌鞘岭地区具有高寒阴湿、雨雪多的气候特点,地方志书中对乌鞘岭有"盛夏飞雪,寒气砭骨"的记述,自然气候条件相当恶劣。乌鞘岭隧道群洞门设计中注重景观设计,按照"一门一景"的理念,结合实际地形、地质、气候条件进行洞门设计,有条件的隧道洞口处尽量接长明洞以避免风吹雪对行车安全的影响。考虑到东、西向强光对驾驶员的影响设置了遮光棚,削竹式洞门能够更好地与地形融为一体,给人以美的视觉感受;古浪隧道采用了仿古城堡端墙式洞门,寓意古浪峡为河西走廊门户和古丝绸之路要冲。

2.隧道穿越大型断裂带

乌鞘岭隧道群穿越大型断裂带3处,最大的断裂带宽约500m,给设计及施工带来很大困难,针对F4、F5大型断裂带创新采用"两次初支＋模筑衬砌"的复合式衬砌结构穿越;针对F12为活动性断裂带这一不利因素,设计中采用局部扩大断面,增设变形缝的方案通过。

3.高地震区隧道净空设计

永古高速公路处于高地震区,穿越活动性断层F4、F12。地震区的隧道结构与围岩密贴有利于衬砌结构抗震,应注意衬砌背后空洞的检测;设计中考虑衬砌结构地震毁损的可能性,隧道净空预留30cm以备结构补强,震区隧道净空预留空间的大小应结合100年内地震的概率计算和错动距离确定。

4.涌水、逆坡施工涌水处理预案设计

乌鞘岭隧道穿越三叠系中等富水地层,安远隧道穿越F9次生断裂带,高岭隧道穿越160m宽的F12活动性断层,根据地质判断,F12为导水断层,对施工涌水、排水做了专项设计,采取"以堵为主、以排为辅"的原则。对工程地质与水文地质较复杂地段及根据地质勘察资料判断前方有大型隐伏含水体地段,需根据施工开挖情况,结合超前预报手段综合判定。查明前方地质构造及地下水的分布状况及水量大小,根据涌水量大小、出水点、水压等实测数据合理确定环向注浆止水或局部帷幕注浆堵水方案,并配备大功率排水机械,确保施工涌水时能够及时排除水患。

5. 隧道洞口融雪防冻技术

本项目在海拔 2850～2600m，隧址区气候条件恶劣，属高寒半干旱气候，积雪冰冻期长，昼夜温差显著，夏季炎热而冬季寒冷，最低气温达 -40℃，最大冰冻深度 2.0m。结合近几年隧道洞口事故率高发，且多与隧道进出口路面结冰有关的特点，第一次在隧道进出口路面设置加温除雪设施。

6. 高海拔特长公路隧道通风设计

乌鞘岭特长隧道群具有"海拔高、纵坡大、规模大"的特点，通风设计不仅直接关系土建工程的投资规模，而且还关系到隧道后期运营的安全、舒适与费用。乌鞘岭隧道群下行线主要由烟雾控制需风量；从地形地质、环保理念、交通量分析、运营效果、防灾救援系统的安全可靠性等多角度研究，并由此在国内首创采用了"静电除尘结合射流通风"的通风方案。用此种通风方式，静电集尘主要针对烟雾的稀释，全射流通风主要针对 CO 的稀释，这样二者结合就能满足隧道运营通风的要求。依托本项目的"高海拔特长公路隧道通风方案研究"获国家建设部 QC 一等奖。

（四）重点控制性工程

乌鞘岭隧道群：乌鞘岭隧道群隧址区地处青藏高原、内蒙古高原、黄土高原三大高原交会处，地层也比较复杂，沉积了不同时代的地层，出现不同期次的各种侵入岩及各个时期的变质岩，形成复杂的构造形态，上面大部分由第四系地层覆盖，局部出露有奥陶系、白垩系地层。同时，隧址区位于祁吕贺山字形构造西翼弧北端，属北祁连山加里东褶皱带，并有陇西帚状构造系的介入改造复合和河西系的干扰影响，经历了多次构造运动，地质构造相当复杂。乌鞘岭特长公路隧道群是永古高速公路重点控制性工程，由 5 组隧道组成，双向合计总长 42.8km。

G30 连云港至霍尔果斯国家高速公路甘肃境内永登至古浪
高速公路乌鞘岭隧道群路面施工场景（兰文治　摄）

三、西秦岭山地区典型项目

甘肃省先后在西秦岭山地区修建了天水至北道、宝鸡至天水、十天高速公路甘肃段徽县至天水等高速公路。其中甘肃省交通规划勘察设计院股份有限公司(原有限责任公司)参与了宝天高速公路、十天高速公路的勘察设计工作。

(一)宝天高速公路

1. 项目简介

连霍高速公路宝(鸡)天(水)牛背至天水段(简称连霍高速宝天段甘肃段),起于陕西和甘肃两省交界处的牛背,途经东岔镇、利桥乡、党川乡、麦积乡、甘泉镇等五个乡镇,终点位于甘肃省天水市麦积区甘泉镇。本项目作为连云港至霍尔果斯国家高速公路(G30)的重要组成部分,是甘、陕、青、新等西部省区与东部地区经济交流与合作的重要桥梁和纽带,在国家公路网中起着承东启西的重要作用;同时也是甘肃省干线公路网"四纵四横四重"主骨架中的重要组成部分;该公路的建设不仅是甘肃省交通运输发展的需要,而且还能辐射到周边地区,带动沿线区域经济发展,形成西陇海交通经济带,也是当地旅游业发展的需要;是改善投资环境与生存环境,加快西部脱贫致富步伐的需要。

宝天高速公路甘肃段是交通部确定的典型示范工程,项目主体勘察设计由甘肃省交通规划勘察设计院股份有限公司(原有限责任公司)和中交第二公路勘察设计院有限公司完成。项目路线全长91.114km,总投资66.963亿元,平均每公里造价7349万元;按全立交、全封闭双向四车道高速公路标准建设,设计行车速度80km/h,路基宽度24.5m。全线布设特大桥2座(其中李子坪1号特大桥长2573m),大桥52座、中桥25座、小桥18座,桥梁总长18661m,占路线总长19.5%;特长隧道3座,其中大坪里(麦积山)隧道长12233m,长隧道8座、中隧道5座、短隧道7座,隧道总长35326.5m,占路线总长36.9%;涵洞120道,通道17处,天桥15座,互通式立交5处,分离式立交8处。

2. 项目实施过程

①2004年7月完成初步设计,2005年8月完成施工图设计;
②2005年9月开工建设,2009年9月建成通车。

3. 技术难点和创新

由于本项目沿线地形地质情况复杂,高填深挖,高墩桥梁、高边坡、隧道群等工程集中,施工场地狭窄,施工难度极大。项目设计时,其技术标准的掌握、技术标准的灵活运用、路线方案的比选、线形设计组合都具有极大的挑战性。

(1)控制测量及数字摄影测量

为了提高控制测量精度,保证成图质量,必须选出一条工程造价省、技术标准合理的路线方案。本项目于2004年5月在全线范围内利用GPS高新技术建立一套整体统一、实用可靠的基础测量控制网;并进行了数字摄影测量,采用GPS进行航测外业相片控制测量,取得了测区1/2000比例的带状三维数字地形图,包括地面数据;利用航空数字摄影测量资料建立了各种类型并满足公路设计要求的DTM数据,通过CAD系统建立数字地面模型,提供了既有地形高程,又有真实的全要素正射影像地形图。

(2)地质勘察技术

山区高速公路的工程地质勘察是十分艰苦、复杂的工作,但其工作深度和质量又是地质选线、方案比选和预设计的关键。因此,根据设计阶段合理选用勘察、测试方法、手段,可最大限度地获取地质信息,在桥路、隧路等方案比选时,为预计工程地质的复杂性和不可预见性带来的生态平衡、水土保持及施工中二次地质灾害问题提供技术依据。

针对项目区地质特点,地质勘察中运用了一系列的先进技术和方法。

①采用地勘监理制度保证地质勘探质量。根据本项目地形困难、地质复杂、地勘工作量大的特点,对本项目实行地质勘探监理制度,依据勘察技术大纲及相关标准、规程、规范,制定了《工程地质勘察技术要求及实施细则》。成立地勘监理部和三个地勘监理组,编制了勘察监理各类表格和勘察监理制度。对钻孔、探井、物探、取样、现场测试、试验检测进行全过程监理,确保岩芯采取率、取样、现场测试等达到技术要求。地勘监理使勘察质量始终处于可控状态,确保提交完全可靠的地质勘察资料。

②综合地质勘探技术。本项目在各勘察阶段综合运用了地质调查测绘、物探(含电法勘探、地震勘探、面波)、钻探、挖探、野外测试、室内试验等综合勘察方法、手段,所取得的各项勘察、测试成果运用了地质学原理,融合了调查、测绘、勘探、实验成果,并同科研单位合作研究解决了工程地质重点、难点问题。在勘察报告论述过程中根据岩土工程学理论,结合构造物规模、性质,提出了切实可行的岩土工程基础设计方案及采取相应的措施。

③积极开展QC活动,解决难题,提高工效。为了确保地质勘察任务保质、保量按时完成,针对全线重点构造物多、地形、地质条件复杂的实际情况,勘察人员选择了"提高深山密林区工程地质与水文地质勘察质量"这一课题进行攻关。QC小组结合初勘和详勘的地质勘察工作,运用卫星遥感影像、航空照片、地震面波物探、浅层地震法物探、钻探、探槽、探坑等勘探手段进行综合性勘察,对项目所在区的地形地貌、地质构造、工程地质、水文地质、不良地质、地层岩性等方面从宏观到微观进行较为系统的研究,为方案确定和工程设计提供翔实的基础资料。在实际工作应用中,遇到了很多技术难题,勘察人员通过请专家或与外单位合作解决相关技术问题;在初勘和详勘阶段实行了招投标与勘察监理制度,探索了一条在深山密林区地质勘察的成功经验和作业方法。同时提高了工作效率和

勘察质量,被评为"2005年度甘肃省优秀质量管理小组"。

④充分利用地质遥感技术,通过超深度勘察,加强地质选线。在工可阶段,完成了沿线1:5万及1:1万三层次遥感影像制图及野外1:1万工程地质调查。查明了沿线(包括5条比较线路)两侧500m范围内的水文地质、工程地质、环境地质、地震地质条件;查明了不良地质现象的分布和规模;针对沿线的重点大桥、隧道、立交进行了超前地质勘探和取样,完成钻探进尺66孔1374.17m,工程物探21.8km;采集了大量土样、水样进行实验室分析测定,在此基础上编制了1:10000沿线遥感工程地质图及综合工程地质分区图;编制了63处重点工程(互通式立交桥8座、特大桥1座、大桥33座、隧道21处)1:2000工程地质图,对全线路工程地质条件进行了详细评价。

通过采用地质遥感技术,结合其他各种地质资料的综合应用,分析、判断区域地质构造情况,避免路线穿越不良地质区域,绕行潜在的重大地质灾害地段,尽量避开大的区域断裂或以大角度穿过,切实落实了"地质先行,地质选线"的原则。

⑤高烈度区加强地震安全性评价,深埋隧道进行了地应力测试工作。本项目属于基本地震烈度Ⅷ度地区,起点至街子地震动峰值加速度为$0.20g$,街子至甘泉地震动峰值加速度为$0.30g$。初设阶段对本项目花石山1号隧道、燕子关隧道、温泉大桥等8处重要构造物进行了地震安全性评价工作,对全线地震烈度进行了复核,通过加强桥梁、隧道的抗震设计,确保了工程安全。

针对深埋隧道,主要对花石山1号隧道和燕子关隧道采用水压致裂法进行了地应力测试。确定了隧道轴线与最大主应力方向夹角不大,有利于隧道围岩的稳定;花石山1号隧道和燕子关隧道岩体中存在较高的地应力,存在发生岩爆的可能性。对于岩性软弱、裂隙发育的层段,存在断面收敛变形及片帮冒项可能。设计中采取了相应处理措施和工程预案,保证了工程安全和施工安全。

⑥加强滑坡、高边坡和陡坡路基的勘察。针对以宏罗村古滑坡(K84+286~K85+198段)、断层破碎带上百花高边坡(K49+355~K49+419段)、张家沟门陡坡路基(SK76+665~SK77+620段、XK77+180~XK78+959段)为代表的特殊路基工程。进行了大量的地质调查、钻探、物探、测试工作,通过资料的综合分析、判断、计算,做出了合理的评价和建议,为处治方案提供了有力的基础依据。依托本项目滑坡、高边坡、陡坡路基勘察资料的"预应力锚索加固不稳定挖方高边坡",QC小组被评为2006年度交通行业优秀质量管理小组。

⑦重点查明断裂构造带。沿线断裂构造发育,以近东西向为主。与路线相交及附近出露的主要断裂有11条,次级断裂有5条。其中对线路具较大影响的区域断层有:党川—东岔断层(F1)、花石山梁—南沟断层(F4)等,其余断层长度均小于8km。这些断层对隧道、桥涵、道路工程影响较大。通过详细勘察、研究,查明了各断层的分布(位置、长度、走向、倾向、宽度)、断裂结构面岩性、破碎程度,作出了合理的影响评价及建议措施。

4. 重点控制性工程

麦积山（原称"大坪里"）隧道：该隧道为连霍国道主干线宝鸡至天水高速公路甘肃省境内的一条特长公路隧道，隧道左洞全长 12.286km，右洞全长 12.29km，双洞共长 24.576km，位居亚洲双洞公路隧道长度第二，是名副其实的"陇原第一隧"。

5. 获奖情况

"连霍国道主干线（GZ45）宝（鸡）天（水）高速公路牛背至天水段工程可行性研究报告"获 2005 年度甘肃省优秀工程咨询成果一等奖，获 2005 年度全国优秀工程咨询成果三等奖；"连霍国道主干线（GZ45）宝（鸡）天（水）高速公路牛背至天水段"获 2012 年度中国公路学会优秀设计二等奖。

（二）十天高速公路

1. 项目简介

十堰至天水国家高速公路甘肃段徽县大石碑（陕甘界）至天水公路是"国家高速公路网"福州至银川国家高速公路的横向联络线的重要组成路段，主要承担甘肃、宁夏、青海、新疆等西北省区与陕西、湖北及四川、重庆等省市跨省区的旅客和物资流通任务。实施本项目是建设国家高速公路网和实施西部大开发战略的需要，有利于完善甘肃省高速公路网结构及发挥其综合效应，对于加快陇东南地区资源优势向经济优势转换、促进陇南市旅游资源的开发和利用、满足交通迅猛增长的需求具有积极的作用。

项目主体工程勘察设计由甘肃省交通规划勘察设计院股份有限公司（原有限责任公司）、中交第一公路勘察设计院有限公司完成。项目起点位于陇南市徽县大石碑（陕甘界），止于天水市秦州区皂郊镇，主线长度 188.7km，连接线 30.1km，全线采用双向四车道高速公路技术标准建设，概算总投资 206.21 亿元。十天高速公路是甘肃省第一个全面实行交通部提出的"五化"建设的项目，也是目前甘肃已建成投资规模最大的高速公路。

2. 项目实施过程

（1）2011 年 10 月完成初步设计，2012 年 5 月完成施工图设计；

（2）2012 年 8 月开工建设，2015 年 10 月建成通车。

3. 技术难点和创新

（1）人与自然的融合。起点大石碑至李家河路段是本项目的控制性路段之一，路线走廊带内沟道狭窄，森林茂密。路线采用桥梁+隧道的方式穿过该段，路线布设时充分考虑隧道前后沟道及两侧的山体、林木，以保护环境为重点，以着力减少对林区的影响和破坏为目标，采用稍低的平面指标和较高的纵面高程，最大程度减少对自然植被的破坏，实现了车在景中行、人在画中游的人与自然的完美融合。

十(堰)天(水)高速公路甘肃境内成县西峡路段

（2）人文环境的和谐。为了使十天高速公路景观既融于自然环境又异彩纷呈,相互衬托辉映,设计中充分挖掘当地的特色文化和历史遗迹,确定"锦绣陇南"为设计元素,同时对陇南美景进行大力宣传。

（3）以人为本的理念。全线的标线均采用热熔型反光标线,车道边缘线采用振动标线。车道边缘线设计振动标线,可以在一定程度上减少因长时间疲劳驾驶而打瞌睡引起的交通事故,保证驾乘人员的生命安全;路线在通过村庄时,为了减少公路行车对当地居民生产和生活的干扰,确保当地居民的身心健康不受噪声污染的影响,全线在城镇、村庄过境段设置了全封闭的隔音设施;成州隧道与小川隧道之间、金沙寺隧道与何坪隧道之间、西山一号与二号隧道之间的间距较近,从第一个隧道出洞由暗变明,再由第二个隧道进洞的由明变暗的过程非常短,驾驶人员的眼睛适应困难,容易发生交通事故。设计中充分考虑到这个因素,在相距较近的两个隧道之间设置了遮光棚,在满足隧道通风的要求下,使两座隧道之间光线变化柔和,以减少交通事故,保障驾乘人员的安全;主线收费站设置地下通道。由于本项目交通量大,进出口的车道数多,如果收费管理人员从收费站处的路面通过,存在极大的安全隐患。设计中充分考虑到收费管理人员的安全,专门设置了收费地下通道,确保收费管理人员的安全通行;隧道涂装新颖别致。十天高速公路隧道较多,且隧道长度较长。为减轻驾驶员驾驶时的视觉疲劳,确保行车安全,全线隧道内涂装采用蓝顶黄底,部分段落采用蓝天白云涂装,且于电缆沟盖板上部铺设人工草皮,部分加宽段侧墙喷绘飞天宣传图案。

（4）先进的隧道通风方案。西秦岭隧道采用互补式网络通风方案,即在左右线隧道之间设置横向通风道,将两条隧道联系起来,用空气质量较好的一侧隧道内新鲜空气去稀释空气质量较差另一侧隧道内的污浊空气,并使两条隧道内的空气质量均满足通风要求,巧妙地绕开了特长隧道需要修建通风竖井或通风斜井的困扰,有效解决了特长高速公路隧道通风技术难题。

(5)系统完善的防排水设计。防排水设施是一个系统工程,防排水系统是否顺应水流特性不仅关系到防排水系统的功能,而且关系到公路的安全和沿线群众的生活和生产安全。本项目的防排水在路基基本成形后,由建设单位和设计单位的专业人员根据水流对既有防排水系统的破坏情况,进行多次的防排水调查和完善,使防排水设施真正符合水流特性,并形成完善的排水系统,以确保路基边坡稳定和路侧岸坡的稳定。

(6)别具一格的桥梁设计。六巷河大桥跨越六巷河,设计为一座主跨120m的连续刚构大桥,桥位处为深"V"形河沟,桥面至河沟中心最大高度达117m。该桥与地形结合较好,设计措施较为合理、完善,且得到较好的实施,成为本项目一处标志性建筑。王坪特大桥1～35m板拱天桥的布设与实际地形条件结合较好,桥梁整体线形优美,天桥桥位设置合理、桥型美观。

(7)因地制宜的路基设计。徽成盆地段挖方边坡设计:该项目徽县李家河至成县小川段位于徽成盆地边缘,地质条件为泥质砂岩等软质岩石上覆盖粉质黏土,雨季易发生流泥、坍塌,成为该地区公路建设的难点。设计中首次在甘肃公路建设中采用"缓坡率、低台阶、固坡脚"的设计原则,适当加大边坡平台宽度,设置仰斜式排水孔,支撑渗沟、截水渗沟等有效排除坡体渗水,对于边坡采用抗滑桩、内护墙、锚杆(锚索)框格梁、码砌石笼、草灌结合等进行防护支挡。通过上述一整套综合措施,有效解决了该地区公路建设中渗水边坡流泥、坍塌等长期以来的病害问题。滑坡处治:结合十天路各滑坡路段的不同情况,设计中有针对性地采取了清方卸载、设置桩板墙、抗滑挡墙、锚索框格梁等支挡防护及完善的截排水系统等措施对滑坡进行综合处治,施工完成后各处滑坡的处治均稳定可靠,处治效果较好。

(8)科学合理的路面设计。该项目路面上中面层采用高性能沥青混凝土(Superpave),下面层采用ATB结构,对于提高道路高温抗车辙、低温抗开裂性能以及道路承载能力、抗疲劳能力都有很好的效果。隧道路面全部采用复合式路面结构,有效提高行车舒适性,隧道内面层掺加温拌剂和阻燃剂,方便了现场施工,提高了通车运营安全。

(9)富有特色的边坡防护绿化设计。本项目挖方边坡泥岩外露较多,暴露风化剥落现象严重。为确保边坡稳定及边坡景观效果,部分路段增设了框格梁、孔窗式护面墙等防护措施。

(10)互通立交与服务区合建。本项目西和至成县段多为两山夹一河地貌,地形狭窄,致使该段内服务区选址困难。为解决地形条件受限问题,石峡互通式立交首次采用与服务区合建的分置式半直连型方案。该方案合理利用河湾地形,有效避让了断层和泥石流等不良地质地段,且后期的养管费用低。

(11)全面实施标准化设计。该项目标准化设计涵盖了路基路面、桥梁涵洞、隧道、安全设施、水保绿化、房建工程和机电工程等专业,并对标准化构件特别是小型构件的预制、安装、检验标准等首次在省内公路建设中作了系统化设计,现场施工效果和工程质量比较理想。

四、陇东黄土高原区典型项目

陇东黄土高原区位于陇山(六盘山)以东、黄河以西,系黄河中下游黄土高原沟壑区,分为中南部黄土高原沟壑区、北部黄土丘陵沟壑区和东部黄土低山丘陵区。甘肃省在该地区陆续修建了天水过境段、西峰至长庆桥至凤翔路口、雷家角至西峰等高速公路。

(一)雷西高速公路

1.项目简介

青岛至兰州国家高速公路雷家角(陕甘界)至西峰段高速公路是"国家高速公路网""横线6"青岛至兰州高速公路的重要组成路段,主要承担甘肃、宁夏、青海、新疆等省区与中东部地区至华北地区跨省区的旅客和物资流通任务。该项目将把甘肃陇东和陕西延安连成一体,对发挥兰州、西安等省会城市及其他中心城市的辐射功能,加强区域交流与合作以及促进各市区社会经济发展都具有重要作用。

项目全线主体工程勘察设计由甘肃省交通规划勘察设计院股份有限公司(原有限责任公司)完成。项目主线(高速公路)起点位于庆阳市合水县太白镇(K1260+700),顺接在建陕西境壶口至雷家角(陕甘界)高速公路富县南至雷家角段高速公路终点,全线路线总体走向由东北向西南,终点(K1387+512.639)接在建西峰至长庆桥段高速公路起点K0+000,推荐路线里程126.512941km。

本项目主线全线设置特大桥1座1526m,大桥86座19429.9m,中桥11座873m,小桥14座261.5m,涵洞143道,分离式立交19处,天桥29座,通道桥(涵)109道;隧道5座9364.134m,其中特长隧道1座4458.1344m,长隧道2座3966m,短隧道2座940m;互通式立交7处,服务区2处(桥涵构造物长度均以双幅计,不包含互通立交匝道构造物);合水连接线设中桥54m/1座,小桥1座15.5m,涵洞34道,路线长度17.211km。项目汇总概算总额为88.62亿元,平均每公里造价3749.22万元。

2.项目实施过程

①2009年7月完成初步设计,2011年1月完成施工图设计;
②2011年3月开工建设,2013年11月建成通车。

3.技术难点和创新

雷西高速公路虽然建设条件、工程规模及工程难易程度相对省内其他高速公路比较简单,但是也有自身的特点与难点。从设计角度来说,主要有以下几个方面的创新:

G22 青岛至兰州国家高速公路甘肃境内雷家角至西峰高速公路
唐家沟大桥合龙施工场景（兰文治　摄）

1）理念创新

（1）人与自然的融合

子午岭路段是本项目的控制性工程之一，路线位于省级自然保护区子午岭边缘，子午岭隧道前后路段沟道狭窄，森林茂密。路线采用桥梁+隧道的方式穿过子午岭，路线布设时充分考虑隧道前后沟道、G309线及两侧的山体、林木，以保护环境为重点，着力减少对林区的影响和破坏为目标，采用稍低的平面指标和较高的纵面高程，最大程度减少对子午岭自然植被的破坏，实现了车在景中行、人在画中游的人与自然的完美融合。

（2）人文环境的和谐

为了使雷西公路景观既融于自然环境又异彩纷呈，相互衬托辉映，设计充分挖掘当地的特色文化和历史遗迹，确定黄河古象为设计元素，这也是对合水黄河古象历史遗迹的宣传。在斟酌了场地及景观视觉观赏角度之后，决定将黄河古象在老城立交再现。

（3）以人为本的理念

①全线的标线均采用热熔型反光标线，车道边缘线采用振动标线。车道边缘线设计振动标线，可以在一定程度上减少因长时间疲劳驾驶而打瞌睡引起的交通事故，保证人们的生命安全。

②路线在通过村庄路段，为了减少公路行车对当地居民生产和生活的干扰，确保当地居民的身心健康不受噪声污染的影响，全线在城镇、村庄过境段设置了全封闭的隔音设施。

③董志塬段塬上塬下相对高差约为200m，路线纵坡较大，设计时除了尽量降低纵坡外，还为长下坡失控车辆设置了避险车道，为失控车辆提供了安全保障。

④庆城两隧道之间的间距较近，第一个隧道出口距离第二个隧道进口的距离只有

100m,从第一个隧道出洞的由暗变明,再由第二个隧道进洞的由明变暗的过程非常短,驾驶人员的眼睛适应困难,容易发生交通事故。设计中充分考虑到这个因素,在两个隧道之间设置了遮光棚,在满足隧道通风的要求下,又使两隧道之间光线变化柔和,避免了交通事故,保障了驾乘人员的安全。

⑤由于本项目交通量大,主线收费站进出口的车道数多,收费管理人员从收费站处的路面通过,存在极大的安全隐患。设计中充分考虑了收费管理人员的安全,专门设置了收费地下通道,确保收费管理人员的安全通行。

(4)资源节约理念

初步设计阶段子午岭段提出4km特长隧道方案、3km特长隧道方案和1.8km长隧道方案进行比较,长隧道都需要设置照明,需要进行通风,隧道越长运营期照明和通风的成本越大。设计中结合建设成本和运营成本,进行全寿命周期成本进行计算,确定长隧道方案为子午岭段的方案。

2)技术创新

(1)中央分隔带设计

本项目采用平齐式中央分隔带结构,中分带采用现浇8cm水泥混凝土封顶标高与路面标高齐平。该项设计较好地解决了中分带的排水问题,减少常规凸起式中分带接缝过多、易于水毁的问题,大大简化了施工工序,有利于加快施工进度,提高施工质量,路容美观,效果良好。

(2)桥梁防撞护栏设计

本项目桥梁采用钢筋混凝土防撞护栏,护栏高度100cm,每2m设置一个反光标,护栏内侧采用涂料涂装。桥梁护栏线形流畅、颜色统一,反光标志整齐醒目、清晰明了。

(3)挖方边坡设计

本项目地质主要为黄土,黄土具有湿陷性。为减少边坡的迎水面面积,避免降水引起地表水渗入导致边坡坍塌,确保边坡的稳定性,设计采用了"低台阶、宽平台、陡边坡、固坡脚"的设计思想,同时为了增加挖方边坡的景观效果和边坡稳定性,采用了平台植树＋截、排水沟措施。

(4)路侧带状方格蒸发池

雷西高速公路西峰塬段,地形比较平坦,地势开阔,路线两侧分布有较多的村庄,如果设置排水沟,排水沟较长,且会出现拆迁。为了降低工程造价,本项目在地形平坦路段采用了路侧带状方格蒸发池,带状蒸发池宽而浅,面积较大,所以不会形成汇流,不会对地面进行冲刷,同时有利于绿化。

(5)平齐式服务

本项目设置两处服务区、两处停车区,便于车辆进出服务区和停车区。所有的服务设施场站均与路线同高,进出车辆视线较好,同时车辆进出时均无须克服高差,进出自如。由于服务区两侧场站高度相当,正常的通道设置困难,本项目两服务左右场站间均采用下挖式通道相连,便于左右两侧管理和服务。

(6)隧道照明

本项目隧道5座,根据长度都需要进行照明,隧道照明伴随运营的始终,需要消耗大量的电能。本项目充分考虑到节能减排的要求,在满足隧道亮度的条件下,采用能耗小的LED灯照明。

(7)客土喷播

本项目土层多为黄土,黄土具有易受水流冲蚀的特点,绿化后边坡具有较强的抗冲蚀能力。为了提高边坡的绿化率,保证边坡稳定,绿化设计中采用了客土喷播技术,大大提高了边坡的植被覆盖率和绿化速度,保证了边坡受水流冲蚀前坡面植被已成活。

(8)黏土砖拱形骨架护面

子午岭林区路段为小型林区气候,降雨较多、植被较茂密。为保证高填路堤及填方边坡高度 $H \geq 4m$ 的路段的边坡稳定,减少坡面水流冲刷,并在视觉上使边坡防护与自然土体的视差不明显,减少人工圬工的迹象,在子午岭林区路段采用了黏土砖拱形骨架护面,并在骨架内撒播草籽与栽植灌木综合植被防护。

(9)PVC急流槽

本项目地处黄土梁峁,冲沟发育,冲沟边坡具有自然坡度大、圬工设置难度大、圬工设施容易破坏的特点。设计中针对以上特点,排水系统的急流槽采用质量轻、耐冲刷的PVC管。

(10)路堑+天桥

董志塬塬顶路段地势平缓、沟壑少,布线自由度较大,但村庄分布多,路网较为发达,取土困难,局部路段路线布设以挖方形式通过,挖方高度4~6m,横向交通以天桥为主。

4. 获奖情况

青岛至兰州国家高速公路雷家角(陕甘界)至西峰段高速公路获2015年度甘肃省优秀勘察设计二等奖。

(二)西长凤高速公路

1. 项目简介

西长凤高速公路位于陕、甘两省交界处,总体呈南北走向,其中西峰至长庆桥段是"国家高速公路网"横线6青岛至兰州高速公路(G22)以及甘肃省公路网主骨架中"一纵"的重要组成路段。凤翔路口至长庆桥段是"国家高速公路网"福州至银川高速公路的重要组成路段。

西长凤高速公路(张宾 摄)

项目主体勘察设计由甘肃省交通规划勘察设计院股份有限公司(原有限责任公司)和中交第一公路勘察设计研究院有限公司完成。项目起点位于庆阳市西峰区连接已开工建设的西峰至雷家角高速公路,经董志、肖金、长官、和盛,终点位于甘陕交界凤翔路口,接陕西省已建成的西安至凤翔路口高速公路。两条国道主干线进入甘肃后在本项目的长庆桥互通立交交汇,向西接甘肃省境内已建成的平凉至定西高速公路。建设里程77.414km,全线采用四车道高速公路标准建设,设计车速80km/h,路基宽度24.5m;全线设置6处互通式立交,11处分离式立交;特大桥1座,大桥12座,中小桥16座,涵洞、通道122道,天桥28处;服务区1处,收费站6处,收费管理处1处。

2.项目实施过程

(1)2007年11月完成初步设计,2008年8月完成施工图设计;

(2)2007年12月开工建设,2011年12月建成通车。

3.技术难点与创新

(1)本项目位于董志塬中部和泾川南塬东部,黄土残塬边缘地带,地形地貌为陇东黄土高原塬面及沟壑区。路线走廊带内,填料较少,结合实际地貌,在能解决农道通行和排水的情况下,采用较低的纵断面,以较少取土场的设置,节约造价。

(2)在路基挖方路段采用了低边坡、陡坡率、宽平台的边坡形式。首次在立交区域引入特色小品设计理念,并融入路基防护工程中,既保证了路基的稳定性,又增加了路容的美观性,是设计理念的一次较大进步和提升。

(3)天桥在高速公路设计中,不仅是解决横向通行问题,也是公路的一道独特风景线。本项目地处董志塬,地势比较平缓,在纵断面较低的情况下,天桥无疑成为解决横向通行的主要办法。本项目设计根据地形和当地城镇规划布局等情况,因地制宜,采用了

15.9m+39.6m+15.9m飞鸟拱设计。建成的飞鸟拱天桥造型美观,犹如腾飞的巨鸟,气势磅礴,已成为庆阳市的门户工程,也是本项目一处独特的风景。

(4)本项目的湿陷性黄土分布较为广泛,以往在甘肃省黄土地区建桥梁,处理黄土的湿陷性均采用桩基础。本项目为解决此问题,成立"地下连续墙承载能力研究"科研小组,本项科研已通过甘肃省交通运输厅验收,验收结论为国内先进。

4. 重点控制性工程

本项目的控制性工程泾河特大桥位于泾川县窑店乡与宁县长庆桥镇之间的泾河上,横跨长武塬、泾河河谷及董志塬边缘。桥型为连续钢构和预应力混凝土连续箱梁组合结构,全长1723m,主桥跨径5×162m,桥面最大高度89m,是目前甘肃省同类桥型中跨径最大、桥墩最高的特大桥。

五、陇西黄土高原区典型项目

陇西黄土高原地区位于六盘山(陇山)以西,乌鞘岭以东,是黄土高原的最西部分,地貌类型以黄土沟壑和黄土梁峁丘陵为主。近年来甘肃省在该地区主要修建了巉口至柳沟河、柳沟河至忠和、兰州忠和至海石湾、兰州至临洮、尹家庄至中川机场、刘寨柯至白银、树屏至徐家磨、罗汉洞至定西、天水至定西、康家崖至临夏等高速公路。其中,甘肃省交通规划勘察设计院股份有限公司(原有限责任公司)承担了除柳沟河至忠和高速公路之外的其他高速公路的勘察设计任务。

(一)刘寨柯至白银高速公路

1. 项目简介

G6刘寨柯至白银高速公路是国家高速公路北京至拉萨公路在甘肃境内的重要组成路段,同时也是甘肃干线公路网"四纵四横四个重要路段"的重要组成路段。项目主体工程勘察设计由甘肃省交通规划勘察设计院股份有限公司完成。项目起点位于甘肃与宁夏交界处的靖远县五合乡刘寨柯村,接宁夏中郝高速公路终点,经贺寨柯、王家山、新田、吴家川、范家窑等地,终点至白银东,与白兰高速公路相接。全长110.8km,路基宽24.5m。项目概算总投资27.7亿元,其中日元贷款200.13亿日元(折合人民币12.45亿元)。

2. 项目实施过程

(1)2002年5月完成初步设计,2003年11月完成施工图设计;
(2)2002年12月开工建设,2005年12月建成通车。

3. 重点控制性项目

新田黄河大桥是当时甘肃最长的公路桥梁,其地质条件之复杂、设计难度之大,都可以载入甘肃桥梁建设史册。主桥采用连续刚构,桥梁全长860m,孔径划分为8×30m+52m+3×90m+52m+8×30m,引桥采用30m的预应力混凝土等截面箱梁。

G6北京至拉萨国家高速公路甘肃境内刘寨柯至白银高速公路靖远路段

4. 技术难点和创新点

项目所在地区属陇西黄土高原北部,北近腾格里沙漠。由于漫长地质构造演变和外营力的塑造,形成了断块山地与断陷盆地相间的地貌轮廓。路线东段为黄土梁、峁、沟、壑侵蚀地貌和冲、洪积亚砂土平原地貌,地势较为开阔、平缓;中段为中低山山地区及山前大型冲、洪积扇群;西段为黄河近代河谷谷地及黄土低山和丘陵地貌,地形较为复杂。工程设计的难点及先进性体现在以下几点:

(1)首次在甘肃公路勘察设计中广泛采用了以GPS定位技术、航空摄影测量技术及数字化成图技术、遥感技术(RS)为代表的现代公路勘察技术。路线控制测量采用GPS静态技术、中桩测量采用GPS-RTK技术,提高了勘察精度,勘察周期比采用常规方法缩短一半时间;利用遥感影像的宏观性、穿透性、全面性,迅速查清了区域地质构造特征,避开地质断裂带、滑坡、王家山煤矿采空区以及地质构造复杂带;应用航空遥感图像与计算机信息处理技术相结合,快速编制了遥感图和解译工程地质图,指导路线方案比选,在甘肃高速公路设计中较早地体现了地质选线思想,保证了工程安全,节约了工程造价。

(2)路线设计在1:2000数字化地形图、遥感影像图及解译工程地质图和数字地面模型(DTM)平台上,采用德国"CARD/1"公路集成软件及国家"九五"重点科技攻关项目"路线和立交集成CAD系统",从大范围作了多方案路线优化设计,确保了方案最优。

(3)沿线地形较为复杂,原有旧公路、铁路、水利、电力电信、厂矿等既有设施干扰较大,总体设计复杂。设计结合沿线地形、地质条件、既有交通设施、城镇分布、农田水利设施等,从项目全局入手作了细致而全面的总体设计,起到了提纲挈领的作用,达到了"安全、耐久、节约、和谐"的设计效果。

(4)沿线黄土陷穴、湿陷性黄土地基广为分布,设计采取的处理方案经营运期检验是成功的,为后续项目积累了经验。

(5)因地制宜采用高路堤与坝式路堤方案,既节约了造价又减少了水土流失。本项目路基沿线多处跨越深沟,沟深达到20m以上,且与路线斜交,若采用桥跨方案,桥墩较高、跨径大、造价高,设计和施工难度大。冲沟两侧是深路堑地段,为了有效利用路基挖方,减少水土流失,方便当地群众的生产和生活,设计中根据地形条件采用了坝式路堤或高路堤方案,并进行特殊设计,包括填土的密实度、不均匀沉降处治、设置预拱度、半填半挖路基采取强夯加固+土工格室的措施及基地强夯等。通过营运期观察,路基比较稳定。

(6)在生态环境保护方面,为了防止水土流失,环境保护工程措施结合路基、路面防排水设计与防护及交通安全服务设施一并考虑,按照"以防为主、以治为辅、综合治理"的设计原则,结合工程设计开发利用环境,尽可能地改善和提高公路环境质量。

(二)兰州至临洮高速公路

1. 项目简介

G75国家高速公路兰州至临洮高速公路是交通部确定的西部大开发省际大通道兰州至海口公路的起始路段,也是甘肃"两纵两横"干线公路网的重要组成部分。项目主体工程勘察设计由甘肃省交通规划勘察设计院股份有限公司完成。项目始于兰州市晏家坪,止于临洮县曹家沟,沿线经过兰州市七里河区和定西市临洮县的8个乡镇,全长92.69km,设计标准为全立交、全封闭、控制出入、双向四车道高速公路,设计行车速度为每小时80km,总投资32亿多元。

兰临高速公路项目的实施推动了国道212线由甘入川公路高速化的进程,对于优化西北地区南下公路网结构,推动甘肃南部地区经济发展有着重要意义。同时,也标志着有"兰州后花园"之称的临洮县被真正纳入了以兰州为中心的"一小时经济圈"。

2. 项目实施过程

①1999年8月完成初步设计,2001年5月完成施工图设计;
②2001年10月开工建设,2004年12月建成通车。

3. 重点控制性工程

(1)七道梁隧道

国道212线兰临高速公路新七道梁隧道位于甘肃省兰州市以南17km处,为双线特长公路隧道,总长8073.19m。其中上行线长4003.19m,纵坡为+2.05%,平均设计高程为2216.68m；下行线长4070m，纵坡为+2.11%，平均设计高程为2219.75m。两洞轴线间距为45m，隧道内设计行车速度为60km/h。该隧道最大埋深近500m，单洞长4000m以上，隧道净宽10.8m，净高7.1m，隧道断面积64.08m²，当量直径8.29m，是当时国内已建海拔2200m以上最长的高速公路隧道，具有长、大、深、海拔高等特点，是兰州至临洮高速公路的控制性工程。

新七道梁隧道处于黄河干流与其支流洮河的分水岭，地形地貌条件复杂且变化较大；隧道主要围岩为白垩系砂砾岩、黏土岩和震旦系变质岩，其中白垩系岩性变化频繁，软硬相间，软弱泥化夹层较为发育；隧道穿过4条断层破碎带（F1、F2、F3、F5）和1条区域性大断裂带（F4），5条断层带总宽度达500m，约占隧道洞身总长的1/8；岩体较为破碎，多为薄层状结构或层状碎裂结构，岩体质量较差（Ⅰ、Ⅱ类围岩比例较大）；区内普遍有地下水、地表径流、潜水、承压水，尤其断层破碎带更是地下水集中富集带，而隧道路面（高程2250m左右）位于地下水位以下；隧道区地应力虽然不高，但有构造应力，对于黏土岩，尤其是软硬相间的岩层组合，对隧道围岩稳定有较大的影响；隧道所在区域基本地震烈度达Ⅷ度。

针对地质复杂性，设计中在新七道梁隧道遥感地质及初设阶段工程地质勘察资料的基础上，采用了地质调绘、工程物探、钻探、开挖探槽等综合勘察方法，专项勘察有现场钻孔地应力测试，七道梁地区地震危险性评价等。完成主要勘探工作量有工程地质测绘和填图4.80km²、钻孔18个/2350.80m，地震勘探纵横剖面14条/5220m，高密度电测深剖面6条/5720m，地应力原位测试孔2孔/380m，孔内抽水试验18孔，土工全常规试验310组、水质分析54组、岩石物理力学室内试验84组、岩样波速测试84件，详细查明了拟建隧道范围内的工程地质条件、水文地质特征、地震地质特征，取得了有关的岩土物理力学指标和水文地质参数。

借鉴国内外隧道通风方案设计特点和运营情况，针对新七道梁特长公路隧道的自然条件与交通条件，积极开展了"西北中高海拔地区特长公路隧道通风、消防、救援系统研究"的科研课题研究，就隧道通风方案的技术可靠性、土建及运营费用、防灾救灾功能合理性进行了比较和风场模拟、通过计算机仿真模拟、局部模型实验仿真、实际模型实验仿真，研究分析不同的通风方式，优化出适合新七道梁隧道近期、远期通风需要的经济、可靠的通风方案，隧道防灾、减灾方案。

隧道通风设计在近期采用双洞全射流纵向通风，远期采用上下行线分别设置浅竖井（送排式）分段纵向通风的运营通风方案。该方案的特点是采用浅竖井减少土建费用，分期安装降低机械费用和维护费用，充分利用行车洞进行全纵向通风，降低前期交通量不大时的能耗费用。另外，对全线隧道进行火灾通风分区，制定出火灾发生在隧道内不同区段时的通风风机控制方案。

隧道结构按新奥法原理设计,初期支护采用喷、锚、网、支护,二次衬砌采用钢筋混凝土或素混凝土衬砌,并视地层、地质条件增加长管棚、超前小导管、钢拱架等辅助措施。隧道支护参数根据围岩级别、工程地质与水文地质条件确定,并结合地形、埋深、跨度以及施工方法等因素,通过经验法、工程类比法结合结构计算综合确定,并通过对施工过程的仿真数值分析进行校核。在施工中,通过现场量测分析调整设计参数,实现动态设计、信息化施工。

隧道防排水采取"以堵为主,防、排、截、堵"相结合的综合治理原则,达到排水通畅、防水可靠、经济合理、不留后患的目的,在施工初期支护阶段以加强截、堵为主,防止地下水进入隧道洞室,减少隧道段整个水环境的破坏;在二次模注衬砌阶段加强防、排,将进入隧道洞室的少量水顺畅地排出隧道,高海拔、冻融分析,认真做好排水的防冻设计。七道梁隧道设有完善的排水设施,以排除隧道内外的积水,保证隧道安全和正常运营。洞外排水系统由洞门处的截水沟、洞顶排水沟、仰侧坡坡口外截水沟及排洪沟等组成,形成完整有效的防排水系统。

在兰临高速公路新七道梁隧道的勘测设计中应用的技术有:

①GPS 全球定位系统与全站仪相结合进行路线平面精确控制测量的技术。

②卫星遥感技术与震探、钻探、挖探等手段综合勘探的技术。

③应用了国家"九五"重点科技攻关项目"立交与路线设计集成 CAD 系统"的最新成果。

④在设计中全部采用计算机进行计算、图表绘制。

(2)临洮高架特大桥

临洮高架桥是甘肃高速公路建设以来首次采用大截面曲线现浇箱梁、满堂支架施工的特大桥,在当时具有一定的先进性、前瞻性。

兰临高速公路临洮过境占用了县城规划道路的空间,对城市交通造成极大影响,道路两侧建筑物密集,没有绕避的空间。为解决高速公路与城市道路的矛盾,采用高架桥方案。受规划空间的限制,要求桥梁设计时既考虑高速公路的使用功能又考虑桥下城市道路的布设,有效利用空间。并且桥梁位于城市之中,要考虑与城市景观的协调。经过多方案比较,施工图设计中本桥上部构造采用钢筋混凝土现浇连续箱梁,下部结构桥墩采用矩形墩身,钻孔灌注桩基础,桥台采用不设溜坡的 L 形桥台。桥梁建筑高度相对较低,形式美观、大方,下部采用了矩形独墩、隐形盖梁(刚性中横梁),整体效果与城市景观比较协调,桥下两幅桥中间预留了布设 9.0m 宽的临洮至康乐公路行车道空间。

本桥长度 1047.08m,超过 1km,桥梁宽度达 25m,本桥前两联位于半径 2500m 的圆曲线上($2 \times 6 \times 20$m),后五联 8×20m 位于直线段。桥墩布设要兼顾左侧街道及右侧单位大门位置和桥下临洮至康乐公路的宽度要求,避免对城市构造物的大量拆迁。桥下净高要保证临洮至康乐公路净高要求,并保证桥梁在桥下视觉的美观。桥型结构的合理选择比较重要。初步设计推荐的35~30m组合箱梁方案,建筑高度相对较大,视觉感觉较差,并且30m组合箱梁吊装质量较大,需要比较大的预置场地,桥位处很难找到足够的场所,施工相对困难。并且初设中未合理考虑桥下临洮至康乐公路的布设空间等问题。如果采用跨径20m钢筋混凝土现浇连续箱梁,可以就地采用满堂支架整体现浇法施工,施工方法、条件相对较好,并且这种结构线条简洁,形式轻盈,能够很好地体现高架桥明快、流畅的特点。本桥前200多米位于平曲线上,采用钢筋混凝土现浇连续梁,可以很好地适应路线线形,结构合理,造型美观。

每幅桥箱梁采用单箱双室截面,悬臂长度达2.5m,各跨之间设有中横梁,起到横向联结作用,桥墩直接支承于其下。为了加强整座桥梁的安全性与稳定性,在分隔墩和固结墩对应位置处,主梁设置箱外横梁使两幅桥之间横向连接。临洮高架桥是甘肃高速公路建设以来首次采用大截面曲线现浇箱梁、独柱支承曲线梁、桥墩与主梁的墩梁固结、双幅桥横向固结等技术。这些技术在以后的跨线桥梁、立交桥梁设计,特别是立交曲线梁桥中得到了广泛应用,为甘肃省以后的高速公路桥梁设计积累了宝贵的设计、施工经验。兰海高速公路树屏立交、天水市北(道)贾(家河)公路渭滨路立交、宝天高速公路麦积山立交等桥梁都采用了此桥的设计经验。

4. 获奖情况

兰州至临洮高速公路七道梁隧道两阶段施工图设计获2008年度甘肃省优秀工程设计一等奖。

(三)兰永沿黄河快速通道

1. 项目简介

兰州(新城)至永靖沿黄河快速通道是甘南州、临夏州与青海、河西走廊及新疆之间交通往来的重要通道,是兰州一小时都市经济圈内的交通要道,也是临夏州各县区与外界联系的主要通道。同时,本项目是兰州市南滨河路"黄河风情线"的延伸段,也是打造兰州至永靖沿黄河经济带,整合区域特色旅游资源,打造沿黄河特色生态旅游线路的需要。

项目主体勘察设计由甘肃省交通规划勘察设计院股份有限公司完成。项目路线总体沿黄河两岸布设,起点位于兰州市西固区新城镇新城黄河桥南,与西固至新城一级公路终点顺接,终点位于永靖县古城村,与永靖县新城区环湖路终点顺接,并与折达二级公路相连。路线全长48.246km,按一级公路标准建设,建设总工期3年,概算总投资61.07亿元。该项目是甘肃目前单公里建设造价最高的一级公路,全线桥隧总长25km,占总里程的52%,有跨黄河特大桥4座,顺黄河特大桥4座,均为库区深水作业项目。其中,河口特大桥也是甘肃公路桥梁中首次采用双塔双索面大跨径的斜拉桥,太极岛特大桥全长8.2km,是甘肃已建成的最长的公路桥梁。设计中依托黄河,充分考虑了沿线地质、地形、地貌,重视项目与自然的融合,项目建成后,受到社会各界的一致好评,被称为"甘肃最美旅游公路"。

兰州至永靖沿黄河快速通道一级公路跨越黄河与铁路立交路段(祁伟 摄)

项目按照双向四车道一级公路标准建设,设计速度60km/h,整体式路基宽度23m,分离式路基宽度11.25m。项目设计路基土石方1222万 m^3,特大桥7座17032.5m,其中跨黄河特大桥3座,顺黄河特大桥4座;大桥22座5872.5m,其中跨黄河大桥1座471.5m(盐锅峡黄河大桥),顺河或跨沟大桥21座;中桥7座396.58m;小桥4座86.86m;隧道2座3255m(以单洞长度计);涵洞123道3474.87m;半互通式立体交叉4座,公铁立交1处,平面交叉35处;主线收费站1处。项目总投资61.07亿元,建设总工期3年。

2.项目实施过程

(1)2011年7月完成初步设计,2011年12月底完成施工图设计;

(2)2012年3月开工建设,2015年10月建成通车。

3.技术难点和创新

(1)路线选线依山傍河随弯就势,设置大量顺河桥梁。项目作为黄河风情线的重要组成部分,道路建设与黄河及沿线重要城镇、湿地、电站库区、自然景观完美融合,是一条景观路、休闲路、致富路。结合沿线地形、地貌、地质、植被等条件,路线布设顺势而为,线形走向尽可能与山川、河流、地势相吻合,设置大量顺河桥,接近自然,融入自然,达到自然景观与再造景观的和谐统一。

(2)四跨黄河桥梁规模宏大,是水上高速公路,路在河里游,车在水上行,优美画卷尽收眼底。路线四次跨越黄河,河口斜拉桥、三江口特大桥、盐锅峡大桥、孔家寺特大桥四座桥梁结构不同,形态各异。设计时为了尽可能降低混凝土构造物对黄河景观的影响,其顺河段采用了预应力整体式盖梁,尽量减少水中桥墩数量。同时,在最美景观路段,桥梁设置了几处加宽停车带,这样既便于行人观赏美景,又保证了行车安全。秋日的黄河两岸层林尽染,车行在太极岛特大桥上,就如同乘船观赏黄河两岸色彩斑斓的油画一般,美不胜收。

(3) 软基段落多,采用CFG桩处治黄河湿地厚层软基技术取得成功。项目路线沿黄河布设,沼泽、苇塘、鱼塘较多,地下水位高,软基土层厚度大,淤泥层厚最大达17m,地质条件较差。设计中采用C15水泥粉煤灰碎石桩(CFG桩)复合地基处理。桩径采用40cm,桩间距160cm,等边三角形布设,桩顶地面线以上设置30cm碎石褥垫层,垫层顶铺设单层双向土工格栅,成桩工法采用沉管法,根据现场试桩情况确定沉管静压或振动施工。采用CFG桩处理过的软基路段,其承载力和工后沉降完全满足设计要求,厚层软基采用CFG桩处理取得成功,达到了预期效果。

(4) 小型预制构件标准化设计、标准化生产是省内高等级公路的典范工程。本项目对边坡防护、排水工程及涵洞盖板等小型预制构件进行标准化设计,采用集中标准化生产,并对其安装、验收等进行统一要求,保证了小型预制构件的工程质量,既实用又美观,成为省内公路的典范工程。

(5) 沿线设施功能齐全,观景台体现人性化设计。本项目景观、绿化设计依托黄河三峡自然风景,景观体系辅以枣林生态休憩园、滨河停车区、亲水休闲步道、区域植物造景,打造富有活力的黄河沿线旅游休闲走廊。项目建成后,将黄河三峡、恐龙国家地质公园、太极岛、炳灵湖等景点串联起来,被赞誉为"甘肃最美旅游公路"。

4. 控制性工程

河口黄河大桥:主跨360m的河口斜拉桥造型美观,主梁采用钢混叠合梁,A形桥塔刚劲有力,折线形气动翼板、液压黏滞阻尼器国内领先。河口黄河大桥设计采用的主跨360m结合梁斜拉桥是甘肃公路系统首座斜拉桥,是全省最大跨度的斜拉桥,是我国Ⅷ度及以上地震区最大跨度斜拉桥,是我国第五大跨度的结合梁斜拉桥,是我国山区最大跨度的结合梁斜拉桥。其主要创新点有:首次在甘肃大跨度桥梁上采用桥梁健康监测系统;在斜拉桥塔柱的连接上创造性地提出了空透隔板连接形式;首次将组合焊接式钢锚梁系统应用在高震区斜拉桥中;研发了国内最大吨位的液压黏滞阻尼器;设计了液压伸缩、液压起降式检查车,在国内首次将钢混组合梁应用在高震区大跨度斜拉桥中。

六、陇南山地地区典型项目

陇南山地地区位于渭河以南,临潭、迭部一线以东地区,为秦岭的西延部分。甘肃省在该地区主要修建了武都至罐子沟、成县至武都高速公路。

(一)武罐高速公路

1. 项目简介

武都至罐子沟高速公路是"国家高速公路网"——兰州至海口高速公路在甘肃省的重要组成路段,是国家南北纵向公路的主通道,起点兰州,终点海口,在国家及区域路网中具有纵贯南北、连通东西、通江达海的快速大通道的作用;也是甘肃省规划的"四纵四横四个重要路段",公路网主骨架中的第二纵,是省会兰州通达陇南市的重要公路,是全省中西部地区与南部各市、州、县联系的主要交通要道。

项目主体工程勘察设计由甘肃省交通规划勘察设计院股份有限公司、中交第一公路勘察设计院有限公司和中国公路工程咨询集团有限公司完成。本项目洛塘至罐子沟段设计采用《公路工程技术标准》(JTG B01—2003),按照全立交、全封闭、控制出入,设有完整的交通安全设施和服务设施的四车道高速公路标准进行设计,设计速度80km/h,路基宽度整体式采用24.5m,部分路段整体式桥梁路幅宽23.5m,分离式采用2×12.25m。局部困难路段在保证行车安全的前提下,适当降低了平纵指标,桥涵设计汽车荷载采用公路—Ⅰ级。

洛塘至罐子沟段路线全长46.373797km,共设桥梁84座42629.14m。其中特大桥12座22481.15m,大桥54座18878.84m,中桥16座1234.09m,小桥2座35.06m。涵洞12道,隧道51座44120.67m,特长隧道2座6345m,长隧道8座16375.4,中短隧道41座21040.28m,桥隧长度占路线长度达93.5%。分离式立交桥27座,通道桥2处,互通式立交2座,匝道收费站2处,服务区1处,主线收费站1处。

2. 项目实施过程

(1)2006年6月完成初步设计,2008年12月完成施工图设计;
(2)2009年6月开工建设,2013年12月建成通车。

3. 技术难点和创新

项目位于甘肃省东南部,属秦岭山地,路线受地形、工程地质条件、白龙江及现有G212公路和沿线村镇等众多因素影响,桥隧相连,工程艰巨,技术复杂,主要特点如下:

(1)地形、地质条件复杂,沿线不良地质分布较广,主要表现有断层、断裂、滑坡、崩塌、泥石流等。

(2)路线沿河谷布设走廊狭窄,沿线干扰物众多,路线平面布设困难。纵面设计受白龙江洪水位和G212公路高程控制。

(3)总体方案复杂、桥隧比例大、桥梁结构形式多样。洛塘河双层高架桥具有节省空间、线形灵活的特点,可从空间上绕避不良地质,最大可能地保护生态环境,减小桥墩阻水面积。在地形狭窄、地质复杂、河道弯曲、洪水量大、桥墩阻水严重的特定条件下,相对于常规高速公路桥梁具有较大优势,是山区桥梁设计方案的一种优化选择。

(4)本路段隧道较多,穿过区域地形复杂,岩性多变,受地形条件限制,部分隧道断面无法采用分离,需设置连拱隧道。

(5)本项目隧道多,且基本为隧道群,隧道的监控联网、防灾救援等是隧道机电的设计重点。

(6)土地资源贫乏,水土流失严重。

4.重点控制性工程

洛塘河双层高架桥:武罐高速公路洛塘河双层高架特大桥位于甘肃南部峡谷地区,地处西秦岭山地,高中山地貌,境内山高谷深,沟谷狭窄,地层破碎,地质构造复杂,地震活动频繁且强度大,距离"5·12 汶川特大地震"震源300km,地震动峰值加速度参数 0.2g,生态环境脆弱,以滑坡、泥石流为主的地质灾害极为发育且危害严重,是甘肃地形条件和地质构造最为复杂的地区。根据对国内外双层高架桥梁的调查分析,已建和在建的双层桥梁大都位于城市及近郊,双层桥梁对于减少占用土地、改善路线线形、发挥桥梁最大限度的跨越功能具有十分明显的优势,而在深山峡谷地区、高地震烈度地区的高速公路上,尚未见到双层高架桥梁的相关报道,洛塘河双层高架桥在国内外属首例。1989 年,美国洛马·普里埃塔地震致使旧金山的塞普里斯双层高架桥梁发生严重震害,长度800m 的上层公路桥桥面因框架墩柱断裂而塌落在下层桥面上,上层框架完全毁坏。本项目所在地距离震源汶川300km,加强对地震产生机理、地震动特性以及地震作用下各类结构动力响应特性、破坏机理、构件能力的研究,通过加强抗震设防意识,改进相关构造,减少地震破坏损失。在双层高架桥梁的设计中,上下墩柱作为延性构件设计,上下墩柱抗剪按照能力保护构件设计,上下横梁、节点按照能力保护构件设计,同时还进行了双层高架桥单墩大比例尺寸模型的横向伪推力横向推倒试验,确保结构安全,这也是本项目进行重点研究的一个方面。双层高架桥较常规桥梁施工工艺要求高、工序多,施工技术复杂。本项目还进行了运营期间抢险救灾方案及应急处理方案研究,对可能遇到的各种不利因素进行分析,确定各种预防措施及应急处理方案,确保桥梁在运营期间的安全。

洛塘河双层高架桥位于武都区枫相乡,桥址区线路顺洛塘河展布,为"V"形峡谷,河道弯曲,地形狭窄,岸坡陡峻。本桥平面纵面均位于连续曲线上,最小平曲线半径350m、最大超高横坡6%、最大纵坡1.96%。左线桥梁总长1500m、右线桥梁总长1200m,其中双层高架桥梁部分长度960m,其余部分均为分离式桥梁。左线在上层、右线在下层,两线设计标高之差9.50m。本桥桥梁高度达30m,左右墩柱高度差别较大,上下层桥梁均采用简支转连续体系,跨径选用30m预应力混凝土组合小箱梁,分离式桥梁部分采用双柱式桥墩,矩形截面,上下叠置部分桥梁双层框架式桥墩(最大墩高27m),两处独柱式桥墩

(最大墩高17m),基础为钻孔灌注嵌岩桩基础。桥台为重力式U形桥台,扩大基础。

(二)成武高速公路

1. 项目简介

成县至武都高速公路起点位于甘肃省成县纸坊镇,通过枢纽立交与国家高速公路十堰至天水高速公路衔接,途经康县太石乡、平洛镇、贾家店、望关镇、佛崖乡,武都区甘泉乡、安化镇、柏林乡、马街镇,终点位于陇南市武都区西,与在建的兰州至海口国家高速公路武都至罐子沟段相接,路线全长约89km。本项目作为平凉至武都高速公路的重要组成部分,是连接甘肃西南部地区与宁夏、新疆及西南等省份的纽带,也是甘肃省的一条重要的经济动脉,同时又是加强甘肃中东部地区与西南部地区联系的大通道。本项目的实施有利于甘肃省高速公路网和区域公路网的提高和完善,有利于加速甘肃南部贫困地区的开发和促进沿线地区的经济腾飞,对促进甘肃省中西部地区的优势互补和联动发展,加快区域资源开发及脱贫致富,促进经济社会和谐发展均具有重大意义。

项目主体勘察设计由甘肃省交通规划勘察设计院股份有限公司、中交公路规划设计院有限公司、中国公路工程咨询集团有限公司完成。主线按双向四车道高速公路标准建设,设计行车速度采用80km/h,整体式路基宽度24.5m,分离式路基宽度12.25m。全线特大桥5座6174.19m、大桥68座25644.43m、中桥7座429.5m、小桥6座161.4m、涵洞32座927.6m;隧道16座36212m(双洞),其中特长隧道4座21233m(双洞),最长的米仓山特长隧道长8660m(双洞);交叉工程互通式立交7处,通道15处420m,人行天桥4处267.56m。项目概算总投资120.96亿元,建设总工期4年。

2. 项目实施过程

①2010年5月完成初步设计,同年11月完成施工图设计;
②2010年12月开工建设,2014年11月建成通车。

3. 技术难点和创新

由于本项目沿线地形、地质比较复杂,施工场地有限,高墩桥梁、高边坡、隧道群等工程集中,施工难度较大。勘察设计过程中技术标准的把握,路线方案的比选,线形设计及组合都具有极大的挑战性。

(1)三车道断面公路隧道

府城隧道位于府城枢纽立交内,受天水至武都方向高差大的影响,同时受地形的严重制约,设计中大胆尝试,把天水、十堰至武都方向匝道渐变段的终点设在府城隧道进口,顺利完成由四车道渐变为三车道,利用府城隧道设置加速辅助车道,该隧道全长360m。

由于三车道公路隧道的断面面积和跨度均较大,设计中不仅要考虑断面形状、几何尺寸、支护形式、支护参数,而且还要考虑施工方法、围岩稳定、工程措施、工程造价等。对于三车道大断面公路隧道而言,在保证满足建筑界限的基础上,适当降低高跨比(即高度与跨度的比值)能大大地减少断面开挖面积,并减少工程建设造价,从而节约大量的投资。但与此同时,高跨比的减少对扁担状隧道支护衬砌结构体系的受力状况会产生不利的影响,支护结构的内力有所增加,围岩变形,特别是拱顶位移增加较大,严重时可直接危及隧道围岩和支护结构的稳定性与安全,因而设计中需兼顾到围岩地质和施工、经济等多方面的综合因素。

设计中,初拟了三心圆曲边墙和单心圆曲边墙两种主要断面形式。通过有限元仿真数值模拟和综合分析研究,经过洞室在受力分布状态、围岩位移大小、塑性区分布范围以及开挖断面、工程造价等诸多方面的比选后,最终采用了三心圆曲边墙断面形式。府城隧道右线净宽 $0.75+0.5+3.75\times3+0.75+0.75=14m$,净高 5.0m,最大开挖宽度为 16.81m,开挖跨度比普通的双车道隧道增加 37%,断面最大开挖土石方为 $164.5m^3/m$,开挖方量比普通的双车道隧道增加 55%。工程造价高,施工较为困难。

针对大断面隧道结构受力特点,结合外省设计经验,通过工程类比确定支护参数,按"新奥法"复合式衬砌结构设计和施工。大断面隧道关键是施工期间的结构安全和稳定,因此,在设计过程中,对府城隧道施工方法进行了方案比选。通过双侧壁导坑法、拱部弧形开挖留核心土法、CD法、CRD法比较研究,最后确定府城隧道右线三车道隧道Ⅴ级围岩地段设计采用 CRD 法施工,Ⅳ级围岩地段采用 CD 法进行施工。

三车道大断面公路隧道,虽然在其他省有过设计和施工,但在甘肃是首次。通过模拟分析,结合工程类比法,慎重地选取断面形状、几何尺寸、支护形式、支护参数、施工方法等。目前府城隧道已贯通,施工期间无安全问题,设计要求的施工方法可行、有效。

府城三车道断面公路隧道的成功设计具有特别的意义,对于保证成武高速公路项目的顺利实施,确保工程质量,并指导其他类似项目都具有十分现实的意义,同时也积累了一定的经验,为以后大断面隧道的设计奠定了坚实的基础。

(2)复合式路面水泥板块划分优化设计

成武路路面设计主要以沥青路面和复合路面为主。复合路面中,水泥板块划分一般采用原始方法,基本每个行车道划分一个板块,这样,车辆两个轮子全部压力集中在一个板块上,板块承受压力较大,使用寿命相应较短。如果将板块划分成一个板块只承受一个轮子压力,两个轮子由两块板块同时承受,那么每个板块承受的压力就会相应减少。同时,由于板块面积较小,那么板块翘曲应力也会相应减小。为了更有效地减缓裂缝,把应力吸收层改为 2cm,加强应力吸收性能,可弥补小板块应力变化点增加问题。

(3)顺河高架桥梁多级冲刷的设计

本合同段纵向(顺河)桥梁数量较多,顺河桥梁的设计及施工涉及因素较多,设计中如何与周围环境相配合;桥梁布设时对河道的合理利用;半桥半路及双幅桥相互间的协调;桥梁墩台多级阻水后,桥梁下部的冲刷;洪水对桥梁施工及运营安全的影响等,这些因素在顺河桥梁设计及施工阶段显得尤为重要。

利用德国 CARD/1 公路集成软件和纬地三维道路系统软件,建立数字地面模型(DTM),在计算机上进行路线平、纵、横一体化设计,并通过三维仿真动画检查平纵面设计、平纵组合和景观设计效果。

在桥梁、涵洞、隧道设计及结构计算中,采用了桥梁通 CAD7.5 绘图软件、桥梁博士 V3.1.0 结构计算软件,及 MIDAS2006 有限元结构分析软件,大大提高了设计质量和效率。

4. 重点控制性工程

(1) 府城枢纽互通式立交

该互通式立交位于成县纸坊乡府城村,与十堰至天水高速公路徽县(大石碑)至天水段相接,解决成武高速公路与十天高速公路的交通量转换,为枢纽型互通式立交。两个主线设计行车速度均为80km/h,枢纽互通立交匝道设计速度为60km/h,匝道宽度按10.5m设计。立交区十天高速公路主线是两头高中间低,府城村为此段最低点,立交布设的主要控制因素是天水至武都设计高差较大,有效距离短,且距成武高速公路府城隧道进口较近。如何处理此方向平、纵面问题是本立交设计的主要问题,经过实地踏勘,设计阶段提出三个方案进行比选,最后推荐采用 A 形单喇叭变形形式,以适应地形条件。

(2) 太石隧道

太石隧道为一座左、右线分离的四车道高速公路特长隧道,位于甘肃省康县太石乡和平洛镇境内。隧道左线全长4975m,纵坡+1.0%;右线全长5011m,纵坡为+0.9%;进出口均采用端墙式洞门形式。隧道区属中山区,海拔在980~1545m,地形起伏大,基岩冲沟发育;隧道进口段位于西汉水右岸山体,自然坡高在30~60m,坡度约25°~55°;隧道出口段平洛河左岸山体,自然坡高约110m,坡度约30°~50°;洞身部位于基岩梁上,山体较为陡峻。隧址区不良地质主要为崩塌、危岩(石),多分布于隧道进出口端河道两岸基岩陡坎,出露岩性为红色砾岩、粉砂岩、泥岩,受节理裂隙切割,岩体破碎,局部失稳形成危岩。洞口稳定性相对较好,整体围岩较完整—较破碎,节理裂隙较发育,呈裂隙块状或中厚层结构。隧道洞口稳定性相对较好,局部存在崩塌、危岩、危石,易形成崩塌,设计中予以清除,尽量避免大量开挖,并加固原基岩边坡。

七、甘南高原区典型项目

甘南高原区位于甘肃省南部,陇南山地以西,属青藏高原的东缘部分。2014 年 12 月 26 日,连接甘肃临夏回族自治州和甘南藏族自治州的临合高速公路建成通车,结束了甘南藏区不通高速的历史。

1. 临合高速公路项目概况

临合高速公路地处黄土高原、西秦岭山脉和青藏高原隆起区的交汇地带,属青藏高原东部边缘的一部分,地势西高而东低。区域内海拔高低悬殊,地形复杂,河谷纵横,山峦重叠,地形陡峭且切割深邃,山体破碎、侵蚀严重,滑坡、泥石流、崩塌发育。

项目主体勘察设计由甘肃省交通规划勘察设计院股份有限公司完成。路线长99km,全线采用四车道高速公路标准设计,设计速度80km/h,整体式路基宽度24.5m,分离式路基宽度12.25m。

临合高速公路是"甘肃高速公路网"兰州至郎木寺高速公路(S2)的重要组成路段,同时也是交通部规划的西部大通道兰州至磨憨口岸的重要组成路段。兰州—磨憨口岸通道是连接西北、西南的对外通道,由兰州起始,经过甘肃、四川、云南三省,全长约2500km。甘肃境内兰州—郎木寺段,是省会兰州通往临夏、甘南、四川阿坝等少数民族自治州的重要通道,是甘肃省南部重要的经济、旅游干线,可达旅游胜地九寨沟,是甘肃省重要的南出口。

2. 项目实施过程

①2011年10月完成初步设计,2012年6月完成施工图设计;
②2011年12月开工建设,2014年12月建成通车。

3. 技术难点和创新

(1) 山区复杂地形条件下的棚洞设计

临合高速公路ZK80+870~ZK80+960段为挖方段,受线形、地形、地貌等因素的影响,该段傍山路段不可避免地要形成高边坡或偏压隧道。为减小地质灾害,减少开挖量,最大限度地保护自然生态环境,降低傍山公路高、陡边坡的滚石碎落之风险,通过多方案比选后,最终选择了右线采用路基、左线采用棚洞结构。棚洞长90m,在甘肃高速公路上首次使用。采用棚洞后,大大减少了开挖量,也减少了边坡开挖高度,更减少对植被的破坏。采用边坡锚喷支护与棚洞结构相结合的傍山隧道结构形式,既能发挥锚杆喷射混凝土护面的作用,减少刷坡量,又能发挥棚洞结构的支挡作用,形成一个互为补充的完整受力体系和边坡防护工程。通过棚洞洞顶回填绿化,能使棚洞结构较好地与自然环境相协调。棚洞设计中外侧采用孔窗式结构,既大大减少了混凝土体积,没有了厚重的大体积混凝土给人的压抑和空间上的隔阂,又能起到增光作用,增强棚洞内的亮度。

高寒阴湿地区,构造物相距较近,特别是隧道与隧道之间,或者隧道与渡槽之间等构造物短距离段,积雪不容易融化,出隧道后由于行车速度过高,遇到积雪后很容易滑移、碰撞,造成安全问题。为避免洞口积雪影响运营车辆安全,采用防积雪棚洞。

隧道洞口坡岸陡峻、危石较多时,存在较为严重的崩塌、落石等不良地质,对于桥梁结构及隧道运营存在安全隐患,为防止洞口落石采用柔性棚洞。

临合高速公路棚洞

防积雪棚洞

高寒高海拔隧道防冻保温设计

（2）民族特色设计

为提升临合高速公路美化效果，突出临夏、甘南少数民族地区特色，进一步体现民族路、和谐路的精神，将高速公路建设与地域文化相结合，对部分隧道洞门、服务区场地等进行了民族特色设计。如藏式风格造型、彩绘装修及景观石、雕塑牦牛、羊等装饰。

（3）高寒、高海拔隧道防冻保温技术

临合路大多隧道位于海拔2500m以上，隧址区属寒冷湿润型气候且垂直差异大，光照充裕，降水较多，长冬无夏，春秋短促。对短、中隧道，全部铺挂防冻保温层；对长隧道进口250m、出口200m范围铺挂防冻保温层。

高寒高海拔隧道防冻保温设计

经过对性能、造价、施工等方面的综合对比（注：主要考虑导热系数和造价），在无机绝热材料（如硅酸铝纤维棉、膨胀珍珠岩、膨胀蛭石、泡沫石棉、微孔硅酸钙等）、有机绝热材料（如聚苯乙烯、聚氨酯、福利凯、聚氯乙烯、聚乙烯等）和金属绝热材料三大类材料中，初步确定选用有机保温材料。经过调研，选取聚苯乙烯泡沫塑料（PS）、聚氨酯泡沫塑料（PU）、福利凯热固性保温材料（FLOLIC FOAM）作比较，各自特点主要如下：

聚苯乙烯（PS）泡沫塑料是以聚苯乙烯树脂为基材，加入发泡剂以物理方法发泡制成的，是硬质、闭孔保温材料。

聚氨酯泡沫塑料（PU）是以含有羟基的聚醚树脂和聚酯树脂与异氰酸酯反应生成的聚氨基甲酸酯为主体，经发泡制成的一类泡沫塑料，具有较好的拉伸强度、耐油、耐有机溶剂、耐氧化。聚氨酯发泡材料有硬质与软质之分，硬质闭孔型主要用于保温隔热材料，而软质开孔型（泡沫海绵）为常见的坐垫材料。

福利凯热固性保温材料（FLOLIC FOAM）是以FLOLIC树脂为基材，加入发泡剂、制孔剂，加热后以物理、化学法发泡制成的一种保温性能优良的硬质闭孔保温材料，俗称福利凯。通过分析和实验表明，福利凯保温材料的导热系数小、保温性能好、抗压强度高、抗吸水性能好,防冻融优异和具有防火性能,而表观密度和化学稳定性也与其他两种材料相差无几。福利凯保温材料的综合性能优于其他两种材料。因此临合路推荐采用福利凯保温材料。从通车运营情况看,防冻效果较好,达到了预期的目的。临合高速公路获 2015 年度甘肃省建设工程飞天金奖。

第五章
甘肃省高速公路建设

第一节　甘肃省高速公路建设基本情况

一、"八五"期间(1991—1995年)

1994年7月,甘肃省第一条全长13.5km的天(水)北(道)高速公路建成通车。由于条件所限,此后的5年里,甘肃省重点建设了一批二级收费公路,高速公路建设基本处于停顿状态。

二、"九五"期间(1996—2000年)

1998年以来,国家实施西部大开发战略,甘肃高速公路建设迎来了历史性的发展机遇,这一时期成为甘肃公路交通建设发展速度最快、投资规模最大、技术水平提高最显著的时期。连霍、丹拉2条线路的高等级化建设,是这一时期全省公路建设的重中之重。1998年开始,甘肃充分利用"贷款修路、收费还贷"的政策,加大公路建设投入力度,斥巨资修建高速公路,先后开工建设了巉口至柳沟河、柳沟河至忠和、白银至兰州、尹家庄至中川机场、古浪至永昌、永昌至山丹(二期)6条(段)高速公路,总里程达320km,总投资规模达到235亿元。

三、"十五"期间(2001—2005年)

2002年,柳忠、白兰、巉兰、尹中、古永、永山6条总计长320km高速公路建成通车;2003年,忠和至树屏22km建成高速公路,使兰州到中川机场高速公路全线贯通;2004年,兰海、兰临、永山(一、二期)、山临4条总计长344km高速公路建成通车,其中兰海高速公路建成标志着西北第一条省际高速公路(兰州至西宁)全线贯通,兰临高速公路的建成标志着兰州市6条出口路全部建成高速公路,形成了以兰州为中心呈放射状的高速公路网雏形;2005年,临清、刘白、树徐、清嘉4条总计长319km高速公路建成通车,丹拉国道主干线甘肃境内路段以及连接银川、兰州、西宁的高速公路全线贯通,连霍国道主干线甘肃段高速公路里程占全里程的50%以上,其他路段均为二级或二级以上公路标准。至此,全省共建成高速公路15条(段)长1016km,总投资241.27亿元,甘肃成为全国第18个高速公路突破1000km的省份。

四、"十一五"期间(2006—2010年)

2006年,武威过境段、永山一级改高速和嘉安一级235.42km建成通车,甘肃定西以西路段基本实现高速化。

2007年省政府批准了《甘肃省高速公路网规划》。规划总体框架是建成以兰州为中心,连接省内市州政府驻地和经济中心、旅游景区,外通周边省会城市的高速公路网,整个路网规划以发射状为主、纵横线为辅,包括围绕省会兰州的8条放射线、4条南北纵向线、2条东西横向线和1条环城高速线等,简称"8421"高速路网。到2010年末,甘肃东出口(牛背、凤翔路口)、西出口(海石湾、星星峡)和北出口(刘寨柯)实现高速化,南出口(罐子沟、郎木寺)实现局部高速化或高等级化。2007年,嘉安一级改高速公路235.42km建成通车。全省建成的高速公路达到18条总长1316km,其中连霍、丹拉2条国道主干线甘肃境内路段建成的高速公路达1176km,占甘肃省已建成高速公路总里程的89.28%。2008年,开工建设金昌至永昌高速公路,成为甘肃第一条省地联建的高速公路。

五、"十二五"期间(2011—2015年)

西长凤高速公路(74km)、天水过境段高速公路(36km)于2011年底建成通车;瓜州至星星峡高速公路(157km)于2012年建成通车;永古高速公路(145km)、武罐高速公路(130km)、营双高速公路(158km)、雷西高速公路(128km)、金武高速公路(78km)于2013年建成通车;成武高速公路(90km)、瓜敦高速公路(145km)、临合高速公路(98km)于2014年建成通车;十天高速公路甘肃段、金阿高速公路和兰永一级公路于2015年建成通车;连霍国道主干线在甘肃境内已实现了全线高速化。"十二五"期间,甘肃高速公路新增通车里程1607km,总投资额突破1000亿元。

六、"十三五"前两年(2016—2017年)

2016年,建成通车的高速公路有G7北京至乌鲁木齐国家高速公路甘建境内白疙瘩至明水段,S55省级高速公路民勤至红沙岗高速公路,G75国家高速临洮至渭源段通车试运营,全年共建成高速公路及一级公路328km。2017年,甘肃建成高速公路及一级公路249km。截至2017年底,甘肃高速公路通车里程突破4000km,达到4014km。

第二节 甘肃省高速公路建设管理体制的发展变化

甘肃高速公路建设促进了全省交通管理体制的改革,使公路建设市场进一步完善,施工管理水平得到提高,投融资工作成效显著。柳忠高速公路是甘肃第一条利用世行贷款修建的项目,刘白高速公路是甘肃第一条利用日元贷款修建的项目。

2014年10月,甘肃省公路建设推进会议在武威市举行。会议强调,当前和今后一个时期,全省公路建设要紧盯省政府确定的公路建设目标任务,抢抓向西开放、项目带动和国家倾斜支持的机遇,加快推进全省公路建设。要充分调动市县政府、省直部门和民间资本参与公路建设的积极性,强化组织领导、改革创新、责任落实和监督管理,严守"质量、安全、廉政"三条高压线,努力建设经得起时间、实践和人民检验的高品质公路。10月17日,省政府常务会议审议通过《关于加快全省公路建设的意见》(以下简称《意见》)。《意见》明确今后一个时期全省公路建设主要目标、任务,分别就加快项目前期工作、改革建设管理和投融资体制、加大资金支持力度等作出部署。《意见》是近年来甘肃省以省政府名义出台的第一个关于公路建设的指导性文件,对推进甘肃省公路建设实现跨越式发展具有重要意义,标志着甘肃省公路建设进入新的发展阶段。

根据交通运输基本公共产品的公益性要求,按照"两个公路体系"改革思路,逐步理顺公路管养体制,建立省、市、县建管养相协调和事权财权相匹配的管理体制,省交通运输厅负责国家高速公路和国道建设,市州政府负责地方高速公路和省道建设,县市区政府负责农村公路建设;鼓励有条件的市州和县市区政府参与国家高速公路、普通国道建设,有条件的公路建设项目可实行代建制和设计施工总承包等建设模式;加快高速公路养护市场化、普通干线养护专业化、农村公路养护社会化进程,切实发挥市场在公路养护资源配置中的作用,处理好养护公益性服务与市场高效配置资源的关系,不断提升公路建管养综合水平。

为进一步深化全省公路建设管理体制改革,提高公路建设管理水平,根据交通运输部《关于深化公路建设管理体制改革的若干意见》(交公路发〔2015〕54号)文件要求,结合甘肃公路建设管理实际,省交通运输厅研究制定了《甘肃省交通运输厅深化公路建设管理体制改革实施方案》(以下简称《方案》),《方案》以市场要素的自由流动、市场主体的充分竞争、市场规则的公平公正为出发点,以完善市场机制、创新管理模式和政府监管方式,落实建设管理责任为重点,改革完善公路建设管理制度,逐步形成责权明晰、管理专业、监管有力、科学高效的公路建设管理体制,促进全省公路建设科学发展、安全发展,为甘肃交通建设现代化、立体化、产业化、惠民化和国际化提供支持和保障。《方案》明确了到2020年,以公路建设四项制度为核心的公路建设管理体系和制度体系基本完善,公路建设市场主体职责明确,工作界面清晰,监督管理规范,制约公路建设发展的障碍和困难基本消除。《方案》的主要任务,一是落实项目法人责任制,二是改革工程监理制,三是完善招标投标制,四是强化合同管理制,五是创新项目建设管理模式,六是推行设计施工总承包,七是建立健全统一开放的公路建设市场体系,八是进一步强化政府监管职能。

公路建设管理体制改革需要进行大量的试点工程,发现问题,寻找对策,通过试点研究制定相应的管理办法,明确管理程序。甘肃省公路建设管理体制改革试点工作已于2015年开始。通过试点工作,充分总结经验,认真梳理问题,研究相应对策,于2017年底形成全省公路建设管理体制改革的指导意见和相关管理办法。

根据改革要求,已划至省公路航空旅游投资集团有限公司所属四家公路项目建设管理单位,均经历了由交通事业单位变为企业的改革与发展过程,见证了甘肃省交通行业近十多年来发生的巨大变化,承担了多条高速公路项目的建设任务,为甘肃高速公路建设做出了突出贡献。为响应全省国资国企改革要求,借机做实公航旅集团,提高其市场化运作能力,2014年1月,省交通运输厅将四家业主单位彻底交由省公航旅集团管理,成为其一级全资子公司。具体情况如下:①甘肃省公路建设管理集团有限公司,其前身为甘肃省交通厅工程处,2000年2月,经省交通运输厅批准成立了甘肃省高等级公路建设开发有限公司,与省交通厅工程处合署办公。2012年6月,经省交通运输厅二次批准,以工程处为主,厅属公路建设单位共同出资成立了甘肃省公路建设管理集团有限公司。该公司主要承担已建成的高速公路项目有:尹中、巉柳、白兰、长罗、山临、兰海、嘉安、宝天、天定、天水过境、西长凤、雷西、十天13条高速公路,通车里程1413.3km,完成投资646.35亿元。在建高速公路项目有:平天和甜罗项目,建设里程616.58km,投资额652.79亿元。②甘肃长达路业有限责任公司,由厅引资办分离成立,隶属于省交通运输厅,该公司主要承担已建成高速公路项目有:柳忠、树徐、刘白、平定、营双、武罐、成武和兰永一级共8条公路项目,总投资494.8亿元,建设里程854.9km。在建高速公路项目主要为渭武项目,投资总额380.41亿元,建设里程238.503km。③甘肃路桥公路投资有限公司,成立于2002年,原隶属省交通运输厅。主要承担已建成高速公路项目有:古永、临清、清嘉、武威过境、康临、永古、临合7条公路项目,建设里程624km,完成投资228.439亿元。在建高速公路项目有:临渭、兰州南绕城、景中、双达4条公路项目,在建里程280km,总投资约255亿元。④甘肃省远大路业集团有限公司,成立于1999年,2012年底前由省公路局管理,2012年11月25日至2014年1月1日由省交通运输厅管理。主要承担已建成高速公路项目有:兰临、瓜星、金永、金武、瓜敦、金阿6条高速公路,通车里程578.96km,完成投资168.91亿元。在建高速公路项目主要有白明项目,概算总投资62.1亿元,建设里程291.551km,其中主线长134.407km,马鬃山镇至桥湾连接线长157.144km。

为顺应公路建设体制改革的要求,形成责权明晰、管理专业、监管有力、科学高效的公路建设管理体制,省交通建设集团在省内首次采用改进型的传统模式进行项目建设管理,即项目建设管理法人+社会监理模式,改革工程监理制,强化合同管理,创新项目建设管理模式,通过招投标方式选择监理单位,两徽和敦当高速公路试验段已由项目法人和监理单位共同组建试验段项目建设管理现场办公室,按照合同约定,根据项目建设管理法人要求和监理规范,做好项目管理和监理工作,推进项目建设管理专业化,促进公路建设管理新体制在全省交通基础设施建设领域的落地和实施。项目实施方案经省级人民政府批复后,开展社会资本投资人招标,社会资本投资人中标后,由实施机构和社会资本共同组建项目公司(项目法人),由项目公司负责项目的融资、建设、运营、收费、管理、养护、移交等工作,并将试验段纳入到项目公司建设管理范围。

第三节　甘肃省高速公路建设的投融资方式

随着国家经济的腾飞,对公路建设的需求与日俱增,从公路里程到公路等级,都推动着我国交通事业的全速发展。甘肃交通投融资机制的演变大致经历了四个阶段。

一、"一路一公司"的起步模式

甘肃省收费公路发展起步较晚。"九五"以来,甘肃省以提高干线公路通行能力为重点,加快实施全省"四纵四横四个重要路段"的高等级公路主骨架系统,特别是在1998年后,甘肃公路建设驶入快车道,全省公路建设速度明显加快,力度明显加大。结合公路建设的资金需求,特别是高等级公路,甘肃采取的融资起步模式为"一路一公司",即成立一家企业,作为高等级公路的承建主体、融资主体、养护运营主体,单条路核算成本、单条路核算车辆通行费收支。随之而来的矛盾与问题也很突出,一是公路负债的增加导致还本付息压力增大,特别是贷款本金,很多道路的收费额根本不足以支撑该路到期本金的偿还,建设资金的链条陷入即将断裂的边缘,一旦形成不良贷款,影响到的是整个交通行业的融资信用,导致的后果会很严重;二是由于省内财力不足,在中央性补助不足20%的情况下,省财政无力补足基本建设规定的"不低于35%的资本金"份额,融资申请得不到各家金融机构的批准,出现了收入较好、资本金充足的高速公路,银行抢着放贷,而收入较低、资本金不足的高速公路,无一家银行放贷的尴尬局面,公路建设资金严重短缺且非常不平衡。

二、"统贷统还"的大跨越模式

2004年9月,国务院下发了《收费公路管理条例》第417号令,第十一条规定"省、自治区、直辖市人民政府交通主管部门对本行政区域内的政府还贷公路,可以实行统一管理、统一贷款、统一还款"。根据此条规定,从2005年起,甘肃省交通厅本着"交通要发展,资金是保障"的原则,开始探索"统贷统还"政策,与各家金融机构协商,将各公路项目以业主单位为贷款主体改为以甘肃省交通厅为贷款主体,由省厅统一申请项目贷款,统一办理项目贷款手续,统一出具收费权质押承诺,统一管理并使用项目贷款,最终统一向各金融机构还本付息。一方面因政府部门承贷,大大增加了各金融机构的放贷信心,同时降低了各金融机构贷款风险,另一方面由省交通厅综合平衡使用信贷资金,综合平衡偿还贷款本息,以达到提高资金使用效益、降低资金使用成本的统筹调度。

2006年初,为推行"统贷统还"政策的执行,甘肃省交通厅成立了信贷管理委员会办公室(以下简称"信贷办")。信贷办成立的首要任务就是摸清全省公路贷款的基本情况,通过对各条收费公路建设成本的摸底清查,基本确立了全省收费公路的贷款余额,将其全部纳入全省收费公路"统贷统还"范畴。其次,取消了各业主单位的承贷资格,把全省交通的融资权收到甘肃省交通厅。再次,对于到期还贷的项目,通过原贷款单位向甘肃省交通厅请款的方式予以偿还,在车辆通行费和其他规费不足归还的情况下,采取用甘肃省交通厅贷款置换原贷款单位贷款的方式先行偿还,以保障公路建设的资金链条的通畅。最后,在年终将车辆通行费支付利息,偿还国债和部分本金以及支付人员经费后的所有剩余资金和原养路费及客货附加费配套的偿债资金一并纳入偿债资金专户,以确定需要先行还本的项目或需要弥补资本金不足的项目,将资金统筹使用。

经过一年多对信贷资金筹集、使用及偿还的规范及运行,在基本理顺了贷款关系的基础上,2008年甘肃省交通厅出台了《甘肃省交通厅公路建设信贷资金管理办法(试行)》[以下简称"办法(试)"],以"保证公路建设信贷资金有效筹集,提高公路建设信贷资金使用效率,确保信贷资金及时足额偿还"为原则,确立"统贷统还、效益、专款专用,分级管理,分级负责和专项监督"四条基本原则,下设两个工作部门(厅信贷管理委员会办公室和厅建设资金监督管理办公室),对信贷资金的管理及使用明确化、细致化,规范了甘肃省交通厅及全省交通系统的投融资行为,为保障信贷资金的管理及使用提供了充分、可靠、全面的依据。为配合信贷资金管理办法的推行,甘肃省交通厅还相应出台了《公路信贷资金监督管理办法》《周转金使用办法》等一系列配套措施,进一步推进了投融资体制机制的改革,使得信贷资金的风险大大降低,信贷资金的成本大幅减少,信贷平台越来越坚实,融资信誉不断得以提升。

2009年甘肃公路建设飞跃发展,高速公路里程接近2000km,公路贷款余额也比2006年有了较大幅度的增长。甘肃省交通厅为了更好地适应现有的融资结构,适时调整了信贷资金管理办法[以下简称"办法(新)"],办法(新)在原成立的厅信贷管理委员会下,增设四个专业委员会,分别为:融资计划委员会、融资审批委员会、融资监督委员会和绩效考评委员会,每个专业委员会在主任委员带领下,对其负责阶段的融资行为签署意见,最终形成完整的贷款建议,报厅信贷管理委员会批准后,才能执行贷款行为。通过多方人员的参与,融资行为更加透明化、公开化、公平化,达到集思广益、取长补短,使得资金效益得以最大限度发挥。

甘肃省交通厅通过严格实行"统贷统还"政策,对公路建设贷款采用"统一贷款、统一管理、统一还款"的运作模式,收回了下属各建设单位的贷款权限,资金周转明显加快,利息支出明显减少,资金债务及使用风险大大降低。但要巩固信用平台,增强融资能力,使各金融机构对甘肃省交通厅使用贷款更加放心,对"诚信交通"有更为深刻的认识,为增加甘肃省交通厅融资信用额度建立坚实基础,吸引未参与交通基础设施融资的银行积极加入合作行列,保障国家投入和政策支持。项目资本金是取得项目贷款的基本放款条件,"统贷统还"政策是取得项目贷款的根本政策支持,资本金不到位直接导致项目贷款的投放,"统贷统还"政策的执行保障全省公路贷款的资金运转,二者相辅相成,缺一不可。

三、"五轮驱动"的融资创新模式

在国家大力清理政府融资平台的政策影响下,甘肃省提出了融资新理念,即积极构建和完善"交通政府平台融资、公航旅集团融资、交建公司融资、地方交通实体融资、社会资本融资"五轮驱动的融资体系,多管齐下,不断创新融资方式,拓宽融资渠道,加大融资力度,为全省交通运输发展提供资金保障。

一是继续运用好交通运输政府平台的融资作用,保障好公益性公路交通项目建设的资金需求。二是充分发挥好省公航旅集团市场融资的主力军作用,保障好重点公路交通项目建设的资金需求。2011年,成立甘肃省公路航空旅游集团公司,充分发挥优势,变单一的间接贷款为多渠道、多方向融资,积极响应国家加大直接融资比重的宏观政策,通过发行中期票据、企业债券、融资租赁、保险资金、私募基金、短期融资等多形式融资方式,有力保障了甘肃高等级公路项目建设资金的需求。三是全力培育好省交通建设投资管理公司的融资工作,保障好交通扶贫攻坚项目的资金需求。四是全力支持好地方交通建设投融资实体,保障好地方公路交通项目建设的资金需求。按照"两抓两放"的工作思路,省交通运输厅主抓国家高速公路、重点干线公路项目的建设管理,向市州地方政府下放地方高速公路、普通干线公路项目的建设管理权限,进一步支持地方政府加快推进地方交通融资实体建设,盘活存量资产,挖掘市场潜力,扩大融资,提升建设规模,调动地方政府投资交通建设的主动性和积极性。目前,全省14个市州全部成立了交通投融资公司,部分县区也成立了交通投融资公司。五是鼓励引导好社会资本投资交通建设的积极性,保障好招商引资项目建设的资金需求。社会资本进入交通基础设施建设领域既是交通大发展的需要,也是社会资本运作的必然选择。2012年10月8日,省政府办公厅批转了省交通运输厅《关于鼓励和引导民间资本投资交通基础设施领域实施意见的通知》(甘政办发〔2012〕228号)。根据实施意见,全面开放交通基础设施项目的投融资和建设运营管理,通过BOT、BT等模式,加大招商引资工作,鼓励和引导民间资本投资交通运输领域,加快全省交通基础设施建设步伐。

四、全面推行 PPP 融资模式,并结合交通投资基金等新型融资方式

为积极应对国家财税体制改革和地方政府债务管理改革给交通基础设施建设带来的筹资难题,自 2015 年以来,甘肃以收费公路为主要领域积极推广应用 PPP 模式。一是抓项目入库。先后有 6 个公路项目被纳入省发改委 PPP 项目库,16 个项目被纳入省财政厅 PPP 项目综合管理信息平台,9 个项目被纳入财政部 PPP 项目综合管理信息平台,其中徽县至两当高速公路被财政部列入第二批全国 PPP 示范项目。二是抓资本引进。积极挑选资源禀赋好、合作空间大的项目面向社会公开选择合作伙伴,省交通运输厅、各市州政府等先后与中国交建、中国建筑、中国铁建、中国电建、华邦控股等有实力社会资本对接,并就具体项目签订了投资意向书,启动了实质性谈判工作。三是抓项目落地。按照"一路一策、因路施策"原则,加强项目前期论证和实施方案设计,推进物有所值评估和财政承受能力论证。四是抓样板典型。鼓励支持市州政府在法律政策允许范围内,向所属交通投融资公司和 PPP 项目注入土地、矿产、旅游等资源。五是抓制度监管。配合省财政厅争取省政府出台了《在公共服务领域推广政府和社会资本合作模式的实施意见》,明确了交通等 PPP 项目省级各部门责任分工和工作流程。加强 PPP 项目内控制度建设,建立了机关各处室和所属事业单位分工负责的"1+1+5"PPP 项目推进机制,制定了公路 PPP 项目操作规程、内审流程、联审机制、入库指南等管理办法,为 PPP 项目大规模实施提供了制度保障。

同时,经甘肃省政府同意设立三支交通类基金,即甘肃丝绸之路交通发展基金、甘肃交通投资基金和甘肃公路发展基金,为保障高等级公路建设资金需求搭建了强有力的支撑。

PPP 融资模式和交通基金运行作为融资体制改革的新兴事物,需要我们积极探索方式、途径,研究解决破除融资瓶颈的办法,更好地服务于全省高速公路建设。

第四节　甘肃省高速公路的建设历程

甘肃省高速公路建设大致经历了艰难起步、曲折前行、稳步发展、跨越腾飞四个阶段。从 0 起步到高速公路通车 1000km,甘肃省用了 13 年时间;从 1000km 到 2000km,甘肃省仅用了 5 年时间;从 2000km 到 3000km,甘肃省用了 3 年时间。到 2017 年底,甘肃高速公路通车总里程达到 4014km,14 个市州政府驻地全部实现高速公路贯通,55 个县城通高速公路。一条条高速公路的建成通车,不仅加速了人流、物流、信息流,促进了资源开发,改善了投资环境,而且对商业、旅游业、服务业等相关产业的发展呈现出较强的"拉动"效应。

一、艰难起步(1992—1994 年)

甘肃高速公路起步较晚,1992 年 12 月 12 日甘肃第一条高速公路天北高速公路开工

建设,1994年7月1日建成通车。仅长13.15km的天北高速公路开创了甘肃建设高速公路的先河,甘肃高速公路从此实现零的突破。

甘肃第一条高速公路——天(水)北(道)高速公路一段

天(水)北(道)高速公路是天水市区通往天水火车站的出入咽喉,是沟通陇南地区的经济动脉,也是中国东西大通道国道310线的一段。天北高速公路全长13.15km,另有支线、辅道、匝道7.89km,是一条全封闭、全立交、上下分离共四个车道的公路。设计车速120km/h,设计交通量为折算小客车25000辆/日。全线有立交桥1座、中桥3座、小桥1座、涵洞35道、立交通道8处,并设有完善的防撞、防浪设施。路面宽敞平整,线形流畅优美,具有交通、河防、水利、市政、疏浚五大功能。该工程由甘肃省交通厅公路局设计室主持设计,由天水市交通局、天水公路总段共同承担施工任务。于1992年8月开始测设,11月征地拆迁,12月12日奠基动工,1994年6月30日竣工。工程总投资7100多万元。

天北高速公路是甘肃省第一次修建的高标准公路,其难度可想而知。甘肃省属中西部贫困地区,从资金筹集到测设、施工、监理、管理等方面都缺乏经验,需要在实践中摸索并克服建设过程中遇到的不少困难和问题。

1. 测设高速公路是遇到的第一大难题

甘肃省交通厅和天水市领导商定由甘肃省公路局牵头调集天水市交通局、省天水公路总段及有关单位技术人员(包括一批有影响的高级工程师)组建班子进行工作。遇有技术复杂或因设备缺乏不能解决的问题,请教省内外公路设计院帮助解决。并先后三次由甘肃省公路局邀集全省知名的高级工程师到现场指导,不断修改完善设计,从而通过了测设关,把住了测设质量。

2. 施工队伍的组建是第二大难题

高速公路要求高,需要有大型机械设备和具有先进管理手段的施工队伍来完成。当时的施工队伍一般不具备这种条件,只有从全省租用压路机、推土机、洒水车等设备并购买了急需的水泥混凝土路面用的专用设备——混凝土真空吸水装置。施工队伍以省天水公路总段工程队和天水市交通局工程师为主组建，成立了指挥部和分指挥部，负责全线工程。

3. 资金筹集是第三大难题

地方上没有现成的资金加以利用，仅靠省交通厅补助的费用是不够的，天水市政府通过行政手段进行协调，对于征地拆迁实行优惠政策，先征先用后拨款，由地方政府组织专门人员来实施。资金不足鼓励单位个人集资捐款，并发放建设债券，同时通过银行贷款一部分。归纳起来就是：上级补助一点、地方筹集一点、债券发行一点、政策优惠一点。如果有直接受益单位，其单位应承受一点。采取这些办法终于解决了资金短缺的问题。

4. 工程监理班子的组建

建设监理制度的推行是保证工程质量的重要手段，这一制度已在全国建筑行业中推行。高等级公路建设按照要求必须有过硬的、独立的由监理工程师组成的工程监理班子进行全面监理。为了使全省第一条全幅封闭式高速公路的工程质量得到保证，省公路局专门组织了由总工程师领导的强有力的独立于工程指挥部的监理班子，负责从设计到施工全过程的质量跟踪监理。监理人员平均 0.37 人/km，仅为规定配备的 1/3，工作十分辛苦和劳累。共计审核设计图纸 232 张，计算书 5 份，清理登记各种实验报告单 2698 份，并建立了工程质量档案。用核子密度仪检测了 7294 个测点，每月按时审核指挥部的"工程进度月报"，并按时编报"工程监理月报表"。对不合格材料进行清理，共清退不合格钢筋 75.16t。天北高速公路高速度、高质量的建成，工程监理组作出了重要贡献。

5. 技术上的难题

天北高速公路建设缺少先进的施工机械，没有大型的桥梁吊装设备，全线的桥梁上部构造为跨径 20m 的钢筋混凝土 T 形梁，最大吊装质量达 34t，如果用大型机械设备吊装，费用大，而且需去外地租赁设备费事费时。天北高速公路的工程技术人员发扬自力更生的精神，因地制宜地采用桥头路堤预制 T 形梁、战备钢架桥作移梁架、千斤顶起落梁的纵横移架桥方法，不需要吊装机械，施工简单易行，对桥台高度不大的中型桥梁，是一种比较适合甘肃省情的简易吊装方法。

天北高速公路的修建，历时 18 个月，广大工程建设者在工期紧、任务重、质量要求高的情况下，发扬敢为天下先的创业精神，克服资金紧缺、技术力量薄弱、缺少现代化施工设备和修建高等级公路实践经验等困难，团结一致，艰苦奋斗，高质量高速度胜利完成了工程建设任务，为公路建设谱写了一曲凯歌。天北高速公路的建成通车，不仅对缓解天北交通紧张的状况，改善天水市投资环境，加速天水经济发展，具有重要的意义。更重要的是，它的建成标志着甘肃省公路建设向高等级迈进，实现了甘肃省高速公路零的突破，而且也充分说明了在一个经济尚不发达的省份，要加快公路建设步伐，不能单纯依靠国家投资，必须坚持"两条腿走路",发扬自力更生精神,挖潜力,想办法,动员社会力量,依靠群众的智慧,这是多年来甘肃在公路建设中总结出来的一条基本经验。另外,这项工程在资金筹措上除养路费补助部分外,采取了银行贷款、发行债券、民工建勤、群众义务投工投劳、征地拆迁实行优惠等多种方式,为今后扩大公路建设资金筹集渠道,多方筹资积累了宝贵的经验。同时,通过这条路的建设,也为甘肃今后修建高等级公路在设计、施工、管理等方面积累了经验,锻炼了队伍。

二、曲折前行(1994—1998年)

天北高速公路建成之后,甘肃高速公路建设经历了一段曲折前行的阶段。从1994年至1998年,甘肃省4年间只修建了70余公里的中川一幅高速,高速公路建设基本处于停顿状态。其原因有四:一是认识问题。社会各界对于"甘肃要不要修建高速公路"的问题认识并不统一,有一部分人认为甘肃处于西部偏远地区,经济发展相对滞后,车流量较小,没必要修建高速公路,修建或改建二级公路就能满足需要。还有一部分人认为,高速公路投资大、回收期长,担心回收期过长被经常性的管理费用消耗掉而得不偿失。甚至有人认为高速公路占地多、能耗高、污染严重、事故惨重,甘肃根本不能修建高速公路。二是甘肃省经济相对落后,交通基础设施建设投资规模相对较小。"八五"时期(1991—1995年)仅为19.7亿元,"九五"时期(1996—2000年)也只有125.7亿元("九五"计划提出"争取公路建设投资达到69亿元,建成高速公路34km"),相比于"十五"(完成投资437.2亿元)、"十一五"(完成投资842亿元)、"十二五"(完成投资2488亿元)期间投资相对较小。而高速公路投资大,有限的资金没有余力建设高速公路。三是投融资渠道单一。1994年至1998年间交通基础设施建设资金主要依靠交通规费,银行贷款很少,导致建设资金有限。1998年,党和国家作出加快基础设施建设、扩大内需的西部开发战略,甘肃省交通厅按照省委、省政府的要求和交通部的部署,先后5次调整了交通基础设施建设投资计划,从年初的7亿元调整到20亿元。四是大气候的影响。1994年至1998年全国高速公路建设规模普遍较小,1998年为应对金融危机,党中央、国务院采取积极财政政策,加大交通基础设施的投入,当年新增高速公路1741km。

但就是在这样的历史背景下,甘肃省高等级公路也是在艰难曲折中艰苦前行,1994年8月6日兰州至中川一幅高速公路一期工程正式建成通车。

中川一幅高速公路(从严格意义上说,这不是高速公路)是国道312线(连云港至霍尔果斯)兰州绕城线的一段,也是甘肃第一条一幅高速公路。东起兰州市大沙坪,经忠和、树屏至中川,全长64km。其中一期工程忠和至树屏段24km是新建的一幅高速公路。按山岭区一幅高速公路标准修建,路基宽15m,路面为全铺沥青混凝土高级路面,设计行车时速80km,实施全封闭。这条路的建成使兰州市区到中川机场的行车速度大大提高,并缓解了312国道兰州过境段交通拥挤的状况。对改善兰州市的投资环境,把兰州建成西北商贸、旅游、文化中心,促进全省经济的发展都具有重要意义。

竣工通车的兰州至中川一幅高速公路忠和立交路段

三、稳步发展(1998—2002年)

1998年,国家提出西部大开发战略和全面建设小康社会宏伟目标,甘肃省高速公路建设迎来了历史性的发展机遇,进入大规模的建设时期,5年总投资达到235亿元。2002年10月,白银至兰州、巉口至柳沟河、柳沟河至忠和、尹家庄至中川、古浪至永昌、永昌至山丹(二期)6条高速公路同时建成通车,全长307km,使全省高速公路建设实现了跨越式发展,一跃而达到了320km。以兰州为中心的高速公路网初步形成,"坐中联六"的交通枢纽地位日益凸显。

6条高速公路的建成通车,大大加快了甘肃国道主干线的建设步伐,基本构筑了甘肃省联结东西、贯通南北的公路主骨架,对完善甘肃省路网结构,提高路网通行能力,改善投资环境,加快经济发展,促进西部大开发具有重要意义。

白银至兰州高速公路建设工程是G6北京至拉萨国家高速公路的重要组成路段,属交通部规划的国道主干线系统国道网,也是全国综合运输大通道的一部分,具有完善的安全保障、通信和综合管理服务体系。白兰高速公路路线全长59.96km,其中白银市境内24.21km,兰州市皋兰县境内35.75km,行车速度为80km/h,路基宽24.5m,设中央分隔带。白兰高速公路建成后比原白银至忠和缩短里程15km。概算总投资15.89亿元。自1999年9月26日开工建设,2002年10月26日竣工,2003年1月19日开始运营收费。该项目的建成,极大地缓解了国道109线的交通拥挤状况,实现车辆大流量连续通行,适应区域交通量增长需求,为兰州市对外开放和甘肃的经济发展着发挥着巨大作用。

巉口至柳沟河高速公路是国道主干线G30连云港至霍尔果斯国家高速公路的主要

组成路段。东起定西县十八里铺,西至兰州市近郊柳沟河,路线全长77.74km,工程建设总投资21.84亿元。巉柳高速公路按双向四车道高速公路标准建设,全立交、全封闭、控制出入、汽车专用,设有完整的交通安全设施和服务设施。设计行车速度为80km/h。总投资21.84亿元,建设资金由交通部投资、地方配套、银行贷款形式解决。1999年9月26日开工建设,2002年10月26日竣工。巉柳高速公路东接已经建成的国道主干线天巉公路和国道312线,西接国道312线柳忠高速公路并直通甘肃省会兰州。它的建成,有效缓解了312国道运输繁忙局面,对充分发挥省会兰州中心城市的辐射作用,带动沿线经济发展和社会进步具有重要意义。

巉(口)柳(沟河)高速公路坝式路堤施工时场景(兰文治 摄)

柳沟河至忠和高速公路是交通部规划的"五纵七横"国道主干线系统中G30连云港至霍尔果斯国家高速公路甘肃省会兰州过境段,也是连霍国道主干线(G30)与京藏国道主干线(G6)在兰州相交汇的重要枢纽,是省会兰州连接东、西、北干线的重要门户及甘肃公路干线网络的中心。

柳忠高速公路东起兰州市近郊柳沟河,与G6京藏高速公路兰州至海石湾段相接,经徐家磨、大青山、东岗、青白石、盐场堡、骆驼岘子、中铺,止于皋兰县忠和乡,与已经建成的白兰高速公路和正在建设的兰海高速公路相连,是兰州市连接东、西、北干线的重要纽带。全长34.8km,工程总投资达13.56亿元。1999年6月28日开工建设,2002年10月26日竣工。它的建成,对加快国家主骨架路网的形成和促进我国经济发展战略西移,完善国道主干线建设,加快甘肃省干线公路网实施步伐,充分发挥省会中心城市经济的辐射作用,加快区域经济发展,壮大支柱产业,建设西北商贸中心,缓解兰州市区"东西拥挤、南北不畅"的交通拥挤状况,缓解城市交通压力,减轻兰州市大气污染等具有十分重要的意义。

尹家庄至中川机场高速公路是连接中川航空港与省会兰州的重要公路,同时也是国家高速(G6)北京至拉萨的连接线,又是省道201线的重要组成部分。该路起点位于永登县树屏乡尹家庄,途经哈家嘴、上街、小黑川、宗家梁、马家山至中川机场大门,路线全长22.86km。该项目采用路幅全宽24.5m,车速100km/h,全立交、全封闭,控制出入四车道高速公路标准设计。总投资5.37亿元。2000年7月开工,2002年10月建成通车。尹中高速公路与目前省内建成的高速公路比较,其特点是:①尹中高速公路是甘肃第一条由企业(甘肃省高等级公路建设开发有限公司)贷款修建的高速公路,投入运营后,利用收取通行费偿还建设贷款和用于公路管理、养护、维修等正常开支。②尹中高速公路是省门第一路,也是甘肃的形象和门户工程,加之沿线地质构造复杂,为延长公路使用寿命,提高运营效果,给过往客人提供一条快捷舒适的通道,在全线路基路面设计及施工中大量采用了新材料、新技术、新设备、新工艺,同时开设了不停车收费车道等现代化交通工程设施。③尹中高速公路工期紧、任务重,但在广大参建单位的共同艰苦努力下,实现了2001年"兰洽会"半幅临时通车的目标,创造了甘肃高速公路建设的奇迹。④尹中高速公路在施工过程中,大部分路段边施工、边通车,为保障施工期间的车辆通畅,施工单位在各自路段的出入口及平交口均设置了统一明显的反光标志和专职安全指挥员,未发生任何重大交通事故,实现了工程建设和安全生产双丰收。

古浪至永昌高速公路是国家"九五"重点公路建设项目之一,也是国家规划的"五纵七横"国道主干线连云港至霍尔果斯公路在甘肃省境内的重要组成部分。古永高速公路于2000年11月开工建设。分古浪至武威、武威至永昌两个路段,全长69.5km,概算投资8.98亿元。其中,古浪至武威段起于古浪县城西八里营村,经双塔镇、黄羊镇,至武威南,与武威汽车二级专用过境公路相接,长40.89km;武威至永昌段起于武威市青林乡孔星墩,经八坝村、六坝乡,至永昌东寨乡,与永昌至山丹高速公路连接,长28.63km,全封闭、全立交、双向四车道。2008年10月20日,甘肃省永古高速公路(永登至古浪高速公路)开工建设。古永高速公路是新丝绸之路和亚欧大陆桥的咽喉通道,是东中部地区联系西北内陆腹地的桥梁和纽带,是面向中亚地区的一条开放之路,高质量、高标准地建设这条道路,对于实施西部大开发战略,促进对外开放,带动沿线经济发展,加强国防建设具有重要意义。

永昌至山丹高速公路位于河西走廊中部,是甘肃省东西方向的主要交通要道,它是甘肃、陕西、宁夏、内蒙古、西藏通往新疆以及中亚各国的陆路通道,也是我国"两纵两横"主骨架公路连云港至霍尔果斯(G30)在甘肃境内西部地区的重要路段。路线起点永昌县东寨乡,经永昌县城南、红庙墩、王信堡、水泉子、绣花庙、丰城堡、新河,至山丹县城北公铁立交,全长117.81km,总投资14.9亿元,设计行车速度100km/h,双向四车道,路基宽度25.5m。2000年10月26日开工建设,二期工程2002年10月26日竣工,三期工程2004年12月建成通车。永山高速公路的建成,对于提高路网的整体服务水平、充分发挥国道的骨架作用、促进甘肃省公路路网的高速化、带动全省经济发展和社会全面进步具有极其重要的作用。

四、跨越腾飞(2003年至今)

从2003年开始,甘肃省高速公路建设进入跨越腾飞阶段。这一阶段的显著特点是高速公路投资逐年增加,新增高速公路里程也逐年增加,全省高速公路网密度也越来越高。"十五"末,全省新增高速公路1003km,总里程达到1016km;到"十一五"末,全省新增高速公路1036km,达到2042km;而到"十二五"末,全省新增高速公路1607km,总里程达到3600km,县通高速比例达到62%。

2003年,兰海高速公路忠和至树屏段22km建成通车,兰州市区至中川机场高速公路全线贯通;2004年底,忠和至树屏、兰州至海石湾、兰州至临洮和山丹至临泽等5条高速公路相继建成通车,使甘肃省高速公路通车总里程达到686km,其中兰州至海石湾高速公路通车,标志着西北第一条省际高速公路(兰州至西宁)全线贯通。2005年12月,甘肃高速公路建设取得新的重大进展,刘寨柯至白银、树屏至徐家磨、清水至嘉峪关3条高速公路先后通车,甘肃省高速公路通车里程突破1000km,达到1006km,成为全国第18个高速公路突破1000km的省份,同时也标志着丹(东)—拉(萨)国道主干线甘肃境内路段全部实现高速化。2006年,清水至嘉峪关、武威过境高速公路建成通车,使甘肃河西地区从古浪至嘉峪关全线实现高速化;有"陇上天路"之称的宝天高速公路全长91km,总投资66.96亿元,于2009年9月25日建成通车。2010年底,甘肃省高速公路里程突破2000km,达到2042km。兰州的6个出口的全部高速化,标志着甘肃以兰州为中心呈放射状的高速公路网已具雏形。2011年,天水过境段、西峰至长庆桥至凤翔路口、永登(徐家磨)至古浪高速公路永登至乌鞘岭段、瓜星高速公路瓜州至柳园段建成通车,全年新增高速公路352km,"东部会战"战略"中路直插、两翼齐飞"格局基本形成。至此,甘肃省已完成18条省际通道的高等级化改造,基本形成了"外接周边、内连市州、骨架完善、衔接有效"的高等级公路网络。2012年,瓜州至柳园至星星峡高速公路建成通车。2013年,雷家角至西峰、营盘水至双塔、金昌至武威、武都至罐子沟4条高速公路建成通车,全省高速公路通车总里程突破3000km。除了金昌至武威高速公路外,其他3条都是打通了省际通道,雷西高速(雷家角至西峰)、营盘水至双塔分别连接陕西、宁夏,使甘肃和两省区之间各增加一条高速通道,武都至罐子沟连接四川,使甘肃和四川首次实现高速相通。打通了连霍高速的瓶颈路段乌鞘岭隧道群,使这条我国最长的高速公路甘肃段实现全线高速化。2014年甘肃省建成成县至武都、瓜州至敦煌、临夏至合作3条高速公路300km,结束了甘南藏区没有高速公路的历史,全省所有市州和48个县区通了高速公路。2015年,十堰至天水高速公路、金昌至阿拉善右旗、兰州至永靖沿黄一级公路建成通车。新增高速公路通车里程300km,建成高速公路通车里程达到3600km,全省14个市州驻地实现以高速公路贯通,与周边6个省区基本实现以高速公路贯通。2016年是"十三五"开局之年,甘肃省着力加快交通基础设施建设,全力以赴加快交通运输项目建设步伐,全年建成高速公路328km。2017年甘肃省高速公路通车里程达到4014km。

五、展望未来

根据甘肃省委、省政府关于甘肃交通发展的战略规划,从2015年到2020年,全省建设高速公路4073km(高速公路通车总里程达到7300km),交通运输骨干网络全面形成。全省国家高速公路网和高速铁路网主骨架全面建成,各市州、所有县区以高速公路连通,主要省级出口畅通,横跨东西、纵穿南北的交通走廊实现畅通,甘肃在国家高速公路网中的通道功能和辐射功能显著增强,交通基础设施网络更加完善,各种运输方式衔接更加顺畅,承东启西、互联互通的综合能力全面提升。国际对接中亚、西亚和蒙古国,国内连接中原和东部沿海地区、沟通西北西南,省内通达城乡,具有基础性、战略性、国际性的立体化、开放式综合交通运输骨干网络全面形成。交通服务国家战略的能力全面提升,交通运输在促进甘肃省与"一带一路"沿线国家宽领域多层次交流合作、服务新一轮西部大开发战略、提升甘肃省对外开放水平、构建国家向西开放的重要门户和次区域合作战略基地等方面的支撑能力全面提升。交通支撑全省经济社会发展的作用全面增强。交通对拉动工业经济投资、提升商贸旅游水平及改善民生、扶贫攻坚等方面的保障支撑作用得到充分发挥,交通网络对促进经济、文化、生态三大平台及新型城镇化建设的引导作用全面增强,交通发展成果惠及更多群众,交通制约经济社会发展的瓶颈因素从根本上突破。

第五节 甘肃省高速公路建设施工管理

一、施工工艺和工法的发展进步

早在20世纪60年代,公路工程多年来一直是传统的手工作业、劳动密集型行业为主。公路工程施工主要还是靠人力肩挑手提、车拉人推的作业,施工机具主要以小型机械、畜力车为主,公路干线主要以油路为主,坚持"四化(线形标准化、路面黑色化、桥梁永久化、夹道树木绿化)"。

到20世纪80年代中后期,甘肃省公路局机械队拥有全省最优秀的机械设备:推土机(东75、东100、上海120)、压路机(光轮6-8、8-10、10-12、18-21)、铲运机、拖车、吊车、太拖拉(捷克)、自动伸缩摊铺机(7m,日本新潟铁)、30t沥青拌和站,CAT140-G平地机(美国)等成套设备,主要用于全省公路施工出租,是甘肃公路建设机械化雏形。

1992年西安筑路机械厂LB30沥青拌和楼在
中川机场路面施工现场

1993年CAT140-G平地机(美国)在徐树一幅
高速公路施工照片

1989年7月12日，甘肃省第一条最长、地质结构复杂的公路隧道——七道梁隧道(1560m)开通运营。该隧道首次使用新奥法施工，基本采用人工爆破、人工开挖、人工出渣，包括洞口改线路段全部由人工开挖，手推车运输、填筑完成。

1992年甘肃省第一条高速公路——天水至北道高速公路开工建设，1994年建成使用，该工程的投入使用，标志甘肃结束没有高速的历史。该工程施工采用8.5m加劲式振动梁、5×8m双吸头吸垫小型机具采用真空吸水方法、大吨位(30t、50t振动碾压机械、新型嵌缝建筑密封膏、剪板式桥梁伸缩缝等新材料)进行高速公路水泥路面施工。

1993年甘肃第一条一幅高速公路——G312线中川一幅高速公路开工建设，机械化水平逐步提高，压路机、推土机、自卸车水车等用于路基施工，路面底基层施工路拌法，面层施工采用60型沥青拌和楼强制拌和，用日本新潟铁7m伸缩沥青摊铺机摊铺，首次使用国产双钢轮+三光轮压路机压实。

1994—1998年，省公路局先后承接G312线静(宁)会(宁)路面工程、G312树屏至徐家磨路基、路面二级汽车专用线工程、G312安(西)柳(园)路基工程、G310天(水)巉(口)二级汽车专用线等，稳定土拌和机、水稳摊铺机、大型沥青拌和楼、双钢轮压路机逐渐登上历史舞台，机械化程度显著提高，施工质量明显改善，施工功效大幅提高。

1998年实施"西部大开发"战略，甘肃省第一条世界银行贷款项目——柳忠徐界高等级公路开工建设。该项目主要穿越湿陷性黄土地区，在路基施工中，采用了洒水闷料，分层填筑，压实机具采用拖式振动碾、羊角碾、大吨位压路机、强夯机、冲击压实机施工，施工质量得到明显提高。

在路面工程施工中，采用具有先进施工水平的大型沥青拌和楼、ABG423摊铺机和DD110型振动压路机，路面施工开启了甘肃路面工程机械化施工先河。

随着西部大开发向纵深发展，甘肃路桥先后在白兰、古永、山临、临清、兰临、兰海、宝天、天定、平定、成武、武罐、金武、瓜星等多条高速公路建设。多年来，甘肃路桥作为甘肃高等级公路建设排头兵,一直致力于先进的施工技术、施工工艺的研发和应用。在使用设备上坚持"工欲善其事,必先利其器"的理念,先后采购570台套国内领先"高精尖"设备;在人才引进上,广纳贤才,先后从高校吸纳1000多名毕业生,加强施工力量。同时加强与高校联合,加大"产学研"投入,有力保证高速公路顺利建设。

1993年无锡筑路机械厂LB60拌和楼在中川
一幅高速公路施工照片

1993年日本新潟铁7m伸缩摊铺机在中川
一幅高速公路施工照片

1993年徐工全液压压路机CA25、拖式振动碾YZT18
在中川一幅高速公路路基压实作业

2000年冲击式压路机在天巉TCC在路基施工
压实作业

2001年路面机械化集群路面在白兰高速
公路路面施工照片

2006年西筑LB3000沥青拌和楼在
嘉安路面6标施工照片

2004年路面机械化集群路面在兰海
高速公路基层施工照片

2013年南方路基WB300稳定土拌和站在
礼成康项目施工照片

2011年雷家角至西峰高速公路路基施工开挖台阶照片

2011年雷家角至西峰高速公路路基施工开挖台阶照片

2011年雷家角至西峰高速公路运用HHT-3
液压强夯机"三背"施工照片

2001年在白银至兰州高速公路
铺设土工格栅施工照片

在路基施工中，特别是黄土地区路基填筑，在传统的施工工艺的基础上，针对"三背"、填挖结合部、新旧路结合部容易出现的质量病害，采取透水性材料挖台阶分层填筑、铺设土工格栅、利用强夯机夯实等措施，较好地解决了质量通病。

桥梁工程建设方面：自20世纪50年代起，桥梁结构多为石砌拱桥、钢筋混凝土拱桥，跨径较小，机械化施工水平低，无论任何部位水泥混凝土拌和，基本为人工拌和、人工拉运、人工辅助小型机具振捣，吊装基本为滑轮、人工扒杆、小型吊车等小型机具。

随着预应力混凝土和高强度钢材相继出现，材料塑性理论、极限理论、桥梁振动学、空气动力学、土力学的研究获得了重大进展，预应力钢筋混凝土使用登上历史舞台。甘肃大部分桥梁大都为预应力钢筋混凝土桥，桩基施工以灌注桩为主，梁板集中预制，采用吊车或架桥机安装，最后进行桥面系施工。

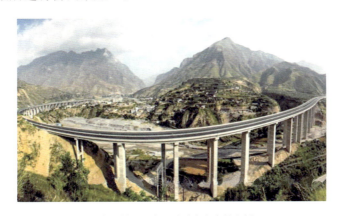

武都至罐子沟高速公路大岸庙特大桥

随着承建桥梁的增多，高速公路桥梁施工工艺已逐渐被固化，场站建设、钢筋加工、模板加工、钻孔灌注、桥台施工、承台施工、盖梁施工、梁板预制、预应力张拉、吊装、桥面系施工都已形成成熟工艺，机械化参与程度越来越高，智能张拉和蒸汽养生已被普遍使用，桥梁施工进度大大加快。

隧道工程方面：1974年建成的子午岭隧道，基本是靠人工开挖。1998年天巉二级公路朱家峡隧道，主要采用矿山法施工，以人工为主，机械为辅，工程进度慢，效率低，安全难度大。

2000年9月，白兰高速公路高岭子隧道（全长733m）建成通车，围岩全部为黄土，且较为稳定，采用新奥法施工，开挖方法为上下台阶法，开挖方式为机械开挖。

2006年3月，平定高速公路静宁隧道（全长2679m）开工建设，围岩主要为湿陷性黄土和泥岩，其中黄土段围岩含水率大，自稳能力极差，施工中采用了双侧壁导坑和CRD法进行施工。该隧道在施工中首次引入了地质超前预报和第三方检测，使隧道质量、安全管理又上了一个台阶。

2009年4月开始建设乌鞘岭特长隧道（全长2630m），在施工中特别加强了隧道监控量测工作，从监控量测数据的采集、回归分析到结果应用都做到及时、准确，使隧道在施工中安全穿越了黄土浅埋段、断层、煤层等不良地质段落。

2010年11月,康临高速公路最长黄土隧道——南阳山隧道(全长6618m)建成通车。

2010年康家崖至临洮高速公路南阳山隧道外部及内部照明照片

2011年,作为永古高速公路重点控制性工程的安远隧道建成通车。该隧道全长6868m,隧道最大埋深470m,属深埋石质特长隧道。工程地质条件复杂,地质构造发育,存在大规模断层破碎带、断层影响带及软弱围岩,且局部存在隐伏含水体和煤系地层瓦斯气体,施工难度大,安全风险高,备受社会各界的关注。

2013年建成通车的宕迭二级路上的采古隧道(全长1378m)为Ⅳ、Ⅴ级围岩,岩体破碎,节理裂隙发育,岩层属软质岩。该隧道全部穿越炭质页岩地层,炭质页岩属软岩,变形量极大,隧道洞身要穿越炭质页岩大变形段和两个F1大断层破碎涌水段,地质条件复杂、作业环境差、施工外围干扰大,是宕迭项目施工难度最大的隧道工程,也是全线重点控制性工程。在施工过程中,采用高压设备利用注浆小导管预留孔将浆液向四周喷射,促使岩体四周与浆液充分结合,使破碎的岩体与浆液共同组成一高强度的"承载拱",限制围岩变形,取得了很好的效果。

从2000年以来,甘肃路桥先后参与卧牛山、汪家坝、小石村、科布、尼傲、九龙峡、恐龙湾、付家窑等多条高速公路隧道建设。隧道施工大多还在采用上下台阶法施工,施工设备和技术方面已有了长足进步。超前地质预报、施工现场监控及适宜隧道施工的机械设备的研发和改进,大大加快了施工进度,同时也极大地提高了结构的安全性。

随着国家宏观经济对基础建设投资的不断加大,高等级公路建设项目越来越多,施工企业技术水平也取得长足进步。2008年甘肃路桥通过对路面工程施工经验的总结,形成的"沥青混凝土路面工法",被评为2007年度省级工法,实现了甘肃公路施工企业工法零的突破。截至目前,甘肃路桥拥有国家级工法5项、省(部)级工法45项、企业级工法73项;获发明专利51项;注册"兆力牌"系列商标1项;获甘肃省建设科技进步奖17项;甘肃省建设科技示范工程13项;省交通厅系统"五小发明"成果12项;全国绿色示范工程2项;编制交通运输行业标准1项,甘肃省地方标准1项。

二、施工技术手段的演变和进步

1998年随着国家西部大开发,甘肃公路建设迎来了建设高潮,公路施工逐步向机械化施工发展。

路基土方工程:20世纪70~80年代,路基施工主要采用传统的肩扛手提、手推车、农用车作业方式,涵洞、扩大桩基础施工基本靠人工开挖,盖板、桥梁采用木工现场制作模板,人工和灰,生产效率低下,工程进度慢。随着自卸车、轻型碾压机具、挖掘机、装载机、大吨位自卸车、重型和特种压实机械、平地机、洒水车等机械设备参与施工,效率大大提高。

1991年甘肃公路局三队在兰州至包头大刘段采用涵洞盖板木质模板照片

1996年甘肃公路局三队在国道312县树屏至徐家磨二级汽车专用线人工开挖桥梁扩大基础照片

路面工程在90年代初,沥青混合料生产还基本停留在土法加热、人工翻炒、人工洒铺的阶段;油路施工多为下贯上铺法,即下面层为4.0cm灌入式沥青碎石,上面层为1.5cm沥青砂罩面;碾压设备为单光轮压路机,小吨位自卸车运输,机械化程度不高。随着路面等级的提高,在路面结构层增设基层,施工方法经历:洒水闷料——推土机或平地机整平——采用人工撒水泥+犁翻——碾压成型,到后来洒水闷料——推土机或平地机整平——路拌机拌和——碾压成型,最后发展采用稳定土厂拌设备集中拌和,运输车运至工地,推土机或装载机配合平地机整平,碾压成型。

1999年在天嶷二级专用公路路面施工中,基本实现机械化。底基层施工,采用稳定土拌和设备厂拌强制拌和,对各集料电子模拟计量,自卸车运输,平地机摊铺,基层采用摊铺机铺筑。沥青混合料楼为西筑3000型拌和楼、摊铺设备为ATB423型,宽度达12m,碾压设备为进口英格索兰DD110压路机,非接触式均衡梁自动找平。

从2001—2009年,高速公路建设管理日趋完善,对施工也提出更高要求。基层原材料天然砂砾分级采配,基层摊铺2台摊铺机并机作业,严格控制细集料含泥量,采用透水土工布覆盖养生,稳定土厂拌要求大产量且称重计量,沥青拌和楼采用3000型以上,摊铺压实设备要求进口设备,面层摊铺采用双台并机作业,这些技术的运用,大幅提升了工程质量。

从2010年开始,高速公路路面施工越来越朝着精细化、标准化(2011年甘肃高速公路标准化指南出台)方向发展,场站建设标准化,场地硬化,细集料搭设防雨棚。

2012年雷家角至西峰高速公路甘肃路桥建设集团
玛连尼4000型沥青拌和楼施工现场

为了提高沥青路面工程质量和使用寿命,甘肃路桥建设集团从沥青路面集料加工入手,率先采用了三级破碎、二级除尘绿色加工工艺,通过首破采用颚式破碎,二次采用反击式(或冲击式)破碎及安装整形机和布袋除尘设备,生产出的集料棱角分明、颗粒洁净、形状接近理想的立方体,大大提高了集料与沥青的黏附能力,同时在集料加工过程中,采用了洒水设备洒水作业,保护了环境,减少了扬尘和集料的二次污染,有效改善了以往加工出的集料针片状含量高、粉尘含量大、集料二次污染的缺点。

2012年G3017金昌至武威高速公路施工中碎石首次采用双除尘(重力和旋风)装置,降低环境污染,加大碎石表面洁净,从此上升为以后高速公路建设原材料强制要求

小型预制构件工厂化。针对小型预制构种类杂、工序多、成品保护困难等特点,甘肃路桥建设集团率先使用了预制构件工厂化施工技术,通过建设功能分区合理、设施规范标

准的工厂化预制场地,组织开展流水化生产,保证各工序环节有序衔接。同时采用高强塑料定型模具、振动成型工艺和喷淋养生系统等先进措施,优化预制工艺,改善养生条件,实现规模化作业过程中的精准操作,批量制造出表面光洁、颜色均匀、棱角分明(或圆润)的产品。最后对构件成品进行分类捆绑打包,在装卸、搬运过程中对其形成有效保护,避免二次损伤,取得了小型预制构件"内实外美",工程实体整体美观的实用效果。

2012年G3017金昌至武威高速公路施工中,上面层碎石首次采用圆锥破(左图)进行碎石整形装置,碎石棱角、形状接近立方体;碎石筛分过程采用水冲洗(右图),降低环境污染,加大碎石表面洁净,从此上升为以后高速公路建设原材料强制要求

2012年G3017金昌至武威高速公路施工中,小型构件预制首次采用工厂化施工技术,左图为捆扎成型的路缘石,右图为集料加工棚,自此开启高速公路建设小型构件强制要求

沥青混凝土拌和采用德基4000型,并安装黑匣子,逐盘打印配合比等技术参数信息。摊铺机安装远红摄像仪,实时监测混合料温度离析,压路机安装显示屏,实时屏显碾压温度,安装倒车雷达,设置明显碾压带,大功率空压机吹扫基层等,这些技术的运用有力地保证了路面施工质量。

新材料新技术。针对甘肃省复杂的地质环境和类型多样的气候,为解决高等级路面在施工、养护、维修等过程出现的技术问题,2013年组建了"甘肃省道面工程技术研究中心"。采用"产学研用"一体化模式,重点开展新型道面工程材料研发及应用工作,相继开发了 SBS 改性沥青等各类新产品,并实现了工厂规模化生产。

2012 年 G3017 金昌至武威高速公路施工中,小型构件预制首次采用工厂化施工技术,左图为振动平台预制路缘石现场,右图为小型构件成品蒸汽养生现场,自此开启高速公路建设小型构件施工强制要求

2012 年研制的 SBS 改性沥青稳定剂性能优良,与壳牌、埃索、克拉玛依等基质沥青配伍性较好,生产的 SBS 改性沥青已在金武、临合、十天、金阿、白明等高速公路大规模投入使用。

2012 年甘肃路桥养护公司职工王兆力研制出兆力牌 SBS 改性沥青稳定剂(专利号 1888975),与壳牌、埃索、克拉玛依等基质沥青配伍性较好,已在金武、临合、十天、金阿、白明等高速公路项目大规模投入使用

2013 年开发的橡胶沥青先后在金武高速公路和临合高速公路上用作应力吸收层,有效减少了路面反射裂缝的出现。

2014 年开发的快速修复水泥,在宝天高速公路麦积山隧道道面防滑改造工程使用过程中,将破损水泥混凝土道板修复时间由 7d 缩短到 3h,大大缩短了施工周期,为项目保质保量提前完工、快速开放交通提供了最先进的技术支撑。先后在兰州中川机场高速公路、白兰高速公路、临合公路、巉柳高速公路、天巉高速公路、永古高速公路、金阿高速公路得到推广应用。

2015 年开发生产的低温型灌缝胶性能优良、适用性广,已在金武高速公路、营双高速公路养护中得到普遍使用,效果十分显著。

2016 年开发冷补沥青混合料,施工和易性、强度等性能良好,解决了冬季热拌沥青混合料施工困难、路面坑槽难以修补的技术难题,在营双高速公路养护中使用效果良好。

2013年甘肃路桥养护公司自行开发研制出橡胶沥青用作半刚性材料与柔性材料之间应力吸收层,有效缓解基层反射裂缝

2014年甘肃路桥养护公司自行开发研制出快速修复水泥用于水泥路面或桥面快速病害处治,
在甘肃省多条高速公路病害处治过程中已得到广泛应用

2015年甘肃路桥养护公司自行开发研制出低温型灌缝胶用于基层反射裂缝病害处治,效果良好,
在甘肃省多条高速公路病害处治过程中已得到广泛应用

2015年8月1日,交通运输部发布了行业推荐性标准《公路路面基层施工技术细则》(JTG/T F20—2015),对基层混合料级配、搅拌工艺等方面都提出了新的推荐性要求。为了解决传统的连续式搅拌装置因搅拌时间短、粉料和细料不能充分均匀弥散和包裹粗集

料,导致水泥稳定碎石基层裂缝等质量隐患,路桥集团在白明路面五标完成了甘肃省内首套水泥稳定碎石振动搅拌设备的改造。与传统搅拌工艺相比,采用振动搅拌设备节约了水泥用量,大幅减少了混合料摊铺离析,提高了水泥稳定碎石基层的强度与耐久性,后期裂缝大幅减少,对全省高速公路半刚性基层裂缝防治具有指导性意义。

2016年甘肃路桥养护公司自行开发研制出冷补沥青混合料用于沥青面层病害处治,尤其对冬季施工中"急""难""险"特殊要求,如路面坑槽快速修补有很重要意义,施工方便、快速,施工和易性、强度性能良好

2015年甘肃路桥养护公司依托白水至明疙瘩高速项目,与高校合作共同研发水泥稳定碎石振动搅拌技术,节约水泥,增强基层耐久性,减少后期裂缝,对半刚性裂缝处治具有指导意义

2014年4月至6月,甘肃路桥建设集团在全省首次应用Novachip超薄罩面防滑处置成套技术对宝天高速公路麦积山隧道水泥混凝土道面进行了防滑改造施工,有效解决了原水泥混凝土道面湿滑、破损导致交通事故频发的问题。该路段交通事故由改造前月均9起降到改造后连续7个月零事故,取得了显著的社会效益。

2015年8月,继麦积山隧道道面防滑改造工程后,该项技术在兰州机场高速公路路面技术改造工程中得到了大面积推广应用。

桥梁工程方面,20世纪70年代,施工建成的黄河第一桥——玛曲黄河大桥,为空腹式钢筋混凝土拱桥,施工方法为传统的挂篮施工法。

2000年白兰高速公路忠和互通立交,设计结构形式为定向Y形三层立交,全长

4293.14m,通过四条匝道将主线和柳忠高速公路及兰海高速公路定向连接。立交C、D匝道桥上部结构为现浇预应力混凝土箱梁,正弯矩钢绞线长度均在120m以上,施工中采用的五跨一连续的张拉工艺在甘肃省尚属首次。

2014年甘肃路桥养护公司首次引进消化吸收Novachip超薄罩面防滑处置成套技术,有效增加路面构造深度,尤其在隧道施工病害处治或长纵坡水泥路面洒水病害处治应用广泛。左图为麦积山隧道改造,右图为兰州机场高速施工照片

2001年白银至兰州高速公路建成通车

2006年建设的祁家黄河大桥,桥梁结构为主跨180m的上承式桁架钢管混凝土无铰拱桥,在施工中首次应用了大跨度结构施工过程中模拟仿真施工技术。该工程采用钢管混凝土拱桥结构,在甘肃公路史上尚属首次。

2008年以后预应力混凝土梁板开始使用智能压浆、钢筋智能弯曲、梁柱钢筋笼滚焊等先进的工艺和设备,小型预制场构件开始工厂化集中预制,钢筋半成品加工采用工厂化加工。

桥梁工程采用预制场集中预制梁板,架桥机吊装。桩基除采用传统的钻机开挖外,还采用了适宜黄土地区施工的旋挖钻机,大大提高了工效和施工的安全性。

2010年建设的雷西子午岭特大桥,使用了箱梁预制掺加粉煤灰的双掺技术。

2012年武罐高速公路7标大岸庙特大桥,全长1118.8m,双向分离式布设。施工时针对陇南山大沟深、场地狭小的地形条件,采用"60m 高跨墩门吊配合架桥机安装箱梁施工技术"解决了高墩大跨径桥梁在无法修筑运梁通道条件下的箱梁安装技术难题。

隧道施工方面,20 世纪 90 年代以前大多数采用矿山法施工,小型自卸汽车配合人工出渣,初衬混凝土全部为人工喷射,隧道混凝土道面人工辅助整平,在监控量测方面基本处于空白状态,仅进行简单的收敛量测和位移量测,不具备对围岩进行超前预报的能力。

2000 年以后,隧道施工逐渐精细化,对黄土隧道及较为软弱的围岩,采用双侧壁导坑法施工,初衬采用湿喷台车施工,二衬台车的精密程度更高,混凝土采取输送泵泵送浇筑;在石质隧道施工方面,掌子面掘进采用单臂(双臂)凿岩台车、初衬湿喷台车,自主研发自行式模板衬砌台车,道面采用全自动滑模摊铺机施工,基本实现机械化作业;仰拱采用移动式栈桥半幅开挖。

在隧道施工中大力推行班组化作业,引进一批具有国际先进水平的隧道施工设备,机械化水平大幅提高。
左图为瑞典阿特拉斯双臂凿岩台车,右图为意大利卡萨 C6 水平钻机

在监控量测方面采用激光断面仪进行,有效地提高了监控量测的精准度。施工前采用地质雷达超前预报,在掌子面安装视频监控,掌子面至二衬之间设置逃生通道,施工人员安装芯片安全帽,保证人员安全。

对大断面(三车道)黄土隧道,采用改进 CD 法施工工艺,用挖机开挖掌子面,部分项目采用节能环保的水压爆破技术,降低了施工成本,提高了施工效率,改善了施工环境,保证了施工安全。

随着高速公路的发展,甘肃路桥修建了一些隧道工程,积累了一定经验,施工技术也有了很大提高,特别是在克服复杂地质结构等外部环境条件的施工能力上,有很大提高。甘肃省隧道工程矿山法施工中已较普遍的采用了新奥法;岩石中隧道施工除采用钻爆法掘进外,也已开始采用掘进机施工,公路隧道在数量与规模上有很大发展,隧道施工技术的研究仍任重而道远,地质超前预报仍需继续开发和完善,隧道机械化程度还很低,湿喷混凝土及喷射钢纤维混凝土的应用研究需进一步加强,隧道施工现代化管理还有很大提

升空间。

三、机械化集群作业的发展

随着甘肃省高速公路建设的稳步推进,机械化施工水平得到了很大的改善,由20世纪中后期的单点机械配合作业转变为机械化集群作业,使技术装备率与劳动生产率得到同步提高,稳步提升。

2014年甘肃路桥建设集团在G7011十堰至天水高速公路施工。左图为面层施工现场,右图为底基层施工工作面

由传统的施工方法转变为机械化施工,是公路建设的一场技术革命。甘肃省高速公路建设伊始,各类机械设备较少且不配套,往往难以发挥机械设备的最大效能。随着高速公路建设高潮的掀起,不仅机械设备数量剧增,而且在"质量"上突飞猛进,机械设备配套也相应增强。在公路工程施工中,根据实物工程量及施工现场条件,对项目所需的机械进行统筹规划,优先保证关键线路的机械化配套作业,同时兼顾重点节点设备需求,达到设备配套组合最优,发挥集群化作业的最大优势。

1. 路基施工方面

路基土石方施工机械一直朝着大型化的方向发展,在形成配套生产时,更加强调生产能力的相互匹配和效率的提高。挖掘机、平地机的大量应用,运输车辆、压实设备的吨位大幅提高,均有力地提升了路基土石方工程的施工速度和质量。路基施工机械配置见表5-1。

路基施工机械配置对比表 表5-1

机械用途	2000年左右	2016年左右
土方开挖	推土机、ZL50装载机	推土机、ZL50装载机、$1m^3$单斗挖掘机
土石方运输	$5\sim8m^3$自卸车	$20\sim30m^3$自卸车
路基压实	10t振动压路机、$12\sim15t$三轮压路机、凸块振动压路机	26t振动压路机、凸块振动压路机

2. 路面施工方面

交通量的成倍增长,促使路面结构发生很大变化,相应施工方法和机械设备应用得到质的提升。稳定土、沥青混合料的拌和能力大幅提高加速了路面施工的速度,全断面、大厚度摊铺和重型振动压路机的应用为路面施工开创了新的局面。路面施工机械配置见表5-2、表5-3。

路面基层施工机械配置对比表　　表5-2

机械用途	2000年左右	2016年左右
混合料拌和	WB200、WB300型稳定土拌和楼	WB500、WB600型稳定土拌和楼
混合料运输	8~12m³自卸车	20~30m³自卸车
摊铺	平地机、摊铺宽度7.5m 摊铺厚度20cm(压实)以内稳定土摊铺机	摊铺宽度12m 摊铺厚度30cm(压实)以内稳定土摊铺机
碾压	12t振动压路机2台,三轮静碾压路机	26t振动压路机2台,轮胎压路1台

路面面层施工机械配置对比表　　表5-3

机械用途	2000年左右	2016年左右
混合料拌和	2000、3000型沥青拌和楼	3000、4000型沥青拌和楼
混合料运输	8~12m³自卸车	20~30m³自卸车
摊铺	摊铺宽度12m以内沥青混凝土摊铺机	摊铺宽度12m以内沥青混凝土摊铺机
碾压	10~11t双钢轮振动压路机2台,20t轮胎压路机1台	13~15t双钢轮振动压路机3台,30T以上轮胎压路机3台

由表5-2、表5-3可以看出,在路面施工机械配套方面,由于拌和设备的效率提高和路面结构层厚度的不断增加,需用的运输车辆、摊铺设备、压实设备的功率和数量也在逐步增加。

3.桥隧施工方面

随着公路等级的提高,路线设计理念也发生变化,尤其在桥、隧占比较大的项目,都把机械化程度的提高作为加快施工进度的重要手段。混凝土设备拌和能力在近20年内提高了10倍左右,大体积定型模板和混凝土泵送的应用,大大提高了混凝土生产的效率;桩基机械成孔,如冲击钻、旋挖钻的应用,加快了桩基成孔时间;凿岩机、湿喷机、自行式二衬台车的使用加快了隧道的施工进度。在应用最广泛的钻爆法作业方面,建立以钻孔台车为先导的几条机械化作业线(开挖、出渣作业线;喷混凝土作业线;模筑混凝土衬砌作业线)可以使钻爆法适应性更强,工作效益明显;在特长隧道中采用全断面掘进机,实现机械化长隧道施工的高速、高效和高质量。

四、施工技术的发展更新

1.路基施工技术

从甘肃地形分布来看,路基施工主要涉及黄土施工技术(陇东地区)、膨胀土施工技术、盐渍土施工技术(河西地区)、土石混合施工技术、石方施工技术,从施工角度高度重视原材料的试验检测,黄土地区湿陷性试验、红土地区膨胀性试验、盐渍土地区填筑材料Cl-1、SO4-2含量及施工用水的检测,从源头保证施工质量。其次在施工工艺上,严格按照规范施工,注重填挖结合部、半填半挖、新旧路结合部及三背的处治与压实,重视最佳含水率和填层厚度的控制,侧重压实度和弯沉检测结果,注重高边坡的稳定及路基防排水的完善,应用信息化技术观测路基的不均匀沉降,重视工序间的验收,路基施工质量大幅提升,质量病害明显减少。尤其是在黄土路基施工中,重点对原地面、高路堤的填筑、填挖结合部、路床施工、防排水等重点部位进行重点控制,路基病害明显减少。路桥集团总结提炼的"陇东黄土路基V形冲沟填筑施工技术"获2017年中国公路协会技术进步二等奖。随着小型预制构件工厂化加工,路基防护做到了线形顺直,美观大方,与自然和谐统一。

2.路面施工技术

在甘肃省的高速路施工中,已形成完善的标准体系。一是高度重视原材料的进场把关,严格控制单级配含泥量,重点控制0.075mm以下细集料含量,上面层碎石采用三级破碎二级除尘及一级整形;沥青进场检测采用红外光谱仪及GPS定位系统,大规模使用SBS改性沥青,检测内容除三大物理指标外(规范要求),重点监测沥青的耐久性和抗疲劳等老化后指标。二是重视混合料配合比的设计优化,注重混合料级配和防离析。部分项目基层底基层施工采用振动拌和宽幅大厚度施工技术,并严格控制水泥剂量,路面反射裂缝明显降低。三是严格试验段施工各种参数的收集分析,指导后续的大规模铺筑。四是强化精细化施工,注重拌和、运输、摊铺等阶段的离析控制。四是侧重细部施工,如接缝处理、养生及透层、黏层及封层施工、层间结合强力清扫,避免层间污染,智能化碾压工艺、桥面抛丸及精铣刨;2014年实现了沥青拌和楼应用"油改气"技术,该项技术的应用,有效地提高了沥青混合料拌和质量,减少了二氧化碳、二氧化硫等排放。五是机械化集群作业,施工进度显著加快,施工质量大幅提升,路面的行车舒适度明显改观。通过多年的路面施工,总结提炼形成了"戈壁沙漠地区宽幅超厚水泥稳定碎石铺筑一次性成型施工工法"(2015年国家级工法)、"高等级公路沥青面层摊铺与碾压信息化施工工法"(2015年部级工法)、"振动拌和及宽幅超厚施工技术在戈壁地区水泥稳定碎石基层中的应用"(2017年中国公路协会科技进步一等奖)等工法和技术。

3.桥梁施工技术

随着项目业主标准化的施工要求进一步加大,一大批高精尖设备的投入使用,桥梁施工技术逐步向工厂化装配式发展,"三集中"(混凝土集中拌和、混凝土构件集中预制、钢筋集中加工)的全面推行,箱梁预制钢筋采用定型台架、高性能混凝土的应用、工厂化的梁板预制、智能张拉、蒸汽养生,配合试验检测手段和工序验收,保证了桥梁的实体施工质量,外观混凝土色泽一致,蜂窝麻面少,线形美观。

4.隧道施工技术

在隧道施工方面,高速公路建设主要从以下几个方面着手。一是坚持推行隧道施工"三化"建设,即"机械化、班组化、专业化",施工进度大幅提高,施工质量有效保证,施工安全风险显著降低,施工效益显著提高。二是隧道初期支护采用湿喷混凝土工艺,缩短洞内喷射混凝土施工时间,有效解决干喷工艺存在的粉尘大、回弹高、质量不易控制、作业面安全环境差、难以应用混凝土技术发展成果这五大难题。三是隧道二衬施工采用泵送混凝土和整体式液压台车的机械化配套施工方案,通过在二衬钢模台车侧模上增加边墙小吊模来取代矮边墙,改进了传统的矮边墙施工工艺,实现了拱墙全断面一次浇筑,提高了衬砌的完整性。四是隧道网片挂设要采用自创定型模具加工钢筋网片,通过对钢筋网提前批量加工,有效地改善了现场空间小,且受隧道断面的影响,台车上钢筋运输及拱腰以上至拱顶钢筋绑扎极其困难的问题,减少围岩的暴露时间,节省劳力、时间,保障了施工安全。五是隧道混凝土路面滑模摊铺机进行摊铺施工,实现了隧道混凝土道面施工机械化程度高、规模大、速度快、路面动态平整度好、抗折强度高等优点,大幅提升混凝土道面施工的总体质量。六是在隧道安全管理中,采用了隧道工作面视频监控系统、洞内人员感应定位系统、洞内信息实时发布系统、隧道人员、车辆出入自动管理系统等一系列智能化的安全管控措施,实现了对隧道内施工场面实时监控和相关信息实时发布,真正实现了隧道安全管理信息化控制。七是通过对集中式拌和站安装完全独立的配合比监控装置,实时采集即时生产的混凝土施工配合比,并通过分析软件对配合比是否达标进行分析,具有报警功能,各类混凝土的拌和质量得到有效保障。

五、施工过程的现代化管理

20世纪90年代,公路等基础设施建设还基本处在计划经济体制,工程项目大多类型单一,工程量较小,施工技术难度不大,工期也较短。公路建设项目基本为属地管理,行政命令,财政拨款。这一阶段,工程管理方式单一,试验检测仪器简陋,方法简单,手段落后。工程资料,包括施工原始资料,全部为手工填写,耗人费时,效率低下。

2000年招投标法正式实施以来,随着《国家高速公路规划》出台,全国各地高速公路进入建设高潮,工程项目全面实施招投标制,施工企业步入市场竞争。工程管理模式开始逐步推行项目法人制,采取政府监督、社会监理、企业自检的三级监督管理模式。

2008年,甘肃路桥利用互联网平台,建设信息化系统工程。结合企业实际,先后自主开发完成了"数字路桥"信息化四大系统十大子系统,基本构建起了以网络办公、财务管理、项目综合管理、人力资源管理等涵盖集团各类主要业务的信息化管控体系,通过"投招标管理电子化、工程管理动态化、成本控制精细化、安全管理常态化、设材管理信息化、全面预算前置化、档案管理一体化、办公管理智能化、财务核算联网化、人力资源管理实时化",实现了"办公业务协同、业务流程协同、资料归档协同、文档管理协同、网络内外衔接协同",建立了具有企业自身特色的信息化系统管理平台,形成了具有甘肃路桥特色的管理模式。

信息管理系统的实施,对于规范并优化企业内部各部门业务流程,对重点业务实行全面质量监控;实现各部门间的协作、无纸办公;避免部门互相推诿现象;降低企业运作成本,提高公司的整体运作效率有很大的意义。路桥信息系统延伸到各个项目、各个部门、各个负责人,各部门对口管理,可实现全天候办公,项目各个实时报表都能及时浏览,便于掌握项目管理动态,及时作出反应。

项目经理作为项目质量安全进度成本第一责任人,与集团签订目标责任书,对项目施行全面管理。按照集团企业文化的要求进行驻地建设,项目总工开展前期技术工作,包括设计交底、图纸会审、工程量清单复核、现场复核、编写实施性施工组织设计,上报集团审批。完成准备阶段技术工作后,经过公司劳务评审合格后的劳务队、合格材料供应商选择队伍进场,开始施工前准备工作。项目经理组织建立本项目各项制度,并将质量、安全、进度等目标层层分解到各个部门负责人,进行三级交底。各个分项工程必须进行首件制审批,验证人员、机械、设备、工艺和施工方法,按报批的首件制开始大面积施工。集团将每季度进行检查,重点是质量、安全、进度、成本检查,督促项目落实各项计划,查漏补缺,纠偏修正,保证项目各项指标顺利完成。

试验检测对质量控制方面具有十分重要的意义。随着工程建设规模扩大,机械化程度的提高,技术水平的不断进步,试验检测数量大、频率高,要求也越来越高。首先,随着试验检测队伍不断壮大,一批专业素质优、技术水平高的专业技术人员脱颖而出,成为试验检测过程中的骨干力量;其次,仪器设备加快更新换代,紧跟科技前沿,试验设备更加自动化、智能化。例如最常用的力学试验设备由手动液压控制系统更新为微机控制电液伺服控制系统再到微机控制电子控制系统,力值采集由最早的表盘读数更新为油压传感器再到轮辐式测力传感器。先进的成套化的仪器设备,让试验效率更高,结果更准确;第三、各项试验所依据的标准、规程、规范不断更新,技术要求更高,试验方法更完善,环境要求更严格。通过一系列的改进措施,使工程质量管理手段不断向专业化、现代化迈进。2010年后引进第三方检测机构,对项目的整个过程进行全方位监督检测。

工程检验检测方面一改过去传统的人工化、手动化所带来的检测结果误差大、效率低的特点,紧跟国内外市场发展动态实时进行技术引进与设备更新。目前桥梁检测、桩基检测、路基路面检测基本采用国内外先进的无损检测设备,一大批先进的仪器设备如美国特雷克斯桥梁检测车、自动落锤式弯沉仪、PENATRADA 路面雷达、英国 DOUGLAS 自动路面摩擦系数测试设备、车载式激光平整度仪、日本 TML 静态电阻应变仪、北京东方所信号采集分析仪、中国地震局 891-II 型振动传感器、RSM-SY8(W)型基桩超声波CT成像测试仪、桥梁远程动态监控系统等大大提高了检测效率和质量,极大地保证了检测结果的可靠性与准确性。

自2008年至今,隧道地质超前预报、监控量测及质量检测在技术上有了长足的进步和发展。

电磁波技术和地震波技术已普遍应用于每座隧道的超前预报,是隧道施工不可或缺的重要技术,切实做到了隧道开挖前的不良地质体的预报,使施工单位基本掌握了掌子面前方的地质状况,及时及早调整掘进方案,不但降低了安全事故,也节约了施工成本。

新型全站仪等设备已成功取代传统的收敛计、水准仪等设备进行隧道周边收敛、拱顶下沉、路面隆起、地表下沉等监控量测的必测项目中;钢弦式、正弦式等应力计、位移计、应变计、裂缝计及频率仪等设备也普遍应用于隧道围岩内部的监控中。通过隧道外部、内部的监控量测,使隧道有立体式的安全监控。

隧道实体质量的过程监控范围更广、技术更先进。先进的地质雷达设备使隧道结构层厚度、拱架、衬砌混凝土缺陷、仰拱填充层密实度等的施工质量有了强有力的保障;更新换代的断面检测仪器设备在根本上保证了隧道的结构层厚度和净空尺寸;国外先进方便的钻芯设备完全控制了隧道的仰拱、填充层等结构层的质量。通过各种先进仪器设备和技术的应用,隧道实体质量有了质的提升。

目前,在国家鼓励和技术创新支持下,随着互联网技术的发展,隧道先进检测设备已与互联网技术有了实质性的结合。隧道的远程监控量测技术已初步在甘肃省隧道中得到了应用,成绩斐然。相信隧道的超前预报、监控量测及质量检测的远程监控技术应用技术指日可待。

第六节　甘肃省高速公路建设质量安全管理

一、质量管理

(一)公路工程质量监督机构沿革

1989年4月,经甘肃省编制委员会《关于成立甘肃省交通厅基建工程质量监督站的通知》(甘编〔1989〕044号)文件批复,甘肃省交通基建工程质量监督站成立(以下简称省交通质监站),与省交通科研院合署办公,一套机构,两块牌子,县级建制,是融交通工程质量监督、科学研究为一体的质监科研单位。2005年11月,根据《关于省交通质监站与交通科研所分离报告和交通科研所体制改革方案的批复》(甘交体法〔2005〕9号),省交通质监站与交通科研所分离。2012年12月按照甘肃省机构编制委员会《关于机构更名的通知》(甘机编办通字〔2012〕162号)文件批复,甘肃省交通基建工程质量监督站更名为甘肃省交通工程质量安全监督管理局(以下简称省交通质监局)。

省交通质监局共涉及7项职责:一是贯彻执行国家和省有关公路工程质量和安全监管的法律法规和标准规范,制定全省公路工程质量安全监督的工作制度、实施细则并组织实施。二是负责全省国家高速公路、普通国道二级及以上新建、改建等公路工程质量和安全监督管理工作,定期发布质量安全信息。三是依据相关法律法规,对全省交通建设领域内从业单位和人员质量违法、违规行为实施行政处罚。四是负责受理全省公路工程质量问题和质量安全事故的投诉举报,组织或参与质量安全事故的调查处理,对公路工程质量进行仲裁。五是受省交通运输厅委托,负责全省公路工程建设市场监管,负责全省交通运输行业工程监理、试验、检测及质量监督机构和人员资质资信管理、考核培训和业务指导。六是负责全省公路工程监督项目的交工质量检测和竣工质量鉴定工作,参与交通工程质量评优活动。七是完成省交通运输厅交办的其他工作。

(二)高速公路质量监督工作开展情况

1993年至1994年,省交通质监站采取服务与监督相结合,坚持"监、帮、促"的原则,完成中川—幅高速公路等项目的监督任务。2004年省交通厅质监站监督的白兰高速公路高岭子隧道和忠和互通式立交、巉柳高速公路白虎山隧道(现为兴隆隧道)、柳忠高速公路六标路面工程、山临高速公路、兰临高速公路新七道梁隧道、刘白高速公路路基一标荣获省建设工程飞天奖。

"十五"期间,省交通质监站共监督高速公路1410.38km、一级公路259.02km。"十一五"期间,省交通质监站共参与或直接监督高速公路12条1383km,一级公路1条235.42km,地震和冰冻灾后恢复重建项目1180km。"十二五"期间省交通质监局监督任务屡创新高,每年直接承担监督任务均超过20个公路项目,总长度超过2000km。"十二五"期间高速公路(含一级公路)交工16个项目2150.76km,高速公路竣工4个项目367.08km,所有交竣工项目质量等级均达到合格以上。

(三)质量监督工作方式与手段

1. 工程质量监督工作实效得到提高

一是健全完善质量安全督查工作机制。面对监督项目多,监督里程长,监督项目分散和监督人员少的实际,省交通质监局推行"局领导统一协调、监督组负责"的监督责任机制,采取综合督查、专项督查和巡回督查相结合的监督方式进行工程质量安全督查,坚持"服务、引导、监督、处罚"相结合,将监督责任落实到个人。运用监督检查、信用评价、业绩登记等手段,建立了工程质量安全通报制度,督查工作时效性明显增强。在历次质量安全综合督查中对部分参建单位的违规行为做出了行政处罚或处理,对一批重大施工质量和安全隐患进行通报并要求限期整改,有效保障了工程质量和施工安全。二是重视质量监管工作制度建设。为了明确工程质量安全监督职责,规范监督管理行为,修订出台《甘肃省公路工程质量安全监督管理办法》《甘肃省公路工程质量安全督查实施细则》《关于进一步加强我省高速公路建设质量安全监督管理的指导意见》等一系列制度和文件。2016年11月24日,甘肃省第十二届人民代表大会常务委员会第二十七次会议通过了《甘肃省公路建设工程质量安全监督管理条例》(以下简称《条例》),自2017年1月1日起施行。《条例》明确省、市、县三级人民政府、交通运输主管部门及其质量安全监督机构的职责范围,强化工程质量安全责任制,加大工程质量安全责任追究力度,为全面推进依法监督提供法规保障。三是积极开展工程质量安全专项治理活动。坚持"监督就是服务"的理念,扎实开展"标准化施工"和"平安工地创建"活动,有针对性地组织开展各项工程质量安全专项治理。在新开工项目推行质量安全监督工作交底制度,及时明确工程质量安全管理主体责任和监督责任,增强了监督工作的时效性和透明度。四是加强信息化监督管理。推行建设项目信息化管理,建立全省公路工程建设市场信用评价体系和工程质量安全监督管理系统,对重点施工环节质量安全推行远程监控。五是严格进行交竣工验收。实施交工检测提前介入制度,加强工程建设全过程中质量控制和抽查监督,严把交竣工验收质量关,强化工程建设事后验收评价。认真开展质量问题核查,对公路工程项目质量举报情况进行调查,并向省交通运输厅提交调查报告。

2. 建设市场信用评价

2010年以来,每年底对在甘肃省从业的设计、施工、监理、试验检测企业和从业人员组织进行信用评价,对一批有失信行为的企业和人员进行记录和信用扣分,强化企业和从业人员诚信意识,促进了全省公路建设市场健康有序发展。

省交通质监站在对高速公路进行质量检查时运用落锤弯沉仪(型号:8020FWD)检测,图为在S17阿拉善右旗(内蒙古)至永昌高速公路对路面质量弯沉检测时情景(祁伟 摄)

施工企业市场培育方面,截至2015年12月,在甘肃省从业的公路工程施工企业共137家。在甘肃省公路建设市场从业的施工企业中,中交、中铁及省内施工企业管理水平相对较高,发展理念人本化、项目管理专业化、工程施工标准化、管理手段信息化和日常管理精细化等现代工程管理"五化"落实到位,对促进全省工程质量安全管理起到了较好的引导作用。2009年交通运输部印发《公路施工企业信用评价规则》后,甘肃省结合省内实际情况细化印发《甘肃省公路工程施工企业信用评价实施细则》,2010年开始开展施工企业信用评价工作。甘肃省公路工程施工企业从业情况见表5-4。

甘肃省公路工程施工企业从业情况统计表　　　　　表5-4

年份	从业单位数(家)		合计(家)	信用评价等级及分布情况(家)				
				AA级	A级	B级	C级	D级
2010年	高速公路		75	0	18	49	6	2
	二级公路							
2011年	高速公路	65	122	3	20	29	3	0
	二级公路	57		0	22	22	13	0
2012年	高速公路	73	145	4	33	36	0	0
	二级公路	72		0	27	37	8	0
2013年	高速公路	111	196	5	45	55	6	1
	二级公路	85		0	42	29	14	0
2014年	高速公路	103	128	未发布				
	二级公路	25		未发布				
2015年	高速公路	103	82	4	51	22	5	0
	二级公路	25	55	1	35	18	1	0

试验检测市场培育方面,截至2016年6月底,甘肃省已取得等级的检测机构达到34家,其中综合甲级试验室3家(内含1家同时具有桥梁隧道工程专项和交通工程专项等级)、综合乙级试验室17家、综合丙级试验室14家,全部参与了甘肃省公路工程检测市场活动。从2006年至今参加试验检测考试共16354人,取得检测工程师资格586人,取得检测员资格965人,试验检测从业人员队伍基本形成。甘肃省公路工程试验检测企业信用评价情况见表5-5。

甘肃省公路工程试验检测企业信用评价情况表　　　　　表5-5

年份	合计(家)	检测企业信用评价等级				
		AA级	A级	B级	C级	D级
2009年	16	0	5	8	3	0
2010年	22	0	17	5	0	0
2011年	26	0	16	9	1	0
2012年	28	1	19	7	1	0

续上表

年　　份	合计(家)	检测企业信用评价等级				
		AA级	A级	B级	C级	D级
2013年	32	0	16	14	2	0
2014年	未发布					
2015年	34	2	20	10	2	0

监理市场培育方面,截至2016年6月底注册在甘肃省的公路工程监理企业共计20家,其中甲级5家,丙级15家,公路工程特殊独立大桥专项资质、公路工程特殊独立隧道专项资质和公路工程公路机电工程专项资质各1家。全省高等级公路建设项目从业的监理企业共计51家,其中省内监理企业5家,省外监理企业46家,从业监理工程师466名。甘肃省公路工程监理企业信用评价情况见表5-6。

甘肃省公路工程监理企业信用评价情况统计表　　表5-6

年　　份	合计(家)	信用评价等级及分布情况(家)					监理工程师人数
		AA级	A级	B级	C级	D级	
2009年	27	0	2	20	4	1	155
2010年	22	0	10	11	0	0	111
2011年	33	0	12	17	3	1	302
2012年	42	0	15	16	1	0	114
2013年	50	0	11	28	9	2	412
2014年	未发布						
2015年	33	0	10	17	6	0	466

公路工程设计市场培训方面,截至2015年12月在甘肃从业的公路工程甲级设计单位有18家(其中省内设计单位1家),乙级设计单位13家(其中省内设计单位7家),丙级设计单位36家,承担200多个各级公路项目的设计任务,高速公路和一级公路设计任务约40%为省外设计单位完成,设计市场全面开放。2013年10月28日,交通运输部印发《公路设计企业信用评价规则》后,2014年1月21日发布执行《甘肃省公路设计企业信用评价实施细则》并同时展开2013年度设计企业信用评价工作。甘肃省公路工程设计企业从业情况及信用情况见表5-7。

甘肃省公路工程设计企业从业情况及信用情况统计表　　表5-7

年　　份	从业单位数(家)	信用评价等级及分布情况(家)					
		合计	AA级	A级	B级	C级	D级
2013年		11	3	8	49	6	2
2014年	未发布						
2015年	67	18	2	14	1	1	0

3.监理管理工作

一是积极推行监理管理标准化建设,编制并多次修订完善《公路工程监理旁站手册》

和公路工程施工及监理工作用表,并在各公路建设项目推行使用,统一和规范监理用表,提高了监理工作的有效性。二是开展监理合同履约及内业资料专项督查工作,查处一批在不同项目上重复从业和持假证从业的监理人员。三是每年对全省公路工程参建监理企业和持部证监理工程师进行信用评价。建立全省监理人员从业信息登记备案管理台账。四是完成省内监理企业的资质初审、复查、定期检验工作和持部证监理工程师的从业登记工作。对监理工程师的业绩登记和监理人员从业信息登记进行审核、备案。五是组织完成监理工程师过渡考试工作,举办安全生产、环境保护监理培训、监理业务培训,提高全省监理人员执业能力。

4. 试验检测管理

一是全面推行建设项目交工检测提前委托或招标,在施工全过程介入工程质量检测评定工作,便于及时发现问题,及早解决问题,起到防患于未然的作用。建立交竣工检测大纲评审制度、检测结果定期报送制度和检测结果专家评审制度。每年组织检测单位和建设单位召开交竣工检测工作座谈会,对检测制度的落实和年度检测工作进行详细安排部署。二是组织全省公路工程试验检测机构和在建项目工地试验室开展沥青混合料油石比、土界限含水率、锚具锚固性能、钢筋、水泥、沥青混合料理论密度(真空法)、钢筋保护层厚度等检测参数的比对试验,对试验结果进行全省通报,对不合格的提出整改要求,督促试验检测人员提高业务技能和检测数据准确性。三是加大交通产品抽检力度,每年组织多次在建项目交通产品抽检,按照外购交通产品的自检、送样和抽检制度,完成各类交通产品的抽检工作,并建立和实施交通产品"黑名单"制度。四是对在建项目工地试验室进行专项督查,对母体试验检测机构进行备案登记审查。

5. 施工安全监管

自2009年甘肃省交通运输厅将全省公路工程重点建设项目施工安全生产监督职责划分给甘肃省交通工程质量安全监督管理局以后,省交通质监局严格按照省交通运输厅党组的要求,牢固树立"快速、科学、安全、协调"的交通运输发展理念,对安全生产监督管理工作高度重视,不断创新工作理念,充分履行安全管理责任。一是积极开展安全宣传教育和培训,每年对全省施工企业的"三类人员"进行安全能力考核和对从业人员组织教育培训。从2009年至2016年6月,累计开展专题宣讲55场次,印发宣传资料、挂图和培训教材8.5万余份;培训项目管理人员、企业安全管理人员、技术人员和一线劳务人员约5.8万余人次,通过培训不断强化从业人员的安全意识,提高事故防范技能,同时督促建设项目开展安全生产操作技能、防护知识培训和应急保障演练。二是督促建设项目落实"四个一"的基本要求,即签订一份具有法律效率的安全生产合同、制定一个针对性强的应急预案、建立一支快捷高效的救援队伍,建立一个安全教育培训基地,不断夯实基层、基础和基本功建设。三是通过"两个考核"和对"施工现场负责人带班生产"和"重大安全事故隐患挂牌督办"两个制度的落实。督促从业单位建立和落实"党政同责,一岗双责,齐抓共管"的安全责任链,建立了层层职责明确,人人责任清楚,压力大家承担,各司其职,齐抓共管的安全生产责任网络和体系,明确了安全责任。四是以"平安工地"创建、"安全落实年"和"安全生产月"等活动为抓手,以强化落实责任为重点,以构建"平安交通"为目标,积极开展施工安全标准化、施工现场防护标准化、安全内业资料管理规范化、桥隧施工安全风险评估、危险源辨识和风险告知等活动,狠抓现场安全隐患的整改,严把专项施工方案的落实等关键环节。甘肃省先后有1个项目、4个合同段被交通运输部树立为"示范工地";16个项目和130个合同段被省交通运输厅树立为"示范工地";雷西高速公路兰永一级公路被交通运输部和国家安监总局冠名为"平安工程"。五是扎实开展安全专项整治行动。按照"突出现场、盯住隐患、严查真改、深化整治、不留死角"的总体思路和"铁规定、刚执行、全覆盖、零容忍、真落实、见实效"的基本要求,认真开展"打非治违""防坍塌、防坠落、反三违""桥隧工程施工安全专项整治""驻地和设施安全专项整治""隧道工程施工九条规定"等安全专项整治活动,紧盯安全隐患整改不放松,对存在较大安全隐患的责任单位进行挂牌督办。六是督促各项目加强应急队伍建设,开展应急预案演练和物资储备,对于提高建设项目抵御和应对极端天气、自然灾害和地质灾害能力起到了积极的推动作用,全省累计开展各类应急演练1750余场,参演人员12.25万余人。

6. 科研成果

依托重大项目,与系统内相关单位共同完成"甘肃省交通工程质量安全监督管理局信息化平台""甘肃省交通基建工程质量安全监督信息管理系统""甘肃省公路工程混凝土质量缺陷控制应用研究""甘肃省高速公路建设工程施工质量控制研究""甘肃省高速公路建设标准化应用研究"和"沥青指纹识别技术在沥青路面检查中的应用研究"5个省交通运输科技项目,并已全部通过交通运输厅组织的科技成果鉴定,这些科研课题成果在建设项目中得到应用,促进了工程质量安全管控能力的提升。

(四)经验教训及监管措施

在近20年的高速公路建设过程中,甘肃高速公路建设工程质量安全监督管理工作不断得到加强、改进和完善,有效推进和保障了全省高速公路建设有序快速发展,但在大规模建设过程中也曾出现过一些质量和安全问题,值得深入思考,认真总结,汲取教训,强化监督。

第一,必须建立完善全省交通工程质量安全监督体系。建立健全职责清晰、保障有力的省、市、县三级质量安全监督体系,强化各级政府对高速公路建设的监督管理职责,加大高速公路建设工程质量安全督查检查和责任追究的力度。

第二,必须加强高速公路建设市场的监督管理,按照市场经济规律要求,建立全省统一规范、公平公正、竞争有序、廉洁高效的建设市场,依法全面落实高速公路建设从业单位质量安全责任,加强政府对建设市场的监督管理,规范建设市场从业单位和人员的工程质量安全管理行为。

第三,必须改进高速公路建设工程质量安全的监督管理方式,各级政府对高速公路工程质量安全的监督要推行政府购买技术服务的方式,实现政府监督从"技术监督"向"执法监督"的转变。推行交工检测提前介入制度,把"事后监督"向"事中监督"转变,同时要加强信息化综合监督能力建设,提高工程质量安全行政监督的时效性和权威性。

第四,必须树立高速公路建设现代工程管理理念。继续在全省高速公路建设管理中全面推行"施工标准化"和"平安工地"创建活动,更多依靠技术创新、管理创新,有效提升高速公路工程质量和安全管理水平,按"品质工程"要求努力推进全省高速公路建设迈上新的台阶。

第五,必须加强全省高速公路工程质量安全监督管理人才队伍建设。强化对工程质量安全监督管理人员的教育培养,充实工程质量安全监督力量,改善监督人员结构,提高监督人员素质,关心监督人员工作生活。

(五)质监文化建设

1. 门户网站建设

省交通质监局开通了门户网站(www.gsjtzj.com),内设新闻动态、质量监督、检测管理、监理管理、安全监督、政策法规等栏目,安排专人维护更新网站内容,不定期发布本行业发生的新闻事件、工作通知及法律法规等内容供社会公开浏览、学习,近年来每日浏览人数不断增多,社会关注度不断提升。

2. 质量安全监督

省交通质监局在多年的建设项目质量安全监督过程中形成了自己独具特色的质监文化。省交通质监局工作人员在工作现场身着印有"甘肃交通质监局"的反光背心,佩戴统一编号的安全帽和工牌,亮明自己的身份,文明执法,接受社会监督。每个项目开始监督前都召开施工、安全、监理及试验检测方面的监督交底会,将制作精美的《公路工程质量安全监督服务指南》分发给相关工作人员,起到了良好的宣传作用,增强了工程质量监督工作透明度。

3. 精神文明建设

坚持一手抓质监工作,一手抓精神文明建设,始终围绕交通质监工作职能,不断深化精神文明创建工作,扎扎实实开展文明单位创建活动。先后开展志愿者活动、双联工作、中心组学习、综治维稳、普法宣传教育、效能建设、群众路线教育、文化建设、与社区对接、道德讲堂等多项活动,利用局门户网站宣传文明城市、精神文明创建知识,宣传省交通质监局以及局机关有关科室好的做法和经验,宣传质监工作中涌现出的先进个人的典型事迹。2016年4月,获得"区级文明单位"称号。

二、安全管理

"十二五"以来,甘肃省交通运输行业以确保高速公路工程建设安全为目标,贯彻《中共中央 国务院关于推进安全生产领域改革发展的意见》,认真落实党中央、国务院、交通运输部和省委、省政府关于安全生产工作的决策部署,以遏制和防范重特大事故为目标,按照"安全第一、预防为主、综合治理"的安全工作方针,坚持一手抓安全生产主体责任落实,一手抓管理部门督查检查,严格执行安全生产法律法规和政策标准,始终强化安全生产红线意识和底线思维,严守公路工程"质量、安全、廉政"建设三条高压线,建立安全生产责任体系,推动安全监管机制建设,不断完善安全制度,积极推进安全风险防控和隐患排查治理,开展公路工程建设施工企业安全生产标准化建设,不断提升安全监管科技水平,强化安全宣传教育培训,大力实施"平安工地"创建活动,确保了交通运输生产保持高位运行的态势下安全形势平稳。

一是建立安全生产责任体系。建立了"一把手"负总责的安全生产责任制,省交通运输厅制定印发了《安全生产"一岗双责"实施办法》,明晰了各行业管理单位、厅属各单位及领导班子成员的安全生产监督管理责任。厅主要领导担任厅安委会主任,认真履行安全生产第一责任人的责任,党组成员一岗双责,负责各自分管业务领域内的安全生产工作。省交通运输厅与15个市州(矿区)交通运输主管部门和厅属企事业单位签订《安全生产目标责任书》,制定了《安全生产工作考核办法》,将各市州交通运输主管部门和厅属单位年度安全生产目标任务完成情况纳入年度考核、实行每年一考核、两年一评优奖惩制度。在高速公路建设领域,进一步明确了省交通质监局、各项目建设管理单位的安全管理界面和责任,各参建单位在省列重点高速公路建设项目全部成立了独立的安全生产管理部门,配备了专职安全管理人员,切实做到了项目建设一线安全管理有主体、有抓手。各建设管理单位、项目办、监理、施工等单位按照安全生产"一岗双责"的原则,层层签订了安全生产目标责任书,层层分解和落实安全生产责任,并与员工签订安全生产承诺书,有效构建起了横向到边、纵向到底的安全生产责任体系。

二是狠抓安全监管机制建设。省交通运输厅于1994年设立厅安全生产委员会,指导行业安全生产工作。厅安委会主任由厅长担任,副主任由厅领导班子成员担任,成员由厅机关各处室和行业管理局及厅属有关单位主要负责同志组成。2010年,甘肃省交通运输厅设立了安全监督处(兼厅安全生产委员会办公室),具体承担全省交通运输安全生产工作的综合、协调、指导、监督职能。全行业安全生产管理体系包括行业单位管理和直属单位管理两部分。全省15个市州(矿区)交通运输主管部门设置了安全管理专职或兼职机构,配备了专(兼)职安全监管人员。厅属6个行业管理局全部成立了专职机构,配备了专职安全管理人员。2015年以来,全省14个市(州)设置了工程建设施工质量安全监督机构,配备工作人员91名,大大加强了高速公路安全监管力量。

三是不断完善安全制度体系。不断健全完善各项规章制度,近年来,省交通运输厅先后制定出台了《甘肃省交通运输行业安全生产重要事项报备制度》《安全生产约谈办法》《安全生产挂牌督办办法》和《重点监管名单管理办法》等制度,有效提升行业安全监管规范化、制度化水平。在高速公路建设领域,先后制定出台了《甘肃省公路工程质量安全监督管理办法》《甘肃省公路建设市场信用信息管理办法》,修订完善《甘肃省公路工程质量安全督查实施细则》和《关于进一步加强甘肃省高速公路建设质量安全监督管理的指导意见》,编印了《公路工程安全监督管理工作法律法规汇编》和《公路工程质量安全监督服务指南》,推广应用《甘肃路桥建设项目安全控制法》,出台《甘肃省公路工程生产安全重大事故隐患挂牌督办制度》和《甘肃省公路水运工程施工企业主要负责人和安全生产管理人员考核管理实施细则》,督促从业单位严格落实《公路水运施工安全标准化指南》,不断完善管理部门安全监管和企业安全生产主体责任落实制度体系,高速公路建设安全管理水平不断提高。值得一提的是,2016年提请省人大颁布了《甘肃省公路工程质量安全监督管理条例》(以下简称《条例》),这是继湖南、贵州之后全国第三家出台《条例》的省份,在推进交通工程依法治安方面走在了全国前列。

四是推进双重预防体系建设。严格落实国务院安委办《标本兼治遏制重特大事故工作指南》,积极推进构建安全生产风险分级管控和隐患排查治理双重预防机制。根据国务院、交通运输部及省政府关于构建风险分级管控、隐患排查治理双重预防体系建设的要求,下发了《关于推进风险分级管控与隐患排查治理双重预防体系建设的通知》和《省交通运输厅加强重大风险管控遏制重特大生产安全事故实施方案》,对交通运输行业开展风险分级管控、隐患排查治理双重预防体系建设做了具体安排,在重点行业领域开展安全生产风险排查、辨识、评估、分类和分级,认真开展行业督查检查。同时,依法依规开展事故调查处理,严格执行《生产安全事故报告和调查处理条例》,坚持事故处理"四不放过"原则,加大处罚力度。针对2017年发生的几起公路建设工程领域安全事故,省交通运输厅党组按照"小事故大处理严问责"的要求,责成相关单位对7个责任单位50名责任人员进行了行政及经济处罚,同时,对4名厅管干部做出诫勉谈话的决定。对发生责任事故的企业单位和从业人员在公路施工企业信用评价中给予扣分、降级等处罚,在全行业起到了警示作用。

五是狠抓隐患排查专项整治。省交通运输厅带头落实安全生产责任制,履行"一岗双责"的要求。在高速公路工程建设中,各级交通工程质监部门不断加大对高速公路建设项目的安全检查力度,每年平均开展6次安全检查,并确保查处的安全隐患现场整改率达到100%。重点围绕驻地建设,高边坡施工和爆破作业,桥梁工程的围堰施工、墩柱施工、梁板施工、拱桥施工、挂篮施工、支架作业、模板作业和起重作业,隧道工程的洞口边、仰坡施工、洞内施工和防火防爆等安全生产关键环节开展了安全风险评估和隐患排查治理。同时,不断完善高速公路安全督查工作机制,推行综合督查、专项检查和不定期巡查相结合的督查工作机制。运用督查检查、信用评价、通报、约谈、挂牌督办等手段,建立高速公路工程安全通报制度,督查工作实效性明显增强。2015年,针对机械设备伤人事故频发的情况,分管副厅长签发32份问询函,对相关行业部门和单位的主要负责人就重点公路工程施工项目、普通国省干线二级以上新改建项目及养护作业现场机械设备安全情况进行了问询。针对企业安全生产主体责任落实不到位,对外包企业安全监管缺失,对劳务人员安全教育培训不到位,违章违规操作等引起的事故,坚持问题导向,制定了《全省公路建设工程领域落实企业安全生产主体责任专项行动方案》,开展了落实企业安全生产主体责任专项行动。同时狠抓安全生产重点环节,按照抓主抓重的工作思路,紧盯夏季高温、汛期、冬季冰冻灾害和吊装作业、特种设备、隧道施工、桥梁工程等重点时段和重点工序,持续有效开展安全生产隐患排查整治和专项治理工作,先后开展了"百日攻坚""防坠落、防坍塌、反三违""打非治违"等一系列活动。同时,在重点工程建设项目施工现场和特长隧道、桥梁安装了在线视频监控系统,有效提升了高速公路建设项目施工现场安全监管水平。

六是着力推动平安工地创建。以"发展理念人本化、项目管理专业化、工程施工标准化、管理手段信息化、日常管理精细化"五化建设为着力点,推行现代工程管理。积极开展"平安工地"创建活动,按照《公路水运工程施工安全标准化指南》,结合全省高速公路建设项目实际,先后制定了《甘肃省公路水运工程"平安工地"实施方案》《甘肃省公路水运工程"平安工地"建设达标标准》和《甘肃省公路水运工程"平安工地"建设考核验收标准》,进一步督促项目建设管理单位严格落实"四个一"基本要求,即签订一份具有法律效力的安全生产合同、制定一个有针对性的应急预案、建立一支高效的应急队伍、建立一个安全教育培训基地,坚持把典型示范作为"平安工地"创建活动的重要抓手,加强考核、奖优罚劣。"十二五"期间,甘肃省先后有3个项目、4个合同段被交通运输部树立为"示范工地",其中雷西高速、兰永一级两个公路项目被交通运输部、国家安监总局授予公路水运建设"平安工程"冠名项目,省交通运输厅确定了16个项目和130个合同段为"示范工地",全省高速公路建设的安全生产管理规范化水平和标准化水平明显提高。

七是推进安全生产标准化建设。2012年以来,省交通运输厅下发了《甘肃省交通运输企业安全生产标准化达标考评方案》《甘肃省交通运输企业安全生产标准化达标考评工作实施意见》和《甘肃省交通运输企业安全生产标准化达标考评手册》,认定24家考评机构和586名考评员,积极争取财政支持,采取政府购买服务的方式,将考评费用纳入省级财政预算,申请资金500万元,用于交通运输安全生产二级达标企业考评。截至2016年底,交通运输企业达标发证企业达599家,其中工程建设施工企业18家。

八是不断提升安全监管科技水平。按照省交通运输厅与省安监局、住建厅和公安厅联合下发的《关于在生产建设重点场所和人员密集场所安装使用视频监控系统的通知》要求,落实人员密集场所和生产建设重点领域视频监控系统建设,省交通质监局建成了公路工程远程视频监控系统,对全省高速公路特长隧道、公路建设重点工程现场实施24小时动态监控。同时,启动了省安全生产综合信息平台推广应用工作,实行公路建设项目安全风险告知制度和特种设备安全作业问询制度,鼓励和支持高速公路参建单位采用先进工艺、工法和新设备,促进事故安全防护由传统单一方式向技术防范方式转变。如敦当、渭武等建设项目在施工现场建立了安全体验馆,并采用视、听、体验相结合的三维立体式安全教育模式,运用声、光、电等众多高科技手段,融各类人为安全隐患的预防与自救、互救、安全防护用品使用常识为一体,对所有从业人员进行岗前培训和体验,增强其安全意识和警示教育效果,实现了施工现场危险源、危险行为与事故类型具体化、实物化,有效提升了施工作业人员的安全意识和安全技能。建设项目在隧道掘进中引进了水压爆破、凿岩台车掘进、防水板整体步挂台车、抑拱整体模板等工艺,提高了掘进效率,降低了爆破粉尘产生,保护了隧道施工环境和作业人员的健康。同时,建设单位积极推广运用安全信息帽定位和桥隧远程视频监控技术,实现了施工过程的安全控制。

九是强化安全宣传教育培训。积极开展形式多样的安全宣讲、培训和竞赛活动。充分利用"安全生产月"活动,督查建设项目开展安全生产操作技能、防护知识培训和应急保障演练。督促各项目建设单位加强应急队伍建设、应急预案演练和物资储备工作,有效提高建设项目抵御和应对极端天气、自然灾害和地质灾害能力。"十二五"期间,在全省高速公路建设领域开展了"安全生产月""三类人员"培训班、"安全专题教育培训会""桥梁隧道工程施工安全培训班""质量安全监督交底"等宣教培训活动。据不完全统计,在全省高速公路建设领域累计开展专题宣讲255场次,发放安全宣传资料和培训教材8.5万余份,培训施工企业主要负责人和安全管理人员约5.8万余人次,开展应急演练1750场次,进一步提高了施工单位主要负责人、安全管理人员和一线作业人员安全生产认知水平。同时,充分发挥网络新媒体作用,通过"交通之家"QQ群和"陇原交通安全监管"微信群等"两微一端"新媒体,大力宣传安全生产知识、事故警示教育和各单位好的经验及做法,提高了公路建设领域安管人员的政策水平,增强了基层一线从业人员的安全意识。

第六章
甘肃省高速公路建设项目

第一节 国家高速公路

一、G6(北京—拉萨)**甘肃段**(宁甘界刘寨柯—甘青界海石湾)

京藏高速公路,在甘肃省境内已全线通车,途经白银市、兰州市,由刘寨柯至白银高速公路、白银至兰州高速公路、兰州至海石湾高速公路组成。

(一)刘寨柯至白银高速公路(建设期:2003—2005年)

1. 项目概况

刘白高速公路项目起点位于甘(肃)宁(夏)交界的靖远县五合乡刘寨柯村(K1470+967),接宁夏中(宁)郝(家集)高速公路,终点位于白银东(K1581+711),接白(银)兰(州)高速公路。全线全封闭、全立交、全控制出入、双向四车道,路基宽度24.50m,设计行车速度80km/h,路线全长110.8km。概算总投资27.7亿元,其中利用日本国际协力银行日元贷款200.13亿日元(折合人民币12.45亿元),是甘肃省利用日本国际协力银行贷款的公路项目,项目建设按照利用外资项目的要求,采用菲迪克合同条款模式进行管理。

刘白高速公路另建王家山、响泉口连接支线5.12km。路面设计为15cm沥青混凝土路面。全线桥涵与路基同宽,桥涵设计车辆荷载汽车—超20级、挂车—120。

刘白高速公路建设项目主要内容有:全线路基土石方共完成2091.1万 m^3;完成特大桥1座860m、大桥8座1718.46m、中桥9座777.45m、小桥14座294.82m及涵洞通道工程289道11767m;完成天桥渡槽19座862.27m,互通式立交6处,分离式立交8处;全线防排水工程完成25.93万m。同时,完成沿线联网收费系统及安全防护等交通设施,建成白银东、新墩服务区2处,新墩养护工区1处,刘寨柯等主线、匝道收费站6处及新墩通信、收费、监控分中心,共完成房建16137.8m^2,机井4眼。

刘白高速公路于2005年12月建成通车。沿线设置了较完善的交通安全设施和沿线管养设施,并配备了先进的监控、通信、供电照明系统及联网收费系统。

2．建设情况

（1）项目准备阶段

2002年11月,甘肃省交通厅批准成立了本项目执行机构"国道丹拉路刘白高速公路项目建设管理办公室（简称刘白项目办）",对项目建设进行全面管理,以合同为依据,把设计、施工、监理单位和地方政府组成一个科学、严密的管理系统,建立了项目管理运行机构。通过地方政府保障征迁和建设环境,设计单位对工程设计进行完善和重大变更,监理实现工程质量、工期和投资控制,甘肃省交通基建工程质量监督站对本项目行使政府监督职能。

2001年12月31日,刘白高速公路由国家计划委员会以计基础〔2001〕2849号文批准立项;2003年9月25日,交通部以交公路发〔2002〕212号文《关于丹拉国道主干线甘肃省刘寨柯至白银公路初步设计的批复》批复初步设计,批复概算总投资为27.71亿元。甘肃省交通厅以甘交建〔2003〕154号《关于丹拉国道主干线刘寨柯至白银高速公路两阶段施工图设计及预算的批复》,预算总批复为23.34亿元。2003年12月31日交通部批准刘白高速公路开工报告。甘肃省交通规划勘察设计院承担勘察设计工作,并承担工可、初设、施工图设计任务。

项目业主甘肃长达路业有限责任公司委托中机国际招标公司作为项目招标代理,开展招标工作。按日行贷款项目有关规定,刘白项目路基、路面、房建、绿化工程等均严格按照国际竞争性招标程序招标选定施工单位。

资格预审结果、招标文件均通过交通部批复,评标报告也经过交通部及日本协力银行批准。

本项目参建单位共有29家,其中施工单位18家,监理单位11家,详见表6-1。

刘寨柯至白银高速公路参建单位一览表　　表6-1

标段号	工程类别	施工单位名称	桩　　号	监理单位名称	设计单位	监督单位
LB-1	土建工程	甘肃省公路工程总公司	K1470+898～K1491+000	甘肃省交通工程建设监理公司	甘肃省交通规划勘察设计院有限责任公司	甘肃省交通基建工程质量监督站
LB-2		路桥集团第一公路工程局第一工程公司	K1491+000～K1503+000			
LB-3		甘肃天地路桥有限公司	K1503+000～K1512+000	甘肃省交通工程建设监理公司		
LB-4		路桥集团第二公路工程局第一工程处	K1512+000～K1522+000			
LB-5		甘肃五环公路工程有限公司	K1522+000～K1532+000	山东威海格瑞特监理咨询有限公司		
LB-6		中铁四局集团第二工程有限公司	K1532+000～K1536+500			

续上表

标段号	工程类别	施工单位名称	桩号	监理单位名称	设计单位	监督单位
LB-7	土建工程	岳阳市公路桥梁基建总公司	K1536+500~K1543+500	甘肃新科公路工程监理事务所	甘肃省交通规划勘察设计院有限责任公司	甘肃省交通基建工程质量监督站
LB-8		中铁十二局第三工程有限公司	K1543+500~K1556+200			
LB-9		沈阳高等级公路建设总公司	K1556+200~K1567+000	西安华兴公路工程咨询监理有限公司		
LB-10		龙建路桥股份有限公司	K1567+000~K1581+711.572（刘白）K1639+400~K1640+353.922（白兰）			
LB-11-A	交通工程	甘肃圆峰交通工程公司	K1470+967.134~K1503+000	甘肃省交通工程建设监理公司		
LB-11-B		北京凯通交通工程有限公司	K1503+000~K1543+500	甘肃新科公路工程监理事务所		
LB-11-C		山东淄博玉泰公路设施有限公司	K1543+500~K1581+711.572	甘肃省交通工程建设监理公司		
LB-11-D	绿化工程	甘肃圆陇路桥机械化公路工程有限责任公司	K1470+898~K1581+711.572			
LBFJ-1	房建工程	甘肃华运建筑安装有限公司	刘寨柯、王家山、响泉口、吴家川匝道收费站		甘肃省城乡建设规划设计研究院	
LBFJ-2		兰州房屋建筑工程公司	白银东服务区			
LBFJ-3		武威通达建筑路桥工程有限公司	新墩监控通信所、新墩服务区			
LB-12	机电工程	清华紫光甘肃紫光联合体	K1470+898~K1581+711.572	北京华路捷工程技术咨询公司		

2003年3月3日，国土资源部以国土资函〔2003〕50号批复刘白项目控制工期单体工程先行用地。2004年11月甘肃省政府以甘政国土发〔2004〕54号文批复土地用地。

刘白高速公路项目初步设计用地5265.06亩，其中水地2181.02亩，旱地2710.44亩，其他用地373.62亩。实际征用土地6344.09亩，其中：水地2835.22亩，旱地3079.40亩，其他用地429.46亩。初步设计拆迁各类房屋13900.51m^2，实际拆迁各类房屋15731.17m^2。征迁概算费用5659.76万元，完成征地拆迁投资补偿费共计15266.8万元，确保了建设项目的顺利实施。

（2）项目实施阶段

刘白高速公路作为利用日本协力银行贷款项目，采用了国际通用的FIDIC条款的管理模式。项目办与监理、承包人,以 FIDIC 条款为基础,结合本项目特点签署了项目监理和施工合同,建立了业主、监理、承包人三者相对独立的关系。在工程建设管理过程中,业主、监理、承包人以签订的监理、施工合同为基础,按项目技术规范、监理办法及其他相关的项目管理办法、规定,积极配合,为项目建设任务的完成共同努力。

刘白项目办连续两年被白银市发展计划委员会、白银市贸易局、白银市统计局评为"先进单位";2005 年被白银区委文明办评为"先进单位"。

3. 复杂技术工程

本项目设置跨黄河特大桥 1 座,是本项目的控制性工程。主桥采用连续刚构,桥梁全长 860m,桥梁处在竖曲线范围内,起点桩号为 K1534+090.00,主桥中心变坡点桩号为 K1534+520.00,终点桩号为 K1534+950.00;凸竖曲线要素为:$R=16000m, E=5m, T=400m$,双向纵坡 2.5%。桥梁跨径组成:两联($4\times30m$)引桥+($52m+3\times90m+52m$)主桥+两联($4\times30m$)引桥。其主桥采用的布孔形式为 $52m+3\times90m+52m$ 的连续刚构,双向预应力结构,两侧引桥分别为 $2\times(4\times30m)$ 和 $2\times(4\times30m)$ 的简支转连续结构,共分为四联。结合墩采用双柱式墩,四个主孔墩采用双薄壁形式,基础均采用钻孔灌注桩,引桥采用双柱式墩,钻孔灌注桩基础,桥台为轻型桥台。

4. 科技创新

本项目施工图设计广泛采用了较新的勘察设计手段,对于提高勘察设计质量和加快测设进度起到了至关重要的作用。

①将德国"CARD/1"公路集成软件及国家"九五"重点科技攻关项目"路线和立交集成 CAD 系统"用于路线设计中,为路线设计和优化提供了强有力的手段。

②在平面控制中,采用 GPS 全球定位按四等网施测(GPS D 级点)进行首级控制,导线点采用 GPS RTK 技术施测(一级导线),与国家大地控制网联测,与国家水准联测建立四等高程控制系,经整网严密平差,并经公路抵偿坐标系补偿,建立了比较准确的公路独立平纵面控制系统。

③在工程地质勘察中运用震探与钻探、挖探相结合的方法,提高了工程地质勘察质量。

④在路线、路基路面、桥涵、互通立交等专业设计中,从结构分析、数据处理到图纸绘制,运用公路集成 CAD 软件、桥涵 CAD、互通立交 CAD 等专业 CAD 软件以及办公 Office、3Dmax 等应用软件,全部采用计算机处理,出图率为 100%。

⑤对于桥头路基,为防止不均匀沉降出现的跳车现象,采用了柔性搭板技术,运用土工格室加固桥头路基。

⑥本次桥梁设计大多运用了连续结构,有连续箱梁、连续板,施工工艺要求较高,本段

内黄河特大桥主桥采用 52m + 3 × 90m + 52m 连续刚构桥形方案,引桥采用(8 × 30m) × 2 部分预应力混凝土连续箱梁,桥梁形式美观、大方。

5. 运营管理

(1)管理系统及养护设施

刘白高速公路管理系统分中心下设 5 个监控通信所,其中在刘寨柯至白银高速公路上设置了两个监控通信所,分别设置在新墩、白银东。新墩监控通信所下辖刘寨柯主线收费站、刘寨柯匝道收费站、贺寨柯服务区、王家山匝道收费站、王家山养护工区、响泉口匝道收费站、新墩匝道收费站,管辖范围从 K1470 + 967.13 ~ K1530 + 000;白银东监控通信所下辖吴家川服务区、吴家川匝道收费站、吴家川养护工区、白银东匝道收费站,管辖范围从 K1530 + 000 ~ K1640 + 560。

(2)监控设施

刘白高速公路监控系统采用监控分中心、监控所和监控外场设备的三级管理模式。

(3)通信设施

刘白高速公路通信设施设计包括光缆传输、程控交换、紧急电话、通信电源和通信管道等单位工程。

(4)收费设施

刘白高速公路全线共设置 1 个主线收费站、5 个匝道收费站,采用路网封闭式收费制式。在本高速公路起点甘宁两省交界处(刘寨柯)设主线收费站,在刘寨柯、王家山、响泉口、新墩、吴家川、白银东 6 座互通立交处设置匝道收费站(白银东匝道收费站列在白兰高速公路段内),控制车辆入、出,行驶车辆在入口处领取通行卡,出口处验卡,按行驶里程和车型缴费。

收费方式采用人工判别车型、人工收费、计算机辅助管理、车辆检测器校核、闭路电视监视的收费方式。

(二)白银至兰州段高速公路(建设期:1999—2002 年)

1. 项目概况

白银至兰州段高速公路建设工程是国道主干线丹东至拉萨公路的组成部分,是交通部规划的国道主干线系统国道网的一部分。白兰高速公路起于白银市东南约 5km 四龙路以东约 300m 处,一期工程暂接原 G109 线,二期工程完成 B 形单喇叭互通立交向东延伸。路线由东向西经苏家墩北、银光化学工业公司生产区和生活区结合部,再经高家台、川口、红丰,穿过鹿角岘,进入皋兰县石洞乡境内,再向杨家窑,经果果川左侧山坡,在石洞、中庄北侧跨过蔡家河,然后在水阜乡红圈沟车站以北约 1km 处跨过包兰铁路转西行,经燕儿坪至下河庄,越高岭子、野马沟,跨过 G109 线,经西坪再转东南,至忠和立交以东,接柳忠高速公路设计终点。沿线布设白银东、白银西、皋兰、忠和 4 处互通立交,与 G109 线相连接。

路线起点桩号 K1639+400,终点桩号 K1699+216,路线全长 59.964km,其中白银市境内约 24.214km,兰州市皋兰县境内约 35.750km。另建白银西互通立交连接支线 2.2km,皋兰互通立交连接支线 2.0km。白兰高速公路建成后里程比原 G109 线缩短约 15km。全线采用全封闭双向四车道高速公路标准,设计行车速度 80km/h,全段路基宽 24.5m,设中央分隔带;路面为沥青混凝土面层,桥涵设计荷载为:汽车—超 20 级,挂车—120 级,设计洪水频率 1/100。

全线主要工程数量有:路基开挖土方 1258.06 万 m^3,路基填筑 845.01 万 m^3,路基石方开挖 425.45 万 m^3;隧道一处两座长 1476m(即高岭子隧道左线 733m 和右线 743m);大桥 6 座 1101.7m;中桥 9 座 574m;涵洞 153 道;互通立交 3 处;分离式立交 9 处;天桥 7 处;通道 60 处;防护工程 36519m;纵向排水工程 45213m;沥青混凝土路面 126.3 万 m^2;波形护栏 512036 延 m,隔离栅 121.72km,建设工期 3 年,概算总投资 15.89 亿元。其中忠和大型互通立交是连接国道 109 线、国道 312 线的交通枢纽工程。此外,全线还设有管理养护设施、通信、监控、供电系统和安全等设施。

2. 建设情况

(1)项目准备阶段

交通部以交规划发〔1998〕796 号《关于白银至兰州公路可行性研究报告的批复》批准立项。

交通部以交公路发〔1999〕285 号《关于白银至兰州公路初步设计的批复》批复该路的初步设计。

白兰高速公路立项批复估算金额为 16 亿元(未含建设期贷款利息),初步设计批复概算为 15.89 亿元(含建设期贷款利息)。

白银高速公路参建单位见表 6-2。

白银至兰州段高速公路参建单位一览表　　　　表 6-2

标段号	工程类别	施工单位名称	监理单位名称	设计单位	监督单位
BL-1	土建工程	武警交通独立支队	北京成明达监理咨询有限公司	甘肃省交通规划勘察设计院有限责任公司	甘肃省交通基建工程质量监督站
BL-2		白银公路总段/天水公路总段(联营体)			
BL-3		西兰建设公司/恒达集团公司(联营体)	北京育才交通工程咨询监理公司		
BL-4		中国航空港建设总公司			

续上表

标段号	工程类别	施工单位名称	监理单位名称	设计单位	监督单位
BL-5	土建工程	兰州昌通公司/临夏公路总段（联营体）	甘肃交通工程监理事务所	甘肃省交通规划勘察设计院有限责任公司	甘肃省交通基建工程质量监督站
BL-6		甘肃省公路工程总公司	中交国际工程咨询有限公司		
BLM-1		白银公路总段/兰州公路总段（联营体）	山西省交通建设监理公司		
BLM-2		中国航空港建设总公司			
BLM-3		甘肃省公路工程总公司	中交国际工程咨询有限公司		
BLAQ1	交通工程	甘北京华科交通工程技术有限公司	山西省交通建设监理公司		
BLAQ2		陕西交通公贸公司	中交国际工程咨询有限公司		
BLAQ3		辽宁省交通工程公司	山西省交通建设监理公司		
BLAQ4		北京华纬交通工程公司	中交国际工程咨询有限公司		
BLLH	绿化工程	华运园林绿化公司	甘肃省交通工程建设监理公司		
BLFJ1	房建工程	甘肃省七建七公司	甘肃省交通工程建设监理公司		
BLFJ2		甘肃新路交通工程公司			
BLJD1	机电工程	北京云星宇交通工程有限公司	北京泰克华诚技术信息咨询有限公司		
BLJD2		甘肃紫光智能交通与控制技术有限公司			

白兰高速公路途经白银市白银区，兰州市皋兰县、7个乡镇、13个行政村，全长59.96km，在项目办所有征迁人员的共同努力下，全线用地征迁工作比较顺利，实现了两侧封闭，处理了所有征迁遗留问题。共征用土地5933亩，其中：水土地1638亩，旱土地1869亩，弃耕地28亩，荒山2266亩，宅基地132亩，拆迁树木10.59万棵，拆迁农户157户，拆迁改移电力线路41条35.639km，新建电力钢杆及铁塔10座，拆迁改移通信线路19条6.9km，改移水利设施5处，改移农道25处16km，拆迁企事业单位22家，共签订协议

46份,完成征迁资金1.06亿元,较好地完成了白兰路征地拆迁任务。

(2)项目实施阶段

一是强化工程管理。

①签订合同。按照省交通厅的部署和甘肃省高等级公路建设开发有限公司的安排,与路基和路面各施工单位、监理单位签订了质量与廉政建设责任合同书。通过《合同书》的形式,进一步明确了建设单位、施工单位、监理单位在工程建设和廉政建设方面应承担的义务和责任,建立起了白兰高速公路建设、施工、监理单位齐抓共管,部门各负其责的工作机制,增强了大家抓工程质量、抓廉政建设的自觉性和责任感。

②建章立制。先后出台《白兰高速公路项目管理办法》《白兰高速公路工程监理工作考核办法》《白兰高速公路工程质量考核办法》《白兰高速公路项目办管理制度》《工作人员廉政守则》等管理实施办法19个,在全线的工程管理中实施。同时,项目办把颁布实施的管理办法和项目办与各施工单位、监理单位签订的工程质量责任书、工程建设廉政责任书、工程施工安全责任书分别装订成册,对照检查。

G6北京至拉萨国家高速公路甘肃境内白银至兰州皋兰段高速公路工程机械化施工场景(兰文治 摄)

③按照《办法》强化管理。在工程建设管理中,除了坚持按照"双合同"加强科学管理外,还把严肃项目管理、规范项目经理行为列入管理的重要内容,充分利用奖励与处罚手段来促进和提高管理水平,促进和提高工程质量,加快工程进度。项目办在总结评比的基础上颁发工程进度、质量流动红旗8次,通报表扬3次,奖励21.80万元;通报批评施工、监理单位8次,经济处罚23.60万元。

④狠抓落实,科学管理。项目办认真落实各项规章制度,要求所有工作人员对有关制度、办法,不但要熟记于心,而且要落实在行动上。

⑤充分发挥监理职能。一是把好监理工程师的准入关,由总监办负责审查各监理工作人员的资质,建立相关监理人员资质档案。二是做好上岗前的考试测验。在路面工程

开工前,由项目办统一命题,对新入场的两家监理单位的36名监理工程师统一考试,对其中3名成绩不合格的路基监理人员下达文件明确不予上岗。三是坚持要求驻地高监必须符合投标书承诺。

⑥及时跟踪和检查施工单位建设资金的使用情况。白兰路施工期间,省交通厅监察室和甘肃省高等级公路建设开发有限公司对白兰路进行了4次财务审计和稽查,对发现的问题及时纠正,总体说来资金使用情况是良好的。2001年9月下旬到10月底,国家审计署派人3次到3个施工单位进行资金使用情况审计,审计结果良好。

⑦互相学习和交流先进经验,提高管理水平。定期或不定期地组织项目办、施工单位、监理单位的负责人及技术人员到本省其他公路建设项目及外省高速公路建设项目参观考察、观摩学习,取长补短,提高白兰项目的管理和施工水平。3年来,根据实际情况,项目办6次组织监理和工程技术管理人员到兄弟单位学习观摩,召开现场观摩会18次。

二是狠抓工程质量。

①认真开展"公路建设质量年"活动。根据省交通厅安排,在白兰高速公路的建设中坚持开展"公路建设质量年"活动。

②抓好工程施工现场管理。一是要求大中桥、隧道等构造物的施工现场配有施工场地平面布置图,确保工程施工有计划、有规律、有秩序地进行;二是要求各类标牌齐全,标牌主要包括工程简介、进度计划、主要工序流程图、混凝土配合比、安全生产标牌等;三是要求施工场地水泥、钢材等材料不能露天堆放;四是坚决杜绝不合格材料、未筛分的砂石材料进场;五是为确保混凝土配合比准确,全部采用电子秤计量。

③抓好工程质量通病治理。一是抓好桥台背、涵台背的处理。二是抓好路基压实。三是要求挖方路基边坡,特别是石方边坡严格按设计施工,严禁放大炮,以防造成边坡不稳定及超挖现象。四是抓好桥涵构造物的外观质量,要求各施工单位必须严格执行项目办的有关规定,如采用大钢模、加内衬、使用专用脱模剂等。

变更情况:项目办严格按照建设程序对变更设计层层审核、审查,由监理、项目办签认后,再由业主追加费用。项目办联合设计、监理、施工单位先后3次对全线变更设计进行了现场审核,组织了两次专门的变更设计审查。

3.复杂技术工程

忠和互通式立交桥是白银—兰州高速公路建设项目的重点工程,采用定向式Y形,由A、B、C、D四条匝道和L线构成。兰州—白银间车流经由A、C匝道流通;兰州—中川机场、青海方向车流经由L线流通;白银—中川机场、青海方向车流经由B、D匝道流通。其中C匝道桥为5×25m预应力混凝土连续箱梁,全长130.04m;D匝道桥为15×25m预应力钢筋混凝土箱梁,全长380.04m,上部为五跨一联,采用整体式现浇施工;C、D匝道桥均为曲线桥。

其中 D 匝道为一座技术复杂的桥梁,大桥全长 380.4m,上部结构采用预应力混凝土连续弯箱梁,曲线半径 550m,下部构造为桩柱式桥墩、轻型肋板式桥台,基础采用挖孔桩基础,桥面总宽 10m,两侧各设 50cm 防撞护栏,截面为单箱双室。该桥设计荷载为汽车—超20 级,挂车—120。该桥采用满堂支架现浇施工,施工难度大,技术要求高。

4. 科技创新

在施工中大力推广新技术、新工艺、新材料的应用,如针对湿陷性黄土的压实问题,采取提高压实标准、高路堤强夯、完善排水设施等措施;对黄土边坡稳定采用土工格栅进行处理;在混凝土施工中采用电子磅计量;对掏砂洞等不良体路段,用地质雷达探测,召开专家论证会确定施工方案;在工程质量管理中,项目办多次召开现场会,对工程施工中的先进方法、先进工艺、先进技术进行现场观摩讲解,同时经常召开工地技术负责人、监理专业工程师会议,从技术角度进行总结、交流;经常组织设计、施工、监理人员广泛开展合理化建议活动等,以上这些措施对提高工程质量起到了良好的作用。

(三)兰州忠和至海石湾高速公路(建设期:2001—2004 年)

1. 项目概况

兰海高速公路是国家高速公路 G6 北京至拉萨在甘肃省境内的主要组成路段,也是甘肃省(兰州市)连接青海省(西宁市)、西藏自治区的重要通道,是兰州市的西出口。起点位于兰州市北侧忠和乡白兰高速公路终点立交匝道 Lk2+800 处,路线基本沿着国道 312 线中川公路、国道 109 线附近布设,途经皋兰县、永登县、安宁区、西固区、红古区、永靖县、青海民和县四县三区,接已建成通车的青海省马平高速公路。路线全长 105.94km,兰海高速公路建设项目核准概算总投资 38.64 亿元,其中:交通部投资 8 亿元,省交通厅配套资金 6.6 亿元,银行贷款 24.04 亿元,建设总工期 4 年。

兰海项目按高速公路标准设计,全立交、全封闭、控制出入,双向四车道。

隧道净宽:青土岘隧道为 10.25m,其他隧道为 9.75m。主要工程量有:土方 1477.09 万 m^3,石方 482.61 万 m^3,砌筑防护工程 43.5 万 m^3/8.58 万 m,排水工程 25.43 万 m,架设特大、大桥 15 座 5437m,中桥 10 座 504.34m、小桥 14 座 792.3m,修筑涵洞 392 道 1.17 万 m,修建隧道 3 处共 6114m/5 座,设置互通式立交 5 处,分离式立交及天桥、通道、渡槽 157 处 4726.49m。此外,全线还设有完善的管理养护设施、服务区(1 处)、收费管理站(5 处)。

2. 建设情况

(1)项目准备阶段

国家计委以计基础〔2001〕1090 号《印发国家计委关于审批丹东至拉萨国道主干线甘肃兰州忠和至海石湾公路可行性研究报告的请示的通知》批准立项。

兰州至海石湾高速公路兰州西路段

交通部以交公路发〔2001〕534号《关于丹东至拉萨国道主干线甘肃兰州忠和至海石湾公路初步设计的批复》批准了初步设计,核定路线全长105.94km,按四车道高速公路标准建设,其中忠和至达家台段路基宽度24.5m,达家台至海石湾段路基宽度26m,桥涵与相应各区段路基同宽。核定总概算为38.64亿元,项目总工期4年。

甘肃省交通厅以甘交建〔2002〕118号《关于丹拉国道主干线兰州忠和至海石湾高速公路施工图设计及预算的批复》核定该项目施工图预算为29.39亿元。

国土资源部办公厅以国土资厅函〔2001〕348号《关于国道主干线甘肃兰州忠和至海石湾高速公路控制工期的单体工程先行用地的复函》批复了先行用地手续。

2001年12月12日省建委向建设单位颁发了工程建设开工许可证(许可证号:620102200112120112),同年12月16日,本项目正式开工建设,计划总工期4年。

从1999年5月开始至2001年11月,历时2年,完成了该路段的工程可行性研究、初步设计和施工图设计任务。

兰海高速公路建设项目实行国内公开招标,工程施工招标和监理招标严格遵守交通部《公路工程施工招标投标管理办法》《甘肃省公路工程施工招标投标管理实施办法》的规定,按照发布招标通告、发售资审文件、资格预审、投标、开标、评标、定标的程序进行,整个招标过程体现了"公开、公平、公正"的原则。中标企业均有较强的技术力量和较丰富的承建高等级公路的施工经验。

根据兰海高速公路施工图设计工程量和工程地质特点,依照交通部合理工期、合理标段划分的原则,兰海高速公路标段划分及中标企业如下(表6-3)。

第六章
甘肃省高速公路建设项目

兰州忠和至海石湾高速公路参建单位一览表　　　　　　　　　　　表 6-3

标段号	工程类别	施工单位名称	桩　号	监理单位名称	设计单位	监督单位
LH1	土建工程	路桥集团第二公路工程局第三工程处	K0+000 ~ K9+100	北京中交公路桥梁工程监理有限公司	甘肃省交通规划勘察设计院有限责任公司	甘肃省交通基建工程质量监督站
LH2		中铁第十六工程局	K9+100 ~ K16+000			
LH3		中铁第十四工程局第一工程有限公司	K16+000 ~ K21+689.63	甘肃新科公路工程监理事务所		
LH4		甘肃省白银公路总段	K21+689.63 ~ K30+300			
LH5		甘肃省甘南公路总段	K30+300 ~ K35+912.396	山西晋达交通建设工程监理所		
LH6		中铁第十六工程局第五工程处	K35+912.396 ~ K37+900			
LH7		中铁四局集团第一工程有限公司	K37+900 ~ K39+600			
LH8		中铁第二十工程局第一工程处	K39+600 ~ K42+326.172			
LH9		甘肃路桥第五公路工程有限责任公司	K42+326.172 ~ K45+000	河北华达公路工程咨询监理有限公司		
LH10		甘肃五环公路工程有限公司	K45+000 ~ K48+200			
LH11-A		甘肃省新路交通工程公司	K48+200 ~ K50+600			
LH11-B		平凉地区公路建设管理处	K50+600 ~ K53+000	湖南省公路工程监理有限公司		
LH12		山西晋中路桥建设有限公司	K53+000 ~ K56+283.905			
LH13		中铁十一局集团有限公司	K57+000 ~ K63+000	山西省交通建设工程监理总公司		
LH14		海南公路工程公司	K63+000 ~ K69+900			
LH15		甘肃省水利水电工程局	K69+900 ~ K77+950	西安公路交大建设监理公司		
LH16		甘肃省平凉公路总段	K77+950 ~ K85+000			
LH17		甘肃省临夏公路总段工程处	K85+000 ~ K94+000	北京华通公路桥梁监理咨询公司		
LH18		河北建设集团	K94+000 ~ K100+357.861			
LHM1		路桥集团第二公路工程局第三工程处	K0+000 ~ K19+188.88	北京中交公路桥梁工程监理有限公司		

续上表

标段号	工程类别	施工单位名称	桩号	监理单位名称	设计单位	监督单位
LHM2	土建工程	路桥集团第二公路工程局第三工程处	K19+188.88~K35+912.396	河北华达公路工程咨询监理有限公司	甘肃省交通规划勘察设计院有限责任公司	甘肃省交通基建工程质量监督站
LHM3		中铁十五局集团第三工程有限公司	K35+912.396~K57+000			
LHM4		甘肃省公路工程总公司	K57+000~K77+950	甘肃省交通工程建设监理公司		
LHM5		鞍山市政工程公司	K77+950~K100+357.861			
LHAQ1	交通工程	甘肃兴盛护栏工程有限公司	K0+000~K21+689.672	河北华达公路工程咨询监理有限公司		
LHAQ2		甘肃省恒和交通设施安装有限公司	K0+000~K21+689.672			
LHAQ3		甘肃兴盛护栏工程有限公司	K21+689.672~K57+000			
LHAQ4		山西通安交通工程公司	K57+000~K100+357.69	甘肃省交通工程建设监理公司		
LHAQ5		四川京川公路工程(集团)有限公司	K21+689.672~K100+357.69			
LHAQ6		甘肃省恒和交通设施安装有限公司	K21+689.672~K100+357.69	河北华达公路工程咨询监理有限公司		
LHLH1	绿化工程	甘肃省华运绿化工程有限公司	K0+000~K21+689.672	河北华达公路工程咨询监理有限公司		
LHLH2		甘肃省华运绿化工程有限公司	K21+689.672~K100+357.69			
LHFJ1	房建工程	甘肃省华运建筑安装工程有限公司	树屏监控通信分中心、监控所综合楼及配套工程	河北华达公路工程咨询监理有限公司		
LHFJ2		甘肃华恒建筑工程有限公司	黄羊头匝道站综合楼及配套工程			
LHFJ3		中铁三局集团建筑安装工程有限公司	大红山隧道监控所、大红山东口变电所、胡洼山隧道变电所及配套工程			
LHFJ4		中国地质工程集团公司	河口匝道收费站综合楼及配套工程			
LHFJ5		甘肃省新路交通工程公司	张家寺服务区综合楼及其配套工程	甘肃省交通工程建设监理公司		
LHFJ6		甘肃华恒建筑工程有限公司	花庄匝道收费站综合楼及配套工程			

续上表

标段号	工程类别	施工单位名称	桩号	监理单位名称	设计单位	监督单位
LHFJ7	房建工程	甘肃路桥第四工程有限公司	王家口主线匝道收费站及配套工程	甘肃省交通工程建设监理公司	甘肃省交通规划勘察设计院有限责任公司	甘肃省交通基建工程质量监督站
LHJD	机电工程	甘肃省紫光智能交通与控制技术有限公司	K0+000~K100+357.69	北京兴通交通工程监理有限责任公司		
LHGD1	管道工程	甘肃省新路交通工程公司	K21+689.672~K57+000	河北华达公路工程咨询监理有限公司		
LHGD2		甘肃昌远公路工程有限公司	K57+000~K100+357.69	甘肃省交通工程建设监理公司		

征地拆迁：兰海高速公路跨越甘肃、青海两省的七个县区,是拆迁规模大、跨越县区多、建设环境复杂、征迁难度大的公路建设项目。自2001年10月份开始土地丈量登记工作,共征用土地7967.72亩,其中：水土地4559.18亩、弃耕地613.66亩、旱地695.87亩、荒山荒坡等其他用地1896.7亩、宅基地202.3亩。拆迁树木17.3万棵、房屋4.9万m^2、温室等地上附着物10.9万m^2。改移电力线路68.9公里、通信线路63km、水利设施4处、农道23km。拆迁企事业单位85家,共签订协议69份,完成征迁资金3.55亿元。

为了更及时地向施工单位提供建设用地,确保工程建设顺利进行,经省交通厅与兰州市政府、省国土资源厅多方研究协商,双方达成了兰海高速公路建设用地统一征地拆迁包干协议。根据协议规定,兰州市人民政府作为第一责任人,省国土资源厅作为第二责任人,共同负责完成兰海高速公路永久性建设用地的征迁工作,包括工程建设所涉及的耕地、林地、水域、未利用地的征用及地上附着物的拆迁,并按协议约定按期向工程建设单位提供全部建设用地,省交通厅则负责向以上两家责任人支付一次性包干费用。项目办在兰州市政府、省国土资源厅的大力支持下,积极配合沿线各级政府和人民群众,全力以赴解决各类征地拆迁遗留问题,给各施工单位创造了一个较为宽松的施工环境。

(2)项目实施阶段

路基工程施工。路基填土场外预闷,源头控制路基压实度；路面基层、底基层施工,严格按照规范要求控制级配。

加强工程监理,提高监理能力和监理水平。一是严格制度,奖优罚劣。二是坚决撤换和清退责任心不强、素质低下、业务水平差的现场监理人员,共撤换和清退监理人员12名。三是实行了监理人员上岗考试制度,分别举行了路基、路面两次监理人员上岗前考试,通过考试考核共清退不合格监理人员3人。

3. 科技创新

①针对沿线的坝式路基及高填土路基,填料均为具有湿陷性的黄土或泥岩黄土混合

料,为防止其沉降及变形、排水,专门成立了试验课题项目,应用了沉降板观测法。在施工中采用冲击压实、高填路堤底部强夯、软基路段采用粉喷桩等工艺,在需要加固的特殊路段铺筑了土工格栅,并在部分路面面层与基层之间铺玻纤网格栅。

②在桥梁施工中均采用连续结构,以箱形梁、整体现浇板、空心板为主,使部分预应力混凝土结构受力更合理,充分发挥材料特性。为防止路基不均匀沉降引起的桥头跳车现象,对桥台填土采用土工格栅进行加固。通过上述措施,确保了车辆高速行驶的平稳性、舒适性和安全性。

③在全省首次大面积采用SBS改性沥青上面层路面施工,并引进了SBS改性沥青的生产技术。本项目所用质量标准的某些指标比现行规范要求高,中下面层也采用了性能好、质量稳定的克拉玛依沥青,面层石料全部选用碱性的玄武岩、辉长岩等加工。

4. 运营管理

兰海路收费站分布:为避免收费站点重复建设,本项目高速公路推荐采用全封闭收费制式,在黄羊头、河口、花庄、王家口设置互通式立交匝道收费站,对甘肃省和青海省的交接处,在操作上可与青海省合作,即在王家口兰州至西宁方向(上行线)设置主线收费站,甘肃收费站收缴甘肃车辆通行费并代发青海站通行卡,青海收费站收缴青海车辆通行费并代发甘肃站通行卡。本段高速公路采用人工判别车辆、人工收费、计算机辅助管理、车辆辅助管理、车辆检验器校核、闭路电视监控的收费方式。

二、G0611(张掖—汶川)甘肃段(张掖—扁都口、青甘界赛尔龙—甘川界郎木寺)

张掖—汶川高速公路,简称张汶高速,中国国家高速公路网编号为G0611,起点在甘肃省张掖市,途经门源、大通、西宁、平安、同仁、河南、尕海、若尔盖、松潘,终点在四川省汶川县。大致呈南北走向,自北向南依次经过甘肃、青海、四川3省。在甘肃境内由张掖至扁都口高速公路、赛尔龙至郎木寺高速公路组成。目前,这两条高速公路都在待建中。

项目名称:张掖至汶川国高(G0611)张掖至扁都口段公路(建设期:2016—2018年)

1. 基本情况

本项目连接甘肃、青海两个省,与G30连霍、G6京藏等国家高速公路连接,是国家高速公路的重要组成路段,也是甘肃河西走廊地区一条重要的高速公路。目前与本项目直接衔接的G30连霍国家高速公路甘肃境内已全面建成通车。本项目建成后将把甘肃河西走廊地区与青海、四川等地区连成一体,发挥高速公路的辐射功能,加强甘、青两省之间的交流和合作,同时也提高国家高速公路网在甘、青布局的连通度,发挥高速公路联网的整体效能。

本项目推荐方案路线起点位于张掖市甘州区二十里堡,基本沿 G227 走廊带布设,途经六坝镇、民乐县,终点止于扁都口(G227 线甘青养护界),路线总体走向由北向南。主线长 89.4km,六坝至马蹄寺二级公路连接线长 41.0km。

主线主要控制点为:起点甘州区二十里堡、六坝镇、民乐县、终点扁都口(甘青养护界)。

推荐方案主线长 89.4km,共设置大桥 15 座 4233m,中桥 36 座 1828m,小桥 20 座 485m,涵洞 225 道;设置一般互通式立交 3 处,枢纽互通式立交 1 处;设置分离式立交 20 座,天桥 22 座,通道 74 座;六坝至马蹄寺二级公路连接线长 41.0km,共设置大桥 1 座 186m,中桥 8 座 272m,小桥 12 座 264m,涵洞 82 道,平面交叉 48 处。

主线共设置主线收费站 1 处,匝道收费站 2 处(扁都口立交匝道收费站未设置),服务区 2 处,养护工区 1 处,收费管理所 1 处,超限超载检测站 1 处,停车区 2 处,避险车道 2 处。同时通信、监控系统按规范要求配置齐全。

全线配置较为完善的交通标志、标线、线形诱导标、轮廓标和必要的护栏、防眩设施;匝道边缘线、分合流路段连续设置反光路标;出口分流三角端设置防撞设施等。

本项目推荐方案投资估算总金额为 61.34 亿元。其中:主线长 89.4km,投资估算总金额 56.73 亿元;六坝至马蹄寺二级公路连接线长 41km,投资估算金额为 3.54 亿元;辅道维修工程(G227 线)路线长 85.918km,投资估算总金额 1.07 亿元,平均每公里造价 124.25 万元。

技术标准:结合本项目的功能定位、沿线地形、地质、地貌等条件,区域路网规划、远景交通量发展预测、路网通行能力分析,依据交通运输部颁布的《公路工程技术标准》(JTG B01—2014)的规定。推荐主线采用设计速度 100km/h 的双向四车道高速公路技术标准,路基宽度 26m;六坝至马蹄寺连接线除 AL2K32+100～AL2K41+000 段采用设计速度 60km/h 外(其中 K37+500～K41+000 段位于马蹄寺景区,为充分利用旧路,纵坡超标),其余路段均采用设计速度 80km/h 的双向两车道的二级公路技术标准,路基宽度均采用 12m。

2. 前期决策

2007 年 4 月,甘肃省政府批准实施了《甘肃省高速公路网规划》。2009 年为了适应新形势、新任务和新要求,省交通运输厅适时启动了甘肃省高速公路网调整加密工作。2009 年 11 月,甘肃省政府批准实施《甘肃省高速公路网规划(2009 年调整)》。张掖至扁都口高速公路是甘肃省高速公路网的组成部分。

2013 年 5 月,国务院批准了《国家公路网规划(2013—2030 年)》,张掖至扁都口高速公路纳入了国家高速公路网,是联络线张掖至汶川国家高速公路的重要组成路段,路线编号为 G0611,主要控制点为:张掖、门源、大通、西宁、平安、同仁、河南、尕海、若尔盖、松潘、汶川。

三、G7（北京—乌鲁木齐）甘肃段（内蒙古甘肃界白疙瘩—甘新界明水）

北京—乌鲁木齐高速公路（简称京新高速，亦称京乌高速，国家高速公路网编号G7），起点为北京，终点为新疆的乌鲁木齐，途经北京、河北、内蒙古、甘肃、新疆5省区，全长约2540km。该高速公路是国家高速公路网的重要组成部分，途经主要城市：北京、张家口、集宁、呼和浩特、包头、临河、额济纳旗、哈密、吐鲁番、乌鲁木齐。在甘肃境内为白疙瘩至明水高速公路。

京新国家高速公路（G7）甘肃段白疙瘩—明水公路（含马鬃山镇至桥湾连接线）（建设期：2015—2016年）

1. 项目概况

（1）基本情况

白疙瘩（内蒙古甘肃界）至明水（甘新界）公路是北京至乌鲁木齐国家高速公路的重要路段，也是甘肃省高速公路网的组成部分。京新国家高速公路（G7）甘肃段白疙瘩至明水公路（以下简称"白明高速公路"）主线起点位于内蒙古甘肃交界处的白疙瘩，顺接内蒙古境内临河至白疙瘩（内蒙古甘肃界）段路线终点，路线由东向西在戈壁滩中布设，经两平川、马鬃山镇、黄丘泉、盐池东、盐池、明水边防派出所，终点位于甘新交界处明水村，顺接在建新疆境内明水（甘新界）至哈密段路线起点，全长134.41km。采用双向四车道高速公路标准建设，设计速度120km/h。分离式路基宽度2×13.75m，整体式路基宽度28m。全线桥涵设计汽车荷载等级采用公路—Ⅰ级。其他技术指标按《公路工程技术标准》（JTG B01—2003）规定执行。马鬃山镇至桥湾连接线路线起点位于马鬃山镇北侧7km（京新高速公路马鬃山立交北700m）处，路线向南沿现有S216线布设，经马鬃山镇、同昌口、红旗泉、音凹峡、小草湖，终点止于桥湾，与G312线相接，全长157.14km，采用三级公路标准建设。项目概算总投资62.1亿元，所需资金由中央专项资金、国内银行贷款等方式解决。

白明高速公路建设项目的主要内容有：路基土方10198880.7m³，路基石方3076761.2m³。全线设大桥8座1178.4m，中桥26座1751.92m，小桥22座495.32m；涵洞385道7769.31m；分离式立交1处，互通立交2处。

（2）前期决策情况

①决策的主要背景：

2004年12月，国务院批准实施《国家高速公路网规划》，北京至新疆乌鲁木齐高速公路纳入国家高速公路网进行建设实施，路线名称和编号为京新高速G7。京新高速是连接西北、华北、东北最便捷的通道。2010年，国家新一轮西部大开发战略出台，重点是把西部地区的基础设施建设放在突出的位置，构筑西北至华北东北出海、亚欧大陆桥等通道，形成连通内外、覆盖城乡的综合交通运输网络,强化与东中部地区和周边国家的交通联系。

2010年5月2日,国务院办公厅以国办〔2010〕29号文件下发了《关于进一步支持甘肃经济社会发展的若干意见》。《意见》指出,甘肃是连接欧亚大陆桥的战略通道和沟通西南、西北的交通枢纽,是中原联系新疆、青海、宁夏、内蒙古的桥梁和纽带,对保障国家生态安全、促进西北地区民族团结、繁荣发展和边疆稳固,具有不可替代的重要作用;要以基础设施和生态环境建设为重点,坚持适度超前的原则,完善交通网络布局。

本项目作为国家高速公路网的重要组成路段,在甘肃境内所处走廊带为马鬃山地区,是东北、华北通达西北新疆的最便捷走廊通道。为了使北京—乌鲁木齐高速公路甘肃境内白疙瘩(内蒙古甘肃界)—明水(甘新界)段在甘肃境内布局合理,走向明确,2006年12月,交通部专家组会同三省(区)交通部门赴实地进行了调研,初步确定了三省间的接线位置;次年1月,甘肃内蒙古两省(区)又实地踏勘,并于2007年1月10日共同签订了接线协议;与新疆接线具体位置按照甘肃和新疆两省(区)交通部门的研究,确定了明水位置,于2008年11月共同签订了接线协议。2008年底,甘肃编制完成了该项目分期、分幅建设的工可研报告。2009年8月25日至9月3日,中国国际工程咨询公司与交通运输部综合规划司和部规划研究院在北京召开了该项目工可研报告评审会议。根据国家和新疆发展稳定的形势要求,2010年12月10日,交通运输部和国家发改委在北京召开三省区协调会议,指出三省区按照一次性建设方案,重新研究编制工可研报告。

②项目决策过程:

2006年12月,研究小组随同交通部专家组会同三省(区)交通部门赴实地进行了调研,初步确定了三省间的接线位置。2007年1月,内蒙古甘肃两省(区)实地踏勘后签订接线协议;2008年11月,与新疆洽谈后签订甘新两省(区)接线协议。

2008年12月,甘肃省公路网规划办编制了分期、分幅建设的《京新国家高速公路(G7)甘肃段白疙瘩至明水公路工程可行性研究报告》,技术标准为设计速度120km/h,路基宽度为13.75m双车道公路,实际控制运营车速为80km/h。

2009年1月14日,甘肃省交通厅以甘交规划〔2009〕7号《甘肃省交通厅关于报送京新国家高速公路白疙瘩至明水公路工程可行性研究报告的请示》上报甘肃省发改委。

2009年2月16日,甘肃省发展和改革委员会在兰州召开了本项目工可研预审会议,2月18日以甘发改交运〔2009〕147号《关于申请批准京新国家高速公路甘肃段白疙瘩至明水公路工程可行性研究报告的请示》上报国家发展和改革委员会,并抄送交通运输部。

2009年8月25日至9月3日,中国国际工程咨询公司与交通运输部综合规划司和部规划研究院在北京召开了工可研报告评审会议。

2010年12月10日,交通运输部和国家发改委在北京召开全幅一次性建设协调会,初步确定按分离式2×13.75m(局部整体式28m)标准重新开展可行性研究工作。

2011年1月至2011年4月,项目研究组重新在原报告基础上修改完善,并按照最新价格信息和编制办法要求,分专业组编制完成工可报告。

2.建设情况

(1)项目准备阶段

白明高速公路建设项目严格执行公路建设程序,依法依规,规范运作,各阶段审批情况如下：

2012年7月20日,国家水利部以水保函〔2012〕327号《关于京新国家高速公路(G7)甘肃段白疙瘩至明水公路工程水土保持方案的批复》批复了本项目水土保持方案。

2012年12月,国土资源部以国土资预审字〔2012〕373号《关于京新国家高速公路(G7)甘肃段白疙瘩至明水公路建设用地预审意见的复函》批复了本项目建设用地。

2013年7月30日,国家环境保护部以环审〔2013〕185号《关于京新国家高速公路(G7)甘肃段白疙瘩至明水公路环境影响报告书的批复》批复了本项目环评。

2014年6月,国家发展改革委以发改基础〔2014〕1255号《国家发展改革委关于甘肃省白疙瘩(内蒙古甘肃界)至明水(甘新界)公路可行性研究报告的批复》批复了本项目工可报告,项目正式立项。

2015年2月,交通运输部以交公路函〔2015〕102号《交通运输部关于甘肃省白疙瘩(内蒙古甘肃界)至明水(甘新界)公路初步设计的批复》批复了本项目初步设计。

2015年5月,甘肃省交通运输厅以甘交公路〔2015〕35号《关于京新国家高速公路(G7)甘肃段白疙瘩至明水公路两阶段施工图设计及预算的批复》批复了本项目施工图设计。

①资金筹措：

2014年6月,本项目由国家发展改革委发改基础〔2014〕1255号《国家发展改革委关于甘肃省白疙瘩(内蒙古甘肃界)至明水(甘新界)公路可行性研究报告的批复》,批复项目总投资为61.3亿元(静态投资57亿元),其中：国家安排中央专项建设基金(车购税)17.42亿元,甘肃省安排公路建设基金2.84亿元,共计20.26亿元作为项目资本金,约占总投资的33%；其余41.04亿元资金利用国内银行贷款解决。2015年2月,交通运输部交公路函〔2015〕102号《交通运输部关于甘肃省白疙瘩(内蒙古甘肃界)至明水(甘新界)公路初步设计的批复》批准实施,概算总投资62.1亿元(含建设期贷款利息2.9587亿元)。2015年5月,根据甘肃省交通运输厅甘交公路〔2015〕35号《关于京新国家高速公路(G7)甘肃段白疙瘩至明水公路两阶段施工图设计及预算的批复》,项目施工图设计及预算61.13亿元。

②招标投标：

白明高速公路建设项目实行国内公开招标,工程施工招标和监理招标严格遵守《中华人民共和国招标投标法》、中华人民共和国标准《施工招标资格预审文件》(2007年版)、《公路工程施工监理招标投标管理办法》(交通部令2006年第5号)等的相关标准及规定,并按照发布招标资格预审公告、网上发售资审文件、资格预审评审、递交投标文件、开标、评标、定标的程序进行,整个招标过程体现了"公开、公平、公正"的原则。白明高速公路参建单位详见表6-4。

白明高速公路参建单位一览表　　　　　　表6-4

标段划分		施工单位	监理单位	设计单位	监督单位	试验检测单位
施工类型	标段					
路基单位	BM1	甘肃路桥第三公路工程有限责任公司	北京泰克华诚技术信息咨询有限公司 BMJL1 标段	甘肃省交通规划勘察设计院有限责任公司	甘肃省交通工程质量安全监督管理局	甘肃智通科技工程检测咨询有限公司
	BM2	内蒙古天骄公路工程有限责任公司				
	BM3	中交第二公路工程局有限公司	甘肃恒科交通工程监理有限公司 BMJL2 标段			
	BM4	中铁七局集团有限公司				
	BM5	中交第一公路工程局有限公司	甘肃省交通工程建设监理公司 BMJL3 标段			
	BM6	江西省公路桥梁工程有限公司				
	BM7	中铁二十三局集团第一工程有限公司	北京华路捷公路工程技术咨询有限公司 BMJL4 标段			
	BM8	中交第四公路工程局有限公司				
	BM9	中铁五局集团机械化工程有限责任公司	北京京博通工程项目管理有限公司 BMJL5 标段			
	BM10	中铁三局集团第六工程有限公司				
	MQ1	山西路众道桥有限公司	陕西利民公路工程咨询服务有限公司 MQJL1 标段	深圳高速工程顾问有限公司		甘肃新瑞交通科技发展有限公司
	MQ2	江西有色建设集团有限公司	甘肃新科建工监理咨询有限公司 MQJL2 标段			
	MQ3	湖北天浩公路工程有限公司	甘肃省交通工程建设监理公司 MQJL3 标段	甘肃省交通科学研究院有限公司		
	MQ4	福建省交建集团工程有限公司	黑龙江省正旭公路工程监理有限公司 MQJL4 标段			

续上表

标段划分		施工单位	监理单位	设计单位	监督单位	试验检测单位
施工类型	标段					
路面单位	BMLM1	中交第三公路工程局有限公司		甘肃省交通规划勘察设计院有限责任公司	甘肃省交通工程质量安全监督管理局	甘肃新瑞交通科技发展有限公司
路面单位	BMLM2	中交二公局第三工程有限公司		甘肃省交通规划勘察设计院有限责任公司	甘肃省交通工程质量安全监督管理局	甘肃新瑞交通科技发展有限公司
路面单位	BMLM3	中交第一公路工程局有限公司		甘肃省交通规划勘察设计院有限责任公司	甘肃省交通工程质量安全监督管理局	甘肃新瑞交通科技发展有限公司
房建单位	BMFJ1	二十一冶建设有限公司	兰州交大工程咨询有限责任公司		甘肃省交通工程质量安全监督管理局	甘肃新瑞交通科技发展有限公司
房建单位	BMFJ2	甘肃第七建设集团股份有限公司	兰州交大工程咨询有限责任公司		甘肃省交通工程质量安全监督管理局	甘肃新瑞交通科技发展有限公司
房建单位	BMFJ3	中铁二十四局集团有限公司	兰州交大工程咨询有限责任公司		甘肃省交通工程质量安全监督管理局	甘肃新瑞交通科技发展有限公司
交安单位	BMJT1	湖南高速公路配套设施有限公司		甘肃省交通规划勘察设计院有限责任公司	甘肃省交通工程质量安全监督管理局	甘肃新瑞交通科技发展有限公司
交安单位	BMJT2	甘肃路桥飞宇交通设施有限责任公司		甘肃省交通规划勘察设计院有限责任公司	甘肃省交通工程质量安全监督管理局	甘肃新瑞交通科技发展有限公司
交安单位	MQJT	四川蓝灵交通设施工程有限公司		甘肃省交通规划勘察设计院有限责任公司	甘肃省交通工程质量安全监督管理局	甘肃新瑞交通科技发展有限公司
机电单位	BMJD	江苏安防科技有限公司			甘肃省交通工程质量安全监督管理局	甘肃新瑞交通科技发展有限公司
管道单位	BMGD	甘肃正德工程建设集团有限公司			甘肃省交通工程质量安全监督管理局	甘肃新瑞交通科技发展有限公司

③土地征迁情况：

白明高速公路项目的建设用地由甘肃省国土资源厅于2012年6月18日以甘国土资发〔2012〕132号文通过了用地初审，2012年12月26日国土资源部以国土资预审字〔2012〕373号文通过了用地预审。根据省交通运输厅与酒泉市人民政府签订的项目联建协议，白明路土地征迁由酒泉市人民政府负责。

（2）项目实施阶段

严格落实高速公路施工标准化，着重强调工程施工标准化、工程管理精细化，通过

"首件工程认可制"总结出标准的施工工艺、工法,并使其常态化、固定化。针对白明高速公路地域特点和质量控制要点,项目办着重对工程施工用水、中粗砂、水泥加强检测力度和质量控制力度,确保构造物工程质量合格。针对盐渍土地区路基施工质量控制问题,项目办要求路基施工必须采用最大激振力50t以上的重型压实机具,并规定其施工方法。针对白明项目地处河西境内,降水量小,蒸发量大,沿线地形土质变化较大,水质较差,地方材料严重匮乏的情况,项目办紧紧围绕质量这个中心任务,采取一系列措施(包括项目用水、原材料控制、各种施工作业指导书等)提高工程质量。一是采用水质净化设备。为了减小不良水质对公路建设的影响,防止盐胀病害,水质不合格,白明项目安装了反渗透技术净水设备,使工程用水达到了施工用水标准。二是针对降水量小、蒸发量大的气候特点,白明项目路基梁板预制采用了蒸汽养生的方法,保证了项目的工程质量。

3. 运营管理

白明高速公路项目全线设置高速公路管理所1处,主线收费站1处,匝道收费站2处,服务区1处,养护工区1处,主线治超站2处。房屋总建筑面积2.12万 m^2。

四、G1816(乌海—玛沁)甘肃段(宁甘界营盘水—甘青界赛尔龙)

乌玛高速公路是中国2013年印发的《国家公路网规划(2013—2030年)》中的乌海至玛沁高速公路的简称,编号为G1816,是G18荣乌高速公路的一条联络线。乌玛高速公路路线主要控制点为:棋盘井、石嘴山、银川、青铜峡、中卫、景泰、兰州、康家崖、广河、临夏、合作、碌曲、尕海、河南、玛沁。乌玛高速公路大致呈东北—西南走向,自东北向西南依次经过内蒙古、宁夏、甘肃、青海4省区,甘肃省境内经过景泰县、兰州市、临洮县、广河县、临夏市、合作市、碌曲县。主要由营盘水至双塔高速公路、景泰至中川高速公路、兰州新区至兰州高速公路、兰州至临洮高速公路、康家崖至临夏高速公路、临夏至合作高速公路、合作至赛尔龙高速公路组成。其中,景泰至中川高速公路、兰州新区至兰州高速公路、合作至赛尔龙高速公路目前正在规划中。

(一)营盘水至双塔高速公路(建设期:2010—2013年)

1. 项目概况

营盘水至双塔建设项目是定边—武威国家高速公路联络线(G2012)的重要组成路段,连接青银(G20)、京藏(G6)、连霍(G45)三条国家高速公路,也是甘肃省公路网中部区域的重要通道。

本项目位于甘肃省白银市景泰县和武威市古浪县境内。路线起点位于甘肃和宁夏交界处的营盘水、省道201线K1+120南侧200m处,接在建宁夏孟家湾至营盘水高速公路终点,经景泰县城、景泰县寺滩、古浪县裴家营、大靖、土门,终点位于武威市古浪县的双塔,与连霍高速公路(G30)衔接,路线全长157.477km。

全线采用四车道高速公路标准建设,路基宽24.5m、设计速度80km/h。全线为全封闭、全立交、控制出入四车道高速公路标准,桥梁、涵洞的设计车辆荷载为公路—Ⅰ级。

营双高速公路建设项目主要内容有:路基土石方2503.04万m^3,大桥19座4946.20m,中桥55座3540.34m;小桥、通道桥83座1873.95m;涵洞、通道涵397道1.33万m;短隧道1座498m;互通式立交5处(预留1处);分离式立交11处;天桥10座;渡槽1处。水泥稳定土底基层463万m^2,水泥稳定碎石基层366万m^2,沥青下面层(10cm)330万m^2,沥青上面层(5cm)300万m^2。全线共设置服务区3处;停车区3处;管理所1处;养护工区2处;匝道收费站3处;主线收费站1处。于2013年11月20日通车。

2. 建设情况

(1)项目准备阶段

2009年11月4日,国家发展和改革委员会以《关于甘肃省营盘水(宁甘界)至古浪(双塔)公路可行性研究报告的批复》(发改基础〔2009〕2802号)批复了本项目工可报告,项目正式立项。

2010年3月12日,交通运输部以《关于营盘水(宁甘界)至古浪(双塔)公路初步设计的批复》(交公路发〔2010〕133号)批复了本项目初步设计。

2010年7月,交通部交工路施工许可〔2013〕9号批准了定边至武威高速公路联络线(G2012)营盘水至古浪双塔段工程项目的施工许可申请书。

2012年7月24日,国土资源部以《国土资源部关于营盘水(甘宁界)至双塔高速公路工程建设用地的批复》(土资厅函〔2012〕574号)批复了本项目建设用地。

2012年9月12日,甘肃省交通运输厅以《关于青岛至银川国家高速公路定边至武威联络线营盘水(甘宁界)至古浪双塔段土建工程施工图设计及预算的批复》(甘交建〔2012〕147号)批复了本项目施工图设计。

营双高速公路建设项目实行国内公开招标,工程施工招标和监理招标严格遵守《中华人民共和国招标投标法》、中华人民共和国标准《施工招标资格预审文件》(2007年版)、《公路工程施工监理招标投标管理办法》(交通部令2006年第5号)等的相关标准及规定,并按照发布招标资格预审公告、网上发售资审文件、资格预审评审、递交投标文件、开标、评标、定标的程序进行,整个招标过程体现了"公开、公平、公正"的原则。营双高速公路参建单位详见表6-5。

第六章 甘肃省高速公路建设项目

营双高速公路参建单位一览表 表6-5

项目名称	营盘水(甘宁界)至双塔高速公路建设项目		
监督单位	甘肃省交通基建工程质量监督站		
设计单位		设计项目	
	甘肃省交通规划勘察设计院有限责任公司	主体设计(对应土建施工 YS1～YS10 标段,路面施工 YSLM1～YSLM6 标段,交安施工 YSJA1～YSJA8 标段,绿化施工 YSLH1、YSLM2 标段,房建施工 YSFJ1～YSLM6 标段)	
	北京交科公路勘察设计研究院有限公司	机电设计施工 YSJD1、YSLM2 标段	
工程施工单位		施工标段	施工单位	监理单位

工程施工单位	施工标段	施工单位	监理单位
土建工程	YS1	中铁十七局集团有限公司	河南省中原公路工程监理有限公司
	YS2	中交一公局第一工程有限公司	
	YS3	华通路桥集团有限公司	山西路杰公路工程技术咨询有限公司
	YS4	中交二公局第三工程有限公司	
	YS5	山东省路桥集团有限公司	北京双环工程咨询有限责任公司
	YS6	浙江交工路桥建设有限公司	
	YS7	中铁四局集团有限公司	甘肃省交通工程建设监理公司
	YS8	中国路桥集团西安实业发展有限公司	
	YS9	甘肃路桥建设集团有限公司	甘肃兴陇交通工程监理有限责任公司
	YS10	甘肃五环公路工程有限公司	
路面工程	YSLM1	中交二公局第三工程有限公司	甘肃兴陇交通工程监理有限责任公司
	YSLM2	中交第一公路工程局有限公司	
	YSLM3	甘肃路桥第三公路工程有限责任公司	北京中港路通工程管理有限公司
	YSLM4	中铁五局集团机械化工程有限责任公司	
	YSLM5	新疆兴达公路工程部	甘肃兴陇交通工程监理有限责任公司
	YSLM6	四川攀峰路桥建设集团有限公司	
房建工程	YSFJ1	甘肃恒泰建筑安装工程有限公司	甘肃建祥工程建设监理有限公司
	YSFJ2	甘肃建工工程承包有限公司	
	YSFJ3	甘肃路桥第四公路工程有限责任公司	甘肃兴陇交通工程监理有限责任公司
	YSFJ4	甘肃省第八建筑工程有限公司	
	YSFJ5	甘肃华恒建筑工程有限公司	

续上表

	施工标段	施工单位	监理单位
工程施工单位	YSJA1	中交第一公路工程局有限公司	甘肃兴陇交通工程监理有限责任公司
	YSJA2	甘肃恒和交通设施安装有限公司	
	YSJA3	甘肃路桥飞宇交通设施有限责任公司	甘肃省交通工程建设监理公司
	YSJA4	兰州金路交通设施有限责任公司	
	YSJA5	湖南省金达工程建设有限公司	
交通安全设施	YSJA6	云南康迪科技有限公司	甘肃兴陇交通工程监理有限责任公司
	YSJA7	陕西高速交通工贸有限公司	甘肃省交通工程建设监理公司
	YSJA8	徐州腾龙钢结构工程有限公司	
绿化工程	YSLH1	甘肃华运园林绿化公司	甘肃兴陇交通工程监理有限责任公司
	YSLH2	甘肃圆陇路桥机械化公路工程有限责任公司	甘肃省交通工程建设监理公司
机电工程	LDJD1	中海网络科技股份有限公司	中国公路工程咨询集团有限公司
	LDJD2	甘肃紫光智能交通控制技术有限公司	
小型预制	YSYZ1	中铁五局集团有限公司	甘肃省交通工程建设监理公司
中心试验室		甘肃路桥建设集团有限责任公司中心试验室	

营双高速公路项目的建设用地由甘肃省国土资源厅于2008年11月25日以甘国土资发〔2008〕213号文通过了用地初审,2009年6月1日国土资源部以国土资预审字〔2009〕239号文通过了用地预审,2012年7月24日以国土资函〔2012〕574号文进行了建设用地批复,2010年12月19日国家林业局通过了占用林地申请,并以林资许准〔2010〕415号出具了使用林地审核同意书。

经甘肃省交通厅和甘肃省国土资源厅协商,由甘肃省白银市、武威市政府负责按统一征地方式完成营双高速公路永久性建设用地的征用工作,统征包干协议于2011年1月分别与两市政府签订,建设用地移交工作自2011年3月全面展开。

全线共征占用各类土地18636亩,其中:水浇地5497亩、川旱地3397亩、山旱地1018亩、水变旱193亩、孤地24亩、梨园129亩、苹果地179亩、枸杞地223亩、枸杞苗271亩、苗圃地34亩、天然牧草地1533亩、宅基地21亩、林地4898亩、建设用地336亩、集体未利用地832亩、药材地33亩、其他用地18亩,完成征地拆迁投资补偿费共计6.49亿元。

(2)项目实施阶段

该项目点多、线长、面广,自然条件恶劣;路线穿越丘陵区、山陵区、沙漠及农田区,风沙、盐渍、软基、滑塌等不良地质广泛分布,质量通病治理压力大;路面工程结构技术新、质量要求高。面对诸多不良因素,建设者以紧抓薄弱环节、防治质量通病、提升路面品质、完善沿线设施功能为核心,实行精细化管理,推行标准化施工,从源头控制把质量,向靠前管理要时效,努力提高项目建设水平。项目办实行领导及科室业主代表负责制和现场巡查制度,将工程质量现场责任落实到人,以现场巡查、措施落实和问题整改为重点,共计下发不规范行为通知单 200 多份,保证了工程施工质量。

3. 复杂技术工程

互通式立交桩基础施工根据当地地质情况,桩基础施工采用旋挖机或反循环钻、冲击钻钻孔施工方法进行施工。由于主动钻杆较长,转动时上部摆动较大,因此在钻架上增设导向架,控制钻杆上的提引水龙头,使其沿导向架垂直对中钻进。钻孔施工前对钻杆及接头逐个进行检查,确保钻杆顺直,接钻杆时,先停止转盘转动,将钻杆稍提升 30cm 左右,再放下钻锥,进行拆装钻杆工作,钻杆拆装时确保其垂直度。钻进过程中,根据不同土层控制钻进速度和钻压。钻孔过程中注意观察护筒口泥浆面高程,如果逐渐下降,立即用水泵补水入孔保持水头,并根据具体情况采用抛填泥块的方法进行处理,防止塌孔。钻进过程中注意土层变化,每进尺两小时或土层有变化处捞取渣样,判断土层,记入钻孔记录表并与地质柱状图核对。钻进过程实施两班制作业,操作人员认真执行岗位责任制。

4. 科技创新

(1) 沙漠地区高速公路风积沙路基填筑施工

风积沙路基压实过程是通过压实机械振动碾压、冲击等外力手段克服风积沙颗粒间的黏聚力和内摩擦力将空气挤出,使风积沙颗粒间相互位移靠拢从而提高风积沙的密度,以提高风积沙路基抵抗外部荷载的能力。由于风积沙黏聚力很小基本可以忽略,因此振动时就能够较容易运动起来,所需的惯性力也较小,这就能使振动机具产生的振动波能够传到更深的深度,从而在压实深度和压实效果两方面都能够达到更高的要求。

(2) 戈壁沙漠地区公路橡胶沥青应力吸收层施工

首先将基质沥青与橡胶粉热熔混合搅拌、高温加热膨胀及搅拌剪切循环,利用热反应和胶磨剪切原理,使橡胶粉与基质沥青的混合料在充分拌和的高温条件下融合,形成一种新的沥青胶结材料——橡胶沥青;再运用橡胶沥青同步碎石洒布和胶轮碾压工艺进行铺筑施工,通过铺筑施工过程的温度控制,形成了橡胶沥青应力吸收层。运用热熔橡胶沥青生产技术,在基质沥青中掺加废旧轮胎橡胶粉改善其性能指标,生产出适宜戈壁沙漠地区气候特征的橡胶沥青;其次,根据沙漠地区气候特点,运用智能全自动沥青同步碎石封层车铺筑技术,在半刚性基层与沥青路面之间加铺一层橡胶沥青,然后洒布一定规格的单粒径级配碎石,形成一个稳定的界面功能层,能够吸收裂缝部位的集中应力,有效延缓沥青路面反射裂缝的产生,起到应力吸收层作用,有效防止水分渗入基层,避免出现水损害;通过严格控制橡胶沥青和同步碎石的洒布温度和胶轮压路机紧跟碾压温度,使得橡胶沥青与单粒径碎石黏结性能最好,防水效果最优,总结出适宜沙漠地区橡胶沥青应力吸收层的施工工艺原理。

5. 运营管理

全线共设置服务区3处,停车区3处,管理所1处,养护工区2处,匝道收费站3处,主线收费站1处。营盘水主线收费站4进12出,大靖匝道收费站2进5出,景泰匝道收费站、监控通信分中心2进6出,寺滩匝道收费站2进3出,土门匝道收费站3进6出。

(二)兰州至临洮高速公路(建设期:2001—2004年)

1. 项目概况

兰临高速公路是G1816乌海至玛沁高速公路在甘肃境内的重要组成部分,同时也是G75兰州至海口高速公路在甘肃境内的重要组成路段,是甘肃省的南出口和连接西南省份的重要通道。起点位于兰州市晏家坪,沿线经过兰州市七里河区西果园、青岗岔、袁家湾、七道梁和临洮县中铺、井坪、安家嘴、太石、辛店、康家崖、三十里墩、五里铺、洮阳,止于临洮县曹家沟,全长92.69km(含170m长链)。该项目于2001年10月12日开工建设,2004年12月16日通过省交通厅组织的交工验收。

兰临高速公路路线全长92.69km(含170m长链),整体式路基全宽24.5m,分离式路基全宽2×12.5m,设计车速80km/h,设计荷载为汽车—超20级,挂车—120,为全立交、全封闭、控制出入的四车道高速公路。

兰州至临洮高速公路太石路段

设计主要工程数量为:路基土石方1633万 m^3,纵向排水沟271.56km;特大桥4座2583m,大桥7座1086.04m,中桥15座922.79m,小桥11座451.5m,涵洞352道,互通式立交5处,分离式立交17处;隧道2座8073.19m(上行线长4003.19m,下行线长4070m);沥青混凝土路面25.65万 m^2。全线共设收费站7处(主线收费站2处)、服务区1处、监控分中心1处,全线设置交通标志、标线、中央分隔带护栏、路侧护栏和隔离栅。

2. 建设情况

(1)项目准备阶段

2000年11月,交通部以交规划发〔2000〕603号《关于国道212线兰州至临洮公路可行性研究报告的批复》批准立项。

2001年3月,交通部以交公路发〔2001〕144号《关于国道212线兰州至临洮公路初步设计的批复》批复初步设计。

2002年11月,甘肃省交通厅以甘交建〔2002〕233号《关于国道212线兰州至临洮高速公路施工图设计及预算的批复》批复施工图预算27.65865亿元(不含交通机电、管养及绿化工程)。

2004年6月,甘肃省交通厅以甘交建〔2004〕119号《关于兰临高速公路绿化工程施工图设计及预算的批复》批复施工图预算1175.67万元。

2004年12月,甘肃省交通厅以甘交建〔2004〕321号《关于G212线兰州至临洮段高速公路交通机电工程施工图设计及预算的批复》批复交通机电工程施工图预算为7241.22万元。

2005年5月,甘肃省交通厅以甘交建〔2005〕86号《关于兰临高速公路管养工程施工图设计及预算的批复》批复管养工程施工图预算5319.29万元。施工图总计批准预算290322.68万元。

①资金筹措:

2000年11月,交通部以《关于国道212线兰州至临洮公路可行性研究报告的批复》(交规划发〔2000〕603号),批复项目总投资为29亿元以内(未含建设期贷款利息及政策性调整费用)。资金来源:交通部拟于"十五"期用专项基金安排6.15亿元,作为国家投入的资本金,其余资金由甘肃省自筹解决(含利用国内银行贷款)。2001年3月,交通部以《关于国道212线兰州至临洮公路初步设计的批复》(交公路发〔2001〕144号)批复概算总投资32.6384亿元(含建设期贷款利息)。其中,交通部配套资金6.15亿元,甘肃省交通厅配套资金0.8亿元,国债转贷0.5亿元,其余部分均为银行贷款。

②招标投标情况:

项目主管单位为省交通厅,建设单位为甘肃省公路局,本项目质量监督单位为甘肃省交通基建工程质量监督站,设计单位为甘肃省交通规划勘察设计院。

③设计单位招标情况:

设计单位由甘肃省交通厅委托甘肃省交通规划勘察设计院承担设计任务。

④施工、监理单位招标情况:

兰临高速公路施工和监理单位均采用国内公开招标方式确定。本项目路基工程于2001年6月委托北京中交建设工程招标有限公司负责招标工作,其余分别于:路面工程2003年3月,管养、管道、交通设施工程2003年10月,机电、绿化工程2004年3月,隔离栅工程2004年6月,完善工程2005年4月均由项目法人负责招标工作。

兰临高速公路参建单位详见表6-6。

兰临高速公路参建单位一览表　　　　　　　　　表6-6

标段划分		施工单位	监理单位	设计单位	监督单位	建设单位
施工类型	标段					
路基单位	LL1	安通建设有限公司	甘肃省交通建设工程监理公司 LLJ1合同段	甘肃省交通规划勘察设计院	甘肃省交通基建工程质量监督站	甘肃省公路局
	LL2	中铁四局集团第四工程有限公司				
	LL3	中港第二航务工程局第一工程公司				
	LL4	中铁一局集团第二工程有限公司	甘肃交通工程监理事务所 LLJ2合同段			
	LL5	中铁十二局集团第二工程有限公司				
	LL6	中铁隧道局集团三处有限公司				
	LL7	中国人民武装警察部队交通第六支队	潍坊市华潍公路工程监理处 LLJ3合同段			
	LL8	甘肃五环公路工程有限公司				
	LL9	甘肃省水利水电工程局、甘肃省庆阳公路总段(联营体)	江西交通建设工程监理所 LLJ4合同段			
	LL10	路桥集团第一公路工程局第二工程公司、甘肃路桥第四公路工程有限责任公司(联营体)				
	LL11	甘肃省张掖公路总段、甘肃省白银公路总段(联营体)	山西晋达交通建设工程监理所 LLJ5合同段			

第六章 甘肃省高速公路建设项目

续上表

标段划分		施工单位	监理单位	设计单位	监督单位	建设单位
施工类型	标段					
路基单位	LL12	甘肃省酒泉公路总段、甘肃省陇南公路总段(联营体)	山西晋达交通建设工程监理所LLJ5合同段	甘肃省交通规划勘察设计院	甘肃省交通基建工程质量监督站	甘肃省公路局
	LL13	甘肃省定西公路总段、甘肃路桥第三公路工程有限责任公司(联营体)	西安公路交通大学建设监理公司LLJ6合同段			
	LL14	甘肃省公路工程总公司				
路面单位	LLM1	北京海龙公路工程公司	甘肃兴陇交通工程监理有限责任公司LLMJ1合同段			
	LLM2	中铁四局集团有限公司	潍坊市华潍公路工程监理处LLMJ2合同段			
	LLM3	甘肃省公路工程总公司	北京华通公路桥梁监理咨询公司LLMJ3合同段			
	LLM4	四川攀峰路桥建设有限责任公司	甘肃省交通工程建设监理公司LLMJ4合同段			
管养工程	LLFJ1	北京市第二建筑工程有限公司	甘肃兴陇交通工程监理有限责任公司LLFJJ1合同段			
	LLFJ2	中铁十六局第五工程有限公司				
	LLFJ3	甘肃武威通达建筑路桥工程有限公司				
	LLFJ4	甘肃中大建设工程有限公司				
	LLFJ5	甘肃省第九建筑工程公司	甘肃工程建设监理公司LLFJJ2合同段			
	LLFJ6	北京市第二建筑工程有限公司				
交通安全设施工程	LLAQ1	四川蓝灵交通设施工程有限公司	甘肃省交通工程建设监理公司LLAQJ合同段			
	LLAQ2	甘肃路桥飞宇交通设施有限责任公司				
	LLAQ3	河北中通交通设施有限公司				
	LLAQ4	甘肃恒和交通设施安装有限公司				

续上表

标段划分		施工单位	监理单位	设计单位	监督单位	建设单位
施工类型	标段					
管道工程	LLGD1	甘肃紫光智能交通与控制技术有限公司	潍坊市华潍公路工程监理处 LLGDJ 合同段	甘肃省交通规划勘察设计院	甘肃省交通基建工程质量监督站	甘肃省公路局
	LLGD2	甘肃紫光智能交通与控制技术有限公司				
绿色工程	LLLH	甘肃华运绿化工程有限公司	潍坊市华潍公路工程监理处 LLLHJ 合同段			
交通机电工程	LLJD1	中铁一局集团电务工程有限公司	中国公路工程监理咨询总公司 LLJDJ 合同段			
	LLJD2	甘肃紫光智能交通与控制技术有限公司				
	LLJD3	北京云星宇交通工程有限公司				
交通安全设施隔离栅工程	LLAQG1	甘肃恒和交通设施安装有限公司	甘肃省交通工程建设监理公司 LLAQGJ 合同段			
	LLAQG2	甘肃新盛护栏工程有限公司				
	LLAQG3	甘肃恒和交通设施安装有限公司				
完善工程	LLBX	中铁一局二公司	潍坊市华潍公路工程监理处			

⑤征地拆迁情况：

2003年9月3日，国土资源部以《关于国道212线兰州至临洮高速公路工程建设用地的批复》(国土资函〔2003〕312号)批复了建设用地。兰临高速公路途经兰州市七里河区、临洮县两个区(县)、8个乡镇、55个行政村。2001年12月27日，由省交通厅与省国土资源厅签订了《国道212线兰州至临洮高速公路建设用地统征包干协议》,并由国土资源厅统征办负责具体征地工作,由耕保处负责用地手续的办理。同时确定了总包干费用以及交付建设用地的具体时限,明确了双方的责任和权利。在项目办的努力下,严格按照《中华人民共和国土地管理法》《甘肃省实施〈中华人民共和国土地管理法〉办法》以及《甘肃省基础设施建设征用土地办法》,于2004年3月全线建设用地征迁工作基本结束。兰临路全线共征用土地9516.67亩,林地433.5亩,其中:百合地2061.94亩,水浇地4898.68亩,旱地530.68亩,园地77.69亩,旱砂地43.27亩,水砂地25.95亩,弃耕地250.84亩,荒地13亩,未利用地1092.28亩,鱼塘地166亩,育林地151.8亩,宅基地92.82亩,交通及其他用地149.41亩,树木40.73640736亿株,房屋36041.02m^2,围墙39875.27m。

征地拆迁工作中共签订协议26份。

(2)项目实施阶段

①加强合同管理,确保工程顺利进行。兰临路施工队伍众多,从路基工程开始,先后进场的施工、监理队伍达47家,参加施工的人数达上万人。为了确保兰临高速公路高效、安全、质优建设,兰临高速公路建设严格实行合同管理。中标施工单位进场工作完成后,业主与施工企业签订了《工程施工承包合同》和《廉政合同》,实行"双合同制"。同时,项目办与各施工企业、监理企业签订了质量、进度、安全责任书,作为施工合同的进一步补充,并在建设过程中严格遵守。

②加强安全生产管理,文明施工,注重环保。成立安全生产领导小组,建立健全安全生产领导责任制;始终坚持"安全第一,预防为主"的方针,完善安全管理网络,严格执行安全管理制度,全面落实《兰临高速公路工程安全生产管理制度》等办法,发现问题及时解决,做到安全生产经常化、制度化。项目办要求施工单位严格按照环保方案的要求,设置取土场和弃土场,严禁乱弃乱挖,有效地防止了新的水土流失形成。

3. 复杂技术工程

依靠科技进步,攻克技术难关。兰临高速公路是甘肃省在建公路项目中地形地质条件最复杂、技术难度最大的工程之一,有特长公路隧道2座(七道梁隧道上、下行线)、特大桥1座。曾创下甘肃省公路建设史上三个之最:七道梁隧道是当时甘肃省最长的公路隧道,单洞长4070m;芦家沟特大桥是当时甘肃省墩身最高的公路桥梁,最高墩身达77.24m;临洮高架桥是当时全省最长的公路桥梁,全长1047.08m。

(1)七道梁隧道

七道梁隧道按山岭区高速公路设计,设计行车速度80km/h,隧道建筑限界净宽为9.75m,净高5.0m。该隧道为上、下行分离式单向行驶隧道。其中上行线长4003.19m,下行线长4070m。两隧道均设有通风竖井(这在全省尚属首次)。上行线竖井深92.50m,下行线竖井深171.16m,竖井与隧道由排风道与送风道相连,排风道及送风道长度均为63.7m。隧道内各设有5个紧急停车带,两座隧道之间由5个行车横洞、5个人行横洞相连接。隧道上、下行线分别于2003年10月和12月相继贯通。

申请了交通部行业联合科技攻关项目"七道梁深埋长大公路隧道修建关键技术研究"课题,以七道梁隧道为依托工程,同时参考西部地区和国内外已建或在建的其他地下工程(重点是公路隧道),开展地质超前预报、断裂带评价与处理、围岩稳定性与锚喷支护、特殊水文地质条件下隧道稳定性及防排水技术研究。通过现场测试、室内试验与模拟、工程验证相结合,有针对性地研究围岩稳定性规律和评价方法,优化隧道设计,降低工程造价,有力地指导了隧道施工。

(2)芦家沟大桥

芦家沟大桥位于兰临高速公路第四合同段K14+149.5处,全长399.8m。桥梁孔径布置为(64m+115m+64m)(连续刚构)+(5×30m)(槽形梁),具有桥墩高(最高墩身达77.238m)、跨度大(主跨115m)、施工技术复杂等特点。主桥上部结构为刚构连续箱梁,下部为双薄壁墩,钻孔桩基础;引桥上部为先简支后连续部分预应力槽型梁,下部为空心墩,钻孔桩基础,桥台为肋板式桥台,主引桥之间设实心过渡墩。该大桥是兰临高速公路上结构最复杂的桥梁工程,同时也是甘肃省第一次在小半径曲线上采用大跨连续刚构桥型,它的修建对于总结和发展甘肃省大跨径桥梁施工技术有着重要的意义。按照设计文件,主桥上部采用挂篮悬浇法对称施工,下部采用翻模法施工,桩基础采用挖孔与钻机相结合施工。施工中通过强化各项管理,落实质量责任,狠抓工程进度,合理安排,科学组织,攻坚克难,攻克了大直径深桩基施工、大体积混凝土灌注、小半径曲线悬臂梁施工等难题,并彻底解决了高强度混凝土防裂难题,从而确保了特大桥的顺利建成。

(3)临洮高架桥

临洮高架桥位于临洮县城城区,上跨临康路,桥面宽25m,双向四车道,左右幅布设,上部为现浇钢筋混凝土连续箱梁,系两联6×20m+五联8×20m结构,采用满堂支架施工,下部采用矩形墩身,钻孔灌注桩基础,总造价5921万元,共浇筑混凝土29206m^3,绑扎加工钢筋7473t,现浇矩形墩104个,现浇钢筋混凝土承台104个,钻孔灌注桩4792m,现浇钢筋混凝土防撞墙4320m。该桥是兰临高速公路的重点创优项目,工程量大,质量标准高,施工影响大,安全隐患多。施工中,施工单位充分吸收已有同类型桥梁的成功经验,通过技术攻关,制定了详细的网络图、科学的施工方案和施工方法,选择了合理的机械设备,从而确保工程质量和工程进度。在兰临高速公路中,部列技术攻关(科研)项目1个、厅列1个,这些科技攻关项目的实施,有力地指导了施工。

(4)湿陷性黄土路基病害整治及软基处理

由于兰临高速公路穿越湿陷性黄土地区,为消除黄土的湿陷性,确保路基稳定性,施工中采用了冲击压实法及强夯法对路基进行补强加固。即挖方路基开挖成形及压路机碾压后,对路槽采用25kJ冲击压实机补压,填方路基填筑成形后亦采用25kJ冲击压实机补压,以充分保证路床的压实度。对高填方路堤填挖交界处及黄土基底采用了强夯法进行加固。由于路线沿线分布着较多的各类黄土陷穴,对埋藏较浅的陷穴开挖后回填夯实;对埋藏较深的暗陷穴采用灌砂砾或泥浆的措施进行处理。为了预防因湿陷性黄土所产生的路基病害,设置了较完善的防排水系统以排除路界地表水。在路堤坡脚及路堑坡口外20~30m范围内,分别采取整平地表,填平、夯实积水洼地和地表裂缝的措施;对路线所经过由水渠放水造成的对路基产生一定影响的小型冲沟,采取填平冲沟并设置排水设施以减少对路基的危害。以上处治措施实施后收到了预期的效果。

(5)滑坡治理及桥头病害防治

西果园特大桥桥头段位于古滑坡体上,古滑坡的复活直接威胁着特大桥的安全,项目办对此非常重视,在开工前就要求设计单位进行补充地质勘察及稳定性验算,并采取了上部减重结合下部压重的滑坡处治措施。兰临高速公路兰中段K15+170~K15+340段,其上覆薄层风积新黄土,下部为砂岩与泥岩互层,原施工图设计边坡长最长可达115m。施工开挖后风化严重,裂隙发育,于2003年秋季发生边坡滑塌。之后采取了清理坍塌体、放缓边坡坡率的变更设计。为防止施工中边坡再次滑塌,项目办对施工单位提出了两点要求:一是在边坡开挖过程中每超过一个平台,就必须将暴露在外的平台用复合土工布(一布一膜)封闭,若遇裂隙发育严重的地段必须用砂浆堵塞;二是对较松散的岩石坡面应及时防护,若来不及防护,必须用防水布封闭坡面。

针对兰临高速公路西果园大桥临洮岸14号桥台桩基、13号桥墩整体位移及兰中段K15+170~K15+340段边坡滑塌病害,2004年4月27日,省交通厅科技专家委员会主持召开了专家咨询会议确定了最终治理方案。即:对滑坡采用上部减载、下部反压,加强防排水设施的综合措施;对高路堤采用放缓边坡坡率,提高压实度,加强边坡防护和排水的措施;对特大桥采用缩短桥梁,利用现有桥梁上、下部结构的原则进行施工,取得了明显成效,圆满完成了施工任务。

(6)沥青路面早期破坏病害防治措施

为提高兰临高速公路路面工程质量,项目办向省交通厅请示,及时变更了兰临路面沥青品种,上面层采用改性沥青,中、下面层采用克拉玛依沥青。同时,为了提高改性沥青路面施工中的科技含量,施工中项目办先后两次邀请了长安大学著名路面专家张登良教授和郑南翔教授就沥青问题召开技术座谈会,并赴施工现场作技术指导,取得了良好效果。

4. 运营管理

全线共设收费站7处(主线收费站2处)、服务区1处、监控分中心1处,由兰州高速公路管理处管理。

(三)康家崖至临夏高速公路(建设期:2007—2010年)

1. 项目概况

(1)基本情况

康家崖至临夏高速公路(以下简称"康临高速公路")是 G1816 乌海至玛沁高速公路在甘肃境内的重要路段,也是甘肃省高速公路网规划的重要组成部分。其东接兰州至临洮高速公路,西接临夏至合作二级公路,是连接我国西北和西南地区的便捷公路通道,在国家级甘肃省干线公路网中具有重要战略地位。康临高速公路起于临洮康家崖,接已建兰州至临洮高速公路,至于临夏,与临夏至合作二级公路相接,全长 70.97km,同步建设互通立交连接线 2.60km,改移省道 309 线 3.93km,改扩建县道 364 线 8.38km。全线在三甲集、广河、和政、临夏设置 4 处互通立交。全线采用双向四车道高速公路标准建设,设计速度 80km/h,路基宽度 24.5m,桥涵设计汽车荷载采用公路—Ⅰ级,其余技术指标按《公路工程技术标准》(JT GB01—2003)执行。互通立交连接线、改移省道 309 线及改扩建县道 364 线均采用二级公路标准建设。主要控制点有:起点临洮县康家崖已建兰临高速公路康家崖互通立交 ZDAK0 + 639.88、三甲集、祁家集、广河县城北、阿力麻土、买家巷、蒿支沟、南阳山、杨家、程家川、石碑湾、南龙山、尕杨家、在建临夏至合作公路起点。本项目开工时间 2007 年 12 月,通车时间为 2010 年 12 月。

(2)前期决策情况

国家发改委以发改交运〔2007〕1124 号文批复了可行性研究报告;交通运输部以交公路发〔2007〕487 号文批复了初步设计;国土资源部以国土资厅函〔2009〕382 号文批复了工程建设用地;国家环保总局以环审〔2006〕563 号文批复了环境影响报告书;水利部以水保函〔2006〕463 号文批复了水土保持方案。甘肃省交通运输厅分别以甘交建〔2008〕164 号文、甘交建〔2008〕139 号文、甘交建〔2010〕103 号文、甘交建〔2010〕105 号文、甘交建〔2010〕106 号文对所有施工图设计进行了批复。

(3)参建单位主要情况(表 6-7)

康临高速公路参建单位一览表　　　　表 6-7

标段号	施工单位名称	监理单位名称	监理标段
KL1	安徽省交通建设有限责任公司	甘肃省交通科学研究所有限公司	KLJL1
KL2	中铁十五局集团第五工程有限公司		
KL3	广东省长大公路工程有限公司	深圳高速工程顾问有限公司	KLJL2
KL4	中交第一公路工程局有限公司		
KL5	甘肃路桥建设集团有限公司	山东省德州市交通工程监理公司	KLJL3
KL6	甘肃路桥建设集团有限公司		

续上表

标段号	施工单位名称	监理单位名称	监理标段
KL7	北京市海龙公路工程公司	甘肃省交通工程建设监理公司	KLJL4
KL8	中铁十三局集团第三工程有限公司		
KLLM1	中铁五局集团机械化工程有限责任公司	甘肃省交通科学研究所有限公司	KLMJ1
KLLM2	中交一公局第三工程有限公司	甘肃省交通科学研究所有限公司	KLMJ2
KLLH	甘肃华运园林绿化工程有限公司	山东临沂交通工程咨询监理中心	KLJTJL1
KLAQ1	四川蓝灵交通设施工程有限责任公司		
KLAQ2	甘肃路桥飞宇交通设施有限公司		
KLAQ3	甘肃路桥飞宇交通设施有限公司		
KLJD1	甘肃紫光智能交通与控制技术有限公司	北京泰克华诚技术信息咨询有限公司	KLJTJL2
KLJD2	山西四和交通工程有限责任公司		
KLGD	甘肃新路交通工程公司		
KLFJ1	甘肃路桥第四公路工程有限责任公司	甘肃蓝野建设监理有限公司	KLFJJL1
KLFJ2	甘肃华运建筑安装工程有限公司	甘肃兴陇交通工程监理有限责任公司	KLFJJL2
勘察设计单位1	甘肃省交通规划勘察设计院有限责任公司		
勘察设计单位2	甘肃路桥公路投资有限公司		

2. 建设情况

（1）项目准备阶段

康临项目工程总投资 25.53 亿元，其中：自筹资金 4559.51 万元，占总投资的 1.79%；交通运输部补助 8.47 亿元，占总投资的 33.19%；国内银行贷款 16.6 亿元，占总投资的 65.02%。全线主要工程量：路基土石方 820.3m^3，大桥 10 座 2849.36m，中桥 9 座 586.76m，小桥 23 座 485.52m，特长隧道 1 座 3290m，长隧道 1 座 1203m，互通式立交 4 处，分离式立交 9 处，通道 75 座，天桥 4 座，涵洞 102 道。共有挖方量 248.55 万 m^3，借方量 798.87 万 m^3，填方量 964.32 万 m^3，弃方量 83.11 万 m^3。

本项目建设用地丈量登记和地上附着物清点工作于 2007 年 12 月 20 日全面展开，经过两个多月的辛勤努力，较好完成了此项工作，将所有建设用地和地上附着物丈量清点到户、登记签证到人。共计征用各类建设用地 4280 亩，登记拆迁农户 210 户，拆迁建筑面积 3 万多平方米，清点树木 9.65 万余棵。项目永久征地 4179.93 亩，其中水浇地 2274.99

亩,旱地 902.36 亩,河滩地 198.3 亩,滩涂 191.07 亩,林地 188.72 亩,其他共占地 424.49 亩。全线共拆迁建筑物 8.83 万 m^2。

(2)项目实施阶段

①加强安全管理组织机构的健全和建立。项目办以甘交康临建办〔2008〕21 号文下发了《关于成立康临高速公路建设项目安全领导小组的通知》,成立了安全领导小组,负责项目建设安全管理和日常工作。

②层层签订安全目标责任制。项目办按照"安全第一、预防为主"的方针,及时督促施工单位加强宣传,完善制度,落实责任,层层签订安全生产目标责任书,把安全工作落实到具体的每一个人身上,加强了安全生产工作安全有序进行。

2009 年 8 月,安徽交通建设工程有限公司中标承建的康(家崖)临(夏)高速公路一标段立交路段工程施工吊装场景

③加强安全检查,及时排除安全隐患。项目办在平时的巡查和专项检查中,就安全生产隐患进行详细检查,并现场逐一指正、纠正和安排,限期要求进行整改,也确保了项目建设的顺利进行。

(四)临夏至合作高速公路(建设期:2011—2014 年)

1. 基本情况

临夏至合作高速公路是 G1816 乌海至玛沁高速公路在甘肃省境内的重要组成部分,也是省会兰州通往临夏、甘南及四川阿坝等少数民族自治州的重要通道。修建临合高速公路有利于使省会兰州与临夏、合作市的经济联系更加紧密,也是甘肃省委省政府提出的推进甘肃省交通大发展的重要举措。

临合高速公路起点位于临夏市的尕杨家顺接康(家崖)临(夏)高速公路终点,沿大夏河南岸山根布线,经尕杨家、张家、高邓家、张家台后一跨大夏河至后杨家,沿大夏河北岸阶地布线约 2km 后二跨大夏河继续沿大夏河南岸山根布线,经马九川林六社、赵家,在赵家(K13+983.18)设双城互通立交后经西沟门村至尹集镇后侧山根,以隧道方式穿越卓子山后跨大滩河至转咀村,而后路线与拟建兰州至合作铁路并行布线,经白尕村、铁家、多支吧村至土门关,进入甘南州境内,路线沿大夏河两岸择有利地形布线,与现有 G213 线处于同一走廊带内,经日尕玛、日贡玛、晒经滩、曲奥乡之后,大夏河道蜿蜒曲折、岸坡陡峻,路线连续设置隧道及顺河桥至麻当乡后继续沿大夏河两岸布线,经乃格贡玛至王格尔塘,设王格尔塘服务区、王格尔塘立交后路线离开大夏河河谷沿格河河谷布线,经完多么、扎西寺至香拉之后路线离开现有 G213 线走廊带沿扎油沟布线,经塘色村、下仁尕玛、早仁道至合作污水处理厂,设合作北立交后离开扎油沟沿早子沟布线,经木豆昂、周瓦囊至卡亚贡玛后设合作南隧道至合作格河村,与规划的合作至郎木寺高速公路合作至阿木去乎(甘南机场)段相接(根据甘肃省路网规划办公室初步研究的合作至郎木寺高速公路合作至阿木去乎段路线走廊带成果),本项目终点至扎利河分水岭段路线是沿 G213 走廊带布线。初设阶段对后期接线条件实地做了踏勘,路线最后一个曲线考虑了与后续接线条件。

临(夏)合(作)高速公路的工程技术人员使用先进的滚焊机进行施工前的钢筋加工作业场景(兰文治 摄)

临合高速路线总体走向由东北向西南,路线全长 98.98km,沿线主要城镇有临夏市、尹集镇,甘南州夏河县曲奥乡、麻当乡、王格尔塘乡、合作市。经过的主要河流有大夏河、格河、扎油沟、枣子沟。其中临夏境内 31.74km,甘南境内 67.23km。本项目建设条件复杂,工程规模较大,主线路线全长 98.97km,为高速公路双向四车道,设计速度 80km/h。主要工程量:路基土石方 1286.53 万 m^3,特大桥 2 座,隧道 19 座,大中小桥 122 座,互通立交桥 9 处。工程总造价 88.9 亿元。

2. 前期决策情况

2011 年初,甘肃省发改委函复关于《兰州至郎木寺高速公路(S2)临夏至合作段公路工程可行性研究报告的批复》(发改交运〔2011〕1439 号)。

甘肃路桥公路投资有限公司(本项目业主)与甘肃省交通规划勘察设计院签订了《临合高速公路勘察设计合同书》,以下简称《合同书》。

2011 年甘肃省发改委函复关于《兰州至郎木寺高速公路(S2)临夏至合作段公路工程初步设计及概算的批复》(发改交运〔2011〕1711 号)。2011 年 5 月初,根据《合同书》的要求,设计单位开始临合建设项目施工图勘测设计的各项前期工作,结合项目特点和工期要求,制定了《勘察设计大纲》。2011 年 6 月,设计单位工作人员进驻工地,全面开展外业勘测工作,进行了《临合高速公路项目初步设计》。2011年12月,完成了施工图设计。甘肃路桥公路投资有限公司(本项目业主)进行公开招标,确定项目建设各方并签订合同,工程建设项目全面铺开。

3. 项目参建单位主要情况(表6-8)

临合高速公路参建单位一览表 表6-8

序号	工程类别	单位	标段	单位名称
1	土建工程	施工单位	LH1	青岛公路建设集团有限公司
2			LH2	中铁七局集团第二工程有限公司
3			LH3	浙江省大成建设集团有限公司
4			LH4	中铁十一局集团第三工程有限公司
5			LH5	宁夏路桥工程股份有限公司
6			LH6	中交第一公路工程局第一工程有限公司
7			LH7	中铁二十局集团有限公司
8			LH8	中铁五局集团有限公司
9			LH9	安通建设有限公司
10			LH10	中铁十七局集团第五工程有限公司
11			LH11	中铁七局集团第三工程有限公司
12			LH12	中铁十六局集团第五工程有限公司
13			LH13	甘肃路桥建设集团有限公司
14			LH14	中铁二局集团第五工程有限公司
15			LH15	中铁隧道集团二处有限公司
16			LH16	华通路桥集团有限公司
17		监理单位	LHJL1	河南省中原公路工程监理公司
18			LHJL2	北京泰克华诚技术信息咨询有限公司
19			LHJL3	北京港通路桥工程监理有限责任公司
20			LHJL4	甘肃省交通工程建设监理公司
21	预制工程	施工单位	LHYZ1	宁夏路桥工程股份有限公司
22			LHYZ2	中铁十一局集团第二工程有限公司
23		监理单位	LHYZJL1	北京泰克华诚技术信息咨询有限公司
24			LHYZJL2	甘肃省交通工程建设监理公司
25	路面工程	施工单位	LHLM1	甘肃路桥建设集团有限公司

续上表

序号	工程类别	单位	标段	单 位 名 称
26	路面工程	施工单位	LHLM2	中交第二公路工程局第三工程有限公司
27			LHLM3	中铁五局机械化工程有限责任公司
28			LHLM4	四川攀峰路桥建设集团有限公司
29		路面、绿化监理单位	LHLMJL1	福建中交建设发展有限公司
30			LHLMJL2	甘肃省交通工程建设监理公司
31	绿化工程	施工单位	LHLH1	甘肃路桥飞宇交通设施有限责任公司
32			LHLH2	甘肃圆陇路桥机械化
33			LHLH3	甘肃华运园林绿化工程有限公司
34	房建工程	施工单位	LHFJ1	甘肃华恒建筑工程有限公司
35			LHFJ2	江西吉泰建筑工程有限公司
36			LHFJ3	甘肃路桥第四公路工程有限责任公司
37			LHFJ4	甘肃第七建设集团股份有限公司
38			LHFJ5	甘肃三立工程建设有限公司
39		监理单位	LHFJJL1	甘肃省交通工程建设监理公司
40			LHFJJL2	兰州交大工程咨询有限责任公司
41	交通安全工程	施工单位	LHAQ1	甘肃恒和交通设施安装有限公司
42			LHAQ2	四川蓝灵交通设施工程有限公司
43			LHAQ3	江苏泓益交通工程有限公司
44			LHAQ4	茂名市公路建设有限公司
45		监理单位	LHTJL1	甘肃省交通工程建设监理公司
46	机电工程	施工单位	LHJD1	江苏铁电交通科技集团有限公司
47			LHJD2	兰州朗青交通科技有限公司
48			LHJD3	甘肃新网通科技信息有限公司
49			LHJD4	浙江浙大中控信息技术有限公司
50		监理单位	LHTJL2	中国公路工程咨询集团有限公司

五、G2012(定边—武威)甘肃段(宁甘界营盘水—武威双塔)

定武高速公路是国家高速公路规划重要干线"青银高速(G20)"的联络线,编号G2012。G2012规划路线由新建路段定边至中宁段、原国家重点公路上海至武威线中宁至武威段组成,规划里程481km,全部建成通车。定武高速公路主要控制点:定边、盐池、红寺堡、中宁、中卫、景泰、武威。甘肃段为营盘水(甘宁界)至武威(双塔),即营双高速公路。该项目在G1816乌海—玛沁国家高速公路中已详细叙述。

六、G22（青岛—兰州）甘肃段（陕甘界雷家角—甘宁界沿川子、宁甘界司桥—兰州）

青岛至兰州高速公路属于国家高速公路网规划的一条东西横向线，编号为G22。主要控制点为：青岛、莱芜、泰安、聊城、邯郸、长治、临汾、富县、庆阳、平凉、定西、兰州，全长1795km，是国家重点工程。规划路线由原国家重点公路青岛至红其拉甫线青岛至兰州段组成。其中定西至兰州段与G30连霍高速公路重线；隆德与泾川段与福银高速公路共线。在甘肃境内由雷家角至西峰高速公路、西峰至长庆桥至凤翔路口高速公路、罗汉洞至长庆桥一级公路、凤翔路口至郿岘一级公路、平凉至定西高速公路、巉口至兰州柳沟河段高速公路、柳沟河至忠和高速公路组成。

（一）雷家角（陕甘界）至西峰段高速公路（建设期：2008—2011年）

1. 项目概况

雷西高速公路是国家高速公路规划网中青兰高速公路（G22）的重要组成路段，该项目建成后畅通了甘肃的东大门，把甘肃陇东和陕西延安连成一体，有利于加强区域交流与合作，能充分发挥兰州、西安等省会城市的辐射功能，对开发庆阳革命老区的煤炭、石油等矿产资源，拉动地方经济发展，带动陇东地区旅游资源的开发与利用，具有十分重要的积极作用。

项目路线总体走向由东北向西南，起点位于陕甘交界雷家角，即合水县太白镇，接陕西境已建成通车的壶口至雷家角高速公路终点，终点位于庆阳市西峰区李家寺，接西长凤高速公路起点，主线长度128.06km，合水连接线长17.13km。途经庆阳市合水县、庆城县、西峰区3个县区，10个乡镇，34个行政村。

主要工程数量：路基土石方1947万m^3，主线设特大桥6座，大中小桥149座，涵洞121道，天桥30座，隧道4处8座，互通式立交6座，服务区2处，停车区2处，养护工区1处，主线治超站1处。合水连接线设中桥1座，小桥1座，涵洞38道。全线共有35个施工标段，13个监理标段。本项目初步设计批复总概算投资88.97亿元，批复建设总工期4年。

雷西高速公路起点位于甘陕界雷家角，即合水县太白镇，沿线经过蒿咀铺、老城镇、郝家湾，分别设置老城镇、合水互通立交，然后北行设置板桥隧道至庆城县南侧，设置庆城互通立交转向西沿教子川布线，经太乐、儒木铺至驿马关，设置驿马关隧道、驿马关互通立交，前行至终点西峰李家寺，接已建成通车的西长凤高速公路起点，主线全长128.06km。合水连接线起点位于郝家湾接合水立交，路线沿G309线行至合水县板桥乡，之后路线南行沿G211线上塬布设至合水县城，路线长度17.10km。

G22 青岛至兰州国家高速公路甘肃境内雷（家角）西（峰）高速公路一段（兰文治 摄）

项目主线采用双向四车道高速公路标准建设，设计速度为 80km/h，整体式路基宽度 24.5m，分离式路基宽度 12.25m。桥涵设计汽车荷载等级采用公路—Ⅰ级，设计洪水频率 1/100（特大桥 1/300）。合水连接线采用二级公路标准，路基宽度 12m，上下塬段设计时速 40km/h，塬顶、塬底段设计速度 60km/h。一般路段路面上面层采用 4cm 高性能改性沥青混凝土（Superpave-13），中面层采用 5cm 高性能改性沥青混凝土（Superpave-20），下面层采用 9cm 密级配沥青碎石（ATB-30），热熔改性沥青封层，基层采用 34cm 水泥稳定碎石，底基层采用 18cm 水泥稳定碎石；长陡坡路段路面上面层采用 4cm 细粒式改性沥青玛蹄脂碎石（SMA-13），中下面层及基层、底基层同一般路段。

2. 建设情况

（1）项目准备阶段

2009 年 8 月，环境保护部《关于青岛至兰州国家高速公路雷家角（陕甘界）至西峰段公路环境影响报告书的批复》（环审〔2009〕387 号）批复了环评报告。

2009 年 9 月，甘肃省建设厅《关于青岛至兰州国家高速公路雷家角（陕甘界）至西峰段选址的批复》（甘建规〔2009〕373 号）同意了雷西项目的选址申请。

2010 年 7 月，国家发改委《关于甘肃省雷家角（陕甘界）至西峰段公路可行性研究报告的批复》（发改基础〔2010〕1628 号）批复立项。

2011 年 3 月，交通运输部《关于雷家角（陕甘界）至西峰段公路初步设计的批复》（交公路发〔2011〕136 号）批复了初步设计。

2012 年 9 月，甘肃省交通运输厅《关于雷西高速公路两阶段施工图设计及预算的批复》（甘交发〔2012〕158 号）批复了施工图设计。

①资金筹措：

雷西高速公路批复概算总投资 88.97 亿元，其中交通部补助 9.87 亿元，甘肃省公路航空旅游投资集团有限公司通过发行企业债券等方式融资34亿元,银行贷款44亿元,建成后采用收取通行费的方式还贷。

②招标情况:

土建工程于2010年9月6日至10日分别在中国招标与采购网(www.chinabidding.com)、甘肃公路信息网(www.gs-highway.com)、《中国交通报》《甘肃经济日报》上发布了资格预审公告,9月20日至9月28日进行了资格预审工作。

路面工程于2011年8月29日至9月2日分别在中国招标与采购网(www.chinabidding.com)、甘肃公路信息网(www.gs-highway.com)、《中国交通报》《甘肃经济日报》上发布了资格预审公告,9月20日至9月27日进行了资格预审工作。

房建工程于2012年3月27日分别在中国招标与采购网(www.chinabidding.com)、甘肃公路信息网(www.gs-highway.com)、《中国交通报》《甘肃经济日报》上发布了资格预审公告,4月10日至4月12日进行了资格预审工作。

交安工程施工招标于2012年5月28日分别在中国招标与采购网(www.chinabidding.com)、甘肃公路信息网(www.gs-highway.com)、《甘肃经济日报》上发布了资格预审公告,6月12日至6月15日进行了资格预审工作。

绿化工程施工招标于2012年5月28日分别在中国招标与采购网(www.chinabidding.com)、甘肃公路信息网(www.gs-highway.com)、《甘肃经济日报》上发布了资格预审公告,6月12日至6月15日进行了资格预审工作。

交安工程及绿化监理招标于2012年5月28日分别在中国招标与采购网(www.chinabidding.com)、甘肃公路信息网(www.gs-highway.com)、《甘肃经济日报》上发布了资格预审公告。

机电工程招标于2012年5月28日分别在中国招标与采购网(www.chinabidding.com)、甘肃公路信息网(www.gs-highway.com)、《甘肃经济日报》上发布了资格预审公告,6月12日至6月15日进行了资格预审工作。

雷西高速公路参建单位详见表6-9。

雷西高速公路参建单位一览表 表6-9

设计单位	甘肃省交通规划勘察设计院有限责任公司		
监督单位	甘肃省交通基建工程质量监督局		
检测单位	西安长大公路工程检测中心、甘肃新瑞交通科技发展有限公司		
合同段	中标人	合同段	中标人
路基施工、监理单位 LX1	四川攀峰路桥建设集团有限公司	路基施工、监理单位 LX4	甘肃路桥建设集团有限公司
LX2	北京市海龙公路工程公司	LX5	中铁四局集团第四工程有限公司
LX3	甘肃顺达路桥建设有限公司	LX6	山东东方路桥建设总公司

续上表

合同段		中标人	合同段		中标人
路基施工、监理单位	LX7	四川武通路桥工程局	房建施工、监理单位	LXFJ1	甘肃第七建设集团股份有限公司
	LX8	福建省第二公路工程有限公司		LXFJ2	中海建路桥建设有限公司
	LX9	中铁十六局集团第五工程有限公司		LXFJ3	二十一冶建设有限公司
	LX10	中铁二十一局集团有限公司		LXFJ4	甘肃华恒建筑工程有限公司
	LX11	中交二公局三公司		LXFJ5	中铁五局建筑公司
	LX12	新疆北新路桥建设股份有限公司		LXFJJL1	甘肃省交通工程建设监理公司
	LX13	中铁十五局集团第五工程有限公司		LXFJJL2	甘肃兴陇交通工程监理有限责任公司
	LX14	中铁五局集团第四工程有限公司	交通安全设施、机电、绿化及监理单位	LXAQ1	甘肃恒和交通设施安装有限公司
	LXJL1	江苏兆信工程咨询监理有限公司		LXAQ2	甘肃路桥飞宇交通设施有限责任公司
	LXJL2	甘肃省交通工程建设监理公司		LXAQ3	潍坊东方交通设施工程有限公司
	LXJL3	山东信诚公路工程监理咨询中心		LXAQ4	湖南省金达工程建设有限公司
	LXJL4	甘肃省交通科学研究所有限公司		LXLH1	甘肃圆陇路桥机械化公路工程有限责任公司
	LXJL5	甘肃兴陇交通工程监理有限责任公司		LXLH2	甘肃路桥飞宇交通设施有限责任公司
	LXJL6	北京港通路桥工程监理有限公司		LXLH3	甘肃华运园林绿化工程有限公司
路面监理单位	LXLMJL1	山东信诚公路工程监理咨询中心		LXLAJL1	甘肃省交通工程建设监理公司
	LXLMJL2	甘肃兴陇交通工程监理有限责任公司		LXLAJL2	甘肃兴陇交通工程监理有限责任公司
路面施工单位	LXLM1	甘肃路桥第三公路工程有限责任公司		LXJD1	甘肃紫光智能交通与控制技术有限公司
	LXLM2	汇通路桥建设集团有限公司		LXJD2	紫光捷通科技股份有限公司
	LXLM3	安通建设有限公司		LXJD3	兰州朗青交通科技有限公司
	LXLM4	中铁五局(集团)机械化工程有限责任公司		LXJD4	甘肃麦岛建设工程有限公司
	LXLM5	中交二公局第三工程有限公司		LXJDJL	西安金路交通工程科技发展有限责任公司

③征地拆迁:

本项目途经34个行政村,且通过长庆油田采油区,地方群众多年与长庆油田采油区打交道,维权意识强,给项目拆迁带来了极大的难度。为了尽早完成红线征地,让工程顺利实施。2010年12月到2011年1月间,项目办全体人员利用年终严冬的征迁时机,用46天时间完成了全线140多公里外业丈量登记工作。由于抢抓了严冬季节,杜绝了抢栽抢种的现象发生,顺利完成了任务。随后继续按照专人蹲守促办的作法,与地方政府签订了统征协议。在后续的施工过程中项目办不断加强和当地政府的沟通,积极主动搞好同地方各级政府及有关部门的关系,做到了建设、施工、地方政府通力协作,多次召开各县区征地拆迁协调会,为项目建设保驾护航;其次项目办还要求各施工单位成立了征迁协调委员会,坚持按政策、按程序、按协议办事,做到了事事有人管、事事有人抓,定期研究解决施工过程中出现的各类征迁问题。在保护农民利益的前提下加快征迁进度。总的来说,通过以上措施的落实,雷西项目的征迁工作进展比较顺利,解决了因征迁而影响工程建设进度的顽疾,达到了预期的目标。完成主要征迁数量有:第一次征地10133.82亩,拆除房屋建筑846户;第二次征地共计816.328亩,全拆户100户;第三次征地共计299.24亩,全拆户34户,全线涉及电力电信25家,全部顺利完成拆迁工作。

(2)项目实施阶段

一是强化项目管理,狠抓建设质量管理和安全管理,掌握工地动态,解决实际问题。

二是在各阶段实施前组织驻地高监和技术负责人对易出现质量通病的部位进行分析讨论,制定了专项施工质量控制措施,印发了《雷西高速公路工程质量通病防治措施》,对梁板预制、钢筋绑扎、台背回填、隧道隐蔽工程等一些质量问题发生较多的环节进行了工艺上的明确,并以此作为现场质量的主要控制依据。

三是实施了《工法创新和合理化建议奖励办法》,鼓励参建技术人员踊跃提出质量控制的新工艺和新方法。技术创新领导小组对所提的工法创新和合理化建议每季度进行一次研讨,工法创新一经采纳,对个人和单位均给予5000~20000元的经济奖励。采用的创新工法有三项:钢筋定位支架和箱梁顶板胎膜支架、箱梁封端模板;推行标准化施工工艺和方法;对容易出现质量通病的地方,强制采用标准化施工工艺。推广标准化施工工艺五项:采用喷淋设备对箱梁混凝土进行养生;采用"梳型板"控制箱梁翼缘板钢筋间距及数量;在"梳型板"内外采用"皮带板"进行止浆;对预埋筋位置使用泡沫剂堵漏,采用高强混凝土垫块控制保护层厚度。新设备、新技术的运用三项:钢绞线梳编穿束,数显张拉,真空辅助压浆技术。

四是编制实施了《试验检测管理办法》,对各级试验室的职责进行明确,流程和沟通机制进行了进一步的规范,对中心试验室的抽检频率和工作流程进行明确,质量报表每周一报,建立材料进场数量台账,明确不合格材料的处理流程和处理时限,规定了各项比对试验的周期和考核办法,明确了咨询单位的工作职责。

五是项目办在路基桥隧工程的施工管理中,牢牢把住原材质量,推广先进工艺,消除质量通病,狠抓隐蔽工程,完善排水设施,强化细节管理。

六是在路面工程的质量控制过程中,不惜代价严控沥青和集料的质量,不让一吨不合格材料流入现场,全面规范和细化现场施工,不留任何质量缺陷。

3. 复杂技术工程

(1)子午岭隧道

隧道右线起讫桩号为YK1294+025~YK1295+810,纵坡及坡长为2.06%/75m,-2.65%/1710m,隧道长1785m;左线起讫桩号为ZK1294+025~ZK1295+900,纵坡及坡长为2.06%/20m,-2.628%/1855m,隧道长1875m,隧道最大埋深183m;隧道右线进口端位于R-1200m的平曲线上,左线出口端位于R-1000m的平曲线上。

子午岭隧道施工主要注意了以下几点:

一是隧道进、出口一般新黄土段、洞身浅埋老黄土段按二次模筑工法施工,洞身深埋老黄土段按新奥法原理进行施工。

二是对地质条件较差的地段,采用超前预加固、套拱等各种辅助工程措施,确保工程安全。

三是针对其他各种不良地质,均采取相应的对策措施。

四是针对不同地质情况,采取相应的开挖施工指导措施和监控数据管理基准,以保证结构施工质量,提高结构安全性。

五是隧道衬砌检修道以上3.1m范围铺贴瓷砖,3.1m以上拱顶范围喷涂防火涂料,以提高隧道防火性能、改善洞内行车诱导效果、提高行车安全性。

六是隧道设计了完善的通风、防灾救灾系统,制定了指导性的防灾救灾预案。

子午岭隧道洞口

(2)路南山特大桥

里程桩号:K1269+370,长度1600m。

K1269+370桥梁右交角90°,桥孔布置为80-20m预应力混凝土连续箱梁,下部结构为柱式墩、柱式台、桩基础,本桥平面分别位于直线(起始桩号:K1268+567,终止桩号:K1269+410.506)、缓和曲线(起始桩号:K1269+410.506,终止桩号:K1269+580.506,参数A:504.975,左偏)、圆曲线(起始桩号:K1269+580.506,终止桩号:K1269+824.455,半径:1500m,左偏)、缓和曲线(起始桩号:K1269+824.455,终止桩号:K1269+994.455,参数A:504.975,左偏)、缓和曲线(起始桩号:K1269+994.455,终止桩号:K1270+134.455,参数A:409.878,右偏)和圆曲线(起始桩号:K1270+134.455,终止桩号:K1270+173,半径:1200m,右偏)上,纵断面位于$R=150000$m的竖曲线上;最大墩高6m。

路南山特大桥

(3)三官桥特大桥

里程桩号:YK1297+526.247,长度左幅:2540m,右幅:2276m。

三官桥特大桥

本桥上部结构为预应力混凝土连续箱梁,下部结构为柱式墩、柱式台、桩基础。

左幅桥分线段平面分别位于直线(起始桩号:ZK1296+766.267,终止桩号:ZK1296+808.248)、缓和曲线(起始桩号:ZK1296+808.248,终止桩号:ZK1296+958.247,参数A:

424.264,右偏)、圆曲线(起始桩号:ZK1296+958.247,终止桩号:ZK1297+421.927,半径:1200m,右偏)、缓和曲线(起始桩号:ZK1297+421.927,终止桩号:ZK1297+571.927,参数 A:424.264,右偏)、直线(起始桩号:ZK1297+571.927,终止桩号:ZK1297+615.668)和直线(起始桩号:ZK1297+615.668,终止桩号:ZK1297+987.308)上,纵坡为 -0.85%、-2.498%,纵断面位于 $R=25000m$ 的竖曲线上;右幅桥分线段平面分别位于直线(起始桩号:K1296+846.5,终止桩号:K1296+981.182)、缓和曲线(起始桩号:K1296+981.182,终止桩号:K1297+096.182,参数 A:330.53,右偏)、圆曲线(起始桩号:K1297+096.182,终止桩号:K1297+467.012,半径:950m,右偏)、缓和曲线(起始桩号:K1297+467.012,终止桩号:K1297+582.012,参数 A:330.53,右偏)和直线(起始桩号:K1297+582.012,终止桩号:K1297+623)上,纵坡为 -0.9%、-2.498%,纵断面位于 $R=25000m$ 的竖曲线上。本桥合线段平面分别位于直线(起始桩号:K1298+001.211,终止桩号:K1298+290.44)、缓和曲线(起始桩号:K1298+290.44,终止桩号:K1298+505.44,参数 A:639.14,左偏)和圆曲线(起始桩号:K1298+505.44,终止桩号:K1298+662.231,半径:1900m,左偏)上,纵断面纵坡 -2.498%。

本桥雷家角岸桥台与子午岭隧道出口衔接,施工中按照先进隧道、后施工桥梁的顺序进行施工。桥梁未完成桥面水泥混凝土调平层、桥面沥青混凝土桥面铺装、防撞护栏施工之前,施工机械不得从桥上通过,确保施工安全。本桥桥下改移辅道 G309,施工时做好防护网等安全措施,并有专职安全员 24 小时对安全情况做监督管理。施工时结合实际地形地质水文条件做好桥下改河工程,确保泄洪通畅,雨季施工时要做好防洪工程,确保施工安全。

4. 科技创新

在项目实施过程中,针对本项目桥梁多的特点,项目办与北京交通大学联合开展了"雷西高速公路沥青混凝土桥面铺装施工控制关键技术研究"课题。

本项目以雷西高速公路 K1365+635 主桥跨径布置为(52m+90m+90m+52m)预应力混凝土曲线连续刚构桥为主要依托,对预应力混凝土曲线连续刚构桥桥面铺装层的受力状况、施工工艺、施工控制等开展研究,取得了三项创新性成果:

①首次系统研究了移动荷载下曲线刚构桥桥面铺装层变形和应力时程响应。对曲线弯刚构桥桥面铺装的分析表明,车速与阻尼对桥面铺装面层弯沉和应力都有较大的影响,在设计和施工过程中,应将这两个影响因素考虑在内,并且铺装层的材料尽量选取阻尼较大的材料,同时在运营阶段采取措施控制车速以此来保证铺装层的使用性能符合设计要求。

②系统分析了不同温度下沥青混凝土材料性能对桥面铺装结构受力的影响。针对大

幅降温的过程进行分析,计算出不同降温幅度对铺装层应力和位移的影响程度;根据沥青材料的控制指标,在设计和施工时应注意温度对铺装层的影响,采取相应的措施来减小温度应力的影响程度。

研究成果在雷西高速公路桥面铺装中成功应用,对同类桥梁桥面铺装的设计、施工和相关规范修订具有指导和借鉴作用。

5. 运营管理

全线共设收费站7处:主线收费站位于合水县太白镇;匝道收费站有:太白收费站位于合水县太白镇、连家砭收费站位于合水县太白镇连家砭村、老城收费站位于合水县老城镇、合水收费站位于合水县板桥乡、庆城收费站位于庆城县庆城镇、驿马收费站位于庆城县驿马镇。

(二)甘肃省西峰至长庆桥至凤翔路口(甘陕界)高速公路(建设期:2008—2011年)

1. 项目概况

西峰至长庆桥至凤翔路口(甘陕界)高速公路工程(简称西长凤高速公路)位于甘、陕两省交界处,把庆阳、平凉和省会兰州及西安等西北地区中心城市连成一片,具有南来北往、东接西送的重要作用。其中西峰至长庆桥段为"国家高速公路网"G22青岛至兰州高速公路以及省域主骨架公路网的"一纵"的重要组成路段,凤翔路口至长庆桥段为"国家高速公路网"G70福州至银川高速公路的组成路段,也是银(川)武(汉)西部大通道以及省域主骨架公路网的"二横"的重要组成路段。两条国道主干线进入甘肃后在本项目的长庆桥互通立交交汇并线,向西接甘肃省已建成的平凉至定西高速公路。该项目的实施不仅成为西部地区与东部发达省区经济交流与合作的纽带,更是对当地的资源开发与利用产生积极的拉动作用,对国家西部大开发战略的实施和推进也有重要意义。

西峰至长庆桥至凤翔路口高速公路起自庆阳西峰,接雷家角至西峰高速公路,经董志、长官、长庆桥、庙头,止于凤翔路口(甘陕界),接陕西已通车的永寿至凤翔路口高速公路,路线全长77.414km。全线在庆阳(西峰)北、庆阳(西峰)南、肖金、长官、长庆桥(为互通立交枢纽)、凤翔路口设置6处互通式立交。

全线采用四车道高速公路标准建设,设计车速采用80km/h,路基宽度24.5m;桥涵设计汽车荷载等级采用公路—Ⅰ级;其他技术指标按《公路工程技术标准》(JTG B01—2003)规定执行。西峰南互通连接线采用一级公路标准建设,肖金和凤翔路口互通连接线采用二级公路标准建设。

西长凤高速公路建设项目主要内容有:路基土石方工程1836.04万m^3、排水及防护工程15.68万 m^3。设有特大桥1座1723m,大桥15座3198.36m,中桥61座3985.19m,小桥及通道桥69座1139m,涵洞49道1530.86m,通道涵40道1225.73m,天桥38座2398.3m;互通式立交6处,分离式立交11处784.264m;全线设庆阳服务区1处,风口停车区1处,收费站6处(包括主线风口收费站1处,风口、长官、肖金、庆阳南、庆阳北匝道5处),此外全线还设有管理养护、通信、监控、安全等设施。

2.建设情况

(1)项目准备阶段

2007年8月,国家发改委发改交运〔2007〕1936号《关于甘肃省西峰至长庆桥至凤翔路口(甘陕界)公路可行性研究报告的批复》批复了本项目工可报告,本项目正式立项。

2008年4月,交通运输部交公路发〔2008〕6号《关于西峰至长庆桥至凤翔路口(甘陕界)公路初步设计的批复》批复了本项目初步设计。

2009年11月,甘肃省交通运输厅甘交建〔2009〕129号《关于西峰至长庆桥至凤翔路口高速公路施工图设计及预算批复》批复了本项目施工图设计。

2010年5月,国土资源部以国土资函〔2010〕239号正式批准了《国土资源部关于西峰至长庆桥至凤翔路口高速公路工程建设用地的批复》。

2010年7月,交通部交工路施工许可〔2010〕27号批准了银武西部大通道凤翔路口至长庆桥段青岛至兰州国家高速公路西峰至长庆桥段工程的施工许可申请书。

①资金筹措。2007年8月,本项目由国家发改委发改交运〔2007〕1936号《关于甘肃省西峰至长庆桥至凤翔路口(甘陕界)公路可行性研究报告的批复》批复项目总投资为30亿元,其中:国家安排中央专项基金(车购税)5.49亿元;甘肃省安排财政预算内资金2.01亿元;甘肃省安排公路基金3亿元;扩大内需中央国债资金0.8亿元(2010年);其余为国内银行贷款。2008年4月,交通运输部交公路发〔2008〕6号《关于西峰至长庆桥至凤翔路口(甘陕界)公路初步设计的批复》批准实施,概算总投资32.5562亿元(含建设期贷款利息2.8772亿元)。2009年11月,根据甘肃省交通运输厅甘交建〔2009〕129号《关于西峰至长庆桥至凤翔路口高速公路施工图设计及预算的批复》,项目施工图设计及预算28.44亿元(不含交通安全设施、管养服务设施、机电工程、房建工程、绿化工程),其中交通安全设施、管养服务设施、机电工程、房建工程、绿化工程施工图另文报批。

西长凤高速公路建设项目实行国内公开招标,2008年6月,西长凤高速公路建设业主单位省交通厅工程处按照招投标的规定程序和要求,在媒体上发布招标公告,面向全国进行土建工程项目公开招标。2009年11月至2010年7月面向全国进行了路面施工及监理、交通安全设施施工及监理、机电工程施工及监理、房建工程施工及监理、绿化工程施工及监理的公开招标。西长凤高速公路参建单位详见表6-10。

西长凤高速公路参建单位一览表 表6-10

标段划分		施工单位	监理单位	设计单位	监督单位	试验检测单位
施工类型	标段					
路基单位	XCF1	甘肃路桥建设集团有限公司	甘肃省交通科研所有限公司 XCFJL1 标段	甘肃省交通规划勘察设计院有限责任公司	甘肃省交通基建工程质量监督站	甘肃新瑞交通科技发展有限公司
	XCF2	北京市海龙公路工程公司				
	XCF3	中铁二十局集团有限公司	甘肃兴陇交通工程监理有限责任公司 XCFJL2 标段			
	XCF4	浙江宏途交通建设有限公司				
	XCF5	北京市海龙公路工程公司				
	XCF6	中铁十六局集团第五工程公司	太原市华宝通工程监理有限公司 XCFJL3 标段			
	XCF7	吉林省长城路桥建工公司		中交第一公路勘察设计研究院有限公司		
	XCF8	中交第二公路工程局有限公司	山东恒建工程咨询有限公司 XCFJL4 标段			
	XCF9	安通建设公司	甘肃省交通工程建设监理公司 XCFJL5 标段			
路面单位	XCFLM1	西部中大建设集团有限公司	甘肃省交通科学研究所有限公司 XCFLMJL1 标段	甘肃省交通规划勘察设计院有限责任公司		
	XCFLM2	甘肃五环公路工程有限公司	甘肃省交通工程建设监理公司 XCFLMJL2	中交第一公路勘察设计研究院有限公司		
房建单位	XCFFJ1	湖南新浩建设有限公司	甘肃兴陇交通工程监理有限责任公司 XCFFJJL			
	XCFFJ2	甘肃新路工程有限公司				
交安单位	XCFJA1	甘肃路桥飞宇交通设施有限责任公司	甘肃兴陇交通工程监理有限责任公司 XCFJAJL	招商局重庆交通科研设计院有限公司		
	XCFJA2	兰州金路交通设施有限责任公司				
机电单位	XCFJID	甘肃紫光智能交通与控制技术有限公司	北京华路捷公路工程技术咨询有限公司 XCFJDJL			
绿化单位	XCFLH	甘肃华运园林绿化工程有限公司	甘肃兴陇交通工程监理有限责任公司 XCFLHJL	甘肃省交通规划勘察设计院有限责任公司		

②征地拆迁。西长凤高速公路项目的建设用地由甘肃省国土资源厅于2005年11月28日以甘国土资规发〔2005〕41号文通过了用地初审,2006年2月16日国土资源部以国土资预审字〔2006〕23号文通过了用地预审,2010年5月5日以国土资函〔2010〕239号文进行了用地批复,2009年4月9日国家林业局通过了占用林地申请,并以林资许准

〔2009〕107号出具了使用林地审核同意书。

西长凤高速公路穿越平凉市泾川县窑店镇,庆阳市西峰区彭原乡、后官寨乡、西街办、董志镇、肖金镇,宁县焦村乡、和盛镇、太昌乡、长庆桥镇,涉及2市3县区10个乡镇46个行政村。经甘肃省交通厅和甘肃省国土资源厅协商,由甘肃省庆阳市、平凉市政府负责按统一征地方式完成西长凤高速公路永久性建设用地的征用工作,2008年12月4日与庆阳市政府签订征地统征包干协议书,2009年2月5日和平凉市政府签订征地统征包干协议书。

西长凤高速公路由于穿越甘肃的陇东经济区域的金腰带地区,人多地少,征拆难度很大。为了使工程早日开工,从2008年下半年,项目办就与庆阳市高速公路协调办和平凉市高速公路协调办积极联系,充分协商,就征地拆迁的补偿标准和丈量登记等问题达成了共识;从2008年7月上旬开始,同时在三个县区开始了土地和附着物的丈量登记工作,到2008年11月下旬征地拆迁的丈量登记主体工作基本完成。

全线共征用各类土地494.858公顷(7422.877亩),其中塬地5920.986亩、川台地290.619亩、水浇地44.1亩,旱地195.435亩,建设用地377.988亩,国有土地12.8295亩,林地53.728亩;拆迁地上主要附着物:各类房屋514户,搬迁坟墓1075座,各类树木440626棵;涉及电力电信光缆线路改移和企业拆迁32家。

(2)项目实施阶段

本项目的控制性工程泾河特大桥桥梁长度1726m,属连续刚构和预应力混凝土连续箱梁组合结构,桥位处地质构造复杂,施工难度较大。施工过程中主要从以下多方面措施进行质量控制:一是采用全球先进的手持式GPS、尼康1级全站仪,控制桥梁线位数据,并采用国内先进的激光垂准仪,控制、检测高墩垂直度;二是架设跨泾河贝雷式钢便桥,确保泾河两岸桥梁施工的连续性,保证工程施工进度有节奏、流水进行;三是在下部高墩施工中,采用进口组合维萨木模板,在结构物尺寸变形控制、高空施工安全性、工程质量方面都有了极大的保证;四是在大体积水泥混凝土结构物体内通散热冷水管、掺加粉煤灰、掺加高效聚羧酸外加剂等措施,解决了大体积、高强度等级混凝土水化热问题;五是施工中树立以人为本的思想,在墩高45m以上的高墩施工中增加劲性骨架,增强高空施工人员操作安全性,提高高墩钢筋定位的准确性,确保工程质量;六是在承台土方开挖期间,综合考虑环保因素,布设了井点降水设施;七是全桥安装监控摄像头,租用电信专有IP地址,光纤方式入网,只要能登入国际互联网络,均可时刻在线监控桥梁施工进展;八是考虑桥梁运营期间的高墩荷载变形,项目办牵头由兰州交大成立了泾河特大桥施工监控小组,监测数据指导施工。

路面施工管理。为了确保西长凤高速公路路面工程的施工质量,在路面工程招标前期,项目办监管科会同项目中心试验室对庆阳周边陕西、宁夏境内运距相对合理、生产能力强、储存量大具有代表性的天然砂砾、水洗砂、碎石的产地分别进行了调查、取样和试验,并编制了《西长凤高速公路路面材料调查报告》,为路面工程选用优质的原材料提供了相应的信息及试验数据。在施工过程中,项目办组织施工单位与重庆交通大学签订了技术服务协议,邀请了多位在沥青混凝土路面铺筑技术方面有多年研究和施工经验的知名专家,为施工及监理单位技术骨干举办了沥青混凝土路面施工技术培训班、路面工程试验检测培训班,从施工准备、原材料加工、施工机械配套及沥青混凝土级配控制等多方面详细讲授了相关专业知识,让施工及监理单位技术人员受益匪浅。同时,重庆交通大学路面技术服务组从路面施工一开始就进驻各施工单位,长期坚守在沥青混合料拌和站和路面施工现场,随时为施工单位提供技术咨询服务,并配合项目办严格监控路面施工质量,先后制定下发了《西长凤高速公路建设项目沥青路面施工指南》《西长凤高速公路路面工程存在的问题及建议》《温拌沥青混合料施工技术指南》等指导性文件,将路面施工中的各项要求制度化,并在日常管理中狠抓落实,从各项施工环节保证路面施工质量。

3. 复杂技术工程

泾河特大桥位于陇东黄土高原的长武塬和董志塬两大黄土塬之间,跨越泾河,全长为1723m,按六联设置,跨径组成为:$(35+4\times50)m+(87+5\times162+87)m+(4\times50)m+(2\times50)m+(30+2\times35)m+(2\times35+30)m$。桥梁上部情况:第二联主桥采用预应力混凝土变截面刚构-连续箱梁;第一联长武塬侧采用装配式预应力混凝土T形刚构-连续梁;第三、四联采用装配式预应力混凝土T形刚构—连续梁;第五、六联采用预应力现浇混凝土连续箱梁。桥梁下部及基础情况:其中引桥1、19-23号桥墩为柱式墩,基础为整体式承台,$\phi2m$桩基础;6、11号桥墩为矩形薄壁墩,7-10号桥墩为双矩形薄壁墩,6-11号桥墩基础为整体式承台,每墩12根$\phi2.5m$桩基础;2-5、12-18号桥墩为矩形薄壁墩,基础为整体式承台,每墩8根$\phi2m$桩基础;0号桥台为柱式台,桩基础;24号台为肋式台,桩基础。

针对项目控制性工程泾河特大桥,与北京交通大学联合进行"泾河高墩多跨连续刚构桥的安全性和稳定性研究",就泾河特大桥双薄壁墩身在施工阶段的安全性和稳定性、大桥的最优合龙顺序、合龙阶段的内力协调问题、大桥的施工控制及长期变形预测及地震行波效应对桥梁抗震、安全性能的影响等进行稳定性分析、研究,确保了大桥施工质量、安全及进度。

针对本项目六、七、八、九路基标段桥梁多且多属弯桥、桥梁纵坡大的特点,项目办与重庆交通大学联合进行了"甘肃陇东地区高速公路桥梁沥青混凝土桥面铺装关键技术研究与应用",从桥面铺装的结构、材料、界面处治和黏结、排水细部构造,以及施工工艺多个层面出发,为泾河特大桥桥面铺装施工提供科学依据,保障特大桥桥面铺装质量和耐久性。

在施工图设计审查阶段,根据本项目自然地理条件,总结甘肃近年来高等级公路路面设计、施工和运营的实际情况,甘肃省交通运输厅两次组织交通厅工程处、甘肃省交通规划勘察设计院有限公司和省厅有关专家在兰州召开了西长凤高速公路沥青路面结构设计方案论证会议,将原设计改性沥青混凝土 AC 结构上、中面层调整为 Superpave 结构,Superpave 这种设计方法能够较为真实模拟实际使用情况的混合料,使混合料更加符合路面实际使用过程。将改性沥青混凝土 AC 结构下面层调整为粗粒式密级配沥青碎石 ATB 结构,密集配沥青碎石 ATB-25(30)具有良好的抗高温性能,路面不易产生裂缝、车辙;冬季不易产生冻缩裂缝,行车荷载作用下裂缝较少;材料组成设计比较容易达到要求;沥青用量少,造价相对经济。将乳化沥青稀浆封层调整为热熔改性沥青碎石封层,将水泥稳定砂砾基层调整为水泥稳定碎石基层,将水泥稳定砂砾底基层调整为水泥稳定砂砾土底基层等措施以提高路面使用寿命,减少路面早期损害。

鉴于长武塬、董志塬下塬段均为长大纵坡路段,且平面曲线半径小,为提高行驶安全性,对长大下坡路段的路面面层上增加彩色抗滑警示薄层路面,厚度为 8mm。该路面可以起到提醒驾驶员注意及改善路面抗滑性能,提高道路抗滑系数,减少或者避免事故发生的作用。

4. 运营管理

全线设庆阳服务区 1 处,凤口停车区 1 处,收费站 6 处(包括主线凤口收费站 1 处,凤口、长官、肖金、庆阳南、庆阳北匝道 5 处),此外全线还设有管理养护、通信、监控、安全等设施。

(三)长(庆桥)至罗(汉洞)段一级公路(建设期:2003—2004 年)

1. 项目概况

长(庆桥)至罗(汉洞)段一级公路东接西峰至长庆桥二级公路,西至平凉市泾川县罗汉洞乡,与已建成的国道 312 线凤崛一级公路相接,是国家规划"西部通道"银川至武汉公路甘肃省内的组成部分,是甘肃陇东地区的干线通道,也是甘肃省公路网主骨架"四纵四横"的重要组成路段,被甘肃列为"十五"期间重点公路建设项目。

长罗一级公路建设项目按一级公路标准建设,设计行车速度 80km/h,可供汽车双向四车道高速行驶。路线呈东西走向,大体平行于泾河,途经沟门前村、蔡家嘴、吊堡子、常务城、泾明乡、紫荆村、雷家沟、崔家沟、三山子、土垩坳,终点为罗汉洞乡,全长 22.3km。路基采用整体式横断面形式,路幅全宽 24.5m,桥涵与路基同宽,桥涵设计荷载为汽车—超20 级、挂车—120,路面为沥青混凝土高级路面。设计洪水频率为 100 年一遇,地震烈度为 6 级。

长罗公路总工期两年,2003 年 4 月批准开工建设,建设单位于 5 月份基本完成征地拆迁等施工前期准备工作,并组织全面开工,同年完成大部分桥涵主体工程。2004 年 3 月复工后,组织进行剩余部分路基填土工程、桥梁上部工程施工,并开始组织防排水系统施工,路面工程同时进入设备安装、调试及备料等施工准备阶段。2004 年 5 月,交通工程、绿化工程进场,着手开始各项准备工作,同时开始组织实施罗汉洞立交工程项目。8月,房建及机电工程开工。10月底全线主体工程完工,开始进行路容整修,11月28日通过交工验收并投入运营。由于计划得当,管理到位,实际进度比原计划提前5个多月。

长(庆桥)罗(汉洞)公路施工场景

长罗公路在建设过程中共计完成路基土石方307.9万 m^3,中桥7座292.32m,小桥10座169.2m,通道桥56座583.3m,涵洞31道853m,互通式立交1处,防护工程2.6万 m^3,纵向排水4.71万m,改移水渠1730m^3/1.4万m,改移便道、农道1665m,旧路接通工程9.9km,沥青混凝土路面48.32万 m^2,波型梁护栏7.77万延米,隔离栅1.11万m,房建工程1处计565.4m^2。完成一个集监控、收费、通信三系统配置齐全的匝道收费站,并埋设硅芯管22.37km,通信光缆29.7km。

2.建设情况

(1)项目准备阶段

2001年4月,甘肃省发展计划委员会以甘计能〔2001〕277号文《关于凤翔路口至泾川公路工程可行性研究报告的批复》批准了长罗公路工程可行性研究报告;2002年11月,甘肃省发展计划委员会以甘计基础〔2002〕834号文《关于长庆桥至罗汉洞公路工程初步设计的批复》批准了长罗路初步设计;甘肃省交通厅以甘交建〔2003〕143号文《关于银武大通道长庆桥至罗汉洞一级公路两阶段施工图设计及预算的批复》批准了施工图设计及工程预算;甘肃省建设厅于2003年3月17日批复了开工令,颁布了施工许可证(证号为6201022003031701112),批准开工日期为2003年4月,竣工日期为2005年4月,总工期2年。

①资金筹措。长罗公路初设批准的概算总投资3.68亿元,其中交通部补助16600万元,省内配套资金1400万元,银行贷款18778万元。

②招标情况。本项目的整个招标工作均在公开、公平、公正的情况下按规范、按程序进行,上级机关和招标单位的纪检部门对招标全过程进行了监督,兰州市公证处对所有招

标工作进行了公证。

设计单位招标情况。由于长罗路在设计单位的选择时还未实行招标机制,省交通厅委托甘肃省交通规划勘察设计院有限责任公司来承担长罗路设计任务。

施工、监理单位招标情况。罗长公路建设项目实行国内公开招标,工程施工招标和监理招标严格遵守交通部《公路工程施工招标投标管理办法》《甘肃省公路工程施工招标投标管理实施办法》的规定,按照发布招标通告、发售资审文件、资格预审、投标、开标、评标、定标的程序进行,整个招标过程体现了"公开、公平、公正"的原则。中标企业均有较强的技术力量和较丰富的承建高等级公路的施工经验。

长罗公路参建单位详见表6-11。

长罗公路参建单位一览表　　　　表6-11

项目名称	银武大通道长庆桥至罗汉洞一级公路工程			
建设地点	路线位于平凉市泾川县,途经沟门前村、蔡家嘴、吊堡子、常务城、泾明乡、紫荆村、雷家沟、崔家沟、三山子、土堃坳,终点为罗汉洞乡			
新增生产能力	新建一级公路22.3km		设计	实际
			22.3km	22.3km
建设时间	计划	2003年4月至2005年4月		
	实际	2003年4月至2004年11月		
初步设计和概算批准机关/日期	审批单位	审批文号		批准时间
	甘肃省发改委	甘计基础〔2002〕834号		2002年11月
设计单位	甘肃省交通规划勘察设计院有限责任公司			
监督单位	甘肃省交通基建工程质量监督站			
检测单位	甘肃省交通科学研究所			

工程施工单位		项目	施工单位
	路基工程	第一合同段	北京市海龙公路工程公司
		第二合同段	甘肃省公路工程总公司
		罗汉洞立交	甘肃顺达路桥有限公司
	路面工程	第一合同段	路桥集团第二公路工程局第三工程处
		罗汉洞立交	甘肃顺达路桥有限公司
	房建工程	甘肃新路交通工程公司	
	交通安全工程	第一合同段	甘肃兴盛护栏工程有限公司
		第二合同段	兰州金路交通设施有限责任公司
	绿化工程	甘肃华运绿化工程有限公司	
	通信管道工程	路桥集团第二公路工程局第三工程处	
	机电工程	甘肃省紫光智能交通与控制技术有限公司	
工程监理单位	罗长路	山西省交通工程建设监理公司	
	罗汉洞立交	甘肃兴陇公路工程监理有限责任公司	

③征地拆迁。2003年2月开始外业控制红线的放线、实地丈量,进行了两次补充征地,涉及设计变更和追加工程。共计征占泾川县泾明、罗汉洞两乡各类土地共2101.36亩,其中:水地1980.74亩,川旱地5.30亩,山旱地7.46亩,宅基地46.66亩,荒山滩涂61.21亩。涉及拆迁的单位分别是泾川县电力局、泾川县电信局、平凉电信传输分局、中国联通平凉分公司、甘肃信业科技有限公司、泾川石油公司6个单位。共拆迁电杆280根,电线总长11551m。共拆迁建筑物1.59万 m^2,其中:砖混房屋1366.71m^2、砖木房屋4989.91m^2、砖柱土木房屋4636.46m^2、土木房屋3197.10m^2、简易房屋1567.17m^2、临舍154.68m^2。发生征地拆迁费用4280万元。

长罗路的征地拆迁方式是由项目办代表业主与泾川县政府签订统一包干征迁协议,具体工作由项目办征迁科与泾川县政府成立的专门为长罗路征地拆迁工作负责的泾川县国道建设协调指挥部进行,项目办征迁科与指挥部及相关人员进行征迁数量的认可和统计,由指挥部向乡、村、社及土地承包户或被拆迁的所有者、经营者进行逐层逐级兑付。

(2)项目实施阶段

①制订高标准的质量目标,明确质量管理方向。

②建立完善的质量管理体系,发挥社会监理职能,强化监理管理。

③建立和完善质量管理制度,制订并颁布了《罗长公路工程质量考核办法》《罗长公路工程监理考核办法》《罗长公路工程建设项目管理办法》和《罗长公路工程建设质量奋斗目标和实施措施》,制定了《罗长路水泥稳定土基层施工细则》《罗长路沥青混凝土路面施工细则》等施工工艺和质量控制办法,成为指导日常管理工作的纲领性文件之一。

3.运营管理

全线设置一处临时收费站,采用路网封闭式收费模式,在本路段K4+100处(沟门前村)设置主线临时收费站。收费方式采用人工判别车型、人工收费、计算机辅助管理、车辆检测器校核、闭路电视监视的收费模式。

(四)凤翔路口至郿岘段公路(建设期1998—2000年)

1.项目概况

凤翔路口至郿岘段是甘肃"两纵两横"公路主骨架的重要组成部分,是甘肃陇东地区通往陕西省和宁夏回族自治区的重要通道和经济干线。路线位于甘肃省泾川县境内,总的走向由东向西稍许偏北行进,起点位于陕、甘两省现有西兰公路路界(K1702)凤翔路口,在长武塬上沿老路西行,于高平转向西北弃原有公路顺郝家沟右侧山坡下塬出沟,于罗汉洞处接现西兰公路,终点止于现西兰公路 K1729+400 处。

技术标准:凤翔路口至罗汉洞 24.83km,采用二级公路技术标准建设,路基宽 15m;罗汉洞至郿岘 56.14km 采用一级公路技术标准建设,路基宽 25.5m,其中 17m 以外的征地由平凉地区自行解决,工程总投资为 7.2 亿元。

2. 建设情况

1998 年 9 月省计划委员会以甘计能〔1998〕448 号《关于国道 312 线凤翔路口至郿岘公路工程可行性研究报告的批复》批复了工可。

1999 年 1 月省交通厅以甘交计〔1999〕24 号《关于国道 312 线凤翔路口至郿岘段公路工程施工图及预算的批复》批复了土建预算。

1999 年 3 月省建设委员会以甘建设〔1999〕59 号《关于国道 312 线凤翔路口至郿岘段公路工程初步设计的批复》批复初设。

2000 年 5 月省交通厅以甘交计〔2000〕102 号《关于国道 312 线凤郿公路收费及管理用房施工图预算的批复》批复了房建预算。

2000 年 7 月省交通厅以甘交计〔2000〕158 号《关于国道 312 线凤郿公路绿化工程预算的批复》批复了绿化预算。

2000 年 9 月省交通厅以甘交计〔2000〕228 号《关于国道 312 线凤郿公路交通工程补充设计的批复》批复了交安预算。

2000 年 12 月省交通厅以甘交计〔2000〕292 号《关于国道 312 线凤郿公路通信及收费系统施工图预算的批复》批复了机电预算。

2001 年 2 月省计划委员会以甘计能〔2001〕86 号《关于国道 312 线凤翔路口至郿岘公路工程可行性研究报告的补充批复》批复了工可的补充批复。

2002 年 1 月省建设厅以甘建设〔2002〕37 号《关于国道 312 线凤翔路口至郿岘段公路初步设计调整概算的批复》批复了概算的调整。

凤翔路口至郿岘段公路参建单位见表 6-12。

凤翔路口至郿岘段公路参建单位　　表 6-12

序号	参建单位	单位名称	合同段编号及起止桩号	备注
1	项目管理单位	交通工程处		
2	勘察设计单位	甘肃省交通规划勘察设计院有限公司		
3	施工单位	甘肃省庆阳公路总段	FM1K0+000~K6+000	
4		平凉地区公路建设管理处	FM2K12+000~K17+000	
5		甘肃省平凉公路总段	FM3K17+000~K24+900	
6		甘肃省陇南公路总段	FM4K1756+000~K1765+000	

续上表

序号	参建单位	单位名称	合同段编号及起止桩号	备注
7	施工单位	甘肃省公路工程总公司	FM5K1774+000~K1782+500	
8		甘肃省平凉公路总段	FMAK0+000~K24+900	
9		甘肃省酒泉公路总段	FMB-1K0+000~K29+830	
10		甘肃省天水公路总段	FMB-1K0+000~K29+830	
11		甘肃五环公路工程有限公司	FMC-1	
12		甘肃省白银公路总段	FMC-2K1765+000~K1782+500	
13		甘肃华运园林绿化工程有限公司	FMLH	
14		甘肃新路交通工程公司	FMAQ	
15		甘肃恒达实业发展集团有限公司	FMAQ	
16		甘肃平凉公路总段工程建设处	FMWS	
17		甘肃省白银公路总段	FMWS	
18		甘肃省白银公路总段	改造工程K4+658.78~K8+658.4	

（五）平凉至定西高速公路（建设期：2006—2009年）

1. 项目概况

平凉（罗汉洞）至定西高速公路（简称平定高速公路）是甘肃第一条利用亚洲开发银行贷款建设的公路项目，是国家高速公路网"青岛至兰州高速公路（G22）"和"福州至银川高速公路（G70）"的重要组成部分，也是甘肃公路建设"东部会战"战略的重点建设项目。平定高速公路实现了甘肃高速公路在陇东地区与陕西、宁夏的对接，对于优化区域路网结构，沟通相邻省份，扩大对外开放，促进全省经济社会又好又快发展，具有重要的意义。

平定高速公路路线全长258km（含长庆桥至罗汉洞连接线，不含宁夏段），由东西两段组成，东段起于长庆桥，途经罗汉洞、泾川、鄢岘、崆峒区，止于甘宁界沿川子，长127km；西段起于宁甘界司桥，经静宁、太平店、会宁、西巩驿，止于定西十八里铺，长131km。

全线采用封闭、全立交、双向四车道高速公路标准建设。计算行车速度为80km/h（新建）和100km/h（改造），路基宽度相应为24.5m和25.5m。全线土石方3768万 m^3，大桥68座，中桥42座，隧道单洞6座，互通式立交13处，服务区4处，停车区1处。于2010年12月25日通车。

2. 建设情况

（1）项目准备阶段

①项目前期批复情况。2004年11月国家发展和改革委员会以《关于甘肃省罗汉洞至定西公路（不含宁夏段）可行性研究报告的批复》（发改交运〔2004〕2541号），正式批复平定高速公路立项。2005年3月与亚洲开发银行正式签署贷款协议。

2005年2月,水利部批复了平定高速公路水土保持方案,2004年11月,国家环保总局批复了平定高速公路环境影响报告。

2005年3月23日,交通部以交公路发〔2005〕111号《关于甘肃省罗汉洞至定西公路(不含宁夏段)初步设计的批复》,正式批复了平定高速公路的初步设计,项目路线全长232.036km,长庆桥至罗汉洞连接线长26.204km,批准概算总投资76.798亿元。

2005年10月,国土资源部以国土资厅函〔2005〕600号文批复了平定高速公路用地,2006年6月,国家林业局批复了征占用林地手续。

2006年2月23日,甘肃省交通厅以甘交建〔2006〕30号文,正式批复了平定高速公路土建工程两阶段施工图设计及预算。

从2007年12月开始,省交通厅又先后正式批复了平定高速公路房建、绿化及交通等附属工程的施工图设计。

G22青(岛)兰(州)国家高速公路甘肃境内平(凉)定(西)高速公路泾川段工程施工场景

2006年3月,甘肃省交通基建工程质量监督站批复了该项目质量安全监督手续。

平定高速公路施工许可手续由项目法人申报,甘肃省交通厅核准、交通部批复。

②项目投资及来源。平定高速公路概算总投资76.8亿元。其中亚行贷款3亿美元,折合人民币24.9亿元,交通运输部补助16.24亿元,国家开发银行贷款21.8亿元,其余为国内银行贷款。

③主要技术指标。平定高速公路新建路段路基宽24.5m、设计速度80km/h,改建路段路基宽25.5m、设计速度100km/h。全线为全封闭、全立交、控制出入四车道高速公路标准,桥梁、涵洞的设计车辆荷载为公路—Ⅰ级。

④工程工期。平定高速公路建设项目于2006年3月开工建设,工期4年,缺陷责任期2年,保修期5年。路基土建工程工期为2006年3月~2008年12月;路面工程工期为2008年9月~2009年9月。

绿化工程、交通工程(安全设施)工期为2008年9月~2009年8月;机电工程工期为2009年5月~2009年10月,试运行期6个月后交工验收。缺陷责任期1年。房建工程工期为2008年3月~2009年6月,保修期2年。

⑤参建单位情况。(包括设计、施工、监理、监督、检测等单位详见表6-13)

平定高速公路参建单位 表6-13

项目名称			平凉(罗汉洞)至定西高速公路
监督单位			甘肃省交通基建工程质量监督站
设计单位			设计项目
	甘肃省交通规划勘察设计院有限责任公司		主体设计第3、4合同段(对应土建施工LD7~LD16标段,路面施工LM3-6标段,交安施工LDJT3、4、7、8标段,绿化施工LDLH1、2标段,房建施工LDFJ1-6标段)
	四川省交通厅公路规划勘察设计研究院		主体设计第1合同段(对应土建施工LD1、2、17标段,路面施工LM1,交安施工LDJT1、5标段)
	云南省公路规划勘察设计院		主体设计第2合同段(对应土建LD3-6施工标段,路面施工LM2标段,交安施工LDJT2、6标段)
	北京交科公路勘察设计研究院有限公司		机电设计第1合同段(对应机电施工LDJD1标段)
	中国公路工程咨询监理总公司		机电设计第2合同段(对应机电施工LDJD2、3标段)
工程施工单位	土建工程	施工标段	施工单位	监理单位
		LD1	路桥集团华翔国际工程有限公司	甘肃兴陇交通工程监理有限责任公司
		LD2	福建建工集团总公司	甘肃兴陇交通工程监理有限责任公司
		LD3	路桥集团三公局工程有限公司	北京中咨路捷工程技术咨询有限公司
		LD4	西部中大建设集团有限公司	山东德州市交通工程监理公司
		LD5	甘肃宏伟建设集团有限责任公司	甘肃省交通工程建设监理公司
		LD6	中铁二十局集团第二工程有限公司	武汉广益工程咨询有限公司
		LD7	甘肃路桥建设集团有限公司	育才—布朗交通工程咨询监理有限公司
		LD8	岳阳市通衢兴路公司	河北华达公路工程监理有限公司
		LD9	青海路桥建设股份有限公司	山西省交通建设工程监理有限公司
		LD10	中铁五局(集团)有限公司	铁科院(北京)工程咨询有限公司
		LD11	路桥集团二公局第三工程有限公司	北京中通公路桥梁工程咨询发展有限公司
		LD12	甘肃天地路桥工程有限责任公司	临沂交通工程监理咨询中心
		LD13	中国十五冶金建设有限公司	山东格瑞特监理咨询有限公司
		LD14	安通建设有限公司	甘肃新科公路工程监理事务所
		LD15	陕西省通达公路建设集团有限责任公司	太原市宝通工程监理有限公司
		LD16	甘肃圆陇路桥机械化公路工程有限责任公司	北京华路捷公路工程技术咨询有限公司
		LD17	甘肃路桥建设集团有限公司	甘肃省交通工程建设监理公司

续上表

		施工标段	施工单位	监理单位
工程施工单位	路面工程	LM1	西部中大建设集团有限公司	甘肃兴陇交通工程监理有限责任公司
		LM2	甘肃路桥第三公路工程有限责任公司	重庆市交通工程监理咨询有限责任公司
		LM3	青海路桥建设股份有限公司	甘肃省交通工程建设监理公司
		LM4	中交一公局第五工程有限公司	北京华路顺工程咨询有限公司
		LM5	四川武通路桥工程局	甘肃省交通科学研究所有限公司
		LM6	四川攀峰路桥建设有限责任公司	临沂交通工程咨询监理中心
	房建工程	LDFJ1	甘肃华运建筑安装工程有限公司	甘肃兴陇交通工程监理有限责任公司
		LDFJ2	甘肃第六建筑工程股份有限公司	
		LDFJ3	甘肃华运建筑安装工程有限公司	
		LDFJ4	甘肃路桥第四公路工程有限责任公司	甘肃省城乡规划设计研究院
		LDFJ5	定西市广厦建筑安装工程有限责任公司	
		LDFJ6	甘肃华恒建筑工程有限公司	
	交通安全设施	LDJT1	山西路达实业总公司	甘肃省交通工程建设监理公司
		LDJT2	潍坊东方交通设施工程有限公司	
		LDJT5	陕西高速交通工贸有限公司联合体 江苏汉风钢结构股份有限公司	
		LDJT6	甘肃恒和交通设施安装公司联合体 徐州西亚网架工程公司	
		LDJT3	中交一公局交通工程有限公司	北京交科工程咨询有限公司
		LDJT4	甘肃路桥飞宇交通设施公司	
		LDJT7	甘肃圆峰交通工程有限公司联合体 徐州市华盛钢结构工程有限公司	
		LDJT8	中国公路工程咨询集团公司联合体 北京泛华钢结构工程公司	
	绿化工程	LDLH1	甘肃圆陇路桥机械化公路工程有限责任公司	甘肃省交通工程建设监理公司
		LDLH2	甘肃华运园林绿化公司	北京交科工程咨询有限公司
	机电工程	LDJD1	南京铁建通信工程有限公司	北京中交路通交通工程咨询有限公司
		LDJD2	甘肃紫光智能交通与控制技术有限公司	中国公路工程咨询集团有限公司
		LDJD3	北京兴兴交通通信工程技术公司	
中心试验室	东段中心试验室		甘肃路桥建设集团有限责任公司中心试验室	
	西段中心试验室		甘肃省交通科研所有限责任公司中心试验室	

⑥建设单位。甘肃长达路业有限责任公司受省交通厅委托,承担平定高速公路建设项目的项目法人。

⑦征地拆迁情况。平定高速公路横跨甘、宁两省,穿越甘肃省的庆阳市宁县,平凉市泾川县、崆峒区、静宁县,白银市会宁县、定西市安定区4市6县区和宁夏回族自治区的固原市泾原县。途经23个乡镇、93个行政村和413个村民小组,征迁工作点多线长面广,任务繁重,难度大。

为争取工程早日开工和按期建成通车,项目办将工作具体细化、量化。成立了两个征迁小组,从2005年5月中旬开始,全线土地丈量及房屋拆迁登记工作全面展开,始终坚持"一把尺子,一个标准"的原则,按政策、按程序,坚持原则,公开、公正、透明地开展各项征迁工作。积极加强同各级地方政府及国土部门的沟通与联系,采取多方联手、重点突破的策略,变被动为主动,先后组织召开征迁协调现场办公会议130余次,及时研究解决了施工过程中出现的各类征迁问题,确保了工程顺利实施。全线于2005年8月底完成了主线征地拆迁任务。全线共征用各类土地2.38万亩。其中:水浇地9484.76亩、川旱地7668.73亩、山旱地2035.32亩、林地3449.82亩、未利用土地25.56亩、建设用地1107.64亩、经营性用地55亩。占用各种树木288.25万棵。完成征地拆迁投资补偿费共计8.48亿元。同时,项目办积极配合同济大学社会与经济研究所开展项目移民安置外部监测工作,累计完成了5次监测调研,及时就移民安置工作中存在的问题提出了解决办法。

(2)项目实施阶段

质量控制措施与效果:

①组织保障。项目参建各方均成立了质量工作领导小组,全面负责项目建设中的质量管理工作,建立健全了"政府监督、业主负责、社会监理、企业自检"的四级质量保证体系,全面实行工程质量终身责任制。

②制度保障。项目办根据菲迪克合同条款要求和以往的项目管理经验,先后制定出台了《平定高速公路工程建设项目现场管理办法》《平定高速公路建设项目工程监理实施办法》和《工程项目管理检查考核评比办法》等一系列质量管理制度,明确了质量分项、分部、单位工程的质量目标。

③技术保障。施工中,加大技术服务力度,对遇到的技术难题,通过组织设计单位开展设计回访、召开专家会议等形式,及时解决了黄土隧道各类地质病害、桥梁工程地基承载力不足、桥台地表出现裂缝、桥头防护不足、路堑高边坡坡顶出现地表裂缝和边通车、边施工路段高速公路与被交道路斜交角度小、视距不良、标准不高等"疑难杂症"。

④措施保障。一是严把材料进场关。二是推行样板引路、现场联系会议制。三是强化现场控制。四是重视质量控制资料的整理归档。按照"边施工、边建档"的要求,督促施工、监理单位及时对质量控制原始资料进行整理归档,确保了资料真实、准确地记录、反

映工程质量情况。

工程造价控制情况：

为了确保建设资金足额用于生产，按照上级有关工程建设资金管理规定，项目办严格财务管理制度，加强了计量支付管理。采取了以下措施：

①建立完善的计量支付逐级审批制度，严格支付程序。

②按照设计图内容分解清单工程量，建立工程量清单与施工图细部工程量之间的对应关系台账，强化中间计量的细部元素控制。

③定期不定期到工地现场核实计量工程数量的真实性，确保资金封闭运作。

④严格执行工程变更管理程序，由施工单位提出变更申请，监理工程师、设计代表和项目办共同到现场复核确认，增强了设计变更方案的可行性与变更涉及工程量的准确性。

3. 重点复杂技术工程

(1) K285+210 会宁大桥

本桥上部结构为 $30\times30m$ 预应力混凝土连续箱梁，全桥六联，全桥长度907.5m，下部结构为柱式墩、肋板台，钻孔灌注桩基础，采用先简后支连续的施工方法。本桥第十六孔兼作会宁县城出入境分离式立交。

本桥为会宁过境桥，左侧为居民区，在第六～十五孔两幅桥桥墩中间设置驳岸墙，以防止水流对河堤的冲刷，同时左幅桥两桥墩中间兼作通道，为了环保起见，在桥梁外侧防撞墙上设置了声屏障，以减少汽车噪声对周围居民的干扰；为了美观起见，在桥梁中央分隔带处进行绿化，绿化采用栅栏式防眩柱加中央分隔带种植爬藤方案，这样既达到了防眩作用，确保行车安全，又达到了绿化要求。

桥梁上部采用预制吊装施工，下部采用爬模法施工。

(2) K312+875 王公桥大桥

本桥位于定西市西巩驿乡，本桥平面位于直线段；纵面位于纵坡为0.3%的直线坡段上，最大桥高54m。桥梁上部结构为 $6\times50m$ 预应力混凝土连续T梁，全桥两联，全桥长度308.724m，下部结构为薄壁墩、柱式台，钻孔灌注桩基础，采用先简支后连续的施工方法。

(3) 青岚隧道

青岚隧道位于定西市安定区青岚乡四方堡处，上行线隧道长1345m（进口明洞长16m，出口明洞长7.0m），桩号为K322+600～K323+945，纵坡为+0.777%、-2.4%人字坡，隧道为曲线隧道，其平曲线半径 $R=1500m$；下行线隧道长1415m（进口明洞长7.0m，出口明洞长16m），桩号为K322+660～K324+075，纵坡为+1.3%、-1.5%人字坡，隧道为曲线隧道，其平曲线半径 $R=1300m$。

根据地形条件，隧道上、下行采用分离式设计，隧道洞门罗汉洞端采用削竹式，仰坡及侧坡均采用菱形骨架护面；定西端采用端墙式，洞顶仰坡及侧坡二台以上采用菱形骨架护面,隧道共设车行横洞1处,人行横洞2处。隧道采用复合式路面结构,上面层采用4cm细粒式沥青混凝土(AC-16 Ⅰ),中面层采用6cm中粒式沥青混凝土(AC-20 Ⅰ),下面层采用24cm厚C35水泥混凝土。

4. 科研和新技术应用情况

(1)公路非饱和路基土力学特性研究课题

该课题系2005年度西部交通建设科技项目,以平定高速公路K301+350~K301+460段高填方路基为依托,开展了人工模拟降雨试验、吸力量测、路基变形监测、深层沉降监测、施工碾压试验等工作,取得了一定的研究成果。

(2)平定高速公路边坡的影响及防治技术研究课题

该课题系2006年度西部交通建设科技项目,完成基本物理力学指标试验定西、会宁两处路基边坡的大型现场模拟降雨试验,定西、静宁、平凉三地土样多种条件(不同含水率及冻融循环)下的强度试验和原状土样的大型冻融循环模拟试验,以及植物纤维防护、多级小平台和植被板防护等多种防护形式的示范工程修筑。

(3)平定高速公路隧道照明节能技术应用研究课题

该课题系甘肃省交通运输厅科技项目,完成了照明节能控制设备的样机应用,并产生了相应的测试数据,得到了新型灯具和光源LED照明设备的参数数据。

5. 运营管理

根据甘肃省干线公路联网收费、通信、监控总体规划,并结合本路线的建设特点,收费站点布设为:

东段:长庆桥匝道收费站5车道,2进3出;罗汉洞匝道收费站5车道,2进3出;泾川东匝道收费站5车道,2进3出;泾川西匝道收费站5车道,2进3出;白水匝道收费站5车道,2进3出;四十里铺匝道收费站5车道,2进3出;平凉东匝道收费站8车道,3进5出;平凉西匝道收费站8车道,3进5出;崆峒山省界主线收费站22车道,11进11出。

西段:司桥省界主线收费站16车道,8进8出;静宁匝道收费站6车道,3进3出;大山川匝道收费站4车道,2进2出;会宁匝道收费站5车道,2进3出;西巩驿匝道收费站4车道,2进2出;十八里铺临时主线站5车道,2进3出。

(六)巉口至兰州柳沟河段高速公路(建设期:1999—2002年)

1. 项目概况

巉柳高速公路是国道主干线连云港至霍尔果斯的重要组成路段,是兰州东出口汇集三条国道交通的公路运输大通道,是甘肃公路网中主骨架建设的关键工程,为国家"九五"重点建设项目,同时也是全省第一批大规模投资建设的两条高速公路之一。

巉柳高速公路东起定西县十八里铺,接G30天定高速公路,西至兰州市近郊柳沟河,接柳忠高速公路。路线途经定西县城关、巉口、称钩驿、景泉和榆中县甘草店、清水驿、三角城、连搭、定远、来紫堡、和平11个乡镇。

巉柳高速公路全长77.74km,其中高填土及坝式路堤33座,隧道8座,大桥2座,中桥11座,小桥3座,互通式立交5处,分离式立交9处,涵洞297道,通道81道,天桥、渡槽23座,收费管理所1处,收费站6处,服务区2处,隧道管理站2处,并具有先进的收费、通信、监控、供电系统和完善的交通安全设施,确保了运营过程中有关数据的采集、分析、控制,为客户提供了舒适、安全、高速的绿色通道。

巉柳高速公路采用全立交、全封闭、控制出入四车道高速公路标准,具有较高的线形标准,服务水平为二级,设计车速为80km/h。路基分为整体式和分离式路基,其宽度分24.5m和2×12.5m,桥梁净宽为2×12m,涵洞与路基同宽,设计荷载为汽车—超20级、挂车—120,设计洪水频率为1/100,并能承受8度以上地震裂度。

2.建设情况

(1)项目准备阶段

1998年11月交通部以交规划发〔1998〕784号《关于巉口至兰州柳沟河公路可行性研究报告的批复》批准巉柳高速公路建设项目立项,并正式列入国家"九五"计划公路建设重点项目。

1999年6月交通部以交公路发〔1999〕302号《关于巉口至兰州柳沟河公路初步设计的批复》批准了该项目初步设计。

巉(口)柳(沟河)高速公路工程施工时场景(兰文治 摄)

1999年6月甘肃省交通规划勘察设计院完成了巉柳高速公路两阶段施工图设计。

1999年9月23日甘肃省建委以1999-061号开工许可证批准该项目正式开工。

1999年12月13日,国土资源部以国土资函〔1999〕686号《关于国道连霍路巉口至兰州柳沟河段高速公路工程建设用地的批复》批复了项目建设用地。

资金筹措：巉柳高速公路初步设计批复概算为21.84亿元（含贷款期利息）。建设资金由交通部投资、省内自筹和银行贷款形式解决，其中交通部投资49800万元，银行贷款115000万元，省内自筹53602.90万元，建成后将采用收取通行费的方式还贷。

甘肃省交通厅于1999年元月5日发甘交计函字〔1999〕2号函委托具有甲级设计资质的甘肃省交通规划勘察设计院承担巉柳高速公路勘察设计任务。机电工程的设计任务由省交通厅委托中国公路工程咨询公司承担。

1999年7月14日，省政府省长办公会议研究决定成立国道主干线巉口至兰州、白银至兰州高速公路建设招标领导小组。

招标情况：巉柳高速公路工程施工招标和监理招标严格遵守交通部颁《公路工程施工招标投标管理办法》《甘肃省公路工程施工招标投标管理实施办法》的规定，按照发布招标通告、发售资审文件、资格预审、投标、开标、评标、定标的程序进行，是甘肃公路工程招投标的一次重要发展。巉柳高速公路参建单位详见表6-14。

巉口到柳沟河高速公路参建单位一览表　　　　　　　表6-14

序号	参建单位	单位名称	合同段编号	起 止 桩 号
1	项目管理单位	甘肃省交通厅工程处		K0+000~K77+000
2	勘察设计单位	北京深华科交通工程有限公司		K0+000~K97+000
3		铁道第一勘察设计院		KC-FJ-SL-01
4	施工单位	定西公路总段/平凉建管处	路基一标	K0+000~K13+000
5		甘肃省张掖公路总段/武威公路总段	路基二标	K13+000~K26+000
6		河南大河/铁十九局二处	路基三标	K26+000~K31+140.44
7		平凉建管处/甘南公路总段	路基四标	K31+140.44~K45+690.48
8		甘肃省宏伟建筑有限公司/省建总公司	路基五标	K45+000~K56+580
9		铁道部第二十工程局第二工程处	路基六标	K56+580~K60+620
10		铁道部第十八工程局	路基七标	K60+620~K66+000
11		铁道部第一工程局	路基八标	K66+000~K77+000
12		中铁一局集团第一工程有限公司	路面一标	CLM1
13		路桥集团第二公路工程局三处	路面二标	CLM2
14		四川公路桥梁建设集团有限公司	路面三标	CLM3
15		甘肃五环公路工程有限公司	路面四标	CLM4
16		湖南省交通科学研究院	机电一标	CLJD1K0+000~K77+052.5
17		西安金路交通工程科技发展有限责任公司	机电二标	CLJD2K0+000~K77+052.5
18		北京兴兴交通通信工程技术公司	机电三标	CLJD3K0+000~K77+052.5
19		张家港港丰交通安全设施有限公司	安全一标	CLAQ1K0+000~K45+692
20		福州京鹏交通工程有限公司	安全二标	CLAQ2K45+000~K77+052.5
21		北京深华交通工程有限公司	安全三标	CLAQ3K0+000~K77+052.5

续上表

序号	参建单位	单位名称	合同段编号	起止桩号
22	施工单位	甘肃新路交通工程公司	安全四标	CLAQ4K0+000~K77+052.5
23		甘肃新路交通工程有限公司	房建一标	SLFJ1
24		甘肃省第八建筑工程公司	房建二标	SLFJ2
25		甘肃红旗建筑安装工程有限责任公司	房建三标	SLFJ3
26		甘肃省第二建筑安装公司	房建四标	SLFJ4
27		兰州二建集团有限公司	房建五标	SLFJ5
28		兰州铁路局勘测设计院	立交	CL立交
29		甘肃省格瑞生态技术有限责任公司	绿化一标	SLLH1K0+000~K34+780
30		甘肃华运园林绿化工程有限公司	绿化二标	SLLH2K34+780~K77+074
36	监理单位	北京华通公路桥梁监理咨询公司	监理一标	CL1K0+000~K13+000
37		四川公路工程咨询监理公司	监理二、三标	CL2、CL3K13+000~K31+140.44
38		山西省交通建设工程监理公司	监理四、五标	CL4、CL5K31+140.44~K45+690.48 K45+000~K56+580
39		甘肃省交通工程监理事务所	监理六标	CL6K56+580~K60+620
40		甘肃省交通工程监理事务所	监理七标	CL7K60+620~K66+000
41		甘肃省交通工程监理事务所	监理八标	CL8K66+000~K77+052.508
42		北京成明达监理咨询有限责任公司	路面监理一标	CLMⅠ
43		北京华通公路桥梁监理咨询公司	路面监理二标	CLMⅢ
44		甘肃省交通工程监理公司	路面监理三标	CLMⅣ
45		甘肃兴陇交通工程监理有限责任公司	机电监理	CLJDJLK0+000~K77+052.5
46		陕西公路交通科技开发咨询公司	房建监理	CLJL

征地拆迁:1999年12月13日,国土资源部以国土资函〔1999〕686号《关于国道连霍路巉口至兰州柳沟河段高速公路工程建设用地的批复》同意甘肃省人民政府关于巉柳高速公路建设用地的请示。根据国土资源部的批复,巉柳高速公路签订征迁协议46份,共征用土地6662.079亩。征地范围涉及定西和榆中两县12个乡镇42个行政村百余社,涉及企业拆迁、线路改移近70家,农户拆迁170户。

征地拆迁工作从1999年6月20日开始,到9月26日开工前,完成了征地拆迁丈量、登记、汇总,主要征地拆迁协议签订,大部分建设用地交付的工作。部分企业拆迁协议、建设用地交付到2000年底全部结束。

(2)项目实施阶段

杜绝"一流企业中标、二流企业进场、三流企业施工"的现象发生。施工过程中,项目办三次清查转分包,对各项目经理部和分部的转分包情况进行了清查,没有发现转分包行为。2000年以后,根据省交通厅要求,项目办加大了对施工企业劳务用工的管理,施工企业也逐步建立了劳务管理制度,施工企业与劳务队签订了劳务合同,将劳务人员登记造册,建立工资发放表等,进一步避免了转分包行为的发生。

组织现场观摩,样板引路,先后组织浆砌工程、坝式路堤强夯处理、填挖结合部铺设土工布、土工格栅铺设、路面各层铺筑、路面接缝处理、桥梁伸缩缝处理等16次现场观摩活动。

项目变更情况:项目办要求各施工单位必须严格按照设计文件的要求进行施工,不得擅自进行设计变更,不得随意修改原设计文件。否则,由此造成质量问题和工程损失,由相关单位和个人承担责任。任何设计变更未经批准不得实施。对于原设计有误或明显不合理而需进行变更的,施工单位必须在该部分工程施工以前书面报告监理工程师、设计代表和项目办,由监理工程师现场核查、设计代表确认、项目办同意后进行变更。重大变更工程项目由项目办组织建设单位和设计单位研究解决。

3. 科技创新

太平沟大桥是当时西北唯一的大跨度曲线顶推桥梁,运用了多种先进的桥梁施工技术;土家湾隧道是目前西北施工难度最大的黄土软基隧道,软基处理中采用的旋喷桩、粉喷桩技术也是当时首次运用;坝式路堤施工中修改了预留预拱度控制沉降的方法,采取在坝式路堤沟壁结合部分层进行强夯的方法;在路基所处黄土挖方段,采取了冲击碾压增强压实度的方法;台背填土采用砂砾回填、专用冲击式小型碾压机械分层碾压的施工方法;路面施工采取了先进的非接触式平衡梁平整度控制系统,路面底基层、基层施工全部采用了摊铺机进行摊铺,稳定土拌和设备选择了国内较为先进的场拌机型;路面裂缝处理时采取裂缝基层铺设土工格栅、面层铺设沥青玻纤网等办法进行处治。项目办还积极开展了科研项目的研究和论证,如组织了"关于巉柳高速公路路堑红色黏土质坡面防护课题研究",与长安大学联合进行了"关于土家湾隧道软基采用旋喷桩、粉喷桩加固地基课题研究""关于黄土地区隧道围岩压力研究的课题"及"SMA路面试验课题"等。大量新技术、新工艺、新材料的运用,收到了良好的质量效果,对今后高等级公路建设提供了宝贵的施工经验。

4. 运营管理

本项目设收费管理所1处、收费站6处,服务区2处,隧道管理站2处,并具有先进的收费、通信、监控、供电系统和完善的交通安全设施,确保了运营过程中有关数据的采集、分析、控制,为客户提供了舒适、安全、高速的绿色通道。

七、G30（连云港—霍尔果斯）甘肃段（主线：陕甘界牛背—甘新界星星峡、G3001：兰州市绕城高速公路内一环）

G30 连云港至霍尔果斯国家高速公路，横贯中国大陆的东、中、西部，连接江苏连云港和新疆霍尔果斯，全长 4395km，途经 6 个省，是中国建设的最长的横向快速陆上交通通道，将成为中国高速公路网的横向骨干。途经江苏省、安徽省、河南省、陕西省、甘肃省、新疆维吾尔自治区，从东到西依次经过的主要城市：连云港、徐州、商丘、开封、郑州、洛阳、西安、宝鸡、天水、兰州、武威、嘉峪关、哈密、吐鲁番、乌鲁木齐、奎屯、霍尔果斯。甘肃省境内由宝鸡至天水高速公路、天水过境高速公路、天水至定西高速公路、巉口至柳沟河高速公路、柳沟河至忠和高速公路、兰州至海石湾高速公路、尹家庄至中川机场高速公路、树屏至徐家磨高速公路、徐家磨至古浪高速公路、古浪至永昌高速公路、永昌至山丹高速公路、山丹至临泽高速公路、临泽至清水高速公路、清水至嘉峪关高速公路、嘉峪关至安西高速公路、瓜州至星星峡高速公路组成。其中，巉口至柳沟河高速公路在 G22 青岛至兰州国家高速公路中已详细叙述，兰州至海石湾高速公路在 G6 北京至拉萨国家高速公路中已详细叙述。

（一）G30 连霍国家高速宝（鸡）天（水）高速公路牛背至天水段工程（建设期：20005—2009 年）

1. 项目概况

宝天高速公路牛背至天水段是连云港至霍尔果斯国家高速公路在甘肃境内的重要路段，也是甘肃省干线公路网"四纵四横四重"主骨架的组成部分。路线设计长度91.11km，2005 年 9 月开工建设，2009 年 9 月底建成通车，建设总工期 4 年。项目起点位于陕甘交界的牛背村，东接宝天高速公路陕西段，向西经东岔、百花、党川（石门）、街子等村镇，终点位于天水市麦积区甘泉镇，接宝天高速公路天水过境段。全线采用双向四车道控制出入的高速公路设计标准建设，设计速度 80km/h，工程概算总投资 66.963 亿元。

全线路基宽 24.5m（分离式路基宽为 12.25m）、设计速度 80km/h、全封闭、全立交、控制出入四车道高速公路标准，其余采用《公路工程技术标准》（JTG B01—2003）规定值。

全线主要工程数量有路基土方 368.47 万 m^3、路基石方 417.15 万 m^3；隧道共 22 处、44 座 7.54 万 m，其中特长隧道 3 处、6 座 3.93 万 m（大坪里特长隧道右线单线全长 1.23 万 m，为亚洲第二长公路隧道），长隧道 7 处、14 座 2.7 万 m，中隧道 3 处、6 座 4376m，短隧道 9 处、18 座 4758m；共设桥梁 96 座 2.55 万 m，其中特大桥 3 处、6 座 9368m，大桥 53 座 1.95 万 m，中桥 11 处、17 座 775m，小桥及通道桥 29 座 557m，天桥 4 座；互通式立交桥 5 处、分离式立交桥 3 座，主线涵洞 67 道 2730.91m；路基防护 24.73 万 m^3、景观设计边坡绿化 69.77 万 m^2，工程永久占地面积 5063 亩。此外全线还设有港湾式停车带 35 处，爬坡车道 6 处，避险车道 3 处，停车区 1 处，服务区 1 处，设置收费站 6 处，隧道管理站 2 处，变电所（站）

25处,养护工区2处,监控通信中心1处,为项目建成运营提供良好的服务和安全保障。

宝天高速公路甘肃境内天水市大坪里特长隧道8标段施工单位工程人员在隧道内施工时场景

2.建设情况

(1)项目准备阶段

2005年2月1日,国家发改委以发改交运〔2005〕159号《关于连云港至霍尔果斯国道主干线宝鸡至天水公路牛背(陕西界)至天水段可行性研究报告的批复》正式批准该项目立项。

2005年4月14日水利部以水保函〔2005〕144号批复宝天路水土保持方案。

2005年6月9日,交通部以交公路发〔2005〕246号《关于连云港至霍尔果斯国道主干线宝鸡至天水公路牛背(陕西界)至天水段初步设计的批复》正式批复了宝天高速公路的初步设计,项目路线全长91.114km,批准概算总投资66.963亿元。

2005年6月14日国家环保总局以环审〔2005〕537号批复宝天路环境影响报告。

2005年8月26日,国土资源部以国土资厅函〔2005〕505号批复了宝天路用地。

2005年11月10日,甘肃省林业厅以甘林资函〔2005〕347号批复了征占用林地手续。

2006年2月24日,甘肃省交通基建工程质量监督站以(2006)质监第03号《公路工程质量监督通知书》下发了该项目质量安全监督手续。

2006年3月31日,甘肃省交通厅以甘交建〔2006〕51号《关于宝天高速公路牛背至天水段施工图设计的批复》正式批复了宝天高速公路的施工图设计。

资金筹措:宝天高速公路核准概算投资66.96亿元,核准预算投资59.13亿元,其中:国家安排中央专项基金(车购税)15.65亿元,甘肃安排公路建设资金8亿元;其余38.35亿元利用国家开发银行贷款解决,共计56.6亿元。

招标情况:本项目土建工程施工招标始于2005年6月17日,建设单位甘肃省高等级公路建设开发有限公司在指定媒体上发布了土建工程招标公告,共有221家施工单位参与了公开竞标,经2005年9月5日开标,组织专家评审,最终确定了19家土建施工单位中标;2008年7月经过公开招标确定了4家房建施工单位和2家管道施工单位,2009年1月经过公开招标确定了6家机电施工单位,整个招标过程符合国家法律规定的程序,施工单位按招标文件要求按期组织机械人员进场。

本项目监理招标于2005年6月17日,建设单位甘肃省高等级公路建设开发有限公司在指定媒体上发布了土建工程招标公告,共有20家监理单位参与了公开竞标,经2005年9月5日开标,组织专家评审,最终确定了5家土建监理单位中标;2008年7月经过公开招标确定了2家房建及通信管道监理单位,2009年1月经过公开招标确定了3家机电监理单位,整个招标过程符合国家法律规定的程序,监理单位按招标文件按期组织人员进场。

宝天高速公路参建单位详见表6-15。

连霍国道主干线(GZ45)宝(鸡)天(水)高速公路参建单位　　　　表6-15

设计单位			甘肃省交通规划勘察设计院有限责任公司 中交第二公路勘察设计研究院有限公司 中国公路工程咨询监理总公司
监督单位			甘肃省交通基建工程质量监督站
检测单位			甘肃省交通科学研究所有限责任公司
工程施工单位		承建项目	施 工 单 位
	路基工程	第一合同段	洛阳路桥建设集团有限责任公司
		第二合同段	陕西路桥集团有限公司
		第三合同段	宜昌市宏发路桥建设有限责任公司
		第四合同段	路桥集团第二公路工程局第六工程处
		第五合同段	中铁十六局集团有限公司
		第六合同段	中铁十六局集团有限公司
		第七合同段	中铁二十局集团第二工程有限公司
		第八合同段	中铁二十局集团有限公司
		第九合同段	中铁十四局集团第五工程有限公司
		第十合同段	浙江正方交通建设集团股份有限公司
		第十一合同段	核工业华东建设工程集团公司
		第十二合同段	湖南省建筑工程集团总公司
		第十三合同段	安通建设有限公司
		第十四合同段	中铁十九局集团第三工程有限公司
		第十五合同段	云南路桥股份有限公司
		第十六合同段	中铁十二局集团第一工程有限公司
		第十七合同段	江西有色工程有限公司
		第十八合同段	贵州省公路桥梁工程总公司
		第十九合同段	中铁十六局集团第三工程有限公司
	路面工程	第一合同段	新疆兴达公路工程部
		第二合同段	甘肃路桥第三公路工程有限责任公司

续上表

		承建项目	施工单位
工程施工单位	房建工程	第一合同段	汕头市潮阳建筑工程总公司
		第二合同段	甘肃第六建筑工程股份有限公司
		第三合同段	甘肃中大建设工程有限公司
		第四合同段	甘肃省第二建筑工程公司
	交通安全工程	第一合同段	甘肃恒和交通设施安装有限公司
		第二合同段	甘肃路桥飞宇交通设施有限责任公司
	绿化工程	一个合同段	甘肃华运园林绿化工程有限公司
	通信管道工程	第一合同段	陕西汉唐计算机有限责任公司
		第二合同段	甘肃紫光智能交通与监控技术有限公司
	机电工程	第一合同段	甘肃紫光智能交通与控制技术有限公司
		第二合同段	广州海特天高信息系统工程有限公司
		第三合同段	甘肃紫光智能交通与控制技术有限公司
		第四合同段	紫光捷通科技股份有限公司
		第五合同段	福建新大陆电脑股份有限公司
		第六合同段	广东新粤交通投资有限公司
	消防工程	第一合同段	深圳深港建设工程发展有限公司
		第二合同段	深圳因特安全技术有限公司

		监理项目	监理单位
工程监理单位	路基监理	第一至四合同段	甘肃新科公路工程监理事务所
		第五至八合同段	铁科院(北京)工程咨询有限公司
		第九至十一合同段	河北华达公路工程咨询监理有限公司
		第十二至十五合同段	中国公路工程咨询监理总公司
		第十六至十九合同段	甘肃省交通工程建设监理公司
	路面监理	第一、二合同段	甘肃省交通工程建设监理公司
	房建监理	第一、二合同段	甘肃三力建设监理有限责任公司
		第三、四合同段	甘肃兴陇交通工程监理有限责任公司
	交通安全监理	第一、二合同段	甘肃省交通工程建设监理公司
	绿化监理	一个合同段	甘肃兴陇交通工程监理有限责任公司
	通信管道监理	第一合同段	甘肃三力建设监理有限责任公司
		第二合同段	甘肃兴陇交通工程监理有限责任公司
	机电工程监理	第一、六合同段	北京兴通交通工程监理有限责任公司
		第二、三合同段	中国公路工程咨询集团有限公司
		第四、五合同段	西安金路交通工程科技发展有限责任公司
	消防工程监理	一个合同段	北京兴通交通工程监理有限责任公司

征地拆迁:宝天高速横穿天水麦积区东岔、利桥、党川、麦积、甘泉五乡镇,沿线大多路段与小陇山林区相交错,森林植被良好,林田确权难度大,征迁工作困难较多。为争取工程早日开工和按期建成通车,项目办将工作具体细化、量化,成立了三个征迁小组,从2005年7月开始宝天全线土地丈量及房屋拆迁登记工作,经过征迁科及项目办全体人员共同努力,共用18个有效工作日就完成全线征地拆迁任务。征用国有林地1070.28亩,征用土地5781.87亩。其中水浇地:1576.52亩;川旱地:3165.57亩;林地及退耕地:567.5亩;河滩地荒地:268.10亩;农路:123.82亩;宅地及建设用地:135.25亩。拆迁树木:290424株,房屋:53046.11m^2;改移电力线路:154.58km;通信线路:65.28km;水利设施2处;拆迁事业单位6家,共签订协议68份,完成征迁资金2.07亿元。

(2)项目实施阶段

项目办组织有关人员对江苏、湖南、安徽等公路修筑先进省份进行了实地考察,学习了三省标准化、制度化建设,从进场初期就全面引进了工程质量健康稳定发展的先进经验。以此为鉴,结合项目实际情况,项目办从场站建设标准化、施工工艺标准化、管理行为标准化三方面制定和执行了一系列措施,共计11册,在场站建设上实施了《宝天高速公路标准化建设实施细则》(以下简称《细则》)。《细则》制定的原则是其中没有任何模棱两可和尺度宽松的条款,所有的要求均以数据加以明确,执行过程严格按此进行,各单位按规定建设后形成统一标准。其中对占地面积和功能区划特别进行了强制要求,并要求细料储料仓必须设钢结构防雨棚,隔墙必须采用3m以上浆砌片石砌筑,场地和主要道路全部硬化;对拌和设备也提出了明确的要求,还要求在进出拌和场大门口的主道上设置洗车槽,以便清洗运料车车轮泥土,防止对进场材料造成二次污染。

实施了《工法创新和合理化建议奖励办法》,鼓励参建技术人员踊跃提出质量控制的新工艺和新方法,技术创新领导小组对所提的工法创新和合理化建议每季度进行一次研讨,工法创新一经采纳,对个人和单位均给予5000~20000元的经济奖励。采用的创新工法有三项:钢筋定位支架和箱梁顶板胎膜支架、箱梁封端模板。二是推行标准化施工工艺和方法。对容易出现质量通病的地方,强制采用标准化施工工艺。推广标准化施工工艺五项:采用喷淋设备对箱梁混凝土进行养生,采用"梳型板"控制箱梁翼缘板钢筋间距及数量,同时在"梳型板"内外采用"皮带板"进行止浆,对预埋筋位置使用泡沫剂堵漏,采用高强混凝土垫块控制保护层厚度。新设备、新技术的运用三项:钢绞线梳编穿束,数显张拉,真空辅助压浆技术。

3.复杂技术工程

(1)大坪里特长隧道

大坪里特长隧道是宝天高速公路的控制工程,为一座上下行分离的四车道高速公路特长隧道,隧道宝鸡端洞口位于甘肃省天水市北道区东岔镇境内,穿越秦岭主脊;散岔端洞口位于甘肃省天水市北道区利桥乡境内,隧道左线起讫桩号为 ZK22+542~ZK34+828,全长 12286m,右线起讫桩号为 YK22+518~YK34+808,全长 12290m。单洞净宽 10.25m,净高 5m,设计速度 80km/h,隧道共设 4 处通风竖井,左右线各两处,共计 863.011m,隧道内设有行人横洞 17 处,行车横洞 16 处,灯光景观带 4 处。

格栅拱架钢筋埋设示意图

大坪里隧道施工特点:

①全隧采用独头掘进,两头对打,钻爆法施工,重型车载出渣,喷锚支护,整体式液压台车浆砌施工方案。

②施工中采取临时通风竖井,加大通风排烟设备、粉尘监控等技术措施。

③在掘进中战胜了碎裂带、断裂带、浅埋层、软弱岩层、深埋岩爆、地下水等不良地质和冬季严寒困难,取得了可喜可贺的成绩。

④重点突出"弱爆破、短进尺、强支护、早封闭、勤量测"的新奥法施工原则。

⑤在隧道防渗工程方面,推广应用 EVA/ECB 共挤防水技术,提高了项目的新技术含量。

(2)李子坪特大桥

本桥为全线最长桥,桥长为 2620.33m,最大桥高为 35.70m,上部采用:上行线为 65-40m(下行线 62-40m)预应力混凝土连续箱形梁或箱梁刚构。下部桥墩采用柱式墩、桩基础;桥台采用柱式台、肋板台、桩基础。

桥起点接桃花坪隧道出口,本桥终点阴家沟。桥位处河道狭窄,两岸植被茂盛,地形横向变化较大。

设计中,为了尽可能保护环境,本桥设计没有"裁弯取直",而是采取了曲线进沟的方案,这样可以减少开挖,保护了当地植被环境。在建设过程中,中国路桥集团第二公路工程局第六工程处全面落实"规范化管理、环保型施工"的典型示范工程要求,大胆运用新技术、新材料,组织专家联合攻关,解决技术难题,顺利完成了主体工程建设任务,为宝天高速公路全线工程顺利完工起到了积极作用。

李子坪特大桥

4. 科技创新

2007年,经省交通运输厅批准立项,厅工程处与长安大学联合展开"天宝特长高速公路隧道修筑及管理技术研究"。根据国家建立节约型社会的理念,就如何解决特长隧道的电力耗能问题,也列为一个重要课题,该课题通过电效的提升,有效较低能源消费量和负荷水平,相当于创造了一种完全"绿色"的能源,对隧道的节能、降低运营成本,提供了有效的保证。本课题提出的隧道结构可靠性评价,涉及的研究内容在全国范围内尚无可供直接参考的项目,其成果除可直接应用于天水至宝鸡高速公路特长隧道外,其方法也可应用于其他类似隧道的建设,为公路隧道结构设计和施工的质量控制与评定提供技术支持,填补该方向的研究空白。

(二)宝天高速公路天水过境段(建设期:2008—2011年)

1. 项目概况

G30宝天高速天水过境段是连云港至霍尔果斯东西大通道在甘肃省内的重要路段,也是甘肃省高速公路网"四纵四横四重"主骨架的组成部分,其东接宝天高速,西接天定高速公路,是连接我国东南地区和西北地区的便捷公路通道,在国家及甘肃省干线公路网中具有重要战略低位。本项目的建设对加强西北、东南和对外的沟通交流,对促进地域经济的全面发展都具有十分重要的意义。

天水过境段高速公路起点位于天水麦积区甘泉镇,与宝天高速公路牛背至天水段终点相接,途经谢家河,穿越梁家山隧道、卧牛山隧道、石家山隧道,经老虎沟特大桥、皂郊镇等主要控制点,终点位于天水秦州区西十里铺,与天定高速公路起点相接,路线全长36.858km。全线采用全封闭、全立交双向四车道高速公路标准建设,设计速度为80km/h,路基宽度为24.5m,实际洪水频率为1/100(特大桥1/300)。路面上面层采用细粒式改性沥青混凝土Sup-13厚4cm,中面层采用中粒式改性沥青混凝土Sup-20厚5cm,下面层采用粗粒式沥青碎石ATB-25厚7cm,基层为水泥稳定碎石厚32cm(水泥掺量5.0%),底基层为水泥稳定砂砾土厚17cm(水泥掺量3.5%)。

此外,路面底基层65万m^2,基层60.2万m^2,下面层53.2万m^2,中面层57.1万m^2,上面层57.2万m^2,线外全线还设有完善的管理养护设施、服务区、收费管理站以及收费、通信、监控、供电系统、交通安全等设施。

2.建设情况

(1)项目准备阶段

2006年3月,国家交通部以交环函〔2006〕24号《关于连云港至霍尔果斯国道主干线宝鸡至天水高速公天水过境段路环境影响报告书预审意见的函》批复了环评报告。

2006年5月,国家环保总局以环审〔2006〕231号《关于连霍国道主干线(GZ45)宝(鸡)天(水)高速公路天水过境段环境影响报告书的批复》批复了环评大纲。

2006年6月,国土资源部以国土资预审字〔2006〕6号《关于连霍国道主干线宝鸡至天水高速公路天水过境段和天水至定西高速公路工程建设用地预审意见的复函》批复了建设用地预审意见。

2006年6月,国家发改委以发改交运〔2006〕2633号《关于宝鸡至天水公路天水过境段可行性研究报告的批复》批复立项。

2008年3月,交通部以交公路发〔2008〕122号《关于宝鸡至天水公路天水过境段初步设计的批复》批复了初步设计。

2009年8月,国土资源部以国土资函〔2009〕1040号《关于宝鸡至天水高速公路天水过境段工程建设用地的批复》批复了建设用地意见。

2009年11月,甘肃省交通厅以甘交建〔2009〕128号《关于天水过境高速公路施工图设计及预算的批复》批复了施工图设计。

2010年5月,水利部以水保函〔2010〕95号《关于连霍国道主干线(GZ45)宝(鸡)天(水)高速公路天水过境段环境工程水土保持方案的复函》批复了水土保持方案。

资金筹措:天水过境段高速公路建设项目概算总投资22.22亿元,其中国家及甘肃省内投资约占总投资的34.2%,国内银行贷款约占总投资的65.8%,建成后采用收取通行费的方式还贷。

招标投标:土建工程招标于2008年7月17日分别在中国招标与采购网(www.chinabidding.com)、甘肃公路信息网(www.gs-highway.com)上发布了资格预审通告,7月30日至8月6日进行了资格预审工作。施工共划分4个标段,共递交了申请文件235份,通过67份。监理共划分了4个标段,共递交了申请文件37份,通过23份。2008年8月29日向通过资格预审的施工单位发出了67份投标邀请书,并于2008年8月29日发售了66份招标文件,递交文件截止日期前共收到63份投标文件。2008年8月29日向通过资格预审的监理单位发出了23份投标邀请书,并于2008年8月29日向上述单位发售了66份招标文件,递交文件截止日期前共收到63份投标文件。招标人于2008年9月25日15:00(北京时间)在中匈大厦西塔楼23层会议室举行了在线公开开标仪式,9月25日至9月27日进行了清标评标工作。

路面工程于2009年11月17日分别在中国招标与采购网(www.chinabidding.com)、甘肃公路信息网(www.gs-highway.com)上发布了资格预审通告,11月30日至12月4日进行了资格预审工作。施工共划分1个标段,共递交了申请文件69份,通过47份。监理共划分了1个标段,共递交了申请文件3份,通过3份。招标评标:2010年4月16日向通过资格预审的施工单位发出了47份投标邀请书,并于2010年4月23日发售了44份招标文件,递交文件截止日期前共收到43份投标文件。2010年4月16日向通过资格预审的监理单位发出了3份投标邀请书,并于2010年4月23日向上述单位发售了3份招标文件,递交文件截止日期前共收到3份投标文件。招标人于2010年5月17日15:00(北京时间)在中匈大厦西塔楼23层会议室举行了在线公开开标仪式,5月17日至5月19日进行了清标评标工作。

房建工程于2010年6月4日分别在中国招标与采购网(www.chinabidding.com)、甘肃公路信息网(www.gs-highway.com)上发布了资格预审通告,6月17日至6月22日进行了资格预审工作。共划分1个标段,共递交了申请文件34份,通过15份。于2010年8月4日向通过资格预审的单位发出了15份投标邀请书,并于2010年8月13日发售了15份招标文件,递交文件截止日期前共收到13份投标文件。招标人于2010年8月30日15:00(北京时间)在中匈大厦西塔楼23层会议室举行了在线公开开标仪式,8月30日至9月1日进行了清标评标工作。

交安工程于2010年6月4日分别在中国招标与采购网(www.chinabidding.com)、甘肃公路信息网(www.gs-highway.com)上发布了资格预审通告,6月17日至6月22日进行了资格预审工作。共划分1个标段,共递交了申请文件45份,通过34份。于2010年8月4日向通过资格预审的单位发出了34份投标邀请书,并于2010年8月13日发售了34份招标文件,递交文件截止日期前共收到16份投标文件。招标人于2010年8月30日15:00(北京时间)在中匈大厦西塔楼23层会议室举行了在线公开开标仪式,8月30日至9月1日进行了清标评标工作。

机电工程于2010年6月4日分别在中国招标与采购网（www.chinabidding.com）、甘肃公路信息网（www.gs-highway.com）上发布了资格预审通告，6月17日至6月22日进行了资格预审工作。共划分3个标段，共递交了申请文件63份，通过32份。招标评标：2010年8月30日向通过资格预审的单位发出了79份投标邀请书，并于2010年5月31日发售了32份招标文件，递交文件截止日期前共收到20份投标文件。招标人于2010年8月30日15:00（北京时间）在中匈大厦西塔楼23层会议室举行了在线公开开标仪式，8月30日至9月1日进行了清标评标工作。

绿化工程于2010年9月20日分别在中国招标与采购网（www.chinabidding.com）、甘肃公路信息网（www.gs-highway.com）上发布了资格预审通告，10月8日至10月10日进行了资格预审工作。共划分1个标段，共递交了申请文件18份，通过17份。于2011年1月19日向通过资格预审的单位发出了17份投标邀请书，并于2011年1月24日发售了17份招标文件，递交文件截止日期前共收到17份投标文件。招标人于2011年2月24日15:00（北京时间）在中匈大厦西塔楼23层会议室举行了在线公开开标仪式，2月24日至2月26日进行了清标评标工作。

宝天高速公路天水过境段参建单位详见表6-16。

宝天高速公路甘肃境内天水过境段天水郡隧道路段（张　宾　摄）

宝天高速公路天水过境段参建单位一览表　　表6-16

标段	监理单位	施工单位	起止桩号	标段长度（km）	主要工程内容
路基一标	北京双环公路工程咨询有限公司	中铁四局集团有限公司	K94+560～K105+800	11.24	土方204.2万m³，排水及防护工程30814m³；隧道1座（梁家山隧道上行线长1728.59m，下行线长1743.52m）；整体式路基大桥1194.5m/5座，分离式路基大桥1034m/2座；中桥54.3m/座；通道桥14个，其中通道桥106.4m/7座，通道涵246m/7道；涵洞593m/15道；服务区一处（甘泉服务区）；避险车道2处

续上表

标段	监理单位	施工单位	起止桩号	标段长度（km）	主要工程内容
路基二标	甘肃省交通工程建设监理公司	甘肃路桥建设集团有限公司	K105+800~K111+500	5.562	土方43.03万m^3，排水及防护工程31102.7m^3；隧道2座（卧牛山隧道上行线长1430m，下行长1347m；石家山隧道前半段上行线长1797.453m，下行线长1789.98m）；分离式路基大桥962m/2座；中桥55.44m/1座；通道桥7个，其中通道桥113.75m/5座，通道涵143m/2道；涵洞234.8m/6道
路基三标	北京华路顺工程咨询有限公司	新疆兴达公路工程部	K111+500~K118+100	6.983	土方55.9644万m^3，排水及防护工程19832m^3；隧道1座（石家山隧道后半段上行线长1980m，下行线长2050m）；特大桥1331m/1座；中桥605.4m/1座；通道2个，其中通道桥11.54m/1座，通道涵38m/1道；涵洞58m/3道；互通式立交1处（皂郊立交）
路基四标	深圳高速工程顾问有限公司	甘肃路桥第三公路工程有限责任公司	K118+100~K131+100.043	13.073	土方201万m^3，排水及防护工程48997m^3；大桥1673m/5座；中桥114.72m/2座，小桥28394m/1座；通道16个，其中通道桥268.3m/14座，通道涵54m/2道；涵洞590m/19道；互通式立交1处（天水西立交）
路面工程	深圳高速工程顾问有限公司	内蒙古自治区公路工程局	K94+560~K131+100.043	全线	水泥稳定砂砾土底基层：厚170mm 623079m^2，厚180mm 15342m^2，厚200mm 6656m^2；水泥稳定碎石基层：厚320mm 601537m^2，厚200mm 6536m^2；透层：588061m^2；黏层：1274552m^2；细粒式改性沥青混凝土：厚40mm（Sup-13）577445m^2；中粒式改性沥青混凝土：厚50mm（Sup-20）566810m^2，厚60mm（Sup-20）13229m^2；粗粒式沥青碎石：厚70mm（ATB-25）468377m^2，厚90mm（ATB-30）87169m^2；封层：732950m^2；水泥混凝土面板：厚260mm 6381m^2；预制混凝土路缘石：1544m^3；改性沥青混凝土桥面铺装：厚40mm（Sup-13）144889m^2，厚50mm（Sup-20）118726m^2，厚60mm（Sup-20）26164m^2

续上表

标段	监理单位	施工单位	起止桩号	标段长度（km）	主要工程内容
房建工程	甘肃兴陇交通工程监理有限责任公司	甘肃恒泰建筑安装工程有限公司	K94+560~K131+100.043	全线	皂郊匝道收费站、隧道管理站建筑面积2253m²，天水西匝道收费站建筑面积2630m²，甘泉服务区建筑面积6544m²，隧道变电所建筑面积1410m²，共约12837m²，包括建筑物、站区场坪、收费岛、收费大棚等各种建筑工程的施工及水、暖、电、室外工程的施工
机电一标	中国公路工程咨询集团有限公司	甘肃紫光智能交通与控制技术有限公司	K94+560~K131+100.043	全线	主要工程内容包括收费系统、通信系统、监控系统（道路监控系统和隧道监控系统）。全线共设有天水西、皂郊2个匝道收费站，天水西、皂郊2个通信站，梁家山、卧牛山和石家山隧道3条隧道监控系统以及外场设备供电电缆、传输光缆、控制线缆的敷设
机电二标	中国公路工程咨询集团有限公司	兰州朗青交通科技有限公司	K94+560~K131+100.043	全线隧道	梁家山、卧牛山和石家山隧道通风设备安装调试，照明系统安装调试以及其他电气安装工程（隧道供电系统、隧道内动力控制箱、10kV高压配电柜等）
消防工程		甘肃麦岛建设工程有限公司	K94+560~K131+100.043	全线隧道	梁家山、卧牛山和石家山隧道消防系统。隧道共设置消防设备箱280处，共建有深井5座，300m³钢筋混凝土水池5座以及隧道内外的供水管道及其附件
交通安全标	甘肃省交通科学研究所有限公司	甘肃新盛护栏工程有限公司	K94+560~K131+100.043	全线	全线护栏工程95678m，隔离栅工程40647m，交通标志工程2101个（块），标线工程49410m²，通信等管道工程铺设39418m
绿化工程	甘肃华顺交通科技咨询有限责任公司	甘肃华运园林绿化工程有限公司	K94+560~K131+100.043	全线	全线路基边坡及两侧绿化，互通式立交绿化，隧道洞门绿化，隧道三角带绿化，取弃土场绿化，声屏障工程，房建工程绿化（主要包括服务区、收费站、隧道管理所及监控养护中心等的绿化），树木保护，防眩板安装，声屏障安装工程

征地拆迁：天水过境段高速公路与宝天高速公路牛背至天水段终点相接，而后沿谢家河南岸逆流而上，至杨湾跨谢家河北岸布设，在陈家河穿越梁家山隧道进入大江河流域

后,沿大江北岸山坡布线,途经阳湾、归风,在 K103+900(王家窑)二跨大江河,沿大江河南岸阶地布线至邓家河,穿越卧牛山隧道至孙家河,经石家山隧道至老虎沟,顺沟而下跨国道 316 至皂郊后沿南沟河两岸阶地布线,经皂郊、幕水沟、董家坪、贾家寺、多家庄、天水郡,跨国道 316 线后沿藉河南岸布线,在平峪沟跨藉河至本项目终点西十里,与天定高速公路相接。由于途经城乡接合部征迁数量巨大且烦琐,项目办在省厅及工程处的正确领导下,精心组织、周密安排,采用了全面出击、各方联手、重点突破、灵活机动的策略。一是改变了多年来项目征迁由国土资源厅一家统征的模式,实行建设用地由国土资源厅统征外,其余地上附着物和建筑物直接与所有权单位或部门签订拆迁协议,较好地调动了被拆迁单位的积极性,项目办由被动走向了主动。实践证明这是加快解决征迁问题的一条行之有效的途径。二是积极主动地搞好同地方各级政府及有关部门的关系,做到了建设、施工、地方政府通力协作,为项目建设保驾护航。三是成立了征迁协调委员会,坚持按政策、按程序、按协议办事,做到了事事有人管、事事有人抓,定期研究解决施工过程中出现的各类征迁问题,在保护农民利益的前提下加快征迁进度。完成主要征迁数量有:征用各类建设用地 2660.766 亩,拆迁房屋 29112.79m^2,砍伐林木 9.7 万棵,改移电信和企业拆迁 38 处。

(2)项目实施阶段

组织项目办、施工、监理单位经验丰富的技术骨干成立了技术协调委员会,定期组织设计回访,抓好技术要点,组织技术攻关,解决质量通病。

认真贯彻落实"政府监督、法人管理、社会监理、企业自检"的四级质量保证体系。本项目各施工企业均建立了"横向到边、纵向到底、控制有效"的质量自检体系,认真执行了自检、互检、交接检制度。监理企业抓住质量控制的关键环节和重点,严把材料进场关,严把开工报批关,严把中间检查验收关,对重点部位、隐蔽工程及薄弱环节实施了旁站管理。项目办作为业主的代表定期或不定期对本项目质量实施全方位检查,规范施工、监理行为,制定质量措施,落实质量目标。甘肃省交通基建工程质量监督站作为政府监督部门每年分三次对该项目工程质量实施监督检查,查处违规施工行为,形成了互相监督、互相制约、互相促进的工作机制。

3. 复杂技术工程

①宝天高速天水过境段老虎沟特大桥中心桩号为 K114+851.85,桥孔因跨越国道 316 而错孔布置,交角 90°。路线出石家山隧道后顺老虎沟而下,然后跨越南沟河。本桥上部共分 9 联,为 $3-5\times25m+3-6\times25m+5\times30m+2-7\times25m$ 预应力混凝土连续箱梁,下部结构桥台为肋板式台配桩基础,桥墩为柱式墩配桩基础。

②石家山隧道为一座上下行分离的四车道高速公路特长隧道,隧址位于天水市秦州区皂郊镇孙家河村的咀头、如林坪。地质以新黄土、变质砂岩为主,围岩稳定性差,地下水

丰富,涌水量大。

洞身段开挖分上下行两个工作面同时进行,洞身段Ⅳ类围岩区采用短台阶法开挖,台阶长度控制在10~20m,注意上半断面初期支护的质量,二次衬砌的施作可滞后开挖面40~50m;Ⅴ类围岩采用超短台阶预留核心土法开挖,台阶长度控制在5m,同时注意上半断面及基础锁脚锚杆的施工,保证初期支护及时落底封闭,二次衬砌离掌子面距离控制在25m内,预留核心土长度3~5m。紧急停车带Ⅳ级围岩地段采用单侧壁导坑法施工,临时支护采用Ⅰ16工字钢、喷射C20混凝土。

在石家山特长隧道施工中,坚持超前质地预报制度,坚持短开挖、少扰动、强支护、勤量测的施工原则,坚持早进洞晚出洞。施工过程中始终坚持重点部位、重点环节,重点监测。项目克服了围岩破碎、节理裂隙发育、偏压、涌水量大等施工难题。

4. 科技创新

在项目实施过程中,针对本项目梁家山隧道的复杂地质情况,为了保证隧道顺利修筑,与兰州交通大学联合开展了"甘肃省梁家山膨胀性泥岩隧道施工技术研究"课题。

为了顺利完成此段隧道的施工,加快隧道施工进度,提前采取行之有效的工程措施而避免出现再次塌方和大变形等灾害,本课题重点研究如下几个方面的内容,并取得研究成果:

①甘肃省梁家山隧道膨胀性泥岩工程特性研究。对梁家山隧道的典型区段围岩采取试样,通过矿物学和化学分析、膨胀特性试验研究、室内变形和强度特性试验以及水稳定性试验等,系统研究梁家山隧道围岩的工程地质特性,特别是其膨胀特性,研究其膨胀性的机理,对其膨胀性进行分级,确定合理的物理力学计算参数。

②甘肃省梁家山膨胀性泥岩隧道围岩变形特征试验研究。选择典型区段作为新奥法(主要是台阶法)开挖和复合式衬砌支护的隧道施工试验段,全面开展初期支护洞周收敛与沉降变形监控量测、围岩压力监测、刚拱架应力和初期支护与二次衬砌压力量测等,掌握隧道开挖后围岩的变形规律和支护结构的应力状态与稳定状态,确定切合梁家山隧道工程实际的洞周收敛和拱顶下沉变形量,为优化施工方法和支护参数提供数据支持和理论依据。

③甘肃省梁家山膨胀性泥岩地段隧道复合衬砌结构适宜性研究。建立梁家山隧道考虑泥质岩膨胀性的数值模型,分析隧道围岩、支护变形和受力特征,结合对围岩特性曲线、支护特性曲线和纵向位移分布的理论分析,提出合理的开挖预留变形量和初期支护技术参数,经过对比分析遴选出较佳的施工方法和支护结构形式应用于该隧道的开挖,并通过数值模拟和现场实测结果的对比分析验证支护参数的合理性和有效性。

④甘肃省梁家山膨胀性泥岩地段隧道施工技术研究。膨胀土隧道围岩压力的施工效应是导致隧道变形病害的主要原因。采用合理的施工方法,对隧道的稳定性有着十分重要的作用。比较和分析矿山法双层模筑衬砌和新奥法复合式衬砌施工方法在膨胀性泥岩隧道应用中的经济性、可靠性和合理性。通过理论分析与监控量测对比,提出采用新奥法的施工方法和技术措施及施工技术关键参数建议。

(三)天水至定西高速公路(建设期:2007—2010年)

1. 项目概况

天水至定西高速公路是连云港至霍尔果斯公路(G30)在甘肃境内的重要组成路段,是国家规划的"五纵七横"公路主骨架组成部分,也是甘肃省规划的"四纵四横四重"公路网主骨架的重要组成部分。天定高速公路在国家高速公路网中起着承东启西的作用,作为我国西北地区与东南地区经济社会交流的桥梁和纽带,是甘肃省连接东南沿海地区的重要东出口,是国家西部大开发规划的西陇海兰新经济带的走廊。天定高速公路的建成对提高连云港至霍尔果斯公路(G30)甘肃省境内中南部路段的技术等级,全面实施西部大开发战略,完成甘肃省交通"十一五"规划目标,实现甘肃交通新的跨越式发展,拉动国民经济发展和资源开发,促进甘肃经济社会又好又快发展具有十分重大的意义。

天定高速公路穿越天水市秦州区、甘谷县、武山县,定西市陇西县、渭源县、安定区两市六县区。路线起自天水市西十里铺平峪沟,东接已建成通车的连霍国道主干线宝鸡至天水高速公路及在建的天水过境段高速公路,止于定西市十八里铺,接已建成通车的巉口至柳沟河高速公路及平凉至定西高速公路,路线全长235.09km。全线采用全封闭、全立交、控制出入的双向四车道高速公路标准建设,设计车速为80km/h,桥涵设计汽车荷载等级采用公路—Ⅰ级,整体式路基宽度为24.5m,分离式路基宽度为2×12.25m。设计洪水频率为1/100(特大桥1/300)。

天定高速公路建设项目主要内容有:土石方2597.0167万m^3、排水及防护工程107.037185万m^3、特大桥2座3152m、大桥54座16900m、中桥44座2771m、小桥及通道桥135座2488.07m、涵洞521道16386.38m、互通式立交14处、隧道(明洞)16处32302m(单洞)、分离式立交20处、通道涵191座5633.5m、天桥7座475.18m、收费管理处2处、服务区2处。此外全线还设有完善的养护管理设施、服务区、收费管理站、通信监控设施和安全设施。

2. 建设情况

(1)项目准备阶段

交通运输部以交公路发[2007]215号《关于天水至定西公路初步设计的批复》批复了项目初步设计。

天(水)定(西)高速公路 TD17 标段工程隧道口施工时场景

国家发改委以发改交运〔2006〕2258 号《关于甘肃省天水至定西公路可行性研究报告的批复》批复了项目工可报告。

甘肃省交通运输厅以甘交建〔2009〕130 号《关于天水至定西高速公路施工图设计及预算的批复》批复了项目施工图设计。

资金筹措：国家发改委发改交运〔2006〕2258 号《关于甘肃省天水至定西公路可行性研究报告的批复》批复项目总投资为 80.6 亿元，其中国家安排中央专项基金(车购税) 16.02 亿元，甘肃财政资金安排 7 亿元，甘肃省安排公路建设资金 5.19 亿元，银行贷款 52.39 亿元。

天定高速公路建设项目实行国内公开招标，工程施工招标和监理招标严格遵守交通部《公路工程施工招标投标管理办法》《甘肃省公路工程施工招标投标管理实施办法》的规定，按照发布招标通告、发售资审文件、资格预审、投标、开标、评标、定标的程序进行。 2007 年 6 月，业主单位在媒体上发布招标公告，面向全国进行土建工程项目公开招标； 2009 年 6 月，面向全国进行了路面施工及监理、交通安全设施施工及监理、机电、消防工程施工及监理、房建工程施工及监理、绿化工程施工及监理的公开招标。天宝高速公路参建单位详见表 6-17。

天定高速公路参建单位一览表　　表 6-17

序号	参建单位	单位名称	合同段编号	起止桩号	备注
1	勘察设计单位	甘肃省交通规划勘察设计院有限责任公司		K131+100.043～K219+000.13	路基、路面及绿化工程
		浙江省交通规划设计研究院		K219+000.14～K259+606.799 LK1+000～LK35+983.433	
		新疆公路规划勘察设计研究院		K259+440～K330+457.9	

第六章

续上表

序号	参建单位	单位名称	合同段编号	起止桩号	备注
1	勘察设计单位	北京交科公路勘察设计研究院有限公司		K131+100.043~K219+000.13	安全设施、房建、机电、消防工程
		中国公路工程咨询集团有限公司		K219+000.14~K259+606.799 LK1+000~LK35+983.433	
		中交第一公路勘察设计研究院有限公司		K259+440~K330+457.9	
2	施工单位	中铁十四局集团第三工程有限公司	路基第一合同段	K131+100~K148+400	
		朝阳安信公路工程有限公司	路基第二合同段	K148+400~K160+400	
		中铁隧道股份有限公司	路基第三合同段	K160+400~K166+890	
		中交二局第三工程有限公司	路基第四合同段	K166+890~K173+300	
		北京市海龙公路工程公司	路基第五合同段	K173+300~K183+000	
		安通建设有限公司	路基第六合同段	K183+000~K198+000	
		岳阳市通衢兴路公司	路基第七合同段	K198+000~K212+600	
		甘肃中大建设工程有限公司	路基第八合同段	K212+600~K219+000.13	
		西安萌兴高等级公路工程股份有限公司	路基第九合同段	K219+000~SK227+200、XK227+170	
		福建省第二公路工程公司	路基第十合同段	K227+200、XK227+170~K240+300	
		中交一局第五工程有限公司	路基第十一合同段	K240+300~K256+000	
		中铁五局集团第四工程有限责任公司	路基第十二合同段	K256+000~K259+606.799、LK1+000~LSK4+100、LXK4+090	
		东盟营造工程有限公司	路基第十三合同段	LSK4+100、LXK4+090~LK20+200	
		浙江交工路桥建设有限公司	路基第十四合同段	LK20+200~LK35+983.433	
		新疆北新路桥建设有限公司	路基第十五合同段	K259+440~K277+100	
		云南路桥股份有限公司	路基第十六合同段	K277+100~K294+771.66	
		甘肃路桥建设集团有限公司	路基第十七合同段	K294+810~K298+900	

续上表

序号	参建单位	单位名称	合同段编号	起止桩号	备注
2	施工单位	中铁十三局集团有限公司	路基第十八合同段	K298+900~K321+900	
		中铁十三局集团第一工程有限公司	路基第十九合同段	K321+900~K330+457.9	
		西安萌兴高等级公路工程股份有限公司	路面第一合同段	K131+100~K183+000	
		河北建设集团有限公司	路面第二合同段	K183+000~K219+000	
		甘肃路桥建设集团有限公司	路面第三合同段	K219+000~K259+606.799、LK1+000~LSK4+100、LXK4+090	
		甘肃路桥第三公路工程有限责任公司	路面第四合同段	LK20+200~LK35+983.433	
		中交一公局第三工程有限公司	路面第五合同段	K259+440~K294+771.66	
		新疆昆仑路港工程公司	路面第六合同段	K294+810~K330+457.9	
		甘肃路桥第四公路工程有限责任公司	房建第一合同段		
		甘肃华恒建筑工程有限公司	房建第二合同段		
		甘肃华运建筑安装工程有限公司	房建第三合同段		
		普宁市建筑工程总公司	房建第四合同段		
		汕头市潮阳建筑工程总公司	房建第五合同段		
		湖南省鸿腾建设工程有限公司	房建第六合同段		
		北京颐和安迅交通技术有限公司	交安第一合同段		
		苏州交通工程集团有限公司	交安第二合同段		
		甘肃路桥飞宇交通设施有限责任公司	交安第三合同段		
		山西长达交通设施有限公司	交安第四合同段		
		甘肃恒和交通设施安装有限公司	交安第五合同段		
		潍坊东方交通设施工程有限公司	交安第六合同段		

续上表

序号	参建单位	单位名称	合同段编号	起止桩号	备注
2	施工单位	甘肃圆陇路桥机械化公路工程有限责任公司	绿化第一合同段		
		甘肃华运园林绿化工程有限公司	绿化第二合同段		
		甘肃紫光智能交通与控制技术有限公司	机电第一合同段		
		西安金路交通工程科技发展有限责任公司	机电第二合同段		
		重庆市华驰交通科技有限公司	机电第三合同段		
		广州海特天高信息系统工程有限公司	机电第四合同段		
		紫光捷运科技股份有限公司	机电第五合同段		
		甘肃麦岛建筑装饰工程有限公司	消防第一合同段		
		甘肃玉成消防工程有限责任公司	消防第二合同段		
3	监理单位	山东恒建工程监理咨询有限公司	路基第一、二、三合同段		
		甘肃兴陇交通工程监理有限责任公司	路基第四、五合同段		
		北京华路捷公路工程技术咨询有限公司	路基第六、七合同段		
		太原市华宝通工程监理有限公司	路基第八、九合同段		
		甘肃省交通科学研究所有限公司	路基第十、十一合同段		
		北京交科工程咨询有限公司	路基第十二、十三合同段		
		北京华通公路桥梁监理咨询有限公司	路基第十四、十五、十六合同段		
		甘肃省交通工程建设监理公司	路基第十七、十八、十九合同段		
		甘肃省交通科学研究所有限公司	路面第一、二合同段		

续上表

序号	参建单位	单位名称	合同段编号	起止桩号	备注
3	监理单位	甘肃省交通工程建设监理公司	路面第三、四合同段		
		北京华通公路桥梁监理咨询有限公司	路面第五、六合同段		
		达华工程管理(集团)有限公司	房建第一、二、三合同段		
		甘肃兴陇交通工程监理有限责任公司	房建第四、五、六合同段		
		甘肃华顺交通工程监理公司	交安第一、二、三合同段		
		甘肃兴陇交通工程监理有限责任公司	交安第四、五、六合同段		
		甘肃兴陇交通工程监理有限责任公司	绿化第一、二合同段		
		北京兴通交通工程监理有限责任公司	机电第一合同段		
		北京泰克华诚技术信息咨询有限公司	机电第二、三、四、五合同段		
		北京兴通交通工程监理有限责任公司	消防第一、二合同段		

天定高速公路项目的建设用地由甘肃省国土资源厅于2005年11月28日以甘国土资规发〔2005〕43号文通过了用地初审,2006年1月17日国土资源部以国土资预审字〔2006〕6号文通过了用地预审,2008年5月31日以国土资函〔2008〕276号文进行了用地批复,2008年7月16日甘肃省人民政府分别以甘政国土发〔2008〕25号文和甘政国土发〔2008〕28号文对天水市人民政府和定西市人民政府下达了土地征拨通知,2007年12月17日甘肃省林业厅以甘林资函字〔2007〕470号文通过了占用林地的审核意见,并以甘林地审字〔2007〕34号出具了使用林地审核同意书。

征地拆迁:天定高速公路穿越天水市秦州区、甘谷县、武山县,定西市陇西县、渭源县、安定区,涉及22个乡镇128个行政村,经甘肃省交通厅和甘肃省国土资源厅协商,由甘肃省国土资源厅负责按统一征地方式完成天定高速公路永久性建设用地的征用工作,2007年5月31日双方签订统一征地协议书。

天定高速公路地上附着物的拆迁,通过与天水市政府和定西市政府协商,在商定了拆迁补偿标准后由两市政府以统一包干的形式完成地上附着物拆迁,并签订了统一拆迁包干协议。

设计中关于电力电信光缆线路的改移以及企业的拆迁,由于拆迁难度较大,经过与两市高速公路协调办协商,对国有企业的拆迁由两市协调办代表市政府统一包干完成,地方企业和私营企业的拆迁由所属县区政府包干完成。对于个别拆迁难度很大以及新增的拆迁企业,在两市协调办的配合下,由业主完成拆迁。

天定高速公路由于穿越甘肃的兰陇海线经济区域的金腰带地区,人多地少,征拆难度很大。为了使工程早日开工,从2007年上半年,项目办就与省国土厅统征办以及天水市高速公路协调办和定西市高速公路协调办积极联系,充分协商,就征地拆迁的补偿标准和丈量登记等问题达成了共识。从2007年6月中旬开始,同时在6个县区开始了土地和附着物的丈量登记工作,在丈量登记过程中,征迁人员始终坚持"一把尺子、一个标准""按政策办事、按程序办事"的工作原则,在地方政府和相关部门的大力支持和配合下,于2007年8月中旬征地拆迁的丈量登记主体工作基本完成。

全线共征用各类土地1.97万亩,其中水浇地1.3万亩,旱地4849.71亩,建设用地583.96亩,国有未利用地133.99亩,集体未利用地624亩,林地550.62亩;拆迁地上主要附着物:各类房屋166.33万m^2,拆迁各类塑料大棚81.59万m^2,搬迁坟墓2031座,各类树木1030.20万棵;涉及电力电信光缆线路改移和企业拆迁87家。

(2)项目实施阶段

天定高速公路建设项目自2007年10月开工,项目办始终坚持以工程质量为根本,从管理体系建设与施工过程监控入手,以合同管理为核心,以现场的精细化施工管理为手段,从设计、施工、监理等各个环节全面强化工程的质量管理。

在项目"企业自检、社会监理、政府监督"质量保证体系的建设完善中,项目办充分发挥业主单位的主动性,认真落实工程质量终身责任制,抓住质量控制的关键环节和重点,严把材料进场关,严把开工报批关,严把中间检验验收关,严格监理程序,加强业主检查,确保监理程序各环节不流于形式,不违反程序,形成了互相监督、互相制约、互相促进的工作机制。项目办从施工、监理单位进场起就督促各施工企业和监理单位按照要求建立了完备的工地试验室,并由甘肃省交通基础设施建设质量监督站现场验收通过。同时项目办还配有完备的中心试验室,负责施工企业的标准、控制试验,形成了完备的三级试验检测体系。各施工企业建立了"横向到边、纵向到底、控制有效"的质量自检体系,认真执行了自检、互检、交接检的三检制度。监理单位坚持独立试验和平行试验,严格按规定的抽检频率,对达到了要求的工程进行验收。同时,对重要部位、关键工序、材料使用、隐蔽工程、薄弱环节等做到了旁站监理。另外,项目办积极配合甘肃省交通工程质量监督站对工程质量、企业自检、监理抽检资料进行监督检查,进一步促进了项目质量保证体系的完善。

项目办始终坚持用制度管理工程,做到奖罚分明,客观公正。先后共授予质量进度流动红旗12次,通报表扬37次,奖励377万元;给予质量进度通报表扬73次,罚款436.5万元;黄牌处罚2次。

3. 复杂技术工程

关子隧道分上下行双向四车道,上行线起讫桩号SK166+180~SK168+180,隧道全长4630m,最大埋深184m,上行线平面位于半径1400m、500m、600m圆曲线内。下行线起讫桩号XK162+250~XK166+840,隧道全长4590m,最大埋深183.72m,下行线平面位于半径1100m、4952m、770m圆曲线内,洞内变坡点为K162+249.898,纵坡为+2.5%和−2.18%。隧道围岩为泥岩、砾岩为主,隧道出口段山体坡度相对平缓,围岩为新近堆积黄土和强风化泥岩,易湿陷沉降;隧道进口段山体坡度相对较陡,围岩为残坡积角砾土、砂砾、强风化砾岩,地层较复杂,易受地表水和地下水的共同影响,覆盖层疏松、不均匀,围岩稳定性差,局部地段为易崩塌、滑坡及断层破碎带的不良地质。Ⅴ级围岩占隧道总长8.50%,Ⅳ级占91.50%,属岩石山岭深埋特长隧道。

隧道施工的基本顺序为:施工测量→洞口刷坡、防护→开挖→超前支护及初期支护→仰拱、填充→边墙基础→防排水施工→二次衬砌混凝土施工、洞门施工→路面基层施工→沟槽施工→盖板施工→洞内装饰→风机安装→竣工交验。

4. 科技创新

为了保证天定高速公路的建设质量,项目办与兰州大学合作开展了"解决填土涵洞病害的弹性缓冲材料研究"课题。本课题提出防治涵洞开裂破坏的创新原则:在涵洞拱顶部一定范围内回填"弹性应力缓冲材料",协调内、外土柱之间的沉降差,将高填方路堤的土压力由外土柱和涵洞共同来分担,达到消减涵洞顶拱应力集中的目的。涵洞拱顶"弹性应力缓冲材料"的主要作用,也可以理解为改善内、外土柱之间的竖向刚度差别,协调沉降变形差。

现场试验选择在天定高速公路18标段K309.25~K329.20段坝式路堤处。涵洞设计尺寸为:涵洞长49.0m,东西走向,顶宽4.8m,净宽4.0m,高3.71m,顶板厚0.67m,侧壁厚0.7m。侧壁混凝土强度为C25,顶板混凝土强度为C30。涵洞基础采用现浇混凝土整体式基础,强度为C20,高1.0m,每4~6m设2cm沉降缝一道,缝内用沥青麻絮或其他具有弹性的不透水材料填塞。持力层为压实黄土,持力层上有1.25m的水泥稳定砂砾垫层,地基承载力为250kPa。

(四)柳(沟河)忠(和)高速公路(建设期:1999—2002年)

1. 项目概况

柳(沟河)忠(和)高速公路是国家高速公路连云港至霍尔果斯在甘肃境内的重要组

成部分,也是国家和甘肃省"九五"公路重点建设项目。柳忠高速公路的建设对完善国道主干线,加快甘肃省干线公路网实施步伐,充分发挥省会中心城市经济辐射作用,促进区域经济的发展,缓解兰州市区的交通拥挤状况,减轻兰州市大气污染等具有十分重要的意义和作用。

柳忠高速公路东起兰州市东郊柳沟河,与岘柳高速公路相接,经东岗、青白石、盐场堡,西止兰州市北郊忠和镇,与兰海和白兰高速公路相连,全长33.314km,另建兰州市区天水路连接线1.382km。

全线按山岭重丘区高速公路标准设计,路基宽度21.5m,设计速度80km/h,双向四车道、全立交、全封闭。路面设计为15cm沥青混凝土路面。全线桥涵与路基同宽,桥涵设计车辆荷载汽车—超20级,挂车—120。沿线设有通讯监控分中心、服务区、养护工区各1处,兰州市进出口互通立交收费站3处,并设置了完善的联网收费、通信、监控、供电系统及安全设施。

主要工程内容:路基土方1907万 m^3,大桥3023.47m/7座,特大桥2座,中桥4座,天桥3座,互通立交3处,分离式立交4处,通道、涵洞103道。天水路黄河大桥主桥跨105m,为甘肃境内黄河大桥单跨长度之最,柳沟河、小砂沟大桥主跨桥墩高达46m,挖方边坡最高达80多m,填方最高43m。

建成沿线管养设施有:天水路监控通信分中心,天水路主线收费站,东岗、盐场堡立交匝道收费站,以及盐场堡养护工区和北龙口服务区。项目于2002年10月26日通车。

2. 建设情况

(1)项目准备阶段

柳忠高速公路隶属柳古高等级公路项目的一部分,依据原国家计委计交能〔1998〕1032号文《关于审批甘肃省兰州至古浪公路工程可行性研究报告的请示的通知》批准立项,并由交通部以交公路发〔1998〕503号文《关于兰州至古浪公路初步设计的批复》批复初步设计及概算,1999年4月5日交通部批准柳古段开工报告。

交通部批复柳古高等级公路项目概算总投资为28.42亿元,其中柳忠段批复初步设计概算13.56亿元。

该项目于1996年1月被国家计委、财政部、交通部列为利用世行贷款"98"财年三省公路备选项目。作为甘肃第一条利用世行贷款修建的高等级公路项目,柳古段前期准备工作严格按照国家基建程序进行。按世行贷款项目的相关程序与要求,1996年、1997年完成了世行对项目的考察、选定等工作,1998年上半年完成了本项目的评估准备工作与世行的法律文本谈判工作。1998年5月,财政部率三省代表赴华盛顿谈判"贷款协议""项目协议",并签署了谈判纪要。6月23日世行执董会批准了"中国三省区公路项目"贷款计划;12月18日中国政府代表与世行代表正式签署了"贷款协议"和"项目协议"。

柳忠利用世行贷款项目建设资金由交通部专项补助、世界银行贷款、国内银行贷款、省配套资金四部分构成。

项目建设在遵照交通部、省交通厅有关规定的基础上,严格按三省公路项目"贷款协议""项目行动计划"进行。

柳忠高速公路建设项目由甘肃省交通厅委托甘肃省交通规划勘察设计院承担勘察设计工作。由于柳忠段为甘肃修建的第一条高速公路,考虑到项目路线长,沿线地形、地质、气候等自然条件复杂,勘察设计工作量大,任务艰巨,甘肃省交通厅选定由甘肃省交通勘察设计院完成地质勘探工作,交通部第一公路勘察设计研究院承担工可、初设、施工图设计任务。

柳忠高速公路作为世行贷款项目,按照世行采购指南与程序,为保证招投标工作的严肃性和科学性,委托中机国际招标公司作为项目招标代理,开展招标工作。按世行贷款项目有关规定,柳忠土建、机电等主体工程项目严格按照国际竞争性招标程序招标选定施工单位。

柳忠高速公路项目招标工作始终坚持"公平、公正、公开"和"客观、准确、择优"的原则,严格执行交通部及世行的有关规定,主体工程项目评标工作由省建委、省招标办、省财政厅、省交通厅等有关部门专家、领导组成的评标小组和评标委员会进行评审。整个评标过程中由纪检及公证部门对评标过程进行全面的监督和公证。资格预审结果、招标文件均通过交通部批复,评标报告也经过交通部及世界银行批准。柳忠高速公路参建单位详见表6-18。

柳忠高速公路参建单位一览表　　　　　　表6-18

标段划分		施工单位	监理单位	设计单位	监督单位
施工类型	标段				
路基单位	1	广东长大公路工程有限公司	甘肃省交通工程建设监理公司、甘肃交通工程监理事务所	交通部第一公路勘察设计研究院	甘肃省交通基建工程质量监督站
	2	兰州市政工程总公司	甘肃省交通工程建设监理公司		
	3	甘肃省公路工程总公司	陕西公路交通工程监理咨询有限公司		
	4	铁道部第一工程局	甘肃省交通工程建设监理公司		
房建单位	FJ-1-A	甘肃省建筑工程总公司	甘肃宏泰工程建设监理公司		
	FJ-1-B	甘肃省长城建筑总公司 甘肃省圆陇路桥机械化工程责任有限公司			
	FJ-1-C	甘肃建筑工程总公司			
机电单位		清华紫光股份有限公司	北京华路捷公路工程技术咨询公司		
绿化单位		甘肃华运园林绿化工程有限公司	甘肃省新科公路工程监理事务所		

同时,按世行项目规定,项目监理采用中外联合监理的形式。本项目的外方咨询服务

商,按世行项目采购指南招标选定英国合乐公司作为咨询商,由甘肃新科监理事务所和英国合乐公司两家中外监理组成的总监理工程师办公室(简称"总监办"),总监办在总监理工程师领导下,全面履行本项目监理职责,并对各合同段驻地监理办进行统一管理。

2000年3月21日,国土资源部以《关于连霍路柳古段高等级公路工程建设用地的批复》(国土资函〔2000〕221号)批复柳古高等级公路工程建设用地。全线共占用各类土地3586.7亩,其中水浇地745.7亩、果园地737亩、菜地152.2亩、林地91.4亩、河滩地197亩、荒山坡1309.9亩、宅基地138.6亩、开发区土地214.9亩、幼材树30272株、成材树637株、幼果树9384株、成果树47085株。

(2)项目实施阶段

甘肃省交通厅作为本项目上级主管部门,省交通厅以甘交人〔1998〕41号文件,批准成立了"国道连霍路柳古段高等级公路建设办公室(简称高建办)",与"省交通厅引资办"合署办公,高建办代表业主对项目建设进行全面管理,以合同为依据,将设计、施工、监理单位和地方政府组成一个科学、严密的管理系统,建立起以高建办为核心的项目管理运行机构。通过地方政府保障征迁和建设环境,设计单位对工程设计进行完善和重大变更,监理实现工程质量、工期和投资控制,甘肃省交通基建工程质量监督站对本项目行使政府监督职能,同时柳忠利用世行贷款项目接受世行督查。

为切实加强对项目的管理,全面完成工程建设任务,高建办建立了项目法人负责制。按建设管理内容及要求,高建办下设工程技术处、征地拆迁处、财务处、综合处,按照各部门的工作任务和职权范围,由各分管主任负责,既有分工又紧密配合;修改、健全了包括项目管理和工程建设管理方面的规定、办法和制度20多个,并逐渐完善了内部管理制度,形成了现场办公制度和重大问题办公会议研究决定制度。

在项目实施过程中,高建办与监理部门、施工单位按照签订的合同,既互相独立又相互联系、既相互监督又互相合作,加强了项目建设管理,规范了项目管理程序,提高了工程建设质量。

柳忠作为利用世行贷款项目,采用了FIDIC条款的管理模式。高建办与监理、承包人,以FIDIC条款为基础,结合本项目特点签署了项目监理和施工合同,建立了业主、监理、承包人三者相对独立的关系。在工程建设管理过程中,业主、监理、承包人以签订的监理、施工合同为基础,按项目技术规范、监理办法及其他相关的项目管理办法、规定,积极配合,为项目建设任务的完成共同努力。

3.复杂技术工程

(1)东岗高架桥

东岗高架桥全长635m,桥梁跨径组成为:主桥(45+75+45)m+引桥(4×40)m+(5×40)m+(35+40+35)m,由左、右两幅分离式断面组成,全桥位于S形反向曲线上。主桥上部构造为单箱单室变截面预应力混凝土箱梁,梁高变化为2.20m(力跨跨中)-4.50m(支点)-2.80m(中跨跨中)。引桥上部构造为单箱单室等截面预应力混凝土连续箱梁,梁高2.00m。下部构造桥墩采用薄壁桥墩。基础分别为扩大基础和群桩基础。桥台为肋式桥台,钻孔灌注桩基础。

东岗高架桥

(2)东岗黄河大桥

①桥型

大桥忠和岸位于缓和曲线参数 $A=220m$、$R=420$ 的平曲线上,桥轴线与水流方向夹角112,上部结构采用两个独立平行的单箱单室截面。左、右幅主桥均采用 52m+3×80m+52m(半幅桥箱梁中心线上的长度)的变截面预应力混凝土箱梁。引桥上部采用等截面钢筋混凝土连续箱梁。主桥桥墩采用圆柱形墩,过渡墩、引桥桥墩为柱式墩,桥台为肋式台,基础均为桩基础。

②上部构造

主梁采用变截面单箱单室箱梁,支点处梁高4.5m,跨中和边跨直线段梁高2.1m,箱梁底板底面按二次抛物线变化,顶板宽10.5m,底板宽5.5m,腹板跨中部分、边跨合龙段部分厚度为32cm,根部为45cm,顶板厚度22cm,底板厚由跨中25cm按抛物线变化至根部50cm。

主梁设纵向预应力束和竖向预应力筋。

引桥左、右幅桥的跨径组合分别为18.318m+3×25m,4×25m(桥梁中心线上的长度)的等截面钢筋混凝土连续梁。梁高为1.4m,顶板宽10.5m,底板宽5.5m。

③下部构造

主桥桥墩为柱式墩,柱径为3.6m,桥墩高度15.6~18.8m,桩径2.0m。

过渡墩、引桥墩的柱径分别为2.0m和1.5m,桩径为1.5m。

即将合龙的东岗黄河大桥

桥台为肋式台,桩基础、桩径均为2.0m。

东岗黄河大桥连续梁临时支座及悬臂施工挂篮

④其他

桥面横坡:由箱梁腹板调整。桥面铺装:8cm沥青混凝土。

施工控制:主桥墩墩顶0号、1号块及直线段梁,引桥箱梁在满堂碗扣脚手架上现浇,3号~9号梁段采用三角轻型挂篮悬臂浇筑,合龙段梁采用吊架施工。

4. 科技创新

开展科技攻关,加大科技含量,重点解决施工、技术疑难问题。按照《甘肃省公路建设治理工程质量通病的意见》,加大治理工程质量通病力度。在总结和借鉴以往施工经验的同时,邀请设计、科研单位的专家,对施工技术和设计等重大问题进行研讨,并结合项目实际特点,设立了多项科研课题。如解决湿陷性黄土筑路中的路基压实度与软土路段不均匀沉降、桥头跳车等问题,增加对已完路基的冲碾、注浆和填挖交接部的强夯补强。并与交通厅、长安大学等单位联合组成课题小组,在 K20+670、K20+447.34 桥的桥头施工中引进"土工格室"新技术处治桥头跳车;为提高深挖路堑、高填路堤和高边坡的稳定性,增加边坡格网防护,进行了防排水系统的补充完善;为解决路面早期破损问题,柳忠高速公路上面层采用了改性沥青;为解决路面底基层开裂问题,与科研单位联合设立科研课题,对基层混合料配比进行了适当的调整,有力改善了工程质量。

天水路黄河大桥 T 形风构悬壁施工

5. 运营管理

沿线设有通信监控分中心、服务区、养护工区各 1 处(盐场堡养护工区和北龙口服务区),兰州市进出口互通立交收费站 3 处(天水路主线收费站,东岗、盐场堡立交匝道收费站),并设置了完善的联网收费、通信、监控、供电系统及安全设施。

(五)尹家庄至中川机场高速公路(建设期:1999—2002 年)

1. 项目概况

尹家庄至中川机场高速公路是连接中川航空港与省会兰州的重要公路,同时也是国道主干线(GZ25)丹东至拉萨的连接线,又是省道 201 线的重要组成部分。该路起点位于永登县树屏镇尹家庄,接正在建设的国道主干线(GZ25)忠和至海石湾高速公路尹家庄互通式立交,向北经哈家嘴、刘家湾、小河川、马家山,止于中川机场大门口。路线全长22.05km,按高速公路标准建设,设计行车速度 100km/h,路基宽 24.5m,中央分隔带宽2m,双向四车道,每车道宽度 3.75m,外侧设 2.75m 宽的紧急停车带。桥涵设计荷载为汽车—超 20 级、挂车—120。全线采用全立交、全封闭,控制出入口,并设置监控、通信、收费等交通工程和服务设施。为美化公路,保持生态平衡,对中央分隔带和公路两侧 5m 范围内进行了全面绿化。

2. 建设情况

(1)项目准备阶段

1999年6月,甘肃省计委以甘计能〔1999〕295号《关于尹家庄至机场公路工程可行性研究报告的批复》批复立项;

2000年4月,甘肃省建委以甘建设〔2000〕98号《关于机场高速公路尹家庄至机场段初步设计的批复》批复了初步设计;

2001年5月,甘肃省环保局以甘环自发〔2001〕39号《关于〈尹家庄至中川机场公路环境影响报告书〉的批复》批复了环保大纲;

2001年8月,甘肃省交通厅以甘交规划〔2001〕54号《关于中川机场路尹家庄至机场施工图预算的批复》批复了施工图设计。

资金筹措:本项目概算总投资5.36592亿元,该项目建设资金来源为交通部补助0.4亿元、省厅配套0.1亿元、银行贷款4.8659亿元。2000年6月28日省建设委员会下达了开工令,开工许可证号为620102200006280212,2000年7月1日举行了开工典礼,同年,甘肃省九届人大三次会议将尹中高速公路列为2000年甘肃省公路基本建设第一重点建设项目。该项目于2002年10月建成通车。

尹中高速公路全部工程划分为15个合同段,其中4个为路基土建合同,2个交通工程合同,房建工程、路面、绿化、机电各1个合同,5个监理工程合同。

尹中高速公路15个合同段的施工、监理单位均实行了招标,其中路基工程采用了国内邀请招标方式,其余工程采用了国内公开竞争性招标方式。招标工作的程序包括:准备招标文件(含资格预审文件)→发布资格预审通告或招标通告→资格预审→发售招标文件→组织现场考察→组织标前会议、解答投标单位提问→接受投标单位递交的标书→开标→终评定评→签订合同。

尹中高速公路的招标工作始终严格按基建程序进行,公证机关对招标各环节进行了公证,省、厅各级纪检、检察部门参加了全过程的监督,招标工作本着公开、公平、公正、诚信的原则确定中标单位,中标的施工、监理企业(详见表6-19)不管从信誉还是从施工力量来讲都是一流的,严把了公路建设市场准入关,为该项工程的按期建成奠定了坚实的基础。

尹中高速公路参建单位　　　　表6-19

序号	参建单位	单位名称	合同段编号及起止桩号
1	项目管理单位	省高等级公路建设开发有限公司	K23+100~K45+800
2	勘察设计单位	甘肃交通规划勘察设计院	K23+100~K45+800
3	施工单位	甘肃水利水电工程局	YZ1 K23+800~K29+600
4		武警部队交通第六支队	YZ2 K29+600~K35+860

续上表

序号	参建单位	单位名称	合同段编号及起止桩号
5	施工单位	中国人民武警部队交通独立支队	YZ3 K35+860~K37+311.84
6		定西公路总段	YZ4 K37+240~K45+780
7		中国人民武装警察部队交通第六支队	YZM K23+800~K45+780
8		甘肃恒达实业发展集团有限公司	YZFJ K44+360
9		陕西诚信高速公路交通工程有限公司	YZAQ1 K23+800~K45+780
10		兰州金路交通设施有限责任公司	YZAQ2 K23+800~K45+780
11		甘肃中大建设工程有限公司	YZZX
12		甘肃紫光智能交通与控制技术有限公司	YZJD K23+800~K45+780
13		甘肃华运园林绿化工程有限公司	YZLH K23+800~K45+780
14	监理单位	甘肃交通工程监理事务所	YZJL K23+800~K45+780

(2)项目实施阶段

尹中高速公路与目前省内建成的高速公路比较,其特点是:

①尹中高速公路是甘肃第一条由企业(甘肃省高等级公路建设开发有限公司)贷款修建的高速公路,投入运营后,利用收取通行费偿还建设贷款和用于公路管理、养护、维修等正常开支。

②尹中高速公路是省门第一路,也是甘肃的形象和门户工程,加之沿线地质构造复杂,为延长公路使用寿命,提高运营效果,给过往客人提供一条快捷舒适的通道,在全线路基路面设计及施工中采用了大量新材料、新技术、新设备、新工艺,同时开设了不停车收费车道等现代化交通工程设施。

③尹中高速公路工期紧、任务重,但在广大参建单位的共同艰苦努力下,实现了2001年兰洽会半幅临时通车的目标,创造了甘肃的深圳速度。

④尹中高速公路在施工过程中,大部分路段边施工、边通车,为保障施工期间的车辆畅通,施工单位在各自路段的出入口及平交口均设置了统一明显的反光标志和专职安全指挥员,未发生任何重大交通事故,实现了工程建设和精神文明建设双丰收。

(六)树屏至徐家磨段二级改高速公路(建设期:2003—2005年)

1.项目概况

树屏至徐家磨段二级改高速公路(以下简称树徐高速公路)是国家"五纵七横"主骨架国道主干线连云港至霍尔果斯公路在甘肃省境内的重要路段,也是甘肃省规划的"四纵四横四个重要路段"主骨架公路网中的重要组成路段,更是全省陇东、陇南地区与河西地区相互连接的瓶颈路段。

树徐高速公路全长22.915km,项目位于兰州市永登县境内,起点位于尹中高速公路茅茨岘子互通式立交,沿白土岘,经下滩、上滩、张家庄、观音寺、泉儿沟,以隧道穿越泉沟岘至徐家磨,接徐(家磨)古(浪)二级汽车专用公路。树徐高速公路利用原徐树二级汽车专用公路走向,设计标准为高速公路,双向四车道,全立交、全封闭,并设有完善的交通安全设施。树徐高速公路项目为二级改造工程,所涉及的管理、养护、收费及监控功能由相邻高速公路相关机构统筹考虑,不另设相应机构。

批复概算总投资为3.2988亿元,建设资金全部为甘肃省自筹。

全线采用四车道高速公路标准建设,设计行车速度:80km/h。路基总宽度:24.5m,其中行车道宽度 $2 \times 7.5m$,中间隔离带宽度2.0m,硬路肩宽度 $2 \times 2.75m$,土路肩宽度 $2 \times 0.5m$;白土岘困难路段(K2264+600~K2265+772)长1.17km,路基宽度设计为21.5m。泉沟岘隧道设计为上下分离式路基;设计新开挖泉沟岘隧道(上行),长390m,净宽9.75m,净高5m;路面为沥青混凝土路面。桥涵设计车辆荷载:汽车—20级、挂车—120,桥涵与路基同宽;设计洪水频率1/100,地震烈度7度。

全线路基设计共开挖土石方170万 m^3,新建泉沟岘隧道1处390m,加宽中桥4座、改建小桥1座,需建通道21座、涵洞102道、互通式立交1处,重铺路面22.92km。交通安全设施全线设置标志、标线、护栏、防眩板、轮廓标、防护网和隔离栅等设施。管理设施在隧道出口设置隧道管理房一处。加宽改造原树屏收费站为龙泉收费站,并对原收费站设施、设备进行必要的改造。于2005年12月通车。

2. 建设情况

(1)项目准备阶段

树徐高速公路项目经甘肃省政府批准立项后,建设项目的勘察设计工作是在甘肃省交通运输厅的领导下,由甘肃省交通规划勘察设计院有限责任公司负责具体实施的。省交通规划勘察设计院有限责任公司全部完成树徐高速公路建设项目的路线总体设计,路基、路面结构、桥梁涵洞、路线交叉、交通工程、绿化房建工程及沿线设施、互通式立体交叉等设计;在工程施工期,又与建设单位和施工、监理单位共同完成了路基防排水工程完善设计和部分变更设计。

施工单位、监理单位招标情况:

树徐高速公路工程建设招标工作严格按照《中华人民共和国招投标法》的规定进行。本项目主要招标项目包括:监理招标、路基工程、路面工程、交通设施工程及房建绿化工程招标等。工程招标的工作程序包括以下几个方面:准备招标文件(含资格预审文件)→发布招标通告或资格预审通告→资格预审→发售招标文件→组织现场考察→组织标前会议、解答投标单位疑问→接受投标单位递交的标书→开标→终评定标→签订合同。

2003年8月组织实施国道连霍公路树屏至徐家磨二级改高速公路工程项目施工、监理招标资格预审工作。根据甘交建〔2003〕291号文《关于国道主干线连霍公路树屏至徐家磨二级改高速公路项目施工及监理服务招标资格预审评审报告的批复》,新疆昆仑路港工程公司等共41家施工、监理通过资格预审。12月,经评标委员会推荐及甘交建〔2005〕313号文《关于树屏至徐家磨段二级改高速公路工程项目施工、监理服务招标评标报告的批复》,各标段综合评分排名第一的中标。树徐高速公路参建单位详见表6-20。

树徐高速公路参建单位一览表　　表6-20

标段划分		施工单位	监理单位	设计单位	监督单位
施工类型	标段				
路基单位	SX1	新疆昆仑路港工程公司	中国公路工程咨询监理总公司	甘肃省交通规划勘察设计院有限责任公司	甘肃省交通基建工程质量监督站
路基单位	SX2	中铁四局集团有限公司			
路基单位	SX3	中铁十六局集团第四工程有限公司			
路面单位	SXLM1	甘肃五环公路工程有限公司			
交安单位	SXJA1	甘肃圆峰交通工程有限公司			
房建单位	SXLH1	甘肃圆盛路桥工程有限公司			

树徐高速公路自2003年11月14日开工后,按照《中华人民共和国土地管理法》《甘肃省实施〈中华人民共和国土地管理法〉办法》《甘肃省基础设施建设征用土地办法》的有关规定和省国土资源厅《关于树屏至徐家磨高速公路改建统一征地问题的批复》(甘国土资耕发〔2003〕32号)、兰州市人民政府《关于同意永登县人民政府统征包干树徐高速公路建设用地的函》(兰政函字〔2003〕20号)文件要求,决定由永登县人民政府按照"统一征地、费用包干"的方式全面负责完成树徐高速公路永久性建设用地的征用工作,并签订了《国道主干线连霍路树屏至徐家磨高速公路建设统一征地拆迁包干协议书》。

2003年11月26日,永登县人民政府、永登县国土资源规划局、树屏镇政府、红城镇政府以及树徐项目办五方就征地拆迁工作的具体事宜进行了会谈、商榷,最终达成了共识。成立了由永登县人民政府常务副县长任组长的征地拆迁领导小组,进一步明确了分工、落实了职责,11月28日,树徐高速公路征地拆迁工作如期展开。

树徐高速公路征地拆迁工作自2003年11月28日正式开始,在永登县政府及相关部门和沿线乡镇的大力支持下,在由县土地主管部门、树徐项目办和各乡镇相关人员组成的征迁工作组的艰辛工作下,至2004年3月底,除因设计变更和其他因素影响的个别路段未能征用外,基本完成了树徐高速公路项目建设用地的征用工作。

在征地拆迁遗留问题的解决上,项目办本着"在不损害国家利益的基础上解决好当地人民群众的实际问题,以及实事求是、依法征迁"的原则,及时解决因工程建设引起的各种施工干扰问题,进一步完善设计变更,积极做好与沿线土地、水利、林业、电力、通信、公安、环保等部门的协调工作,妥善处理与沿线人民群众的矛盾及问题,使得征地拆迁遗留问题陆续得到了解决。

全线支付征迁费用1113.8万元,共计征用建设用地516亩,其中水地218亩、林地18亩、旱地280亩;树木9万余株(棵);拆迁房屋20户,并根据"统征包干"协议向永登县国土资源规划局拨付了征迁款,县国土资源规划局根据相关政策及时向当地群众兑付了征地补偿费用。

(2)项目实施阶段

树徐路是连接省会兰州和河西地区的咽喉要道,在项目建设全过程必须实行"边通车、边施工"的"保通保畅"施工方案;各分项、分部工程的全面开工、交叉作业,致使全线安全生产和"保通保畅"工作形势十分严峻。因此,安全生产和"保通保畅"工作是本项目管理中非常重要的一部分。

3. 复杂技术工程

泉沟岘隧道位于兰州市永登县红城镇,上行线为新建隧道,全长390m,隧道净宽9.75m,建筑限界高5m,平面处于$R=1200$m 圆曲线上,洞内纵坡为人字双向坡。隧道围岩为第四系上更新风积、冲积一般新黄土,呈浅黄色,土质较均匀,半坚硬状,湿陷性土层厚度在20.8左右,隧道围岩为Ⅱ类围岩。

经过方案比选,确定了"机械化施工,进出口两个工作面同时掘进"的施工方案。

明洞自上而下分部开挖,全断面衬砌。暗洞洞口段高8m长$\phi 89$大管棚进行加固,其余采用4m长R32超前小导管加固,B、C型衬砌采用台阶法开挖,钢格栅支护,先拱后墙法一次衬砌。挖掘机配合侧卸式装载机装碴,自卸汽车运输,二次衬砌用边拱全断面衬砌台车支模,整体衬砌。出口设一座混凝土拌和站拌制混凝土,一次衬砌采用插入式振捣器捣固,二次衬砌采用插入式振动器配合附着式振动器振捣。

4. 科技创新

(1)植筋技术的应用

为满足既有桥梁结构的承载能力或由于调整构造高程的需要,设计中较为广泛地采用了植筋技术,主要应用在桥面铺装连接、旧桥伸缩缝U形钢筋的更换与固定、墩台盖梁、台身、基础与旧桥结构的连接等。桥面植筋是在原有桥面板上加铺一层钢筋混凝土层,通过植入的钢筋承接和传导弯矩引起的剪力,使新旧混凝土形成有机整体,达到增大主梁有效高度和抗压的目的,从而提高主梁的承载能力。

(2)新旧混凝土界面处理技术

新旧混凝土由于收缩、徐变、温度效应不协调以及车辆所产生的疲劳荷载作用,界面会遭到破坏。在结合面涂抹界面胶,使新旧混凝土产生黏结作用。在原混凝土表面植筋,通过产生销钉作用和界面化学约束,提高混凝土之间的黏结及塑性抗力,防止裂缝延伸。

(3)钢纤维混凝土桥面铺装技术

为加强桥面铺装与主梁的连接,同时为减少混凝土收缩,设计中采用了钢纤维混凝土桥面铺装技术。钢纤维混凝土铺装层厚9cm,钢纤维掺量0.8%(体积率)。

5.运营管理

树徐高速公路项目为二级改造工程,所涉及的管理、养护、收费及监控功能由相邻高速公路相关机构统筹考虑,不另设相应机构。

(七)连霍国道主干线永登(徐家磨)至古浪高速公路建设项目(建设期:2009—2013年)

1.项目概况

(1)基本情况

永登(徐家磨)至古浪高速公路是国家高速公路网连云港至霍尔果斯在甘肃境内的重要组成路段,也是甘肃牛背至猩猩峡主骨架高速公路网的重要组成部分。本项目是甘肃"十一五""十二五"期间的重点建设工程,该项目的建设对促进全国东、中、西部经济交流,改善全省投资环境,促进全省经济腾飞和社会全面发展,具有十分重要的意义。

永登(徐家磨)至古浪高速公路建设项目路线全长145.46km,其中徐家磨至安门段长102.25km为已有路改扩建,安门至古浪段长43.21km为新建段,其起点(设计起点桩号K2281+500=高速公路桩号K1758+250)位于永登县红城镇徐家磨,与树屏至徐家磨高速公路终点相接,终点位于古浪县城北,与已建成通车的古(浪)永(昌)高速公路相连接。路线途经永登县红城镇、龙泉寺镇、大同镇、柳树乡、城关镇、中堡镇、武胜驿镇,天祝县华藏寺镇、打柴沟、安门、乌鞘岭、安远镇,古浪县福儿湾、古丰乡、古浪县城北,与已建成的古(浪)永(昌)高速公路相连接。

永(登)古(浪)高速公路路面施工时场景(兰文治 摄)

全线按双向四车道、全封闭、全控制出入的高速公路标准建设,设计速度为80km/h,整体式路基宽度24.5m,分离式路基宽度12.25m(既有路利用12m),桥涵设计汽车荷载等级采用公路—Ⅰ级。全线设置了完善的交通标志、标线,中央分隔带护栏、路侧护栏和隔离栅等安全设施。

旧路改建段路面结构。新加宽侧路面结构：厚40mm中粒式改性沥青混凝土（AC-16C）+厚50mm中粒式改性沥青混凝土（AC-20）+厚70mm粗粒式沥青碎石（ATB-25）+厚320mm水泥稳定碎石基层+厚200mm水泥稳定砂砾底基层。旧路利用侧路面结构：厚40mm中粒式改性沥青混凝土（AC-16C）+厚50mm中粒式改性沥青混凝土（AC-20）+不等厚度ATB-25沥青碎石+厚（185~320）mm水泥稳定碎石基层+厚（150~200）mm水泥稳定砂砾底基层。

新建段路面结构。厚40mmSMA-13上面层+厚50cmSuperpave-20中粒式改性沥青混凝土中面层+厚90mmATB-30密级配沥青碎石下面层+厚320mm水泥稳定碎石基层+厚200mm水泥稳定砂砾底基层。

本项目批复概算总投资为58.69亿元，决算费用为70.134亿元。

路基填方1091.2546万 m^3，路基挖方969.3550万 m^3，防排水工程630621m^3，大桥7座1982.63m，中桥19座1148.82m，小桥23座616.9m，涵洞388道6720.9m，通道182道3403.46m，天桥10处381.51m，渡槽14处，分离式立交18处，互通式立交8处，隧道5处43.8417m，服务区2处，养护工区2处，收费管理站8处。取土场6处，弃土（渣）场14处。

项目于2009年3月份正式开工建设，2011年12月旧路改建段建成通车，2013年7月底新建段建成通车。

（2）前期决策情况

2004年8月17日，甘肃路桥公路投资有限公司呈报了项目建议书；

2004年11月23日，甘肃省交通运输厅批复了永古高速公路项目法人；

2005年4月22日，组织专家对该项目可行性研究报告进行了评估并形成意见；

2006年9月7日，交通运输部对该项目可行性研究报告进行了审核并下发了审核意见；

2007年7月17日，国家发改委对该项目可行性研究报告进行了批复，同意建设永古高速公路；

2008年10月11日，甘肃省交通运输厅分别与兰州市、武威市人民政府签订了联建协议，明确了联建目标、联建双方责任、建设项目等级、工期和质量标准；

2008年10月底，甘肃省交通厅、兰州市人民政府、武威市人民政府在武威市古浪县举行了开工奠基仪式；

2009年3月，永古高速公路正式开工建设。

（3）参建单位主要情况

设计单位：中交第一公路勘察设计研究院有限公司

中铁第一勘察设计院集团有限公司

甘肃省交通规划勘察设计院有限责任公司

中国公路工程咨询集团有限公司

永古高速公路参建单位见表6-21。

永古高速公路参建单位一览表　　　　表6-21

项目名称	施工合同段	施工单位	监理合同段	监理单位
土建工程	YG1	中铁二十一局集团有限公司	YGJL1	甘肃华顺交通科技咨询有限责任公司
土建工程	YG2	新疆道路桥梁工程总公司	YGJL1	甘肃华顺交通科技咨询有限责任公司
土建工程	YG3	河南路桥建设集团有限公司	YGJL2	甘肃省交通科学研究所有限公司
土建工程	YG4	北京市海龙公路工程公司	YGJL2	甘肃省交通科学研究所有限公司
土建工程	YG5	甘肃路桥建设集团有限公司	YGJL3	山东恒建工程监理咨询有限公司
土建工程	YG6	中铁十七局集团有限公司	YGJL3	山东恒建工程监理咨询有限公司
土建工程	YG7	中铁五局集团第一工程有限公司	YGJL4	甘肃兴陇交通工程监理有限责任公司
土建工程	YG8	甘肃路桥公路投资有限公司	YGJL4	甘肃兴陇交通工程监理有限责任公司
土建工程	YG9	中铁十七局集团第一工程有限公司	YGJL5	山东省德州市交通工程监理公司
土建工程	YG10	中铁五局集团第二工程有限公司	YGJL5	山东省德州市交通工程监理公司
土建工程	YG11	中铁二十二局集团第四工程有限公司	YGJL6	甘肃省交通工程建设监理公司
土建工程	YG12	中铁隧道集团二处有限公司	YGJL6	甘肃省交通工程建设监理公司
土建工程	YGHZSLJ	四川武通路桥工程局	YGHZSLJJL	甘肃省交通工程建设监理公司
土建工程	YGLQSTCQ	甘肃昶通公路工程有限责任公司	YGHZSLJJL	甘肃省交通工程建设监理公司
土建工程	YGWS	甘肃路桥建设集团有限公司		甘肃省交通科学研究所有限公司
路面工程	YGLM1	濮阳市通达公路工程有限公司	YGLMJL1	甘肃华顺交通科技咨询有限责任公司
路面工程	YGLM2	河南公路工程局集团有限公司	YGLMJL1	甘肃华顺交通科技咨询有限责任公司
路面工程	YGLM3	甘肃五环公路工程有限公司	YGLMJL2	甘肃省交通科学研究所有限公司
路面工程	YGLM4	甘肃路桥建设集团有限公司	YGLMJL2	甘肃省交通科学研究所有限公司
房建工程	YGFJ1	甘肃省建设投资(控股)集团总公司	YGFJJL1	兰州交大工程咨询有限责任公司
房建工程	YGFJ2	甘肃海外工程总公司	YGFJJL1	兰州交大工程咨询有限责任公司
房建工程	YGFJ3	甘肃路桥第四公路工程有限责任公司	YGFJJL2	甘肃省交通工程建设监理公司
房建工程	YGFJ4	甘肃路桥第四公路工程有限责任公司	YGFJJL2	甘肃省交通工程建设监理公司
房建工程	YGFJ5	甘肃三立工程建设有限公司	YGFJJL2	甘肃省交通工程建设监理公司

续上表

项目名称	施工合同段	施工单位	监理合同段	监理单位
交通安全工程	YGAQ1	兰州金路交通设施有限责任公司	YGJTJL1	陕西海嵘工程项目管理有限公司
	YGAQ2	甘肃恒和交通设施安装有限公司		
	YGAQ3	潍坊东方交通设施工程有限公司		
	YGAQ4	承德市三和交通工程处		
	YGAQ5	甘肃路桥飞宇交通设施有限责任公司		
机电工程	YGJD1	甘肃紫光智能交通与控制技术有限公司	YGJTJL2	中国公路工程咨询集团有限公司
	YGJD2	上海电科智能系统股份有限公司		
	YGJD3	南京铁电通信工程有限公司		
	YGJD4	北京公科飞达交通工程发展有限公司		
	YGJD5	山西欣奥特自动化工程有限公司		
	YGXF	甘肃麦岛建设工程有限公司		
绿化工程	YGLH1	甘肃圆陇路桥机械化公路工程有限责任公司	YGLHJL1	甘肃华顺交通科技咨询有限责任公司
	YGLH2	甘肃路桥飞宇交通设施有限责任公司	YGLHJL2	甘肃省交通科学研究所有限公司

2. 建设情况

(1)项目准备阶段

2006年2月16日,国土资源部以国土资预审字〔2006〕39号《关于连霍国道主干线永登(徐家磨)至古浪高速公路建设用地预审意见的复函》出具了本项目建设用地预审意见。

2006年7月21日,国家环境保护总局以环审〔2006〕347号《关于连云港至霍尔果斯国道主干线永登(徐家磨)至古浪公路环境影响报告书的批复》批准了本项目环境影响报告书。

2007年7月19日,国家发展和改革委员会以发改交运〔2007〕910号《关于甘肃省永登(徐家磨)至古浪公路可行性研究报告的批复》批准了工程可行性研究报告。

2008年5月6日,国家水利部以水保函〔2008〕121号《关于连云港至霍尔果斯国道主干线永登(徐家磨)至古浪公路工程水土保持方案的复函》批复了本项目水土保持方案报告书。

2008年8月7日,交通运输部以交公路发〔2008〕233号《关于永登(徐家磨)至古浪公路初步设计的批复》批准了工程初步设计。

2011年8月10日,国土资源部以国土资函〔2011〕542号《关于连云港至霍尔果斯国道主干线永登(徐家磨)至古浪段高速公路工程建设用地的批复》批复了本项目建设用地。

2011年11月23日,甘肃省交通运输厅以甘交建〔2011〕144号《关于连霍国道主干线永登(徐家磨)至古浪高速公路工程施工图设计及预算的批复》批准了施工图设计及预算。

中央专项基金141000万元,中央国债12000万元,省配套800万元,银行贷款545577万元,总到位资金699377万元。

设计单位招标情况。本项目勘察设计及后续服务工作共划分5个合同段,通过公开招标方式进行招标,于2008年6月5日至6月27日完成了招标工作,6月29日向中标单位发出了中标通知书。

华藏寺互通立交改移工程勘察设计及后续服务工作采用委托方式,主体工程设计任务委托甘肃省交通规划勘察设计院有限责任公司;所涉及机电、房建等改移工程,按照永古项目专业设计任务,以变更设计形式,由中国公路工程咨询集团有限公司完成该项目机电工程设计任务,甘肃省交通规划勘察设计院有限责任公司完成收费大棚、收费亭等工程设计任务。

龙泉寺停车区匝道扩建工程勘察设计及后续服务工作为变更新增项目,委托原永古高速公路YGSJ1合同段即中交第一公路勘察设计研究院有限公司承担。

施工单位招标情况。永古项目共划分为37个施工合同段,其中路基工程施工合同段12个,路面工程施工合同段4个,交通安全设施工程施工合同段5个,房建工程施工合同段5个,机电工程施工合同段6个,绿化工程施工合同段2个,华藏寺互通立交改移工程1个,龙泉寺停车区匝道改扩建工程1个,水保环保完善工程1个。全部采用国内公开方式招标。

征地拆迁:永古高速公路建设项目征地拆迁工作采用了统征包干形式。2009年2月2日甘肃路桥公路投资有限公司与甘肃省征地事务办公室签订了《连霍国道主干线永登(徐家磨)至古浪高速公路建设项目征地拆迁统征包干协议》,由甘肃省征地事务办公室统一负责该项目征地拆迁等协调工作。

永古项目全长145.08km,涉及永登、天祝、古浪三县共14个乡(镇)、58个行政村,沿线人口密集,涉及的单位及人员众多,征地拆迁工作难度很大。

本项目共征用各类土地7452.13亩,其中:水浇地5065.91亩、山旱地207.09亩、川旱地998.54亩、林地487.38亩、牧草地628.31亩、国有未利用地64.89亩,与电力、通信、自来水等20家产权单位签订拆迁补偿协议42份,有效保证了电力、通信等设施的顺利迁改。

(2)项目实施阶段

永古高速公路下穿兰新铁路3处,分别于2009年6月2日、2010年1月22日组织铁路局有关处室及施工、设计单位在兰州召开了设计方案审查会,在永登召开了调整后设计方案审查会,并通过调整设计方案;2010年6月8日就调整后设计方案及费用上报甘肃省交通运输厅进行了审批。

2009年12月份,就永古项目所涉及的路基占压长城的问题,组织甘肃省文物局及敦煌研究院多次进行现场调查后提出了相应的设计方案,上报国家文物局通过了方案审批,安排设计单位对其进行了详细设计和费用测算,并于2010年6月28日上报甘肃省交通运输厅进行了批复。

3.复杂技术工程

乌鞘岭隧道群由乌鞘岭隧道、安远隧道、福尔湾隧道、高岭隧道和古浪隧道5座隧道组成,隧道全长43841.41m。其中:乌鞘岭隧道右洞长4905m,左洞长4902.51m;安远隧道右洞长6868m,左洞长6848m;福尔湾隧道右洞长865m,左洞长855m;高岭隧道右洞长6333.45m,左洞长6314.45m;古浪隧道右洞长2936m,左洞长3014m。

(1)隧道群特点

①地质复杂多变、围岩较差。乌鞘岭隧道群穿越F4、F5断层带,围岩多为压碎岩、角砾岩、断层泥等,岩体破碎,泥钙质胶结较差。洞身局部穿越三叠系底层含有煤层、瓦斯溢出;特殊岩土为季节性冻土,具有膨胀特性,并通过F9断层引起的次级断层,次级断层极为发育,由断层泥、构造角砾岩和压碎岩组成,地层破碎,完整性差;局部通过岩体主要为炭质页岩段,岩体软硬相间、多呈中厚层状,可见光滑镜面,抗风化能力差,岩体完整性差、极易掉块、坍塌,掌子面易失稳滑塌。施工技术参数调整频繁。

②隧道含水丰富,涌水量较大。乌鞘岭山体主要由碎屑岩组成,风化裂隙和构造裂隙发育,地表水较发育,开挖时裂隙水全部渗涌,日最大涌水量达7000m^3。

安远隧道穿过山岭低谷时出现滴渗水和线流状出水,局部存在股状流水,日涌水量达2000m^3。

(2)施工过程中的重难点

①围岩自稳性差,易发生整体失稳,掌子面失稳流坍严重。乌鞘岭隧道群穿越F4、F5、F9断层破碎带,并受其影响较大,围岩岩性主要为压碎岩、角砾岩及糜棱岩和断层泥,

自身钙质胶结性差,围岩自稳性差,易风化、变形较快、变形量较大,伴随地下水极易垮塌。掌子面突发性流坍对作业人员人身安全造成极大隐患。

②初期支护变形大。乌鞘岭隧道群围岩较为松散,稳定性差,岩性变化快,伴随滴渗水。遇扰动后变形较大,在进行二、三台阶的施工过程中拱部沉降量较大。受各种不良地质及特殊岩土影响,初支开裂、后期变形较为严重。

③隧道滴渗水严重,施工防排水极为重要。隧道Ⅴ、Ⅵ级围岩均有滴渗水甚至涌水出现,初支表面大面积渗水,施工过程中的环向、纵向排水及整体防水板的施工极为重要。

(3)施工技术、方案

①隧道穿越断层破碎带的超前支护时,采用 ϕ89 大管棚、R51L 自进式管棚进行超前支护,同时缩短每循环超前的长度,避免超前支护过长前方的开挖三角区垮塌,确保开挖过程中前方及拱部支护稳固。严格控制开挖方式和缩短循环进尺,采用三台阶开挖,每循环进尺控制在 0.75~1m,以保证开挖安全。

②隧道渗水严重、围岩差,为避免初支的变形及给后期施工运营带来不安全因素,隧道施工过程中对渗水较大地段采用超前环向注浆止水和帷幕注浆止水方案,对围岩后期蠕变大并含水丰富地段采取径向注浆加固,同时施做好 R32N 自进式注浆锚杆,以确保初支的稳定和安全。

③隧道施工过程中,每隔 30m 采用地质雷达对隧道前方的围岩进行地质预报,必要时采用超前钻孔以探测前方的围岩情况,以便能根据围岩变化及时制定开挖施工方案。在开挖及支护过程中,加强隧道的监控量测工作,分别在拱顶、拱腰及围岩较差地段布设监控量测点位,采用水准仪、收敛仪、激光断面仪对隧道进行检测,发现问题及时处理,避免质量事故出现。

④隧道防水板采用凸壳式立体防水板。此防水板能与二衬混凝土很好地结合为一体,并能有效地汇集洞身的渗水。隧道全范围沿拱脚设置排水波纹管及隧道专用 TMF12 排水盲管,环向排水管与纵向排水管和中心水沟连接,形成全面的立体防排水系统。施工中严格做好各种防排水工作,很好地避免了隧道二衬渗水带来的质量隐患。

⑤在炭质页岩段的施工中,针对性地开展了"大断面公路隧道深埋易膨胀炭质页岩施工技术"研究,通过采用短台阶开挖、超前地质预报技术、双层注浆小导管超前预加固围岩、锚喷网柔性支护和大型号工字钢支撑联合初期支护强支护,以及全站仪和断面检测仪(BJSD-2C)联合监测的方式,对开挖断面及初期支护进行 24h 不间断监控等方法,有效地抑制了膨胀炭质页岩围岩段变形、失稳等技术难题,保证了施工人员和结构安全,效果良好。

⑥在Ⅴ级采用台阶环形预留核心土开挖法、Ⅳ级围岩采用正台阶法施工后经常发生坍塌,严重影响了施工进度。各隧道开挖揭示后围岩岩性变化较为频繁,交错出现或者同

一个掌子面左右上下不同岩性交错,在交替变换开挖方法时,工序转换太过繁杂且机具调配也较困难,所以在原设计开挖法的基础上采用微型三台阶开挖施工法。

⑦为确保隧道衬砌结构安全,针对 F4、F5 大型断裂带,创新采用了"两次初支＋模筑衬砌"的复合式衬砌结构,通过施工过程中的监控量测、观测,各结构变形小,从而保证结构安全稳定。

永(登)古(浪)高速公路乌鞘岭隧道施工时场景(兰文治 摄)

⑧结合近几年隧道进出口事故率高发原因分析,多与隧道进出口路面结冰有关,在乌鞘岭隧道群设计中,第一次在隧道进出口路面设计中设置了加温除雪设施,减少进出口结冰以保证车辆行驶安全。

⑨为了解决特长隧道在没有竖斜井的情况下通风问题,在国内首创采用了"静电除尘结合射流通风"的通风方案。静电集尘主要针对烟雾的稀释,全射流通风主要针对 CO 的稀释,这样二者结合就能满足隧道运营通风的要求。

4. 科技创新

①乌鞘岭特长公路隧道群建设与运营安全控制技术研究;

②大温差时变效应对连续箱梁结构影响研究;

③徐古高速公路旧路基利用技术研究;

④乌鞘岭地区路基修筑中生态保护技术研究;

⑤甘肃省大温差地区沥青路面修筑关键技术研究;

⑥沥青路面层间剪切性能指标体系研究。

(八)古浪至永昌高速公路(建设期:2000—2003 年)

1. 项目概况

(1)基本情况

古浪至永昌高速公路(以下简称古永高速公路)分古浪至武威段和武威至永昌段,全长69.455km(不含武威过境段)。其中古浪至武威段起点位于古浪县城西八里营村,起讫桩号为K2433+100(徐古段终点处),沿原有公路布线,从双塔镇侧通过,该处设置互通式立交与省道308线相接,并继续在原有公路左侧行至王家庄附近与原有路线相接,至武南K2473+986.74处与武威过境段起点相接,该段全长40.82km;武威至永昌段起点位于武威市青林乡孔星墩(武威过境段终点K2521+440处),沿旧路至K2528处离开原有公路并在其左侧布线,途经八坝村和六坝乡左侧,终点位于东寨乡K2550+074.00处,与永山高速公路相接,该段全长28.634km。主要工程有:中桥9座、小桥11座、涵洞112道、互通式立交2处、分离式立交19处、通道41处。本项目共占用土地4934.39亩,其中:耕地3243.65亩、宅地67.74亩、林地45.81亩、荒地239.83亩、戈壁783.78亩、既有公路用地553.58亩。古永高速公路按平原微丘区高速公路标准设计,设计标准为新建全封闭双向四车道,设计行车速度为100km/h,路基宽度25.5m,沿线最大纵坡2.8%,桥涵设计荷载:汽车—超20级,挂车—120,桥梁净宽2×11.25m,涵洞与路基同宽,设计洪水频率1/100。

(2)前期决策情况

1999年,交通部以交规划发〔1999〕539号文《关于连霍国道主干线古浪至永昌公路可行性研究报告的批复》批复工程可行性研究报告;2000年,交通运输部以交公路发〔2000〕346号文《关于连霍国道主干线古浪至永昌公路初步设计的批复》批复初步设计。其他批复文件有:甘交建〔2002〕172号文《古永公路收费及管养设施房建工程施工图及预算的批复》、甘交建〔2004〕176号文《古永公路机电及通信管道工程施工图设计及预算的批复》其他批复文件有:甘交建〔2004〕283号文《古永公路武威综合服务区施工图设计及预算的批复》。

(3)参建单位主要情况(表6-22)

古永高速公路参建单位一览表　　　　表6-22

项目名称	标段号	施工单位名称	监理单位名称	设计单位
路基工程	GY1A	甘肃路桥第二公路工程有限责任公司	甘肃新科公路工程监理事务所	铁道部第一勘察设计院
	GY1B	甘肃省机械化工程公司		
	GY2	甘肃省公路工程总公司		
	GY3A	甘肃省武威公路总段	黑龙江省公路工程监理咨询公司	
	GY3B	甘肃省张掖公路总段		
	GY4	中铁十六局		
	GY5	黑龙江省公路桥梁建设集团总公司		
	GY6A	甘肃省水利水电工程局	甘肃交通工程建设监理公司	
	GY6B	甘肃省平凉公路总段		
	GY7A	甘肃省酒泉公路总段		
	GY7B	甘肃临夏公路总段		

第六章 甘肃省高速公路建设项目

续上表

项目名称	标段号	施工单位名称	监理单位名称	设计单位
路基工程	GYM1	甘肃路桥第一公路工程有限公司	山西省交通建设监理总公司	铁道部第一勘察设计院
	GYM2	河南省大河筑路有限责任公司		
	GYM3	甘肃省公路工程总公司		
	GYAQ1	甘肃路桥飞宇交通设施有限责任公司	路面监理第二驻地办	
	GYAQ2	北京深华科交通工程有限公司		
	GYAQ3	甘肃金路交通设施有限责任公司		
	GYAQ4	甘肃新盛护栏工程有限公司		
	GYAQ5	甘肃路桥飞宇交通设施有限责任公司		
	GYJD	甘肃紫光智能交通与控制技术有限公司	甘肃省交通监理公司	
	GYGD	甘肃路桥第三公路工程有限责任公司	北京华景交通新技术开发公司	
	GYFJ	甘肃路桥第四公路工程有限责任公司	甘肃工程建设监理公司	

2. 建设情况

该项目建设工期计划为3年,于2000年11月26日破土动工,2002年10月26日完成了路基、路面、波形梁护栏、隔离栅、通信管道和标志、标线,通过了交工验收,从即日起交付使用,开始试运行。2003年8月30日前,路面拦水带工程、防排水完善工程相继完成并交工。2004年8月,双塔和青林收费站综合楼、收费亭网架、收费广场混凝土路面标线、减速带等全部完成,完全具备了运营收费的条件。古永项目累计到位资金8.36亿元,其中:基建拨款4.96亿元(交通运输部拨资本金3.41亿元,国债资金1.5亿元,甘肃省交通运输厅拨自筹资金500万元);银行贷款3.4亿元。古永项目概算总投资8.98亿元人民币,实际累计完成投资8.62亿元,节约投资3647.85万元,其中:建筑安装工程实际完成6.55亿元;设备投资实际完成590.76万元;其他投资实际完成32.25万元;待摊投资实际完成1.88亿元,工程预留费1251.64万元。

古永高速公路全长69.455km(不含武威过境段),涉及3个县、14个乡镇、39个村、1个国有农场,整个古永项目共拆建筑物41223m²,征用土地5393亩,拆迁改移电力、通信线路26km,改移农村饮水管道1.8km,修建农道28km,共计签订征迁协议43份,完成征迁投资1.03亿元,较好地完成了古永高速公路征地拆迁任务。

平面控制测量,采用GPS全球定位系统进行首级控制,用全站仪进行一级导线的加密,与国家大地控制联测,经过严密平差,建立了准确的平面控制系统;高程控制测量,与国家水准联测,建立了五等高程控制系统。为检验路线线形设计,采用三维数字化地表地模,通过动态透视图检查平纵断面图设计,各专业设计的设计文件均采用计算机CAD成图、成表,以提高设计文件质量。

G30 连云港至霍尔果斯国家高速公路甘肃境内古浪至永昌高速公路路段（张 宾 摄）

（九）永山段一级改高速公路工程（建设期：2003—2004 年）

1. 项目概况

（1）基本情况

G30 线永山段改建工程是国道主干线连霍公路在甘肃境内的重要路段，路线起讫桩号为 K2549+500～K2668+000（中间断链两处，共计断链 569.52m），全长 117.8km。路线起点为永昌县东寨，与古永路相连，途经永昌县、马营岔路口、王信堡、水泉子、绣花庙、老君乡、山丹县，终点与山临路相接。设计标准为平原微丘区高速公路，设计行车速度为 100km/h，路基宽 25.5m，行车道宽 2×7.5m，中央分隔带宽 2m，平曲线最小半径 800m。桥涵设计荷载为汽车超—20 级，挂车—120，设计洪水频率为 1/100。

永山高速公路分三期实施：一期工程为 K2578+000～K2653+685.25，全长 75.11km，设计标准采用平原微丘区一级公路标准。该工程于 1998 年 9 月 8 日开工建设，2000 年 8 月 28 日通过了省交通厅组织的交工验收，2000 年 9 月 20 日正式通车投入使用。

永山二期工程由永昌过境段（K2549+500～K2578+000）和山丹过境段（K2653+685.25～K2668+000）组成，其中永昌过境段长 28.38km、山丹过境段长 14.315km，全长 42.69km，设计标准采用平原微丘区一级公路标准。该工程于 2001 年 3 月 20 日开工建设，2002 年 10 月 31 日通过省交通厅组织的交工验收，2002 年 11 月 1 日正式通车投入使用。

永山一级改高速公路工程起点为 K2549+500，终点为 K2668+000，主要是对原一期工程通车运营后产生的病害进行处治，并加铺 5cm 沥青混凝土路面，铺筑沥青混凝土路面 177 万 m²，新增丰城堡互通立交一座，新建辅道 86km，增设天桥 17 座，分离式立交 5

座,设计标准为平原微丘区高速公路。该工程 2003 年 8 月 26 日开工建设,2004 年 12 月 20 日通过省交通厅组织的交工验收。

(2)决策背景

永昌至山丹高速公路是国家"五纵七横"国道主干线连云港至霍尔果斯的重要组成部分,也是甘肃东西方向的交通要道。现有公路是 1998 年至 2002 年分期改造的一级公路,随着国家实施西部大开发战略的持续深入,面对全面建设小康社会的形势要求,将永山一级公路改为快捷、安全、经济、舒适的高速公路,对于提高其技术等级、发挥干线公路的整体服务功能具有重要作用。

2. 建设情况

(1)项目准备阶段

工可批复情况:原甘肃省计委以甘计基础〔2003〕443 号《关于永昌至山丹高速公路改造工程可行性研究报告的批复》批准了工程可行性研究报告,批复工程估算总投资 14.9 亿元(其中永山一期、二期为 11 亿元)。

初步设计批复情况:原甘肃省计委以甘计基础〔2003〕471 号文《关于永昌至山丹高速公路改造工程初步设计的批复》批复了初步设计,批复概算 34398.50 万元。

施工图设计批复情况:

①甘肃省交通厅以甘交建〔2004〕176 号文《关于连霍国道主干线永昌至山丹高速公路改建工程施工图设计及预算的批复》批准路基路面桥涵预算 32731.63 万元;

②甘肃省交通厅以甘交建〔2004〕183 号文《关于永山一级改高速公路丰城堡收费站综合楼施工图设计及预算的批复》批准预算 445.86 万元;

③甘肃省交通厅以甘交建〔2004〕273 号文《关于永昌至山丹一级改高速公路交通机电工程施工图设计及预算的批复》批准预算 190.95 万元。

以上施工图总计批准预算 3.34 亿元。

资金筹措:该项目一、二期工程及一级改高速公路工程批准施工图预算总投资 14.16 亿元,实际完成投资 13 亿元。其中:交通部补助 1.45 亿元,省厅养路费配套 1.02 亿元,银行贷款 10.62 亿元。

招标投标情况:设计单位招标。永山一级改高速公路工程设计单位为甘肃省交通规划设计院。由省公路局采用公开招标的方式招标,2003 年 6 月 16 日开始该项目资格预审,至 2003 年 8 月 5 日完成招标工作,2003 年 8 月 8 日各施工单位进场,8 月 26 日正式开工。全线划分 2 个主线标段,2 个辅道标段,3 个天桥标段,1 个交通工程标段,1 个房建标段,1 个机电标段和 3 个监理标段。

参建单位招标:主线工程甘肃省公路工程总公司和鞍山市政工程总公司中标承建;辅道工程甘肃威远路业公司和太原市政工程公司中标承建;天桥工程甘肃路桥第二工程公

司、安通建设有限公司和白银新世纪路业公司中标承建;交通工程甘肃恒和交通设施公司中标承建;房建工程于2004年9月由省公路局组织公开招标,甘肃恒泰建筑安装公司中标承建;机电工程由于总投资低于招标要求,经请示省厅后,委托甘肃紫光智能交通与控制技术有限公司承担施工。

监理单位招标:2003年7月省公路局采用公开招标的方式进行了招标,经过评标,主线及交通工程的监理单位是甘肃交通工程建设监理公司中标,天桥与辅道由北京华通公路桥梁监理咨询公司中标负责监理服务工作,房建工程监理服务和机电工程监理服务分别委托甘肃工程建设监理公司和中国公路工程咨询监理总公司负责。

征地拆迁:永山一级改高速公路工程严格落实国家有关工程建设用地补偿的规定,严格执行《中华人民共和国土地管理法》和《甘肃省实施〈中华人民共和国土地管理法〉办法》《甘肃省基础设施建设征用土地办法》等有关规定,由省公路局与永昌、山丹县政府签订了《永山一改高速项目征用土地合同》。本项目征地、拆迁主要为辅道和天桥的施工作业面,牵扯面广、情况比较复杂,针对以上事实,项目办积极与山丹、永昌两县的县政府进行协商,对全线的土地及拆迁数量进行了丈量及登记工作,共征用土地1515.8亩,其中耕地859.18亩,农村集体建设荒地156.36亩,草原地632.12亩,宅地27亩,退耕还林地260.33亩。

(2)项目实施阶段

省公路局设立了永山工程建设项目管理办公室负责项目管理、项目办设项目办主任,工程技术部、征地拆迁、质监办公室、综合办公室,各职能部门由专人负职,各司其责,对整个工程进行全面管理。建设单位与各中标单位签订了《工程承包合同》及《工程廉政合同》,实行双合同制管理,参建的施工、监理企业采用项目部建制;各合同段均成立项目经理部,监理企业设立项目监理部。

永山一级改高速公路项目施工时必须采取半幅施工,针对该项目原路段等级较高,汽车车速较快,存在安全隐患的实际,为确保工程建设的顺利进行和人民生命财产的安全,主要采取了以下措施:

①主线工程安装伸缩缝、铺筑路面需要半封闭通车路段,在各个道口设立了警示标志和方向指示牌,还派遣专门的安全员负责专职警示、指挥过往车辆。并与当地交警部门积极联系,对指挥交通人员进行了上岗培训,并与交警部门签订了安全责任书。

②封闭路段的进出口处分别在1000m、500m、200m处设置警示标志,并在单向通行路段设立65块30km/h(1块/2km)限速标志。各个封闭路口、上料路口有专职安全员指挥交通,安全员要经过培训,做到认真负责,指挥规范,着装统一整齐。夜间设安全指示灯,既保证车辆通行,又保证工程的正常进行。

③项目办抽调2名专职安全员,固定车辆,每日进行安全巡检,及时排除安全隐患,调动一切积极性,保证行车的安全畅通和施工安全。

在采取以上措施的同时针对永山一改高项目制定了严格的处罚制度。对于封闭施工路段进出口标志不齐全,无交通指挥人员或指挥人员不负责任的,项目办对该段的施工单位给予经济处罚,并限期整改。处罚标准如下:标志、标牌不齐的给予2000～3000元/块的经济处罚;人员不到位或指挥人员不负责任的给予1000元/处的经济处罚;发生安全责任事故的,视造成后果的程度给予5～20万元的经济处罚,直至给予黄牌警告或红牌清场。

3. 新技术的应用及推广

为保证工程质量采取的一些技术措施:

(1)对八字墙背、锥坡背等薄弱环节,采取精选级配好的材料,掺加水泥,使用板式打夯机薄层夯实并增加防护工程等措施予以解决。1998年9月份开始为了彻底整治"桥头跳车"这一质量通病,对全线桥涵台背回填水泥稳定砂砾进行特殊处理。具体处置方法是:

①所有涵台回填部分,从基础顶面至涵台顶面,全部采用水泥稳定砂砾回填,水泥掺加量4%。

②大中小桥、通道桥以及分离式立交的台背回填,从搭板以下至2.5m处,全部采用水泥稳定砂砾回填,水泥掺量为1%。

③回填土用料选用最大粒径不超过5cm,塑性指数不超过12的稳定性、渗透性较好的材料。

④台背回填施工时严格按照分层填筑、分层压实、分层检查的"四分法"进行施工。每层填筑厚度不大于15cm;压实度不小于重型实标确定的最大干容重的97%。

⑤台背回填时,结构物两侧同时对称回填,桥台回填与锥坡填土同时进行。

(2)在路面施工时,为了避免沥青混合料的离析,采取了半幅路面两台摊铺机平行作业的措施,有效地避免了沥青混合料离析的问题。

(3)随着重型交通的增加,沥青面层承受的荷载越来越大,面层厚度越来越厚,但柔性路面结构层的设计原理和集料级配仍使用老办法,致使近年来高等级公路车辙严重,早期破坏加剧。在永山"一改高"项目上适当加大了粗集料的比例,加强了上下结构层的黏结,并以加强密实度为终点,严格控制原材料质量、集料级配、拌和温度、摊铺温度以及碾压温度、遍数和时间,取得了较好的工程质量,经过两年多的使用,效果显著,值得总结和推广。

(十)(G30)连霍国道主干线山丹至临泽公路(建设期2001—2004年)

1. 项目概况

国道主干线山丹至临泽高速公路是国家"五纵七横"主骨架连云港至霍尔果斯公路

(G30)在甘肃省境内的主要路段,是西域边疆与西北广大地区及我国东南地区陆路交通运输的重要通道。

山临高速公路起点(K0+000)位于山丹县城以西,接连霍国道主干线(GZ45)永(昌)山(丹)高速公路工程终点(桩号 K2668+000),路线总体呈东至西北走向,大体平行于原G312 线,经野猫山、东乐北至老寺庙(甲子墩)处,上跨 G312 线及陇海铁路,经二坝、下碱滩堡、九龙江林场、二十里堡、梁家墩、新墩,路线跨黑河经明永南、沤波、临泽县城南至终点(K97+000)临泽以西的化音,全长 97km,其中山丹县境内 30.28km,张掖市境内 54km,临泽县境内 12.72km。另建互通连接线 6.45km,与本项目同步实施。路线跨越的主要河流为黑河及其支流山丹河、梨园河。沿线布设东乐、老寺庙、梁家墩、新墩、临泽 5 处互通立交,分别与 G312 线、G227 线、S213 线路网连接。路线所经地区大部分为填方,沿线路基填料多采用砂砾土,工程建设使用的主要材料为天然砂砾、块片石、碎石、矿粉、沥青、水泥、砂、钢筋及生活用水等。

山临高速公路工程采用全立交、全封闭、控制出入,设有完整的交通安全监控、通信、收费系统,以及完善的客户服务设施,具有较高的线形标准,供汽车双向四车道分道行驶,服务水平为二级。设计行车速度 100km/h。路基横断面采用整体式断面,全段路基宽度 26.0m,桥涵与路基同宽,桥涵设计荷载为汽车—超 20 级、挂车—120,地震基本烈度起点至张掖市为七度,张掖市至终点为八度。设计洪水频率为特大桥 1/300,其他 1/100。单向行车道宽 2×3.75m,中央分隔带宽 2.0m,硬路肩 3.0m。其余技术指标均按部颁《公路工程技术标准》(JTJ 001—97)的规定执行,路面面层为沥青混凝土,面层厚 16cm,路面基层为水泥稳定砂砾,厚 34cm,路面底基层为水泥稳定砂砾,厚 20cm。连接线采用二级公路标准建设,路基宽度 12m。

路基工程共完成土石方 1019 万 m^3,铺筑沥青混凝土路面 198.52 万 m^2;架设大桥 4 座 2041m,中桥 4 座 266.92m,小桥 30 座 604.86m;涵洞 282 道 8757.79m,通道 106 道 2515.08m,天桥 9 座 421.09m;砌筑防护结构物 73952m;修建 5 处互通式立交,还设置了 11 处分离式立体交叉等工程设施,并相应布设 4 处收费站。此外,全线还设有 1 处服务区,以及收费、通信、监控、供电系统、交通安全等设施和 97km 的光缆工程,全线共征用土地 7853.77 亩。

2. 建设情况

(1)项目准备阶段

2001 年 4 月交通部以交规划发〔2001〕189 号《关于连霍国道主干线山丹至临泽公路可行性研究报告的批复》批准山临高速公路建设项目立项,并正式列入国家公路建设重点项目。

2001年9月7日交通部以交公路发〔2001〕497号《关于连霍国道主干线山丹至临泽公路初步设计的批复》批准了该项目初步设计。

2001年12月12日甘肃省建委以620102200112120212号开工许可证批准该项目正式开工。

2002年8月21日甘肃省交通厅以甘交建〔2002〕137号《关于连霍国道主干线山丹至临泽高速公路施工图设计及预算的批复》批准了该项目的施工图设计及预算。

2003年7月水利部以水函〔2003〕168号《关于连霍国道主干线（GZ45）山丹至临泽高速公路工程水土保持方案的复函》批复了水保方案。

2003年10月国家环保总局以环审〔2003〕258号《关于连云港—霍尔果斯国道主干线山丹至临泽高速公路环境影响报告书审查意见的复函》批复了环评大纲。

2004年9月国土资源部以甘国土资规发〔2004〕284号《关于连霍国道主干线山丹至临泽高速公路工程建设用地的批复》批复了建设用地预审意见。

资金筹措：概算总投资21.1967亿元，所需的建设资金由国内银行贷款、交通部投资、省内配套资金三部分构成。其中交通部投资67900万元，银行贷款134067万元，甘肃省配套资金10000万元，建成后采用收取通行费的方式还贷。

G30连云港至霍尔果斯国家高速公路甘肃境内山丹至临泽高速公路一段（张　宾　摄）

招标投标：山临高速公路建设项目实行国内公开招标。工程施工招标和监理招标严格遵守交通部《公路工程施工招标投标管理办法》《甘肃省公路工程施工招标投标管理实施办法》的规定，按照发布招标通告、发售资审文件、资格预审、投标、开标、评标、定标的程序进行，整个招标过程体现了"公开、公平、公正、诚实信用"的原则，是甘肃公路工程招投标的一次重大发展。中标企业多为国家一级施工企业，有较强的技术力量和较丰富的承建高等级公路的施工经验。山临高速公路参建单位详见表6-23。

山丹至临泽高速公路参建单位一览表

表 6-23

序号	参建单位	单位名称	合同段编号及起止桩号
1	项目管理单位	甘肃省交通厅工程处	K0+000~K97+000
2	勘察设计单位	甘肃交通规划勘察设计院	K0+000~K97+000
3	施工单位	中铁十八局集团第四工程有限公司	SL1 K0+000~K12+000
4		中港第二航务工程局	SL2 K12+000~K24+000
5		中铁十五局集团第三工程有限公司	SL3 K24+000~K34+700
6		甘肃路桥第五公路工程有限责任公司	SL4 K34+700~K43+400
7		甘肃省白银公路总段	SL5 K43+400~K52+400
8		甘肃省酒泉公路总段	SL6 K52+400~K61+460
9		甘肃省公路工程总公司	SL7 K61+460~K65+000
10		甘肃省张掖公路总段	SL8 K65+000~K75+100
11		甘肃省天水公路总段	SL9 K75+100~K89+500
12		中铁十八局集团有限公司	SL10 K89+500~K97+000
13		甘肃五环公路工程有限公司	SLM1 K0+000~K24+000
14		路桥集团第一公路工程局第一工程公司	SLM2 K24+000~K52+400
15		路桥集团第一公路工程局第三工程公司	SLM3 K52+400~K75+100
16	施工单位	河南省大河筑路有限公司	SLM4 K75+100~K97+000
17		甘肃紫光智能交通与控制技术有限公司	SLGD1 K00+000~K52+400
18		甘肃路桥第二公路工程有限责任公司	SLGD2 K52+400~K97+000
19		甘肃武威通达建筑路桥工程有限公司	SLFJ1
20		甘肃华恒建筑工程有限公司	SLFJ2
21		甘肃省第七建筑工程集团公司	SLFJ3
22		兰州市房屋建筑工程公司	SLFJ4
23		甘肃中大建设工程有限公司	SLFJ5
24		陕西诚信高速公路交通工程有限公司	SLAQ1
25		山西长达交通设施有限公司	SLAQ2
26		北京深华科交通工程有限公司	SLAQ3
27		北京华纬交通工程公司	SLAQ4
28		甘肃紫光智能交通与控制技术有限公司	SLJD
29		甘肃格瑞生态技术有限责任公司	SLLH
30	监理单位	甘肃省新科公路工程监理事务所	SL Ⅰ
31		甘肃省交通建设监理公司	SL Ⅱ
32		甘肃兴陇交通工程监理有限责任公司	SL Ⅲ
33		陕西省交通建设工程监理总公司	SL Ⅳ
34		铁道部科学研究院工程建设监理部	SL Ⅴ
35		甘肃新科公路工程监理事务所	SLMJ Ⅰ
36		甘肃兴陇交通工程监理有限责任公司	SLMJ Ⅱ

(2) 项目实施阶段

对于软基地段,采用片石挤淤结合土工格室对软基进行了处治;K48+768~K48+840段软基,原设计开挖深度2m,实际开挖2m后其下仍为淤泥,厚度达5m以上,在施工中采用先清除淤泥再进行软基处理的办法;K42+700~K43+400段属粉砂土,且地下水位平均在地面以下1m,为保证路基稳定,在清除粉砂土后,铺筑了60cm天然砂砾,取得了较好的效果。

对农田地段部分路基,由于长期受农灌水渗透,为了保证路基稳定,对软弱地基进行了清除换填。

部分路段路基原设计高程较低,造成部分涵洞进出口水流不够畅通。为了彻底解决这一问题,对部分路段进行了纵坡调整。

3. 运营管理

本项目全线在东乐、老寺庙、梁家墩、新墩、临泽5处设置收费匝道站,在临泽化音(终点)设置主线收费站,全线设置九龙江1处服务区,临泽停车区1处。

(十一)临泽至清水高速公路(建设期:2002—2005年)

1. 项目概况

(1) 基本情况

临泽至清水高速公路(简称临清高速公路)东起(K97+000)张掖市临泽县化音,与山(丹)临(泽)高速公路终点相接;终点位于酒泉市清水镇(K196+716.632),与清(水)嘉(峪关)高速公路相接。主要经过摆浪河、马营河、高台县南华镇、梧桐泉、许三湾、元山子、屯升等控制点。

全线均采用高速公路技术标准,路基宽26m,双向四车道,计算行车速度100km/h,沥青混凝土高级路面结构,桥涵设计荷载为汽车—超20级,挂车—120,桥涵与路基同宽,原有公路留作辅道。路线起点为临泽化音(与在建的山丹至临泽高速公路终点相接),经西柳沟、南华、梧桐泉、许三湾车站、元山子车站、屯升车站、中寨,终点为清水红墙关,路线全长98.35km,新建互通式立交4处,即:南华、梧桐泉、许三湾、清水。

项目估算总投资为18.41亿元。资金筹措通过申请交通运输部补助7亿元,甘肃省自筹1.28亿元,银行贷款10.13亿元。该项目拟建工期为3年,开工时间为2002年11月8日,通车时间为2005年8月8日。

(2) 前期决策情况

2001年8月16日,交通部以交规划发〔2001〕442号文《关于连霍国道主干线临泽至清水高速公路可行性研究报告的批复》批复立项。

2002年5月22日,交通部以交公路发〔2002〕223号文《关于连霍国道主干线临泽至清水高速公路初步设计的批复》批复初步设计。

2002年11月5日,国土资源部以国土资厅函〔2002〕346号文《关于连霍国道主干线(GZ45)临泽至清水高速公路控制工期部分单体工程先行用地的复函》批复先行用地手续。

2003年5月12日,甘肃省交通厅以甘交建〔2003〕144号文《关于国道主干线临泽至清水高速公路两阶段施工图设计及预算的批复》批准施工图设计。

2003年12月3日,水利部以水函〔2003〕158号文《关于连霍国道主干线(GZ45)临泽至清水高速公路工程水土保持方案的复函》批复了水土保持方案报告。

2004年1月18日,国家环境保护总局以环审〔2004〕25号文《关于连云港—霍尔果斯国道主干线临泽至清水高速公路环境影响报告书审查意见的复函》批复环境保护报告。2003年6月1日,交通运输部批准临清高速公路建设开工报告。

2. 建设情况

(1)项目准备阶段

路基土石方849万m^3;大桥1座184.24m,中桥31座1445.17m,小桥24座596.42m,互通式立交8座492.56m,天桥187.12m/4座,通道桥24座533.36m,盖板涵205道6135.5m,通道67道1956.4m,沥青混凝土路面235万m^2;互通式立体交叉3处,服务区1处。

建设单位为:甘肃路桥公路投资有限公司。设计单位:甘肃省交通运输厅公路勘察设计院。各项工程招投标严格按有关法律、法规要求进行,采用国内公开方式招标。临清高速公路参建单位详见表6-24。

临清高速公路参建单位一览表　　　　表6-24

标 段 号	施工单位名称	监理单位名称	监理标段
LQ1	四川攀峰路桥建设有限责任公司	河北华达公路工程咨询监理有限公司	LQJL1
LQ2	吉林省交通建设集团有限公司		
LQ3	新疆昆仑路港工程公司		
LQ4	北京市公路桥梁建设公司	甘肃兴陇交通工程监理有限责任公司	LQJL2
LQ5	甘肃省公路工程总公司		
LQ6	中铁十六局集团第四工程有限公司		
LQ7	甘肃五环公路工程有限公司	甘肃新科公路工程监理事务所	LQJL3
LQ8	中铁十二局集团有限公司		
LQ9	中铁十三局集团有限公司		
LQ10	中铁十二局集团第四工程有限公司		
LQM1	四川攀峰路桥建设有限责任公司	甘肃兴陇交通工程监理有限责任公司	LQMJL1
LQM2	甘肃省公路工程总公司		

续上表

标 段 号	施工单位名称	监理单位名称	监理标段
LQM3	中铁五局集团有限公司	甘肃新科公路工程监理事务所	LQMJL2
LQM4	甘肃五环公路工程有限公司		
LQAQ1	甘肃圆峰交通工程有限公司	中国公路工程咨询监理公司	LQJTJ1
LQAQ2	山西交研科学实验工程有限公司		
LQAQ3	陕西高速交通工贸有限公司		
LQAQ4	北京华凯交通科技有限公司		
LQAQ5	山西长达交通设施有限公司		
LQAQ6	四川金川公路工程(集团)有限公司		
LQAQ7	甘肃路桥飞宇交通设施有限责任公司	中国公路工程咨询监理公司	LQJTJ1
LQAQ8	泰州市海阳实业总公司		
LQFJ1	甘肃路桥第四公路工程有限责任公司		
LQFJ2	甘肃恒泰建筑安装工程有限公司		
LQGD1	甘肃威远路业有限公司	北京泰克华诚技术信息咨询有限公司	LQJTJ2
LQGD2	甘肃威远路业有限公司		
LQJD	甘肃紫光智能交通与控制技术有限公司		
LQLH	陕西易枫达实业有限公司	甘肃省交通工程监理有限责任公司	LQLHJL
勘察设计单位	甘肃省交通厅公路勘察设计院		

本项目拟按四车道高速公路标准建设,公路用地范围宽,加之沿线设施的用地,总的用地数量比较大。拟建路线走廊带绝大部分从戈壁滩通过,征地难度较低,少部分从高台县西柳沟帅家庄、马家庄、酒泉市屯升乡山村林场及酒泉市清水堡红墙筐一带戈壁滩中绿洲通过,人均耕地少,地价较高,征地有一定的难度。

(2)项目实施阶段

在平面控制中,采用 GPS 全球定位系统进行首级控制,采用全站仪和红外测距仪进行一级导线加密,与国家大地控制网联测,与国家水准联测建立五等高程控制系,经整网严密平差,建立了准确的平面控制系统。

①将航测摄影测量技术运用到公路测量中,同时将国家"九五"重点科技攻关项目"路线和立交设计集成 CAD 系统"用于路线设计中,为路线的设计和优化提供了强有力的手段。

②为了检验路线线形设计,建立了三维数字化地表模型(DTM),通过动画透视图和三维仿真动画检查平、纵面设计、平纵组合和景观设计,据此进行修改和优化。

在路线工程地质勘查中运用卫星遥感、震探与钻探、挖探等传统手段相结合的办法,提高了地质勘查质量。

路线、路基、路面、桥涵、立交及概算,从结构分析、计算到图表绘制,各专业全部采用了CAD技术。

(十二)清水至嘉峪关高速公路（建设期：2003—2006年）

1. 项目概况

(1) 基本情况

清水至嘉峪关高速公路起于酒泉市清水镇工业规划区以北的临泽至清水高速公路终点(K195+000)处，向西北在K197+971处跨越酒泉卫星发射基地专用铁路，然后经过戈壁滩，于K204+500处跨越酒泉卫星发射基地专用铁路，然后经过戈壁滩，与K204+500处跨越312国道后，穿越戈壁滩2.8km的风沙路线后，进入酒泉市上坝乡境内，在K232+884处跨越野猪沟后，沿上坝乡、总寨镇的绿洲平原区，平行于G312国道南侧布线，至K250+464处跨越茅庵河后穿越戈壁滩。路线经酒泉烈士陵园南侧，上跨酒火路，在K256+282和肃州路交汇处设酒泉互通立交，后平行于四道支渠布设线路至张家良沟村西，路线折向西北，在侯家沟村南K263+705处跨北大河，经安远沟村南，向西在K273+101.53下穿酒钢铁路专用线后，穿越戈壁滩，与汽车二级公路并行布线，并在K275+370处设嘉峪关东互通立交与新华路相接，主干线继续西行，在K276+798.53处再次下穿酒钢铁路专用线，与K277+685处跨北干渠后，分别在K277+917.8、K278+357.5下穿嘉(峪关)文(殊)路和兰新铁路，而后在K282+200处以半径$R-550m$和$R-700m$的"⌒"形曲线绕鳌盖山折向西，在K283+077.5处下穿嘉(峪关)镜(铁山)铁路、K286+139处下穿长城、K286+471和K289+249两处分别下穿通往酒钢二矿道路和上跨黑山湖水库引水渠道，于K290+561下穿兰新铁路，至终点民众路口附近接嘉峪关西至安西一级公路起点(K290+900)，路线全长95.9km。

G30连云港至霍尔果斯国家高速公路甘肃境内清水至嘉峪关高速公路一段（张　宾　摄）

全线按照全封闭、全立交、双向四车道高速公路标准建设，路基宽度26.0m，行车道宽度$2 \times 7.5m$，计算行车速度100km/h，桥梁设计荷载为汽车—超20级，挂车—120，设计洪水频率为：特大桥1/300，大、中、小桥、涵洞及路基1/100，地震基本烈度Ⅶ度。

路基土石方 943.56 万 m³，涵洞 7675.45m；通道 85 道 2627.86m；圆管涵 9 道 540m；坡面防护 89 万 m²；砌筑工程 16.76 万 m³；小桥 16 座 409.14m，中（大）桥 12 座 1611.2m；分离式立交 20 处 876.82m；通道桥 38 座 918.75m；天桥 7 座 326.76m；顶进桥 6 座 126.29m；沥青混凝土路面 218.82 万 m²，互通式立体交叉 4 处，服务区 1 处。实际征用土地 7643.51 亩。

该项目交通运输部工期计划为 4 年，2003 年 11 月 14 日在高速公路起点（酒泉市清水镇）举行了开工奠基仪式，2004 年 4 月 30 日正式开工建设，2005 年 12 月底嘉峪关互通立交以东主线基本建成通车，于 2006 年 9 月 16 日通车运营。该项目批准概算投资 18.44 亿元，预算批复 16.88 亿元。资金构成：交通运输部补助 6.93 亿元，甘肃省交通运输厅配套资金 1000 万，甘肃省通过从国家开发银行甘肃省分行贷款 11.47 亿元。

（2）前期决策情况

交通部于 2001 年 12 月 10 日以交规划发〔2001〕718 号文对清嘉项目可行性研究报告进行了批复；2003 年 4 月 28 日，交通部以交公路发〔2003〕155 号文批复了该项目的初步设计。2005 年 5 月 11 日，甘肃省交通厅以甘交建〔2005〕65 号文对连霍国道主干线清水至嘉峪关高速公路施工图设计进行了批复。2004 年 11 月 4 日，国土资源部以国土资厅函〔2004〕602 号文对清水至嘉峪关高速公路建设用地预审意见进行了复函；2004 年 12 月 21 日，国土资源厅以甘国土资函发〔2004〕86 号文《关于嘉峪关至安西等四个重点公路建设项目控制单位工程先行使用国有未利用用地问题的复函》对项目建设用地进行了批复。

2. 建设情况

（1）项目准备阶段

清嘉高速公路工程施工及监理服务招标经甘肃省交通运输厅批准采用国内竞争性方式公开招标，甘肃路桥公路投资有限责任公司严格按照《中华人民共和国招投标法》和《公路工程招标资格预审办法》等有关规定，在《中国交通报》和中国采购与招标网（www.chinabidding.com）等媒体发布了资格预审公告，随后按照国家七部委《评标委员会和评标方法暂行规定》，从交通运输部专家库中抽取专家组成评标委员会，对路基、路面、交通安全设施、房建、机电等工程分别进行了评标，整个评标过程在省纪委、监察及甘肃省交通运输厅等部门的严格监督下，经过严格、公正的评审，确定了施工、监理单位。清嘉高速公路参建单位详见表 6-25。

清嘉高速公路参建单位一览表　　表 6-25

标段号	施工单位名称	监理单位名称	监理标段
QJ1	天津大港油田集团公司	甘肃兴陇交通工程监理有限公司	QJJL1
QJ2	山西路桥有限责任公司		
QJ3	路桥二公局三公司		

续上表

标段号	施工单位名称	监理单位名称	监理标段
QJ4	中铁十一局二公司	中国公路工程咨询监理公司	QJJL2
QJ5	甘肃公路工程总公司		
QJ6	宁夏路桥工程有限公司		
QJ7	甘肃五环工程有限公司	甘肃省交通工程建设监理公司	QJJL3
QJ8	中铁五局(集团)有限公司		
QJ9	中铁四局集团有限公司		
QJM1	甘肃公路工程总公司	甘肃兴陇交通工程监理有限公司	QJMJL1
QJM2	山西路桥建设集团有限责任公司		
QJM3	成都华川公路建设有限公司	甘肃省交通工程建设监理公司	QJMJL2
QJM4	甘肃天地路桥工程有限公司		
QJAQ1	中国公路工程咨询监理总公司海南公司	甘肃省交通工程建设监理公司	QJJTJL1
QJAQ2	北京中咨华科交通工程技术有限公司		
QJAQ3	江苏省句容市交通设施有限公司		
QJAQ4	甘肃恒和交通设施安装有限公司		
QJAQ5	兰州金路交通设施有限责任公司		
QJAQ6	甘肃路桥飞宇交通设施有限责任公司		
QJAQ7	江苏省句容市交通设施有限公司		
QJFJ1	甘肃中大建设有限公司	甘肃省交通工程建设监理公司	QJJTJL1
QJFJ2	甘肃中大建设有限公司		
QJGD1	甘肃路桥第一工程有限责任公司	中国公路工程咨询监理总公司	QJJTJL2
QJGD2	甘肃新路交通工程公司		
QJJD	甘肃紫光智能交通与控制技术有限公司		
QJLH	甘肃华运园林绿化工程有限公司	甘肃省交通工程建设监理公司	QJLHJL
QJS1	衡水百威橡胶股份有限公司		
QJS2	衡水橡胶股份有限公司		
QJS3	成都市大通路桥机械有限公司		
勘察设计单位1	甘肃交通规划勘察设计院		
勘察设计单位2	中国公路工程咨询监理总公司		
勘察设计单位3	铁道第一勘察设计院		

甘肃路桥公路投资有限公司是本项目的建设单位,甘肃省交通厅以甘交规划〔2002〕100号文《关于委托甘肃路桥公路投资有限公司承担清水至嘉峪关高速公路项目建设管理工作的批复》,批复清嘉项目法人为甘肃路桥公路投资有限公司。为了对项目建设现场施工进行全面管理,甘肃省交通厅批准成立清嘉高速公路建设项目管理办公室,下设工

程技术科、质监科、征地拆迁科、综合办公室,具体负责工程的征地拆迁和协调解决施工中遇到的各种问题,督促施工单位抓好工程质量与进度、安全生产与文明施工,协调设计、监理、施工单位和地方政府的关系等管理工作。

征地拆迁:本项目征地拆迁工作实行统征包干形式。2003年10月中旬,项目办开始与甘肃省国土资源厅及沿线国土资源局等相关单位接洽协商,并认真进行了征地放线工作;12月下旬,项目办会同酒泉市、嘉峪关市各级国土部门以及沿线乡镇,对清嘉高速公路建设用地和地上附着物进行了现场调查登记,在参与各方签字认可的基础上,对原始资料及时进行了登记造册;经多次协商,2004年3月5日,根据《中华人民共和国土地管理法》《甘肃省基础设施建设征用土地办法》和《甘肃省农村集体经济组织征地补偿费管理办法》,经过认真测算,路桥投资公司与甘肃省国土资源厅统征办签订了《连霍国道清水至嘉峪关高速公路建设项目统一征地拆迁包干协议书》,由甘肃省征地事务办公室具体负责对项目全线建设用地和各种附着物进行统一征用和拆迁。2004年4月6日,项目办与酒泉市政府、肃州区政府、酒泉市国土资源局、肃州区国土资源局、沿线有关乡镇领导,以及各施工单位主要负责人召开了土地征迁联席会议,安排部署了征地拆迁的实施方案,对补偿标准、宣传口径等问题进一步统一了思想认识。路径途径酒泉、嘉峪关两市6个乡镇和20多个村组,穿越农田村庄和市区段达61km,沿线工矿及电力、电信和各种地下管线密集,给征迁工作带来了很大难度,加之甘肃省国土资源厅难以进驻现场,沿线土地管理部门人员有限,对补偿资金不能及时支付,在实际工作中群众以征地款不到位为由直接干扰施工。为了尽快交付建设用地,切实加快拆迁工作的进度,确保工程顺利施工,项目办积极督促甘肃省国土资源厅统征办、酒泉市和嘉峪关市国土局,指导地方土地部门组织人力开展工作,及时支付各项建设用地和地上附着物的征用补偿费,保证了补偿费用及时足额发放。通过各方共同努力,2005年10月底,全线拆迁任务全部完成,为工程建设顺利进行提供了保障。

(2)项目实施阶段

立足项目建设实际,重视并做好环保工作。项目办在抓好工程建设管理工作的同时,立足项目建设实际,坚持科学发展观,积极打造环保工程,认真执行国家有关环境保护的各项法规政策,积极落实环保、水保方案和各项保护措施,并从项目建设前期和项目组织管理方面开展工作。

施工期间的环保工作。本项目途经河西地区的沙丘、农田绿洲和戈壁区域,生态环境脆弱,对施工环保工作提出了更为严格的要求。自项目开工以来,项目办在严格按照国家环保总局审批的《清嘉高速公路项目环境影响评价报告书》组织实施的同时,结合项目建设实际情况,积极组织当地环保、水保等部门会同设计、施工单位对全线的环境保护及水土保持工作进行了现场研究和讨论,提出并确定了一些切实可行的预防措施和解决办法,在项目建设中进行了落实。一是树立环保意识,自觉将环保工作作为项目建设的重要内容来抓。为了加大对全线水保、环保等工作的管理,制定下发了各种水保管理办法和制度,责令各施工单位成立相应的水土保护领导小组,健全水保措施,同时,把水土保持与工程质量、进度一起,作为考核评比的重点内容来抓,有效促进了施工单位的环保意识。二是结合项目建设实际,采取了一些行之有效的措施,减少环境污染。在生活区和工地现场均设置了卫生设施,及时将施工、生活垃圾等堆放在指定地点,按规定及时清理深埋或处理,及时检修机械、车辆,防止漏油、漏水。尽量保护公路用地范围之外的现有绿色植被,不得随意砍伐沿线树木。在施工中坚持节约用地,要求集中混凝土的拌和及小型构件的预制;对取土坑按环保审批的要求及时回填或进行整理;工程机械、车辆不得在戈壁滩任意行驶,破坏原有地貌;对沿线施工便道采用砂砾硬化,并随时洒水和定期养护,减少扬尘对周围环境的污染。

(十三)嘉峪关至安西一级公路建设项目(建设期:2004—2007年)

1. 项目概况

嘉安一级公路路线起点位于嘉峪关城西民众路口,接已建成的连霍国道主干线清水至嘉峪关段高速公路,路线途经嘉峪关市、甘肃矿区、清泉乡、赤金乡、玉门镇、饮马农场、下西号乡、蘑菇滩、桥湾、布隆吉、双塔水库、小宛农场,终点位于瓜州县城东现国道312线 K3226+122处,路线全长235.42km。设计行车速度100km/h,路基宽度:整体式25.5m、分离式12.75m,大中桥宽度:整体式25m、分离式12.25m,小桥涵与路基同宽,桥涵设计荷载为汽车—超20级、挂车—120,地震基本烈度:起点至安西县河东乡为七度、安西县河东乡至终点为六度,设计洪水频率为1/100。路面上面层为SBS(I-C)型改性沥青混凝土厚5cm,下面层为粗粒式沥青混凝土厚7cm,路面基层为厚30cm(绿洲区35cm)的水泥稳定砂砾,路面底基层为厚20cm的水泥稳定砂砾。其余技术指标均按部颁《公路工程技术标准》(JTJ 001—97)的规定执行。

嘉安路原设计主要工程数量有:互通式立交4处,分离式立交4处,大桥5座982.8m,中桥29座1415m,涵洞453道12747m,天桥1座46.78m,共移动土石方1599万m^3,防护工程59.9万m^3,排水设施292.09km,路面底基层622.7532万m^2,基层580.0109万m^2,路面下面层514.5569万m^2,路面上面层515.8109万m^2。

2005年9月,省交通厅依据国家高速公路网规划,对本项目进行了重大设计变更,增加的工程量主要有:互通式立交4处(嘉峪关西立交、清泉立交、桥湾立交、双塔立交),分离式立交14座,天桥29座,通道桥3座,改移辅道25处计151km。

此外,全线还设有9处收费站、1处服务区、2处停车区(共19637m^2),以及收费、通信、监控、供电系统、交通安全等设施。

2. 建设情况

(1)项目准备阶段

2004年1月,国家环保总局环境工程评估中心以国环评保纲〔2004〕1号《关于连云港至霍尔果斯国道主干线嘉峪关至安西公路环境影响评价大纲的评估意见》批复了环评大纲。

2004年4月,国家发改委以发改交运〔2004〕559号《关于审批连云港至霍尔果斯国道主干线嘉峪关至安西公路可行性研究报告请示的通知》批复立项。

2004年8月,交通部以交公路发〔2004〕459号《关于连云港至霍尔果斯国道主干线嘉峪关至安西公路初步设计的批复》批复了初步设计。

2004年10月,国土资源部以国土资厅函〔2004〕531号《关于嘉峪关至安西公路建设用地预审意见的复函》批复了建设用地预审意见。

2004年12月,甘肃省交通厅以甘交建〔2004〕329号《关于连霍国道主干线(GZ45)嘉峪关至安西一级公路施工图设计及预算的批复》批复了施工图设计。

2005年1月,甘肃省环保局以甘环自发〔2005〕3号《关于申请对嘉峪关至安西公路穿越南山自然保护区试验区的批复的函》批复了路线穿越南山自然保护区的方案。

2005年4月,水利部以水保函〔2005〕143号《关于连霍国道主干线(GZ45)嘉峪关至安西一级公路工程水土保持方案的复函》批复了水土保持方案。

2005年5月,国家环境保护总局以环审〔2005〕398号《关于连云港至霍尔果斯国道主干线嘉峪关至安西公路环境影响报告书审查意见的复函》批复了环评报告。

2006年6月,国土资源部以国土资函〔2006〕367号《关于连霍国道主干线嘉峪关至安西一级公路工程建设用地的批复》批复了建设用地。

资金筹措:项目总投资35.3亿元,其中国家专项基金安排9亿元、甘肃省公路建设资金安排2.3亿元作为项目资本金,共计11.3亿元,占总投资的43.5%;其余24亿元资金利用国内银行贷款解决。

嘉安高速公路参建单位详见表6-26。

嘉安高速公路参建单位一览表 表6-26

序号	参建单位	单位名称	合同段编号及起止桩号	备注
1	项目管理单位	甘肃省高等级公路建设开发有限公司	K0+000~K236+100	
2	勘察设计单位	甘肃交通规划勘察设计院有限责任公司	K0+000~K115+000	
3	勘察设计单位	甘肃交通规划勘察设计院有限责任公司		
4	勘察设计单位	中国公路工程咨询监理总局公司		
5	施工单位	新疆昆仑路港工程公司	JA1K0+000~K11+500	
6	施工单位	山西中北路桥建设有限公司	JA2K11+500~K26+000	

续上表

序号	参建单位	单位名称	合同段编号及起止桩号	备注
7	施工单位	甘肃恒达路桥工程集团有限公司	JA3K26+000~K39+000	
8	施工单位	四川武通路桥工程局	JA4K39+000~K52+000	
9	施工单位	中铁十一局集团第四工程有限公司	JA5K52+000~K65+000	
10	施工单位	路桥集团第二公路工程局	JA6K65+000~K77+000	
11	施工单位	四川攀峰路桥建设有限责任公司	JA7K77+000~K90+000	
12	施工单位	中铁四局集团第四工程有限公司	JA8K90+000~K103+000	
13	施工单位	甘肃五环公路工程有限公司	JA9K103+000~K113+300	
14	施工单位	甘肃五环公路工程有限公司	JA10K114+300~K127+800	
15	施工单位	安通建设有限公司	JA11K127+800~K140+300	
16	施工单位	中铁四局集团第一工程有限公司	JA12K140+300~K155+300	
17	施工单位	中铁七局集团有限公司	JA13K155+300~K167+800	
18	施工单位	中铁二十局集团第四工程有限公司	JA14K167+800~K182+800	
19	施工单位	路桥集团第一公路工程局天津工程处	JA15K182+800~K194+800	
20	施工单位	中国地质工程集团公司	JA16K194+800~K209+500	
21	施工单位	核工业西南建设工程总公司	JA17K209+500~K224+300	
22	施工单位	四川武通路桥工程局	JA18K224+300~K236+100	
23	施工单位	青海路桥建设股份有限公司	JALM1K0+000~K39+100	
24	施工单位	甘肃省公路工程总公司	JALM2K39+100~K77+000	
25	施工单位	四川攀峰路桥建设有限责任公司	JALM3K77+000~K114+300	
26	施工单位	山西平阳路桥有限公司	JALM4K114+300~K154+500	
27	施工单位	江西省公路桥梁工程局	JALM5K154+500~K194+000	
28	施工单位	甘肃路桥第三公路工程有限责任公司	JALM6K194+000~K235+420	
29	施工单位	甘肃路桥第四公路工程有限责任公司	JAFJ1	
30	施工单位	中国地质工程集团公司	JAFJ2	
31	施工单位	甘肃新路交通工程公司	JAFJ3	
32	施工单位	甘肃中大建设工程有限公司	JAFJ4	
33	施工单位	中国建筑第八工程局第三建筑公司	JAFJ5	
34	施工单位	甘肃华恒建筑工程有限公司	JAFJ6	
35	施工单位	北京通大现代设施技术开发有限责任公司	JAAQ1K0+000~K114+300	
36	施工单位	甘肃恒和交通设施安装有限公司	JAAQ2K114+300~K235+420	
37	施工单位	甘肃恒和交通设施安装有限公司	JAAQ3K0+000~K114+300	
38	施工单位	北京华凯交通科技有限公司	JAAQ4K114+300~K235+420	
39	施工单位	宜兴市公路交通设施有限公司	JAAQ9K0+000~K114+300	
40	施工单位	宜兴市公路交通设施有限公司	JAAQ10K114+300~K235+420	

续上表

序号	参建单位	单位名称	合同段编号及起止桩号	备注
41	施工单位	甘肃紫光智能交通与控制技术有限公司	JAJDK0+000~K235+420	
42	施工单位	新疆北方机械化筑路工程处	JAHL1	
43	施工单位	陕西高速交通工贸有限公司	JAHL2	
44	施工单位	新疆北方机械化筑路工程处	JAHL3	
45	施工单位	贵州省桥梁工程总公司	JAGD1K0+000~K114+300	
46	施工单位	甘肃新路交通工程公司	JAGD2K114+300~K235+420	
47	施工单位	甘肃华运园林绿化工程有限公司	JALHk0+000~k235+420	
48	监理单位	甘肃省交通工程建设监理公司	JAJL1K0+000~K52+000	
49	监理单位	河北华达公路工程咨询监理有限公司	JAJL2K52+000~K90+000	
50	监理单位	甘肃兴陇交通工程监理有限责任公司	JAJL3K90+000~K127+800	
51	监理单位	北京华通公路桥梁监理咨询公司	JAJL4K127+800~K182+800	
52	监理单位	山西省交通建设工程监理总公司	JAJL5K182+800~K236+100	
53	监理单位	甘肃兴陇交通工程监理有限责任公司	JALMJ1K0+000~K77+000	
54	监理单位	甘肃兴陇交通工程监理有限责任公司	JALMJ2K77+000~K154+500	
55	监理单位	中国公路工程咨询总公司	JALMJ3K154+500~K235+420	

征地拆迁：嘉安一级公路穿越酒泉、嘉峪关两地市的9个乡、两个农场，征迁数量相当巨大。为及时提供建设用地，给施工单位创造良好的建设环境，确保嘉安项目顺利进行，项目办一是改变了多年来项目征迁由国土资源厅一家统征的模式，实行建设用地由国土资源厅统征外，其余地上附着物和建筑物直接与所有权单位或部门签订拆迁协议，较好调动了被拆迁单位的积极性，项目办由被动走向了主动。实践证明，这是解决加快征迁问题的一条行之有效的途径。二是积极主动搞好同地方各级政府及有关部门的关系，做到了与建设、施工、地方政府通力协作，为项目建设保驾护航。三是成立了征迁协调委员会，坚持按政策、按程序、按协议办事，做到了事事有人管、事事有人抓，定期研究解决施工过程中出现的各类征迁问题。在保护农民利益的前提下加快征迁进度。共征用各类建设用地1.92万亩，拆迁房屋1.24万m^2，砍伐林木8.35万棵，改移电信线路523处，改移电力线路299处。发生征迁费用共计2.11亿元，与概算1.85亿元相比，超支0.27亿元，超支的主要原因是重大设计方案变更涉及征迁数量和类别与实际出入较大。

(2) 项目实施阶段

环境保护管理情况。公路建设离不开环境和资源的支撑，对自然环境会产生一定的负面影响，河西地区生态环境相当脆弱，而嘉安路又穿越了玉门市南山省级自然保护区和安西极旱荒漠国家自然保护区，环保工作显得愈加重要。在项目建设过程中，项目办以"不破坏就是最大的保护"为理念，采取了积极的措施：①要求各施工单位设立专职机构，制定切实可行的保护措施，强化责任落实；②对清表清除的杂物和特殊路段的盐碱土埋在取土场底部,洒水降尘,间隔碾压;③对取土场、料场、临时弃土场、弃渣场及道路两侧的施工便道必须按设计施工;④在施工中严格要求车辆按设计制定的便道行驶,防止施工车辆对施工便道以外的地方随意碾压,破坏原地表,造成新的水土流失;⑤施工后尽快平整土地,尽量缩短临时用地的占用时间,及时恢复植被。

3. 科技创新

针对戈壁强风沙的项目特点,项目办与中国科学院寒区旱区环境工程研究所合作展开"戈壁地区公路风沙危害防护体系研究"。该课题主要根据研究区的实际情况,首先固定公路附近的戈壁地表,最大限度地减少携沙风的形成,从而抑制风沙活动对公路的风蚀危害;其次,在设计公路断面以及防护体系时,贯彻了"导"的原则,通过合理的公路断面形式和防护体系,形成了有利于风沙过境的风场,从而抑制了风沙活动对公路的风积危害,从根本上减少风沙活动对公路以及行车的危害。连霍国道主干线(GZ45)嘉峪关至安西一级公路建设项目应用了该项目的研究成果并参考了该项目所提出的防护体系设计方案,在路面设计和周边防护体系中采用了防治戈壁风沙活动指标,并且明确了不同路段的公路剖面坡度和走向的要求,有效控制和减少了沿线的风沙危害。从环境保护的角度出发,该综合防护体系的提出,减少了公路建设对该地区生态环境的破坏;从经济效益和行车安全的角度出发,该综合防护体系的提出,有效防止了公路风沙危害,保护了国家财产和人民的安全,最大限度地减少了修复次数和资金。按比较保守的标准估算,节约路面受风沙危害影响的后期维护费用约6000万元。成果应用体现出了良好的环境效益和经济效益,并且在今后的建设中具有更大的推广应用价值。

为了消除嘉安路沿线盐泽土对工程质量的影响,项目办与长安大学、甘肃省交通规划勘察设计院有限责任公司联合开展"嘉峪关至安西一级公路盐渍土地段路基修筑技术研究"。通过现场试验及其原位检测、室内试验、数值仿真分析等手段对盐渍土工程特性,盐渍化软土地基处理适用技术,季节变化过程中盐渍土对路基及公路构筑物的影响程度,盐渍土作为路基填料适用性指标,盐渍土改性技术方法及公路构筑物防腐蚀措施,合理的旧路基处治技术方法等方面进行研究,得出系统的能有效指导嘉安一级公路盐渍土地段路基修筑的合理技术,并为今后类似工程的建设提供技术支持。

(十四)瓜州至星星峡高速公路(建设期:2009—2012年)

1. 项目概况

瓜州至星星峡高速公路(甘新界),路线起点位于瓜州县城东北约5km处,接已建成的嘉峪关至瓜州高速公路终点,路线由东南向西北经北大桥、白墩子、柳园、马莲井等地进入星星峡峡谷达到终点,与建成的星星峡至哈密高速公路起点相接。路线全长

156.71km,其中新建 47.93km,改扩建 108.78km。

全线按照四车道高速公路技术标准建设,设计速度 100km/h,局部困难路段在保证行车安全的前提下,设计速度 80km/h。整体式路基宽度为 26m,分离式路基宽度为 13m。

瓜星高速公路建设项目设计的主要工程量:新建幅路基主要工程数量为路基土石方 669.9 万 m^3,新建大桥 1292m/4 座,新建中桥 625.92m/11 座,新建小桥 1108.44m/57 座,新建涵洞 4984m/215 道,防护工程 8.83 万 m^3。改建幅路基主要工程量为土石方 230 万 m^3,大桥 492.2m/4 座,中小桥 990.68m/35 座,涵洞 2908.29m/152 道。路面主要工程量为水泥稳定碎石基层 1033.06 万 m^2,ATB-25 沥青碎石面层 366.44 万 m^2,AC-16C 改性沥青混凝土 369.02 万 m^2。全线设管理所 1 处(柳园收费管理所)、收费站 3 处(瓜州收费站、柳园收费站、柳园北收费站),养护工区 1 处(柳园养护工区),停车区 2 处(瓜州停车区、大泉东停车区),服务区 1 处(柳园服务区)。特大桥设计洪水频率:1/300,大、中、小桥及涵洞设计洪水频率 1/100,新建桥涵设计荷载为公路—Ⅰ级。

2.建设情况

(1)项目准备阶段

2006 年 1 月,国土资源部以国土资预审字〔2006〕7 号文《关于安西至星星峡公路项目建设用地预审意见的复函》对土地预审进行了批复。

2008 年 6 月,国家发改委以发改交运〔2008〕468 号文《关于甘肃省安西至星星峡(甘新界)公路可行性研究报告的批复》批复了该项目工程可研报告,本项目正式立项。

2009 年 8 月,交通运输部以交公路发〔2009〕420 号文《关于安西至星星峡(甘新界)公路初步设计的批复》批复了该项目初步设计及概算。

2011 年 5 月,甘肃省交通运输厅以甘交建〔2011〕32 号文《关于瓜州至星星峡高速公路施工图设计及预算的批复》批复了该项目施工图设计及预算。

资金筹措情况:2008 年 6 月,国家发改委以发改交运〔2008〕468 号文《关于甘肃省安西至星星峡(甘新界)公路可行性研究报告的批复》批复了项目总投资约 22 亿元(静态投资约 20 亿元),其中:国家安排中央专项基金(车购税)6.37 亿元,甘肃省安排公路基金 1.33 亿元作为项目的资本金,共计 7.7 亿元,占总投资的 35%;其余 14.3 亿元资金为国内银行贷款。2009 年 8 月,交通运输部以交公路发〔2009〕420 号文《关于安西至星星峡(甘新界)公路初步设计的批复》批准实施,概算总投资 26.48 亿元(含建设期贷款利息 1.58 亿元及政策性调整费用 2.92 亿元)。2011 年 5 月,甘肃省交通运输厅以甘交建〔2011〕32 号文《关于瓜州至星星峡高速公路施工图设计及预算的批复》,项目预算总投资 26.47 亿元。

瓜星高速公路参建单位详见表 6-27。

瓜星高速公路参建单位一览表

表 6-27

序号	参建单位	标段	单 位 名 称	合同段编号及起止桩号
1	设计单位	AXSJ1	中交路桥技术有限公司	K0+000~K72+300 段路基、路面
		AXSJ2	中国公路工程咨询集团有限公司	K72+300~K156+663.494 段路基、路面
		AXSJ3	北京交科公路勘察设计研究院	K0+000~K72+300 段房建、机电
		AXSJ4	新疆公路规划勘察设计研究院	K72+300~K156+663.494 段房建、机电
2	路基路面施工单位	GXLJ	甘肃路桥建设集团有限公司	K5+298 瓜星立交大桥
		GX1	成都华川公路建设(集团)有限公司	K0+000~K9+800 新建幅路基工程
		GX2	北京市海龙公路工程公司	K9+800~XK32+500 新建幅路基工程
		GX3	甘肃省路桥建设集团有限公司	XK32+500~XK47+000 新建幅路基工程
		GX4	新疆北新路桥建设股份有限公司	XK47+000~K63+800 新建幅路基工程
		GX5	中铁四局集团有限公司	K63+800~XK72+300 新建幅路基工程
		GX6	新疆北新路桥建设股份有限公司	XK72+300~XK102+000 新建幅路基工程
		GX7	华通路桥集团有限公司	XK102+000~XK134+000 新建幅路基工程
		GX8	江西省公路机械工程局	XK134+000~K156+663.494 新建幅路基工程
		GX9	甘肃省路桥建设集团有限公司	K0+000~K32+500 段改建幅路基工程和该段路面工程
		GX10	甘肃路桥第三公路工程有限责任公司	K32+500~K63+800 段改建幅路基工程和该段路面工程
		GX11	新疆北新路桥建设股份有限公司	K63+800~K102+000 段改建幅路基工程和该段路面工程
		GX12	中交第一公路工程局有限公司	K102+000~K129+500 段改建幅路基工程和该段路面工程
		GX13	新疆兴达公路工程部	K129+500~K156+663.494 段改建幅路基工程和路面工程
3	交安工程	GXJT1	甘肃圆峰交通工程有限公司	K0+000~K72+300 段交通安全设施工程
		GXJT2	甘肃路桥飞宇交通设施有限责任公司	K72+300~K156+663.712 段交通安全设施工程
4	管道工程	GXGD	甘肃万泰建设工程有限公司	全线通信管道工程
5	机电工程	GXJD	甘肃紫光智能交通与控制技术有限公司	全线机电工程

续上表

序号	参建单位	标段	单 位 名 称	合同段编号及起止桩号
6	房建工程	GXFJ1	甘肃华恒建筑工程有限公司	瓜州停车区、柳园服务区房建施工，瓜州收费站施工
		GXFJ2	甘肃路桥第四公路工程有限责任公司	柳园监控分中心、养护工区房建施工，柳园匝道收费站施工
		GXFJ3	新疆兵团建设工程(集团)有限责任公司	柳园主线收费站施工、收费站、治超站、大泉东停车区房建工程
7	监理单位	GXJL1	甘肃省交通工程建设监理公司	监理 GX1、GX2、GXLJ 合同段
		GXJL2	北京港通路桥工程监理有限公司	监理 GX3、GX4 合同段
		GXJL3	山东信诚公路工程监理咨询中心	监理 GX5、GX6 合同段
		GXJL4	太原市华宝通工程监理有限公司	监理 GX7、GX8 合同段
		GXJL5	甘肃省交通工程建设监理公司	监理 GX9、GXJT1、GXJD 合同段
		GXJL6	北京港通路桥工程监理有限公司	监理 GX10、GXFJ1、GXFJ2 合同段
		GXJL7	山东信诚公路工程监理咨询中心	监理 GX11、GXFJ3、GXGD 合同段
		GXJL8	太原市华宝通工程监理有限公司	监理 GX12、GX13、GXJT2 合同段

（2）项目实施阶段

①在路基工程质量管理方面。由于瓜星高速公路所处地区的砂砾粗颗粒较少，大部分为粉性砂，级配较差，且本地区土质基本为盐渍土。施工单位必须事先取样进行试验，如果检测合格，将选取的料场报项目办中心试验室，由中心试验室取样检测合格后方可作为路基填料，以确保用于路基填筑的材料为非盐渍土；高度重视80cm路床填料，由施工单位选定料场后报项目办工程科，现场确定选用优质砂砾填料。

②在桥涵工程质量管理方面。根据本地区气候特征，项目办制定并印发了《瓜星高速公路混凝土工程施工作业指导书》，要求所有参建单位认真学习，并严格执行。为确保混凝土预制构件的内在及外观质量，要求所有梁、板必须集中预制，用混凝土制作预制台座，并在台座上铺设钢板。要求所有钢筋保护层采用专用塑料垫块，不得用小石子或砂浆垫块代替，以确保钢筋保护层厚度及外观质量。预应力混凝土强度达到85%，且达到7d后方可进行张拉、注浆，待浆液强度达到40MPa后，方可移离预制台座，放入存梁场，以确保梁板的耐久性。梁板的存放不得超过两层。预制梁、板的养生，根据本地区昼夜温差较大的气候特征，对于3月、4月及10月份预制的梁、板，采用移动式简易温棚养生方式，确保混凝土的养生温度；对于5~9月份预制的梁、板采用滴灌的方式养生。为提高桥涵现场浇筑混凝土的外观质量，要求必须采用1.5m²以上的大模板，要求每个桥涵开工前必须有供养生用水的蓄水池，否则不得开工；桥涵墙身要求用湿润的毡毯包裹后，用塑料布包裹，并定时补水；桥梁墩柱要求在柱顶放置水桶滴灌，柱身用塑料布包裹，确保墩柱处于湿润状态。根据本地区水资源的特殊性，水中含盐量及硫酸根离子含量较高，项目办加强混

凝土和水泥稳定碎石底基层、基层的拌和、养生用水的质量检测。在工程开工前,项目办和中心试验室对全线所有水源进行抽样化验,对不合格的水源及时书面通知施工、监理单位,要求禁止使用。

③在路面工程质量管理方面。根据瓜星高速公路路面结构特点及本地区的气候特征,制定印发了《瓜星高速公路路面工程施工作业指导书》,规范了路面施工工艺。根据瓜星高速公路所在地区的气候特征,参考长安大学路面研究成果,对路面部分材料较交通部规范做了适当提高,以提高路面的耐久性。

④在变更设计管理上。严格执行省公路管理局下发的管理制度及文件要求,所有变更都组织厅派纪检组、设计、监理、施工单位共同决定,并且全部以会议纪要的形式确定,由施工单位负责实施,保证了建设资金不流失。同时,进一步完善设计,要求设计单位派驻设计代表,进驻施工现场,跟踪服务。工程施工过程中发生设计变更,由项目办组织设计、监理、施工单位共同勘察,确定变更方案。审批变更报告严格按照国家有关规定,组织交通运输厅派驻纪检组、项目办、设计单位、监理单位、施工单位五方会审。

3. 新技术的应用

水泥稳定碎石基层在瓜星项目的应用:水泥稳定碎石具有良好的力学性能和板体性、水稳性以及抗冻性等优点,但水泥稳定碎石基层施工的质量控制过程至关重要。底基层采用"骨架密实型"结构,集料最大粒径不超过37.5mm,小于0.075mm的集料含量不超过5%,基层采用"骨架密实型"结构,集料最大粒径不超过31.5mm。基层裂缝的主因是0.075mm以下含量超标,3~5mm的细集料含量偏低。由于瓜星高速公路项目所在地区水洗砂受特殊条件限制,现有砂场的水洗砂大部分为中细砂,且级配不符合要求,中细砂掺入碎石混合料起不到改善混合料级配和有效降低0.075mm以下含量的作用。项目办要求水泥稳定碎石底基层、基层不得掺配水洗砂,细集料全部用经5mm筛过筛的石屑代替,石屑中0.075mm以下的含量不得超过混合料的比例,由规范规定不超过7%调整为3%。对石屑中含土量及有害杂质的控制以砂当量试验为准。这样通过对碎石混合料的级配及0.075mm以下含量的控制,保证了基层和底基层的质量,有效防止了基层裂缝,为沥青间层提供了一个优质的承载层,从而保证了沥青面层的质量。

八、G3011(柳园—格尔木)甘肃段(柳园—当金山口甘青养管界)

柳园—格尔木是国家高速公路规划重要干线"连霍高速(G30)"的联络线,编号:G3011。G3011柳格高速途经柳园、敦煌、格尔木,在甘肃境内由瓜州至星星峡高速公路、瓜州至敦煌高速公路、敦煌至当金山口高速公路组成。其中瓜州至星星峡高速公路在G30中已详细叙述。

(一)G3011 线瓜州至敦煌公路改建工程(建设期:2013—2014 年)

1. 项目概况

(1)基本情况

G3011 线瓜州至敦煌公路改建工程全长 145.24km。其中主线起点位于连霍高速公路 K2656+030 处,设枢纽立交与连霍高速相接,向西南至瓜州县十工乡,在榆林窟路口设置瓜州南互通立交,之后路线经芦草沟、敦煌市甜水井、空心墩至新店台,设置莫高互通立交,路线继续向西布设至终点吕家庄村连接 G215 线,长 120.88km。

敦煌至莫高窟连接线起点位于伊塘湖旅游开发区南侧,沿现有 S314 线由东向西布设,经敦煌火车站文化路口至莫高窟游客中心折向南与 Z110 线相交后,跨越大泉河后沿大泉河东岸布设,经敦煌研究院门口,至莫高窟连接线终点陈列中心对面停车场,长 24.355km。

瓜敦公路主线以整体式和分离式相结合的路基形式进行建设,其中新建整体式路基长 40.48km,新建分离式半幅路基长 80.4km,整体式路基宽 24.5m,行车道宽 2×(2×3.75)m;分离式新建单幅路基宽 12.25m,行车道宽 2×3.75m;利用旧路作为半幅的路基宽维持12m。采用双向四车道高速公路标准建设,设计车速80km/h,汽车荷载等级为公路—Ⅰ级。路面采用5cm 中粒式改性沥青混凝土+7cm 密级配沥青碎石+38cm 水泥稳定碎石+20cm 水泥稳定砂砾。

敦煌至莫高窟连接线整体式路基宽 24.5m,行车道宽 2×(2×3.75)m;分离式新建单幅路基宽 12.25m,行车道宽 2×3.75m。采用双向四车道一级公路标准建设,设计速度 80km/h,汽车荷载等级为公路—Ⅰ级。其中 LK1+850~LK9+210 单侧加宽段拼接加宽部分同主线路面结构,旧路部分(挖除既有沥青面层后)采用 5cm 中粒式改性沥青混凝土+7cm 密级配沥青碎石+38cm 水泥稳定碎石+既有道路基层;K9+210~K12+190 段完全利用既有路面,做微表处理;K10+733~K23+900 采用 4cm 细粒式沥青混凝土+6cm 中粒式沥青混凝土+20cm 水泥稳定碎石+20cm 水泥稳定砂砾。

G3011 线瓜州至敦煌公路改建工程建设项目主要工程数量:主线路基土石方926.85 万 m³,路基防护、排水 14.09 万 m³,路面 159.9 万 m²,大桥 11 座 3253m,中桥 12 座 698.17m,小桥 39 座 802.9m,涵洞 271 道,互通式立交 5 处(预留 2 处),分离式立交 3 处,天桥 18 座,服务区 2 处,收费站 2 处,收费管理所 1 处,停车区 2 处,U 形转弯 1 处,养护工区 1 处。

支线路基土石方 111.88 万 m³,路基防护、排水 5.43 万 m³,路面 45.01 万 m²,大桥 1 座 146m,中桥 1 座 35.02m,小桥 2 座 42.38m,涵洞 26 道,平面交叉 32 处。

(2)决策背景

2004 年 12 月,国务院批准实施《国家高速公路网规划》,瓜州—敦煌—格尔木高速公路纳入国家高速公路网实施,是连霍 G30 和京藏 G6 高速公路的联络线,路线名称和编号为柳格高速公路 G3011,控制点为柳园、瓜州、敦煌、阿克塞、当金山、花海子、大柴旦、察尔汗盐湖、格尔木。

柳格公路是我国内地和新疆进入青海格尔木和西藏拉萨的又一便捷运输通道,是 1981 年 11 月国家规划的国家干线公路即 G215 线和 2001 年 8 月原国家计委出台的《西部开发重点专项规划》中 8 条西部大通道之一的西宁—库尔勒公路——S314 线瓜州至敦煌公路的组成路段。

瓜州—敦煌公路柳园—瓜州段约 61km,与连霍高速 G30 共线。2009 年 12 月纳入连霍高速瓜州—星星峡段整体开工建设,2011 年底建成通车;瓜州—敦煌七里镇段约 129km 为 S314 线,为 2006 年 8 月改造完成的二级公路;敦煌—当金山口段约 120km 为 G215 线,为 2009 年 12 月开工建设、2011 年底建成的二级公路。

决策过程:基于项目建设必要性的分析及国家关于国高网建设的相关要求——"'十二五'期基本完成 2004 年国务院审议通过的国家高速公路网规划",并充分考虑拟建公路所处走廊带是国家级风电、光伏发电、750kV 和 1000kV 输电线路、西气东输管道、输油管线、国家农业综合开发土地治理节水滴灌试点(风沙治理)及军事管理等设施布设所在地,昔日的戈壁荒漠已成为国家和省市县发展新型产业及综合开发利用的珍贵土地资源,加之青海境内当金山南—格尔木段已全部实现高速化贯通,及时立项建设,不仅符合国家战略,充分体现国家高速公路网的功能定位,而且将能有效规避与以上在建、待建和规划的各因素的干扰和冲突,以减少路线的绕曲、降低工程造价。为此,建议全线在整体研究柳格高速甘肃段瓜州至敦煌至当金山口路线方案的基础上,分期分段建设实施。2012 年内按快速通道的标准完成瓜州至敦煌段项目立项审批及工程设计、施工、监理等招投标工作,年内开工建设,工期 3 年,已于 2015 年建成通车。

2. 建设情况

(1)项目准备阶段

2012 年 12 月,甘肃省发改委以甘发改交运〔2012〕2062 号《关于 S314 线瓜州至敦煌公路改建工程可行性研究报告的批复》,批复立项。

2013 年 1 月,甘肃省水利厅以甘水利水保发〔2013〕29 号《关于 S314 线瓜州至敦煌公路改建工程水土保持方案报告书的批复》,批复了水土保持方案报告。

2013 年 11 月,甘肃省环保厅以甘环审发〔2013〕113 号《关于 S314 线瓜州至敦煌公路改建工程环境影响报告书的批复》,批复了环评报告。

2013 年 12 月,甘肃省发改委以甘发改交运〔2013〕2154 号《关于 S314 线瓜州至敦煌公路改建工程初步设计及概算的批复》,批复了初步设计。

2015 年 4 月,甘肃省交通运输厅以甘交公路〔2015〕25 号《关于 S314 线瓜州至敦煌公路改建工程两阶段施工图设计及预算的批复》,批复了项目施工图设计及预算。

资金筹措:2012年12月,本项目由甘肃省发改委《关于S314线瓜州至敦煌公路改建工程可行性研究报告的批复》(甘发改交运〔2012〕2062号),批复项目估算总投资42.18亿元,其中主线35.68亿元,敦煌至莫高窟支线6.50亿元。资金来源:由甘肃省交通运输厅申请国家补助和银行贷款等渠道筹措解决。2013年12月,甘肃省发改委《关于S314线瓜州至敦煌公路改建工程初步设计及概算的批复》(甘发改交运〔2013〕2154号),批复概算总投资41.7亿元。2015年4月,甘肃省交通运输厅《关于S314线瓜州至敦煌公路改建工程两阶段施工图设计及预算的批复》(甘交公路〔2015〕25号),批复施工图预算36.888亿元。

招标投标:S314线瓜州至敦煌公路改建工程建设项目实行国内公开招标。项目法人甘肃省远大路业集团有限公司。瓜敦高速公路参建单位详见表6-28。

瓜敦高速公路参建单位一览表　　　　　表6-28

质量监督单位:甘肃省交通工程质量安全监督管理局
设计单位:甘肃省交通规划勘察设计院有限责任公司
中心试验室:甘肃恒达路桥工程集团有限公司试验室

标段	施工单位名称	标段	监理单位名称
GD1	中铁二十四局集团有限公司	GDJ1	太原市华宝通工程监理有限公司
GD2	中铁七局集团有限公司		
GD3	中交第二公路工程局有限公司	GDJ2	北京恒达诚信工程咨询有限公司
GD4	中交一公局第三工程有限公司		
GD5	甘肃路桥第三公路工程有限责任公司	GDJ3	北京港通路桥工程监理有限责任公司
GD6	中铁十一局集团第四工程有限公司		
GD7	四川攀峰路桥建设集团有限公司	GDJ4	江苏兆信工程咨询监理有限公司
GD8	核工业华东建设工程集团有限公司		
GDLM1	四川攀峰路桥建设集团有限公司	GDLMJ1	太原华宝通工程监理有限公司
GDJT1	四川蓝灵交通设施工程有限责任公司		
GDFJ1	甘肃第一建设集团有限责任公司		
GDLM2	中交二公局第三工程有限公司	GDLMJ2	北京炬桓工程项目管理有限公司
GDJT2	新疆奕翔交通工程有限公司		
GDFJ2	甘肃省永靖古典建筑工程总公司		
GDLM3	甘肃路桥第三公路工程有限责任公司	GDLMJ3	北京华路捷公路工程技术咨询有限公司
GDFJ3	甘肃再就业建设工程(集团)有限公司		
GDJT3	甘肃路桥飞宇交通设施有限责任公司		
GDJD1	甘肃中太信息科技有限公司		
GDJD2	甘肃紫光智能交通与控制技术有限公司		
GDZLM	中铁五局集团机械化工程有限公司	GDZJ	山东东泰工程咨询有限公司

征地拆迁：为加快项目建设进度，保障工程顺利实施，2013年2月27日，省交通运输厅与酒泉市政府签订了《S314线瓜州至敦煌公路改建工程联建协议》，协定由酒泉市交通局负责征地拆迁、日常协调及相关土地手续办理工作；项目建设单位以概算批复的征迁费用按征迁进度拨付，并做好配合工作。在后续施工过程中项目办积极加强和当地政府的协调与沟通，做到了建设、施工、地方政府通力协作，为项目建设保驾护航。总的来说，瓜敦项目的征迁工作是比较顺利的。完成主要征迁数量有：征用耕地1750亩，征用各类林地1934亩。

（2）项目实施阶段

①抓住关键环节，确保路基工程质量。一是严把原材料质量关，对不合格原材料坚决不允许进场。在拌和机上安装了一套"黑匣子"——拌和站监督管理系统，当拌和机配料超出配合比10%时，项目办管理人员会立即收到报警短信。二是路基填料采取料场焖料、平地机整平、洒水车补充水分后压实的程序；并严格控制填料易溶盐含量，路床以下采用弱盐渍土或非盐渍土，路床内采用非盐渍土。三是桥涵（挡墙）台背填土碾压采取扩大开挖后压路机分层碾压，边角处采用小型压实机具配合。四是填挖结合部严格按设计文件要求清除表面虚土并开挖台阶，确保填挖结合部的工程质量控制。五是由于河西地区气候干燥蒸发量大，梁板混凝土构件的养生全部采取喷淋措施，表面采用土工布覆盖，小构件采取室内蒸汽或喷淋养生的措施，确保混凝土强度达到设计要求。

②瓜敦高速公路是通往世界文化遗产敦煌莫高窟和悬泉遗址的主要路线，沿线文物古迹分布广泛，中外游客众多。项目开工建设以来，始终遵循"不破坏就是最大保护"的原则，强化环境和文物保护意识，努力做到公路与自然环境相和谐，把项目建设对环境和文物造成的影响降到最低程度。一是取土场、弃土堆的选址，全部由当地国土等部门审批，严禁私自乱挖乱倒；二是对运输车辆严格管理，路基土方、原材料及路面混合料拉运车辆全部用篷布遮盖到位，按照施工段落包干负责的原则及时安排清扫撒落的砂石材料；三是施工现场及时洒水灭尘，减少扬尘对周围环境的污染；四是及时清理建筑垃圾，严禁乱扔乱弃；五是严格按要求整修取土场，经当地国土和水保部门验收合格，才允许施工单位进行计量支付。

工程变更：瓜敦路在具体实施过程中，经项目办、设计代表、监理单位、施工单位现场踏勘后，因地制宜，进一步完善设计，对部分工程内容进行了合理增加和局部调整。

3. 科研和新技术应用

（1）热熔橡胶沥青碎石封层施工应用

在瓜敦路面设计施工中，采用了热熔橡胶沥青碎石封层的新结构，可以降低半刚性基层干缩、湿缩裂缝的产生概率,使面层反射裂缝的产生概率降低,从而有效减少路面早期破坏,减少养护和维修费用,具有实用推广价值。

(2)水稳砂砾中细集料采用水洗砂和石屑代替

在水稳砂砾生产配合比设计阶段,将配合比中的细集料采用水洗砂和石屑代替,降低合成级配中的0.075mm以下含量在3%以内,有效减少水稳基层裂缝。

(3)采用水质净化设备

为了减小不良水质对公路建设的影响,防止盐胀病害,水质不合格的瓜敦路面2标和3标安装了反渗透技术净水设备,使工程用水达到了饮用水标准。

(4)现浇混凝土硬路肩采用滑模摊铺机施工

为保证现浇混凝土硬路肩混凝土密实、线形直顺,瓜敦路采用路肩滑模摊铺机施工,摊铺效果好、表面光洁、线形美观、施工速度快、整体施工效果好。

(5)使用"抗裂贴",预防路面裂缝

为有效防止路面裂缝的发生,借鉴其他省份公路建设的经验,在明涵台背和旧路加宽接缝处铺设"抗裂贴"。

4.运营管理

G3011线瓜州至敦煌公路改建工程建设项目设置服务区2处,收费站2处,收费管理所1处,停车区2处,U形转弯1处,养护工区1处。

(二)柳格国高(G3011)敦煌至当金山口公路(建设期:2015—2018年)

1.项目概况

本项目由主线、沙枣园至肃北县S303连接线、辅道维修改造工程三部分组成。主线路起点位于敦煌市吕家堡杨家梁村,主线全长约198.97km,其中整体式路基路线长约187.37km(新建),分离式路基路线长约11.60km(改造利用一幅)。

路线主要控制点:敦煌北吕家堡、敦煌试验场、敦煌西七里镇、党河水库、沙枣园、阿克塞、大鄂博图、当金山、华电风电场、当金山南三道班。

沙枣园至肃北县S303连接线:该连接线推荐方案路线长63km,总体走向由西北偏向东南,主要控制点沙枣园、独山子、五个庙、肃北县;全线按设计速度80km/h,路基宽度12.0m的二级公路技术标准建设。共设置中桥2座104m,涵洞106道。

辅道维修改造工程:根据本项目沿线的相关公路情况,能够承担辅道功能且较为合适的公路有G215线。

本项目推荐方案总估算金额为133.31亿元,其中:主线估算金额为127.1亿元;沙枣园至肃北县 S303 连接线投资估算金额为 4.91 亿元;辅道维修改造工程(G215 线)投资估算总金额 1.3 亿元。

技术标准:主线起点至华电风电场段(AK116+800~AK299+700)采用设计速度 80km/h、整体式路基宽 25.5m、行车道宽度 2×2×3.75m 的高速公路技术标准。华电风电场至项目终点当金山南(AK299+700~AK313+800)采用设计速度 100km/h、行车道宽度 2×2×3.75m 的高速公路技术标准,其中:华电风电场西至华电风电场东段(AK299+700~AK302+200)采用整体式路基,路基宽度 26m;华电风电场东至当金山南(AK302+200~AK313+800)采用分离式路基,路基宽度 2×13m,即利用现有公路空间进行改建,待新建一幅建成,完成交通转换后再改建原有旧路。对于沿线采用分离式路基形式的路段,路基间距一般为 10~20m。沙枣园至肃北县 S303 连接线采用设计速度 80km/h 的二级公路技术标准,路基宽度 12m。

设计主要工程数量为:本项目推荐方案主线共设置特大桥 3 座 3852m,大、中桥 92 座 12812m,小桥 210m/10 座,涵洞 324 道(均为新建),隧道 2 座 12800m,分离式立交 18 座,天桥 37 座,通道 40 座。设置出入口互通立交 6 处,设置主线收费站 1 处,设置互通立交匝道收费站 4 处,设置服务区 2 处,设置停车区 3 处,设置养护工区 1 处(含料场和拌和场),设置隧道管理所 2 处,设置省界超限超载检测站和隧道安全检查站各 1 处,设置避险车道 4 处。

2. 前期决策

敦煌—当金山公路不仅是古"丝绸之路"重要的路线,也是西部大通道西宁至库尔勒公路的重要组成部分。该路线甘青两省按高速公路建成后,将使柳园、瓜州、敦煌、格尔木成为连接新疆、西藏及内地的又一重要交通枢纽,不仅为开发国家级柴达木循环经济试验区大柴旦工业区和察尔汗盐湖工业区的石油、天然气、煤炭、钾肥、食盐、旅游等资源提供便利条件,也为新疆南疆地区东进内地,并推动甘肃阿克塞县资源开发和发展敦煌国际旅游业创造便捷的运输条件,同时对加强民族团结,保障国防稳定和西藏等地区长治久安,改善沿线各族群众生产、生活条件,加快区域经济发展,支撑国家又一轮西部大开发具有十分重要的意义。

柳格国高(G3011)敦煌至当金山口段公路工程可行性研究,是根据甘肃省交通运输厅甘交规划函〔2011〕148 号文《关于委托柳格国家高速公路甘肃境瓜州至当金山口段工程可行性研究任务的函》进行编制的。根据委托书要求,本项目工程可行性研究由甘肃省公路网规划办公室完成。

项目于 2015 年全线开工建设,其中:主线计划于 2018 年年底建成,建设工期 4 年;沙枣园至肃北县 S303 连接线计划于 2017 年年内建成,建设工期 2 年。

九、G3017(武威—金昌)

金昌至武威高速公路是国家高速公路网省域联络线的重要组成部分,是连接金昌市与武威市的快速通道。

金昌至武威高速公路(建设期:2011—2013年)

1. 项目概况

(1)基本情况

项目路线总体走向由东北向西南,起点位于金昌市金川区东环路与规划的南环路交叉口处,终点通过喇叭形立交与古永高速公路衔接,主线全长73.5km(连接线总长4.885km),其中金昌境内长45.1km(连接线2.35km),武威境内长28.3km(连接线2.535km)。路线途经金昌市金川区、永昌县水源镇、朱王堡镇及武威市凉州区双城镇、洪祥镇、永昌镇、金沙乡、金羊镇、柏树乡。

本项目主线按双向四车道高速公路标准建设,设计速度80km/h,路基宽度24.5m,主线分离式路基宽度12.25m。金昌、武威连接线按双向四车道一级公路标准建设。路面结构为:厚4cm高性能改性沥青混凝土Superpave-13上面层、厚8cm高性能改性沥青混凝土Superpave-25下面层、厚0.7cm热熔橡胶沥青碎石下封层、厚20cm水泥稳定碎石基层、厚30cm水泥稳定砂砾土底基层。

金武高速公路建设项目主要内容有:路基土石方1009万m^3,大桥381m/3座,中桥1352.78m/18座,涵洞180道,路基防护9770m^3,路基排水1.47万m^3,水泥混凝土路面1.69万m^2,沥青混凝土路面15.06万m^2,全线共设3处互通式立体交叉,1处枢纽立体交叉,7处与公路交叉的分离式立体交叉,公铁立交1处,通道桥22座,通道涵26道,天桥24座,平面交叉1处,全线共设置收费站4处,服务区1处。

(2)前期决策情况

武威、金昌两市位于河西走廊东段,地理位置优越,矿产资源丰富,是古代"丝绸之路"必经之地,现代"亚欧大陆桥"的重要组成部分。武威市和金昌市是甘肃省主要的能源、化工、有色金属、建筑材料生产基地和商品粮、蔬菜生产基地,也是甘肃省电力、化工、冶金、建材、轻纺等支柱产业集中区。武威市和金昌市总土地面积42831km^2,占全省面积的9.27%,该区域为甘肃省工农业生产重点发展地区,也是全省率先实现小康和富裕型小康的重点地区。依靠区内丰富的土地、旅游景观和种类繁多的矿产资源,带动全省经济发展具有深远的影响和意义。金昌、武威两市政府经多次协商,为加快区域间协调发展,全力推进金武一体化进程,促进两市经济融合,提出了修建金昌到武威的高速公路。2009年金武两市多次向省上汇报衔接,积极开展申请前期工作和上报《项目建议书》,鉴于该项目已具备开工建设条件,遂以武政发〔2010〕5号《武威市人民政府、金昌市人民政府关于申请建设金昌至武威高速公路项目的请示》上报省政府,积极争取 2010 年开工建设。2009 年,本项目被列入《甘肃省高速公路网规划》(2009 年调整),获省政府批准。按照规划,项目将于"十三五"期间实施。为响应省委、省政府的区域经济发展战略和金武两市社会经济发展的迫切需要,省交通运输厅对提前实施金武高速公路规划给予了高度重视和大力支持,以甘交规划〔2010〕31 号《关于上报金昌至武威建设为高速公路意见的报告》上报省政府。2010 年 8 月 4 日,省委省政府联合省发展改革委、省财政厅、省国土资源厅、省交通运输厅和省国有资产投资集团有限公司等相关单位召开专题会议,形成(甘政办纪〔2010〕37 号)会议纪要,决定同意省发展改革委商相关部门提出的资本金筹措方案,明确省交通运输厅作为金昌至武威高速公路项目业主,负责组织实施本项目建设。要求各有关部门和单位要高度重视金昌至武威高速公路项目建设,加快办理环评、水保、文物保护、土地预审等项目批复前置性手续,落实银行贷款承诺,抓紧项目审批,确保年内开工建设。

2. 建设情况

(1)项目准备阶段

2010 年 10 月,甘肃省发改委以甘发改交运〔2010〕1707 号《关于金昌至武威高速公路工程可行性研究报告的批复》,批复立项。

2010 年 11 月,甘肃省国土资源厅以甘国土资规发〔2010〕90 号《关于金昌至武威高速公路工程建设用地的预审意见》,批复项目建设用地的预审。

2011 年 1 月,甘肃省发改委以甘发改交运〔2011〕107 号《关于金昌至武威高速公路初步设计及概算的批复》,批复初设及概算。

2013 年 8 月,甘肃省交通运输厅以甘交建〔2013〕158 号《关于金昌至武威高速公路土建工程施工图设计及预算的批复》,批复施工图设计及预算。

资金筹措:2010 年 10 月,甘肃省发改委以《关于金昌至武威高速公路工程可行性研究报告的批复》(甘发改交运〔2010〕1707 号),批复工程总投资 31.54 亿元。资金来源:按照省政府《关于金昌至武威高速公路项目建设有关问题的会议纪要》(甘政办纪〔2010〕37 号)精神,筹措项目资本金。2011 年 1 月,甘肃省发改委以《关于金昌至武威高速公路初步设计及概算的批复》(甘发改交运〔2011〕107 号),批复概算 31.26 亿元。2013 年 8 月,甘肃省交通运输厅以《关于金昌至武威高速公路土建工程施工图设计及预算的批复》(甘交建〔2013〕158 号),批复施工图预算 26.67 亿元(交通工程、房建工程、环境保护工程施工图另文报批)。

招标投标:金武高速公路建设项目实行国内公开招标,工程施工招标和监理招标严格遵守《中华人民共和国招标投标法》、中华人民共和国国家标准《施工招标资格预审文件》(2007 年版)、《公路工程施工监理招标投标管理办法》(交通部令 2006 年第 5 号)等的相关标准及规定,并按照发布招标资格预审公告、网上发售资审文件、资格预审评审、递交投标文件、开标、评标、定标的程序进行,整个招标过程体现了"公开、公平、公正"的原则。具体标段划分及中标企业详见表6-29。

金武高速公路参建单位一览表 表6-29

标段划分		施工单位	监理单位	设计单位	监督单位	试验检测单位
施工类型	标段					
路基单位	JW1	山东省滨州公路工程总公司	云南云通监理咨询有限公司 JWJL1 合同段	甘肃省交通规划勘察设计院有限责任公司	甘肃省交通基建工程质量监督局	甘肃畅陇公路养护技术研究院有限公司
路基单位	JW2	中铁四局集团第四工程有限公司	云南云通监理咨询有限公司 JWJL1 合同段	甘肃省交通规划勘察设计院有限责任公司	甘肃省交通基建工程质量监督局	甘肃畅陇公路养护技术研究院有限公司
路基单位	JW3	青岛建工集团有限公司	北京交科工程咨询有限公司 JWJL2 合同段	甘肃省交通规划勘察设计院有限责任公司	甘肃省交通基建工程质量监督局	甘肃畅陇公路养护技术研究院有限公司
路基单位	JW4	中交第四公路工程局有限公司	北京交科工程咨询有限公司 JWJL2 合同段	甘肃省交通规划勘察设计院有限责任公司	甘肃省交通基建工程质量监督局	甘肃畅陇公路养护技术研究院有限公司
路面单位	JWLM1	甘肃路桥建设集团有限公司	江苏兆信工程咨询监理有限公司 JWJL3 合同段	甘肃省交通规划勘察设计院有限责任公司	甘肃省交通基建工程质量监督局	甘肃省交通科学研究院有限公司 西安公路研究院公路工程试验检测中心
路面单位	JWLM2	浙江省大成建设集团有限公司	重庆市交通工程监理咨询有限责任公司 JWJL4 合同段	甘肃省交通规划勘察设计院有限责任公司	甘肃省交通基建工程质量监督局	甘肃省交通科学研究院有限公司 西安公路研究院公路工程试验检测中心
房建单位	JWFJ1	中国甘肃国际经济技术合作总公司	江苏兆信工程咨询监理有限公司 JWJL3 合同段	北京交科公路勘察设计研究院有限公司	甘肃省交通基建工程质量监督局	甘肃省交通科学研究院有限公司 西安公路研究院公路工程试验检测中心
房建单位	JWFJ2	甘肃第五建设集团公司	江苏兆信工程咨询监理有限公司 JWJL3 合同段	北京交科公路勘察设计研究院有限公司	甘肃省交通基建工程质量监督局	甘肃省交通科学研究院有限公司 西安公路研究院公路工程试验检测中心
交通工程	JWJT1	科达集团股份有限公司	重庆市交通工程监理咨询有限责任公司 JWJL4 合同段	甘肃省交通规划勘察设计院有限责任公司	甘肃省交通基建工程质量监督局	甘肃省交通科学研究院有限公司 西安公路研究院公路工程试验检测中心
交通工程	JWJT2	甘肃路桥飞宇交通设施有限责任公司	重庆市交通工程监理咨询有限责任公司 JWJL4 合同段	甘肃省交通规划勘察设计院有限责任公司	甘肃省交通基建工程质量监督局	甘肃省交通科学研究院有限公司 西安公路研究院公路工程试验检测中心
机电工程	JWJD1	江西路通科技有限公司	江苏兆信工程咨询监理有限公司 JWJL3 合同段	北京交科公路勘察设计研究院有限公司	甘肃省交通基建工程质量监督局	甘肃省交通科学研究院有限公司 西安公路研究院公路工程试验检测中心
机电工程	JWJD2	甘肃紫光智能交通与控制技术有限公司	江苏兆信工程咨询监理有限公司 JWJL3 合同段	北京交科公路勘察设计研究院有限公司	甘肃省交通基建工程质量监督局	甘肃省交通科学研究院有限公司 西安公路研究院公路工程试验检测中心
绿化单位	JWLH	甘肃圆陇路桥机械化公路工程有限责任公司	江苏兆信工程咨询监理有限公司 JWJL3 合同段	甘肃省交通规划勘察设计院有限责任公司	甘肃省交通基建工程质量监督局	甘肃省交通科学研究院有限公司 西安公路研究院公路工程试验检测中心

征地拆迁:金武高速公路的建设用地于2010年11月由甘肃省国土资源厅以《关于金昌至武威高速公路工程建设用地的预审意见》(甘国土资规发〔2010〕90号)予以批复。

本项目途经10个乡镇,31个行政村。为了尽早完成红线征地,使工程顺利实施,项目办不断加强和当地政府的沟通,积极主动搞好同地方各级政府及有关部门的关系,做到了建设、施工、地方政府通力协作,多次召开各县区征地拆迁协调会,为项目建设保驾护航。完成主要征迁数量有:第一、二次征地7435.86亩,拆除房屋建筑128户;全线涉及电力电信159处,各类厂房6处,全部顺利完成拆迁工作。

(2)项目实施阶段

①项目办提出并坚持以"管理制度标准化、人员配备标准化、现场管理标准化和过程控制标准化"为目标,对项目驻地、拌和场站、预制场地和工地试验室进行了"四个标准化建设"。项目办大力推行首件工程认可制度,凡被项目办、监理、施工单位共同认可的首件工程,均被命名为样板工程。项目办先后授予金武一标"路基填筑样板工程"、金武三标"小型预制构件样板工程"、金武四标"混凝土外观样板工程"、路面二标"路缘石安装样板工程"称号,并号召各参建单位向样板学习、向样板看齐,在全线营造了"比、学、赶、超"的良好氛围。

②在路基施工中针对"三背"沉降的质量通病,要求所有大、中、小桥及涵洞"三背"开挖完成后,必须通知项目办,经现场验收签认后才能分层回填。回填完成后,凡填筑深度大于3m的台背,都必须经过不少于3个月的"预压"后,才能进行后续施工。

③在小型构件预制中,将传统的钢木模具改为塑料模具,采取集中拌和、集中预制,严格控制混凝土配合比。经过反复试验,确定小构件表面和内在质量达到最佳效果时的配合比、振动时间等参数,保证了小型构件预制质量始终如一。在运输过程中,采用整体打包运输,有效避免了预制构件因碰撞造成掉角、损坏等现象。2012年11月17日,省交通运输厅在金武项目召开了全省在建公路小型构件预制现场观摩会,金武高速公路小型构件预制安装工作得到充分肯定和表扬。

④金武项目办采取对天桥锥坡浆砌片石表面铺砌六棱实心块,使天桥锥坡外观达到线形顺适、美观大方,营造了一道独特工程景观。并在全线推行预应力梁板智能张拉设备和道桥多功能一体机的应用,路基所有标段全部购置并使用智能张拉设备,实现了预应力张拉施工过程的全自动智能控制。

3. 运营管理

全线共设置收费站4处,自2013年11月开通,由武威高速公路管理处管理。2014年,根据甘肃省交通运输厅推进高速公路养护市场化的精神,为创新全省高速公路养护管理机制,进一步降低养护成本,提高养护效率,按照"统一管理、属地监管、管养分离"的原则,将金武高速公路按市场化养护机制运行。通过启动市场化养护模式,吸引全国有实力的养护企业进入甘肃省高速公路养护市场。通过实施公开招标,最终由甘肃路桥第三公路工程有限责任公司中标养护金武高速公路。

十、G69（银川—百色）甘肃段（宁甘界甜水堡—甘陕界罗儿沟圈）

银川—百色高速公路，简称银百高速公路。银百高速公路属于国家高速公路网规划的一条南北纵向线，中国国家高速公路网编号为G69。其起点在宁夏回族自治区的银川，途经甘肃省的庆阳，陕西省的咸阳、西安、安康，重庆市的城口、万州、涪陵，贵州省的道真、湄潭、瓮安、贵阳、罗甸，广西壮族自治区的乐业、凌云、百色，终点在广西壮族自治区的靖西龙邦镇。甜水堡至罗儿沟圈高速公路，该项目位于甘肃省庆阳市，是银川市至百色市国家高速公路网(G69)规划中的甘肃段。该项目正在规划中。

1. 基本情况

甜水堡(宁甘界)经庆城至永和(甘陕界)高速公路是《国家公路网规划(2013—2030年)》北南纵线银川至百色国家高速公路(G69)的重要组成路段，是省政府确定的省列重大建设项目，是国家推进西部大开发、实施"一带一路"倡议骨干路网的重要组成部分，是纵贯庆阳境内煤炭、石油矿区的重要能源通道和红色旅游通道，也是连接宁夏银川至陕西西安、咸阳的快速高等级通道，在路网布局中的地位十分重要。

项目起点为庆阳市环县甜水堡镇，终点为正宁县永和镇罗儿沟圈，途经庆阳市环县、庆城县、合水县、宁县、正宁县，共5个县25个乡镇，北接G69宁夏段，南接G69陕西段。项目路线全长303.59km，其中主线长279.75km，正宁高速公路连接线长23.84km里，概算批复349.3亿元，建设工期4年。项目采用双向四车道高速公路标准，设计速度80km/h，整体式路基宽度25.5m，分离式路基宽度12.75m，汽车荷载等级：公路—Ⅰ级，设计洪水频率：特大桥1/300，大中小桥及涵洞1/100。其他技术指标按照交通运输部颁《公路工程技术标准》(JTG B01—2014)执行。主要工程量：路基开挖土方6253万m^3，填筑土方2216.4万m^3，防护及排水工程123.3万m^3，互通式立交17处，服务区3处，停车区3处，收费站17处，特大桥17573.88m/13座，大、中桥49125.96m/203座，隧道17580.8m/12座，天桥85座，分离式立交14座，涵洞120道，通道249道，沥青路面520.16万m^2。

2. 建设情况

(1)项目准备阶段

该项目从立项到开工建设都严格按照国家基本建设程序进行。主要建设依据有：

2015年9月，甘肃省环保厅《关于银川至百色国高(G69)甜水堡经庆城至罗儿沟圈段高速公路环境影响报告书的批复》(甘环审发〔2015〕66号)，批复了环评报告。

2015年8月，水利部《关于银川至百色国高(G69)甜水堡经庆城至罗儿沟圈段高速公路工程水土保持方案的批复》(水保函〔2015〕407号)，批复了水土保持方案。

2015年12月，甘肃省建设厅《关于银川至百色国高(G69)甜水堡经庆城至罗儿沟圈段高速公路选址的批复》(甘建规〔2015〕441号),同意了甜罗项目的选址申请。

项目工程可行性研究报告在2016年11月获得国家发改委批复(发改基础〔2016〕2336号),批复估算总投资约348.2亿元(静态投资约327.8亿元)。

项目初步设计在2017年6月获得交通运输部批复(交公路函〔2017〕470号),批复概算349.3亿元(含建设期贷款利息17.96亿元)。

项目施工图设计在2017年9月获得甘肃省交通运输厅批复(甘交公路〔2017〕131号),批复预算为335.26亿元(含建设期贷款利息16.53亿元)。

甜永高速公路批复概算总投资348.2亿元,其中:中央车购税118.75亿元,甘肃省安排丝绸之路交通发展基金和交通投资基金37.94亿元,其余通过国内贷款解决。

控制性工程土建施工及监理于2015年12月9日分别在甘肃省公共资源交易网、中国招标与采购网(www.chinabidding.com)、甘肃公路信息网(www.gs-highway.com)、《甘肃经济日报》发布了招标公告,本次招标采用《中华人民共和国交通运输部公路工程标准施工招标文件范本》(2009版)中的合理低价法。

试验段土建施工及监理于2016年10月24日分别在甘肃省公共资源交易网、中国招标与采购网(www.chinabidding.com)、甘肃公路信息网(www.gs-highway.com)、《甘肃经济日报》、甘肃省公路航空旅游投资集团有限公司网站发布了招标公告,本次招标采用资格后审技术评分最低标价法(双信封)。

全线工程土建施工及监理于2017年8月28日分别在甘肃省公共资源交易网、中国招标与采购网(www.chinabidding.com)、甘肃公路信息网(www.gs-highway.com)、《甘肃经济日报》、甘肃省公路航空旅游投资集团有限公司网站发布了招标公告,本次招标采用资格后审技术评分最低标价法(双信封)。潜在投标人于2017年8月28日至9月2日在甘肃省公共资源交易网网站在线下载招标文件及相关资料。

甜永高速公路参建单位详见表6-30。

甜永高速公路参建单位一览表　　表6-30

序号	参建单位	单位名称	合同段编号	起止桩号	备注
1	勘察设计单位	甘肃省交通规划勘察设计院有限责任公司		K0+000～K66+902.608	
		中交第二公路勘察设计研究院有限公司		K69+100.726～K126+341.316	
		中交公路规划设计院有限公司		K128+300～K187+336.434	
		中国公路工程咨询集团有限公司		K187+100.797～K230+378.602	
		中交第一公路勘察设计研究院有限公司		K239+102.93～K295+783.359	

续上表

序号	参建单位	单位名称	合同段编号	起止桩号	备注
2	施工单位	中铁大桥局集团有限公司	TY01	K0+000~K16+000	
		中铁十局集团有限公司	TY02	K16+000~K26+600	
		甘肃路桥建设集团有限公司	TY03 标	K26+600~K40+504.964	
		中交路桥建设有限公司	TYSY1 标	K40+900~K55+000	
		中铁二十局集团有限公司	TYSY2 标	K55+000~K66+902.608	
		甘肃路桥第三公路工程有限责任公司	TY04 标	K69+100.726~K82+550	
		贵州桥梁建设集团有限责任公司	TYKZ1 标	K82+550~K88+400	
		中铁十五局集团有限公司	TYKZ2 标	YK88+400~YK93+900（ZK88+400~ZK93+868.592）	
		中交第三航务工程局有限公司	TY05 标	K93+900~K104+500	
		中铁建大桥工程局集团有限公司	TY06 标	K104+500~K116+000	
		中铁五局集团有限公司	TY07 标	K116+000~K126+341.316	
		中交一公局第五工程有限公司	TY08 标	K128+300~K142+500	
		中铁二十一局集团第三工程有限公司	TY09 标	K143+500~K160+050	
		中铁十六局集团第一工程有限公司	TY10 标	K160+050~K171+320	
		中铁隧道局集团有限公司	TY11 标	K171+320~K175+780	
		中铁七局集团有限公司	TY12 标	K175+780~K181+900	
		中铁二十三局集团有限公司	TY13 标	K181+900~K190+450	
		路港集团有限公司	TYSY1 标	K190+450~K204+200	
		安徽省公路桥梁工程有限公司	TYSY2 标	K204+200~K230+378.602	
		中交第二航务工程局有限公司	TYSY3 标	K239+120.193~K255+000.00	
		中铁二十三局集团有限公司	TYKZ3	K255+000~K275+000	
		山西路桥建设集团有限公司	TYSY4	K278+350~K285+900	
		中铁十一局集团有限公司	TYSY5	K285+900~K295+783.359	

续上表

序号	参建单位	单位名称	合同段编号	起止桩号	备注
3	监理单位	甘肃新科建工监理咨询有限公司	TYJL1 标	K0+000~K40+504.964	
		黑龙江远征路桥工程监理咨询有限责任公司	TYSYJL1 标	K40+900~K66+902.608	
		北京中港路通工程管理有限公司	TYJL2 标	K69+100.726~K82+550	
		甘肃省交通工程建设监理有限公司	TYKZJL1 标	YK82+550(ZK82+550)~YK93+900(ZK93+868.592)	
		甘肃省交通工程建设监理有限公司	TYJL3 标	K93+900~K116+000	
		江苏燕宁工程咨询有限公司	TYJL4 标	K116+000~K143+500	
		甘肃华顺交通科技咨询有限责任公司	TYJL5 标	K143+500~K171+320	
		黑龙江正旭公路工程监理有限公司	TYJL6 标	K171+320~K190+450	
		河北华达公路工程咨询监理有限公司		K190+450~K204+200	
		山西晋达交通建设工程监理有限公司		K204+200~K230+378 K239+102~K255+000	
		甘肃兴陇工程监理咨询有限公司		K255+000~K275+000	
		北京炬桓工程项目管理有限公司		K278+350~K295+783	

本项目全线主要征迁数量有：宁县段征地3.02万亩，拆除房屋建筑2462户，电力电信33家，征迁工作顺利进展。

（2）项目实施阶段

①落实责任，强化动态管理，全面提升项目管理水平。

采用分片包段、定期巡查和科室负责相结合的管理模式，严格落实质量安全定期巡查和责任追究相结合的制度，靠实巡查小组责任，各巡查小组每月不定期巡查工地现场不少于15d，督促及时解决施工中存在的困难和问题，落实"日报告、周计划、旬检查、月调度"制度，对施工进度、监理管理、试验检测、征地拆迁等控制环节，通过微信、QQ平台进行日报告，及时掌握当天工程进展和施工质量安全情况。根据省交通运输厅《关于印发〈甘肃省公路建设市场信用信息管理办法（试行）〉及〈甘肃省公路施工企业信用评价实施细则（试行）〉的通知》要求，每季度根据参建单位、人员履约履职等情况，据实开展信用评价工作,充分利用信用评价约束机制,规范管理中标单位行为,更好地服务项目建设。

②关口前移,落实预控措施,努力创建部级品质工程。

坚持品质工程引领理念,以创建交通运输部品质工程示范性项目为契机,贯彻落实全省公路水运"品质工程"示范创建宣贯会和推进会精神,深入开展质量提升行动和"质量月"活动,加强质量预控管理,提高工程质量管理水平。

③分级管理,排查治理隐患,确保生产安全。

项目办以省公航旅集团安全生产双重预防机制示范性标段创建为契机,全面贯彻落实国务院安委会安全生产巡查、安全生产大检查、安全生产大检查"回头看"和"安全生产月"活动,进一步强化安全生产主体责任,及时有效管控安全风险,积极排查治理安全隐患,落实问题整改,遏制重特大安全生产事故。

④落实计划,精心组织实施,加快项目建设进度。

邀请专家论证审核施工组织设计的科学性和可行性,分解制定阶段性施工计划,明确工程进度节点,加快项目征迁进度,加强与市县两级政府及相关职能部门的联系,加快房屋拆迁进度,拔除"钉子户",解决"拦路虎",实现大段落连续施工作业,推进项目建设。开展"提质增效年"活动,认真落实"提质增效年"活动要求,对照年度目标任务,紧紧围绕"提品质、强效能、增效益"的主题,以整改发现问题为关键,明确工作措施,持续整改发力,促进工作落实,提升项目管理水平,目标是"确保飞天奖、争创鲁班奖,建品质工程、创平安工地"。

⑤加强管理,强化服务职能,推进项目建设工作。

树立"绿水青山就是金山银山"的理念,严格执行国家环境保护和水土保持法律法规,认真贯彻省交通运输厅《关于全省公路工程建设项目严守生态保护红线的通知》精神,按照环评报告、水保方案批复意见,优化设计及施工方案,将工程建设对生态环境的影响降到最低。项目办认真落实服务好、计划好、规范好、监督好、落实好的要求,加强务工人员工资支付管理。落实务工人员工资一卡通制度,通过查看农民工工资考勤、工资领取签字、对照银行流水、施工现场暗访等多种形式,检查农民工工资发放情况,为项目建设顺利推进奠定基础。

3. 运营管理

全线共设收费站 16 处:永和收费站位于正宁县永和镇,甜水堡主线收费站位于环县甜水堡镇;匝道收费站有:合水收费站位于合水县城、宁县收费站位于宁县新宁镇、早胜收费站位于宁县早胜镇、宫河收费站位于正宁县榆林子镇、榆林子收费站位于正宁县榆林子镇、正宁收费站位于正宁永正乡、罗川收费站位于正宁县罗川乡、甜水堡收费站位于环县甜水堡镇、山城收费站位于环县山城乡、二十里沟口收费站位于环县洪德乡、环县收费站位于环县木钵镇、杨旗收费站位于环县曲子镇、马岭收费站位于庆城县马岭镇,庆城收费站位于庆城县庆城镇、高楼收费站位于庆城县高楼乡。

十一、G70（福州—银川）甘肃段（陕甘界凤翔路口—甘宁界沿川子）

福银高速公路（福州—银川），中国国家高速公路网编号为G70，途经福建、江西、湖北、陕西、甘肃、宁夏，沟通了我国的华南、华中与西北地区，全长2485km。途经主要城市：福州、南平、抚州、南昌、永修、德安、九江、黄梅、黄石、武汉、孝感、安陆、随州、随县、襄阳、十堰、商洛、西安、咸阳、平凉、固原、同心、中宁（中卫市辖）、吴忠、银川。甘肃省境内由西峰至长庆桥至凤翔路口高速公路、罗汉洞至长庆桥高速公路、平凉至定西高速公路组成。4个高速公路项目均在G22青岛至兰州国家高速公路中已详细叙述。

十二、G7011（十堰—天水）甘肃段（陕甘界大石碑—天水皂郊）

十天线东起湖北十堰市，西至甘肃天水市，连接湖北、陕西、甘肃三省，总里程约750km。十天高速公路属于国家高速公路网中的横向连接线，东起湖北十堰市，西至甘肃天水市，走向与316国道大致相同，途经湖北、陕西和甘肃三省，规划总里程约750km。G7011十天高速公路路线为十堰—安康—汉中—天水。

十堰至天水国家高速公路甘肃段徽县（大石碑）至天水公路（建设期：2012—2015年）

1. 项目概况

项目位于甘肃省东南部，主线起于陕甘交界徽县（大石碑），终点位于天水市秦州区皂郊镇，是甘肃省陇南市的主要出口要道之一，项目直接影响区为徽县、成县、西和县、礼县及天水市秦州区等4县1区，除市县外沿线还分布有红川镇、伏家镇、店村镇、泥阳镇、小川镇、石峡镇、长道镇、盐官镇、皂郊镇等近30个乡镇，辐射带动影响范围比较广。路线布设时充分收集和听取沿线政府的意见，使本项目既与相关公路合理衔接，又充分兼顾了沿线市、县及其重要城镇的发展规划。

本项目徽县立交连接线起点位于李家河，终点位于徽县中医院处金徽大道，与G316平交。主线路线于徽县县城南约8km的地方沿洛河逆流布设，于李家河设置徽县出入口立交，并设徽县立交连接线于徽县中医院处G316相连。

本项目推荐路线方案跨越东河后沿南侧山坡展线穿越鸡峰山隧道至抛沙镇，并于抛沙镇设置成县立交，路线从成县规划区南侧边缘通过，对县城及其发展影响较小。

本项目路线于西和县西面山坡通过，对西和县城影响较小，并在西和县南十里铺、县北刘家河坝分别设置一处互通立交，以更好地服务于地方经济的发展。

本项目推荐方案路线于礼县东约15km的永兴乡过境，并通过礼县立交连接线（二级公路）与县城相接，对礼县县城没有影响。

皂郊镇是秦州区的一个重要的交通枢纽。宝（鸡）天（水）高速公路天水过境段于此通过,并在皂郊镇设有互通式立交。本项目在皂郊镇设置枢纽互通立交连接天水过境公路及 G316 线,有利带动地方经济。

2. 建设情况

(1)项目准备阶段

2009 年 2 月省交通厅以甘交规划〔2009〕16 号《关于十堰至天水国家高速公路大石碑(甘陕界)至天水段高速公路建设项目法人的批复》批复项目法人;

2009 年 12 月省环保厅以甘环自发〔2009〕134 号《关于对十堰至天水国家高速公路(G7011)甘肃段徽县(大石碑)至天水公路项目通过鸡峰山保护区的批复》批复鸡峰山保护区;

2010 年 3 月住房和城乡建设厅以甘建规〔2010〕78 号《关于十堰至天水国家高速公路甘肃段徽县(大石碑)至天水公路选址的批复》批复选址;

2010 年 6 月国土资源厅以甘国土资规发〔2010〕44 号《关于十堰至天水国家高速公路甘肃段徽县(大石碑)至天水公路工程建设用地的预审意见》批复了建设用地预审意见;

2010 年 8 月水利部以水保函〔2010〕251 号《关于十堰至天水国家高速公路甘肃段徽县(大石碑)至天水高速公路水土保持方案的复函》批复了水保方案;

2011 年 2 月国家环保总局以环审〔2011〕59 号《关于十堰至天水国家高速公路甘肃段徽县(大石碑)至天水公路环境影响报告书的批复》批复了环评大纲;

2011 年 12 月,国家发改委以发改基础〔2011〕2496 号《关于甘肃省徽县(陕甘界)至天水公路可行性研究报告的批复》批复立项;

2012 年 5 月,交通部以交公路发〔2012〕225 号《关于徽县(陕甘界)至天水公路初步设计的批复》批复了初步设计;

2013 年 7 月,甘肃省交通运输厅以甘交建〔2013〕146 号《关于十堰至天水国家高速公路甘肃段徽县(大石碑)至天水公路土建工程施工图设计及预算的批复》批复了土建施工图设计;

2014 年 2 月,甘肃省交通运输厅以甘交建〔2014〕17 号《关于十堰至天水国家高速公路甘肃段徽县(大石碑)至天水公路环境保护工程施工图设计及预算的批复》批复了绿化施工图设计;

2014 年 2 月,甘肃省交通运输厅以甘交建〔2014〕18 号《关于十堰至天水国家高速公路甘肃段徽县(大石碑)至天水公路房建工程施工图设计及预算的批复》批复了房建施工图设计;

2014 年 12 月,甘肃省交通运输厅以甘交建〔2014〕143 号《关于十堰至天水国家高速公路甘肃段徽县(大石碑)至天水公路交通安全设施及机电工程两阶段施工图设计及预算的批复》批复了交安机电施工图设计。

资金筹措：项目估算总投资188.1亿元（静态投资172.9亿元）。其中，国家安排中央专项基金（车购税）35.38亿元，甘肃省公路航空旅游投资集团有限公司从自有资金中安排30.47亿元作为项目的资本金，共计65.85亿元，约占总投资的35%；国内银行贷款122.25亿元，约占总投资的65%。

技术标准：该项目位于甘肃省陇南市、天水市境内，徽县（大石碑）至天水公路主线全长189.17km，采用双向四车道高速公路标准，设计行车速度80km/h，路基宽度为24.5m；此外，礼县立交连接线全长14.2km，采用双车道、设计行车速度为80km/h的二级公路标准，路基宽度为12.0m；两当连接线全长59.88km，李家河至徽县县城段采用双向四车道、设计行车速度为80km/h的一级公路标准，路基宽度为24.5m；徽县至两当县城段采用双车道、设计行车速度为80km/h的二级公路标准，路基宽度为12.0m；两当县城至杨家店段采用双车道、设计行车速度为40km/h的二级公路标准，路基宽度为8.5m。全线设置完善的安全和管理设施，工程总投资206.21亿元。

全线共设置桥梁150座4.56万延米，其中特大桥11座18147延米，大桥109座3.24万延米，中桥63座4486延米，小桥及通道桥86座2024延米；涵洞158道，天桥15座，分离式立交21座；隧道总长31座34416m，特长隧道4座18.41万m，长隧道7座1.49万m，中隧道4座3530m，短隧道14座4671m；互通式立交10座，主线收费站1处，匝道收费站9处，服务区4处，停车区3处。

在徽县、店村、成县、小川、石峡、西和南、西和北、礼县、盐官和皂郊设10处互通式立体交叉，立交平均间距19.3km，最大间距38.04km（盐官立交距皂郊立交），最小间距12.156km（成县立交距小川立交）。

路线与等级公路交叉处全部设分离式立交，全线共19处；路线与其他道路相交处均设通道或天桥，全线设钢筋混凝土通道140道，天桥15座，横向通行设施平均每公里0.77道。

全线设置4处服务区（红川服务区AK565+450、石峡服务区AK630+300、礼县服务区AK687+770、天水店镇服务区AK728+400）、3处停车区（成县停车区AK583+400、西峪河服务区AK661+600、天水关服务区AK709+400）。

全线桥梁、隧道、交叉、服务设施等的设置位置、间距满足规范要求，满足沿线车辆及高速公路车辆的通行。

征地拆迁：本项目征地拆迁共涉及陇南市徽县、成县、西和、礼县、天水市秦州区共5个区县，27个乡镇，142个行政村。项目办于2012年3月4日开始全线征地丈量工作，历时145d，于2012年8月15日完成了全线188.70km、连接线34.78km的征地丈量汇总工作，十天项目办全体工作人员加班加点，合理安排，夜以继日，为工程建设打下了坚实基础。2013年1月8日甘肃省交通运输厅分别与甘肃省国土资源厅、陇南市人民政府、天水市人民政府签订了统征包干协议,由地方政府负责拆迁及支付补偿费用,10月底基本完成了全线的交地和清表工作;2013年12月完成了全线电力、电信、西气东输天水支线的调查和谈判工作;2014年8月完成了4家压覆矿山企业的谈判工作。十天项目办与全线地方政府、电力电信、矿产压覆、西气东输、私营企业、施工震动、评估咨询等共签订协议160多份。全线共征收国有、集体土地17485.6051亩。2015年5月完成了全线1170户全迁户的搬迁工作,房屋总面积为15.73万 m^2,砍伐各类树木320多万株。

十天高速公路甘肃段徽县至天水高速公路参建单位详见表6-31。

十天高速公路甘肃段徽县(大石碑)至天水高速公路参建单位一览表　　表6-31

序号	参建单位	单位名称	合同段编号及起止桩号
1	项目管理单位	甘肃省公路建设管理集团有限公司	K542+000~K735+655.932
2	勘察设计单位	甘肃省交通规划勘察设计院有限公司	K542+000~K653+915.955
3	勘察设计单位	中交第一公路勘察设计研究院有限公司	K654+060~K735+655.932
4	施工单位	中交第二航务工程局有限公司	ST01:K542+000~K547+320
5	施工单位	中铁十七局集团第一工程有限公司	ST02:K547+320~K552+294
6	施工单位	中铁十五局集团第五工程有限公司	ST03:K552+294~K555+363.959
7	施工单位	中铁四局集团有限公司	ST04标:K555+518~K561+400
8	施工单位	中铁十局集团西北工程有限公司	ST05标:L1K0+800~L1K8+665.145
9	施工单位	贵州省公路工程集团有限公司	ST06标:K561+400~YK576+700
10	施工单位	浙江正方交通建设有限公司	ST07标:K576+700~K580+450
11	施工单位	中交一公局桥隧工程有限公司	ST08标:K580+450~YK597+912
12	施工单位	杭州宇航交通工程有限公司	ST09标:K597+912~K599+715
13	施工单位	四川武通路桥工程局	ST10标:YK599+715~YK606+438/ZK599+715~ZK606+608.4
14	施工单位	甘肃路桥建设集团有限公司	ST11标:YK606+438~YK611+685.458/ZK606+608.4~ZK611+744.083
15	施工单位	天津市公路工程总公司	ST12标:YK611+685.458~YK618+781/ZK611+744.083~ZK618+825
16	施工单位	河北燕峰路桥建设集团有限公司	ST13标:YK618+781(ZK618+825)~K625+100
17	施工单位	中交一公局第三工程有限公司	ST14标:K625+100~K633+520
18	施工单位	中铁十一局集团第一工程有限公司	ST15标:K633+520~K642+170
19	施工单位	华通路桥集团有限公司	ST16标:K642+170~K653+915.955
20	施工单位	中铁二十局集团有限公司	ST17标:K654+060~K657+760
21	施工单位	中铁十六局集团第五工程有限公司	ST18标:K657+760~K668+600
22	施工单位	河北交建工程有限公司	ST19(K668+600~K679+500)

续上表

序号	参建单位	单位名称	合同段编号及起止桩号
23	施工单位	安通建设有限公司	ST20（K679+500～K692+200）
24	施工单位	中铁五局集团第一工程有限责任公司	ST21（K692+200～K709+350）
25	施工单位	中交二公局第三工程有限公司	ST22标：K709+350～K717+200
26	施工单位	新疆兴达公路工程部	ST23标：K717+200～K726+300
27	施工单位	青岛公路建设集团有限公司	ST24标：K726+300～K735+655.932
28	施工单位	中国路桥集团西安实业发展有限公司	ST25标：K542+000～K735+655.932
29	施工单位	新疆昆仑路港工程公司	ST26标：K654+060～K735+655.932
30	施工单位	中交二公局第三工程有限公司	STLM1标：K542+000～K576+700
31	施工单位	四川攀峰路桥建设集团有限公司	STLM2标：K576+700～K625+100
32	施工单位	甘肃顺达路桥建设有限公司	STLM3标：K625+100～K653+915.955
33	施工单位	中铁十一局集团第二工程有限公司	STLM4标：K654+060～K679+500
34	施工单位	浙江省大成建设集团有限公司	STLM05标：K679+500～K709+350
35	施工单位	宁夏路桥工程股份有限公司	STLM06标：K709+350～K735+655.9
36	施工单位	甘肃天筑建设工程有限公司	STFJ1
37	施工单位	甘肃恒泰建筑安装工程有限公司	STFJ2
38	施工单位	四川省正梁建设工程有限公司	STFJ3
39	施工单位	甘肃华恒建筑工程有限公司	STFJ4
40	施工单位	甘肃第七建设集团股份有限公司	STFJ5
41	施工单位	甘肃第一安装工程有限公司	STFJ6
42	施工单位	甘肃三立工程建设有限公司	STFJ7：K652+200～K732+500
43	施工单位	徐州光环钢结构工程有限公司	STFJ8：K524+000～K709+350
44	施工单位	宜兴市华隆交通设施有限公司	STLH1标：YK542+000～K638+400
45	施工单位	杭州宇航交通工程有限公司	STLH2标：YK542+000～YK576+700
46	施工单位	甘肃圆陇路桥机械化公路工程有限责任公司	STLH3标：YK576+700～K628+100
47	施工单位	甘肃华运园林绿化工程有限公司	STLH04：K628+100～K668+600
48	施工单位	甘肃路桥飞宇交通设施有限责任公司	STLH05：K668+600～K735+655.932
49	施工单位	河北建工集团有限责任公司	STLH06：K628+100～K735+655.932
50	施工单位	兰州金路交通设施有限责任公司	STAQ01：K542+000～K575+300
51	施工单位	甘肃恒和交通设施安装有限公司	STAQ02：K575+300～K625+300
52	施工单位	广东六达交通工程有限公司	STAQ03：K625+100～K653+915.955
53	施工单位	甘肃路桥飞宇交通设施有限责任公司	STAQ04标：K654+060～K697+000；礼县连接线L3K0+000～L3K16+140
54	施工单位	甘肃圆峰交通工程有限公司	STAQ05标：高速主线 K697+000～K735+655.932

第六章 甘肃省高速公路建设项目

续上表

序号	参建单位	单位名称	合同段编号及起止桩号
55	施工单位	四川晴宇交通科技有限公司	STJD1 标：K542+000～K654+060
56	施工单位	北京公科飞达交通工程发展有限公司	STJD2 标：K654+060～K735+655.932
57	施工单位	甘肃紫光智能交通与控制技术有限公司	STJD3 标：K543+304～K555+363
58	施工单位	甘肃新网通科技信息有限公司	STJD4 标：K556+885～K578+732
59	施工单位	甘肃恒智信息科技有限责任公司	STJD5 标：K578+732～K604+800
60	施工单位	紫光捷通科技股份有限公司	STJD6 标：K604+800～K610+454
61	施工单位	福建新大陆电脑股份有限公司	STJD07 标：K614+900～K620+820
62	施工单位	亿阳信通股份有限公司	STJD8 标：K620+860～K636+907
63	施工单位	成都曙光光纤网络有限责任公司	STJD9 标：K654+360～K658+730
64	施工单位	厦门兴南洋信息技术有限公司	STJD10 标：K658+730～K719+420
65	施工单位	甘肃中太信息科技有限公司	STJD11 标：关同隧道 YK713+382～YK719+420；ZK713+354～ZK719+405
66	施工单位	华北建设集团有限公司	STXF1 标：K543+304～K603+005
67	施工单位	湖北红太阳建设工程有限公司	STXF2 标：K604+702～K636+902
68	施工单位	深圳深港建设工程发展有限公司	STXF3 标：K654+675～K713+359
69	监理单位	北京泰克华诚技术信息咨询有限公司	STJL01 标：YK542+000～YK555+363.959
70	监理单位	河北华达公路工程咨询监理有限公司	STJL02 标：L1K0+800～L1K8+665.145 YK555+518～YK576+700
71	监理单位	甘肃省交通工程建设监理公司	STJL03 标：K576+700～K599+715
72	监理单位	江苏兆信工程咨询监理有限公司	STJL4 标：YK599+715～YK618+781 ZK599+715～ZK618+825
73	监理单位	甘肃兴陇交通工程监理有限责任公司	STJL05 标：YK618+781～K642+170
74	监理单位	深圳高速工程顾问有限公司	STJL06 标：K642+170～K668+600
75	监理单位	北京交科工程咨询有限公司	STJL07 标：K668+600～K709+350
76	监理单位	甘肃华顺交通科技咨询有限责任公司	STJL8 标：K709+350～K735+655.932
77	监理单位	甘肃省交通工程建设监理公司	STLMJL1 标：K542+000～K625+100
78	监理单位	甘肃兴陇交通工程监理有限责任公司	STLMJL2 标：K625+100～K679+500
79	监理单位	北京港通路桥工程监理有限公司	STLMJL3 标：K679+500～K735+655.9
80	监理单位	江苏兆信工程咨询监理有限公司	STFJJL1
81	监理单位	甘肃兴陇交通工程监理有限责任公司	STFJJL02
82	监理单位	兰州交大工程咨询有限责任公司	STFJJL03：K652+200～K709+350
83	监理单位	甘肃省交通工程建设监理公司	STLHJL01 标：YK542+000～K638+400
84	监理单位	甘肃华顺交通科技咨询有限责任公司	STLHJL2：K628+100～K735+655.932
85	监理单位	甘肃新科建工监理咨询有限公司	STAQJL01：K542+000～K653+915.955
86	监理单位	甘肃兴陇交通工程监理有限责任公司	STAQJL02：654+060～K735+655.932，礼县连接线 L3K0+000～L3K16+140

续上表

序号	参建单位	单位名称	合同段编号及起止桩号
87	监理单位	北京中交路通交通工程咨询有限公司	STJDJL1 标：K542+000~K735+655.932
88	监理单位	北京天智恒业科技发展有限公司	STJDJL02：K543+304~K610+454
89	监理单位	中国公路工程咨询集团有限公司	STJDJL03：K614+905~K719+425
90	设计咨询单位	甘肃省交通规划勘察设计院有限责任公司	

(2)项目实施阶段

①项目管理机构设置及职能

本项目业主单位为甘肃省公路建设管理集团有限公司,设计单位是甘肃省交通规划勘测设计院有限责任公司、中交第一公路勘察设计院有限公司,质量监督单位为甘肃省交通工程质量安全监督管理局。成立十堰至天水高速公路建设项目管理办公室作为业主的派出机构,全面负责项目管理工作。下设徽县、西和两个现场办,代表建设单位从质量、进度、安全等方面对该项目进行全面管理。同时各合同段的中标施工企业成立了项目经理部,中标监理企业成立了项目监理部,分别具体负责各合同段工程的施工和监理工作。

项目内部管理。一是在项目全过程执行了业主代表联系制。将路基和路面及后进场的房建、绿化、机电和交安标段划分了责任段落,由各业主代表对现场进行管理,及时全面掌握工地动态。二是坚持每晚召开例会。会上及时听取各业主代表白天在工地上的工作情况,发挥团队的群策群力作用。三是推行小调度会和现场办公会,地点灵活、形式灵活、不走过场,有针对性地解决各标段在进度、质量、征迁、监理服务等方面存在的问题。

②质量控制措施与效果

注重制度建设,夯实管理基础。制定了《十天高速公路建设项目管理办法汇编》《十天高速公路土建工程外购材料资格准入实施管理办法》《十天项目办内部管理制度》《十天高速公路路面工程精细化施工》等制度。编制了《十天项目标准化施工及管理系列丛书》(共计11分册)《十天项目试验室管理细则》和《十天项目创建优质工程实施办法》,细化和明确了十天建设项目工程合同履行、质量管理、首件认可、优质优价、考核与奖惩、计量支付、设计变更、材料采购、安全生产、信访工作、农民工工资监督管理等各项工作制度。

强化现场管控,提升施工质量。在十天项目建设管理过程中,积极落实交通运输部现代工程建设管理"人本化、专业化、标准化、信息化、精细化"的"五化"理念,突出重点,狠抓难点,大力推进项目管理制度标准化、工艺标准化建设,重点对全线深挖高填路基填筑、隧道施工等容易出现质量通病的工程项目进行了认真研究分析,制定了控制措施,建立了档案。坚持"强支护、严注浆、短进尺、勤测量、快成环"的施工原则,加强隧道开挖、支护、防水等施工现场管理工作,对锚杆施工、防水板焊接、纵横排水系统连接等隐蔽工程进行重点控制。对大桥、立交等重点工程,严格控制施工工艺,开展混凝土专项治理活动,加强桥梁梁板检测,在预制场设置梁板检测台座,对检测不合格的梁板不予出场。隧道施工中引入了仰拱中心水沟组合模板、喷射混凝土湿喷工艺以及远程视频监控系统等,有效提升了隧道掘进速度和隧道施工质量。钢筋加工场引入了数控弯曲中心、智能弯箍机、自动滚焊机等先进设备,有效提高了钢筋加工质量、精度和效率。梁板预制场采用液压整体式模板、智能张拉系统、数控智能压浆系统,确保梁板质量外美内实。拌和站引入了数据采集与监控系统,能够对混凝土拌和过程各个原材料使用情况进行实时、无缝隙监控,确保混凝土拌和质量。特大桥梁采用桥梁施工监控,能够对主要环节和过程进行监控和控制,保证施工过程中结构处于安全状态。

③工程变更

在设计变更具体管理中,项目办结合省交通运输厅等上级管理部门设计变更管理办法制定了适合各项目的设计变更管理办法,并且能够按照办法规定,进行设计变更管理,未发生未批先建、虚报变更、不合理变更以及越权变更等行为。十天项目的变更费用报批文件批复百万元以上变更 1 期,批复费用为 324.96 万元;批复百万元以下变更 4 期,批复费用为 2.44 亿元。

3. 复杂技术工程

(1)西秦岭隧道

十堰至天水国家高速公路甘肃段徽县(大石碑)至天水公路段西秦岭隧道进口段位于徽县大河店乡麻郭台村,出口段位于徽县水阳乡胡河村。全长 5700/5464m,其中Ⅲ级围岩长 3190m,Ⅳ级围岩 4494.3m,Ⅴ级围岩 3479m。

①不良地质现象与特殊性岩土

隧址区无特殊性岩土。不良地质主要为石灰岩的岩溶、山体危岩及瓦斯。

危石:隧道进口端斜坡上部由于板岩或石灰岩岩体裸露,岩体卸荷裂隙较发育,被结构面切割成块状,较硬质灰岩夹薄层软弱板岩及片岩,风化程度不一,易形成危岩。

岩溶:隧址区大部穿越石炭统(C_{2-3})可溶性的灰炭,地表沿洛河左岸沟底一侧多发育较小溶洞,直径 1.0~5.0m 不等。洛河左岸隧道所经山顶多发育溶蚀洼地,直径 3~300m,深 5~50m 等不同规模,局部溶蚀明显的部位推测为地下水联系通道。洞身段 YK551+140~YK551+430、YK552+185~YK552+255 节理裂隙发育,有溶蚀,局部极有可能充水。

隧址区石炭系及志留系地层发育区域逆断层,岩体破碎,尤其断层上盘岩体尤为破碎,褶皱核部一般节理裂隙也较为发育,破碎段为岩溶发育提供了地下水水动力条件,属于岩溶水及构造裂隙水较为发育的地段,不排除深部岩溶在断层接触带、褶皱核部比较发育的可能。

瓦斯：设计资料显示本隧道含碳地层属低瓦斯隧道，但开挖掌子面仍有局部突出的可能。在含炭质围岩段的施工过程中应加强对瓦斯气体的检测，增设大功率通风设备加强洞内送风能力。

溶洞地段隧道施工注意事项：a.加强地质探测与预报。施工过程中必须进行综合详细的地质超前预报工作，调查清楚岩溶的大小和发育情况，根据其类型确定正确的处理方案。b.保证施工期间的安全。充分体现以人为本的理念，确保施工安全，在施工过程中，喷锚支护及开挖面应在无水压和低水压的状态下作业。在进入高水压地段之前，进一步加强工作面前方地质超前预测预报，施工中根据富水情况及水压大小，采用超前帷幕注浆或限量管道排放等手段降低工作面水压，并在开挖时严格遵循"短进迟、弱(不)爆破、早封闭、强支护、勤量测、紧衬砌"的原则。c.保证隧道支护安全。施工中注意检查溶洞顶板，及时处理危石。当溶洞较高时，应设置施工防护排架或钢筋防护网。在溶蚀地段的爆破作业，应尽量做到多打眼，打浅眼，并控制药量。在溶洞充填体中掘进时，加强超前支护措施，必要时采取预注浆加固地层。溶洞未做出处理方案前，不要将弃渣随意倾填于溶洞中。d.保证地表生态环境不受或少受影响。为防止隧道施工可能造成的地下水严重流失，导致生态环境遭到破坏，做好地表水、出水点的观测工作，必要时对地表进行处理。对暗河地段施工排水采用"以堵为主，限量排放"的原则，尽量维系岩溶暗河的既有通路，使地下水恢复到原有水位。

②隧道穿过围岩断层破碎带施工

本合同段隧道洞身穿越两条断层破碎带，以碎石状压碎结构为主，围岩稳定性差。施工时易发生坍塌，对隧道施工安全和质量影响较大。施工时采取以下具体措施：

在接近洞身断层破碎带20m时，加强超前地质预报和围岩量测，在开挖面拱顶、隧底、左右边墙及开挖面中心等部位超前深钻孔，依据超前钻孔施工情况，判断开挖面前方地质类别及地下水情况等，制定相应对策。在开挖断层带地段之前，对临近断裂带的洞身完成二次衬砌，提高意外时的应对能力。在断裂带施工期间，通过断层带的各施工工序之间的距离尽量缩短，二次模筑衬砌紧跟开挖面、初期支护施工，减短断裂带开挖后的暴露时间。断层带地段超前支护施工采用拱部打设 $\phi 42 \times 4mm$ 超前注浆小导管，长3.5m，纵向间距1.6m，环向间距0.35m；安装I20b钢拱架，间距为80cm/榀；系统锚杆用D25中空注浆锚杆，长3.5m，间距 $100 \times 80cm$。断层地段有涌水时，采用深孔超前单液预注浆进行堵水。采用爆破法掘进时，严格控制炮眼数量、深度及装药量，尽量减小爆破对围岩的震动。断层带地段采用分部开挖法施工，上台阶开挖面到下台阶开挖面的距离控制在3~5m。下部开挖左右采用两侧交替作业。断层地带的支护经常检查加固，开挖后开挖面立即进行喷混凝土作业。根据具体情况及时调整超前支护、初期支护参数。将左右线隧道进入断层带施工的时间错开，先施工右线断层地段，沿路线纵向间距错开50m，避免相互影响。断层破碎地段施工时,成立"隧道断层带施工领导小组"和两个应急突击队,坚持 24h 轮流值班待命,做到"闻风而动"。物资设备部组成应急物资供应小组,按照施工技术方案和领导小组的指示,组织、加工、储备各种应急抢险设备、车辆、物资,运至隧道内有序堆放,做到供应及时,数量充足。施工过程中加大围岩量测的频率,及时对量测结果进行分析,并及时向领导小组汇报分析结果和处理措施。

③瓦斯气体聚集段施工

在施工中加强瓦斯气体监测,作好预报和施工通风工作。此段施工采取的措施主要有:利用超前探孔提前探测,必要时加密探孔。实行湿式作业,尽快封闭衬砌结构,采取必要的防爆措施。加强施工通风,在通过有害气体层时应不间断通风。结合隧道穿越此段的工程措施,通过实施注浆,减少瓦斯气体逸出。拱部、边墙及仰拱的初期支护与衬砌间设置高密度 PE 板隔离层,高密度 PE 板外衬闭孔 PE 泡沫垫层,垫层厚不小于 4cm。衬砌施工缝在先后浇筑混凝土界面处掺界面剂,并预埋橡胶止水带;衬砌采用气密性防渗混凝土,混凝土掺气密剂后透气系数不大于 $10 \sim 12 cm/s$。洞内设瓦斯气体监测点,设专人随时监测有害瓦斯气体浓度,使其控制在 0.5% 以内;当有害气体浓度超标时,立即停止施工,施工人员撤离到安全地带。

(2)董家庄特大桥

里程桩号:K723+839~K726+100,长度:2261m。

董家庄特大桥上部为装配式预应力混凝土箱型连续桥梁,下部采用双柱式桥墩,肋板式桥台,桩基础。

①关键技术:预应力智能张拉。当预制箱梁混凝土达到设计强度的 85% 后,且混凝土龄期不小于 7d 时,方可张拉预应力钢束。抽出内衬管,根据设计图纸用砂轮切割机下料,用工具锚梳理后每米用尼龙绳绑扎完成编束,采用卷扬机牵引导索,将预应力束安装就位。用两套智能张拉设备在钢束两端同时对称均匀张拉。预应力张拉施工前要复核设计伸长量,并上报监理工程师复核结果,张拉过程中以锚下张拉控制应力为主,以钢绞线伸长量为辅,伸长量偏差不得大于设计量的 ±6%,如有超限应立即停止张拉查明原因后方可继续。

②施工注意事项:预应力筋在混凝土浇筑后穿入孔道;混凝土采用蒸汽养护,严禁在养护结束前穿入预应力筋。施工中采取塑料布等对露出构件预应力管道外的预应力筋进行覆盖、包裹,且应避免雨水或养生用水进入预应力管道,防止钢绞线污染或锈蚀。预应力筋应先编束,每隔 1.0~1.5m 绑扎一道,对每根预应力筋的首尾部进行编号(每根预应力筋两端编号相同)。然后整束穿入孔道,保证预应力筋的顺直、不扭转、相互平行。穿束前宜采用通孔器疏通预留管道,穿束安装时应严格控制每根预应力筋的相对位置(两端对应、平行)。张拉后切割钢绞线时不得损伤锚具,预应力筋切割后的外露长度不得小

于30mm,且不应小于1.5倍预应力筋直径。锚具长期外露时,应采取防止锈蚀的措施。养生用水进入预应力管道,防止钢绞线污染或锈蚀。预应力筋应先编束,每隔1.0~1.5m绑扎一道,对每根预应力筋的首尾部进行编号(每根预应力筋两端编号相同)。然后整束穿入孔道,保证预应力筋的顺直、不扭转、相互平行。穿束前宜采用通孔器疏通预留管道,穿束安装时应严格控制每根预应力筋的相对位置(两端对应、平行)。张拉后切割钢绞线时不得损伤锚具,预应力筋切割后的外露长度不得小于30mm,且不应小于1.5倍预应力筋直径。锚具长期外露时,应采取防止锈蚀的措施。

(3)关同隧道

里程桩号:K713+359~K719+405,长度:6046m。

关同隧道结构设计按新奥法原理进行,采用复合式衬砌。初期支护由喷射混凝土、锚杆及钢筋网组成,并辅以钢架、管棚等支护措施,充分调动和发挥围岩的自承能力,在监控量测信息指导下施作二次衬砌。

断裂破碎带处治:隧道穿越断层破碎带施工风险较大,本隧道V级活断裂带(左线150m,ZK718+423~ZK718+273;右线140m,YK718+430~YK718+290)采取以下措施减少施工风险:①采用双排小导管注浆对断裂破碎带加固,搭接长度≥1.0m;②加强隧道超前地质预报,摸清隧道前方地质情况,采取合理处理措施;③断裂破碎带开挖采取分部开挖,并根据监控结果采取合理的临时支固方案;④活断裂带施工缝均按抗震变形缝形式设置;⑤加强监控量测,隧道预留变形量按20cm计;⑥仰拱超前,及早封闭,控制变形;⑦及时施做衬砌,确保安全。

4. 科技创新

2012年12月,省交通运输厅批准实施十天高速公路科技示范工程,科技示范工程包含9个课题,实施时间为2012年10月至2017年6月。十天高速公路科技示范工程的实施,目的是为了拓展科技成果转化途径,提高科技成果对交通行业创新发展的贡献率,加快交通行业由传统产业向现代服务业的历史进程。

各课题具体情况为:

(1)西秦岭特长隧道双洞互补式网络通风关键技术及应用研究

本课题由公司与中交二院、省设计院、北京交大展开合作,课题的具体研究内容主要涉及七部分,包括西秦岭特长隧道双洞互补式网络通风的设计理论和设计方法适用性研究、网络通风数值模拟技术研究、网络通风模型试验研究、通风方案优化研究、网络通风的防灾救援系统研究,以及网络通风的控制模型研究、西秦岭特长隧道土建工程的配套设施方案研究。

(2)阴阳坡效应对黄土边坡破坏机理分析及防治技术应用研究

本课题由公司与省交通科学研究院合作展开,主要针对甘肃省黄土地区常见的公路边坡病害,在充分借鉴已有的阴阳坡效应、黄土边坡防护技术等相关资料的基础上,以长期连续的现场观测试验、系统的室内试验和理论分析为主要研究方法,针对阴阳坡效应对黄土边坡的影响及考虑阴阳坡效应下的黄土边坡防护技术进行深入的探索。

(3)公路隧道沥青路面抗滑与明色技术研究

本课题由公司与重庆交通大学、交通运输部科学研究院合作展开,研究内容分为两个子课题展开,重庆交通大学主要负责子课题一"公路隧道抗滑沥青路面关键技术与应用研究",交通运输部科学研究院主要负责子课题二"公路隧道明色环保型沥青路面关键技术与应用研究"。课题预期成果主要包括提出两种改善沥青路面抗滑耐久性的技术对策,与国内外现有隧道相比,显著提高沥青路面的抗滑耐久性等,从而使长隧道路面达到安全、环保、耐久的功能要求。

(4)干旱—半干旱地区黄土路基修筑及边坡生态防护技术推广应用研究

本课题由公司与长安大学、省设计院合作展开,主要对黄土路基压实技术、干旱—半干旱地区黄土边坡生态防护技术进行推广应用,项目预期成果主要编著《干旱—半干旱地区黄土路基修筑及边坡生态环保技术标准化施工指南》,通过开展黄土地区公路路基修筑技术研讨会、座谈会,跟踪分析试验段的应用效果,从项目的经济性和适用性出发,针对设计和施工上的技术难点进行简化突破,以使黄土地区路基设计修筑技术方案切实可行性强,逐渐建立完善区域公路路基设计修筑决策程序。

(5)十天高速公路沿线筑路材料在集料中的综合利用技术研究

本课题由公司与长安大学合作展开,主要分为理论分析、野外取样、室内试验研究以及现场实验验证,在充分调研、参考国内外研究成果与现状的基础上,针对十天高速公路沿线的气候条件、材料特性和施工技术实际,通过理论分析、室内试验研究、铺筑现场实验路和工程示范,开展不同标号混凝土用沿线机制砂的适用性、高性能混凝土用沿线粗集料的适用性等研究。

(6)十天高速公路(甘肃段)施工标准化体系研究

本课题由公司与交通运输部公路科学研究院合作展开,主要结合十天高速公路工程施工标准化管理的全面实施,对实施全过程进行系统规划、分析问题、总结经验;对现有的《甘肃省高速公路建设标准化管理指南》进行完善、修订,补充房建工程和工地试验室。完成"甘肃省高速公路机电工程、交通安全设施标准化施工管理"章节,完成《甘肃省高速公路机电设施施工标准化管理指南》《甘肃省高速公路交通安全设施施工标准化管理指南》,编制《甘肃省高速公路桥梁施工标准化管理指南》。

(7)膨胀土路基及边坡加固与施工技术应用研究

本课题由公司与长安大学合作展开,课题针对目前膨胀土作为公路路基的修筑材料在路堤或路堑建设后产生的剥落、纵裂、冲蚀、泥流、溜塌、坍滑、滑坡、沉陷等路基病害,以及由于膨胀土的不良工程性质导致的路堤及路堑边坡稳定性明显下降,造成路基失稳,影响行车安全的问题,依托实际工程,深入研究路基边坡的破坏特性,重点解决路基、路堑边坡处理技术等关键问题。对有关路基防护与加固、防排水工程措施和施工技术的应用效果进行跟踪观测、分析和总结,提出膨胀土地区路基、路堑实用处治技术。完善膨胀土地区公路构造物地基基础设计方法,并为相关设计规范和施工规范修订提供科学依据。

(8)交通安全新技术在十天高速公路(甘肃段)的推广应用研究

本课题由公司与交通运输部公路科学研究院合作开展,主要结合十天高速公路的实际情况,重点推动新技术、新工艺、新材料的应用,重点对安全、迅速、经济、方便、舒适、节能及低公害的交通工程材料进行推广应用研究,包括高强复合材料交通设施、新型标志标线和防撞护栏等。

(9)十天高速公路鸡峰山隧道光环境安全节能技术与应用研究

本课题由公司与北京工业大学合作开展,主要以十天高速公路鸡峰山隧道为依托,通过对鸡峰山隧道地理位置、地形、气候条件、结构形式、路面条件等的现场检测与综合分析,将已有的研究成果技术应用于鸡峰山隧道,以验证隧道照明光环境成果安全与节能的可靠性,为下一阶段技术的推广应用奠定基础,同时也为提高隧道运营管理水平奠定基础。

5.运营管理

本项目设置主线治超站1处,主线徽县收费站1处,服务区4处,停车区3处,养护工区3处,在店村、成县、小川、石峡、西和南、西和北、礼县、盐官、天水镇设置匝道收费站9处。

(1)徽县主线治超站及收费站

工可主线收费站布设于徽县王家河,初步设计经详细勘测,该路段路线距离河道较近,长度较短,布设以桥梁通过,无法布设主线收费站,因此初步设计对主线收费站位置进行了调整。根据立交区地形及主线布设情况,将主线治超站、主线收费站和徽县互通立交合并布设在李家河,主线治超站及收费站位于互通立交之前,主线治超站站场单独设置,主线收费站、匝道收费站、隧道管理站站场合并设置,占地32亩,收费车道数为5入11出。

主线治超站中心桩号K559+870,治超站直线段长度120m,路线小桩号右侧渐变段长度100m,路线大桩号右侧渐变段长度50m,渐变率1/5~1/10。治超站占地35亩。

主线收费站中心桩号K560+020,距陕西境汉中至洛阳高速公路最近的主线收费站23.4km。收费站直线段长度150m,路线小桩号左侧渐变段长度115m,右侧渐变段长度75m,路线大桩号左侧渐变段长度179.01m,右侧无渐变段,渐变率为1/3~1/6。

（2）服务区

①红川服务区

工可布设服务区在K567+000处，占地面积60亩，初步设计根据地形、交通量对服务区位置及占地面积进行了调整，起点桩号K564+440，终点桩号K566+000，左右侧基本对称布设，占地面积90亩，变速车道渐变段长度均为80m，变速车道采用100km/h设计速度的长度，减速车道为直接式，长度125m左右，加速车道为平行式，长度200m左右。该服务区距陕西境汉中至洛阳高速公路最近的马蹄湾停车区41.32km，距略阳服务区61.8km，距成县停车区43.4km，距石峡服务区61km。

②石峡服务区

石峡服务区位于西和县石峡镇峡谷区，石峡服务区将与石峡立交合建，即将服务区布置于石峡立交范围内。服务区中心桩号YK630+300，占地90亩。该方案合理利用了有利地形，设计中通过加强交通设施的设计，渠化交通流，解决场地内车辆交织问题，可以保证车辆的有序进出场地。

③礼县服务区

礼县服务区中心桩号为K687+770，布设于西汉水南侧，主线两侧地形平坦开阔。服务区采用双侧布设，其左、右侧场区对称设置，场区面积共110亩。距离西峪河停车区26.17km，距离天水关停车区21.70km。

④天水店镇服务区

天水店镇服务区设置于店镇村下游的河谷，一侧靠山布设，中心桩号K728+400，其左、右侧场区对称设置，场区面积共90亩。天水店镇服务区距离天水关停车区23.35km，距离宝天高速天水过境段甘泉服务区24.11km，距离天定高速公路关子停车区48.046km、关子服务区69.28km。

十(堰)天(水)高速公路甘肃境内天水镇高速公路一段

(3)停车区

①成县停车区

成县停车区位于成县庙湾村南侧耕地区,根据地形,停车区在路基两侧采取错幅布设,停车区中心桩号 AK583+435,占地 16 亩,停车区距红川服务区 18.2km,距石峡服务区 46.9km。减速车道按线性渐变,减速车道总长度 210m(含 80m 三角渐变段长度),渐变宽度从起点的 0m 渐变至终点的 10.5m,渐变范围内横坡按硬路肩的横坡设置;加速车道按线性渐变,总长度为 280m(含 80m 三角渐变段的长度),渐变段宽度从起点的 10.5m 渐变至 210m 处的 4m,再渐变至终点的 0m。

②西峪河停车区

西峪河停车区中心桩号为 K661+600,布设于西峪河南侧山坡上,主线两侧地形相对平坦开阔。停车区采用双侧布设,其左、右侧场区对称设置,场区面积共 15 亩。距离石峡服务区 30.66km,距离天水店镇服务区 26.17km。

③天水关停车区

天水关停车区中心桩号为 K709+400,布设于天水镇北侧、天水河南岸,主线两侧地形平坦开阔。停车区采用双侧布设,其左、右侧场区对称设置,场区面积共 15 亩。距离礼县服务区 21.70km,距离天水店镇服务区 23.35km。

(4)养护工区

本项目在成县庙、西和、礼县分别设置 3 处养护工区,养护工区分别占地 30 亩。

十三、G75(兰州—海口)甘肃段(兰州—甘川界罐子沟)

兰海高速兰州—海口公路,中国国家高速公路网编号为 G75,起点在兰州,途经广元、南充、重庆、遵义、贵阳、麻江、都匀、河池、南宁、钦州、北海、湛江、海安,终点在海口,全长 2570km。其中湛江至海口段与 G15 沈海高速公路重线。甘肃境内由兰州至临洮高速公路、临洮至渭源高速公路、渭源至武都高速公路、武都至罐子沟高速公路组成。兰州至临洮高速公路在 G1816 中已详细叙述。

(一)临洮至渭源高速公路(建设期:2013—2016 年)

1. 项目概况

(1)基本情况

本项目路线起点(K90+800)位于临洮县曹家沟,与兰临高速公路终点(K90+991.27)处顺接,路线总体走向由西北向东南,终点(K153+580)接天定高速公路渭源连接线的终点(K35+929.02),建设总里程 62.67km。项目概算批复投资 47.73 亿元。本项目于

2013年8月开工,计划2016年12月31日通车。

主要控制点:苟家坪、孟家坪、姚家坪、朱家庄、文家坪、水家窑、常家庄、上湾乡、祁家庙乡、郭家山、常家咀、渭源县、杜家庄、柯寨、红庄、阳坡磨、曹家崖。

主线按双向四车道、全封闭、全控制出入的高速公路标准建设,设计速度80km/h,整体式路基宽度24.5m,分离式路基宽度12.25m。

本项目主要位于黄土高原区陇中(陇西)黄土高原亚区,地处陇西黄土高原西南边缘的洮河、渭河分水岭,纵跨黄河流域。地势西北高东南低,地形相对复杂,有山梁、沟谷、川台地。勘察区最高点在斜坝河与漫坝河支流的分水岭处,海拔约2560m,最低点在路线起点白塔村北,海拔为1902m,最大相对高差约660m。

本项目路线全长62.67km,全线主线(含互通立交、服务区、分离式立交)共设大桥20座8125.08m,中桥11座720.08m,分离式立交桥2座,通道桥31座,天桥16座,涵洞174道,其中钢筋混凝土盖板暗涵92道,钢波纹管涵2道,拱涵5道,通道涵75道,渡槽6座。改移旧路共设大桥1座166m,钢筋混凝土盖板涵12道,渡槽1座。隧道3座,单洞长10119m;全线在临洮县玉井镇、渭源县会川镇、渭源县(清源镇)共设互通立交3处;在玉井、会川、渭源共设置3处匝道收费站;全线共设上湾服务区1处、渭源停车区1处、高速公路管理所1处、养护工区1处。

(2)参建单位(表6-32)

表6-32

参建单位	单位名称	合同段编号及起止桩号
项目管理单位	甘肃路桥公路投资有限公司	K90+800~K153+580
勘察设计单位	甘肃省交通规划勘察设计院有限责任公司	K90+800~K153+580
施工单位	浙江省大成建设集团有限公司	LW1合同段 K90+800~K98+800
	中铁五局集团第一工程有限责任公司	LW2合同段 K98+800~K105+260
	中交第四公路工程局有限公司	LW3合同段 K105+260~K112+440
	中铁十二局集团有限公司	LW4合同段 K112+440~K119+800
	福建省第二公路工程有限公司	LW5合同段 YK119+800~YK124+700=ZK124+687.035
	中交第二公路工程局有限公司	LW6合同段 YK124+700~YK128+300=ZK128+277.128
	中铁一局集团第二工程有限公司	LW7合同段 YK128+300~YK132+200=ZK132+188.741
	甘肃路桥建设集团有限公司	LW8合同段 YK132+200~K138+800
	中铁七局集团第三工程有限公司	LW9合同段 K138+800~K146+400
	新疆北新路桥集团股份有限公司	LW10合同段 K146+400~K153+580
	中铁五局集团机械化工程有限责任公司	LWYZ合同段 K90+800~K153+580

续上表

参建单位	单 位 名 称	合同段编号及起止桩号
监理单位	太原市华宝通工程监理有限公司	LWJL1合同段 K90+800~K112+440
	河北华达公路工程咨询监理有限公司	LWJL2合同段 K112+440~YK132+200=ZK132+188.741
	甘肃兴陇交通工程监理有限责任公司	LWJL3合同段 K132+200~K153+580

2. 建设情况

临渭项目由国家发改委2012年6月以发改基础〔2012〕1913号文件批复工程可行性研究报告，批复估算总投资43.6亿元。交通运输部2013年3月以交公路发〔2013〕184号文件批复项目初步设计，批复概算投资47.73亿元，资金构成为：中央专项基金（车购税）5.93亿元，甘肃省配套自筹资金11.51亿元，银行贷款30.29亿元。甘肃省交通运输厅2015年6月以甘交公路〔2015〕41号文件批复施工图设计及预算，批复预算投资47.7亿元。

（1）项目各项手续报批情况

2007年12月，甘肃省交通运输厅以甘交规划〔2007〕168号文件批准由甘肃路桥公路投资有限公司承担临渭高速公路建设项目法人，全面负责本项目的建设管理。

2009年7月，国土资源部以国土资预审字〔2009〕286号文件批复了临渭项目建设用地预审。2011年9月，国土资源部以国土资预审字〔2011〕256号文件出具了《关于同意延长兰州至海口国家高速公路临洮至渭源段建设用地预审意见有效期的函》。

2009年12月，环保部以环审〔2009〕549号文件批复了兰州至海口国家高速公路临洮至渭源段环境影响评价报告。

2010年1月，水利部以水保函〔2010〕3号文件批复了兰州至海口国家高速公路临洮至渭源段工程水土保持方案报告。

2012年6月，国家发改委以发改基础〔2012〕1913号文件批复了临洮至渭源公路可行性研究报告。

2013年2月，甘肃省交通运输厅以甘交规划〔2013〕27号文件批复由甘肃省公路航空旅游投资集团有限公司承担临渭项目融资法人。

2013年3月，交通运输部以交公路发〔2013〕184号文件批复了临洮至渭源公路初步设计。

2013年8月，国土资源部办公厅以国土资厅〔2013〕807号文件批复了本项目控制性工程先行用地申请。

2013年9月，国家林业局以林资许准〔2013〕319号文件批复了林地使用申请。

2014年7月，国土资源部以国土资函〔2014〕246号文件批复了项目建设用地申请。

2015年6月,甘肃省交通运输厅以甘交公路〔2015〕41号文件批复了施工图设计及预算。2015年8月,甘肃省交通运输厅批复了临渭项目施工许可。

(2)招投标情况

临渭项目的勘察设计、路基、路面、房建工程等项目均采用国内竞争性方式公开招标,严格按照《中华人民共和国招标投标法》《招标投标法实施条例》以及国家九部委和交通运输部发布的最新的标准勘察设计、施工、监理资格预审及招标文件范本,确保招标工作的规范性。从招标文件审核备案、招标公告发布、投标人报名购买文件、投标单位资质审查、专家抽取,到开标、评标、定标等环节都严格按法律法规及范本进行,确保了招投标工作的规范性。招标过程在甘肃省交通运输厅、甘肃省公共资源交易局等部门的严格监督下,经过严格、公正地评审,确定了施工、监理单位,整个招标过程始终坚持了"公开、公平、公正、诚实信用"的原则。

(二)渭源(路园)至武都(两水)段高速公路(建设期:2016.4—)

1. 项目概况

渭武高速公路:路线起自渭源县路园乡,接天水至定西高速公路陇西至渭源连接线和在建的临洮至渭源高速公路,止于陇南市武都区两水镇,接武都至罐子沟(甘川界)高速公路,全长238.50km。路线起点位于渭源县路园乡,以枢纽立交接在建的临洮至渭源高速公路和已建成通车的天水至定西高速公路陇西至渭源连接线,经壐虎桥、岷县、宕昌、两河口,在两水镇顺接已建成通车的武都至罐子沟(甘川界)高速公路起点。主线按双向四车道高速公路标准建设,设计速度80km/h,整体式路基宽度24.5m,桥涵设计汽车荷载等级为公路—Ⅰ级。同步建设连接线共9条,总长76.45km,二级公路标准。概算总投资约380亿元,计划建设总工期5年。

本项目路基土石方2033.4万m^3,桥梁总长169座7.93万m,其中特大桥22座4.16万m,大桥93座3.44万m,中桥47座3181.3m,小桥7座170.24m;隧道总长31座5.93万m,其中特长隧道5座2.9万m,长隧道10座2.03万m,中隧道14座9357.78m,短隧道2座664.5m;涵洞132道;分离式立交14座,天桥9座,通道桥/涵91座,泥石流/水渠渡槽20座;互通式立交11座;高速公路管理站2处;服务区4处;停车区4处;养护工区4处;隧道管理站5处;隧道救援站2处;匝道收费站10处。

2. 建设情况

2012年7月24日,水利部以《关于兰州至海口高速公路(G75)渭源至武都段工程水土保持方案的批复》(水保函〔2012〕208号)对该项目水土保持方案进行了批复。

2012年6月,国土资源部以《关于兰州至海口国家高速公路渭源(路园)至武都(两水)段工程建设用地预审意见的复函》(国土资预审字〔2012〕131号)对该项目建设用地进行了批复。因时效已过,2015年4月9日,国土资源部以《关于同意延长兰州至海口国家高速公路渭源(路园)至武都(两水)工程建设用地预审意见有效期的函》(国土资预审字〔2015〕68号)延长了对该项目建设用地预审意见有效期。

2011年9月7日,省住建厅以《关于兰州至海口国家高速公路渭源(路园)至武都(两水)段建设项目规划选址的批复》(甘建规〔2011〕429号)对该项目规划选址进行了批复。

2014年3月11日,环境保护部以《关于兰州至海口国家高速公路渭源(路园)至武都(两水)段环境影响报告书的批复》(环审〔2014〕36号)对该项目环评报告进行了批复。

2014年5月28日,国家发展改革委办公厅以《关于兰州至海口国家高速公路渭源(路园)至武都(两水)段工程节能评估报告的审查意见》(发改办环资〔2014〕1189号)对该项目节能评估报告出具了审查意见。

2015年6月,甘肃省交通运输厅以《关于国道212线殪虎桥至罐子沟公路岷县梅川等四个过境段地震灾后恢复重建工程施工图设计及预算的批复》(甘交公路〔2015〕36号)批复了施工图设计及预算。

2015年9月21日,国家发展和改革委员会以《关于甘肃省渭源至武都公路可行性研究报告的批复》(发改基础〔2015〕2120号)批准建设。

2015年11月25日,交通运输部以《关于甘肃省渭源至武都公路初步设计的批复》(交公路〔2015〕828号)批复了初步设计。

渭武项目概算总投资380.41亿元(静态投资343.89亿元),其中,国家安排中央专项建设基金(车购税)129.42亿元,甘肃省安排交通建设基金6.2亿元,共计135.62亿元作为项目资本金,约占总投资的36.6%,其余资金利用国内银行贷款解决。本项目采用改进的传统模式进行管理,建设管理法人为甘肃长达路业有限公司,项目管理机构及主要管理人员基本满足项目管理要求。建设管理法人对项目总负责。

(三)武都至罐子沟高速公路(建设期:2008—2013年)

1. 项目概况

武罐高速公路西接即将开工建设的渭源至武都、临洮至渭源高速公路,经兰临高速公路连接省城兰州,向北接正在建设的成县至武都、十堰至天水高速公路成县至天水段接甘肃东南重镇天水市,向南连接四川广元至甘肃高速公路,连接川北重镇广元市。

项目起点位于陇南市武都区两水镇,沿国道212走廊带(顺白龙江)由北向南布设,经武都城区、东江镇、汉王镇至桔柑镇(大岸庙)后,沿省道206走廊带经福津河、玉皇沟、洛塘河、大团鱼河布设,沿线经过三河镇、玉皇乡、琵琶乡、洛塘镇、枫相乡,终点为文县中庙乡甘川交界处的将军石。武罐高速公路的建成,将彻底改变陇南地区的交通现状,促进陇南市社会经济的发展,为构建和谐社会和加快小康社会建设进程起到积极的促进作用。本项目全线采用高速公路技术标准设计,设计速度80km/h,路基宽24.5m,部分路段整体式桥梁路幅宽23.5m,供汽车双向四车道行驶,桥梁、涵洞的设计车辆荷载为公路Ⅰ级。

武罐高速公路建设项目主要内容有:路基土石方1671.1万m^3,路基防护127.5万m^3,排水12.44万m,桥梁109座4.57万m(其中特大桥11座2.34万m、大桥67座2.03万m、中桥29座1958.9m、小桥2座42.1m),隧道46座4.15万m(其中特长隧道3座1.56万m、长隧道5座9446.7m、中短隧道38座1.65万m),涵洞179座5370.7m,互通立交7处,收费站和服务区11处。于2013年12月28日通车。

2. 建设情况

(1)项目准备阶段

武罐高速公路建设项目严格履行了国家规定的各项审批手续。

2006年7月3日,国家环保总局以《关于兰州至海口国家高速公路武都(两水)至罐子沟(甘川界)段环境影响报告书的批复》(环审〔2006〕320号)批复武罐高速公路环评报告。

2006年9月12日,国土资源部以《关于兰州至海口国家高速公路武都(两水)至罐子沟(甘川界)段工程建设用地预审意见的复函》(国土资预审字〔2006〕232号)批复土地预审。

2006年11月13日,国家发展和改革委员会以《关于甘肃省武都至罐子沟(甘川界)公路可行性研究报告的批复》(发改交运〔2006〕2480号)批复武罐高速公路项目可行性研究报告。

2006年12月18日,亚行批复了该项目3亿美元贷款。项目协议和贷款协议于2007年11月13日签署,并于2008年1月18日生效。

2008年5月13日,交通运输部以《关于武都至罐子沟(甘川界)公路初步设计的批复》(交公路发〔2008〕75号)批复武罐高速公路项目初步设计。

武罐项目概算总投资为117.13亿元。资金来源为交通部补助、银行贷款和甘肃省自筹,其中利用亚洲开发银行贷款3亿美元。

武罐高速公路参建单位详见表6-33。

武罐高速公路参建单位一览表 表6-33

标段	施工单位	监理单位	监理标段
WG01	中铁隧道集团二处有限公司	甘肃省交通工程建设监理公司	WGJL01
WG02	甘肃路桥建设集团有限公司		

续上表

标段	施工单位	监理单位	监理标段
WG03	中铁四局集团有限公司	山东恒建工程监理咨询有限公司	WGJL02
WG04	中铁隧道集团有限公司		
WG05	中铁四局集团有限公司	山东临沂交通工程咨询监理中心	WGJL03
WG06	安通建设有限公司		
WG07	甘肃路桥建设集团有限公司	江苏旭方工程咨询监理有限公司	WGJL04
WG08	甘肃路桥建设集团有限公司		
WG09	中铁隧道集团有限公司	西安方舟工程咨询有限责任公司	WGJL05
WG10	中国路桥工程有限责任公司		
WG11	河北北方公路工程建设集团有限公司	云南省公路工程监理咨询公司	WGJL06
WG12	中铁十七局集团第二工程有限公司		
WG13	中交二局第三工程有限公司	北京华路顺工程咨询有限公司	WGJL07
WG14	中交一局第一工程有限公司		
WG15	中交第二航务工程局有限公司	北京华通公路桥梁监理咨询有限公司	WGJL08
WG16	北京海龙公路工程公司		
WG17	中交第一工程有限责任公司	甘肃省交通工程建设监理公司	WGJL09
WG18	中交一公局第一工程有限公司		
WG19	福建省第一公路工程公司	深圳高速工程顾问有限公司	WGJL10
WG20	陕西明泰工程建设有限责任公司		
WG21	安通建设有限公司	河北华达公路工程咨询监理有限公司	WGJL11
WG22	中铁四局集团第一工程有限公司		
WG23	甘肃路桥建设集团有限公司	济南金诺公路工程监理有限公司	WGJL12
WGJL07	中交二局第三工程有限公司	中交二局第三工程有限公司	WGLMJL01
WGJA01	山西长达交通设施有限公司	北京港通路桥工程监理有限责任公司	WGLMJL01
WGJA02	北京颐和安迅交通技术有限公司		
WGJA03	茂名公路建设有限公司		
WGJA05	甘肃紫光智能交通与控制技术有限公司		
WGJA07	徐州光环钢结构工程有限公司		
WGLH01	甘肃华运园林绿化工程有限公司		
WGLH02	甘肃圆陇路桥机械化公路工程有限公司		

续上表

标段	施工单位	监理单位	监理标段
WGJA04	江西赣东路桥集团有限公司	甘肃省交通工程建设监理公司	WYLJ02
WGJA06	浙江浙大中控信息技术有限公司		
WGLH03	宁夏建坤园林产业发展有限公司		
WGJD1	中铁一局集团电务工程有限公司	中国公路工程咨询集团有限公司	WJJL01
WGJD2	中铁十二局集团电气化工程有限公司		
WGJD3	陕西政合汉唐工程有限公司		
WGJD9	河南顺捷消防工程有限公司		
WGJD4	兰州朗青交通科技有限公司	北京泰克华诚技术信息有限公司	WJJL02
WGJD5	紫光捷通科技股份有限公司		
WGJD8	湖南四建安装建筑有限公司		
WGJD6	西安金路交通工程科技发展有限责任公司	北京路桥通国际工程咨询有限公司	WJJL03
WGJD7	甘肃紫光智能交通与控制技术有限公司		
WGJD10	甘肃麦岛建设工程有限公司		
WGFJ01	甘肃广林建筑安装工程有限责任公司	甘肃省交通工程建设监理公司	WFJL01
WGFJ02	甘肃第一建设集团有限责任公司		
WGFJ03	甘肃华恒建筑工程有限公司		
WGFJ04	中铁五局(集团)有限公司		
WGFJ05	甘肃三立工程建设有限公司	兰州交通大学工程咨询有限公司	WFJL02
WGFJ06	甘肃路桥第四公路工程有限责任公司		
WGFJ07	甘肃恒泰建筑安装工程有限公司		
设计1标	中交第一公路勘察设计研究院有限公司		
设计2标	中交第一公路勘察设计研究院有限公司		
设计3标	甘肃省交通规划勘察设计院有限责任公司		
设计4标	北京交科公路勘察设计院有限公司		
设计5标	招商局重庆交通科研设计院有限公司		

征地拆迁：武罐项目征迁工作点多线长面广，任务繁重，难度大。为争取工程早日开工和按期建成通车，项目办一手狠抓工程生产、一手狠抓征迁协调，征迁工作稳步推进。在日常工作中始终坚持"一把尺子、一个标准"的原则，按政策、按程序，坚持原则，公开、

公正、透明地开展各项征迁工作。积极加强同各级地方政府及协调办的沟通与联系,采取多方联手、重点突破的策略,变被动为主动,并及时召开征迁协调现场办公会议,着力解决施工过程中出现的各类征迁问题,确保了工程生产的顺利实施。

项目建设用地丈量登记工作自2009年4月开始,统征包干协议于2009年5月与陇南市政府签订,统征包干补充协议于2010年1月与陇南市政府签订,建设用地移交工作自2009年9月全面展开。

全线共征占各类用地6758亩,其中:水浇地4298亩、川旱地127亩、山旱地1191亩、林地103亩、宅基地182亩、河滩地821亩、荒坡2亩、苗圃21亩、未利用地13亩,完成征地拆迁投资补偿费共计5.77亿元,确保了项目建设的顺利实施。

(2)项目实施阶段

一是严把材料质量关。针对土建、房建、机电等设备和材料对工程质量影响大、市场混乱的特点,把材料采购置于重要位置,长达公司和项目办组织施工单位成立联合体,公开招标采购了隧道防水板、伸缩缝、电缆、光缆、监控、配电、通风、照明等器材,共同考察了房建洁具、门窗、板材、灯具等市场行情并确定品牌,实现了这些材料的甲方控制。尤其是通过考察市场、了解行情,项目办组织对桥梁伸缩缝进行了联合招标,有力保证了伸缩缝的质量,也为材料管理开了个好头。在钢筋、水泥、碎石、沥青、钢绞线的采购管理中,项目办严格要求施工单位在项目办和纪检组监督下招标采购,凡是违规采购的材料一律拒绝进场。为了预控性抓好外购材料的质量管理,项目办还将重点材料的质量管理关口前移到生产厂家,先后到伸缩缝、沥青、交安材料、机电设备的生产厂家进行厂内质量检验,严防不合格材料和交通产品流入工地。

二是通过标准化施工保障质量。武罐项目不断探索和总结标准化施工工艺,结合本项目地形狭小、场地受限的条件,尽可能保证钢筋加工标准化、混凝土拌和标准化、梁体预制标准化、小型构件预制标准化、预应力张拉压浆标准化。并积极推行项目管理标准化、内业资料标准化,特别是通过研究分析和对比试验,在本项目推出水泥混凝土标准化施工:即滑模摊铺施工技术,并首次在公路桥梁、隧道、路基上全面铺筑水泥混凝土路面,保证了水泥混凝土路面质量。

三是充分发挥样板引路作用。项目办积极推行"首件认可制度",包括隧道第一榀掘进、第一道涵洞、第一片梁板、第一段浆砌防护都要经项目办或驻地监理办认可。项目办先后组织全体参建单位召开了桥梁预制养生、隧道掘进衬砌、水泥混凝土路面摊铺、沥青路面基层施工、沥青碎石封层施工、隧道涂装、桥面系及护栏施工、小型构件预制、预应力张拉压浆、隧道内梁体预制等现场会,通过现场观摩,互相学习,努力营造"比学赶帮超"的良好氛围,并对"亮点工程"进行专项奖励,积极引导各单位全面提升工程质量。

3. 复杂技术工程

(1) 高架桥概况

洛塘河双层高架特大桥是全国首座用于高速公路建设的双层高架桥。该桥属于兰州至海口国家高速公路武都至罐子沟段建设项目,位于甘肃陇南武都区枫相乡草坪村,地处西秦岭山地,高中山地貌,境内山高谷深,沟谷狭窄,地层破碎,地质构造复杂,地震活动频繁且强度大。

桥址区路线顺"V"字形洛塘河布设,如采用常规布设法(即左右幅桥平行布设)将占用河道多,桥墩阻水严重,沟岸开挖较大,对自然环境破坏严重。因此洛塘河特大桥设计为左、右线双层并行高架桥梁,大桥右线全长1281.64m,左线全长1526.16m,其中左右线合并段32跨943m,左线在顶层,右线在底层,两线设计高程差9.5m,其余部分为左、右分离式桥梁。本桥上部构造为预应力混凝土连续箱梁,先简支后连续施工,下部构造X13～X45号墩为双层框架式桥墩,X12、X46号墩为独柱式桥墩,其余均为双柱式桥墩,钻孔灌注桩基础,桥台为重力式桥台,扩大基础。

(2) 高架桥施工控制

作为高速公路桥梁建设中的首例双层桥,洛塘河双层高架桥的施工无先例可循。设计图纸给出施工顺序如下:钻孔桩施工→下墩柱施工→底层盖梁施工→底层盖梁第一批钢束张拉→架设底层箱梁→张拉底层盖梁剩余钢束→上墩柱施工→顶层盖梁施工→张拉顶层盖梁第一批钢束→架设顶层箱梁→张拉顶层盖梁剩余钢束→浇筑桥面铺装及护栏→附属工程。实际组织施工时,遇到了大截面钻孔灌注桩施工、框架式桥墩上下层盖梁浇筑、双层高架桥的箱梁吊装等各种难题,一些工序因受地形等实际因素限制,无法采用常规的普通桥梁的施工方法施工。面对重重困难,武罐项目成立了攻关小组,对逐道工序进行研究讨论,现场解决施工中遇到的问题,难点工序实施专项管控,不断优化施工方案,高标准、严要求,使双层高架桥的施工一直处于安全、平稳、可控的状态。

(3) 西秦岭特长隧道

西秦岭特长隧道是武罐高速公路的关键控制性工程,因地处西秦岭褶皱带,山体经多期构造运动及长期风化侵蚀,围岩非常破碎、不易成洞,渗水、涌水等问题伴随整个施工过程;洞口段软弱围岩变形大、稳定性差、施工困难、稳定周期长;为了保障安全和工程质量,采用地质雷达等仪器进行地质超前预报,激光断面仪等仪器测量开挖线形、围岩变形、断面尺寸以及收敛情况,用定型钢模板浇筑仰拱等保障措施。

为加快建设进度,保证工期,设计按照"长隧短打"的思路,通过设计通风斜竖井将隧道分为三个通风区段,保证隧道后期运营通风的条件下,在斜井掘进到主洞位置后,将斜井作为施工通道增开了2个工作面,将工作面由原来的4个增加到6个;通风竖井通过早期实施,降低了隧道出口端独头通风压力,及时将隧道中部施工期间烟雾通过自然吸排排出洞外,节能效果较好。经过实践总结,在特长隧道选址、炭质板岩段支护形式选择、斜竖井通风设计、大纵坡斜井快速施工及通风隔板施工、长距离通风排烟、长距离反坡排水、光面爆破技术、超前小导管水泥注浆、微震爆破技术等方面都取得了重大研究成果,为甘肃省复杂地质条件下的隧道建设管理积累了丰富经验。

4. 科技创新

针对武罐项目特点,开展了"复杂地质隧道施工安全""典型滑坡对隧道危害机理及防治技术研究""高墩抗震能力评估及防震减灾措施研究""沿线地质岩性、建筑用砂石材料及料场调查研究""山岭隧道防排水技术研究""抗震优化设计及灾害防治技术研究""隧道混凝土路面抗滑性能及降噪技术研究""洛塘河双层高架特大桥高等级护栏结构研究"等科研课题,为项目提供了强有力的技术支撑。同时,通过武罐项目的建设和项目办及参建单位的积极探索,在山区高速公路建设中,克服技术难度大、施工场地狭小、自然灾害多、安全风险高等困难方面积累了一定的管理经验,总结提炼出了一些好的做法和管理经验。

武(都)罐(子沟)高速公路甘肃境内陇南市余家湾高速公路一段

5. 运营管理

根据甘肃省干线公路联网收费、通信、监控总体规划,并结合本线路的建设特点,收费站点布设为:

两水临时主线收费站6车道,2入4出;两水匝道收费站5车道,2入3出;武都匝道收费站8车道,3入5出;汉王匝道收费站5车道,2入3出;桔柑匝道收费站5车道,2入3出;琵琶匝道收费广场4车道,2入2出;洛塘匝道收费广场4车道,2入2出;余家湾匝道收费广场,4车道,2入2出;余家湾主线收费广场(甘肃方)8出,入口由四川方建设。

十四、G85(银川—昆明)甘肃段(宁甘界潘城—甘陕界大桥村)

银昆高速公路起于银川,止于云南昆明市小街镇,全长2322km,是《国家高速公路网规划(2013—2030 年)》中的南北纵向线中的一条,由原规划并部分建成的渝昆高速公路从重庆延长到宁夏银川,分为宁夏段、甘肃段、陕西段(宝汉高速)、渝内段(重庆主城九区—四川内江)、内大段(四川内江—大关)、昭小段(云南昭通—小街),其中与G76厦蓉高速共用四川隆昌—四川内江路段。连接中国重庆和云南昆明两大城市。甘肃省境内为彭阳(甘宁界)至大桥村段高速公路。

G85银川至昆明国家高速公路潘城(宁甘界)至平凉至大桥村(甘陕界)段公路(建设期:2015—2018年)

1. 项目概况

主线:路线起于平凉市草峰镇潘城,在潘杨涧(甘宁界)以隧道穿越上岘子,然后沿大路河两侧台地来回布线而下,途经甘河、郭刘村、观音殿村、上后沟村,在瑶峰头村先后上跨S318线、下穿西平铁路,于现有青兰高速公路四十里铺出入口立交处与青兰高速公路相接(并将出入口立交改建为枢纽立交),并于马峪沟沟口进隧道,穿越罗家咀山梁沿四十里铺河河滩布线,经吴家庄、白家庄,上跨宝(鸡)中(卫)铁路,过新庄、康庄、刘家河,路线向南沿柳沟布线至海家河,以隧道穿越老北山进入丰收沟,然后以特长隧道穿越戴家山至前进厂,并以特大桥跨过华亭工业园区道路及策底河,再以隧道群穿越石堡子至三星,于包家沟设置隧道穿过西岭并上跨华亭煤矿运煤铁路专线至南川河乡刘家庄,沿南川河两岸布线经谢家庙、南川乡,然后于寺坪沟穿越崾岘梁沿黑河两岸台地布线,经早阳、张联、李家坪、罗门、下关村、党家庄,在磨房沟沟口以隧道穿越白崖梁进入陕西省,其后路线沿瓜园沟布设,经六坰地、白崖子止于本项目终点火烧寨,与G85银川至昆明国家高速公路陕西段顺接。路线长91.77km,路线总体走向自北向南。

主要控制点:路线起点潘城(甘宁界)、平凉四十里铺、康庄、安口、南川、下关、陇县火烧寨。

潘大高速公路参建单位详见表6-34。

潘大高速公路参建单位一览表　　表6-34

项目名称		G85潘城(宁甘界)至平凉至大桥村(甘陕界)高速公路试验段工程
里程长度		91.77km
正式开工日期		2016年8月20日
初步设计	勘察设计单位	中交路桥技术有限公司/北京首钢国际工程技术有限公司、甘肃省交通规划勘察设计院有限责任公司
	咨询审查单位	中交第二公路勘察设计研究院有限公司(代部审查)/中交第一公路勘察设计研究院有限公司(咨询审查)
施工图设计	勘察设计单位	中交路桥技术有限公司/北京首钢国际工程技术有限公司、甘肃省交通规划勘察设计院有限责任公司
	咨询审查单位	中交第一公路勘察设计研究院有限公司/西安立德公路工程咨询有限公司

续上表

监理单位	PDSYJL-1 标段	北京交科工程咨询有限公司	PDSY-1 标段
	PDSYJL-2 标段	甘肃新科建工监理咨询有限公司	PDSY-2 标段、PDSY-3 标段
	PDSYJL-3 标段	陕西建通公路工程技术咨询有限公司	PDSYSG-4 标段、PDSYSG-5 标段、PDSYSG-6 标段
	PDSYJL-4 标段	山东格瑞特监理咨询有限公司	PDSYSG-7 标段、PDSYSG-8 标段、PDSYSG-9 标段
施工单位	PDSY-1 标段	工程施工合同	中铁五局集团有限公司
	PDSY-2 标段	工程施工合同	中交第一公路工程局有限公司
	PDSY-3 标段	工程施工合同	甘肃路桥建设集团有限公司
	PDSYSG-4 标段	工程施工合同	中交第二航务工程局有限公司
	PDSYSG-5 标段	工程施工合同	中交路桥建设有限公司
	PDSYSG-6 标段	工程施工合同	甘肃路桥建设集团有限公司
	PDSYSG-7 标段	工程施工合同	中铁二局工程有限公司
	PDSYSG-8 标段	工程施工合同	河北交建集团有限公司
	PDSYSG-9 标段	工程施工合同	中铁二十四局集团有限公司

华亭(安口)—崇信—花所连接线：该段路线起点(LAK0+000)位于南川乡武村铺，接主线华亭东互通式立交，后沿现有省道304线布设，途经新安、安口镇、峡门、铜城乡、东庄，在曹家沟跨过汭河，利用崇信县城市道路(滨河路)过境崇信，在崇信西东沟沟口向北偏离滨河路沿汭河南河岸布线，跨过汭河后至汭河北岸散花沟沟口，其后路线沿散花沟西侧山体，展线上山，于LAK40+400处以墩高55m的桥梁跨越散花沟并进入隧道，分别以880m、2730m的隧道群穿越高庄岭后至圈沟沟脑，随后路线沿圈沟东侧山体布设，过乔麦湾、马莲湾至信河村，跨青兰高速后在花所镇信河村与平定高速公路辅道(现有G312线)相接。路线长50.81km，路线总体走向由西南向东北。

主要控制点：南川乡、安口镇、铜城乡、崇信县城、高庄乡、花所镇。

技术标准：主线路线全长95.82km，采用设计行车速度为80km/h，路基宽度24.5m的双向四车道高速公路标准。华亭(安口)—崇信—花所连接线全长50.81km，华亭至崇信段采用设计行车速度为40km/h的双向二车道二级公路标准，路基宽度采用8.5m，超过8.5m的路基宽度采用现有路基宽度；崇信至花所段为本项目与G312线共线段，采用设计行车速度为60km/h，路基宽度12m的双向二车道二级公路标准。

本项目设计的主要工程量：主线路线全长95.82km，其中甘肃省建设里程91.77km(潘城至白崖梁隧道南出口)，陕西省建设里程4.05km(白崖梁隧道南出口至火烧寨)，全线共设置特大、大桥69座23467m、中桥18座1216m、小桥8座173m、涵洞149道；隧道13座26715m(以双洞计)；互通式立交4处，分别为平凉枢纽立交、四十里铺立交、华亭东立交、神峪立交，互通立交连接线7.38km；分离式立交3座210m；通道58道；天桥2座。全线共设置高速公路管理所1处,养护工区1处(还建青兰高速四十里铺养护工区),收费站5处(其中主线收费站2处,匝道收费站3处),服务区1处,停车区3处,分别在甘宁界和甘陕界设置治超站1处。

华亭(安口)—崇信—花所连接线:华亭(安口)—崇信—花所连接线推荐方案全长50.81km,共新建涵洞111道,中桥6座276m,大桥7座1464m,隧道3座4250m,在铜城设置养管站1处。

2. 前期决策

G85银川至昆明国家高速公路彭阳(甘宁界)至平凉至大桥村(甘陕界)段工程可行性研究,是依据甘肃省交通运输厅甘交规划函〔2012〕48号《关于委托G85银川至昆明国家高速彭阳(甘宁界)至平凉至大桥村(甘陕界)高速公路工程可行性研究任务的函》的要求编制的。

本项目投资估算总金额为131.084亿元。其中高速公路主线投资估算总金额为12.29亿元;华亭(安口)—崇信—花所连接线投资估算总金额为8.23亿元。

十五、G8513(平凉—绵阳)甘肃段(平凉四十里铺—甘川界青龙桥)

平凉至绵阳高速公路,简称平绵高速公路,是国家高速银昆高速公路(G85)的一条联络线,是2013年印发的《国家公路网规划(2013—2030年)》中的一条新增国家高速公路,中国国家高速公路网编号为G8513,起点在甘肃省平凉市,经过甘肃、四川两省,终点在四川省绵阳市。沿线主要控制点为:平凉、华亭、庄浪、天水、成县、康县、武都、九寨沟、平武、绵阳,大致呈南北走向。甘肃省境内由平凉至天水高速公路、十堰至天水高速公路、成县至武都高速公路、武都至九寨沟高速公路组成。十堰至天水高速公路在G7011十堰至天水国家高速公路中已详细叙述。

(一)平凉至天水高速公路(建设期:2017—2020年)

1. 基本情况

平凉(华亭)至天水高速公路是平凉至绵阳高速公路联络线(G8513)的重要组成部分,是国家高速公路网调整后新增线路,也是甘肃省高速公路网中规划的平凉至武都高速公路的重要组成路段。项目起点位于平凉市华亭县南川乡吴家堡子,接拟建的银川至昆明国家高速公路(G85)彭阳(甘宁界)至大桥村(甘陕界)段,止于天水市西十里铺,接已建连云港至霍尔果斯国家高速公路天水至兰州段,主线全长168.07km。同步建设莲花互通式立交大地湾连接线、仁大连接线及天水北互通式立交连接线共32.64km。

项目全线采用双向四车道高速公路标准建设,设计速度80km/h,路基宽度25.5m,桥涵设计汽车荷载等级采用公路—Ⅰ级,其余技术指标按《公路工程技术标准》(JTG B01—

2014)执行。莲花互通式立交大地湾连接线及天水北互通式立交连接线采用二级公路标准建设,莲花互通式立交仁大连接线采用三级公路标准建设。项目桥隧比53.2%。主线共设置桥梁49166.14m/160座,其中特大桥26101.63m/15座,大桥19337.36m/66座,中桥2837.46m/40座;设置隧道40255.24m/31座,其中特长隧道19089.09m/3座,长隧道9001m/6座;设互通式立交11处,分离式立交5处,天桥10座,通道71道;设置匝道收费站9处,服务区4处,停车区2处,危险品检查站1处。项目施工图预算批复218.1428亿元。

2. 建设情况

(1) 项目准备阶段

该项目从立项到开工建设都严格按照国家基本建设程序进行。主要建设依据有:

2014年8月,水利部《关于平凉至绵阳国家高速公路(G8513)平凉(华亭)至天水段工程水土保持方案的批复》(水保函〔2014〕260号),批复了水土保持方案。

2014年11月,甘肃省建设厅《关于平凉至绵阳国家高速公路(G8513)平凉(华亭)至天水段项目选址的批复》(甘建规〔2014〕468号),同意了平天项目的选址申请。

2015年6月,甘肃省环保厅《关于平凉至绵阳国家高速公路(G8513)平凉(华亭)至天水段环境影响报告书的批复》(甘环审发〔2015〕46号),批复了环评报告。

2016年6月12日,国家发展和改革委员会以《关于甘肃省平凉至天水公路可行性研究报告的批复》(发改基础〔2016〕1261号)文件批复,平天高速公路路线全长172km,估算总投资225.65亿元。

2017年1月16日,交通运输部以《关于平凉至天水公路初步设计的批复》(交公路函〔2017〕59号)文件批复,平天高速公路路线全长168.557公里,同步修建连接线32.635公里,概算总投资225.375亿元。

2017年5月5日,省交通运输厅以《关于G8513段公路工程两阶段施工图设计及预算的批复》(甘交公路〔2017〕53号)文件批复,平天高速公路路线全长168.07公里,预算总投资218.1428亿元。

控制性工程土建施工及监理于2015年12月9日分别在甘肃省公共资源交易网、中国招标与采购网(www.chinabidding.com)、甘肃公路信息网(www.gs-highway.com)、《甘肃经济日报》发布了招标公告,本次招标采用《中华人民共和国交通运输部公路工程标准施工招标文件范本》(2009版)中的合理低价法。平天高速公路控制性工程施工及监理单位详见表6-35、表6-36。

平天高速公路控制性工程施工单位一览表　　　　　表6-35

合　同　段	施工单位名称
PTKZ1	中铁二十一局集团第三工程有限公司
PTKZ2	中铁十七局集团有限公司

平天高速公路控制性工程监理单位一览表　　　　　表6-36

标　段	监理单位名称
PTKZJL1	甘肃新科建工监理咨询有限公司
PTKZJL2	北京泰克华诚技术信息咨询有限公司

全线工程土建施工及监理于2017年5月5日分别在甘肃省公共资源交易网、中国招标与采购网(www.chinabidding.com)、甘肃公路信息网(www.gs-highway.com)、《甘肃经济日报》、甘肃省公路航空旅游投资集团有限公司网站发布了招标公告,本次招标采用资格后审技术评分最低标价法(双信封)。平天高速公路施工与监理单位详见表6-37、表6-38。

平天高速公路施工单位一览表　　　　　表6-37

合　同　段	施工单位名称
PT01	中国铁建大桥工程局集团有限公司
PT02	中铁十八局集团有限公司
PT03	中铁北京工程局集团第一工程有限公司
PT04	湖北省路桥集团有限公司
PT05	中铁六局集团有限公司
PT06	中铁十九局集团有限公司
PT07	甘肃路桥建设集团有限公司
PT08	中铁七局集团有限公司
PT09	中铁十七局集团有限公司
PT10	中交第一公路工程局有限公司
PT11	中交第二航务工程局有限公司
PT12	中铁十八局集团有限公司
PT13	湖南路桥建设集团有限责任公司
PT14	中铁二十五局集团有限公司
PT15	中铁十一局集团有限公司
PT16	四川公路桥梁建设集团有限公司

平天高速公路监理单位一览表　　　　　表6-38

标　段	监理单位名称
PTJL1	黑龙江省正旭公路工程监理有限公司
PTJL2	陕西建通公路工程技术咨询有限公司
PTJL3	甘肃兴陇工程监理咨询有限公司
PTJL4	甘肃省交通工程建设监理有限公司
PTJL5	华宝通交通工程监理有限公司
PTJL6	内蒙古华讯工程咨询监理有限责任公司
PTJL7	江苏旭方工程咨询监理有限公司
PTJL8	甘肃新科建工监理咨询有限公司

本项目全线主要征迁数量有:征地14315亩,拆除房屋建筑601户,电力电信33家。

(2)项目实施阶段

①强化内部管理,严格合同履约,健全标准化管理制度体系。制订了《平天高速公路工程材料准入管理实施细则》《平天高速试验室标准化建设补充规定》《关于推广钻孔桩桩头环切法凿除施工工艺的通知》《关于规范桥梁墩柱养生工艺的通知》等一系列补充要求,让过程控制更加具有可操作性,做到有据可依,规范管理。

②强化原材料的管控。严格推行标准化施工工艺,积极推行"四新"技术。狠抓试验检测工作,加大施工过程质量督察力度,加强关键工序、关键部位、隐蔽工程监督检查,及时发现和纠正存在的工程质量问题。注重参建人员质量意识和技术水平的提升。

③全面落实安全生产责任制,建立起安全生产工作"层层负责、人人有责、各负其责"的安全生产责任体系。严格落实上级部门的各项环评水保政策及相关要求,做好生态保护和水土保持工作。组织国土、林业、环保、水务等部门对全线取弃土场、施工便道和临建场地进行现场踏勘并汇总部门意见,积极配合环水保部门对项目建设过程中的环境保护工作督查,配合河道管理部门对施工路段进行专项督查,并组织施工、监理单位自查自纠,整改落实。

④加强资金监管,确保建设资金安全规范运行。与各开户银行、施工单位签订了"资金三方监管协议",督促有关开户银行深入施工一线,零距离为农民工办理工资卡。发放过程中,每一位农民工携带本人身份证领卡,银行工作人员和施工单位财务人员根据各劳务队伍提供的民工工资表及身份证复印件进行一一核对,确认无误后,农民工签字按手印领卡,确保工资能准确发放到每一位农民工手中。

(3)运营管理

全线共设置匝道收费站9处,服务区4处,停车区2处,危险品检查站1处。

(二)成县至武都高速公路(建设期:2011—2014年)

1.项目概况

成县至武都高速公路起点位于陇南市成县纸坊镇府城村,与十天高速公路相接,终点位于武都区城郊乡黄家坝村,接武罐高速公路。路线全长94.36km,其中:康县二级公路连接线4.43km,高速公路89.93km。全线按双向四车道高速公路标准设计,路基宽24.5m,设计行车速度80km/h。工程概算总投资120.96亿元,建设工期48个月。

本项目全线采用四车道高速公路技术标准建设,设计速度80km/h,路基宽24.5m,行车道宽2×(2×3.75)m;新建桥涵设计汽车荷载等级为公路—Ⅰ级,设计洪水频率:特大桥为1/300,大中桥、小桥涵为1/100;其他技术指标按交通运输部《公路工程技术标准》

（JTG B01—2003）规定执行。连接线采用二级公路技术标准，设计车速80km/h，路基宽24.5m，行车道宽8.5m。全线有路基土石方1155万 m³；路面工程59.004 千 m²；桥梁135座59.06km（单幅），其中特大桥梁14 座18.67km，大桥99 座33.32km；隧道37 座76.51km（单洞），其中特长隧道9座46.337km；互通立交7 处；停车区2 处，服务区1 处，管理中心1 处。全线控制性工程为米仓山隧道，单洞长8.69km，为全线最长隧道；平洛河2 号特大桥，单线长2.03km，为全线最长桥梁。于2014 年11 月29 日通车。成武项目概算总投资120.96 亿元，资金来源为国家补助、国内银行贷款。

2. 建设情况

（1）项目准备阶段

2009 年9 月，甘肃省国土资源厅以甘国土资规厅〔2009〕40 号《关于平凉至武都高速公路成县至武都段工程建设项目用地预审意见》批复了建设用地预审意见；

2009 年10 月，甘肃省发改委以《关于平凉至武都高速公路成县至武都段工程可行性研究报告的批复》（甘发改交运〔2009〕790 号）批准建设；

2010 年3 月，甘肃省水利厅水土保持局以甘水利水保发〔2010〕51 号《关于平凉至武都地方高速公路成县至武都段工程水土保持方案报告书的批复》批复了水土保持方案报告书；

2010 年6 月，甘肃省发改委以《关于平凉至武都高速公路成县至武都段初步设计及概算的批复》（甘发改交运〔2010〕639 号）批复了初步设计；

2012 年9 月，甘肃省交通运输厅以甘交建〔2012〕146 号《关于平凉至武都地方高速公路成县至武都段土建工程施工图设计及预算的批复》批复了施工图设计；

2012 年10 月，甘肃省人民政府以甘政国土发〔2012〕842 号《关于平凉至武都高速公路成县至武都段工程建设用地的通知》同意了建设用地；

2013 年1 月，甘肃省环境保护厅以甘环审发〔2013〕19 号《关于平凉至武都地方高速公路成县至武都段黑马关特长隧道及引线工程环境影响报告书的批复》批复了康县连接线环境影响报告书。

由甘肃省公路航空旅游投资集团有限公司为项目法人，甘肃长达路业有限责任公司履行项目建设管理职责。成立了甘肃省交通运输厅成县至武都高速公路建设项目管理办公室，负责项目建设的现场管理。成武高速公路参建单位详见表6-39。

成武高速公路参建单位一览表 表6-39

标段号	施工单位名称	监理单位名称	监理标段
CW01	中交第一公路工程局有限公司	北京港通工程监理有限公司	CWJL01
CW02	河南省路桥建设集团有限公司		
CW03	中交一公局桥隧工程有限公司		

续上表

标段号	施工单位名称	监理单位名称	监理标段
CW04	北京市海龙公路工程公司	山东信诚公路工程监理咨询中心	CWJL02
CW05	浙江金筑交通建设有限公司		
CW06	武警交通部队新疆兴达公路工程部		
CW07	武警交通部队四川欣通公路工程部	深圳高速工程顾问有限公司	CWJL03
CW08	中铁二十局集团有限公司		
CW09	新疆北新路桥集团股份有限公司		
CW10	江西际洲建设工程集团有限公司	北京华路顺工程咨询有限公司	CWJL04
CW11	福建省第二公路工程有限公司		
CW12	中交第四公路工程局有限公司		
CW13	甘肃路桥第三公路工程有限责任公司	武汉中交路桥设计咨询有限公司	CWJL05
CW14	四川武通路桥工程局		
CW15	中交二公局第三工程有限公司		
CW16	中铁二十一局集团第三工程有限公司	甘肃省交通科学研究所有限公司	CWJL06
CW17	中铁隧道集团有限公司		
CW18	甘肃路桥建设集团有限公司		
CW19	中铁二局第五工程有限公司	深圳高速工程顾问有限公司	CWJL02
CWLM01	中交一公局第五工程有限公司	甘肃省交通工程建设监理公司	CWJL09
CWLM02	甘肃路桥建设集团有限责任公司		
CWLM03	中交二公局第三工程有限公司	广西交通科学研究院	CWJL10
CWFJ01	甘肃伊真建设集团有限公司	兰州交大工程咨询有限责任公司	CWJL07
CWFJ02	四川省正梁建设工程有限公司		
CWFJ03	甘肃第一安装工程有限公司	甘肃建祥工程建设监理有限公司	CWJL08
CWFJ04	甘肃华恒建筑工程有限公司		
CWFJ05	甘肃路桥第四公路工程有限责任公司		
CWJA01	甘肃路桥飞宇交通设施有限责任公司	北京正立监理咨询有限公司、山东恒建工程监理有限公司	CWJL11、CWJL12
CWJA02	兰州金路交通设施有限责任公司		
CWJA03	潍坊东方交通设施有限公司		
CWJA04	甘肃第一建设集团有限责任公司		
CWJA05	江苏金阳交通工程有限公司		
CWLH01	甘肃华运园林绿化工程有限公司	北京正立监理咨询有限公司	CWJL11
CWLH02	甘肃圆陇路桥机械化公路工程有限责任公司	山东恒建工程监理有限公司	CWJL12
CWJD01	中铁一局集团电务工程有限公司	陕西公路交通科技开发咨询公司、中国公路工程咨询集团有限公司	CWJL13、CWJL14
CWJD02	兰州朗青交通科技有限公司		
CWJD03	西安金路交通工程科技发展有限责任公司	陕西公路交通科技开发咨询公司	CWJL13
CWJD04	石家庄泛安科技开发有限公司		

续上表

标段号	施工单位名称	监理单位名称	监理标段
CWJD05	甘肃紫光智能交通与控制技术有限公司	中国公路工程咨询集团有限公司	CWJL14
CWJD06	紫光捷通科技股份有限公司		
CWJD07	安徽省中信消防工程有限公司	陕西公路交通科技开发咨询公司	CWJL13
CWJD08	重庆思源建筑技术有限公司	中国公路工程咨询集团有限公司	CWJL14
CWTL01	宝鸡市第一建筑工程有限公司	北京正立监理咨询有限公司	CWJL11
CWTL02	甘肃麦岛建设工程有限公司	北京正立监理咨询有限公司、山东恒建工程监理咨询有限公司	CWJL11、CWJL12
CWTL03	国诚集团有限公司	山东恒建工程监理咨询有限公司	CWJL12
设计1标	甘肃省交通规划勘察设计院有限责任公司		
设计2标	中交公路规划设计院有限公司		
设计3标	中国公路工程咨询集团有限公司		
设计4标	招商局重庆交通科研设计院有限公司		

成武高速公路位于甘肃省陇南市成县、康县和武都区境内，沿线经过成县纸坊镇、苏元乡、索池乡、康县太石乡、平洛镇、望关乡、武都区佛崖乡、甘泉镇、安化镇、柏林乡、马街镇、城关镇、黄家坝村等13个乡镇。为争取工程早日开工和按期建成通车，项目办紧紧依靠地方政府以国家有关政策为依据实行阳光拆迁，对建设用地、林地、牧场草原征用和房屋、厂矿企业拆迁、电力电信等设施改迁工作，采用重点突破、难点协调，个别厂矿企业拆迁补偿费用计算引入造价咨询、评估机构、法律保护等手段，从根本上破解了征迁难题。项目建设用地丈量登记工作自2010年11开始，2011年4月22日甘肃省交通运输厅与陇南市政府签订统征包干协议，在陇南市委、市政府的大力支持下，成武高速公路成为全省为数不多的受征迁影响较小的项目之一。全线征用各类土地4436亩，其中：水浇地1185亩、宅基地207亩、川旱地1935亩、山旱地698亩、林地286亩、荒地61亩、河滩地64亩，完成征地拆迁投资补偿费共计3.35亿元，确保了项目建设的顺利实施。

（2）项目实施阶段

①项目管理机构设置及职能。2010年3月，甘肃省交通运输厅批准成立甘肃省交通运输成县至武都高速公路建设项目管理办公室（甘交人劳〔2010〕16号），下设综合科、工程技术科、监管科、征地拆迁科、安全管理科5个科室，代表建设单位从质量、进度及投资等方面对该工程项目进行全面管理。各合同段中标施工单位成立项目经理部，中标监理单位均设立驻地监理办。

②质量控制措施与效果。

一是推行施工标准化，从严规范施工行为。项目建设伊始，本着"先行先试"的原则，组织开展了以"四个标准化建设"（标准化钢材加工场、标准化拌和场、标准化驻地建设、标准化试验室),创建"两个工地"(质量样板工地、示范平安工地),突出治理"两个通病"(质量和安全管理通病)为核心的"四二二"工程管理活动。在此基础上,结合新发布的技术规范制定了《台背回填施工工艺及质量控制要点》等13项工程施工工艺及质量控制要点,提高了施工过程的标准化、规范化、精细化水平。

二是狠抓监理责任落实。强化监理的履约考核,将监理的履约考核与信用评价结合起来,提升了监理的履约意识,监理人员的到位持证率始终保持在80%以上。监督监理单位逐级落实监理责任,加强对现场监理的管理、考核和指导,以"铁面孔、铁手腕、铁心肠"的作风,严格落实监理旁站制度和监督考核,提高了现场监理的旁站和监管效能。

三是加大施工现场监管力度。将中心试验室纳入项目办统一管理,成立了两个现场督查组,在履行科室职能基础上,坚持常驻工地,对督查范围内的质量、进度、安全、征地拆迁、质量管理行为、工程实体质量和施工工艺控制等工作进行全面督查,有效地进行了现场质量监管。如加大对隧道仰拱质量监控测量的频率,在扫描发现仰拱不密实的段落后,采取破损检测、返工处理、经济处罚等手段,对全线隧道施工起到了震慑作用,消除了质量隐患。

③项目建设资金管理与工程造价控制情况。为确保建设资金全部用于成武高速项目的建设,保证资金安全使用,按照建设资金封闭运行的规定,建设单位与各中标单位及相关银行签订了三方《工程建设资金监督管理协议》,施工单位在业主指定的银行开户。同时,对建设资金的使用,与工程建设完成情况统一进行监管,对支付到施工单位账户的建设资金的使用进行实时监控审批,其中20万元以下的使用由银行审批,20万元到100万元的使用由银行与项目办监管科共同审批,100万元以上的由银行、项目办监管科、工程科共同审批,300万元以上的由银行、项目办监管科、工程科与纪检部门共同审批。通过严格把关,保证了建设资金的安全运行。

3.复杂技术工程

(1)成武高速公路泥质软岩弃渣路用性能及填筑技术

依托成武高速公路工程,其沿线分布有赵家窑隧道、陈家山隧道、索池隧道、太石隧道、平洛隧道、望关隧道、佛崖隧道、张坪隧道、米仓山隧道、安化隧道、马街隧道、樊家山隧道、武都西隧道等20座隧道,隧址区要穿越大量泥质软岩区,产生大量弃渣。项目通过室内和现场试验研究,提出采用泥质软岩弃渣填筑路基的合理横断面形式及施工工艺,其不仅可以充分利用施工过程中产生的废料,减少工程建设费用,节约资源、保护环境,还可以减少运输弃渣至废弃料场的运输费用,节约场地,降低污染,对山区环境的保护具有重要意义。本项目的研究成果可以提高泥质软岩隧道区的道路质量、降低工程成本、减小环境污染。

(2)陇南山区高速公路桥面铺装与复合路面修筑关键技术研究

本项目通过对陇南山区区域自然气候、地形地貌及地质条件、交通组成、山区高速公路路面建设及使用现状的调查分析,基于陇南山区高速公路水泥混凝土桥面沥青铺装、复合路面技术的应用与改进研究,重点解决陇南山区高速公路路面结构与材料设计、特殊路段沥青混合料性能参数、施工工艺、全面质量控制体系与施工质量通病防治技术措施,为后期陇南山区高速公路路面建设提供可靠的技术支撑,补充和完善甘肃省高速公路路面标准化建设技术与管理内容,对提升甘肃山区高速公路建设品质,推动其健康发展,具有十分重要的现实意义。通过在陇南山区高速公路实体工程的应用推广,与类似工程相比,预期延长路面使用寿命3~5年,能够有效防止沥青路面出现早期病害、延长道路使用寿命、降低养护维修成本,提高交通服务质量,具有良好的经济效益和社会效益,后期示范推广应用前景广阔。

(3)武都隧道变质软岩隧道变形特征与支防技术

主要对成武高速公路武都隧道大埋深、软岩大变形及涌水等问题开展了相关测试研究并进行了相应的技术处理。涉及隧道软岩大变形控制及掌子面挤出位移技术、隧道围岩应力应变监测对隧道软岩变形的过程及机理进行分析、隧道涌水及其处治效果评价、隧道软岩段处治效果评价等,在人民交通出版社出版了《变质软岩隧道变形特征与支防技术》专著。相关研究结果及技术可对我国软岩隧道修建技术提供经验参考。

4. 科技创新

在项目实施过程中,针对本项目特点,有针对性地展开了公路修筑技术及相关领域的研究,组织项目办、施工、监理、科研单位、施工监控单位经验丰富的技术人员进行科技攻关,并通过座谈会、技术协调会、专家咨询会等方式,及时协调处理施工中存在的技术和质量控制难题。

针对成武高速公路武都隧道大埋深、软岩大变形及涌水等问题开展了相关测试研究并进行了相应的技术处理。涉及隧道软岩大变形控制及掌子面挤出位移技术、隧道围岩应力应变监测对隧道软岩变形的过程及机理进行分析、隧道涌水及其处治效果评价、隧道软岩段处治效果评价等,对隧道支护参数、结构应力、变形特点进行了实际分析,从支护方面对软岩隧道的围岩变形控制技术进行了研究,从控制软岩变形和支护加固的一般方法出发,分析得到了能有效控制武都西围岩变形的具体措施,为以后的类似工程提供借鉴。在人民交通出版社出版了《变质软岩隧道变形特征与支防技术》专著,相关研究结果及技术可对我国软岩隧道修建技术提供经验参考。

5. 运营管理

全线按双向四车道高速公路标准设计,路基宽24.5m,设计行车速度80km/h。马街高速公路管理所、隧道管理站、匝道收费站2进3出;平洛匝道收费站、隧道管理站3进4出;佛崖东匝道收费站2进3出;康县匝道收费站2进4出;黑马关收费站、隧道管理站

2进2出;佛崖西匝道收费站、隧道管理站2进2出;安化匝道收费站2进2出。

(三)武都至九寨沟段高速公路(建设期:2016—2021年)

1. 项目概况

路线起于武都区桔柑乡贾家坪村,与武都至罐子沟高速公路以枢纽立交相接。然后沿白龙江顺流而下,在赵家坝下穿武灌高速公路,过董家坝,穿兰渝铁路,经大园坝,在白龙江南岸过境外纳乡,继续沿白龙江两岸布线,经干沟子、杜家沟、清水沟、沙窝、寨子,在四新设临江互通式立交过临江乡,经蒋家湾村穿越草呀里山脉,后于安子坪以长达14580m的隧道穿越高楼山,跨国道212线至白水江河川,沿白水江逆流而上在两侧台地来回布线,经凡昌、贾昌,穿文县县城南侧的梁家山,跨白马峪河,经何家坝、白衣坝、东峪口,于东峪口设置互通立交,经高峯坝、咀背后、吴家湾、下柳元、上柳元、旧关、新关村,沿白水江南岸过境石鸡坝村,于石头鸡坝设置互通立交,经哈南村、宛平、水沟坪,止于本项目终点青龙桥,顺接四川省规划的绵阳至九寨沟高速公路(AK101+900),路线总体走向由东北向西南。

本项目为国家次干线公路,采用双向四车道高速公路技术标准,设计行车速度80km/h,路基宽度25.5m。

本项目路线全长101.90km,影响区地形地质较为复杂,桥隧比达到73.2%。其中特大、大桥39座20666m,中桥1座66m,小桥2座49m,涵洞66道,隧道23座53800m(其中高楼山隧道长14580m);互通式立交6处,分别为桔柑枢纽立交、桔柑(出入口)立交、临江立交、文县东(凡昌)立交、文县西(东峪口)立交、石鸡坝立交;分离式立交4座280m;通道25道;天桥1座;互通立交连接线17.15km。

全线共设置高速公路管理所1处,养护工区1处,收费站5处(其中主线收费站1处,匝道收费站4处),服务区2处,停车区3处,隧道管理站(变电所)13处,隧道救援站2处。

本项目推荐方案投资估算总金额为1686691.19万元,平均每公里16552.42万元。

根据国家支持、加快甘肃经济社会发展的若干意见,资本金建议积极申请国家补助解决,按照建安费的50%计列,其余资金采用国内银行贷款。

2. 建设情况

根据全省干线路网建设计划,按照省交通运输厅的总体规划部署,本项目建议按如下计划安排实施:

2015年2月完成工程可行性研究报告;

2015年9月完成初步设计及施工图设计;

2015年11月底完成施工、监理等招投标工作，2016年初全线开工建设，2021年初建成通车，工期60个月。

第二节　省级高速公路

一、北南纵线

S65航天城至酒泉　肃州至酒泉卫星发射中心公路（建设期：2015—2018年）

1.项目概况

（1）基本情况

肃州至酒泉卫星发射中心公路路线起于肃州区三奇堡村附近，通过枢纽立交与连霍国家高速公路连接，向北下穿兰新铁路第二双线（高铁）后，经泉湖乡、银达镇、金塔县、大庄子乡、既有酒航路黑河大桥西、天仓乡、沙门子、鼎新机场北、大树里、东风航天城公路岔路口至终点酒泉卫星发射中心，路线总体走向自西南向东北。主线及天仓连接线路线全长243.608km（其中新建路段131.740km，旧路改扩建段111.868km）。

主要城镇：泉湖乡、银达镇、金塔镇、大庄子乡、天仓乡、航天镇。

沿线主要的河流：茅庵河、北大河、黑河。

技术标准：主线及天仓连接线采用双向四车道一级公路标准建设，设计速度80km/h，路基宽24.5m。金塔连接线及支线采用二级公路标准建设，设计速度80km/h，路基宽度12m；金塔至嘉峪关连接线采用三级公路标准建设，设计速度40km/h，路基宽度8.5m。设计主要工程数量为：本项目主线建设里程235.008km，路基计价土石方1676.531万m^3（含互通式立交区、收费站、服务区、养护工区等），主线共设置大桥13座3709.18m（桥梁均以双幅计，含互通式立交主线桥，下同），中桥9座718.6m，小桥9座164.74m，桥梁总长4592.52m，主线涵洞265道；全线共设互通立交5处，桥式通道49座，涵式通道61道，天桥6座，分离式立交17座；全线共设主线收费站3处，匝道收费站2处，管理所1处，治超站1处，养护工区1处（另1处设在天仓连接线），服务区2处，港湾式停车带1处。

（2）前期决策情况

2009年11月，《甘肃省高速公路规划》经省政府批复实施，该《规划》在2007年编制的4750km高速公路规模基础上，调整增加了酒泉至航天城高速公路，使省域高速公路远景规模达到7950km。

2010年5月2日，国务院办公厅以国办〔2010〕29号文件下发了《关于进一步支持甘肃经济社会发展的若干意见》，要求甘肃要加快交通建设，坚持适度超前的原则。酒泉市政府和基地等多次向国家和省级管理部门反映,提出按升级改造酒航公路。2011年3月1日,甘肃省委、省人民政府及省交通运输厅专题就本项目建设情况,向交通运输部调研组在兰州进行了汇报,恳请交通运输部和国家有关部门对酒航公路建设进行政策和资金支持,以便为我国航天事业又好又快发展、打通甘肃内蒙古两省区乃至又一新疆东进华北、东北地区间的运输通道作出更加积极的贡献。

（3）参建单位

肃州至酒泉卫星发射中心公路工程可行性研究报告是根据甘肃省交通运输厅甘交规划函〔2011〕28号文《关于委托肃州至酒泉卫星发射中心国防公路工程可行性研究任务的通知》进行编制的。根据委托书要求,本项目工程可行性研究由甘肃省公路网规划办公室完成。

根据招标文件,本项目划分为三个勘察设计合同段。

中交第一公路勘察设计研究院有限公司承担SHJS1合同段勘察设计,具体负责K0+000~K64+331.094段(路线长64.19km)土建工程勘察设计,全线安全设施、机电工程、房建工程、景观绿化与环境保护工程的勘察设计,以及本合同段的后续服务工作。作为总体单位,同时负责"项目勘察设计的总体协调和初步设计、施工图的总体设计文件汇编和设计概、预算文件汇总工作"。

陕西省交通规划设计研究院承担SHSJ2合同段勘察设计,具体负责K60+236.844~K135+740段(路线长75.49km)主线、金塔连接线及支线、金塔至嘉峪关连接线土建工程勘察设计,以及本合同段的后续服务工作。

甘肃省交通规划勘察设计院有限责任公司承担SHSJ3合同段勘察设计,具体负责K135+093.797~K230+383段(路线长95.325km)主线、天仓连接线土建工程勘察设计,以及本合同段的后续服务工作。

2. 建设情况

2014年9月,省国土资源厅以甘国土资规发〔2014〕116号《关于肃州至酒泉卫星发射中心一级公路项目建设用地预审的意见》批复建设用地预审。

2014年11月,省发改委以甘发改交运〔2014〕1452号《关于肃州至酒泉卫星发射中心公路工程可行性研究报告的批复》批准立项。

2015年4月,省发改委以甘发改交运〔2015〕394号《关于肃州至酒泉卫星发射中心公路工程初步设计及概算的批复》批复初步设计。

2015年8月,省交通运输厅以甘交公路〔2015〕63号《关于肃州至酒泉卫星发射中心公路工程两阶段施工图设计及预算的批复》批复了施工图预算。

资金筹措:酒航高速公路建设项目严格履行基本建设程序。2014年11月,省发改委以《关于肃州至酒泉卫星发射中心公路工程可行性研究报告的批复》(甘发改交运〔2014〕

1452号)批复项目总投资为77.76亿元。项目按"贷款修路,收费还贷"方式建设。资金来源由省交通运输厅通过申请国家补助、省内自筹和银行贷款等渠道筹措解决。2015年4月,省发改委以《关于肃州至酒泉卫星发射中心公路工程初步设计及概算的批复》(甘发改交运〔2015〕394号)批复概算总投资75.66亿元。按照甘肃省公路建设计划的总体安排和部署,本项目按照整体研究整体建设实施,计划于2015年年底开工建设,2018年年底建成通车,建设工期3年。

二、联络线

(一)S14 陇西至渭源

在G30国家高速公路天水至定西高速公路中已详细叙述。

(二)S16 麦积至天水　天(水)北(道)高速公路(建设期:1992—1994年)

1. 项目概况

天(水)北(道)高速公路是天水市区通往天水火车站的出入咽喉,是沟通陇南地区的经济动脉,也是中国东西大通道310线的一段。改建前为二级公路标准。1992年8月,为了加快天水市交通基础设施建设、改善投资环境,经省交通厅与天水市政府商定,采取多方筹资,自力更生的方式将天北公路改建提高到高速公路的技术标准。工程由省厅公路局设计室主持设计,由天水市交通局、天水公路总段共同承担施工任务。1992年8月开始测设,1992年11月开始征地、拆迁,1992年12月22日奠基动工,1994年6月30日竣工。

天北高速公路东起北道渭河人行桥,靠渭河及其支流藉河右岸逆水而上,全线堤路合一,经峡口、阳坡、邓家庄、肖家庄、阎家河,西至秦城五里铺桥头止,主线全长13.15km。另有支线、辅道、匝道7.89km,共长21.04km。主线设计车速120km/h。

天北高速公路的主要工程量有:路基土方146.71万m^3,水泥混凝土路面200.91千m^2,沥青混凝土路面6.59千m^2,中桥3座,小桥1座,涵洞35道,互通式立交1处(含跨线桥2座,匝道4条),分离式通道8处,收费站3处。共完成投资7212.88万元,总施工期18个月。

2. 建设情况

(1)征地拆迁情况

天北高速公路按工程设计要求需征用公路用地536.75亩,需征迁各种建筑物941间、1.04万m^2,砍伐各种树木4万多株,清理河道农田600多亩,移栽改造供电通信线路共计27处、226个杆位、18km长。

(2)项目实施阶段

①先后制定了《天北公路改建工程施工管理办法》《天北公路改建工程质量管理办法》等管理制度,有效地促进了指挥功能的发挥。

②健全质量管理组织,完善质量管理体系。健全了三级质量管理与监理组监督的质量管理体系,即指挥部建立质量管理委员会,分部建立质量管理小组,分队设质管员,并配备试验工,形成了上下对口、齐抓共管的质检网络体系。

③严格监理。监理组受省交通厅公路局委派进驻工地,对工程质量严格把关、坚持原则、实事求是。通过发出质量问题通知单、停工通知单等举措,对工程质量起了有力的保证作用。

④严把质量监控。经监理组审定,总监理工程师批准,确定天水公路总段中心试验室、省建五公司试验室、天水市建材质监站试验室和省交通科研所试验室为天北公路有效试验室。各施工单位也都成立了工地试验室,配齐了必要的仪器。

⑤注重施工安全。天北高速公路工程布点多,人员密集,为使广大筑路员工始终保持旺盛的士气,指挥部把施工安全放在首位,常抓不懈。

3. 新技术的推广及应用

(1)水泥混凝土面层的施工

天北公路的路面面层设计为24cm厚,抗折强度4.5MPa的水泥混凝土结构。为了保证施工质量,指挥部决定引进真空吸水新工艺,购进四套真空吸水设备由四个施工队平行作业,并请苏州水泥制品混凝土研究院组织一个示范施工队,先铺710m试验路后,指挥部认真总结了经验、教训,以天路建〔1993〕83号通知下达了路面施工指导意见。苏州队一面示范培训技术骨干,一面以较高的质量与速度完成了30%左右的路面铺筑任务。

为了提高面层的平整度,省交通厅科技处将此项目列入了1993年科技攻关计划。指挥部与天水市公路学会多次请苏州院的专家来工地讲学、研讨,共同改进了振动梁,将一次摊铺成型的宽度加大到8m,从而减少了一道纵向工作缝,省去了拉杆,加快了进度,也提高了横向平整度。经真空吸水处理后的水泥混凝土面层,早期强度很高,一般7d即可达设计强度90%以上,大大减少了早期裂缝。面板的侧模采用24号槽钢制作,便于严格控制路面高程。混凝土经插入、平板、振动梁三阶段振捣密实后,用提浆辊滚平后即铺放吸垫、接通真空泵,吸水25～30min后,去掉吸垫用圆盘抹光机二次找补抹平并用3m直尺刮平自检,基本合格后再由技工人工最后抹平抹光,合格后用压槽辊人工压纹,槽深1～2mm,纹线与路线垂直并均匀整齐,初期养护到抗压强度达6～12MPa时要及时切缝。一般气温25℃时为吸水后8～11h,20℃时为12～15h,15℃时为18～24h,10℃时为28～36h,5℃时为48～60h。气温高时,为避免不规则裂缝,可先切大块、先浅切。工作缝处应在自裂细纹后及时切缝。不可在裂纹前先切,否则易形成双缝。为使工作缝处的自裂缝整齐,可在已浇混凝土的联结侧面涂刷隔离剂。由于本工程的水泥面层是小型机械人工施工,平整度的好坏与操作人员的素质关系很大。为了提高面层平整度,指挥部除多次组织技术培训和观摩外,还决定每个面层施工队设一名质量旁站员监督检查面层施工的质量,最后使平整度达到了省颁地方标准,即3m直尺检查5mm的合格率在85%以上,经行车试验,小客车时速达到120km时,行车很平稳。

(2)立交跨线桥的施工

董家沟互通式立交上的两座跨线桥是本工程的难点之一。由于地形的限制,跨线桥设计成两座集坡、弯、斜、歪于一身的不对称T形刚构,又是混凝土箱形截面,最大斜向跨度达34.523m,所以施工难度很大。为保证施工的质量,一分部八分队成立了立交桥技术小组,认真研究制订施工方案。墩、台基础因无地下水影响,故采用了明挖施工、就地浇注。台身部分因数量很大,为使外形美观,经与设计单位协商,将现浇混凝土结构改为预制块镶面内填混凝土结构,不仅提高了外观质量,也加快了工程进度。箱形主梁的浇注是立交桥的关键。为使放样准确,技术小组在附近制作了一个1∶1的空间立体样台,一方面向技工技术交底,一方面在样台上制作钢筋与模板。原设计的施工方案是土牛现浇,由于当时要求必须在1993年12月31日单幅路面通车,为加快进度,故改为满堂支架。为保证支架的刚度,加设了斜向拉撑,浇注混凝土时随时观测模板、支架的变形情况。经观测,支架的最大沉降仅10mm(跨中预留沉降量30mm),竣工轴线与设计轴线基本吻合。

(三)S17阿拉善右旗(内蒙古)至永昌高速公路

金武高速公路延伸段金昌至阿拉善右旗(甘肃内蒙古界)公路(建设期:2013—2015年)

1.项目概况

(1)基本情况

金武高速公路延伸段金昌至阿拉善右旗(甘肃内蒙古界)公路是《甘肃省高速公路网规划》中的武威至金昌高速公路的组成路段。

金武高速公路延伸段金昌至阿拉善右旗(甘肃内蒙古界)分两期实施。目前实施的一期工程分为主线与连接线两部分,其中主线总体走向由东南向西北,路线全长49.837km,起点位于金昌东,在金武高速公路收费站出口西侧以枢纽立交与其相接,然后利用现有金武二级公路布线而上,跨越金昌机场路进入金昌中部绿洲平原区,途经天生坑林场、西湾农场、新华村、陈家沟知青点、尚家沟、下四分知青点,以互通立交与S212线相接,后在西坡农林场跨越西干渠后在金昌西北部荒漠平原区布线,终点位于甘肃内蒙古界的小山子,与内蒙古自治区规划的张家房至山丹高速公路阿拉善右旗至金昌一级公路连接线顺接;连接线总体走向由西向东,路线全长13.77km,起点位于王家大庄,与金永高速公路顺接后经关爷庙、东大滩,再沿金川公司专用铁路和尾矿处理厂之间的空档而过,然后在金昌东金武高速公路起点附近与其顺接,其后沿金武高速公路布线至金昌东主线收费站东侧。

金昌至阿拉善右旗(甘肃内蒙古界)公路全长63.61km。主线全长49.84km,采用一级公路标准设计,设计速度为80km/h。其中K0+000~K18+000段采用双向四车道一级公路技术标准建设,路基宽度为24.5m;K18+000~K49+837段在一期工程中实施半幅,实施路基宽度为12m。连接线全长13.77km,采用双向四车道高速公路技术标准建设,设计速度为80km/h,路基宽度为24.5m。

金昌至阿拉善右旗(甘肃内蒙古界)公路的主要工程数量:全线路基土石方609.06万m^3,低填浅挖12.21km,戈壁沙漠路段路基处理17.80km,耕地及软基换填10.38km,路床处理29.63km,菱形及拱形护面6.92万m^3;4.3%水泥稳定砂砾底基层(厚20cm)131.61万m^2,4.2%水泥稳定碎石基层(厚34cm)119.65万m^2,沥青混凝土面层120.87万m^2,混凝土护肩2.43万m^3;全线桥梁共计68座5050.69m,其中大桥6座1622m,中桥28座1773.38m,小桥11座263.46m,桥式通道8座188.32m,跨线天桥、分离式立交、互通式立交桥15座1223.5m,涵洞279道8385.75m;收费站2处(均为主线站),停车区1处。

(2)前期决策情况

基于金昌市和阿拉善盟右旗在经济发展、资源开发等领域具有很强的互补性,为推动两地经济可持续发展,优化资源运输通道,强化两地交流,落实甘肃省与内蒙古自治区签订的战略合作框架协议精神,实现两地共同发展和繁荣的目标,金昌市与阿拉善盟右旗围绕本项目的建设在技术标准、两省接线位置等方面达成了一定的共识。

金武高速公路延伸段金昌至内蒙古自治区阿拉善右旗(甘肃内蒙古界)段长约55km。本项目甘肃段,于2015年底建成通车。

(3)参建单位主要情况

建设单位:甘肃省远大路业集团有限公司。

质量监督单位:甘肃省交通工程质量安全监督管理局。

金阿高速公路参建单位详见表6-40。

金阿高速公路参建单位一览表 表6-40

标段		施工单位名称	标段	监理单位名称
路基单位	JA1	中铁四局集团第四工程有限公司	JAJL1	甘肃华顺交通科技咨询有限责任公司
	JA2	甘肃路桥建设集团有限公司		
	JA3	新疆北新路桥集团股份有限公司	JAJL2	北京炬桓工程项目管理有限公司
	JA4	福建省第二公路工程有限公司		
路面房建交安机电单位	JALM1	甘肃路桥建设集团有限公司	JALMJ1	江苏兆信工程咨询监理有限公司
	JAFJ1	核工业华东建设工程集团公司		
	JAJT	湖南高速公路配套设施有限公司		

续上表

标段		施工单位名称	标段	监理单位名称
路面房建交安机电单位	JALM2	山西远方路桥(集团)有限责任公司	JALMJ2	河北华达公路工程咨询监理有限公司
	JAFJ2	八冶建设集团有限公司		
	JAJD	甘肃恒智信息科技有限责任公司		
设计单位		山西交科公路勘察设计院(路基、路面)		
		北京交科公路勘察设计研究院有限公司(房建、交安、机电)		

2. 建设情况

(1)项目准备阶段

2012年11月,甘肃省环境保护厅以甘环评发〔2012〕248号《关于金武高速公路延伸段金昌至阿拉善右旗(甘肃内蒙古界)公路环境影响报告书的批复》,批复了环评。

2012年11月,甘肃省水利厅水土保持局以甘水利水保发〔2012〕242号《关于金武高速公路延伸段金昌至阿拉善右旗(甘肃内蒙古界)公路工程水土保持方案报告书的批复》,批复了水土保持方案报告书。

2012年11月,甘肃省国土资源厅以甘国土资规发〔2012〕239号《关于金武高速公路延伸段金昌至阿拉善右旗(甘肃内蒙古界)公路工程建设用地预审的意见》,批复了建设用地。

2012年12月,甘肃省发展和改革委员会以甘发改交运〔2012〕2061号《关于金武高速公路延伸段金昌至阿拉善右旗(甘肃内蒙古界)公路可行性研究报告的批复》,批复立项。

2013年11月,甘肃省发展和改革委员会以甘发改交运〔2013〕2022号《关于金武高速公路延伸段金昌至阿拉善右旗(甘肃内蒙古界)公路一期工程初步设计及概算的批复》,批复了初步设计及概算。

2015年4月,甘肃省交通运输厅以甘交公路〔2015〕26号《关于金武高速公路延伸段金昌至阿拉善右旗(甘肃内蒙古界)公路一期工程两阶段施工图设计及预算的批复》,批复了施工图设计及预算。

资金筹措:甘肃省发展和改革委员会以《关于金武高速公路延伸段金昌至阿拉善右旗(甘肃内蒙古界)公路可行性研究报告的批复》,批复项目总投资约为29.99亿元。其中一期工程总投资24.22亿元,二期工程5.77亿元;资金来源:由省交通运输厅申请国家专项补助、银行贷款和项目业主多渠道筹措解决。甘肃省发展和改革委员会以《关于金武高速公路延伸段金昌至阿拉善右旗(甘肃内蒙古界)公路一期工程初步设计及概算的批复》,批复概算总投资23.59亿元。甘肃省交通运输厅以《关于金武高速公路延伸段金昌至阿拉善右旗(甘肃内蒙古界)公路一期工程两阶段施工图设计及预算的批复》(甘交公路〔2015〕26号),批复预算金额21.18亿元。

征地拆迁情况:根据甘肃省交通运输厅与金昌市人民政府2013年2月27日签订的

《金武高速延伸段金昌至阿拉善右旗(甘肃内蒙古界)公路建设项目联建协议》，金阿项目征地拆迁工作由金昌市人民政府负责提供公路建设用地，完成建设用地范围内的征地拆迁工作，同时向甘肃省交通运输厅提供合法的建设用地，建设用地手续及办理工作由金昌市政府完成。建设用地4713.23亩，其中耕地703.96亩。

变更情况：金阿路在具体实施过程中，经项目办、设计代表、监理单位、施工单位现场踏勘后，因地制宜，进一步完善设计，对部分工程内容进行了合理增加和局部调整。

（2）项目实施阶段

①健全项目管理制度，狠抓制度落地。项目办制定了《金昌至阿拉善右旗(甘肃内蒙古界)公路建设项目标准化施工指南细则》《金阿项目工程现场质量管理办法》《结构物台背回填实施细则》《金阿项目沥青路面集料管理补充办法》《金阿项目混凝土路肩实施细则》《桥面铣刨及防水施工指南细则》《路面工程沥青质量管理补充办法》等指导性文件，建立健全各项管理制度共计达到42项，对施工的重点部位、薄弱环节进行专项指导与监控。

②深化标准化建设，突出抓好薄弱环节。项目办按照省交通运输厅、省公航旅集团《甘肃省高速公路施工标准化管理指南》的各项要求，全面落实四统一（施工监理驻地、工地试验室、施工便道、标志标牌建设）、三集中（钢筋集中加工、混凝土集中拌和、构件集中预制）、一准入（模板准入）、一验收（小型构件预制场验收）制度。大力开展了施工质量通病治理活动。在项目实施过程中，结合实际制定了《结构物台背回填实施细则》《桥面系专项实施细则》《混凝土预制块护坡施工实施细则》《路面底基层、基层质量控制实施细则》《路面工程沥青质量管理办法》等对各分项工程的施工工艺、流程的标准化要求，切实加强施工现场的管理，充分发挥标准化施工的质量管理优势。对所有进场单位的驻地、场站、施工便道、标志标牌、施工机械等进行了标准化要求，并进行履约检查，确保符合各项标准化要求。

③强化试验检测的监督指导职能，以科学的试验检测数据指导和监控施工。由金阿项目中心试验室每月出具《中心试验室质量月报》，对进场的原材料以及交通产品进行大频率、多批次的抽查，对沥青、碎石等重要原材料进行全方位、全过程监控，对铺筑的底基层、基层及面层进行跟踪检测，建立起完备的试验检测台账，对影响质量的环节及时通知项目部予以加强。项目办对中心试验室和两级工地实验室加大管理力度，除中心试验室定期检查、督导各工地试验室运行情况外，项目办定期对各试验室的试验报告数据进行核查，严查试验造假行为，确保试验检测数据真实可靠。通过有效试验检测数据，全面掌握质量动态指导施工。

3. 科研和新技术应用

①在梁板预制、梁板负弯矩张拉过程中采用预应力智能张拉、真空辅助压浆等措施，有效杜绝人为因素的干扰，提高了梁板预应力张拉、压浆施工的质量，保证了梁板预制的

整体质量。

②本项目地处河西地区,白天日照时间长、蒸发量大,对于混凝土的养生极为不利,本项目采用自动化计时喷淋养生、土工布包裹滴灌,再配合人工、水车及时补充用水,从根本上解决了河西地区混凝土构件的养生难题,确保混凝土强度达到设计要求。

③在钢筋加工场内统一配备钢筋数控弯曲中心与钢筋笼滚焊机,保证了钢筋间距和骨架的稳定性,提高了梁板及桩、柱钢筋加工质量;主筋钢筋连接时采用套筒连接,保证了钢筋同轴;在预制梁板钢筋加工中采用定型钢筋模架加工,采取了"三定位"技术,整体吊装入模,有效保证了梁板钢筋加工的规范性和质量。

④在桥面系施工中引进了全自动立体桁架混凝土整平机、自驾式桥面磨光机,有效提升了混凝土调平层的施工管理水平,保证了桥面系的整体质量。

⑤对混凝土调平层进行了精铣刨,提高了桥面下面层与混凝土调平层的黏结性能。

⑥项目办专门设立了沥青监控中心,通过运输车辆安装GPS定位系统、油库进出口安装摄像头等方式,确保了沥青在储存、运输环节无缝隙的监控覆盖。

⑦在沥青监控中心配备进口红外光谱仪等先进检测设备,快速检测分析沥青是否来自采购厂家。

⑧拌和设备安装远程数据监控仪器(黑匣子),箱梁预制场实时远程监控,有效保证了生产质量的过程控制与动态管理。

⑨在底基层水稳砂砾生产配合比设计阶段,对各级配的天然砂砾采用洗砂机进行了水洗处理,并将配合比中0~5mm的细集料全部采用水洗砂代替,有效控制了易溶盐含量,防止了盐胀病害,同时将合成级配中0.075mm以下矿料的含量严格控制在3%以内,有效减少了水稳基层裂缝。

⑩使用"防裂贴",预防路面裂缝。为有效防止路面裂缝的发生,借鉴其他省份的经验,在桥头搭板和基层衔接处以及旧路加宽接缝处铺设了"防裂贴"。

4.运营管理

金武高速公路延伸段金昌至阿拉善右旗(甘肃内蒙古界)公路设置收费站2处(均为主线站),停车区1处。

(四)S17金昌至永昌高速公路(建设期:2009—2010年)

1.项目概况

(1)基本情况

金昌至永昌高速公路是2010年省政府确定的重点建设项目,也是甘肃第一条省地联建的地方高速公路,路线起点位于金昌市新材料工业园区东环路端点,与已建城市道路连接,途经宁远堡,终点与连霍国道主干线以互通立交形式相连。路线全长 42.14km(含永昌立交兰州方向匝道长 1.64km),其中 K0+000~K4+000 段由金昌市交通局负责建设,K4+000~K42+139.6 段及河西堡立交连接线由省公路局负责建设。

本项目按照双向四车道高速公路标准建设,设计行车速度 80km/h,路基宽度为 24.5m。设计荷载等级:公路—Ⅰ级。其中 K0+000~K5+670 段采用一级公路标准建设,路基宽度为 24.5m。主线(K4+000~K40+500 段)路面结构为 5cm 中粒式改性沥青混凝土(AC-16C)+7cm 粗粒式改性沥青稳定碎石(ATB-25)+32cm 水泥稳定砂砾(水泥掺量为 5%、掺 30% 碎石)+18cm 水泥稳定砂砾(水泥掺量为 3.5%)。

2009 年 9 月,金(昌)永(昌)高速公路 1 标段施工时场景(关亮亮 摄)

全线完成主要工程量为:路基土石方 475 万 m^3,防护工程 11.79 万 m^3,排水工程 33.5km,大桥 3 座 457.8m,中桥 7 座 364.26m,小桥 5 座 108.66m,分离式立交桥 3 座 315.42m,互通式立交 2 处,涵洞 83 道 2512.28m,通道 53 道 1416.8m。沥青混凝土路面 83.80 万 m^2,水泥混凝土路面 8923m^2,沿线均设有各类标志牌、标线等安全设施。同时,为保证行车安全,全线增设防眩板。

(2)前期决策情况

2008 年 5 月 12 日,省政府召开省长办公会议,决定建设金昌至永昌高速公路。2008 年 9 月 3 日,省交通运输厅和金昌市政府签订了联建协议,明确了联建目标、联建双方责任、建设项目等级、工期和质量标准。省发改委以甘发改交运〔2008〕980 号文批复初步设计,批准概算总金额 13.25 亿元,建设总工期为 2 年。2008 年 10 月 20 日省交通运输厅、金昌市政府在金昌市举行了开工奠基仪式。2009 年 3 月 30 日,正式开工建设。

(3)参建单位主要情况

项目主管单位:甘肃省交通运输厅。

项目建设单位:甘肃省公路局。

项目设计单位:甘肃省交通规划勘察设计院有限公司。

质量监督单位:甘肃省交通基建工程质量监督站。

金永高速公路参建单位详见表6-41。

金永高速公路参建单位一览表　　　表6-41

标段划分		施工单位	监理单位	设计单位	监督单位	试验检测单位
施工类型	标段					
路基单位	JY1	北京市海龙公路工程公司	潍坊市华潍公路工程监理处JYJ1合同段	甘肃省交通规划勘察设计院有限责任公司	甘肃省交通基建工程质量监督站	甘肃恒大路桥工程集团有限公司中心试验室
路基单位	JY2	中铁四局集团第四工程有限公司				
路基单位	JY3	甘肃路桥建设集团有限公司				
路基单位	JY4	安通建设有限公司				
路面单位	JYLM1	甘肃路桥第三公路工程有限责任公司				
路面单位	JYLM2	江西省公路桥梁工程局				
房建单位	JYFJ1	甘肃恒泰建筑安装工程有限公司				
房建单位	JYFJ2	甘肃华运建筑安装工程有限公司				
交通单位	JYJT1	甘肃路桥飞宇交通设施有限责任公司	甘肃省交通科学研究所有限公司JYJ2合同段			
交通单位	JYJT2	甘肃恒和交通设施安装有限公司				
机电单位	JYJD	北京路安交通科技发展有限公司				
河西堡连接线工程	HXBLJX	宁夏路桥工程股份有限公司				

2.建设情况

(1)项目准备阶段

2008年9月,甘肃省发展和改革委员会以甘发改交运〔2008〕891号《省道212线金昌至永昌高速公路工程可行性研究的批复》批复工程可行性研究报告。

2008年10月,甘肃省发展和改革委员会以甘发改交运〔2008〕980号《省道212线金昌至永昌高速公路工程初步设计及概算的批复》批复工程初步设计。

2009年2月,甘肃省交通运输厅以甘交规划〔2009〕15号《关于省道212线金昌至永昌高速公路建设项目法人的批复》批复本项目法人为甘肃省公路局。

2009年7月,甘肃省国土资源厅以甘国土资规发〔2009〕31号《关于省道212线金昌至永昌公路工程建设项目用地的预审意见》批复本项目建设用地预审意见。

2009年12月,甘肃省交通运输厅以甘交建〔2009〕163号《省道212线金昌至永昌高速公路工程施工图设计及预算的批复》批复施工图设计及预算(不含河西堡连接线、机电工程)。

征地拆迁:2009年7月10日,甘肃省国土资源厅以《关于省道212线金昌至永昌公路工程建设项目用地的预审意见》(甘国土资规发〔2009〕31号)批复本项目建设用地预审意见。金永高速公路沿线经过金川区宁远堡镇、永昌县河西堡镇、东寨镇共三个乡镇。根据甘发改交运〔2008〕891号对可行性研究报告的批复和省交通运输厅与金昌市政府签订的《联建协议》,2009年3月27日省公路局与金昌市政府正式签订了《金昌至永昌高速公路工程建设用地统征包干协议书》。金昌市政府在建设过程中及时提供建设用地,并免费提供弃土、取土、砂石、片石等场地,为金永路的建设打下了坚实的基础。在工程建设过程中,项目办及时协调,主动出击,紧紧围绕地方政府随时解决施工过程中出现的土地补征、管网及电力通信设施的迁改等工作,确保了工程建设顺利进行。本项目共征用各类土地3238.097亩,其中:耕地1383.25亩、菜地13.83亩、弃耕地139.717亩、宅基地50.41亩、集体荒地642.79亩、建设用地22.98亩、未利用地985.12亩;拆迁建筑物3.46万m^2。与电力、通信、自来水等20家产权单位签订拆迁补偿协议27份,并聘请了陕西鸿英工程造价咨询有限公司对拆迁方案、补偿费用等进行审核,有效地保证了电力、通信等设施的顺利迁改。

(2)项目实施阶段

金永高速公路工程质量管理实行项目办直接负责,监理单位控制,施工单位实施和质监部门监督相结合的管理体系,建立"政府监督、法人管理、社会监理、企业自检"的四级质量保证体系,确保了工程质量目标的实现。

全面加强关键部位施工,确保工程质量万无一失。针对本工程地处荒漠干旱寒冷气候地区,且冬季寒冷,夏季炎热,昼夜四季温差大,降水稀少,蒸发量大,风大、沙尘暴多。项目办对施工中的一些关键部位作了强制性要求,主要有:

一是路基填筑前必须将腐殖土清除彻底,再用羊足碾压实3~5遍,压实度不小于90%,然后按照"分层填筑、分层碾压、分层检测"的方法进行施工;每层填土松铺厚度不大于30cm,严格控制填料的最大粒径和质量,尤其在95区填料必须小于10cm,平整度、横坡度等必须达到规范要求,并针对不同土质要进行击实试验,根据不同的干容重控制压实度。监理必须搞好干容重对比抽检。

二是隐蔽工程、混凝土拌和浇筑等监理必须旁站,隐蔽工程和关键部位必须要有照片和摄像资料。监理工程师的各种指示、指令必须以书面形式传达到施工单位,施工单位必须进行签收,各种抽检记录双方签字应齐全。资料的填写要和工程同步进行,能够真实地反映工程建设情况。混凝土、砂浆拌和采用集中场拌。

三是路面工程必须配备3000型沥青拌和楼和非接触式平衡梁,以及配套的碾压设备,以保证路面施工的速度和质量。同时,要保证摊铺速度与拌和速度相匹配。边沟等浆砌工程要提前进行施工,确保整体施工任务顺利完成。

项目办将复核施工图设计文件作为变更设计管理的基础,严格执行交通运输部、省交通运输厅关于变更设计的规定,所有变更项目必须经过项目办、设计、监理、施工四方现场勘察并在纪检监察人员参加的会上确定变更设计方案和数量后,形成会议纪要,方可向省公路局上报变更。会议纪要明确变更设计方案和数量后,才允许逐级上报。

3. 科研和新技术应用情况

为探索适合全省高速公路的路面结构,在省交通厅的大力支持下,本项目对路面面层进行了有益尝试,率先在全省高速公路中使用了ATB-25下面层。为了使该结构发挥正常的作用和确保工程质量,省公路局与长安大学合作,共同开展了ATB-25路面结构和施工、配比等方面的试验研究,并对试验检测提出了新的标准和方法,取得了较好的效果。

4. 运营管理情况

本项目设置金永高速公路收费管理所和2处收费站(金昌主线收费站和河西堡立交匝道收费站),设1处养护工区,K5+900设4进6出主线收费站(收费管理所、主线收费站、养护工区合建)。河西堡立交匝道AK2+410处设置2进4出匝道收费站。本项目收费系统采用人工收费计算机管理的半自动收费方式,与连霍国家高速公路联网收费。

(五)S24 兰州至永靖 兰州至永靖一级公路(建设期:2011—2015年)

1. 项目概况

兰州至永靖沿黄一级公路建设项目(以下简称"兰永一级公路")是兰州一小时都市经济圈的重要组成。路线起点位于兰州市西固区新城镇新城黄河桥南,与已建的西固至新城一级公路终点顺接,经兰州维尼纶厂、青石关、八盘峡、扶河、盐锅峡镇、恐龙湾、朱家台、毛茨台、台子地,终点位于永靖县古城村,与永靖县新城区已建的环湖路终点顺接,并通过永靖县已建的规划六路与折达二级公路相接。路线全长48.246km,采用一级公路标准建设,设计行车速度60km/h,整体式路基宽度23.0m,分离式路基宽度11.25m。全线平曲线最小半径400m,最大纵坡3.869%,停车视距110m,桥涵设计荷载公路—I级,路基段路面结构为4cm SMA—13上面层+8cm ATB—25下面层+32cm水泥稳定碎石基层+20cm水泥稳定碎石底基层,桥梁段路面结构为4cm SMA—13上面层+6cm SMA—16下面层。

全线路基主要工程量:土石方1253万m^3,软基处理路段12km。特大桥7座1.7万m,其中跨黄河特大桥3座,顺黄河特大桥4座;大桥22座5872.5m,其中跨黄河大桥1座

471.5m(盐锅峡黄河大桥),顺河或跨沟大桥21座;中桥9座592.66m;小桥4座86.86m;隧道2座1643m;涵洞123道3474.87m;互通式立交4处(小茨村旧铁路桥头、扶河、金泉、太极镇);平面交叉32处。路面主要工程量:路基段水泥稳定碎石底基层65.44万m^2,水泥稳定碎石基层74.52万m^2,8cm密级配改性沥青下面层(ATB—25)54.44万m^2;4cm沥青马蹄脂碎石上面层(SMA—13)54.44万m^2。桥梁段:4cm沥青马蹄脂碎石上面层(SMA—13)46.72万m^2;6cm沥青马蹄脂碎石下面层(SMA—16)42.71万m^2。K47+640~K48+628.4段及K32+320收费站水泥混凝土面层2.87万m^2;沥青混凝土拦水带7463m,矩形盖板边沟2.64万m,梯形边沟8644m,混凝土硬路肩1.1万m^3。房建主要工程量:养护工区1处(盐锅峡下铨村金泉)、收费站1处(朱家台)、隧道变电所1处(恐龙湾)、收费大棚1处。交安主要工程量:波形梁护栏13.74万m,防眩网4.45万m,标志962处,隔离栅4.72万m,各类标线9.22万m^2。于2015年11月1日通车。

2. 建设情况

(1)项目准备阶段

2011年8月3日,甘肃省发展和改革委员会以《关于兰州(新城)至永靖沿黄河快速通道建设工程可行性研究报告的批复》(甘发改交运〔2011〕1239号)批复了工可报告;

2011年10月31日,甘肃省发展和改革委员会以《关于兰州(新城)至永靖沿黄河快速通道建设工程初步设计及概算的批复》(甘发改交运〔2011〕1905号)批复了初步设计;

2013年8月21日,甘肃省交通运输厅以《关于兰州(新城)至永靖沿黄河快速通道建设项目土建工程施工图设计及预算的批复》(甘交建〔2013〕161号)批复了施工图设计。

本项目概算总投资61.07亿元,其中国家补助资金3.84亿元,其余为国内银行贷款。由甘肃省公路航空旅游投资集团有限公司为建设项目出资人,甘肃长达路业有限责任公司为项目建设管理法人。成立了兰州至永靖沿黄一级公路项目管理办公室,负责项目建设的现场管理。兰永一级公路参建单位详见表6-42。

兰永一级公路参建单位一览表　　　　表6-42

项目名称			兰州至永靖沿黄一级公路建设项目	
监督单位			甘肃省工程质量安全监督管理局	
设计单位			甘肃省交通规划勘察设计院有限责任公司	设计项目:全部
工程施工单位	土建工程	施工标段	施工单位	监理单位
		LY1	中交第二航务工程局有限公司	武汉大通公路桥梁工程咨询有限责任公司
		LY2	北京海龙公路工程公司	
		LY3	中交二公局第三工程有限公司	

续上表

		施工标段	施工单位	监理单位
工程施工单位	土建工程	LY4	中铁四局集团有限公司	北京交科工程咨询有限公司
		LY5	甘肃路桥建设集团有限公司	山东信诚公路工程监理咨询中心
		LY6	中交一公局桥隧工程有限公司	北京交科工程咨询有限公司
		LY7	四川武通路桥工程局	甘肃兴陇交通工程监理有限责任公司
		LY8	中铁十四局第三工程有限公司	
		LY9	中交一公局第五工程有限公司	
	路面工程	LYLM1	中交二公局第三工程有限公司	山东信诚公路工程监理咨询中心
	房建工程	LYFJ1	甘肃恒泰建筑安装工程有限公司	
	交通安全设施	LYJT1	甘肃路桥飞宇交通设施有限责任公司	山东信诚公路工程监理咨询中心
		LYJT2	平安交通建设工程有限公司	
		LYJT3	甘肃恒和交通设施安装有限公司	
	绿化工程	LYLH1	甘肃圆陇路桥机械化公路工程有限责任公司	北京兴通工程咨询有限公司
		LYLH2	甘肃华运园林绿化公司	
	机电工程	LYJD1	甘肃紫光智能交通与控制技术有限公司	
		LYJD2	兰州朗青交通科技有限公司	
		LDJD3	北京兴兴交通通信工程技术公司	
中心试验室	深圳高速工程检测有限公司中心试验室			

兰永一级公路途经兰州市西固区、临夏州永靖县，共涉及5个乡镇、25个行政村、4981户农户。沿线在建项目多，人口密集，人均耕地少，地上附着物繁杂，涉及拆迁企业多，外部干扰及征迁工作难度大。为争取工程早日开工和按期建成通车，项目办紧紧依靠地方政府，以国家有关政策为依据实行阳光拆迁，对建设用地、林地、牧场草原征用和房屋、厂矿企业拆迁、电力电信等设施改迁工作采用重点突破、难点协调，个别厂矿企业拆迁补偿费用计算引入造价咨询、评估机构、法律保护等手段，从根本上破解了征迁难题。项目建设用地丈量登记工作自2011年12开始，甘肃省交通运输厅和甘肃省国土资源厅于2012年6月签订了征地拆迁统征协议。在各方紧密配合下，共征占用各类土地4690亩，其中：水浇地2706亩；旱地196亩；宜林地26亩；林地116亩；企业用地58亩；未利用土地1319亩；铁路用地2亩；平台地217亩；鱼塘50亩。占用各类林木21.32万棵；迁改企业厂矿、电力通信线路及水利等专项设施64处，完成征地拆迁投资补偿费共计

3.34亿元。

(2)项目实施阶段

①项目管理机构设置及职能

甘肃省交通运输厅于2011年5月16日组建了兰永一级公路建设项目管理办公室,代表建设单位从质量、安全、进度及投资等方面对项目进行全面管理。各合同段中标施工单位均成立项目经理部,中标监理单位均设立驻地监理办。

②质量控制措施与效果

本项目途经湿地多,桥隧比例高、技术复杂,质量安全管控难度大。为此,项目办加强技术管理,一是全力推行施工标准化,进行钢筋混凝土施工技术工艺整合提升,并在全线推广应用。二是针对台背跳车、混凝土表面龟裂、路面基层裂缝等质量通病,研究制定专项防治措施。三是成立兰永项目桥梁工程专家委员会,汇集各方技术资源,科学制定河口斜拉桥、三江口特大桥、盐锅峡大桥、孔家寺特大桥、太极岛特大桥等重点工程和关键工程专项技术方案,严密监控施工动态,严防管理失控。四是严格遵守技术管理程序,一般性问题参建四方共同研究确定,重大技术问题四方研究认定后上报上级组织专家评审批准,确保了兰永项目安全优质按期建成。

建立了兰永项目信息化管理平台。坚持注重实用的原则,借鉴外省成功的既有经验,稳步推广应用工地实验室与拌和站管控一体化系统、施工现场视频监控和人脸识别、智能张拉管控、沥青运输GPS定位监控和红外光谱检测、改性沥青加工厂加装芯片等系统,实现关键工艺动态监控、远程监控和施工数据的不落地实时上传,达到了规范管理、强化责任、提高效率的目的。

③工程变更

工程费用审核严格依据施工单位—驻地办—设计单位—项目办—上级主管部门的逐级审核程序进行。费用小于100万元的一般变更,项目办会同设计、监理、施工四方确定方案,上报长达路业有限责任公司审批处理。费用大于100万元小于500万元的重要变更,长达路业有限责任公司会同项目办、设计、监理、施工方制订方案,上报省公航旅集团审批处理。费用大于500万和涉及站点调整等重大变更,省公航旅集团会同长达路业有限责任公司和项目办、设计、监理、施工方制订方案,上报甘肃省交通运输厅审批处理。在项目建设过程中,共计发生各类变更797项,增加费用约3.8亿元。

④工程造价控制情况

为了确保建设资金足额用于生产,有效控制工程造价,按照上级有关工程建设资金管理规定,项目办严格财务管理制度,加强了计量支付管理。

项目工程计量采用信息管理系统审核通过与纸制报表汇总报批相结合的方式。每月20~23日,每一个计量单元施工完成并经检验合格后,承包人将现场监理工程师和专业工程师审核通过的"工程中间计量单"汇总成计量支付申请报表,连同相关附件及详细说明传至驻地办进行审核,驻地办在收到支付月报后的7d内,根据要求将审核通过的支付报表连同相关附件上传至项目办监管科,监管科审核通过后通知承包人在本月30日前携带本期计量所需附件到项目办监管科进行报批,形成纸质计量支付报表,并按照程序进行签字和支付。

⑤其他情况

环境保护。兰永项目穿越湿地保护区较多,生态环境脆弱,在项目建设过程中,项目办以"不破坏就是最大的保护"为理念,采取了积极的措施:一是要求各施工单位设立专职机构,制定切实可行的保护措施,强化责任落实;二是取土场、料场、临时弃土场、弃渣场及道路两侧的施工便道必须按设计施工,做到"工完、料尽、场地清";三是在施工中严格要求车辆按指定的便道行驶,防止施工车辆对施工便道以外的地方随意碾压,破坏原地表,造成新的水土流失;四是施工后尽快平整土地,尽量缩短临时用地的占用时间,及时恢复植被;五是积极响应兰州市、临夏州相关会议精神,规范兰永项目施工工地扬尘污染防治,采取加强施工车辆清洗、粉末性材料覆盖运输、取土、便道洒水除尘和施工现场围挡等措施,确保大气污染治理取得成效。

工程转分包及劳务用工管理。在转分包管理上,项目办从源头治理开始,在资格预审文件中就明确规定,严禁转包、非法分包,违者将按照有关规定进行处理。在劳务管理上,严格贯彻执行甘肃省交通运输厅劳务用工规定,制订了《兰永项目农民工工资监督管理办法》,督促各项目部与劳务队伍、劳务队与劳务人员及时签订劳务合同,明确了劳动报酬、作业时间、劳动保护、工资支付及违约责任等内容。对劳务人员基本信息及进出场时间进行详细登记,建立管理台账,为所有进场的劳务人员购买意外伤害保险。监督施工单位每月用实名卡由银行发放农民工工资,项目办每季度对农民工工资进行检查落实,并向劳务人员公布举报电话,切实维护农民工的合法权益,减少了劳务纠纷的发生,保持了项目建设环境的稳定可控。

3. 复杂技术工程

河口特大桥是兰州(新城)至永靖沿黄河快速通道的重点桥梁工程,位于兰州新城镇境内,为跨越黄河河口水库而设,是甘肃高等级公路建设史上的首座斜拉桥,也是国内8级高烈度震区最大斜拉桥,技术含量高,施工难度大。

河口特大桥主桥桥面宽26m,主跨跨径360m,一跨黄河。主塔塔高99m,采用钢筋混凝土A形塔形式,塔肢为外侧圆弧凸起的箱形截面,截面横向宽度450cm、纵向宽度700cm。在塔顶设空透隔板连接,塔柱底设底座。每个桥塔设20根ϕ2.5m的灌注桩。

主梁由工字形纵梁、横梁、小纵梁及预制桥面板组成,共57个节段,钢主梁上采用锚拉板的斜拉索锚固构造形式。合计用钢材7509t,斜拉索56对。

河口大桥全貌

自2012年10月6日河口主桥第一根桩基开钻,项目部全体员工历时800多天的奋战,于2014年12月26日,河口大桥顺利实现中跨合龙。

2015年10月完成河口大桥二期调索及全部桥面附属施工,2015年10月30日,全桥通车。

4.科研和新技术应用情况

针对本项目路线沿黄河两岸布设,4次跨越黄河,途经湿地多,桥隧比例高,技术管理难度大的特点,项目办积极引进和推广"四新"技术,大力推进科技创新,重点开展了以下科研项目和新技术应用研究,为项目提供了强有力的技术支撑,取得了一些管理经验和成果。

(1)兰永一级公路深挖路堑高边坡设计优化课题及加固措施研究

课题组通过现场勘查、试验检测,分析计算排查了原设计挖方高边坡是否存在稳定性问题,有针对性地进行了支护方式的研究。动态跟踪施工过程,根据开挖坡面地质情况优化调整支护形式。专项研究意外边坡坍塌现象,对加固边坡进行长期健康监测动态观测边坡后期变形。这些研究工作预判了可能失稳的高边坡段落,优化变更了支护形式,及时调整了施工方式,为后期健康监测积累了相当的状态数据,对复杂地层高边坡稳定性验算方法的探索方面取得了一定的成果。

(2)兰永一级公路软弱路基处治技术研究课题

课题组按照服务于兰永项目工程实际进行了软土路基失稳破坏机理和处置方法的研究。针对深厚淤泥软基的CFG桩处治设计及沉降计算,桥台过渡段路基处置方法研究,抛石挤淤软弱路基处理研究,路基沉降监测及稳定性分析,提高了工程措施的科学性,保证了软弱路基的可靠稳定性。根据施工过程和完工后实际数据采集分析,预测了不同软基处置路段的工后沉降,对工后沉降的后续检测积累了宝贵的科研数据。

(3)高烈度区大跨度结合梁斜拉桥设计与施工关键技术研究

河口大桥主桥为 A 形双塔双索面钢—混凝土结合梁半漂浮体系斜拉桥,跨径布置为 177m+360m+177m=714m,处于 8 度地震区,是甘肃高等级公路建设的第一座斜拉桥,技术含量高,施工难度大,为本项目重点控制性工程。为保证本桥顺利建成并安全运营,且实现类似工程建设的系统技术的开发和积累,甘肃省交通运输厅下达了本科研任务。

课题组通过对原设计文件的复核,紧密结合建设过程,进行了结合梁斜拉桥整体结构性能与设计参数优化研究、结合梁斜拉桥施工技术结构抗震性能研究,取得了一系列施工技术成果和结构抗震等理论成果。

(4)公路典型路段生态防护技术研究

课题组进行了生态防护植物物种优选及空间搭配研究、典型生态防护路段植物建植技术与生态防护结构研究、典型路段生态防护功能评价、沿河公路绿化带生态景观设计优化及后期维护方案,有效支撑了本项目绿化工程的设计和实施,取得了大量理论资料和现场资料。

5. 运营管理

全线共设一个收费站:兰永收费站 3 进 3 出。

第七章
甘肃省高速公路建设的科技创新

第一节　高速公路建设科技创新开展情况

一、"十五"发展状况

"十五"期间,甘肃省交通厅认真贯彻"科教兴交、人才强交"战略,积极围绕交通建设项目开展各类科技创新和人才培养工作,取得了丰富的科研成果,为交通系统培养了一批具有高学历、高水平、经验丰富的专业人才。5年来,组织开展了"黄土地区公路路基、路面、桥梁、隧道的修筑技术研究""高速公路环保与绿化""交通信息资源开发和建设""公路灾害防治与缓解""公路建筑材料"等20项科研项目,累计投入科研经费5000余万元,为高速公路建设提供了必要的技术支撑。主要取得了以下重要研究成果:2002年"黄土地区高等级公路修筑技术研究"科研成果通过鉴定。该课题是交通部"九五"行业联合科技攻关项目,共有11个子课题。其中"黄土山区高等级公路新型支挡构造物研究"课题研究成果达到国际先进水平,"黄土地区高等级公路桥头防护研究"课题研究成果达到国内先进水平,其余各子课题研究成果均达到国内领先水平。"黄土山区高等级公路防排水系统研究"在黄土边坡的冲蚀规律研究和侵蚀理论在黄土公路边坡防排水中的应用等方面达到国际领先水平,"天巉公路隧道防排水设计施工研究"在将非饱和土理论应用于黄土隧道方面达到国际领先水平。2002年由省交通规划勘察设计院、长安大学、省交通厅工程处等单位承担的"三滩黄河大桥设计关键技术研究""三滩黄河大桥施工控制技术研究"及"白银至兰州高速公路建设项目忠和互通式立体交叉D匝道弯梁桥施工监控研究"3个科研项目通过成果鉴定。其中"三滩黄河大桥施工控制技术研究"的研究成果达到国际先进水平,"三滩黄河大桥设计关键技术研究"的研究成果达到国内领先水平。2002年"土家湾隧道软黄土段地基加固技术实验研究"科研成果通过鉴定。该课题根据黄土的特性提出柔性基础符合地基及低强度—柔性筏基共同作用思路,通过实验研究,充分考虑桩间土的承载能力,对规范有关设计参数取值范围进行了调整,有效解决了软黄土路基不均匀沉降的问题;采用高压旋喷技术加固隧道深层软黄土地基,合理确定了工艺参数,有效解决了隧道基底加固技术难题,拓展了该项技术的应用领域。土家湾隧道发生洞顶塌方、黄土涌流,课题采用水泥水玻璃双液注浆技术固化坍塌黄土逆流,效果显著。课题紧密围绕工程实际,系统深入地开展了实验研究工作,采取有效措施,解决了黄土隧道建设的技术难题,经专家委员会审议,该课题研究成果对软黄土隧道加固设计与施工具有重要指导意义,应用前景广阔,总体达到国际先进水平。2003年交通部西部交通建设科技项目"干旱半干旱地区高速公路沿线生态环境建设试验示范研究"获交通部批复立项,该项目通过对4个干旱半干旱地区公路路域分区,筛选出57个植物种类,并按不同绿地类别,研究出了干旱半干旱地区公路生态施工技术标准、干旱半干旱地区公路生态养护技术及质量验收标准、干旱半干旱地区公路生态新技术、新材料、新方法的应用,于2008年获得了省科技进步三等奖。

二、"十一五"发展状况

"十一五"时期,全省交通系统广大职工和科技工作者认真贯彻落实"科教兴交"战略,紧紧围绕全省公路建设、公路水路运输管理、信息资源的开发利用、公路建设项目环境保护等重点问题,相继实施了交通部西部交通建设科技项目、交通部联合科技攻关项目、甘肃省科技计划项目、省交通厅科技攻关项目以及厅属企业自主创新项目等多项科研项目,取得了一批重大交通科研成果,对推进甘肃省交通事业的发展起到了重要的支撑作用。

5年来,甘肃省交通厅通过依托工程项目配套科研经费、交通部补助经费和交通规费征收中列支等途径多渠道筹措科研经费,将有限的研究经费用于制约甘肃省交通发展的重点、难点领域和技术问题,共安排科研项目115项,投入科研经费约1.13亿元。截至2010年底,甘肃省共有40余项科研成果通过了省部级科技成果鉴定,并获得省部级科技进步二等奖5项,三等奖4项。

科研工作实践,不仅仅解决了甘肃省交通发展中的一些难题,更发挥了科技对交通发展的支撑和推进作用,主要表现在以下几个方面:

围绕交通工作重点,发挥支撑作用。"十一五"期间是甘肃交通基础设施建设快速发展的阶段,到"十一五"末,全省公路通车总里程接近12万km,其中高速公路通车里程突破2000km,二级及以上公路达到8000km左右,农村公路将突破10万km以上。在大建设过程中,始终以技术创新为先导,坚持求真务实、开拓进取,组织力量对交通建设和管理中存在的重点问题、热点问题和难点问题进行科技攻关,重点在"黄土地区公路路基、路面、桥梁、隧道的修筑技术研究""高等级公路环保与绿化""农村公路修建关键技术""交通信息资源开发和建设""公路运输管理体制""公路灾害防治与缓解""特殊地质条件下公路修建关键技术""公路建筑材料"等领域投入了大量的人力和物力,开展了大量的研究工作,为解决制约甘肃交通发展的难点问题发挥了支撑和保障的作用,促进了甘肃交通建设又好又快发展。

培养新型科技人才,锻炼科研队伍。加快科技进步与创新,关键在人才。全省交通各级各单位认真贯彻"尊重劳动、尊重知识、尊重人才、尊重创造"的方针,把培养和引进各类专业人才作为一项十分紧迫的战略任务。到"十一五"末,厅属单位拥有专门人才5986人,占职工总数的22.2%,比2001年提高了5.6个百分点。其中,学历在本科以上的占专业人才总数的74.8%,拥有中级以上职称的占专业人才总数的48.2%,分别比2001年提高了61.2%和9.8%。同时,近年来甘肃省交通系统涌现了一批优秀的科技学术带头人和中、青年专家,有3人享受国务院特殊津贴,1人进入国家新世纪百千万人选,3人进入甘肃省"555"科技人才工程,3人进入甘肃省领军人才,有51人获得了正高级专业职称。这些优秀的学术带头人承担了交通运输各专业领域一批重要的科技攻关任务,通过科研项目培养理论联系实际的新型科技人才,形成了良好的科技人员培养和发展机制,并有效发挥着"传、帮、带"的积极作用。

加强软科学研究,为决策提供依据。除了重点进行应用型课题研究外,省内交通系统各单位相继开展了一系列软科学研究,在交通发展战略规划、政策法规、道路运输管理与体制、高等级公路运营管理、交通规费征收管理等方面取得了一批软科学研究成果,为科学决策和宏观调控提供了依据,极大地提高了各级交通部门的管理水平和行政能力。

实践证明,贯彻"科教兴交"战略的实施极大支撑了甘肃省区域交通建设和发展,有效促进了行业技术进步与研发能力水平。同时也必须认识到科技工作中还存在一些突出问题和薄弱环节,主要体现在:科技项目在基础性和前瞻性研究方面还很薄弱,引领行业发展的一些重大技术瓶颈有待突破;科技成果向现实生产力转化的广度与深度不够,科技成果推广有待加强;科技投入资金少,高技术创新型人才相对紧缺,科研水平有待进一步提高。解决这些问题,需要始终围绕加快甘肃交通建设和发展的中心任务,加快提升科技创新水平与能力,积极推进全省交通运输持续健康发展。

三、"十二五"发展状况

"十二五"时期,甘肃省交通运输行业各单位按照《公路水路交通运输"十二五"科技发展规划》和甘肃省委、省政府《关于深化科技体制改革加快区域创新体系建设的意见》等文件要求,坚持把科技创新作为推进交通运输发展的重要驱动和引领,深入实施科技强交战略,通过完善科技管理制度、强化创新能力建设、推进产学研相结合、开展科技攻关、召开科技创新大会、加强人才培养和队伍建设等,全省交通运输行业科技创新能力显著提升,交通基础设施、运输装备的科技含量和信息化水平明显增强,对推进甘肃交通运输事业又好又快发展发挥了重要支撑和引领作用。

(一)加大行业关键领域科技项目支持力度,持续开展重点技术研究,科技成果转化应用成效显著增强

针对全省公路建设、养护、运营等领域的技术难题,组织调动行业和社会力量开展了

科技攻关,实施了一大批有针对性的重点项目,取得了多项重要科研成果。通过争取部省专项经费补助、增加省级科研专项经费、支持各单位根据实际需求合理增加科研投入及工程配套经费等方法,持续加大对科技创新工作的资金投入。"十二五"期间,省交通运输厅共补助各类科研项目经费1855万元,实施了134项科研项目,其中获得省部级各类奖项5项(省科技进步二等奖1项、三等奖2项,中国公路学会科技进步一等奖1项、二等奖1项),基本形成了全省公路基础设施建设的成套技术,在公路设计、施工、运营、养护中发挥了重要作用。

一是依托交通运输部西部交通建设科技项目、甘肃省重大科技专项,深入开展全省交通运输行业重点领域技术研究,不断加快科研成果的转化应用。"十二五"期间,省交通运输厅先后承担并完成了"连霍国道主干线牛背至天水高速公路地质环境与生态安全评估及对策研究""气象灾害对平定高速公路边坡的影响及防治技术研究""西部地区公路交通价值体系研究""黄土地区隧道修筑技术推广应用研究""油砾石路面技术在甘肃公路建设和养护中的应用研究""季节冻土区黄土路基多级湿陷与防治技术研究""乌鞘岭特长公路隧道群建设与运营安全控制技术研究""甘肃省大温差地区沥青路面修筑关键技术研究"等8项西部交通科技项目;"甘肃省生态公路交通系统关键技术的研究与示范""特大断面黄土隧道基底围岩加固机理与技术研究"两项西部交通科技项目和省级重大科技专项"甘肃省湿陷性黄土地区公路修筑成套技术研究"。通过承担部、省重大科技项目的研究任务,形成了一批具有突破性技术的重要科研成果,特别是对有效解决"湿陷性黄土"这个困扰和制约甘肃省公路发展的瓶颈因素提供了重要技术支撑,基本形成了湿陷性黄土地区路基、路面、桥涵、隧道、防排水工程等设计和修筑的成套技术,在公路设计、施工、运营、养护中发挥了重要作用。

二是持续加大厅管科研项目支持力度,不断提高行业科技创新能力。为贯彻落实"科技强交"战略,充分发挥科技对行业的支撑和引领作用,增强科研工作的针对性与实用性,使科技成果更好地服务于甘肃省交通运输发展,结合交通运输部公路水路"十二五"科技发展规划和甘肃省交通运输科技实际需求,省交通运输厅每年都会编制并发布科研项目申报指南,明确重点支持领域和研究方向。5年来,先后在工程建设、运营、养护、管理、设计、施工、标准化、信息化、安全保障、节能环保以及交通运输新技术、新材料、新工艺等领域重点支持开展科研项目89项,形成了"甘肃公路隧道运营防灾及安全保障综合体系研究""指纹识别技术在沥青检测中的应用研究""超厚宽幅水泥稳定碎石基层施工关键技术研究""甘肃省路面石料分布及适用性研究"等多项实用性强、推广应用成效显著的科研成果。

(二)加快完善科技创新体系,持续推进产学研相结合的科技体制机制建设

通过认真分析科技创新工作现状及发展方向,及时编制科技发展指导意见,确定年度

科技发展战略目标和重点任务,不断深入推进甘肃省科技创新体系建设工作。2012年11月,省交通运输厅组织召开了全省交通运输科技创新大会,表彰了10个科技创新先进单位和48名科技创新工作先进个人,邀请了5名行业内知名专家围绕交通运输领域科技创新成果转化、提升科技创新能力为主题,做了专题讲座。在推进科技创新体系建设的过程中,充分发挥企业在科技创新中的主体作用,厅属各企业不断转变发展理念,以科技创新引领企业发展。依托全省批复建设的"重点实验室、工程技术研究中心"(甘肃省桥梁隧道健康监测与安全评估技术重点实验室、甘肃省道路材料工程实验室、甘肃省公路路网监测重点实验室;甘肃省道面工程技术研究中心、甘肃省隧道工程技术研究中心、甘肃省高速公路养护工程技术研究中心),不断加大"四新技术"以及科技成果推广和应用力度,企业的竞争力明显增强,科研创新能力和水平迈上了新台阶。同时充分利用高校和其他科研院所的智力和技术优势,积极推进产学研结合的体制机制建设,先后与清华大学、同济大学、长安大学、兰州大学、兰州交通大学和部公路科学研究院、部规划研究院、部交通科学研究院、中科院寒旱所、重庆交通科研设计院等多所高校和科研院所开展了卓有成效的交流与合作,取得了丰硕成果。

（三）着力加强科技人才队伍建设,不断提升科技人才技术与管理水平

通过加快建立有利于优秀科技人才脱颖而出、人尽其才的管理制度和激励机制,把培养和引进科技人才作为一项重要任务,采用送出去学,请进来教,生产一线实践,科研岗位培养等方式,着力加强科技人才队伍建设。"十二五"末,全省交通系统已拥有各类专业技术人才7156人,占职工总数的34.9%,比2010年提高了18.3%。至2015年底,甘肃省交通运输行业正高级工程师已达134人。这些优秀专家、带头人都承担着全省交通科研重要的攻关任务,发挥着"传、帮、带"的积极作用,并依托科研项目培养了一大批理论联系实际的新型科技人才,为全省交通科技创新工作提供了人才保证。

（四）积极开展其他科技工作,不断提高科技管理水平

一是按照交通运输部科技统计的相关要求,圆满完成了"十二五"期间全省交通运输科技统计工作。二是积极组织全省交通运输行业科技工作者和技术骨干参加了20期交通运输部举办的"科技大讲堂"共计1850人次。三是按照部、省关于全面深化科技体制改革的相关要求,通过召开厅长办公会议、下发交通运输科技项目进行全面整改的通知等形式,加强了对科研项目执行过程的监督和管理,对部分承担科研项目较多或存在问题的单位进行了进度检查,对进度较滞后的项目进行了督促,并对存在的问题及时进行协调解决。

（五）交通信息化建设成效显著,有效推动了甘肃交通智能化进程

按照交通运输部《公路水路交通运输信息化"十二五"发展规划》《公路水路交通运输

信息化"十二五"发展规划推进方案》等相关要求,通过实施"公路水路安全畅通与应急处置系统""公路水路建设与运输市场信用信息服务系统"及"甘肃省交通运输统计分析监测和投资计划管理信息系统"三大信息化建设工程,全省交通运输信息化建设基础已初步形成,信息资源实现有效交换与共享,形成全行业统一开放的信息服务体系。全省公路重点路段、重点区域实现24h连续监测,高速公路ETC已实现全国联网,重点营运车辆依托建成的GPS监控平台,实现了省、市、县三级监控管理。12328交通服务热线的开通和全省客运联网售票系统的建成进一步方便社会公众出行,提升了服务品质。"十二五"时期信息化的建设为省交通运输厅及时掌握高速公路网和客货运站场气象环境条件、地质灾害、交通通行量、交通事故和交通拥阻等信息提供了有力保障。

(六)交通运输技术标准体系逐步完善,促进了全省交通运输业持续快速发展

"十二五"期间,甘肃省交通运输厅为提高交通运输标准化水平、推进交通运输行业治理体系和治理能力,在规范市场秩序,提升工程质量和服务水平方面发挥了积极作用。一是全面落实全省标准化发展战略及实施方案,加快推进交通运输标准化工作。组织开展了《高速公路交通安全设施设计规范》等9个标准化项目。二是重视标准化基础工作,积极开展交通运输领域标准制修订工作。结合甘肃地域环境特点,先后编制完成了《路桥工地建设标准》等8项甘肃省地方标准,《公路交通噪声防治措施分类及技术要求》等3项行业标准,《甘肃省沥青路面施工技术规程》等11项地方标准也正在积极编制过程中。省公路管理局、省交通工程质量安全监督管理局先后编制完成了《甘肃省高等级公路养护维修工程管理办法》《甘肃省国省干线公路养护技术指南汇编》《甘肃省公路桥梁预应力精细化施工指南(试行)》等21项有关公路设计、施工、养护、管理的指南和办法,并积极探索编制公路沥青路面微表处、沥青路面碎石封层等相关公路养护技术规范,为行业持续健康发展提供了技术支撑和制度保障。三是以实施标准规范为牵引,不断提升工程建设质量水平。省交通运输厅先后在雷西高速公路、十天高速公路、金阿高速公路、白明高速公路等公路项目建设中大力推广高速公路施工标准化建设工作,通过采取"集中拌和、集中预制、集中加工"的标准化施工工艺,推广使用"首件认可"和"样板引路"等质量控制措施,全面提升了高速公路建设工程品质。

四、"十三五"发展状况

甘肃省按照"五位一体"总体布局和"四个全面"战略布局,努力形成内通外畅、布局合理、绿色环保、安全便捷的综合交通运输体系,紧紧围绕国家、部、省有关科技创新工作要求,研究制定了《甘肃省交通运输科技创新2017—2020年工作思路》,提出了加快构建以企业为主体、市场为导向、应用为目的的交通运输科技创新体系,以技术创新引领交通

运输行业全面创新的奋斗目标。一是努力营造"双创"环境。及时研究制定年度科技项目申报计划,针对当前交通运输行业出现的重难点问题,提出重点研发方向和目标,并积极组织全省交通运输行业各企业事业单位开展科研工作,重点在湿陷性黄土筑路技术、长大桥隧建设技术、温拌沥青、冷补养护、废旧材料再生循环利用等节能技术和清洁能源应用、钢混组合梁桥的推广、"四新"技术应用等方面取得新成果,有效提升科技创新对交通运输发展的贡献率水平,为实现"四个交通"建设发挥重要的支撑和保障作用。二是积极推进省级重大科技专项"甘肃省湿陷性黄土地区公路修筑成套技术"的研究工作。通过召开项目工作推进会,印发《甘肃省黄土地区路基设计指南》等规范性文件,为解决湿陷性黄土地区公路修筑所存在的问题,推进黄土地区公路建设提供技术保障。三是积极推进钢混组合梁桥的推广和应用。积极组织厅属有关单位联合清华大学、同济大学、中建钢构等国内知名院所和企业开展"甘肃省高速公路钢—混凝土组合桥梁推广应用研究"和"甘肃省高速公路钢—混凝土组合桥梁通用图编制"研究工作,开展钢混组合结构桥梁在甘肃省公路桥梁建设中的应用推广工作。四是有效发挥重点科研平台作用,推进"四新"技术的研发与推广。依托"三重点实验室、三工程技术研究中心"(甘肃省桥梁隧道健康监测与安全评估技术重点实验室、甘肃省道路材料工程实验室、甘肃省公路路网监测重点实验室;甘肃省道面工程技术研究中心、甘肃省隧道工程技术研究中心、甘肃省高速公路养护工程技术研究中心)和"公路建设与养护技术、材料及装备国家级行业研发中心",不断加大新材料、新设备、新技术、新工艺以及科技成果推广和应用力度,企业的竞争力明显增强,科研创新能力和水平显著提升。截至2017年,甘肃省交通运输行业5项科技项目获得省科技进步二等奖、三等奖和中国公路学会三等奖,行业科技创新能力持续提升,获得发明专利6项,实用新型专利15项。五是加强科技人才队伍建设,科技人才培养成效显著。省交通运输厅属各单位通过加快建立技术人才管理制度和激励机制,人才队伍建设成效显著,一大批科技人才成长为各单位业务的顶梁柱和行业的技术领头人,为甘肃交通运输事业发展起到了重要的支撑和保障作用。

第二节　高速公路建设中重大科研课题

一、三滩黄河大桥关键技术研究

1. 研究起止时间

1997年5月至2001年8月。

2. 成果完成单位

甘肃省交通规划勘察设计院有限责任公司,长安大学,兰州铁道学院。

3. 获奖情况

2002 年省科技进步二等奖,2003 年中国公路学会三等奖。

4. 主要研究内容及解决的关键问题

该项目以甘肃靖远三滩黄河大桥建设为依托,根据预应力混凝土连续刚构桥的设计与施工特点,分别就预应力混凝土连续刚构桥的施工控制技术、计算和测试各施工阶段零号块应力(应变)变化规律、查明零号块应力较大且易出现裂缝的区域、完善零号块施工应力分析及监控的空间计算模型,空间静、动力(包括地震反应)分析、大吨位预应力的锚端应力分布、双薄壁桥墩设计参数优化、合龙技术的优选及无黏结预应力钢绞线在箱梁中的应用等进行专项研究。

5. 成果创新点及关键技术

(1)首次将灰色预测控制理论成功地应用于大跨径 PC 连续刚构桥的施工控制,并形成了快速有效的施工控制系统。

(2)研制的以 Windows 为平台,以数据库技术为核心,以面向对象技术为设计思想的桥梁施工监控数据管理系统,为施工控制的快速有效提供了有力的技术支持。

(3)提出了适用于 PC 连续刚构桥施工监控及混凝土裂缝分析的 0 号块空间应力分析建模的新方法,并通过对各施工和运营阶段最不利组合荷载作用下 0 号块的应力计算与实桥监测,为 0 号块的优化设计和选择最佳的施工方案提供了可靠依据。

(4)合龙方案优选研究采用了模拟施工过程的动态有限元方法。

(5)提出的 7 自由度空间薄壁箱梁单元,简化了计算模型,增强了计算分析功能,开辟了箱梁结构分析新途径。提出的双薄壁墩参数设计方法和箱梁无黏结预应力设计计算方法,为修订和完善现行《桥梁设计规范》积累了有价值的资料,成功将无黏结预应力钢绞线应用于 PC 连续刚构实桥的箱梁大悬臂翼板工程中。

二、土家湾隧道软黄土段地基加固技术试验研究

1. 研究起止时间

2000 年 2 月至 2002 年 6 月。

2. 成果完成单位

甘肃省交通规划勘察设计院有限责任公司,长安大学公路学院,甘肃省交通厅工程处,中铁十九局二处。

3. 获奖情况

2003 年省科技进步二等奖。

4. 主要研究内容及解决的关键问题

本课题以巉柳高速公路为依托,立足于解决土家湾隧道施工中遇到的疑难工程问题。对于该种复杂地质条件下的黄土隧道,根据软黄土自身的特性和公路工程特点,按照柔性基础复合地基的分析思路,采用了水泥粉喷桩、高压旋喷桩、土工格室柔性筏基的综合处置方法,通过调整设计与控制参数,对土家湾隧道软黄土段地基进行了加固处理,取得了很好的效果,同时,针对施工过程中出现的洞顶坍塌,采用双液注浆固化方法,对黄土泥流进行固化,并结合长管棚、密排支撑等措施,对隧道病害进行了及时处治,保证了施工顺利进行。工程实践证明,针对土家湾隧道复杂的地质条件,所采取的处治措施是非常有效的,较好地解决了甘肃黄土隧道建设中多年来一直未能解决的技术难题。

5. 成果创新点及关键技术

(1)确定了黄土地基桩间土承载力特性、桩土应力比特性、受力性状及黄土地区水泥搅拌桩设计参数取值范围。

(2)采用高压旋喷技术加固隧道软黄土地基,旋喷深度达 50m 以上。

(3)采用水泥—水玻璃双液注浆技术固化黄土泥流,整治黄土隧道病害。

(4)在公路工程中将新型土工合成材料——土工格室应用于复合地基中,建立了桩筏共同受力的复合地基模式。

三、天巉公路隧道防排水设计施工研究

1. 研究起止时间

1997 年 7 月至 2002 年 8 月。

2. 成果完成单位

甘肃省交通规划勘察设计院有限责任公司,长安大学。

3. 获奖情况

2003 年中国公路学会三等奖、2003 年建设科技进步一等奖。

4. 主要研究内容及解决的关键问题

本项目以天水至巉口二级汽车专用公路中 9 座隧道为依托,针对干旱、半干旱黄土地区公路隧道存在的与水有关的病害,从隧道防排水设计到施工进行系统研究。

5. 成果创新点及关键技术

(1)首次将工程类比法应用于隧道涌水预测中,提出以隧道涌水类型划分作为隧道防排水结构设计的依据,并根据隧道施工中地下水情变化进行动态调整的设计方法。

(2)提出了适合甘肃黄土地区公路隧道涌水类型划分表及校验方法。

(3)从理论上解释了非饱和黄土隧道结构受力特性,指出非饱和黄土隧道结构应按饱和黄土的力学参数进行设计计算,并要注重结构排水效果,以免土体的基质吸力降低过多而使隧道结构破坏。

四、黄土山区高等级公路防排水系统研究

1. 研究起止时间

1997年8月至2002年8月。

2. 成果完成单位

甘肃省交通规划勘察设计院有限责任公司,长安大学。

3. 获奖情况

2003年建设科技进步一等奖。

4. 主要研究内容及解决的关键问题

本项目为应用技术研究,主要研究黄土山区公路水灾害的形成机理、主要类型及防治措施。针对甘肃省迫切需要解决的实际问题以及甘肃省的实际情况,结合室内模型实验,着重研究以下几方面的内容:①甘肃黄土山区小流域洪峰流量确定方法;②黄土路堑边坡降雨侵蚀规律及防排水技术;③黄土路堤边坡漫流侵蚀规律;④路面排水设计方法;⑤黄土山区公路防排水的设计原则及主要防护形式。

5. 成果创新点及关键技术

(1)从对暴雨参数以及损失参数、汇流系数的分析计算入手,在对各个参数进行综合分析的基础上,进行汇流分析及设计洪水流量计算,建立了适合甘肃省黄土地区的小流域暴雨洪水流量的计算方法。

(2)首次将侵蚀理论运用到黄土地区公路边坡,通过模型试验和大量现场调查与实测,研究了影响黄土路基、路堑边坡、路堤边坡、土路肩、土边沟冲蚀的主要因素、相互关系及作用规律。

(3)首次采用室内人工模拟降雨模型试验的方法,研究了降雨条件下黄土路堤边坡漫流侵蚀问题。

(4)系统全面地提出了黄土山区高等级公路排水系统设计原则。

五、高填土路堤下涵洞(管)设计理论与方法研究

1. 研究起止时间

1997年7月至2003年9月。

2. 成果完成单位

甘肃省交通规划勘察设计院有限责任公司,长安大学。

3. 获奖情况

2005 年省科技进步三等奖。

4. 主要研究内容及解决的关键问题

本项目针对高填土路堤下涵洞(管)应用中出现的病害特征,结合依托工程的实施,通过大型有限元仿真计算及大规模的现场实测,对高填路堤下涵洞(管)的受力性状、变形特性、减荷性状、结构选型等进行了深入系统的研究,揭示了高填路堤下涵洞(管)的荷载变化规律,提出了减荷控制方法及施工技术,建立了相应的设计计算方法,解决了涵洞设计与施工中出现的主要问题,减小了工程病害,降低了病害处治费用,取得了良好的经济与社会效益。

5. 成果创新点及关键技术

(1)基于大型有限元软件,建立了高填路堤下涵洞(管)的数值仿真模型,研究了高填路堤涵洞(管)的受力性状、变形特性、减荷性状及结构选型。

(2)结合依托工程的现场实测与对比分析,揭示了高填路堤下涵洞(管)的荷载变化规律。

(3)分析了涵洞(管)减荷技术的可行性及减荷性状,并针对减荷材料特性,提出了减荷计算控制方法。

(4)提出了高填路堤下涵洞(管)土压力计算的新理论。

(5)初步建立了高填土路堤下涵洞(管)设计计算方法。

(6)提出了高填土路堤下涵洞(管)的设计施工技术要则。

六、黄土冲沟地区桥梁复合地基应用研究

1. 研究起止时间

1999 年 9 月至 2003 年 9 月。

2. 成果完成单位

甘肃省交通规划勘察设计院有限责任公司,长安大学。

3. 主要研究内容及解决的关键问题

该项目对黄土冲沟地区桥基采用灰土挤密桩复合地基的适应性与可行性、作用性状、设计计算、施工要点、质量控制及承载力评价等进行了系统研究,首次将灰土挤密桩应用于桥基下的自重湿陷性黄土地基处理。

4.成果创新点及关键技术

(1)建立了复合地基数值仿真模型与分析平台,对桥基复合地基的作用性状及适应性进行了系统的理论分析;通过室内模型试验,深入研究了基础刚度、桩土模量、下卧层特征对复合地基性状的影响,为复合地基的设计与计算提供了科学依据。

(2)通过原位载荷试验及分析,对湿陷性黄土复合地基的承载力性状进行评价,建立了桥基复合地基承载力的确定方法。

(3)初步建立了黄土冲沟地区桥梁复合地基的设计计算与施工控制技术,为复合地基在桥梁基础中的推广应用奠定了基础。

七、湿陷性黄土地区路基路面病害处治技术研究

1.研究起止时间

2001年6月至2004年3月。

2.成果完成单位

甘肃省交通规划勘察设计院有限责任公司,长安大学,甘肃省交通厅工程处,甘肃省公路工程总公司,甘肃省公路局。

3.获奖情况

2006年中国公路学会科学技术二等奖。

4.主要研究内容及解决的关键问题

本项目针对当前湿陷性黄土地区公路工程中出现的路基路面病害,分六个方面展开研究:①高填土路堤沉陷沉降控制技术研究;②干旱地区湿陷性黄土路基边坡植物防护技术研究;③高填土路堤下复合地基性状试验研究;④湿陷性黄土地区挖方路段土基病害防治技术研究;⑤湿陷性黄土地区沥青面层混合料抗裂技术研究;⑥湿陷性黄土地区水泥砂砾基层材料裂缝防治技术研究。通过大量的室内、室外试验,研究、分析和探求各种病害产生的原因和机理,并对各种病害提出了切实可行的防治措施。

5.成果创新点及关键技术

总结了湿陷性黄土地区高路堤的沉降规律,提出了考虑时间效应的总沉降量及工后剩余沉降量的计算方法;成功地将土工格室生态护坡和生态挡墙技术应用于黄土公路边坡的防护,筛选出了具有环保意义的天然矿物保水材料及适用于干旱黄土地区的植物种类,给出了生态防护结构的基本形式、设计方法、施工工艺与质量控制标准;土工格室植被挡墙被授权为新型实用专利技术。对规范中深层搅拌桩复合地基承载力的计算公式进行了修正,提出了柔性基础设计参数的取值范围;提出了公路运行期湿陷性黄土挖方路段土

基回弹模量的试验方法及合理取值范围;对西部湿陷性黄土地区进行了沥青路面气候区域划分,研制了沥青胶浆的高温、低温测试仪器及相应的试验评价方法,提出了合理的沥青胶浆应用范围及以 SMA 沥青混合料等为主的湿陷性黄土地区沥青路面抗裂措施;提出了基层混合料配合比体积设计法及相应的基于应变控制的收缩抗裂系数评价指标和基于断裂力学的韧度评价指标。

八、甘肃公路自然区划及环境参数研究

1. 研究起止时间

2001 年 10 月至 2005 年 10 月。

2. 成果完成单位

甘肃省交通规划勘察设计院有限责任公司,长安大学,甘肃交通职业技术学院,兰州市气象局,中科院寒旱所,甘肃省公路局。

3. 获奖情况

2006 年甘肃省科技进步二等奖,2007 年中国公路学会科学技术二等奖。

4. 主要研究内容及解决的关键问题

本项目依据一般自然区划研究的基本理论、原则、方法等,广泛参考和借鉴国内外各类区划研究经验和技术成果,在充分调查和详细收集甘肃省各种自然地理条件及公路相关建设资料、数据、图件、照片以及相关科研成果的基础上,根据公路建设多年的实践经验及有关技术法规文件(包括其他工程部门,如建筑、水电、铁路、地质等)中的具体要求和规定,确定了甘肃省公路自然区划研究的总体技术思想;建立了区划研究的类型体系;提出区划研究的原则体系和方法体系,即总体的、区划划分的、确定区划指标及指标体系的、确定区划等级单位系统的以及区划和环境参数图件编制原则和方法。在上述研究的基础上,提出和建立了各类区划及环境参数研究的详细技术路线,采用自然地理信息系统(GIS)开发技术平台、各类相关基础数据(1:25 万数字高程模型及地理信息数据库)以及 ArcView3.3 等计算和制图软件,编制了 70 张区划与环境参数图件,完成了甘肃省公路自然区划及环境参数图集;进行了 5 类 13 个环境参数的计算,提出了详细的计算思路和具体计算方法。

5. 成果创新点及关键技术

(1)参考和借鉴国内外各类自然区划最新研究成果,结合近 20 年甘肃公路建设的实践经验,突破"86 标准"某些不符合目前区划发展方向和公路建设实践经验要求的条条框框,初步建立了甘肃公路自然区划研究的体系框架、区划类型体系及等级单位系统。

(2)建立了甘肃公路自然区划总体研究技术思想和各类型区划(包括环境参数)研究

的技术路线。

（3）建立了甘肃公路自然区划研究的原则体系、方法体系和指标体系。

（4）在我国公路自然区划研究中首次将地理信息系统（GIS）引进区划研究过程，使基础图件、各类区划图件、环境参数图件以及环境参数的计算、数据库的建立等都在 GIS 技术平台上实现。

（5）首次在国内外省级公路自然区划中提出和建立环境参数的研究。根据甘肃省自然地理条件与公路建设的要求，建立了符合甘肃公路建设实际情况的 5 类 13 个环境参数。

（6）系统地提出了区划研究的"寻找—转化"的思路与具体操作方法。通过寻找自然地理要素与公路建设相结合的转化方法、转化目标及自然环境要素，进行定性、定量和半定性半定量转化，从而建立了公路自然区划和专项区划的分区指标体系。

（7）首次采用公路环境参数作为分区定量指标进行区划，并通过计算进行了量化分区。改变了国内在公路自然区划研究中只定性而不定量的区划方法。

九、关山隧道断层破碎带衬砌受力特性及断层承压水处置技术研究

1. 研究起止时间

2005 年 8 月至 2008 年 3 月。

2. 成果完成单位

甘肃省交通规划勘察设计院有限责任公司，兰州交通大学，长安大学，甘肃省交通厅工程处。

3. 获奖情况

2009 年甘肃省科技进步三等奖。

4. 主要研究内容及解决的关键问题

本课题以省道 304 线华（亭）庄（浪）公路关山隧道工程为依托，通过开展隧道穿越断层破碎带施工监测及实测围岩压力与支护接触压力，分析研究支护衬砌的静力与地震稳定性和制定防震减灾合理结构形式；通过超前地质预报及承压水探测，分析研究断层带地下水危害及处置技术。根据实际开挖揭露洞身工程水文地质特点，结合模型数值分析通过调整设计与控制参数，对隧道支护衬砌与防排水施工过程中质量控制与安全保障取得良好效果，对运营中的病害进行了有效及时的处治。为关山隧道和其他同类型地下工程的设计与施工提供了参数依据和理论指导。

5. 成果创新点及关键技术

（1）针对关山隧道 F3 断层破碎带进行了较为全面的现场监控量测，得到的量测信息及时地反馈于设计和施工。

(2)对量测信息进行了位移反分析,得到了等效弹性模量和泊松比,为有限元计算的参数选取提供了依据。

(3)针对关山隧道 F3 和 F5 断层破碎带进行了水文地质超前预报。

(4)针对关山隧道 F3 断层破碎带进行了二维渗流—应力耦合数值模拟,分析了全封堵方案、自由排放方案和注浆加固限量排放方案下的衬砌受力情况,为衬砌的修改设计提供了参考。

(5)进行了断层破碎带承压水段隧道施工的关键技术研究,为隧道的掘进施工提供了指导。

(6)针对关山隧道 F3 断层破碎带进行了二维、三维静力和八度地震动力有限元模拟分析,分析了衬砌结构的受力和变形情况。

十、平定高速公路隧道照明节能技术应用研究

1. 研究起止时间

2007 年 10 月至 2012 年 12 月。

2. 成果完成单位

甘肃长达路业有限责任公司。

3. 主要研究内容及解决的关键问题

(1)建立了基于支持向量机的短时交通流预测模型,大幅提高照明实时动态控制的有效性。

(2)提出了洞口亮度差异比值分档表和实时交通量、实时车速参数取值分级表。

(3)创新了照明智能控制模型,建立了基于短时交通流预测和洞口亮度差异比值控制的合成随动照明控制系统。

(4)创新了隧道照明应用理论,提出了基于照明光源光谱功率分布法的隧道照明应用理论,建立了多种光色光源的交通行为等效亮度对比系数表。

4. 成果创新点及关键技术

课题研究成果主要表现在两个方面:一是为隧道照明设计、运营管理提供了技术参数指标;二是课题开发了合成随动照明控制系统软件、隧道照明节电器。合成随动照明控制系统软件比传统照明控制技术节能约 36.6%,使用隧道照明节电器综合节能 25.11%。

十一、甘肃省公路沥青路面再生技术应用研究

1. 主要研究内容及解决的关键问题

(1)废旧沥青、集料及混合料的评价研究。

(2)废旧沥青的再生恢复研究。

(3)沥青路面再生混合料的设计研究。

(4)沥青路面再生施工工艺与质量控制技术研究。

(5)再生沥青路面的技术经济评价研究。

(6)再生混合料的设备研究。

2.成果创新点及关键技术

(1)提出并验证了采用新沥青调和老化SBS改性沥青的针入度、黏度和软化点的复合律方程,并修正了黏度偏离指数。

(2)提出并验证了采用再生剂再生老化SBS改性沥青的针入度、黏度和软化点的复合律方程,并修正了黏度偏离指数。

(3)提出了再生沥青的复合粘温曲线并进行了试验验证,并提出了确定再生混合料最佳拌和温度与碾压温度的方法及步骤。

(4)建立并验证了基于热传导的新集料加热温度的计算模型,并给出了计算流程。

十二、甘肃省戈壁荒漠地区高速公路沥青路面修筑控制关键技术研究

1.主要研究内容及解决的关键问题

本项目通过甘肃河西戈壁荒漠地区分布区域、气候特征、地形地貌、筑路材料、交通组成及高速公路沥青路面早期裂缝、车辙病害的综合调查分析,强化沥青路面修筑控制关键技术,基于戈壁荒漠地区沥青路面功能设计、路面结构组合、原材料技术要求、混合料配合比设计、路用性能指标、施工工艺和施工质量动态控制体系等开展系列研究。

2.成果创新点及关键技术

(1)提出了河西戈壁荒漠地区气候干燥、冬冷夏热、少雨多风等典型气候特征下沥青路面抗车辙变形、抗裂要求的各结构层功能需求、结构组合、材料及性能控制技术指标。

(2)基于振动成型法和骨架密实设计思路,提出了水泥稳定碎石基层、水泥稳定砂砾掺配机制碎石基层混合料设计方法、强度指标及抗裂控制与处治技术措施。

(3)提出了沥青路面碎石和矿粉的规格、技术参数、现场加工与整形处理控制方法与评价指标。

(4)提出了戈壁荒漠地区现场加工SBS改性沥青配方、生产工艺、控制参数、全过程动态跟踪与检测评价方法。

(5)通过开展不同级配类型的路用性能和现场施工技术对比分析,提出了骨架密实型沥青混合料矿料级配范围、旋转压实成型配合比设计方法、路用性能控制技术指标。

(6)按照全面质量管理和过程动态监控的思路,提出了沥青路面拌和、运输、摊铺、碾

压的施工控制与现场操作技术要点,重点提出了多风状况下沥青路面施工保温及离析防治技术。

(7)分析了基于半刚性基层之上设置应力吸收层的作用机理,提出了SBS改性沥青、橡胶沥青碎石应力吸收层的材料要求、施工参数和施工质量控制技术。

(8)编制了《甘肃省戈壁荒漠地区高速公路沥青路面设计与施工技术指南》,建立戈壁荒漠地区高速公路沥青路面修筑关键技术体系。

十三、刘家峡大桥关键技术研究

1. 主要研究内容及解决的关键问题

刘家峡大桥为单跨536m双铰简支钢桁梁双索面悬索桥,两侧边缆跨度分别为148m和113m;锚碇形式为三角框架式混凝土重力锚体,矩形倒坡扩大基础,采用预应力锚固体系;桥塔采用钢管混凝土门式框架,塔身采用3000×50mm的钢管,管内灌注C40微膨胀混凝土;主缆形式为预制平行钢丝股(PPWS),每根主缆44股,每股含127根ϕ5.2mm镀锌高强钢丝,空隙率在索夹处取18%,在索夹外取20%,相应主缆外径分别为429.3mm、434.6mm;设计桥面宽度为11m,两侧各设1.5m人行道。该桥为西北地区单跨跨径最大,国内同规模最窄桥梁,并首次采用钢管混凝土结构作为大桥主塔。

本项目研究内容有5项:

(1)刘家峡大桥大跨度钢桁结构锚箱、栓接节点的疲劳性能试验。

(2)刘家峡大跨度桁式加劲梁悬索桥非一致激励抗震性能研究。

(3)刘家峡大桥桥塔钢管混凝土结构塔顶承载内力及力学机理研究。

(4)刘家峡大桥缆索空隙率及索夹抗滑移试验。

(5)刘家峡大桥大体积混凝土锚碇施工温度场及应力场监测研究。

2. 成果创新点及关键技术

(1)全桥在偏安全考虑下能引起疲劳问题的车辆比例高达39.45%,这比很多国外公路桥梁规范和国内学者研究的结论都高,各型车辆比例中,小型客车比例占总交通量比例较低,只有38.84%,中型货车和大型货车绝对数量虽然不是很高,但是占总交通量比例偏高,重型车辆的比例较其他地区来说也是偏低。通过对200百万次下等效疲劳试验内力幅值进行对比分析发现,按照英国典型车辆加载获得的疲劳试验内力幅值最小,按刘家峡大桥等效标疲车加载获得的疲劳试验内力幅值与按典型车辆计算值较为接近,按推荐国家标疲车计算获得的试验内力幅值最大。

(2)抗风缆施加后,在进行全桥地震动力分析时,大桥关键点位移、内力均发生不同程度的变化,表现为数值呈减小趋势。可见抗风缆能起到增加大桥的抗震性能的作用,有益于大跨度悬索桥在地震中免受破坏。

（3）钢管混凝土中钢管与混凝土黏结滑移关系是相同的，滑移由两端逐渐向中间发展，由局部扩展到整体；钢管混凝土结构中的焊钉只能减小钢管与混凝土之间的滑动距离，而不能增强钢管与混凝土之间的初始黏结；在三种设计荷载作用下钢管和混凝土的三向应力中竖向应力较大，径向和环向应力较小；在三种设计荷载作用下钢管与混凝土径向位移差值始终为零，说明钢管与混凝土在径向未发生脱离，二者接触良好。

（4）测出主缆与索夹之间最小平均抗滑摩阻系数为 0.213，通过两级加载的三次抗滑移试验，所得抗滑移系数均大于工程界公认的为 0.15 的最小要求，因此试验证明刘家峡大桥索夹抗滑移性能良好。与工程界公认的抗滑移系数要求相比，具有足够的安全储备；试验测得索夹内部空隙率为 17.6%，索夹外部空隙率为 18.4%，满足设计要求。

十四、SBS 改性沥青生产及其质量控制技术研究

1. 主要研究内容及解决的关键问题

原材料对 SBS 改性沥青技术性质的影响分析；SBS 改性沥青加工工艺参数对改性沥青性质影响分析；SBS 改性沥青生产装备与建设；SBS 改性沥青生产质量控制等。

2. 成果创新点及关键技术

课题研究所取得的核心研究成果有：使用傅里叶红外光谱识别基质沥青来源及性能稳定性；SBS 改性沥青中改性剂掺量检测方法；基质沥青、改性剂、改性剂掺量等原材料对改性沥青车辙因子、劲度模量、应变变形速率、疲劳因子等性能参数的影响程度。

课题针对 SBS 改性沥青生产及其质量控制过程中存在的问题，重点在以下几个方面进行了技术攻关并取得了突破：

（1）对于改性沥青原材料质量的控制，鉴于传统的基质沥青检测指标及 PG 分级指标很难进行不同品质的区分，本课题对用于改性的基质沥青除检测传统指标和 PG 分级指标外，还对其进行红外光谱分析，沥青红外光谱官能团区、指纹区图谱差异分析基质沥青来源及其质量稳定性。对于改性沥青添加剂，选择自主研发的抗老化性能优异、质量稳定的无机稳定剂和高芳香烃含量、低沥青质含量的抽出油作为改性剂的增溶剂，并通过试验确定其最佳掺量。

（2）为了分析加工工艺参数对改性沥青性能的影响，本课题分别对改性沥青剪切温度、剪切时间、剪切速率、发育时间等对改性沥青性能的影响进行研究，分别确定了星形和线形 SBS 改性沥青加工工艺参数，同时推荐了复配 SBS 改性沥青生产原材料比例和工艺参数。

（3）为了研究原材料对改性沥青性能的影响，课题采用正交试验设计、灰色关联度分

析等方法对试验过程及结果进行统计分析,结果表明:改性剂的掺量是影响改性沥青车辙因子的最主要因素,基质沥青次之;基质沥青是影响改性沥青低温劲度模量和应变变形速率的最主要因素,灰色关联分析结果显示基质沥青组分中(胶质+芳香分)/(沥青质+饱和分)是影响其低温性能的重要因素。利用凝胶渗透色谱和红外光谱分析改性剂相和沥青相的分子量及官能团峰强度变化,结果表明改性沥青的老化是改性剂中不饱和双键断裂和沥青氧化缩合共同作用的结果。

(4)借鉴以上研究结果,进行改性沥青现场加工生产。对现场加工改性沥青检测结果使用控制图分析其质量稳定性,结果表明:现场加工改性沥青质量稳定可靠。

十五、喷砂抛丸桥面基面处理防水施工技术

1. 主要研究内容及解决的关键问题

针对桥面防水施工技术难题,在桥面防水施工中,解决桥面水泥混凝土层同沥青混凝土层间联结力不足、桥面防水能力差等问题,提高桥面防水施工技术,改善桥面系水泥混凝土层同沥青混凝土层间的联结力,增强桥面防水性能,避免桥面的早期破损,保证桥梁工程的整体质量。

2. 成果创新点及关键技术

(1)可有效去除桥面水泥混凝土表面的浮浆层,改善混凝土表面粗糙度,增强桥面水泥混凝土与沥青混凝土的层间黏接能力,提高桥面铺装层的整体性。

(2)对桥面水泥混凝土顶面原有裂缝进行灌缝封闭,对其他缺陷进行彻底处理,保护铺装层内钢筋不被锈蚀、混凝土不被损毁,提高桥面的防水性能,增强桥面的耐久性,从而提高桥梁的整体质量及使用寿命。

(3)工艺简单、操作方便;施工时噪声小、灰尘少,适用于所有桥梁桥面铺装防水施工。

十六、60m高跨墩门吊配合架桥机安装箱梁施工技术

1. 主要研究内容及解决的关键问题

(1)解决高墩大跨径桥梁吊装受地形限制的难题。

(2)解决60m高跨墩门吊自身安装难题。

(3)解决高墩大跨径桥梁吊装受地形限制、60m高跨墩门吊自身安装困难的技术难题。

2. 成果创新点及关键技术

在60m高、大跨径跨墩门吊安装时,严格控制定位精确和稳定性;在施工现场不具备

修筑运梁道路或桥头不具备设预制场的条件下,在桥下就近设置预制场;箱梁吊装采用跨墩门吊配合架桥机安装箱梁施工方法,在喂梁过程中,控制运梁车的行走速度与天车行走速度保持一致;安装箱梁时,运梁大车在负载时不宜长距离行走,在提梁前用U形轨道夹固定跨墩门吊的站位(跨墩门吊支腿中心线与盖梁轴线基本在同一条线上),避免梁体就位时跨墩门吊纵向移动,保证了60m高跨墩门吊稳定性,完成了跨径40m、1549片、单片梁体最大起重140t箱梁的吊装作业,有效解决了地形条件受限制,桥头处路基不具备修筑运梁道路或设置预制场、高墩、大跨径条件下的箱梁运输、安装,60m高跨墩门吊自身安装技术难题,加快了工程进度,减少了临时用地,节约了资源。

十七、沥青指纹识别技术在沥青路面质量监查中的应用研究

1. 主要研究内容及解决的关键问题

沥青指纹识别技术将红外光谱分析技术引入到沥青鉴定中,通过分析不同品牌标样沥青化学结构的差异和组分含量的不同,建立了标样沥青红外数据库,未知沥青只需与标样沥青比对,即可快速确定沥青品牌。

(1)利用红外和气相模拟技术研究沥青化学组分的差别,区别不同品牌沥青。

(2)红外光谱法确定改性沥青改性剂掺量的研究。

(3)红外光谱分析沥青老化机理。

(4)高温色谱模拟蒸馏识别基质沥青。

(5)红外谱图、气相色谱图—SHRP指标—路用性能关系研究。

(6)快速识别与鉴别体系的建立和在沥青路面检查中的实际应用提出了快速判断基质沥青品牌和改性沥青改性剂掺量的方法,取得以下成果:①采用红外指纹识别技术、高温气相色谱模拟蒸馏技术和物理指标数据,建立了甘肃市场9种品牌的沥青指纹识别和评定数据库,确定了沥青快速识别、判定体系;②建立了沥青红外指纹识别和高温气相色谱模拟蒸馏的标准测试方法;③通过与数据库中的标样沥青谱图进行比对,快速准确地判定沥青的品牌,达到控制来源和质量的目的。

2. 成果创新点及关键技术

采用红外指纹识别技术、高温气相色谱模拟蒸馏技术和物理指标数据,建立了甘肃市场9种品牌的沥青指纹识别和评定数据库,实现快速确定沥青品牌和掺假情况,沥青高温模拟蒸馏测试标准方法。

十八、重载交通条件下高等级公路沥青路面结构研究

1. 主要研究内容及解决的关键问题

课题以甘肃省武威过境高速段为依托工程,针对甘肃地区夏天酷热、冬季严寒和紫外

线强烈的环境条件以及超载严重的交通条件,展开重载交通条件下的路面结构研究,推荐适合于甘肃省气候干旱、降雨量小、资金短缺等特殊条件下的重载交通沥青路面结构,对于延长沥青路面的使用寿命、降低养护费用、提高道路安全性能具有重要意义。项目通过现场调查、理论分析、室内外试验及加速加载试验、试验路观测,对重载交通条件下沥青路面结构进行了系统研究,技术路线合理,研究方法先进。

2. 成果创新点及关键技术

(1)首次修筑了戈壁荒漠地区足尺路面结构试验场,采用ALF试验分析了路面结构,建立了重载条件下的沥青路面车辙预估模型。

(2)首次提出了基于车辙等效的轴载换算系数,给出了重载交通条件下的材料参数取值方法。

(3)通过重型车辆多轴动力学模型分析,提出了用于路面结构设计的车辆动载系数。

(4)推荐了适用于甘肃环境条件的重载交通沥青路面结构类型。

十九、武罐高速公路抗震优化设计及灾害防治技术研究

1. 主要研究内容及解决的关键问题

本课题针对我国和甘肃省高速公路网重要组成部分、处于复杂地质条件和高烈度强震区的武罐高速公路的地震安全性和综合防灾能力问题,综合采用系统科学、地震工程学、复杂结构动力学、工程地质学等学科中最新的理论成果和研究方法,对武罐高速公路的路线、支挡结构、桥梁、隧道等主要方案的抗震性能进行优化设计,提供了更为合理的设计地震动参数,完成了高速公路沿线活断层的评估,提出了线路多目标优化方法,完成了典型边坡支挡结构、双层高架桥、高墩连续梁桥和山岭隧道的抗震性能分析和优化设计。

2. 成果创新点及关键技术

获得"一种黏弹性阻尼减震器"国家实用新型专利(ZL 2001 2 0066765.7),其产品已在武罐高速公路洛塘河大桥示范应用。

二十、湿陷性黄土浸水载荷试验及地下连续墙承载能力研究

1. 主要研究内容及解决的关键问题

本科研项目结合陇东塬湿陷性黄土的分布特征,通过室内试验、试坑浸水和载荷试验以及模拟分析计算进行研究,主要研究内容:

(1)陇东黄土塬湿陷性黄土的空间分布特征、物质结构、物理力学性质,并进行场地湿陷类型和地基湿陷等级评价研究。

(2)陇东黄土塬湿陷性黄土在浸水过程的含水率变化特性及地基沉降规律,并对暴

雨条件下陇东黄土塬黄土湿陷变形量、发生湿陷变形的黄土厚度、湿陷变形危害进行深入探讨。

(3)对湿陷前后黄土的承载能力进行研究,提出湿陷前后黄土的承载力特征值和变形模量。

(4)涵洞宜采用的基础形式、埋置深度以及基础处治措施。

2.成果创新点及关键技术

通过本项目的研究,得出了以下成果:埋设在原状黄土中的实体模型基础极限承载力及其竖向荷载对周围地基土的影响范围;埋设在原状黄土中的地连墙模型基础极限承载力及其竖向荷载对周围地基土的影响范围;浸水前后实心体基础与地连墙基础相比,地连墙基础具有一定的经济优势;水平荷载作用下其破坏模式为基础转动引起的地基土挤压破坏,荷载作用过程中有很小的平动位移量;闭合型地下连续墙基础具有显著的竖向、水平承载能力,适用于黄土地区桥梁基础;黄土工程地质性质有利于充分发挥墙—土之间相互作用力和地下连续墙基础的施工;采用闭合型地下连续墙基础具有较明显的经济效益。这些研究成果为西长凤高速地下连续墙的修建提供了理论、技术支撑,对我国湿陷性黄土地区地下连续墙的设计发展具有重要的理论价值。

二十一、甘肃南部峡谷地区高速公路双层高架桥梁应用技术研究

1.主要研究内容及解决的关键问题

本项目依托武罐高速公路洛塘河双层高架桥,结合山岭峡谷地区地形条件复杂、地质灾害频发、自然条件恶劣、生态环境脆弱的特点,开展具体研究内容如下:

(1)双层高架桥梁适应性研究。

(2)双层高架桥梁结构选型研究。

(3)双层高架桥梁上部构造、桥墩、桥台形式。

(4)双层高架桥梁框架墩受力性能研究。

(5)双层高架桥桥墩拟静力试验研究。

(6)双层高架桥梁减隔震技术研究。

(7)双层高架桥梁施工方法及施工安全研究。

(8)双层高架桥梁运营安全研究。

这些研究成果为洛塘河双层高架桥的设计和施工提供了理论、技术支撑,对双层特大高架桥梁的选型理由、方案构想和结构特点进行了研究,通过对双层框架墩拟静力模型试验分析和室内模式破坏试验,揭示了立柱、横梁、节点强度和刚度匹配关系,揭示了双层高架桥梁的地震破坏特性,还进行了结构静力、动力计算分析和抗震性能减隔震技术研究,

较为全面地研究了双层高架桥梁的结构特性及抗震性能,提出了双层高架桥梁的结构选型、设计指南、施工方法、施工及运营安全措施,对保证该桥顺利建设奠定了坚实基础。

2. 成果创新点及关键技术

(1)提出了强震峡谷地区高速公路双层高架桥梁的结构选型方法和设计原则。

(2)通过专题研究,提出了强震峡谷地区高速公路双层高架桥梁的抗震设计原则和关键构造设计方法。

(3)通过双层高架桥框架墩的对比模型试验,揭示了立柱、横梁、节点的强度、刚度匹配关系以及双层高架桥的破坏模式。

(4)提出了双层高架桥梁的施工方法和施工工序。

(5)指出了双层高架桥梁运营期间存在的安全风险,并提出了必要的防范措施。

通过这些科研技术,不仅使洛塘河双层高架桥工程安全可靠,而且节约了土地资源,减少了环境破坏,保护了生态环境,提高了工程经济效益。

二十二、干旱地区湿陷性黄土路基边坡植物防护技术

1. 主要研究内容及解决的关键问题

该课题通过分析研究黄土路基边坡的病害特征及发育规律,给出了复合型植物防护的基本结构形式、设计计算方法、施工工艺与质量控制标准。

2. 成果创新点及关键技术

首次将土工格室生态护坡和生态挡墙技术应用于黄土公路边坡的防护。推出了具有环保意义的天然矿物保水材料——海泡石;通过调查及筛选,推荐了适用于干旱黄土地区的植物类型。

第三节　绿色生态文明在高速公路建设中的应用

在高速公路建设中,甘肃省各建设单位积极贯彻绿色生态文明发展理念,大力促进公路建设领域低碳新技术、新产品、新工艺的推广应用,不断加大工程建设环境保护力度。在公路水路规划、设计、建设等方面,坚决贯彻执行生态保护红线,按照国家、行业、省委省政府政策要求全面开展交通运输污染综合防治工作,通过完善布局、创新设计理念、优化施工工艺、推广资源综合利用和循环低碳等技术,加强节约用地和保护耕地措施,旧路利用率达到80%以上,对公路砂石材料场及取石坑、弃土堆放场地进行科学规划和合理布局,加大公路绿化、美化力度,有效降低了公路建设对生态环境造成的影响。围绕绿色生态文明建设的要求,重点实施了"黄土半干旱地区公路绿化技术试验示范研究""干旱半

干旱地区高速公路沿线生态环境建设试验示范研究""乌鞘岭隧道地区路基修筑生态保护技术研究""甘肃高等级公路绿化带盐渍土地改良与绿化技术研究""甘肃省生态公路交通系统研究与应用""平定高速公路隧道照明节能技术研究"等一批科研项目,积极发挥了科技创新促进绿色生态文明在高速公路建设中的支撑作用。特别是"十三五"以来,全省交通运输行业各单位和部门认真贯彻执行交通运输部《交通运输节能环保"十三五"发展规划》和省政府《甘肃省"十三五"交通运输发展规划》提出的关于节能环保各项任务要求,进一步将生态文明建设融入交通运输发展的各个方面和全过程。一是积极推进绿色公路项目建设。按照交通运输部批复的兰州南绕城高速公路创建绿色公路示范项目,深入推进绿色公路创建和试点示范工作,并积极争取武都至九寨沟高速公路为交通运输部第二批创建绿色公路示范工程。通过实施绿色公路创建工作,有效促进了公路建设转型升级和示范带动作用,为今后全省打造全寿命周期内公路工程建设与自然生态环境的和谐发展提供了支撑和保障作用。二是全面推行生态环保设计和标准化施工。针对"十三五"期全省重点公路工程建设,提出了工程选线、地质选线、环保选线并重的公路工程设计原则,大力推广应用BIM、GIS和高分遥感卫星影像等技术,强化对公路沿线地质、水源、环保、文物、生态敏感点进行分析研判,为路线规划选址提供了技术支持。通过建立标准化施工长效机制,进一步强化了工地标准化、工艺标准化和管理标准化,全面提升了工程质量和耐久性。三是大力推进绿色及清洁能源产品在公路养护中的应用。"十三五"以来,针对全省已建公路预防性养护和大中修工程,积极推行全深式冷再生基层技术,路面工程中采用纤维微表处、SMC常温沥青路面铺筑、沥青路面就地热再生、Novachip超薄罩面新技术和冰雪自融路面等新技术,降低了环境污染,提高了工程质量和技术水平,延长了公路的维修周期和使用寿命。四是积极推进交通运输环境监测网络建设。省交通运输厅于2017年8月15日印发了《甘肃省交通运输环境监测网络建设工作计划》,计划到2020年,按照交通运输部统一规划要求,完成国省干线公路和环境敏感点在线监测点位建设,基本建成甘肃省交通运输环境监测网络骨干框架和甘肃省交通运输环境监测数据信息平台,实现部省两级生态环境监测平台信息联网与数据交换共享,全省交通运输环境监测数据为行业环境保护规划和政策的制定提供有力的数据支撑。

第四节 信息化、智能化技术在甘肃高速公路建设和运营中的推广应用

全省交通运输信息化建设通过多年的努力建设和应用,已从简单的局域网向互联互通的交通运输综合信息网络发展,应用系统由独立的业务系统向信息资源共享的综合业

务应用平台发展,使甘肃省交通运输信息资源服务行业管理和科学决策、服务企业经营、服务公众安全便捷出行的效益得到全面体现。主要表现在:

1. 交通运输信息化基础设施逐步完善

甘肃省采用自建或租用运营商线路共用的方式,初步建成覆盖全省交通运输行业的基础通信专网,基本实现了在线业务实时流转和信息资源共享;基本建成交通地理信息系统,为各业务系统提供基础的地理数据;行业数据中心初具规模,基本实现信息技术和数据资源的共享利用;高速公路特大桥梁和特长隧道已全部实现视频监测,其中特长隧道监测覆盖率达到100%;超限超载检测站已建成150处;"两客一危"入网率达到100%。各类智能终端逐步趋于完善,进一步提升了行业安全监控和管理水平。

2. 行业管理信息化应用全面覆盖

公路水路交通运输行业管理基础业务全面实现信息化,核心业务信息化应用广度和深度逐步提高。"公路水路畅通与应急处置系统""省交通运输统计分析监测和投资计划管理信息系统""客运站汽车站联网售票系统""包车客运管理信息系统""水运海事信息管理系统"等应用系统已按照交通运输部的规划和建设标准指南落实建设,实现信息化与业务管理的初步融合,提升了行业监管水平和工作效率。

3. 公众信息服务能力不断提高

以公众出行需求为导向,加快推进提升交通运输信息服务。通过"96969"和"12328"热线电话为公众提供路况查询、问题咨询、救援服务、投诉建议等服务;省高速公路管理局通过网站、微博、微信等平台为公众提供高速路况、气象服务、服务区等信息;省道路运输管理局开通了网上政务大厅、政务信息服务 APP 软件,积极推进行政许可和运政业务管理网上办理;省水运管理局通过网站给公众提供气象信息。

"十三五"时期,全省交通运输行业各单位深入推进新一代信息技术与交通运输行业的深度融合和创新发展,促进交通运输行业转型升级,加快实现行业数据汇聚、共享、交换和异构系统互联互通,积极推进交通运输政务信息整合共享工作。主要表现在:

1. 完善交通运输信息化建设顶层设计

加强新一代信息技术的应用,在《甘肃省"十三五"公路水路交通运输信息化发展规划》和"互联网+交通"3125 行动计划的基础上,调整完善了省交通运输 2017—2019 信息化三年滚动计划和省"十三五"交通运输信息化计划,明确"互联网+出行服务""互联网+道路养护"等 6 个项目为重点计划实施项目,大力促进交通运输工作转型发展。

2. 加快互联网基础设施建设

加快交通运输云数据中心建设,完成甘肃省交通运输行业数据资源交换共享与开放应用平台工程建设,实现了厅系统核心业务数据的汇聚。编制印发了《甘肃省交通运输云数据中心建设要求》《甘肃省交通运输云数据中心数据交换共享标准要求》和《甘肃省交通运输云数据中心数据标准要求》。加强厅系统链路和数据互联互通工作,厅与厅属各局、厅属各局之间实现互联互通,积极推进甘肃省公路水路地理信息系统项目建设,努力实现全省交通运输"一张图"。

3. 积极推动"互联网+"公众服务

整合拓展"12328"平台,实现网站、微信和移动APP等一体化服务功能。推进行政权力网上公开和政府服务事项网上办理,完成甘肃省公路建设项目审批网上办理服务平台建设,实现了公路项目及设计变更的网上申报、审批办理。积极推动互联网+电子支付在机场高速试点运行和交通"一卡通"的应用推广工作,"丝路任我行"卡已在武威市等7个地区应用,得到社会的认可和好评。省高速公路管理局积极开展"收费公路通行费增值税电子发票开具系统"的建设,并与交通运输部路网监测与应急处置中心收费公路联网结算管理中心的收费公路通行费电子普通发票服务平台进行了对接,实现甘肃省高速公路通行费增值税电子发票开具,建立了统一、规范、高效的收费公路通行费电子普通发票服务体系,为收费公路通行客户提供了便捷、高效、低成本的增值税发票查询、获取服务。与腾讯公司开展战略合作,协调推进微信支付在高速公路、公交、地铁等领域开展试点应用。

4. 完成省交通运输信息化五大平台建设

为加快交通运输信息化发展,全面深入推进"互联网+交通"行动计划,2017年完成五大平台的建设工作,即"交通运输公众出行服务信息与发布平台""公路建设运营及安全监测平台""交通运输应急及公共事件处置平台""交通运输行业宣传平台"和"交通运输舆情监测及应对平台"。其中交通运输公众出行信息服务与发布平台,通过对路网运行状况的有效监测,及时获取、汇总、分析各类路况信息,通过厅网站、头条号、甘肃交通广播、"甘肃12328"微信公众号和"甘肃交通运输"APP等五个渠道,向社会公众发布交通新闻、路况信息、交通气象和突发事件、行政审批、服务区信息、收费站信息、客票预定等服务;公路建设运营及安全监测平台运行平稳,进一步优化完善交通运行(路网)监测平台,实现了高速公路、干线公路、机场、码头、治超站、运输站场等视频监测,交调数据、高速收费、阻断事件、实时路况和公路基础设施数据等数据监测,利用车载移动视频、手持终端和视频会议系统实现养护作业现场监测和网上技术会商;交通运输应急及公共事件处置平台,与部省共建项目"省级综合交通运输运行协调和应急指挥系统"打包对接,实现应急事件的视频调度、应急资源调度等功能,做到应急指挥时事件"看得见",人员调动"叫得应",指挥指令"发得出";交通运输行业宣传平台及交通运输舆情监测及应对平台,目前已制定印发了《关于加强和改进新形势下新闻舆论工作的意见》,制定了《甘肃省交通运输厅新闻宣传工作规则》《甘肃省交通运输厅舆情监测与处置工作规则》等,确保行业宣传和舆情监测的时效性。

5. 积极开展交通运输政务信息资源整合共享工作

根据交通运输部《关于印发交通运输政务信息资源目录编制指南(试行)的通知》、甘肃省政府《关于印发甘肃省政务信息系统整合共享实施方案》的相关要求,积极梳理交通运输政务信息系统,开展僵尸系统清理工作,编制完成了《甘肃省交通运输政务信息资源目录》。

第五节　甘肃省高速公路建设中的主要科技成果

甘肃省高速公路建设中取得的主要科技成果见表7-1。

表7-1

序号	项目名称	奖项	获奖时间
1	红层软岩地区公路修筑技术研究	四川省人民政府一等奖	1998年
2	G212线泥石流、滑坡处治技术研究	交通部二等奖	1998年
3	公路隧道微机辅助设计系统	甘肃省科技进步二等奖	1999年
4	三滩黄河大桥关键技术研究	甘肃省科技进步二等奖 中国公路学会科学技术三等奖	2002年
5	土家湾隧道软黄土段地基加固技术试验研究	甘肃省科技进步二等奖	2003年
6	天巉公路隧道防排水设计施工研究	中国公路学会科学技术三等奖	2003年
7	高填土路堤下涵洞(管)设计理论与方法研究	甘肃省科技进步三等奖	2005年
8	黄土地区隧道修筑技术研究	中国公路学会科学技术一等奖 甘肃省科技进步二等奖	2006年
9	湿陷性黄土地区路基路面病害处治技术研究	中国公路学会二等奖	2006年
10	甘肃公路自然区划及环境参数的研究	甘肃省科技进步二等奖	2006年
11	西部地区中小跨径适用桥梁型式的研究	中国公路学会科学技术二等奖	2008年
12	国道212公路(兰州-重庆)陇南段修筑技术研究	中国公路学会科学技术二等奖	2008年
13	甘肃省季节冻土区公路路基修筑技术研究	甘肃省科技进步三等奖	2009年
14	关山隧道断层破碎带衬砌受力特性及承压水处置技术研究	甘肃省科技进步三等奖	2009年
15	戈壁地区公路风沙危害综合防护体系研究	甘肃省科技进步三等奖	2009年
16	连霍国道主干线牛背至天水高速公路地质环境与生态安全评估及对策研究	中国公路学会科学技术二等奖	2012年
17	公路非饱和土路基的力学特性研究	中国公路学会科学技术二等奖	2011年
18	刘家峡大桥成套技术研究	中国公路学会科学技术二等奖	2014年
19	武罐高速公路典型滑坡对隧道危害机理及防治技术研究	中国公路学会科学技术二等奖	2014年
20	甘肃省交通运输业与现代物流业一体化发展研究	中国公路学会科学技术二等奖	2014年

续上表

序号	项目名称	奖项	获奖时间
21	嘉安高速回收沥青路面材料区域循环再生利用技术应用研究	中国公路学会科学技术二等奖	2016年
22	60m高跨墩门吊配合架桥机安装箱梁施工技术	甘肃省建设科技进步奖一等奖	2013年
23	沙漠地区超厚粉砂地层桥梁深桩基成孔施工技术	甘肃省建设科技进步奖二等奖	2013年
24	40m箱梁隧道内预制吊装施工技术	甘肃省建设科技进步奖三等奖	2013年
25	高速公路隧道火灾损毁处治施工技术	甘肃省建设科技进步奖三等奖	2013年
26	预制梁板采用定型台架绑扎钢筋施工技术	甘肃省建设科技进步奖三等奖	2013年
27	戈壁沙漠地区宽幅超厚水泥稳定碎石基层铺筑一次成型施工技术	甘肃省建设科技进步奖三等奖	2013年
28	喷砂抛丸桥面基面处理防水施工技术	甘肃省建设科技进步奖三等奖	2013年
29	公路隧道洞口 $\phi 133$ 超前预支护长大管棚施工技术	甘肃省建设科技进步奖三等奖	2012年
30	黄土地区公路隧道浅埋段滑坡体预应力锚索抗滑桩加固施工技术	甘肃省建设科技进步奖三等奖	2012年
31	高速公路隧道零仰坡开挖进洞施工技术	甘肃省建设科技进步奖三等奖	2012年
32	上承式钢管混凝土拱桥盖梁预制吊装施工技术	甘肃省建设科技进步奖一等奖	2011年
33	高速公路ATB-25柔性基层施工技术	甘肃省建设科技进步奖二等奖	2011年
34	大跨度钢管混凝土拱桥双肋整体缆索吊装施工技术	甘肃省建设科技进步奖三等奖	2011年
35	公路匝道及加宽渐变段沥青混凝土面层施工技术	甘肃省建设科技进步奖三等奖	2011年
36	大型强制间歇式沥青搅拌站转场快速拆装施工技术	甘肃省建设科技进步奖三等奖	2011年
37	甘肃省沥青路面养护工程铣刨料的节能环保利用技术研究	甘肃省科学技术进步奖二等奖	2016年
38	甘肃省综合交通运输体系发展战略及发展规划研究	中国公路学会科学技术奖三等奖	2016年
39	沥青路面集料加工工艺及其应用研究	中国公路学会科学技术奖三等奖	2016年
40	沥青指纹识别技术在沥青路面质量监查中的应用研究	甘肃省科学技术进步奖二等奖	2017年
41	甘肃省公路沥青路面热再生应用技术研究	甘肃省科学技术进步奖三等奖	2017年
42	PC箱梁的剪力滞效应与时变机理及应用	甘肃省科学技术进步奖三等奖	2017年
43	SC-2聚合物快速修复材料抢修水泥混凝土桥面铺装施工技术	中国公路学会科学技术奖三等奖	2017年

第八章
甘肃省高速公路管理

第一节 甘肃省高速公路的运营管理

一、高速公路运营基本情况

(一)甘肃省高速公路运营管理总体情况

截至2017年年底,甘肃省高速公路管理局共管辖收费路段37条,总里程4014km,其中隧道171处340座501.07km。

省高管局机关内设14个处室,9个高速公路管理处(兰州、临夏、平凉、天水、柳园、定西、酒泉、柳园、武威),36个收费管理所(35个收费管理所,1个隧道管理所),177个收费站,32个隧道管理站,1318条车道(其中ETC车道382条),48对服务区,21对停车区。根据行业管理需求,成立了省高速公路服务有限公司(2017年11月省高管局与省国资委签订了国有股权无偿划转协议,将该公司划转由国资委管理)、省交通调度指挥总中心、省高速公路应急救援中心(业务管理全省14个高速公路清障救援大队、32个救援中队)、省高速公路管理局机关服务管理中心、省高速公路ETC管理服务中心(省高速公路网管中心)5个直属单位。

(二)甘肃省运营管理机构的演变发展

甘肃省高速公路建设初期,高速公路投入运营后,由建设业主单位负责运营管理。2002年底,为了加强对高速公路收费业务管理,甘肃省交通厅成立了甘肃省高等级公路运营管理中心,主要承担全省高等级公路监控、通信、收费清分、养护统计、协调服务等行业管理职能,但高速公路的人员、资金等管理仍由省交通厅工程处、甘肃长达路业公司、甘肃路桥投资公司、甘肃远大路业集团公司等4家业主单位负责。

2007年7月,为有效整合全省高速公路运营管理职能,强化运营管理主体责任,建立"职能清晰、权责统一、运转协调、精简高效"的高速公路运营管理体制,甘肃省交通厅对全省高速公路运营管理体制进行了改革。全省高速公路运营管理实行"省公路运营中心—高速公路管理处—高速公路收费管理所—高速公路收费站"四级管理模式。省交通厅工程处、甘肃长达路业公司、甘肃路桥投资公司、甘肃远大路业集团公司4家业主单位管理的高速公路(含封闭二级公路和一级公路)机构、人员及相关资产整体划归省公路运营中心,由省公路运营中心对全省高速公路实行统一运营管理,主要负责全省高等级公路(封闭二级及一级联网收费公路)的收费管理、通信监控、交通服务(信息服务和广告、服务区管理)、养护监督、路政协调和职工队伍管理等工作。

2011年5月,甘肃省高等级公路运营管理中心更名为甘肃省高速公路管理局,主要履行全省高速公路收费运营、公共信息服务、应急救援、隧道管理、服务区监管等五大职能。

二、运营管理方式及成效

(一)甘肃省高速公路运营模式的发展变化

1. 开放式收费阶段

1994年,甘肃省建成了第一条高速公路——天(水)北(道)高速公路,全长13.15km,采用全封闭、全立交、双向车道、水泥混凝土路面,实现了高速公路零的突破。按照省物价局、省财政厅《关于天北高速公路车辆通行费收费标准的批复》,天北高速公路收费标准为:小车(含小轿车、吉普车和各种微型客货车)5元/车·次,大车5元/t·次,摩托车3元/车·次;当地过往车辆按甘肃省物价委、省财政厅批复标准实行月票管理通行。天北高速公路自1994年7月运营至2014年7月停止收费,运营20年。随后几年,甘肃高速公路缓慢发展,1996年,甘肃修建兰州到中川机场的高速公路,但由于资金限制,只修了半幅。1998年以后,甘肃高速公路进入大规模建设时期。

2. 省内联网收费阶段

2000年,凤郿、永山一级公路(一期)建成通车;2001年,天巉、徐古二级公路建成通车;2002年,白兰、柳忠、尹中、古永、永山(二期)6条高速公路建成通车;2004年底,忠和至树屏、兰州至海石湾、兰州至临洮和山丹至临泽等5条高速公路相继建成通车,甘肃省高速公路通车总里程达到686km。2005年12月,刘寨柯至白银等高速公路建成通车后,实现了甘、青、宁三省(区)省会(首府)的高速连接。至2005年底,全省高速公路通车总里程突破千公里大关,达到1006km,兰州市6个出口全部高速化,甘肃以兰州为中心呈放射状的高速公路网已具雏形。2006年,清水至嘉峪关、武威过境高速公路建成通车,甘肃河西地区从古浪至嘉峪关全线实现高速化。2010年,甘肃高速公路已建和在建的高速公路里程达到2538km,高速公路网骨架基本形成。

在国家西部大开发和"一带一路"倡议以及省委省政府交通突破攻坚行动等持续利

好的大政策、大环境、大生态引领推动下,全省高速公路建设方兴未艾,一条条"康庄大道""特色致富路"相继建成。2011年至2017年,西长凤高速公路、天水过境高速公路、瓜星高速公路、金武高速公路、营双高速公路、永古高速公路、武罐高速公路、雷西高速公路、成武高速公路、临合高速公路、瓜敦、金阿公路、兰永一级、十天高速公路、临渭高速公路、白明高速公路等16条路段相继开通,全省高速公路运营总里程突破4000km,高速公路运营实现了"三个贯通":全省14个市州驻地实现以高速公路贯通,55个县城通高速公路;与周边6个省份基本实现以高速公路贯通;G6京藏、G30连霍高速公路实现甘肃境内全线贯通。"座中联六"区位东西横跨、南北通畅,"千里陇原一日还"已成为现实。

经省财政厅和省物价局批准,全省高等级公路联网收费标准按照车型和行驶里程计算。根据公路技术等级的不同,高等级公路收费标准分为:一型小车(含6座及6座以下小型客车)按0.35元/车·km计收,最低起征额为7元;二型车2t以下(含2t)各类客货车按0.55元/车·km计收,最低起征额为7元;三型车2~5t(含5t)各类客货车按0.80元/车·km计收,最低起征额为14元;四型车5~10t(含10t)各类客货车按1.25元/车·km计收,最低起征额为14元;五型车10~20t(含20t)各类车辆按1.60元/车·km计收,最低起征额为20元;六型车20t以上的各类车辆按2.00元/车·km计收,最低起征额为20元。天巉和徐古两条二级汽车专用公路按照同样的车型划分,收费标准分为:一型车按照0.25元/车·km计收,最低起征额为5元;二型车0.40元/车·km计收,最低起征额为5元;三型车按0.65元/车·km计收,最低起征额为12元;四型车按1.15元/车·km计收,最低起征额为12元;五型车按1.40元/车·km计收,最低起征额为15元;六型车按1.60元/车·km计收,最低起征额为15元。车辆通行费在征收过程中,货车按出厂时核定的载重吨位计征,客车按出厂时核定座位数计征,每10个座位折合1t计算。

按照交通部《关于收费公路试行计重收费指导意见的通知》(交公路发〔2005〕492号)要求,参照周边省份实施计重收费的做法,为在全省建立遏制超限运输的长效机制,2009年,对全省74个收费站进行了计重收费改造,加宽收费站23个,安装称重设备231套、自动发卡机75套,加装车牌识别系统396套;收费车道由原379条增加到421条,完成了收费软件、信息管理、车牌识别、自动发卡等系统软件升级,实现了计重收费和按车型收费的有机结合和平稳运行。全省高等级公路的载货类汽车于2009年6月16日零点正式实行计重收取车辆通行费。正常装载的合法运输车辆行驶高等级公路时,其车辆通行费按现行收费车型分类标准执行。超过公路承载能力的车辆行驶实行计重收费的公路时,车辆通行费收费标准按照如下基本费率和计算办法确定:封闭式高速公路计重收费基本费率按0.08元/t·km执行,封闭式二专公路基本费率按0.07元/t·km执行。总重5t以下按5t计,计费不足10元按10元计收;车货总重超过该车对应的公路承载能力认定标准但未超过超限认定标准的载货类汽车,该车车货总重中小于等于10t的质量部分及超过公路承载能力认定标准的质量部分按基本费率计重收取车辆通行费。车货总重中正常装载的10~40t部分,其基本费率封闭式收费公路和开放式收费公路线性递减到50%和80%;车货总重超过超限认定标准的载货类汽车,超限认定标准内的质量部分,按基本费率的3倍计重收取车辆通行费,超过超限认定标准的质量部分,按基本费率的6倍计重收取车辆通行费。

按照"财政专户,收支两条线"的管理办法和省物价局、省财政厅批准的收费标准,全省在每个收费站都公布了收费标准、收费期限等,自觉接受社会各界对我省收费工作的监督。为吸引车主使用全省联网收费公路,按照每次行驶联网收费高等级公路的里程,制定了通行费优惠方案。车辆行驶里程100km以上(含100km),按批准相关车型收费标准的5%进行优惠;车辆行驶里程200km以上(含200km),按批准相关车型收费标准的10%进行优惠;车辆行驶里程300km以上(含300km),按批准相关车型收费标准的15%进行优惠。

宝天、武罐、成武、临合高速公路由于建设成本较高,根据省物价局、省财政厅关于宝天、武罐、成武、临合高速公路车辆通行费收费标准的批复,小车(含6座及6座以下小型客车、越野车)0.50元/车·km;2t以下(含2t)各类客、货车0.60元/车·km;2~5t(含5t)各类客、货车0.90元/车·km;5~10t(含10t)各类客、货车1.30元/车·km;10~20t(含20t)各类车辆1.60元/车·km;20t以上的各类车辆2.00元/车·km。通过宝天高速公路牛背至天水段麦积山特长公路隧道车辆,另按车型收取隧道车辆通行费。具体收费标准为:小车(含6座及6座以下小型客车、越野车)20.00元/车·次;2t以下(含2t)各类客、货车30.00元/车·次;2~5t(含5t)各类客、货车40.00元/车·次;5~10t(含10t)各类客、货车50.00元/车·次;10~20t(含20t)各类车辆60.00元/车·次;20t以上的各类车辆70.00元/车·次。除此之外,凡行驶宝天高速公路牛背至天水段的超载超限车辆,按《省物价局、省财政厅关于收费公路载货类汽车车辆通行费试行计重收费的通知》规定收取车辆通行费。

2002年,全省高速公路实施联网收费时,国家尚未颁布统一的车型划分标准,参照周边省份,并结合全省实际,将客车按核载座位数划分为1~4类车型,货车按出厂核定载质量划分为2~6类车型,直接从2类车型起征通行费。根据2014年交通运输部全国高速公路电子不停车收费联网工作安排,全省需按部颁车型分类标准将现行的六类车型归并为五类车型。经省政府同意,甘肃省发展和改革委员会、甘肃省财政厅批复了《关于归并高速公路客车车辆通行费车型及收费标准的通知》(甘发改收费〔2014〕1705号),从2015年1月10日起,全省高速公路客车通行费车型分类按照交通运输部颁布的《收费公路车辆通行费车型分类》(JT/T 489—2003)规定进行了归并。归并后,全省高速公路客车车辆通行费车型仍分四类,其中一类车为7座及7座以下客车,每公里收费0.35元;二类车为8座至19座客车,每公里收费0.55元;三类车为20座至39座客车,每公里收费0.80元;

四类车为40座及40座以上的客车,每公里收费1.25元。其中,宝天、武罐、成武、临合高速公路一类车为每公里0.50元,二类车为每公里0.60元,三类车为每公里0.90元,四类车为每公里1.30元。

长期以来,甘肃省高速公路货运车辆收费标准自2002年制定后,十几年来未做大的调整,收费标准经多年运行后明显偏低。目前,全国31个省市区已有28个省份,包括周边省份陕西、宁夏、青海、新疆、四川均实行了货车全计重收费。从各省实践情况来看,计重收费方式体现了"多用路者多缴费,少用路者少缴费"的原则,更加公平合理,透明易行,有效遏制了车辆改装、大吨小标和超限超载,大幅减少了道路安全事故,促进了货运市场有序竞争,效果较好。根据成本监审结论,客货车辆现行收费标准都低于运营成本,更低于完全成本。为建立起公平、合理、科学的车辆通行费征收方式,通过经济手段消除车辆超限超载运输的利益驱动,适当降低合法运输车辆的运输成本,规范货运市场经济秩序,全省在2016年调整了货车实行计重收费和客车收费标准。根据交通运输部办公厅《关于贯彻实施新的货车计重收费标准》(交通运输部62号令),甘肃省于2017年8月10日施行了新的货车计重收费标准。新标准中二轴货车超限标准为18t,三轴货车为27t,四轴货车为36t,五轴货车为43t,六轴及六轴以上货车为49t。

3. 全国ETC联网收费阶段

按照交通运输部《关于开展全国高速公路电子不停车收费联网工作的通知》(交公路发〔2014〕64号),全省自2014年3月开始,历时17个月,通过狠抓ETC车道基础设施建设、联网收费系统升级、收费站车道改扩建、ETC客户服务体系建设和宣传推广等几个方面的工作,全面完成了甘肃省ETC联网的各项任务,达到了主线收费站ETC车道覆盖率100%,匝道收费站ETC车道覆盖率100%的"双百"目标,并于2015年8月31日正式并入全国高速公路电子不停车收费系统,实现了ETC全国联网。

为进一步加大电子缴费系统的推广,减少收费站拥堵,提高高速公路标准化建设程度、管理水平和社会服务水平,根据《甘肃省发展和改革委员会、甘肃省财政厅关于高等级公路车辆通行费电子缴费实行优惠的通知》(甘发改收费〔2014〕179号),对安装ETC卡的车辆收费实施优惠。一是凡在甘肃省自愿安装ETC的各类客车和办理高速公路储值卡等电子缴费装置的车辆缴纳车辆通行费时,对本次行驶应缴纳的车辆通行费给予5%优惠。其他省、自治区、直辖市的高速公路电子缴费业务车辆暂不纳入甘肃省高速公路车辆通行费优惠政策实施范围。二是车辆通行费电子缴费优惠政策执行后,原省物价局、省财政厅《关于高等级公路收费管理有关问题的函》(甘价费〔2002〕364号)规定车辆通行费按每次行驶里程给予的优惠政策停止执行。

为解决收费公路通行费增值税电子发票统一开具等实际问题,2017年9月,按照交通运输部办公厅、财政部办公厅、国家税务总局办公厅印发的《完善收费公路通行费增值税发票开具工作实施方案》的要求及省交通运输厅、省财政厅、省国税局印发的《甘肃省收费公路通行费增值税发票开具工作实施方案》的要求，制定了《甘肃省收费公路通行费增值税发票开具工作实施细则》，编制完成了《甘肃省收费公路通行费增值税电子发票开具系统(一期)项目工程可行性研究报告》和《甘肃省高速公路通行费增值税电子普通发票开具总体技术方案》，提出了甘肃省收费公路通行费增值税电子普通发票相关系统改造要求，开展了甘肃省高速公路联网收费系统V4.0版本升级、基础数据采集、治理和接口联调测试等工作。如期完成了全省67万ETC电子缴费用户的数据信息补录，协调国税部门完成了税控设备的申领、发行、托管，并通过了交通运输部路网中心的相关测试和验证，确保了2018年1月1日甘肃省与全国同步实现了通行费增值税电子发票的开具。

4.二级公路停止收费

按照国务院办公厅《关于转发发展改革委、交通运输部、财政部逐步有序取消政府还贷二级公路收费实施方案的通知》，2017年5月31日0时整，全省全面停止政府还贷二级公路收费。全省政府还贷二级公路停止收费后，撤销83个收费站，涉及61条线路，总里程5088.09km。其中涉及高速公路管理部门的有天巉二级专用公路七里墩、天水北、中滩、秦安、叶堡、郭嘉镇、马营、通渭8个收费站和徐古二级专用公路古浪收费站。

根据全省取消政府还贷二级公路收费工作的安排和省交通运输厅对人员安置工作的要求，二级公路停止收费后，由省高管局负责接收安置二级收费公路聘用合同制人员。对此，省高管局综合考量、科学分配，按照"分级负责，就近安置，确保稳定"的总体思路，制定了"先就近接收安置、再综合优化调整"的工作方案，相继完成了二级收费公路移交人员的接收安置、人事档案审核、工资档案审核、劳动合同签订、人员基本信息核对、工资重新确定、个人社会保险审核转移和系统平台信息录入等工作。共接收安置二级公路聘用制人员1367名。

(二)甘肃省高速公路管理成效

1.通行费收入稳步增长，服务全省经济社会发展成效显著

从2003年联网收费开始，克服经济下行、养护施工和收费站改扩建车辆分流、重大节会赛事多保畅任务重等重大因素影响，全力以赴堵漏增收、挖潜增效，高等级公路通行费收入保持了稳定增长的良好态势，通行费征收能力显著提高。2016年通行费征收首破70亿元大关，2003年至2017年累计征收车辆通行费533.89亿元，与国家车购税资本金补助共同支撑重点项目建设，撬动了高速公路融资规模。

严格征费政策执行，从严从紧依法征收，坚持"六公开"制度，自觉接受社会监督。健全完善了收费稽查、监控等方面的各类工作流程和工作标准；明确了局、处、所三级管理职

能;细化了岗位职责及办事流程;出台了政策制度汇编,制定了《通行费征收稽查管理办法》《通行费征收任务考核管理办法》;修订了《通行费电子缴费(ETC)票据业务管理办法》《绿色通道车辆分级查验规定及指导手册》;完成了管理处收费机电科、收费所业务股管理权限和票务岗位职责及所、站两级基础业务记录文本的分类整理和规范;重新调整了收费站类别,"反班结"实现了量化考核。

不折不扣合规减免,按照国家高速公路免费《鲜活农产品品种目录》,甘肃省对运输化肥的车辆实行"绿色通道"的费用减免优惠政策以及对酒泉大型风电设备运输车辆按基本费率计收通行费政策,甘肃省发改委、甘肃省财政厅、甘肃省农牧厅和甘肃省交通运输厅共同批准,扩大鲜活农产品减免范围,对部分草产品实施"绿色通道"减免政策等,累计减免通行费70.87亿元,其中"绿色通道"减免2060.43万辆,减免通行费51.14亿元。同时,在全省设立了21个ETC售后服务站,1360个合作银行"一站式"客户服务网点,覆盖全省86个县区,ETC用户累计达75.65万户,实际在用68.74万户,切实降低了物流成本,体现了高速公路惠民利民为民宗旨。

优化征费环境,开展了"百日清网""百日打逃"等打击偷逃漏费专项整治行动。进一步明确各级稽查部门工作职责,完善稽查监控工作流程和标准,拓展稽查方式、范围和频次,加大跨区域稽查频次和覆盖面,严厉打击和整治利用假冒"绿色通道""混逃"、冲卡"硬逃"、开口"明逃"、计重"巧逃"、双卡"技逃"等多种逃费行为,对冲卡、倒卡、倒货、服务区或平缓路基开口逃费等问题进行了强力整治,西部路网私开平交道口逃费行为得到有效遏制,中部路网冲卡逃费问题杜绝。累计追缴通行费1.39亿元/38.33万辆。

积极推行智慧化高速,开展了以精细化基础管理、精确化全面稽查、精准化"双卡"服务为核心的通行费征收管理"三精工程"。配套"三精工程"实施,对部分系统软件进行了升级优化。完成了联网收费系统工程(一期)、联网收费系统框架体系完善(一期)、全国电子缴费联网收费、全国电子不停车收费联网测试、收费中心系统扩容、收费通信网络、收费业务系统升级。在单车次缴费金额较大的近60多个收费站安装了银联POS机,在中川、兰州、兰州西、兰州东、傅家窑等收费站70多条人工车道试点实施了"互联网+高速公路电子支付系统"示范工程,丰富了公众缴费选择。

2.服务理念深入人心,服务水平创优提质

全系统紧紧围绕"从方便管理到方便服务转变"这一理念,在直接面向社会服务的单元全力推进"标准化管理、正规化建设、品质化服务",着力构建了高速公路的"大服务"格局。

塑造了收费"窗口"看得见的微笑。出台了《甘肃省高速公路收费人员星级管理考核办法(试行)》,深入开展了"百万元收费无差错""文明优质服务"两项活动,积极规范文明服务品牌建设,以"2258"(两点头、两转身、五指并拢、八颗牙)微笑服务品牌创建为基础,微笑服务品牌创建百花齐放、百家争鸣。以陇南处"绿橄榄"、平凉处"金苹果"、酒泉处"丝路春雨"、临夏处"雪域明珠"、定西处"畅美高速·多彩定西"、武威处"新丝路·心服务"等为典型代表的嵌入式文明服务品牌,已成为展示甘肃高速文明服务响当当的"名片"、金灿灿的"招牌"。

塑造了信息服务"窗口"听得见的微笑。建设了集道路全程监控、交通指挥调度、服务信息发布、道路救援服务、便民出行服务为一体的交通调度指挥总中心,积极推广运用"互联网+"模式,整合调度指挥总中心各独立运行平台,加快公共信息服务"三系统一平台"建设步伐。大力提升12328、96969(其中96969已于2018年4月10日停止使用)的接通率和服务质量,在重点路段运行无线地磁车辆检测系统,全面升级"甘肃爱城市"手机APP服务应用功能,深化扩展与省内多家广播媒体合作,建立完善了相关信息发布平台,配备了专职路况信息员,运用"互联网+"思维创新公众出行信息服务,借鉴外省经验,加大投资力度,利用GPS定位技术、GIS信息技术等信息资源,针对新媒体时效性、海量性、互动性强的特点,集成整合APP、微博、微信、网站、今日头条号,搭建了甘肃高速公众出行服务平台。研发了甘肃高速APP,设计了高速路况、高速直播、一键救援、路况报料、路径路费、在线客服等功能模块,新建了高速路况直播室,为社会公众提供了直观、立体、全方位的出行信息服务。

塑造了应急救援"窗口"盼得到的微笑。在救援任务重的应急救援车辆上安装了4G"千里眼"车载移动视频监控系统,完善了《甘肃省高速公路清障救援机构资格备案管理办法(试行)》,开展了以当地政府、交警、路政、养护、医疗救助、收费管理、清障救援等为核心的保通保畅应急处置演练。落实监督、管理、执行三项救援职责,形成了救援、服务、回访月通报机制。审核备案社会清障救援机构95家。清障救援服务回访率达100%,满意度达98%。

3. 保通保畅保安全,打通服务民生"最后一公里"有效落实

形成了具有甘肃特色、全国先行的路警联合、路政养护、清障救援、消防救援、医疗救援、气象服务"六位一体"交通调度指挥体系,特别是医疗、消防救援,实现了从环兰高速到全省路网的全覆盖,路警协调更加顺畅高效,收费、养护、路政、交警"一路四方"联动机制更加常规有效,在占道作业、隧道检修、重大节会和节假日保畅方面发挥了重要作用。同时,通过甘肃省交通运输突发(阻断)事件上报系统,及时、准确、规范报送了各类高速公路交通阻断信息。先后联系公安交警等涉路各方会商,尤其对重大节假日特殊时期高速公路交通保障、综合信息服务、立体化救援等工作机制进行了完善,开设了应急救援座席,与省路警联合指挥中心协同处置突发事件,建立健全了路段内各单位的信息互通、共享机制。交通调度指挥和缓堵保畅工作效率不断提升。

组织实施了新开路段隧道视频传输系统改造工程,在重点路段增设LED交通诱导标,配发了天翼对讲设备,提高了突发事件应急现场的监测、处置、协调能力。制定了《兰

州—机场高速重点路段清障救援保畅处置实施细则》,对兰州至机场段分五期实施配套安保工程,设置"大车靠右、严禁超车""严禁占用应急救援通道"等警示标志,事故率同比下降78.9%,有效保障了环兰高速公路的安全畅通。

4. 保障设施趋于完善,功能发挥日渐突出

集中精力,一门心思抓好管理、服务和运营保障设施建设,超常规谋划和实施高速公路硬件提升工程。完成了高速公路服务区改造、高速公路路线命名编号调整及标志更换和计重收费配套工程劝返站三大专项工程,完成了15条高速公路路线命名编号调整及标志更换工作。利用通行费预算资金和银行贷款,圆满完成了路网智能监控、ETC电子不停车缴费、隧道安保、应急保障、服务区"六大系统"升级改造和37个收费站改扩建工程等项目。完善了改扩建工程和专项工程项目储备库和《项目建设管理办法》《工程设计变更管理办法》。落实项目建设目标责任,采用"互联网+"网络计量、多对多视频调度等模式,实现了项目前期、招投标、计量支付、设计变更的台账化管理。有效保障项目实施质量和进度,完成了2014年及以前年度18个工程项目遗留的设计变更审查批复工作。对2015年实施的31个收费站改扩建工程设计变更进行了集中审查批复。对建设规模较小、技术难度较低、施工组织不跨区域的项目,全部下放各管理处履行项目法人职责。

印发了《甘肃省高速公路机电系统维护维修合同范本》和维修定额标准,落实了机电维护计量支付工作。架设了高速公路养护评价系统专用服务器,编制了《甘肃省高速公路机电系统技术要求》,公开招标机电维护单位,明确管理处维护管理主体责任,实现了机电维护从委托模式向市场化模式的转变。积极推进全计重收费系统改造、联网收费系统升级二期三期、调度总中心LED大屏改造、燃煤锅炉环保改造一期二期等大中修工程的项目实施。通过"紧步快跑"式的大规模投入、高强度推进,高速公路硬件设施大幅提升,有力助推了服务功能的完善和发挥。

5. 行业软实力显著增强,行风行纪明显转变

把全面从严治党作为"最大的政绩",认真学习贯彻习总书记系列重要讲话精神。充分利用"三会一课"、学习辅导报告会、组织生活会以及领导干部讲党课等形式,借助微信、网络等媒介,学习贯彻十九大精神。严格遵守中央"八项规定",持续深入整风肃纪,时刻把纪律和规矩挺在前面。务实开展群众路线教育和"双培双建"主题实践活动,扎实开展"三严三实"专题教育、"两学一做"学习教育。认真贯彻《关于新形势下党内政治生活的若干准则》和《中国共产党党内监督条例》。严格执行民主集中制,完善议事规则,全面落实科学决策"五项原则"和"三商量",加大了党务政务公开力度。大力推进廉政文化进机关、进站班、进票亭活动,使干部思想、作风、行动上实现了"转、严、紧",行业风气为之一新,干群作风为之大振。出台了《科级干部任免规程及交流办法》,干部人事管理更

加务实规范,有悟性、有责任心、有上进心的"五好干部"已成为选人用人的基本遵循,"肯干事、能干事、干成事、不出事"和"不让老实人吃亏"已成为选人用人的"风向标"。

行业软实力建设开创新局面,形成了"三化"建设(标准化管理、品质化服务、正规化建设)、"三个服务"(行业服务社会、机关服务基层、党员干部服务职工群众)等行业服务和精神文化体系,构建了甘肃高速"精神家园"。积极开展"学树建创"活动,命名表彰"高速卫士"和"四十佳"标兵等。被交通运输部评为"全国交通运输行业文明单位",被省委、省政府命名为"甘肃省文明单位"。全系统先后获得国家级荣誉15个,省部级荣誉75个,地厅级荣誉458个。

三、高速公路服务区的建设和服务

(一)甘肃省高速公路服务区概况

1. 基本概况

甘肃于2003年建成并投入运行第一座高速公路服务区——北龙口服务区。截至2017年,建成全省高速公路服务区和停车区共计69对,其中服务区48对,停车区21对。停车区17对无建筑物,4对有建筑物,分别是连霍路瓜州、清泉、关子、福银路凤口。服务区和停车区由华运高速公路服务区管理有限公司经营管理48对,通美公路服务区管理有限公司经营管理21对。

2. 设计和分布

在高速公路设计规范中,我国现行的设计标准规定每50～60km设置一座服务区,供高速公路驾乘人员使用。但由于甘肃省各地区经济发展和地域地理环境的原因,受地形、地貌、环境、运营成本、资源有效利用优势等因素影响,甘肃省高速公路服务区的平均间距为65km,略大于现行标准。

全省高速公路服务区的分布状况:已建成运营的高速公路服务区(停车区)约94%分布在国家高速上。其中G30连霍高速公路24对服务区(停车区)、G22青兰高速公路9对服务区、G2012定武高速公路6对服务区、G6京藏高速公路3对服务区、G75兰海高速公路5对服务区、G8513平绵高速公路3对服务区、G70福银高速公路1对停车区、G7011十天高速公路7对服务区、G3017金武高速公路2对服务区(停车区)、其余4对服务区(停车区)分布在省级高速公路上。

(二)甘肃省高速公路服务区的建设发展

1. 基本建设情况

2003年依托全省6条高速公路联网收费,省内高速公路十八里铺、接驾嘴、北龙口、张家寺4对高速公路服务区,以及卦台山、秦安、通渭、马营、华藏寺5对二级汽车专用服务区开始正式运营。服务区主要由省交通厅工程处、长达路业有限公司、甘肃路桥公路投资有限公司、甘肃远大路业集团有限公司4大业主建设后独立经营管理,省高等级公路运营管理中心实行行业监管。到2007年底,根据省交通厅体制改革要求,明确全省服务区实行建管分离,服务区建设仍由各业主建设,建成后再交由省高速公路管理局接收并委托管理。这种建设与管理模式延续至今。

2. 升级改造情况

(1)第一期改造

2008年省公路运营中心投资1945万元,完成酒泉、高台、九龙江、山丹、永昌、武南、白银东、新墩、张家寺、接驾嘴、十八里铺、马营、通渭、秦安14个服务区厕所及配套设施改造。

通过一期工程改造,提高了服务区公共服务水平,解决了驾乘人员如厕难问题,改变了厕所脏、乱、差、少的现象,做到了便于寻找、进出顺畅、使用方便。高等级公路服务区厕所作为旅游厕所的一部分,成为甘肃旅游基础设施建设的一大亮点,提升了服务品牌,促进了全省旅游产业和物流产业的发展。

(2)第二期改造

2009年,根据全省高速公路服务区服务设施现状,在全省高速公路服务区配套设施和采暖设备维修改造及一期维修改造的基础上,进行了二期维修改造工程。共改造服务区19对,其中服务区16对,停车区3对,工程总预算为9557万元。通过二期工程的改造,使车辆进出服务区更加方便快捷,并进一步完善服务区停车、住宿、进餐、加油等服务功能,方便驾乘人员。完善所有服务区标志标牌,使服务区标示标牌更加规范、统一、明显。解决所有服务区和停车区排污难、上下水管道堵塞、服务区取暖等问题,以适应车流量的增加对服务区更大的服务要求,使服务区整体外观与服务水平有较大的提高。同时,提高全省高等级公路旅游线路服务区服务水平,进一步提升全省旅游形象,改善旅游环境,推动全省旅游产业和物流产业及公路事业大发展。

(3)第三期改造

2012年,甘肃省高速公路服务区改造升级工程主要对甘肃省高速公路兰州北、定西、武威、张掖、瓜州5个服务区进行改造升级。改造升级工程预算总投资为37354.75万元,资金来源为车辆通行费和国内银行贷款。

3. 运营管理模式

甘肃省高速公路服务区建设与管理虽然起步较晚,但发展速度很快。服务区管理模式总体经历了三个发展阶段:

第一个阶段:分散经营,探索起步阶段。从2003年至2007年,全省高速公路建设发展迅猛,服务区由各项目建设业主实行"谁建设,谁运营",分散型经营。这时期建成运营的高速公路服务区普遍存在面积规模偏小、服务功能单一,同时受客流量少、经营环境差等因素影响,经营发展受到严重制约。

第二个阶段:统一经营,标准化管理阶段。2008年至2013年,全省高速公路路网初具规模,为整合资源,实施品牌战略,实行经营权与所有权分离,由甘肃省高速公路管理局(以下简称省高管局)代表省交通运输厅对高速公路服务区产权及行业进行监督管理,同时,将高速公路服务区采用委托管理方式交由厅属企业成立专业化的服务区运营管理公司统一经营。自2010年起,全省开始对服务区标准化管理体系进行研究实践,逐步形成了服务区标准化管理模式,进一步提升了服务形象。

第三个阶段:统一管理,标准化提升阶段。2014年初,为进一步提高服务区的经济效益和社会效益,省高管局全面履行高速公路服务区管理职责,经省交通运输厅批准,成立了局属独资企业——甘肃省高速公路服务有限公司,负责全省高速公路服务区的经营管理。省高管局所属高速公路管理处、收费管理所履行行业监督管理职责,实行局、处、所三级监管体系。

(三)服务及功能

高速公路作为交通行业的"窗口"单位,服务区更是"窗口"中的"窗口",更应体现服务性。服务区服务的好坏,直接影响甘肃省交通运输行业的形象。高速公路服务区的公益性质决定了服务区必须提供公益服务;高速公路的收费通行和全封闭,决定了服务区必须提供更加优质的服务。

1. 基本功能

随着人民生活水平的提高,人们选择交通方式的理念正在发生重大变化,安全、便捷、舒适、高效及个性化需求增强,对交通服务提出了更多、更高的要求。全省高速公路服务区都具备免费公共卫生间、免费停车、免费供应开水三个基本无偿服务项目以及餐饮、购物、加油、住宿、汽车修理五个基本有偿服务项目,除餐饮项目外,其余服务项目都24h运营服务;服务区还具备信息咨询、免费应急药品、应急维修工具、无线网络、母婴休息、手机充电等服务功能。

2. 加油站管理现状及加气站、充电桩建设

服务区加油站由省交通运输厅授权省高速公路服务有限公司分别与中石油甘肃公司、中石化甘肃公司合资组建的甘肃中油交通油品有限公司和甘肃实化交通服务有限公司经营管理,加油站纳入服务区管理范畴。依托加油站的管理,目前,服务区规划设计加

油站的共96对,48对服务区双侧均设加油站。停车区中除马营、华藏寺外其余均无加油站。

为贯彻落实国务院和甘肃省加快新能源汽车基础设施建设的政策意见,满足充电车辆的服务需求,完善服务功能,联合专业设计院对全省服务区充电站的布局规划进行现场实地调查、勘测,经过多次论证,编制了《甘肃省高速公路服务区充电站建设项目布局规划方案》《甘肃省高速公路服务区加气站建设项目布局规划方案》。拟定:在连霍线及环兰高速15个高速公路服务区及兰州北服务区单侧建设31个小型充电站,投资预算总计5056.70万元;在以G30连霍高速公路、G6京藏高速公路为主线,以兰州为中心,向周边辐射,分三期在16对高速公路服务区建设31座LNG/L—CNG加气站,投资预算总计31707.03万元。以上两项建设项目运营模式拟与国家电网、中石油、中石化等国有企业合作或引进社会资本合作建设经营。

3.建设完善中的服务项目与功能

2013年,对全省37对服务区进行了信息化监控系统设计,涉及全省服务区监控工程、高速公路光缆与各服务区对接、服务区互联网接入费用,实行24h全程影音监控,集中监控管理。截至目前,全省服务区中完成监控设施升级改造建设的,分别为:定西、武威、布隆吉、兰州北、张掖(升级改造)、临夏、王格尔塘(新建)、永登、安门、甘谷、百花(公司自行建设)。

目前,已拟定出房车驿站规划方案,拟在2020年前,分三批建成100对房车营地;以甘肃旅游经济产业发展较快区域为主,在服务区内设立自驾游汽车营地,提供自驾游必备商品营销、露宿等服务。

借鉴其他省份先进经验,在机场沿线服务区设立高速路服务区内的异地候机楼。设值机服务中心、航班信息实时发布、空港休闲广场等区域,在候机楼可享受订票、购票、改签、办理登机牌,以及查询航班信息等服务,候机楼内还可设立客房、休息区,为赶早航班的乘客提供住宿等,还提供航空VIP服务等。这样,周边县市旅客在服务区下车,可直接在该候机楼办理值机手续。

(四)经营发展

2008年以来,甘肃省高速公路服务区加快建设服务区超市、餐饮、汽修自有品牌,推动连锁经营模式,加快现代服务业发展,以适应高速公路服务区转型、跨越、崛起的新形势,构建充满活力、和谐文明的高速公路服务区。

一是对全省服务区清晰功能定位,以"一区一特色、一区一品牌"为思路,开展服务区特色经营。餐饮方面,大力引进知名品牌、特色餐饮及特色小吃。目前,在兰州北服务区引进了"东方宫"兰州牛肉拉面,在武威服务区引进了"武威三套车"特色餐饮,在定西服务区引进了"永和豆浆",在天定高速公路通安驿、鸳鸯、甘谷、甘泉服务区设立了地方特色小吃店,以地方特色小吃为主打,引进了肉夹馍、酿皮子、灰豆子等特色小吃,丰富了服务区经营品项,满足不同层次群众的消费需求,努力打造让人民群众满意的"舌尖上的服务区"。明确功能定位极大地促进了服务区的特色化、专业化、集约化发展,为全省服务区的发展提供了坚实有力的品牌支撑。

二是在全省服务区探索现代餐饮连锁运营机制,实行"直营+合作联营"的餐饮连锁运营模式。通过财务管理的创新、人事管理的改进,经营管理的成本控制,为全省高速公路服务区的餐饮运营管理模式和日常的标准化管理提供了现实的数据基础和管理经验。

三是设立"甘肃高速驿佳超市有限责任公司"对全省服务区实现超市连锁化经营,对全省服务区超市统一管理、统一规划、统一布局、统一选择经营品项并统一配送。通过对人、财、物及流程的公司化管理,实现服务区超市的网络化、信息化、数字化,推进现代物流配送体系的建立。目前,"甘肃高速驿佳超市有限责任公司"对全省服务区共68间超市门店实行"驿佳超市品牌"连锁经营,商品品项达到1000余种。同时,各服务区超市还设立了地方特产专柜。

四是实现服务区客房经营连锁试点。客房管理方面,引进品牌管理理念,实施连锁化经营管理模式。在平定路各服务区首先作为示范点进行统一装修、统一经营、统一管理,在硬件上,已经具备了连锁化经营、一体化管理的连锁经营的基础,并取得了良好的效果。

五是针对以前服务区汽车维修业务水平不高,维修项目单一,设备缺乏,从业人员素质不高这一情况,公司选择省内外较具规模,业务技能高,形象好的汽修连锁店以加盟连锁等方式经营。同时,在全省服务区推广"华运汽车维修连锁加盟店",实行连锁经营,并为全省高速公路车辆维修应急救援体系的建立打下坚实基础。

(五)文明创建成果及获奖情况

1.历年获奖情况

2009年玉门服务区荣获中华全国总工会、国家安全生产监督管理总局"优秀班组"称号;2011年甘肃华运服务区管理公司荣获中华全国妇女联合会、全国妇女"巾帼建功"活动领导小组"巾帼文明岗"称号;2011年甘肃华运服务区管理公司获得中国交通企业管理协会、交通行业优秀企业管理成果评审委员会"全国交通运输企业交通文化建设优秀单位"称号;2011年通渭服务区荣获"省级青年文明号";2011—2012年度甘肃华运服务区管理公司荣获交通运输部"全国交通运输行业文明示范窗口";2012年甘肃华运服务区管理公司获得中国交通企业管理协会、交通行业优秀企业管理成果评审委员会"全国交通企业管理现代化创新成果二等奖";2012年甘谷服务区荣获甘肃省交通运输厅党组"全省交通职工职业道德建设先进班组";2013年十八里铺服务区获得中国海员建设工会全国委员会全国公路交通系统"模范职工小家"称号;2013年甘肃华运服务区管理公司获得中国公路学会中国高速公路优秀服务区管理公司称号;2013年甘肃华运服务区管理公司荣获中国公路学会中国高速公路服务区知名品牌称号;2015年甘谷服务区获得交通运输部2012—2013年度"全国交通运输行业文明示范窗口"荣誉称号;2015年武威服务区获得交通运输部春运"情满旅途"先进集体。

2.甘肃省高速公路服务区历年来在抗震救灾、应急保障中所做的主要工作

近年来,全省高速公路服务区始终把保障公益服务作为各项工作的重中之重。一是确保基本服务功能发挥。全省服务区从设施、设备维护、保洁、保安人员合理排班、制度规范等方面采取措施,确保公厕正常运行、场区停车有序;在全省服务区设置温馨服务台、休闲桌椅,24h免费为驾乘人员供应开水,公开服务热线和投诉电话,最大限度满足驾乘人员需求。二是在抗震、抗洪、抗雪救灾保障方面,全省各服务区积极开展道路应急服务保障工作。其中在5.12大地震、2008年抗击冰雪灾害、舟曲泥石流灾害、4·14玉树地震、岷县地震救灾服务保障过程中,全省服务区积极设立救灾服务点,为救灾车队、受困驾乘人员及滞留旅客免费提供应急食品、药品等应急物资,表现出了较强的服务意识和大局意识。三是重大节假日保障方面,全力以赴保供应、保安全。自全国实施重大节假日小型客车免收通行费政策后,特别在中秋、国庆、春节等重大节假日,全省高速公路服务区精心组织、周密安排,全力做好服务保障。

3.全国"百佳"示范和星级服务区落地

2014年9月28日,交通运输部印发了《关于进一步提升高速公路服务区服务质量的意见》,提出力争用3~5年时间,打造"布局合理,经济实用,标识清晰,服务规范,安全有序,生态环保"的现代化服务区,满足公众高品质、多样化的服务需求,为前进中的甘肃省高速公路服务区指明了方向。

2015年1月,省交通运输厅下发了《关于开展全国高速公路服务区文明创建工作的通知》《全国高速公路服务区服务质量等级评定办法(试行)》,"创建100对文明服务示范服务区"被交通运输部列为贴近民生的10件实事之一。

甘肃省高速公路管理局(以下简称"省高管局")按照省交通运输厅创建方案具体要求,积极行动,顺势而为,及时成立了甘肃省高速公路服务区文明服务创建工作领导小组,组织高速公路服务有限公司开展了全面摸排调研,从制定方案、制定细则、集中实施、自检自评、初评申报、迎检评比、总结完善七个阶段明确了时间表、任务书和路线图。围绕"公共服务设施优化提升、物业管理常态化落实、加强维护管理优化工作机制、规范管理实现优质文明服务、强化培训引导塑造文化体系"五个方面,投资约3800万元对服务区硬件设施进行提升,完善基础设施,优化硬件配置。提出"硬件不足、软件提补"的工作措施,深

入推进服务区"标准化管理、正规化建设、品质化服务"建设,将提升职工从业素质及服务水平作为提升软实力的重要抓手,以"大干六个月"活动为契机,凝聚力量,鼓足干劲。

2015年全国高速公路服务区服务质量等级评定工作中,武威服务区和安门服务区被评为"全国百佳示范服务区",9对服务区获得优秀称号,全省44对服务区全部达到服务区文明创建标准。这意味着全省高速公路服务区文明服务工作又向前迈出了坚实而有力的一步。

此次申报创建的示范服务区都呈现出了各自特色和亮点。武威服务区改造力度大,改造档次高,建筑风格鲜明,内部环境舒适。场区面积大,服务容量大,空间预留充足,并通过展示作为国家旅游标志的"马踏飞燕",推广当地文化和旅游。安门服务区服务保畅的功能和作用较为突出,专门开辟自驾车营地,方便自驾游旅客露营和体验雪山风光。建立了一支以女员工为主力的管理团队,打造"格桑花"盛开的藏区服务区。定西服务区对照创建标准,通过升级硬件水平,优化软件管理,服务功能得到强化,突出物业管理重点,建立"公共物业信息数据库",加强保安专业化培训,较好地保证了现场管理秩序。会宁服务区针对场地较小的特点,餐饮精细化管理比较到位,并能与地方特色和大众消费紧密结合。

(六)甘肃省服务区定位及功能

"十三五"时期,在甘肃省交通运输厅和甘肃省高管局的大力支持下,通过升级改造,着力解决了环兰周围、省际节点服务区基础设施陈旧、场地狭小、功能配套不完善等突出问题,力争3年时间改造完成一批布局合理、功能齐全、服务设施设备完善的一流服务区。大力开展特色服务区、主题服务区的打造,着力规范一批硬件上档次、服务上水平的服务区,使有限的投入发挥更大效益,最大化满足人民群众出行服务需求。

加强服务设施维修改造,完善优化服务功能。全力配合省厅、省高管局对接驾嘴、太石、白银东、新墩、张家寺等服务区的升级改造,尽快办理完成了"五大件"审批手续,积极衔接参与土地征迁、设计规划、功能布局等前期工作。总体谋划、分步实施,推进服务区污水处理系统升级改造、燃煤锅炉改造和场区照明亮化"三大工程"。及早制定升级改造服务区的运营规划。积极推进张掖、永昌、山丹、高台等服务区旅游公厕建设。加快完成十天路等新开路段服务区、二级路服务区的运营规划、经营招商等工作。

1.强化公共服务,提升综合服务品质

加快服务区污水处理系统、锅炉除尘系统、安全监控系统的改造完善,实施旅游公厕升级改造和场区美化亮化工程,确保污水处理全部达标,全面建设环保化、人文化、信息化服务区,打造生态样板服务区。加强日常维护维养管理,确保各类设施设备齐全、维护维养及时、功能完好、正常运行。加快推进服务区信息化建设,链接"智慧高速"平台,开启

"互联网+"服务模式打造,力争实现监控设施全覆盖,达到远程可视化管理和服务延伸。全面推行 HSE 管理,把安全、环保、健康的管理理念和行为规范,贯穿于高速公路服务管理各个环节,把企业管理各类风险降到最低,形成整套系统化、规范化、程序化完善的管理体系,提高综合服务质量和服务品质。

2. 创新运营管理,推动转型跨越升级

在服务区汽修、餐厅、超市等方面创新运营模式,建立经营项目准入、退出和考核评价机制。积极引入社会资本,在食品加工、餐饮汽修、物流配送、土地开发等方面进行深度合作,丰富经营业态,打造发展产业链条,提升社会效益和经济效益,形成良性互补机制。在广告传媒业务方面,积极挖掘开发行业内市场资源,力争在服务区广告开发、视频拍摄等方面有所突破。在加油站合作方面,探索建立新的利润分配机制和效益评价机制,出台加油站服务质量评定办法,同步改革现行合作机制,实现合作共赢。实施加气站、充电桩等新能源业务开发建设和服务功能拓展,加快项目布局规划的报批,力争"十三五"期间在高速公路服务区建成一定规模的加气站和充电桩设施网络。

四、高速公路应急救援保障

(一)基本概况

从 2011 年 4 月开始,甘肃省高速公路管理局不断完善应急救援体系建设,相继成立了 1 个应急救援中心、14 个清障救援大队,为解决救援力量不足,备案准入了 95 家社会清障救援机构。同时为提高救援的实效性,在事故多发路段、隧道桥梁路段、各旅游市州和主线收费站等地设立固定和临时执勤点 100 余处。

2011 年 3 月 20 日,经甘肃省高速公路交通调度指挥总中心和甘肃省气象服务中心协商,由气象服务中心每日 17:00 向省高速公路交通调度指挥总中心提供全省各路段未来 24h 天气预报。每周一提供本周全省中期预报(时效 7d)。2015 年,甘肃省高速公路交通调度指挥总中心与甘肃省气象服务中心深化合作,将原有气象服务平台升级改造为全新的甘肃高速公路气象服务信息系统。利用覆盖甘肃省高速公路的气象观测站、雷达、卫星等进行多源数据的接入、融合与分析,提供气象监测、重大气象信息专报、预警信息、短期预报、中期预报等气象信息服务。同时,实现了全省高速公路新建的 14 个交通气象自动站及附近 10km 范围内约 100 个气象观测点实时雨量、气温、风速、湿度、气压、能见度等气象要素的集成查询、统计和阈值自动报警,提升了气象预报的准确性、及时性。

2012 年 6 月 13 日,甘肃省公安厅和甘肃省交通运输厅联合成立了甘肃省高速公路路警联合指挥中心,依托高速公路信息资源和视频监控平台,与交通调度指挥总中心合署办公,共享路况、气象、交通管理措施、交通事故和报警特服电话等信息。接警统一由

12122 报警服务台接警,出警由指挥中心依据指定管辖范围向具有管辖权的受理单位下达出警指令。

2013年11月22日,甘肃省卫生厅、甘肃省交通运输厅召开高速公路突发公共事件紧急医疗救援协调联动协作联席会议,签署了《高速公路突发事件紧急医疗救援联动协作协议》。依托甘肃省高速公路路警联合指挥中心及高速公路综合信息管理平台,甘肃省卫生厅与省交通运输厅建立高速公路突发事件应急清障救援和紧急医疗救援为一体的联动协作机制。当发生重大意外灾害时,分级启动应急预案,组织、指挥、调动和协调辖区内各级各类应急救援资源,迅速完成信息采集、命令部署、应急指挥、现场救援、安全转送等各项应急任务,最大限度加快突发事件处置进程。2014年1月1日,省紧急医疗救援中心抽调了5名医疗专员进驻路警中心开展工作,2014年底,紧急医疗救援在高速公路远程调度终端搭建完成。

2014年4月17日,甘肃省公安消防总队与甘肃省高速公路管理局以"信息互通、资源共享、优势互补、专兼结合、互惠互利"为指导思想,建立了针对可能引发重特大火灾、危险化学品泄漏、泥石流及建构筑物坍塌、地震及其次生灾害、空难及道路交通事故和恐怖袭击事件等应急处置联动机制。当本省或省外发生重特大灾害事故或接到公安消防机构跨区域力量调动命令,需经高速公路开进时,高速公路管理部门也会及时开启高速公路绿色通道,优先保障救援力量运送和通行。

2014年12月15日,甘肃省公路路政执法管理部门正式进驻甘肃省路警联合指挥中心合署办公,路政监控平台逐一统计全省各高速路政大队责任管辖区间,精确到桩号,为每名监控平台路政值班人员印制了全省高速路网分布图,分别对辖区起止点进行了标注,初步做到了"四明确"(明确案情、明确辖区、明确责任人、明确联系方式)。

通过不断加强与公安、消防、医疗、路政、气象等部门的协作,探索建立了各类突发事件统一协调、调度、处置的一体化指令模式,形成了重大天气预警、高危火情处置、快速医疗救助、交通事故处理、路产路权理赔为一体的联勤联动机制,实现了信息互通、快速、高效、联动,切实提高了路网应急处置能力和路网安全通行能力,建立了全国先行的集路警联合、路政执法、清障救援、消防救援、医疗救援、气象服务"六位一体"的应急救援交通调度指挥网络体系。

甘肃省高速公路应急救援中心主要负责全省高速公路应急救援业务指导、业务培训、监督管理、装备管理、应急保畅等工作,并根据应急救援工作的需要,负责统一指挥、协调调度14支高速公路清障救援大队(直属大队、兰州一大队、兰州二大队、定西大队、天水一大队、天水二大队、武威大队、酒泉大队、平凉大队、柳园大队、临夏大队、武都大队、庆城大队、马鬃山大队)和95个社会清障救援机构。其中全省高速公路清障救援大队共抽调395人,配备管理干部29人,救援人员366人,购买、调拨应急指挥车、清障车、吹雪车、卫星指挥车、消防车、救护车、隧道清洗车、消防摩托车、吊车、照明车、工具车等应急救援特种车辆195台,配备各类执勤特种防护装备、破拆剪拆工具、空气呼吸器、通信设备等常用应急救援设备共60类2000余件;省内高速公路救援服务站共计配备管理人员10名,专职及兼职服务站工作人员20名,配备车辆10余台,配发救援器材10类1000余件;全体社会清障救援机构从业人员达到613余人,购置各类救援特种作业车辆405台。

(二)高速公路清障救援政策制度依据

国家发改委、交通运输部《关于规范高速公路车辆救援服务收费有关问题的通知》(发改价格〔2010〕2204号);甘肃省发展和改革委员会《关于规范高速公路清障救援服务收费有关问题的通知》(甘发改服务〔2016〕1112号);甘肃省高速公路管理局、甘肃省公安厅交通管理局《关于批准具有救援资质的社会救援机构临时参与高速公路范围内清障救援工作的通知》(甘高管发〔2013〕273号);甘肃省高等级公路突发应急事件应急预案(甘高运发〔2010〕4号);甘肃省公安厅交通管理局《关于全省高速公路救援指挥救援服务车辆统一外观标识问题的复函》(甘公交函〔2013〕8号);甘肃省高速公路管理局《甘肃省高速公路车辆清障救援工作规范(试行)》;甘肃省高速公路管理局《关于进一步落实全省高速公路应急、清障救援工作责任的通知》(甘高安监〔2013〕49号)。

(三)应急救援流程

1. 工作流程

(1)发出信息。求助者拨打24h救援服务电话(0931-12328),发布救援服务求助信息。

(2)组织调度。

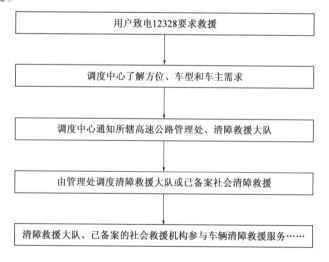

第八章
甘肃省高速公路管理

路警联合指挥中心或调度指挥总中心话务员接到求助电话后,要详细记录求助者姓名、车牌号码、车型、故障车辆所在地点、故障情况、联系电话等,同时致电所辖路段高速公路管理处和清障救援大队,由管理处按照就近原则调度专业救援队伍或已备案的社会清障救援机构。

2.处置流程

(1)清障救援机构值班人员根据求助者的求助电话或所属管理处的调度信息,及时与求助者沟通,并详细记录车辆故障信息,确定最佳救援方案。对于可电话指导排除的简单故障,应首先电话指导求助者自行排除。求助者自行不能排除确需现场救援的,按照清障救援服务规定时间赶到待救援车辆所在地并实施救援。因自然灾害、天气影响、道路建设、交通事故等客观原因造成塞车延时的应及时给求助者予以解释说明。

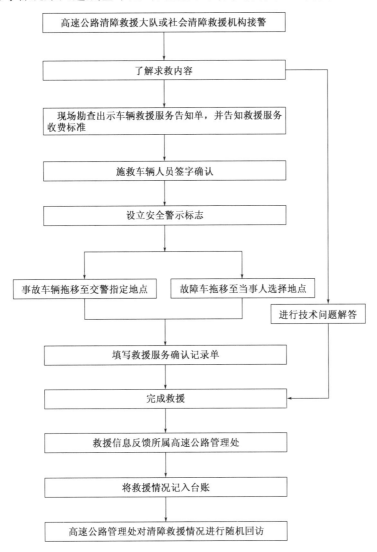

(2)清障救援机构应在事件结束后1h内,及时向辖区高速公路管理处反馈清障救援的实施情况。同时应在接到求助信息3h后主动回访求助者,记录救援信息。

(3)高速公路管理处定期对清障救援数据统计、客户调查、情况分析等进行汇总,及时将服务质量及反馈意见按照期限分析汇总上报省高速公路管理局。

3.轻微、一般交通事故处理流程图

(1)全路段处理流程。

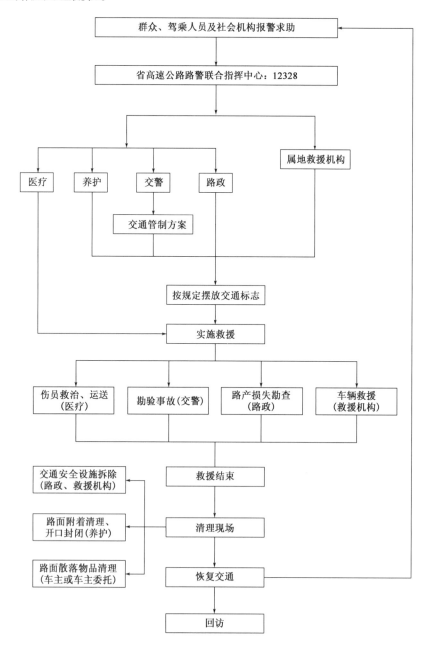

(2)各路段处理流程。

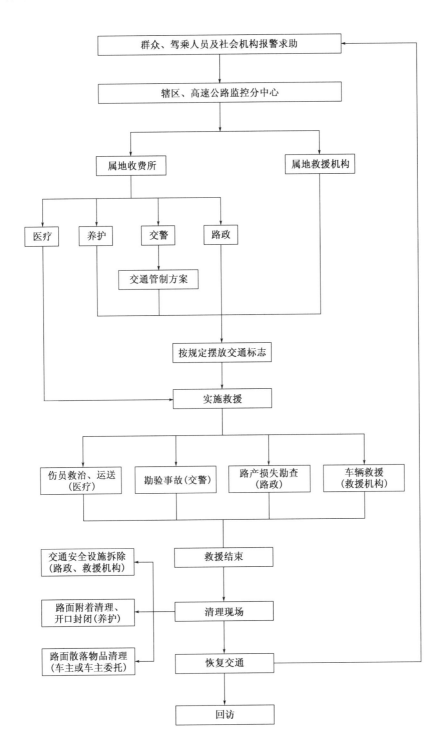

4. 重、特大交通事故处理流程

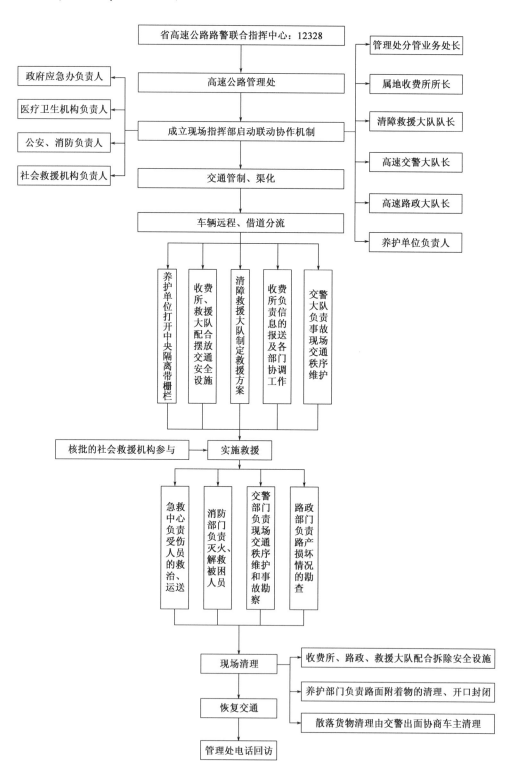

5. 危化品运输车辆交通事故处置流程

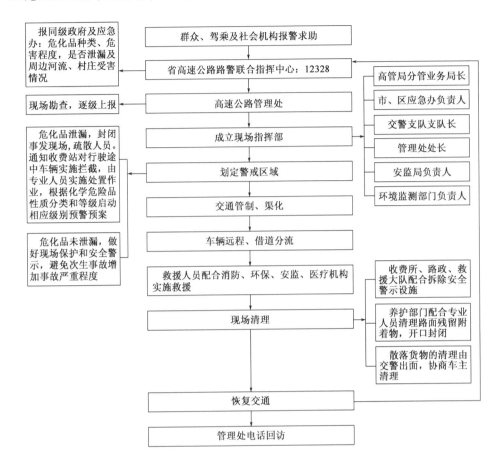

6. 高速公路临时交通管制操作流程

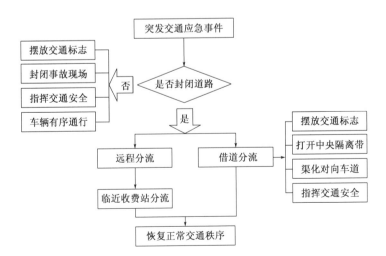

(四)装备管理精细

为了进一步提高全省应急救援装备(车辆、器材)的管理水平,提高救援装备利用率,中心通过对各大队实地走访开展调研工作,针对各大队管辖路段实际情况和救援装备需求,在现有车辆器材的配置基础上,及时调整装备部署,在多次调整后,确定了各大队现有的装备配发及使用现状,并编写了《应急救援车辆信息台账》《应急救援设备信息台账》,在此基础上通过每月的《车辆信息月报表》准确掌握车辆使用状态、车辆是否增加、是否调配、车辆去向,实现了车辆准确化、动态化的管理模式。同时进一步加强了社会清障救援机构的装备管理,通过各大队统计上报数据,了解了全省参与备案的社会清障救援机构实力。

各高速公路清障救援大队针对车辆管理实际,实行定人定岗的方式,采取车辆管理专人专责、车辆驾驶人直接负责的方法,在驻地4S店定点维护保养;驻地没有4S店的,通过实地走访和统一的招投标,选择有信誉、有实力的汽车维修企业,确保车辆定期、定点进行维护保养,保证了车辆及车载设备最佳技术状态;各类救援器械维护保养,通过定期邀请厂家技术人员上门服务,一方面对各类设备进行维护保养,另一方面针对使用过程中出现的各类问题逐一解决,通过技术指导、经验总结,各大队救援设备操作人员逐渐成为相应器材的专家。

(五)保通保畅有效

2012年国务院《关于批转交通运输部等部门重大节假日免收小型客车通行费实施方案的通知》正式发布,正式开启了高速公路春节、清明节、劳动节和国庆节期间高速公路7座及7座以下小型客车免费通行时代,高速公路车流量激增。为了更有效地应对重大节假日期间高速公路车流量增加导致的交通事故频发、车辆拥堵等情况发生,省高速公路应急救援保障中心在历次重大节日到来之前,提前部署道路保畅与应急救援工作。参照以往道路保畅经验和救援工作实际,将各高速公路清障救援大队及其管辖社会清障救援机构部署在车流量大、事故易多发和各地市州主要高速公路出口,全体工作人员24h坚守工作岗位,第一时间处置高速公路上发生故障或发生事故的车辆,救援工作人员熟练做好现场防护,开展警戒,执行车辆拖行、故障车辆吊装、清障救援作业,及时帮助受困驾乘人员,确保在最短时间内恢复道路通行。各高速公路清障救援大队也会在重大节假日期间和日常工作中开展各项应对工作:一是在高速公路收费站、服务区开展高速公路清障救援收费政策宣讲、普及高速公路安全行车常识、交通事故自救互救常识;二是开展道路安全巡查,及时向有关部门汇报管辖路段内存在的安全隐患,及时协助养护部门封堵破损的安全防护网、关闭活动中央护栏;三是针对管辖道路施工路段进行驻点保障,派驻人员和车辆、设备,随时应对可能发生的交通事故和各类突发事件,为高速公路安全运营保驾护航。

从2011年至2017年底,全省高速公路清障救援大队共实施道路安全巡查2.32万次,巡查出动人员3.22万人次,巡查出动车辆2.32万台次,车辆巡查总里程达到125.5万km,及时处置突发事件、向有关单位告知道路运营安全隐患;共计实施道路救援作业2.03万次;救援累计出动人员3.87万次,车辆出动达到3万台次;第一时间处理事故(故障)车辆,及时帮助驾乘人员,全力协助交警、路政、消防及医疗卫生机构做好交通事故快速处置和现场安全防护作业。

(六)应急演练综合延伸一体化

甘肃省高速公路应急救援保障中心先后邀请高速交警、消防特勤、清障救援车辆工程人员、社会清障救援机构操作人员进行理论知识讲解和专业技能培训;多次派出清障救援大队管理人员及业务骨干、业务尖兵赴交警、路政、消防和社会清障救援机构参观学习,同时对南方发达省份的高速公路清障救援工作开展了学习调研工作。通过"请进来、走出去"的方式,不断提高了全体工作人员的理论知识储备和实践操作水平。另外,结合每年的春训、冬训活动穿插军训和专业培训活动,将解放军和公安消防教官的优良作风引入、留下;把专业人员细致严谨的工作态度传承下来,在不断摸索中积累经验,建成了一专多能的高速公路综合型清障救援队伍。

从全省高速公路清障救援队伍组建至今,省高速公路应急救援保障中心共组织实施专业理论及实践操作培训班5期,先后培训各大队管理人员、业务骨干90多名。在此期间,随着新式应急设备的配发,随时召集各大队相应工作人员开展新式设备培训达到12次;中心将日常学习工作作为日常管理和各项考核工作的依据,确保每周组织专业理论知识学习不少于2次(每次1h),全年不低于80次;确保进行装备操作训练不少于3h,全年不低于150h。

全省高速公路应急救援保障队伍根据高速公路应急、救援、保障等工作实际,将演练工作做到实处,组织实施道路清障、消防救援、车辆吊装及相关应急预案演练活动,定期与交警、路政、医疗、消防、收费、养护等部门组织开展综合性救援应急演练,以贴近实战为中心,以考核队伍为目标,每个月组织综合应急演练,每月不少于1次,全年不少于12次;每天进行装备操作性训练不少于1h,全年装备操作性训练不少于300h,以检验预案实效为重点,切实提高队伍服务人民群众的意识和能力。各高速公路清障救援大队将应急演练与日常装备操作性训练有机结合起来,在演中训、在训中练,不断在演练中发现问题,及时修订和完善各类应急救援预案,切实提高了预案的可操作性和实用性。

2011年以来,从宝天全省高速公路隧道消防演练及装备展示活动的消防模拟演练到省交通战备训练基地内精细化操作演练,从甘肃省高速公路管理局2013年服务水平推进会应急救援成果展示活动到2014年G30永古高速公路乌鞘岭隧道群突发事件跨区域实战联合演练,从2015年环兰高速公路联合清障救援成果推广演示活动,到2016年"服务文博会,助力大交通"应急演练成果展示观摩会、省交通运输厅"比技能、展风采"职业技能大赛应急演练、国家审计署驻兰州特派员办事处调研组应急演练,甘肃省高速公路清障救援队伍各类应急救援演练由种类单一走向综合多样,由综合多样发展为精细化、联合化、专业化。

全省高速公路清障救援大队共组织实施应急演练1071次,其中各类应急预案模拟演练84次,联合多家单位开展综合性模拟演练442次;总计出动人员6431人次,出动清障救援车辆、器材1782台次。

第二节 甘肃省高速公路的养护与维修

一、高速公路养护模式的发展变化

从1994年甘肃省第一条高速公路S16天北高速公路建成通车起,经过20多年的研究摸索,甘肃省高速公路养护经历了从建设单位养护,到2014年12月底金武、营双、雷西、武罐4条高速公路试行市场化养护模式探索,再到2016年12月回归省属公路管理局专业化养护,走出了一条适合甘肃省养护模式的具有鲜明特色的发展变迁之路。为加快公路养护管理体制改革步伐,推动高速公路养护转型发展,提升甘肃省高速公路总体服务水平,甘肃省省养高速公路将全面推行市场化养护管理。截至2017年12月,甘肃省共建成高速公路通车里程4014km,其中G30连霍高速公路甘肃境内起点位于甘陕界K1268+000处(天水境内),经天水、定西、兰州、武威、金昌、张掖、嘉峪关、酒泉,在甘新界K2818+431处(酒泉境内)入疆,总里程1439.05km,是甘肃省养护里程最长、地域跨幅最广,地质特点最多、代表性最强的高速公路。

1. 传统养护管理模式

2007年以前,甘肃省高速公路实行建养管收为一体的综合管理体制,养护责任主体由建设业主承担。由于建设单位建设任务重、养护方面专业人才缺乏、养护管理理念不足,导致专业养护力量薄弱,养护资金、机械设备投入有限,使得我省高速公路建成通车后路况行驶质量下降幅度较快,各类病害不能在有效时限内得到及时修复,高速公路养护管理一直在低水平徘徊。

2. 模式变迁及取得的效果

2007年,甘肃省交通厅决定启动高等级公路管养分离改革工作。全省高等级公路养护管理工作划归省公路管理局,由省公路管理局组织省属各公路管理局养护,省属公路管理局下设高等级公路养护中心负责养护作业的具体实施。经过8年多的运行,已建立了一整套较为完善的养护管理制度和考核体系,编制完善了各项养护管理规章制度,建成了如嘉峪关、张掖、北龙口等34个集路况巡查、办公、材料堆放、拌和为一体的大型综合性养护工区;针对养护任务,组建了分工明确的专业化路面养护队、桥隧构造物养护队、日常养护巡查队、交通安全设施维修队等4个专业养护队伍。与此同时,甘肃省不断推进高速公路专业化、机械化、科学化养护进程,多方筹措资金购置了一大批专业化养护设备,通过不断的培训、学习、交流,国内高速公路养护的先进理念得到了贯彻,新技术、新工艺、新材料得到了广泛的应用,机械化、专业化养护得到了一定的发展,高速公路路况质量和整体服务水平明显提升,实现了高等级公路的"管养分离",形成了甘肃省高等级公路管养格局。8年多来,甘肃省一直以大力发展科学化养护、预防性养护为目标,全面贯彻落实省厅、局各项工作部署,从路况检测和隐患排查入手,狠抓日常巡查及小修保养,精心组织实施养护维修工程,深入强化养护管理规范化工作,全面夯实各高养中心、养护工区基础设施建设,进一步巩固"十一五"全国公路检查评比成果,路容路貌有了明显改观,路况质量和服务水平均稳中有升。

3. 市场化养护试点工作启动

2014年,根据甘肃省交通运输厅推进高速公路养护市场化的精神,为创新高速公路养护管理机制,进一步降低养护成本,提高养护效率,甘肃省高速公路市场化养护试点工作正式启动。对雷西、营双、金武、武罐4条488.91km高速公路按照"统一管理、属地监管、管养分离"的原则,在全国范围内进行了公开招标,最终由中交第二公路工程局有限公司及甘肃路桥第三公路工程有限责任公司中标承担缺陷责任期日常养护工作;兰州公路管理局作为省交通运输厅和省公路管理局确定的养护市场化试点单位,推行了内部招投标竞争养护,已于2014年7月初正式推行。

通过近两年的高速公路市场化养护模式运营,总的来说,市场化养护有自身的优势和发展潜力,但由于甘肃省营造的养护市场还不够成熟,养护周期稍显短暂,养护企业未能展示其应有的真实水平,未能充分体现市场化养护的真正优势。4条试点高速公路属于甘肃省近年所建高速公路质量较好的路段,早期养护以保洁为主,工作量小,试点工作代表性不强,经过对传统高养中心养护、兰州公路管理局内部模拟市场化养护、公开招标养护几种养护模式的分析对比,结合甘肃省当前实际情况,在合同期满后,金武、营双、雷西、武罐高速公路养护模式回归各省属公路管理局养护的传统养护模式。

二、特殊地质条件下高速公路的养护与维修

甘肃省位于中国中西部,呈哑铃状,形态相对不规则。地质上分属四个构造单位:红

石山断裂带以北的部分属天山兴蒙造山带;河西走廊至景泰一线以北和最东部的庆阳地区属华北地台;以南为祁连造山带,泽库武山断裂以南为秦岭造山带。全省范围内甘南平原、陇东黄土高原地区、秦岭山区、河西沙漠戈壁等地貌形态类型齐全,交错分布,自然条件严酷,地质地理条件错综复杂。

1. 湿陷性黄土路基

湿陷性黄土是一种特殊性质的土,其土质较均匀、结构疏松、孔隙发育。在未受水浸湿时,一般强度较高,压缩性较小。当在一定压力下受水浸湿,土结构会迅速破坏,产生较大附加下沉,强度迅速降低,容易造成路基不均匀沉降。兰州、定西、天水、平凉、庆阳等地市均处于湿陷性黄土地区特殊的地质条件,G6京藏高速公路兰海段、G22青兰高速公路平定段、G30连霍高速公路宝天、天定段等受黄土地区特殊地质环境影响,导致桥头跳车,路基不均匀沉降,山体滑坡、边坡冲沟、路面沉陷、防排水设施破损,桥下土方冲刷,桥隧构造物损坏,锥坡坍塌,铺底裂缝、悬空,桥台开裂、下沉,桥头跳车,涵洞整体沉降等病害频发,部分严重病害直接影响车辆通行安全。

2. 盐渍土路基

盐渍土是在深1m的地表土层内,易溶盐含量大于0.3%的地质土壤体。甘肃省河西地区常年干旱缺雨,地下水位高,盐渍土很容易遭溶蚀而产生湿陷、坍塌等病害,但在干燥条件下,氯盐却可起黏固作用。硫酸盐渍土在气温下降时,因硫酸盐结晶结合一定数量的水分子而膨胀,产生盐胀现象。碳酸盐渍土遇水膨胀,并且泥泞不堪。此外,硫酸盐、碳酸盐都对沥青路面有很强的侵蚀性。金昌、张掖、酒泉、嘉峪关近几年建成的S17金永高速公路、G30连霍高速公路瓜星段、G3017金武高速公路、G2012定武高速公路营双段等均出现了不同程度的盐渍土膨胀病害,直接影响车辆正常通行。

3. 戈壁沙漠性地质

戈壁沙漠性地质是指昼夜温差大,冬夏季地表温度差异悬殊,具有十分重要和特殊的特点:①一年四季处于干旱状态,塔里木盆地的年降雨量不足50mm,甘肃敦煌地区年降雨量不足30mm;②植被覆盖少,多为不毛之地;③多风沙,易形成流沙及沙尘暴;④昼夜温差大,季节温差大,一年内地面极高温度可达70℃,极低温度可达零下20℃以下。温度气候因子在甘肃地区是影响沥青稳定性的重要因素,是甘肃河西地区路面病害的主要诱因。因道路系统在时间上长时间存在,在空间上跨越领域大,一段路就有可能既经历极端高温期又经历极端低温期,因此车辙及纵横向裂缝病害频发,具有代表性的是甘肃省G30嘉安段、临清段,S17金永高速公路。

4. 滑坡泥石流多发区

甘肃省东南部境内主要为中高山地貌和堆积河谷地貌,地表起伏大,山坡坡度多在45°~75°之间,是我国滑坡、泥石流四大密集区之一。代表路段有 G75 武罐高速公路、G8513 成武高速公路、G7011 十天高速公路、G30 宝天高速公路。基于特殊的地形地貌、降雨和地质环境,滑坡、泥石流灾害呈现以下几个特征:一是山大沟深的地貌特征为泥石、滑坡的形成提供了强大的动力支持,广泛分布的地表松散覆盖物为灾害提供了充裕的物质基础,夏秋季节充沛的降水更是充当了强力的触发推手。二是滑坡、泥石流分布面积广,发育程度高、频率大。三是泥石流多具阵发性,浪头高,搬运能力强,摧毁强度大。四是地处我国华北地震带和南北地震带的交汇处,频发的地震进一步强化了滑坡、泥石流成灾的地质条件。五是地震、暴洪、泥石流和滑坡灾害的组合影响显著,成灾影响大,破坏能量重叠,治理技术难度大、成本高。

5. 高原高寒地区

甘肃省南部的甘南地处青藏高原东北边缘,属于高山草原地带,高寒阴湿地区,气候类别为高原山地气候,主要特点有:一是一年四季分布不均匀,冬季漫长,达 7~8 个月,降雪量大,时间长,主要集中在 2~4 月;五六月份进入春季,气候温和;七八月份为雨季,降雨集中,极限降雨日达每月 25d 以上,极易引发山洪泥石流,冬季除雪保畅和秋季水毁抢险任务非常繁重。二是昼夜温差大,由于地处高原,紫外线强,中午艳阳高照,地表温度达 50℃以上,太阳下山后气温急剧下降到 0℃左右,无绝对无霜期,车辙和路面裂缝等病害非常严重,路面预防性养护任务繁重。主要代表路段有 G1816 临合高速公路。

三、针对性的养护措施

1. 湿陷性黄土地区的养护措施

(1)软土路基及沉陷、跳车病害处治措施

路基沉陷及不均匀沉降是湿陷性黄土路基病害的最大特征,针对该类病害,甘肃省养护部门工作者通过锲而不舍地不断探索研究,取得了一系列丰硕的成果。

一是对于重度软土路基沉陷,通过加强路基强度已不能维持其耐久性及稳定性的路段,我们采取了路基改旱桥的处治措施。典型案例为 S1 机场高速公路红柳湾路段通车后因该路段土体属于湿陷性黄土,加上土体常年含水量饱和,多次处治未取得稳定的良好效果。2010 年,甘肃省交通运输厅提出通过旱桥连接舍弃该段路基,成功解决了多年未能根治的问题。二是通过桥隧涵专项活动治理,在活动开展中始终以"创建平安公路"为主线,以加强桥涵全面养护为中心,以着力提高桥涵技术状况和养护管理规范化水平为主要内容,认真贯彻落实交通运输部《公路桥梁养护管理工作制度》等要求,落实安全责任,完善规章制度,加大投入力度,强化监督检查,桥梁养护日趋规范。特别加大了桥涵防腐渗水处理,实施预防性养护。对桥涵锥坡、八字墙、护坡浆砌片石勾缝脱落、缺损及板底铰缝脱落进行维修。对桥涵淤积物进行了清理和疏通,及时维修和完善圬工体微小损坏、基础冲刷淘空、砌体勾缝脱落等病害,杜绝了因排水设施不畅通导致路面积水上路,预防和减少积水渗入路基造成的破坏。三是通过试验不同的桩基础黄土地区效果,总结出了最适合甘肃湿陷性黄土根治的桩基础方法。从2009年开始,先后在G22青兰高速公路巉柳段、平定段、G6京藏高速公路张家寺服务区、兰海段、G70福银高速公路泾河大桥段、G30连霍高速公路天定段、宝天段试验了大孔径石灰水泥灌注桩、小孔径干拌碎石挤密桩、小孔径水泥灰土挤密桩、高压旋喷桩等多种桩基础处治工艺。其中小孔径干拌碎石挤密桩、高压旋喷桩工艺在处治甘肃省湿陷性黄土时耐久性、稳定性俱佳。

(2)路面处治措施

湿陷性黄土地区病害的最大病因是水损害,水在路面下渗同样会引发路基变形,因此,在甘肃省早期通车的高速公路中,试验了SMA沥青玛蹄脂处治工艺。SMA细集料含量多,空隙率小,表面封水效果好,对水损害下渗路基具有很好的预防效果。

2. 盐渍土路基养护处治措施

甘肃省在河西地区盐渍土路基处治措施中,针对土体遇水膨胀产生波浪形路面的病害特点,养护部门具体的处理措施为:

①尽量采用路堤通过,并根据含盐量的大小选择路基填土高度为0.5~1.5m。
②做好排水设施。
③挖除表层盐渍土(厚度根据含盐量确定,一般厚30~60cm),回填渗水性填料。
④铺设防渗土工膜(采用两布一膜效果最好)。
⑤当含盐量≥2%时,在土工膜上铺筑砂砾隔断层(一般厚度50cm即可)。
⑥要求路基压实度比一般路段路基高出1~2个百分点。

通过对已建成路段的观察,通过上述处理措施修筑的路基,路基沉降量小,路面未再次出现波浪和开裂现象,这一处理措施已在河西地区取得广泛的推广和应用。

3. 戈壁沙漠性路面处治措施

2014年,甘肃省在高速公路养护维修工程中首次引入了以美国高性能沥青混凝土(Superpave)为代表的密级配混合料设计方法。相比其他路面工艺,Superpave沥青路面技术更适合甘肃省河西地区,施工工艺更容易控制掌握,实施效果更好。考虑到河西地区夏季极端高温、冬季干裂脆冷的沙漠性气候,Superpave为骨架密实型结构工艺,具有孔隙率大、强度高、抗裂性好等诸多优点,在施工工艺上没有特殊的拌和、摊铺、碾压要求,严格按照规范要求施工即能取得良好效果。

沙漠地区高速公路沿线的沙丘流动性较强,夏季气温较高,降水量较少,沙漠地区高速公路养护除了对公路路面坑槽、松散、裂缝和脱皮等公路病害的正常处理之外,重点是防沙固沙工作。防沙固沙以工程固沙为主,即沿公路两侧一定距离范围内设置高芦苇沙障,作为防沙固沙的第一道屏障,同时在公路两侧近距离处栽植芦苇草方格进行固沙,效果良好。根据敦煌、酒泉沙漠地区高速公路养护的实践,仅在公路沿线利用芦苇防沙,还远远不够,在很大程度上讲,还只是治表,而且防护能力脆弱,遇到恶劣天气,芦苇障和草方格一夜之间都可能无影无踪。沙漠地区公路的养护,应当投入一定的资金用以建立较完整的综合防沙体系。一是采用工程固沙为主。有条件的路段可采用滴灌技术在沙障内种植生态林(红柳、胡杨、干草),形成植物防沙与草方格防沙为一体的防沙固沙体系。二是完善交通安全设施。根据沙漠地区公路的特点增设必要的安全标志、诱导标志、标线,在风沙严重的路段设置停车场、避险车道等。三是设置交通监视、紧急报警救援设施。四是加大投入处治路面裂缝等病害,加强预防性养护延长公路使用寿命。沙漠公路是特殊地理地质上的特殊公路,其养护也必须有特殊的方法,与其他公路相比,养护更具有挑战性。研究和探索沙漠公路的养护,将是公路养护长期的课题。

4. 泥石流多发地区养护措施

(1)滑坡的养护措施

滑坡的防治要在贯彻"及早发现、预防为主,查明情况、综合治理、力求根治、不留后患"原则的基础上,针对性地采取措施。一是以降低孔隙水压力、防止软弱岩层的软化为目的,做好不稳定斜坡周围的排水养护,消除地表水和地下水的危害。具体包括设置截水沟、坡面有组织排水、竖井抽水、盲沟排导、植被防护等措施。二是改善岩体边坡的力学性能,以工程措施保障滑动土体的稳定。包括削坡减载、挡墙和抗滑桩支护、明洞穿越(G75兰海高速公路武罐段橄榄明洞和G8513平绵高速公路成武段赵家沟明洞)、锚杆(索)锚固(G8513平绵高速公路成武段K7+230)、灌浆固结和柔性防护(G75兰海高速公路武罐段)等措施。三是建立滑坡、泥石流等地质灾害路段台账,根据气象预报提前预警灾害的发生;同时,贯彻"先通后畅"的原则,强化应急养护措施,有效保障灾毁路段的行车安全。

(2)泥石流的养护措施

泥石流的治理要以防为主,防治结合,因地制宜,因害设施,并充分发挥防、排、导等技术的综合效应。一是堆积区的工程排导措施。包括堤坝导流、渡槽跨路和桥涵跨沟等措施,促成"固留液走",争取清理堆积物的时间。二是在流通区设置拦挡坝(G8513平绵高速公路成武段)等减速、消能措施,有效减少流动泥土的下泄数量和能量。三是开展包括形成区植被生物防护在内的综合治理,突出防、排、导联合措施的综合效果。四是建立强化预警、"先通后畅"的应急保障体制机制。

5. 高原高寒地区养护措施

针对甘肃省南部高原高寒地区,主要养护措施有:一是加大冬季除雪保畅值班工作,至少组织3班除雪队伍,24h值班。因高原地区冬季漫长,降雪量大,气温低,打冰除雪防滑保畅任务重,需在第一时间清通车道,并组织多支队伍对隧道前后150m路面清扫,杜绝车轮将雪水带入隧道造成隧道结冰。二是水毁抢修方面,要积极制定和完善应急预案,加强应急演练,密切关注天气预报,加强汛时和汛后公路巡查,加强抢险队伍建设和抢险机械维修保养,要在第一时间采取措施,杜绝恶性交通事件发生。三是因高原地区昼夜温差大,路面裂缝多,加之降雨(雪)多,雨水顺路面裂缝下渗会严重影响路面寿命。在路面病害处理方面,做到有缝必灌(贴),保证在每年4月份春雪融化前完成灌(贴)缝工作,防止雨水渗入路基,引发路基破坏。

四、高速公路的大中修维护与预防性养护

1. 集中实施养护维修工程,全面提升路况质量

甘肃省大中修工程管理遵循"统一领导,分级管理,责任明确,严格考核"的原则。省公路管理局受省交通运输厅委托负责全省高等级公路养护维修工程的管理、监督、检查、考核、指导和协调工作,各属地公路局负责组织实施。

由于甘肃省养护资金严重短缺,甘肃省每年集中部分资金对病害严重的路段集中实施养护维修工程;为确保养护维修工程方案的经济性和合理性,联合省养护研究院和属地公路管理局进行全面的路况调查,提出维修方案,并邀请相关专家进行评审。在工程实施过程中,加大监督管理力度,加强质量监管,狠抓施工设计、原材料采备、路面病害处治、施工组织、质量安全管理等关键环节,全力以赴抓质量、促进度、保安全。始终将原材料作为控制的主要指标,项目办都建立了工地试验室,配备了试验设备和检测人员,对进场的每批原材料都进行严格的检测,不合格材料一律不得进场,确保了原材料质量和工程质量。2011~2017年甘肃省公路管理局共在G6、G22、G30、G75、S1、S2等多条高速公路安排养护维修工程106项,重铺或罩面里程1373.03km(单幅),安排预防性养护里程2171.15km(单幅),投入资金29.02亿元。其中2011年安排工程16项1.38亿元,2012年安排17项1.38亿元,2013年安排10项1.69亿元,2014年安排6项1.96亿元,2014年二期安排16项5.42亿元,2015年安排9项3.41亿元,2016年安排21项6.06亿元,2017年安排33项7.76亿元。通过养护维修工程的实施,全省高速公路整体路况质量有明显的改善,特别是SMA沥青玛蹄脂和Superpave高性能改性沥青混合料在处治车辙病害上取得了良好的效果,改性沥青碎石封层、橡胶沥青混凝土的实施有效解决了路面裂缝等病害,微表处、开普封层等预防性养护技术的采用,减缓了路面病害的进一步扩展,对轻微车辙和细集料脱

落等病害起到了明显修复作用；就地热再生、厂拌热再生等再生技术的应用，使沥青路面材料得到了循环利用，节约了资源，保护了环境，有效了处置路面车辙、裂缝、抗滑性不足等病害。

2.建立健全高速公路预防性养护机制，牢固树立预防性养护理念。

近年来，在甘肃省交通运输厅的领导下，坚持"预防为主、防治结合"的原则，科学把握公路使用周期内性能衰减规律，树立全寿命周期成本理念，大力推广应用预防性养护技术，提高了养护工作的主动性、预防性和前瞻性。主要对全省高等级公路沥青路面实施灌缝处治、微表处、稀浆封层、碎石封层、雾封层、沥青混合料罩面、超薄罩面、就地热再生等预防性养护技术。针对G30连霍高速公路白兰段、柳忠段、古永段、永山段、山临段、临清段运营年限较长，路况水平差距较大的现状，兰州、张掖、武威等公路管理局坚持在认真开展路况调查、分析病害成因的基础上，准确掌握路况，科学制定预防性养护方案，坚持因地制宜、因路施策，增强了养护工作的针对性和实效性。

预防性养护技术措施应用方面，大力推广应用"四新"技术，在沥青路面养护上广泛采用沥青胶罐缝、微表处、稀浆封层、同步碎石封层、开普封层、雾封层、SMA沥青马蹄脂路面、Novachip薄层罩面等预防性养护技术；在桥梁养护上采取粘贴碳纤维布、粘贴钢板、封堵裂缝、接长桥梁泄水管、板底钻孔排水、桥面防水等预防性养护措施，实现了公路病害明显减少、养护效益明显提高、通行条件明显改善的目标。

第三节　甘肃省高速公路路政管理

一、管理机构衍变情况

2005年4月，经省编委批准，省交通厅成立甘肃省公路路政管理总队（以下简称省路政总队），承担全省路政行业监管职能。2006年3月，省路政总队根据管理实际需要，报请省交通厅批准成立了高速公路路政管理科，加挂省公路路政管理总队高速公路路政支队牌子。全省14个公路总段（分局）按照属地管辖的原则，设置高速公路路政大队，派驻辖区高速公路收费运营机构，履行路政管理职责。

2007年4月，按照省交通厅管养分离改革精神，省路政总队协调省高等级公路运营管理中心，完成了高速公路路政大队资产移交及机构撤并、组建和调整工作，全省高速公路路政大队由原来的22个整合为16个。省路政总队对高速公路路政工作实行业务指导和管理，各公路总段（分局）对高速路政大队人事关系和后勤进行管理。

2009年12月，省交通运输厅根据燃油税费改革需要，成立省路政总队和省交通征稽局合署办公临时党委,全省交通征稽人员全部转岗路政执法工作,全省各级路政、征稽机构实行合署办公。成立省高速公路临时路政管理支队(派驻省高等级公路运营管理中心)及16个高速公路临时路政管理大队。

2012年3月,省交通运输厅印发了《甘肃省高速公路路政执法管理机构设置方案》,组建成立了省高速公路路政执法管理总队、兰州等7个高速公路路政执法管理支队,并相继成立了兰临等26个高速公路路政执法管理大队(中队),建立了全省高速公路路政执法管理总队、支队、大队及超限检测站、中队四级管理体制。省高速公路路政执法管理总队为省公路路政执法管理局的派出机构,接受省高速公路管理局和省公路路政执法管理局的双重管理。省高速公路管理局负责全省高速公路路政执法日常管理工作,省公路路政执法管理局负责执法监督和行业管理。各高速公路路政执法管理支队驻各高速公路收费管理处,各高速公路路政执法管理大队派驻相应的高速公路收费管理所,履行相应路段的路政管理职责。

2014年10月,省交通运输厅党组撤销省高速公路路政执法管理总队和7个高速公路路政执法管理支队。各高速公路路政执法管理大队、中队及治超站按照属地管理原则,划归相应的公路路政执法管理处管理。原高速公路路政执法管理总队、支队的执法专用车辆、办公用品及执法装备原则上随业务整体移交公路路政管理部门;各高速公路路政执法管理大队的资产随机构整体划归公路路政执法管理处管理。至此,甘肃省高速公路路政执法管理体制实现了省公路路政执法管理局、公路路政执法管理处、高速公路路政执法管理大队(中队、超限检测站)三级垂直管理。

根据全省高速公路建设发展需要,全省共设置32个高速公路路政执法管理大队,1个高速公路路政执法管理中队,具体为:东岗、树屏、兰临(兰州段)、永登、平川、白银、景泰、定西、陇西、兰临(定西段)、庆阳、庆城、平凉、秦安、麦积、成武、十天、武都、甘南、临夏、武威、古浪、乌鞘岭、金昌、金川、金阿、张掖、酒泉、柳园、嘉峪关高速公路路政执法管理大队;兰永一级公路路政执法管理大队、瓜敦公路路政执法管理大队;会宁高速公路路政执法管理中队。全省高速公路路政执法管理人员共计556人,配备执法专用车辆共计80辆。

二、高速公路路政执法管理情况

目前,全省高速公路路政执法管理机构共管辖高速公路4014km。省公路路政执法管理局主要承担全省高速公路路政执法管理工作规划部署、制度制订标准、执法监督以及行政审批许可等职责。各路政执法管理处(高速公路路政执法管理大队、中队、超限检测站)具体负责辖区高速公路的路政巡查、路损案件查处、超限运输治理、行政审批许可监督、法制宣传等路政执法管理日常工作。

在省交通运输厅的领导下,省公路路政执法管理局紧紧围绕"保护路产、维护路权,保障公路完好、安全和畅通"这一中心,全面落实"三个服务"要求(服务于公路:护路产、维路权、保通畅;服务于行业:配合建设、协同养护、支持运营、应急保障;服务于社会:治超限、整路域、便出行、利群众),不断加大高速公路执法管理力度,全力保护全省高速公路建设成果,促进了高速公路的安全畅通、高效运转,为推进全省公路交通运输事业创新、协调、绿色、开放、共享发展作出了积极的贡献。

1. 公路路政巡查

逐步推进高速公路巡查规范化、制度化、电子化。结合实际修订完善了巡查管理制度,建立了日常巡查与节假日不间断巡查、桥隧(涵)重点路段巡查、雨雪冰冻等特殊天气巡查相结合的工作机制。加强巡查联动,与养护、收费、公安交警等部门开展错时巡查、交叉巡查、视频巡查,保证了巡查覆盖面。通过信息化手段强化巡查监管、提升巡查效能,建成并投入运行了电子巡查系统、车辆卫星定位监控系统和车载视频巡查系统。"十二五"以来截至现在,全省高速公路路政累计巡查891.48余万公里,共依法查处公路违法案件1.28万件,收取赔(补)偿费1.82亿元。

2. 路域环境整治

以实现高速公路路域环境整治"八个无"、维护良好路容路貌为目标,强化日常执法宣传、监管,主动协调公路沿线地方政府及养护、收费、公安交警等部门,每年牵头组织开展路域环境专项整治、综合整治活动,重点整治和查处了擅自设置加水摊点、占道经营、修建建筑物、设立非公路标志牌等一些突出问题和违法行为,营造了"畅、安、舒、美"的公路通行环境。"十二五"以来,全省高速公路路政共开展路域环境专项整治活动2118次,取缔违法建筑6.75万m^2/536处,拆除违法非公路标志牌7.31万m^2/4644块,清理摆摊设点、打场晒粮等2480起,清除路面堆积物3.94万m^3/7239处。

3. 不断规范和加强高速公路沿线非公路标志牌管理

省公路路政执法管理局先后制订下发《关于进一步规范高速公路标志牌管理的意见》和《甘肃省非公路标志安全设置技术要求》等规范性文件。2013年11月,经积极汇报协调,省政府发布了《甘肃省公路沿线非公路标志牌管理办法》,从法规、政策层面来规范了非公路标志牌的管理。各级路政部门坚持严控增量、规范存量,严把审批许可关口,并会同安监、公安、国土、工商等部门,先后多次联合开展非公路标志牌整治活动,全省高速公路沿线非公路标志牌违法势头得到有效遏制。2016年5月,省交通运输厅与兰州市人民政府联合下发《兰州至中川机场高速公路沿线广告牌治理规范工作实施方案》,确定由省公路路政执法管理局和兰州市城市管理委员会联合行动,按照管辖权限分别对该路段公路建筑控制区内外广告牌同步进行治理规范。目前,治理规范工作正在依法依规有序推进。

4. 行政审批许可

坚持依法规范开展审批许可，严格事前审核把关和事中、事后监管，确保高速公路路产完好、公路安全畅通。促进审批许可制度化、规范化，做到审批许可管理无缝隙、无空白。对涉路施工许可事项，组织养护、收费、交警等部门及专家进行现场勘查、会议审查，反复优化设计方案和施工方案。对不可解体超限运输许可，征求多部门意见，组织专家论证、安全评审和检测验算。许可事项一律提交路政执法管理局领导小组会议集体研究决定。"十二五"以来，全省高速公路路政共计受理和办结审批许可5.07万件，其中超限运输许可5.04万件，涉路施工许可271件。清理许可项目，优化许可流程，压缩许可时间，入驻政务大厅，开展"一站式"办理和网络运行，下放不可解体超限运输许可权限，在省际入口、艰苦边远地区设立方便车主的30个许可工作点，进一步简化申请资料，对西气东输等国家重点建设项目上门服务。强化许可监管，明确监管方式、监管责任和监管流程，及时纠正超权限施工、安防措施不到位、路产修复不及时等问题，实行竣工验收制度。对已经许可但可能会危及高速公路安全的合法超限运输，及时通告交警、收费部门，根据需要制定监管方案并组织护送，重点对车辆通行特大桥梁、特长隧道进行监管，确保超限运输车辆安全通行、公路通畅。

5. 超限超载治理

不断完善高速公路治超工作网络，在与相邻省份高速公路交界处均设置了固定超限检测站，实行24h不间断检测执法。同时，依托固定超限检测站，在省际收费站入口、高速公路服务区开展流动治超执法，严把省际入口关、严查路面违法超限运输车辆。与高速公路养护、运营、公安交警部门加强治超联动，建立了高速公路治超与计重收费联动工作机制、高速公路不可解体超限运输车辆许可管理和安全监管机制等工作，形成了工作合力。与相邻省份签订了联动治超协议，建立了跨省非法超限运输车辆信息共享、共同协查的工作机制，强化了区域间联合打击违法超限运输的工作力度。加强治超硬件建设和信息化建设，开展了不停车预检系统试点，完善升级了治超数据部、省、站三级联网信息系统，建成了超限检测站视频实时监控平台，省际入口超限检测站全部更换安装了300t大型静态地磅，高速公路治超执法能力、信息化水平有了明显提升。"十二五"以来截至现在，全省高速公路超限检测站共检查货运车辆198.91万辆，其中违法超限车辆23.58万辆，卸载货物约61.83万吨，车辆超限率4.51%。

6. 公路保通保畅

以深化部门间联动协作为着力点，不断提升公路保通保畅能力。牢固树立公路交通"一盘棋"意识，主动配合支持公路养护、运营及建设工作，抽调力量协助养护部门维护高速公路施工现场作业秩序,协同运营部门打击偷逃通行费、维护收费秩序,介入新建在建公路项目开展路政管理。与高速公路养护、运营、建设和公安交警等部门不定期召开协调会、联席会、座谈会等,形成了共同商讨解决突出问题、联合保通保畅的工作机制。"十二五"以来截至现在,全省高速公路路政共计维护养护作业现场秩序6011次,维护收费站场秩序3101余次,在建公路项目派驻路政人员558余人(次)。加强公路突发应急事件处置联动,以应对公路灾害、安全事故、救援保障为主要内容,与公路养护、交警、高速救援、120急救等部门定期开展联合应急处置演练,提高突发事件快速反应和处置能力。入驻省高速公路路警联合指挥中心,共享信息资源,统一调度人员及装备,联合处置公路应急突发事件,及时实施区域联动支援。全力完成公路交通重要保障任务,在历次重大自然灾害抢险救灾中,在举行敦煌行•丝绸之路国际旅游节、兰洽会、环青海湖国际公路自行车赛、敦煌国际文化博览会等重大节会活动期间,在保障国家重要物资运输中,各级路政部门及时抽调人力物力,不分昼夜奋战在保畅一线,积极做好公路巡查、应急处置、交通疏导分流等工作,有力保障了高速公路运输通道的安全畅通。"十二五"以来截至现在,全省高速公路路政应急处置共1188次。

7."三基三化"建设

加强高速路政队伍职业化建设,有计划组织开展执法业务技能培训、知识竞赛、技术比武、岗位练兵活动,深化"学树创建"活动,积极组织开展"健康身心、和谐路政"、"转作风、强素质、树形象"等一系列文化体育活动,着力培养高速路政执法队伍良好的职业素养、道德修养,涌现出一批先进典型。近年来,全省高速路政获得省部级、地厅级、省路政执法管理局表彰的先进集体65个,先进个人155位,平凉高速公路路政执法管理大队获得甘肃省"工人先锋号"称号。

8.大力推进基层大队标准化建设

坚持重心向基层下移,重点做好基层大队办公场所标准化改造、职工食堂及职工书屋建设、执法车辆更新、执法装备配备等工作。全省各高速公路路政执法管理大队均实现了执法标识、执法证件、执法服装、执法场所外观的"四统一"。不断加快基础管理制度的规范化建设,先后制订涉及基础管理、路政执法、党群工作三大类共计60余项制度,坚持用制度来规范人财物管理及执法内业、外业管理,切实强化制度监督落实,促进了高速公路路政执法管理的制度化、规范化。

第九章
甘肃省高速公路精神文明建设

第一节　甘肃省高速公路职工队伍建设

职工队伍的建设历来都是精神文明建设的重中之重,甘肃省高速公路职工队伍主要由建设职工队伍、运营管理职工队伍、养护管理职工队伍、路政执法职工队伍构成,共有职工2万余人。

一、职工队伍现状

(一)高速公路建设职工队伍

甘肃省高速公路建设职工队伍集中在省公路航空旅游投资集团有限公司。2011年1月25日,为构建甘肃省相对完备的立体交通运输体系,实现甘肃旅游由资源大省向产业强省的转变,甘肃省委、省政府结合甘肃省情,创造性地将公路、航空、旅游等相关联产业统筹架构,集群共进,提出了"公路促民航、交通带旅游"发展理念并付诸实施,组建了省公航旅集团。2014年1月1日,原隶属甘肃省交通运输厅的高速公路建设四大项目法人——甘肃省公路建设管理集团有限公司、甘肃省远大路业集团有限公司、甘肃长达路业有限责任公司和甘肃路桥公路投资有限公司整体划转省公路航空旅游投资集团有限公司管理。

1. 甘肃省公路建设管理集团有限公司

该公司前身为甘肃省交通厅工程处(省交通厅工程处成立于1993年),2000年2月,省交通厅批准成立了甘肃省高等级公路建设开发有限公司,与省交通厅工程处合署办公,两块牌子,一套机构。2012年6月,经省交通运输厅批准,以省交通厅工程处为主体、厅属公路建设单位共同出资,注册成立了甘肃省公路建设管理集团有限公司。作为甘肃省高速公路建设的主力军,自1998年以来,相继建成了巉口至柳沟河、尹家庄至中川、白银至兰州、兰州至海石湾、山丹至临泽、嘉峪关至安西、宝鸡至天水、天水至定西、天水过境段、西峰至长庆桥至凤翔路口、雷家角至西峰、十堰至天水(甘肃段)等高速公路

1413.3km,共计完成建设投资646.35亿元。当前,公司主要承担平凉(华亭)至天水高速公路、甜水堡至庆城至罗儿沟圈2条高速公路建设任务。现有职工167人,大专以上学历104人,占职工总数的62.3%;中级以上职称99人,占职工总数的39.5%。公司内设办公室、党委办公室、工程建设管理科、总工办、质安科、前期办、财务科、审计科、劳安科、监察科、工会、企管部、网管中心13个科室和1个公司(甘肃福翔物业管理有限公司)。目前下设天定和天水过境段(合署办公)、十天、平天高速公路平凉段和天水段、甜罗高速公路环县段和宁县段等6个项目办。

2. 甘肃省远大路业集团有限公司

该公司成立于1999年12月16日,经甘肃省工商行政管理局注册的国有独资有限公司,主要负责全省部分二级公路和高速公路的建设投资、管理、交通运输配套服务等工作。公司现有职工107人,有高级职称32人,中级职称31人,初级职称25人,分别占职工人数的29.9%、28.97%、23.36%。公司近5年参加培训的人员达到1782人次,参加学历继续教育人员23名,人才工作技能和项目管理水平得到较大提升。公司内设办公室、党委办公室、财务资产部、建设管理部、质量安全部、监察室、审计办公室、总工办、人力资源部9个职能部门,并成立纪律检查委员会、工会、团委等组织。公司先后承建兰州至临洮、瓜州至星星峡、金昌至武威、瓜州至敦煌、金昌至阿拉善右旗(甘肃内蒙古)、白疙瘩至明水(在建)共6条高速公路建设项目,对于改善区域交通条件,构筑全省综合运输大通道,加快同其他省份经济交流,促进当地经济繁荣发展和保持政治社会稳定做出了应有贡献。

3. 甘肃长达路业有限责任公司

该公司成立于2001年4月,是由原省交通厅引进外资项目管理办公室分离出来的独立法人单位,隶属于省交通运输厅,于2014年1月1日整体划转省公路航空旅游投资集团有限公司,主要承担全省高速公路外资项目的建设管理。经过15年的发展,公司在人力资源管理方面取得了重大进步,管理人员、专业技术人员,人员学历结构和文化层次在同行业都较高,为公司发展奠定了坚实的人才保障。公司目前共有在职职工134人,其中专业技术人员121人,正高级5人,副高级45人,中级35人,初级36人,专业技术人员占职工总数的90%。本科以上学历112名,本科以上文化程度占干部总数的77%。公司利用世界银行、日本协力银行和亚洲开发银行等贷款建成柳树至忠和、刘寨柯至白银、树屏至徐家磨、平凉至定西、营盘水至双塔、武都至罐子沟、成县至武都等高速公路803.56km。分别于2013年和2014年先后建成通车了甘肃省首条在沙漠地带修建的营盘水至双塔高速公路和甘肃省公路建设史上桥隧比例最高的2条高速公路武都至罐子沟高速公路和成县至武都高速公路。

4.甘肃路桥公路投资有限公司

该公司成立于2002年,是承担甘肃省高速公路建设管理的项目法人单位之一。公司发展14年来,先后承担了一批重点公路项目建设管理任务,建成了古浪至永昌、临泽至清水、清水至嘉峪关、武威过境段、康家崖至临夏、永登至古浪、临夏至合作7条高速公路,通车里程624km,完成投资230亿元。当前,公司主要承担临洮至渭源、兰州南绕城、景泰至中川、临夏双城至达里加4条高速公路建设任务,任务里程280km,估算投资约300亿元。公司现有正式职工109人,本科及以上学历的人员95人,其中博士研究生1人、硕士研究生14人;高级职称37人,中级职称26人。公司内设党委办公室、行政办公室、项目规划部、财务资产部、建设管理部、人力资源部、总工程师办公室、安全管理部、监察审计部9个职能部门。目前下设临洮至渭源、兰州南绕城、景泰至中川机场、临夏双城至达里加等4个在建项目及永登至古浪、临夏至合作等2个缺陷责任期项目建设管理办公室。

(二)高速公路运营管理收费职工队伍

甘肃省高速公路管理局隶属于甘肃省交通运输厅,成立于2002年12月(原"甘肃省高等级公路运营管理中心",2011年4月更名为"甘肃省高速公路管理局"),主要承担全省高速公路收费运营、应急救援、隧道管理、综合信息服务、服务区监管五项职责,机构设置实行局、处、所(大队)、站四级垂直管理。目前,甘肃省高速公路管理局管辖高等级公路共37条4014km。局机关内设办公室、党委办公室、政策法规处、计划财务处、人事劳资处、收费管理处、安全监督处、科技信息处、审计处、工程管理处、运营管理处、监察室12个职能处室和工会、团委等工作部门。下设5个直属单位,9个高速公路管理处,36个高速公路收费管理所(35个收费管理所,1个隧道管理所),14个清障救援大队,177个收费站,32个隧道管理站,1318条车道(其中ETC车道382条),171处340座501.07km隧道,48对服务区,21对停车区。共有管理、收费人员1.3万余人。

(三)高速公路养护职工队伍

甘肃省公路局成立于1957年,隶属甘肃省交通运输厅。2008年甘肃省机构编制委员会将局升格为副厅级单位,同时更名为甘肃省公路管理局,主要承担全省路网和农村公路建设初始规划、二级公路建设改造和通行费征收、高速公路和普通干线公路养护管理、公路交通应急保障、行业文明建设等工作。局机关内设办公室、党委办公室、政策法规处、综合规划处、普通干线养护管理处、高速养护管理处、农村公路管理处、建设管理处、财务资产管理处、收费公路管理处、人事劳资处、安全监督处、审计处、科技信息处、纪检监察室15个职能处室(副处级建制)和工会、团委等工作部门。省公路局对全省14个省属市州公路管理局实行行业监督与管理。目前,全省14个省属市州公路管理局共设14个高速公路养护管理中心、29个高速公路养护工区。14个高速公路养护管理中心现有职工926人,其中专业技术人员388人(高级职称66人、中级职称159人、初级职称163人,高级职称占专业技术人员总数的17.01%),工勤技能人员506人(技师88人、高级工205人、中级工115人、初级工98人,高级工及以上占工勤技能人员总数的57.90%)。下设36个养护工区。

（四）高速公路路政执法职工队伍

甘肃公路路政管理,从最初的养护路政一体化,到2005年成立省路政总队实行行业监管指导,到2009年交通征稽人员整体转岗实行路政征稽合署办公,到2011年11月,省编委批复撤销甘肃省交通征稽局和甘肃省公路路政管理总队,组建甘肃省公路路政执法管理局,隶属省交通运输厅,县级建制事业单位,经历了调整、规范、加强的发展历程。目前,省路政执法局主要承担全省高速公路、国省干线公路路政执法管理以及治理超限超载运输职责,同时指导全省农村公路路政执法管理工作。机构设置实行局、处、所(站、大队)三级垂直管理。局下属15个公路路政执法管理处,分别设置在全省各市(州)和敦煌市;各公路路政执法管理处共下设87个公路路政执法管理所、29个高速路政大队、17个超限检测站(国家Ⅰ类站9个,省级Ⅱ类站8个)。共管辖公路17494.15km,其中高速公路4014km。

二、职工队伍建设

（一）高速公路建设职工队伍

建设一支高素质的干部职工队伍,是做好高速公路建设管理与企业改革发展工作的前提和基础。多年来,甘肃省高速公路建设四大项目法人在职工队伍建设方面采取的措施有：

1. 以提高管理水平为核心,加强企业管理人才的培养

制定企业管理人才培训计划,根据企业各类人才的特点,强化企业在人才培训中的主体地位,重视在重大工程项目、重大科技攻关项目中培养高层次人才。建立健全培训与使用紧密结合的培养机制,做到上岗靠竞争,竞争靠技能,技能靠培训,激励广大员工不断学习新知识、掌握新技能、创造新业绩。

2. 以提高创新能力为重点,加强专业技术人才的培养

围绕项目建设中心任务,鼓励专业技术人员主持或参与重大课题研究,完善和创新培养载体,为专业技术人才学习提高搭建平台。通过企业技术人才自研技术难题或与有关高等院校合作攻关等方式,培养一批具有较高应用能力和技术水平的高级工程师,为企业

顺利发展提供坚实的人才支撑和保障。

3. 以提高服务保障为基础,加强工勤技能人才的培养

根据企业人员构成和工作需要,加大对公路养护技师、高级工、文秘收发员、保洁员等的培养和培训;制定出台《员工培训和继续教育管理办法》,鼓励职工参加学历教育等各类继续教育;为企业多元发展储备必要人才,更好地为企业中心工作服务。

在干部队伍建设中,四个项目法人持续加强干部培养教育,坚持在项目一线锻炼、使用、培养干部,坚持重德才、重实绩、重公论选人用人导向,激发干部干事创业活力,努力营造人尽其才、才尽其用的工作氛围。一是把好选人用人关口。在干部选拔任用过程中,严格按照岗位需要进行民主推荐和测评,确定考察对象,在纪检监察部门参与下进行考察,广泛征求职工对被考察人的意见,全面考察其德、能、勤、绩、廉等学习、思想、工作情况,形成考察报告,并在党委会议前充分酝酿,提交党委会议研究决定,会后进行干部任前公示。同时,认真落实干部任职试用期制度。对试用期满科级干部进行试用期考察,通过个人述职、民主测评、个别谈话的方式进行考核形成考核报告,并提交党委会议研究通过后结束试用期,正式任职。二是在干部日常管理上,严格执行领导班子和领导干部谈心谈话、廉政诫勉谈话、干部档案任前审核、个人有关事项报告、干部到龄退休、监督检查、年终考核、轮岗交流等工作制度,加强对党员干部的监督、教育和管理,有效提升干部管理工作水平。结合实际工作,深入开展单位内部、同级单位间重点岗位干部交流管理工作,实现了干部在机关和项目办、不同单位之间的有效交流,丰富了交流干部的工作经历和任职履历,增强了干部队伍活力,有效提升了干部队伍建设科学化水平。三是开展"双带双培"行动。针对企业新进年轻职工较多的实际,每年组织开展"双带双培"行动("共产党员带共青团员,业务骨干带青年员工;将共青团员培养成青年先锋,将青年员工培养成业务骨干"),将公司青年员工与业务骨干一一结对,从政治素质、业务能力、作风纪律等方面进行"传、帮、带",促进广大青年员工成长成才,全面提升广大干部职工能力素质,逐步建立起一支思想、业务、作风全面过硬的骨干队伍。

(二) 高速公路运营管理收费职工队伍

甘肃省高速公路管理局始终把职工队伍建设作为头等大事来抓,以"认真、自信、实在"的行业精神塑造职工,在全省高速公路管理系统持续实施"3434"职工队伍建设工程。

1. 思想武装,增强职工"三种意识"

一是增强敬业爱岗意识。通过持续深入的形势任务教育,使职工对全省高速公路管理事业的发展前景充满信心,保持乐观向上的精神状态,自觉自愿地融入高速公路管理

"大家庭",将个人的前途命运与行业的科学发展紧密相连;紧紧围绕"我能为行业发展做些什么"这一主题,经常性组织职工开展大学习、大讨论,教育职工在就业形势异常严峻的形势下,珍惜来之不易的工作岗位,进一步端正工作态度,转变工作作风,提高工作效率,干好本职工作。二是增强职业道德意识。在广大职工中持续进行社会主义核心价值观教育,深入开展"百万元收费无差错""文明收费优质服务""树行业新风、创一流业绩、做文明职工"及争做职业道德标兵活动,选树一批职业道德建设先进单位、先进个人、文明窗口、示范班组,组织广大职工交流学习,发挥好典型的示范作用,引导广大职工树立正确的理想信念,培养高尚的道德情操和职业操守。三是增强廉洁自律意识。建立健全涉及行业廉政建设和职工廉洁自律要求的各项制度,加强干部职工警示教育,通过走出去、请进来、廉政教育室、经常性警示教育的"四位一体"教育形式,用身边发生的违纪违法事件教育和警示干部职工算清政治、经济、名誉、家庭、亲情、自由、健康"七笔账",走好人生路。依托廉政教育室和电子屏、宣传栏、标语,积极营造廉政文化氛围,让廉政文化进机关、进所站、进班组、进岗位、进家庭。

2. 组织保障,抓好四项基础工作

一是思想政治工作。建立职工思想政治工作量化考核、评估机制,对职工思想进行定期分析、评估,列出思想政治工作实施计划;走访调查情况汇总,建立数据库进行量化分析和考核,有的放矢做好思想政治工作。二是素质教育培训工作。抓好每年的全员春秋季培训,定期组织开展岗位练兵、技术比武和收费业务技能大赛,同时将"百万元收费无差错"竞赛等活动长期坚持下去,通过长期的岗位实践锻炼和职工之间的互比互赛,使职工的业务技能更加娴熟,处理业务的效率不断提高。三是政策法规教育工作。以"六五"普法为契机,突出抓好与行业相关的法规和计重收费有关政策的学习培训,着重提高全体职工学法、懂法、守法、用法的能力。四是建好用好道德讲堂,引导干部职工遵守社会公德、践行职业道德、弘扬家庭美德、修正个人品德,努力使道德讲堂成为干部职工交流的平台、沟通的渠道,使干部职工队伍整体素质再上新台阶。

3. 人文关怀,注重三个结合

一是注重与下基层解难题工程相结合。加大硬件设施改造力度,对部分老化、破损、漏水的所、站房建设施进行维修;大力开展种植、养殖业,降低职工生活成本;多渠道实施引水、净水工程,着力解决部分收费站水质差、饮水难问题,让职工喝上"放心水、干净水"。二是注重与推行民主管理相结合。严格落实职代会制度,为职工群众积极参政议政、实施民主管理搭建平台;积极推行党务政务公开,对涉及职工利益的职工工资、先进评比、职称晋升、奖惩等重要事项,及时向广大职工进行公开,切实维护职工的知情权和监督权。三是注重与文明创建相结合。充分发挥工会、共青团和女工组织桥梁纽带作用,大力开展文明单位、"青年文明号""工人先锋号""巾帼文明岗"等各种形式的争创活动,积极开展职工书画摄影展、慰问演出、职工趣味运动会等小型、健康的文体活动,增进职工之间的交流,增强职工队伍的归属感。

4. 激励奖惩,创新四个机制

一是创新劳动用工机制。通过公开招聘、竞岗答辩、民主评议、组织审定的方法选拔各类管理人员,并实行试用期制度,考核合格则留,不合格退回原单位,提高管理人员素质、优化队伍结构、推进能上能下用人机制、激发队伍生机活力。二是创新劳动分配机制。建立激励与约束相结合的工资收入制度,着重体现岗位职责、工作业绩、实际贡献。研究制定《奖励性绩效星级工资分配管理办法》《奖励性绩效工资管理办法》,充分体现"依岗定薪、优绩优酬、岗动星移、星动薪变"的分配原则。三是创新考核奖惩机制。从"德能勤绩廉"五个方面,加大对机关管理人员的考核,注重完成工作的数量、质量和效率,突出考核工作实绩;对一线职工根据不同岗位设置不同的考核标准,突出服务性、量化和可操作性,并做到"奖罚分明,以奖为主,以罚为辅"。通过"经济杠杆调动、物质利益带动、精神鼓励促动"的方式,最大限度地激发职工的工作热情和责任心。四是创新选拔晋升机制。建立逐级晋升和破格使用相结合的选人用人机制,通过民主推荐、公开选拔、考试录用、组织考察等多种方式,拓宽选人用人覆盖面,增强选人用人公信力;建立引入退出和优胜劣汰机制,形成管理岗位能上能下、能进能出的竞争局面,使平者让、庸者下、能者上。

(三)高速公路养护职工队伍

2007年,省交通运输厅决定启动高等级公路管养分离改革工作。全省高等级公路养护管理工作划归省公路管理局,由省公路管理局组织省属各公路管理局养护,省属公路管理局下设高等级公路养护中心负责养护作业的具体实施。经过10多年的运行,已建立了一整套较为完善的养护管理制度和考核体系,编制完善了各项养护管理规章制度,建成了集路况巡查、办公、材料堆放、拌和为一体的大型综合性养护工区,购置了包括路基、路面养护、应急保障及除雪防滑的功能齐全的各种养护机械设备,培养和锻炼了一大批高素质养护专业人才。

截至目前,14个省属各公路管理局均设高等级公路养护管理中心,中心下设路基、路面、桥隧涵、交通设施等专业养护队,全省建成39个养护工区,具体承担甘肃省G6、G22、G30等共10多条国家高速公路,S1、S2、S16、S17等4条省际高速公路,共计4014km高速公路小修保养、灾毁修复、应急保通等基本公共服务及养护主体。省属14个公路管理局所属高等级公路养护管理中心共有职工926余人,其中专业技术人员388人(高级职称66人、中级职称159人、初级职称163人,高级职称占专业技术人员总数的17.0%),工勤技能人员506人(技师88人、高级工205人、中级工115人、初级工98人,高级工及以上占工勤技能人员总数的57.90%）。

（四）高速公路路政执法职工队伍

甘肃省公路路政执法管理局多年来一直致力于公路执法队伍的建设，积极落实《路政文明执法管理工作规范》及部《关于加强公路路政执法规范化建设的若干意见》，制订下发了《关于加强路政执法管理队伍建设的意见》。开展"交通运输行政执法素质形象建设推进年活动"，加强队伍整训，改进工作作风，增强路政人员法治意识、纪律意识、效能意识。加强执法人员资格培训、岗位考核，实施全员轮训制度，积极组织开展执法业务技能培训、知识竞赛、技术比武、岗位练兵活动，举办甘肃省职工职业技能大赛路政执法竞赛等，执法队伍综合素质明显提升。

第二节　甘肃省高速公路廉政建设

一、高速公路建设单位党风廉政建设

甘肃省高速公路建设四大项目法人自成立以来一直把党风廉政建设作为工作重点来抓，公司两级党组织认真贯彻落实中央、省委、省交通运输厅党组和省公航旅集团党委关于加强党风廉政建设的一系列精神和要求，把党风廉政建设工作作为重中之重，列入重要的议事日程，切实抓紧抓好。一是切实落实党风廉政建设主体责任。公司党委先后制定印发了《党风廉政建设责任制实施细则》《公司党委落实党风廉政建设主体责任的实施办法》《建立健全惩治和预防腐败体系2013—2017年工作规划》《廉政风险防控手册》等制度性规定，层层传导压力，明确和细化了两级领导班子和领导干部的党风廉政建设责任。公司党委每年年初与各党支部签订《党风廉政建设目标责任书》，各党支部与所属干部职工签订《廉洁承诺书》，并在年中进行督促检查，年末进行专项考核，严格落实党风廉政建设目标责任。二是组织开展了多种形式的反腐倡廉教育。结合实际工作，坚持把政策理论教育、党纪政纪条规教育、正反典型教育作为学习的重要内容，扎实组织开展好"拒腐防变每月一课"，通过组织集体学习、观看廉政教育片、组织开展警示教育等多种形式的廉政教育活动，经常讲、时时讲，做到警钟长鸣，让廉政意识深深地扎根在每一名党员干部的脑海当中。三是不断建立健全廉洁风险防控体系。以防范权力运行风险为切入点，明确每一个岗位的职责权限和岗位权力界限，健全各项议事规则和工作流程，使权力运行制度化、规范化、流程化，形成以制度管权、以制度管事、以制度管人的科学的权力运行体系，用制度构筑保护干部的工作平台，构建反腐败的"挡火墙"。四是切实加强党员干部队伍作风建设。公司党委针对新时期、新形势下作风建设的新要求，坚持转变作风、

严肃纪律,先后组织开展了效能风暴行动、党的群众路线教育实践活动、道德领域突出问题专项教育和治理活动以及整风肃纪专项活动,认真落实中央八项规定和省委"双十条"规定,抓好公司党委改进作风具体规定的落实,大力加强和改进工作作风。切实倡导和树立一切为项目建设服务,一切为施工一线服务的管理理念和工作作风,形成"问题在一线解决,创新在一线体现,成效在一线检验"的良好风气,进一步提高为项目建设服务的能力和水平。

二、高速公路收费运营党风廉政建设

甘肃省高速公路管理局党委把全面从严治党作为"最大的政绩",紧密结合高速公路管理工作实际,精心部署,上下同步,围绕"带好队伍收好费"的工作要求,以责任归位促责任到位,抓好党风廉政建设主体责任、监督责任和"一岗双责"的落实,扎实推动全系统纪律建设、作风建设和反腐倡廉建设工作深入开展。

1. 种好廉政"责任田"

一是每年召开党风廉政建设会议,部署加强党风廉政建设和反腐败工作,签订党风廉政建设目标责任书,落实廉政主体责任,守土有责、守土尽责、守土负责。二是制定落实党风廉政建设主体责任实施办法,明确各级领导班子集体责任、主要负责人"第一责任"和班子其他成员的"一岗双责",使党风廉政建设主体责任具体化、规范化、程序化。三是建立健全各项内控制度,对工程项目管理、大额资金使用、大宗物资采购、财务预算管理、公务接待管理等工作进行明确细化,堵塞制度漏洞,防止发生不廉洁行为。四是畅通职工意见渠道,规范办理干部职工意见建议的程序,完善办理机制,对反映的问题有调查、有反馈、有措施、有落实,力争问题解决在基层、矛盾化解在一线。积极拓宽民主监督渠道,聘请了义务监督员,及时反映群众诉求及基层组织建设中出现的新情况,方便各级党组织及时解决出现的问题。五是加强对领导干部特别是班子主要负责人的监督和有关制度的监督检查;对重大投资建设项目进行审计监督,确保资金使用安全合理;不断拓宽监督渠道,保证职工的监督权;加强党风廉政建设的检查督导,特别是强化对廉政责任制执行情况的检查考核,并将考核结果作为业绩评定、奖励惩处、选拔任用的重要依据,引导干部严守"质量高压线、安全生命线、廉政警戒线",确保廉政建设工作真正落到实处。

2. 实行廉政"五项原则"

一是党政负责人沟通一致原则。对于重要工作、重大事项和重大问题,党政主要负责人要充分沟通形成一致意见;意见不一致的一般不能作出决定,必要时向上级组织报告后再决定;对于特别重大的问题,党政主要负责人要与班子成员进行沟通,说明情况,听取意见,取得一致意见后再研究决定。二是会议集体研究决定原则。对于重要工作、重大事项

和重大问题的决策,要严格执行会议制度,召开党总支(支部)会议或行政会议集体研究决定,发扬民主,集思广益,经过充分讨论,按照少数服从多数的原则进行表决作出决定,不断提高科学决策能力。三是科学内控原则。各单位要根据实际情况,完善财务、审计、工程项目管理、资金管理的各项内控制度,落实资金管理的联签制度,形成相互激励、相互监督、相互协作和效能、安全、和谐的沟通、决策、监督的内控机制。四是全过程公开透明原则。认真落实党务政务公开制度,通过党务政务公开栏、职工大会等渠道,做到凡应该公开、能够公开的事项都及时全面公开。凡是人员调动与调整、专项工程管理、大宗物资采购等职工普遍关心的热点焦点问题,要实行全过程公开透明的"阳光操作",同时建立健全责任倒查机制,防止权力滥用,保证权力公开透明运行。五是自觉接受内外监督原则。各单位领导班子自觉接受党内监督,切实保障党员的各项权利,充分发挥党员的监督作用;自觉接受法律的监督,严格按照法律规定办事;自觉接受职工群众的监督,充分保障职工群众的知情权、参与权、表达权;自觉接受新闻舆论监督,主动听取来自新闻媒体的意见,努力把舆论监督变成推动和改进工作的重要动力。

3. 持续推进作风建设

在严格贯彻落实中央八项规定精神、省委"双十条"规定和省交通运输厅党组改进作风建设"八项规定"的基础上,开展整风肃纪专项整治活动,引导各级机关党员干部强化宗旨意识、责任意识和廉政勤政意识,有效提升各级机关的执行力,确保政令畅通,营造风清气正劲足的工作新局面。同时,注重选好用好干部,按照中央五条好干部标准,严把动议关、推荐关、考察关、决策关、管理关,坚决防止选人用人上的不正之风。

4. 加强党风廉政教育

一是认真学习贯彻党的十八大和十八届历次全会精神以及习近平总书记系列重要讲话精神,及时传达学习中央、省委和厅党组的重要会议、重要文件、领导同志的重要讲话,自觉在思想上、政治上、行动上同中央、省委和厅党组保持高度一致。切实强化党章党规党纪的学习教育,引导广大党员牢固树立党章意识、自律意识、规矩意识、党纪意识,做到心有所畏、言有所戒、行有所止,不存侥幸心理,管控权力任性。二是持续开展党性党风党纪教育和廉洁从业教育,注重对警示教育分层次、分类别、分岗位展开,配套开展"学好法、用好权、促公正、促清廉"专项行动、法律知识和预防职务犯罪知识测试活动,懂规矩、讲规矩、守规矩,筑牢拒腐防变的思想道德防线。三是大力推进廉政文化进机关、进站班、进票亭活动,各单位充分利用办公环境、活动场所,张贴廉政宣传画,悬挂廉政宣传栏,营造浓厚的廉政氛围,在全省各个收费站建立廉政文化宣传栏,让廉政意识入脑入心,进一步健全完善了涉及收费行业廉洁自律要求的各项制度,健全内控机制,构筑制度防线,筑牢拒腐防变的"防火墙"。

三、高速公路养护管理党风廉政建设

甘肃省公路管理局、省属各公路管理局和养护管理中心始终坚持把党风廉政建设放在重要位置来抓,围绕中心工作,突出工作重点,加大工作力度,着力构建教育、制度、监督并重的惩治和预防腐败体系,确保了高速公路养护管理工作的顺利开展。认真落实党风廉政建设主体责任和监督责任,按照省交通运输厅《党风廉政建设主体责任实施办法》要求,省属各公路局和养护中心认真落实党组织的主体责任、党组织书记的第一责任及班子成员职责范围内的领导责任。党组织主要负责人牵头抓总,及时把握廉政建设思路,传达学习重大决策部署,统筹协调党风廉政建设工作,带头接受组织和干部群众的监督。班子成员结合各自分工,具体负责分管领域内的反腐败工作任务,确保了各项任务的落实。每年初,省属公路管理局党委均与高速公路养护管理中心签订《党风廉政建设目标责任书》,并印发《党风廉政建设工作任务分解表》。各养护管理中心按照目标责任书的要求,紧密结合实际,制定下发年度党风廉政建设工作要点,明确提出总体要求、重点任务和工作目标,并细化工作责任、要求和措施,从而形成层层有目标、人人有责任的工作格局。省属各公路局和养护管理中心还把党风廉政建设作为全年考核的重要部分,将反腐倡廉纳入考核内容,围绕目标责任书,严格考核标准,建立长效机制,加强日常检查、季度督查和年终考核,实行了最严格的考核。同时,把干部纪律作风和廉洁自律情况作为干部考核的重要依据,全面纳入干部选拔使用和奖励惩处中,确保了党风廉政建设和反腐败工作任务的全面完成。

近年来,省属各公路局和养护管理中心不断加强纪律建设,通过不断强化纪律意识,全面落实和认真遵守党的政治、组织、廉洁、群众、工作和生活纪律。各级党组织深刻领会党中央全面建成小康社会、全面深化改革、全面依法治国、全面从严治党的要求,在思想上政治上行动上同党中央保持高度一致。及时传达并坚决贯彻中央、省委、厅党组的决策部署,做到令行禁止、政令畅通。建立权力清单、责任清单和负面清单,全面规范权力运行。各级党组织严格党内政治生活,特别是针对个别基层党组织党内生活不经常、不认真、不严肃的问题,认真落实"三会一课"、党性定期分析、民主评议、批评和自我批评等制度,进一步强化组织纪律,加强了对党员干部的监管。全体党员干部把"三严三实"作为硬性标准,注重落实工作程序和规则;严格执行请示汇报制度和请销假制度,对重大事项和问题,该请示的请示,该汇报的汇报;遵守工作纪律,努力提升服务效能,全面提升了高速公路养护部门形象。

省属各公路局和养护中心把廉政教育作为一项长期性、基础性工作,努力做到反腐钟常敲、倡廉雨常下。各级党组织认真学习贯彻落实党的十八大精神,尤其是认真学习贯彻习近平总书记系列重要讲话精神,定期组织集体学习。组织干部职工深入开展"廉政讲

堂"和道德讲堂等活动。深入开展《党章》和《廉洁自律准则》学习活动。坚持任前廉政谈话制度,并组织进行廉政教育培训和廉政知识测试。全面开展公路廉政文化建设,高度关注抓家风建设,在办公场所醒目位置悬挂廉政警句格言和名人名言,充分运用网站和制作廉政宣传主题专栏,开通廉政飞信和微信平台,定期发布廉政温馨提示,开展廉政书画展等活动,引导党员干部把心思放在关心职工疾苦、关心事业发展、廉洁从业上,增强了党员干部的宗旨意识、服务意识和大局意识,树立了正确的价值观、世界观、人生观。各单位通过播放《作风建设永远在路上》等警示教育宣传片,组织干部职工到当地监狱等教育基地开展警示教育活动,并深入讨论和认真汲取全国交通运输系统党员领导干部违纪违法行为的经验教训,有效地提高了党员干部的防腐拒变能力。同时,及时组织干部学习新修订的《中国共产党纪律处分条例》,认真对照检查,进一步增强了党员干部的遵章守纪意识。省属各公路局和养护中心先后深入开展了党的群众路线教育实践活动、"三严三实"专题教育和"九个严禁、九个严查"等专项活动。在专项活动开展中,各养护管理中心深入学习党纪条规,狠抓工作落实,领导干部率先带头讲党课,组织开展专题辅导和廉政恳谈活动,深入开展自查自纠活动,严肃查处纪律作风和反腐倡廉方面存在的问题,提高了纪律作风建设水平和服务效能,牢固树立起为民、务实、清廉的良好形象。

省属各公路局和养护中心把制度建设作为党风廉政建设的基础性工作。根据新成立单位的特点,抓紧制定了一系列管理制度和党风廉政建设制度,为反腐倡廉建设提供了制度保障。为进一步规范单位内部管理,各中心先后制订了《高养中心支委会议事规则》《高养中心"三重一大"议事规则》等工作制度,并形成各项管理制度汇编,进一步规范了单位及其干部职工的工作行为。各单位加大制度落实力度,坚持用制度管人、管事、管财和管物,为各项工作顺利开展提供了强有力的制度保障。各养护管理中心对所有养护维修工程一律实行施工合同、廉政合同、安全合同制度,采取定性和定量考核相结合的方法,把职责任务细化为具有数量、质量、时间要求的工作目标。各单位建立健全工程建设基本情况公开制度,认真落实单位自检、业主抽检和社会群众监督的管理体系,从源头上杜绝不廉洁现象发生。各单位加强财务资金管理,严格执行物资采购管理规定,防止了因管理漏洞为少数干部违法违纪提供便利条件。各单位结合重要部位和关键环节,从重大事项决策、养护管理、项目建设、机械设备、应急保障、财务资产管理等方面,紧密结合各项管理的关键环节和风险点,全面完善党风廉政建设工作制度,并切实突出制度的针对性和实效性,从而形成了较为完备的党风廉政建设制度体系。各单位积极推进政务公开工作,把政务公开作为党风廉政建设重要内容来抓,通过明确公开内容、公开形式、公开范围和公开时限,全面实行政务公开,强化民主监督,促进了党风廉政建设。各级党组织广泛开展约谈活动,领导干部经常与职工进行谈心谈话,对涉及资金、工程和财产等重要岗位的工作人员,全面推行谈话机制、预警机制和奖惩机制,及时发现并处理萌芽性问题,防止了小问题变成大问题。

省属各公路局和养护管理中心始终把廉政风险防控作为反腐倡廉建设重点工作来抓,强化源头治理,不断加大了监督力度。各养护管理中心党支部通过不断健全和完善领导班子议事规则,努力实现领导班子工作的规范化、程序化。各级领导班子严格执行"集体领导、民主集中、个别酝酿、会议决定"的议事决策制度,坚持做到重大事项、干部任免、工程项目、材料采购、大额度资金使用等都通过会议集体讨论决定。各单位坚持领导干部述职述廉、个人重大事项报告和民主评议制度,全面加强了对党员领导干部的监督。各单位不断加大排查整改力度,实施阳光透明工程。对承建的高速公路养护维修、危桥加固改造、安全保障等工程均进行公开邀请招标,对大宗材料、养护机械、办公设备进行了政府采购。重点督查资金管理使用、物资采购是否规范严格;工程施工程序是否规范;工程建设是否存在滥用职权、玩忽职守、索贿受贿等违纪违法现象,坚决防止腐败问题的发生。省属各公路局和养护中心先后修订完善了《〈建立健全惩治和预防腐败体2013—2017年工作规划〉实施办法》和《廉政风险防控手册》,加大高速公路养护施工项目的督查力度,建立突出问题排查基本台账,狠抓查出问题整改落实,及时处理解决来信来访及各种矛盾纠纷问题,保持了对腐败问题的高压态势。

四、高速公路路政执法管理党风廉政建设

甘肃省公路路政执法管理局着力加强纪律、作风、反腐倡廉建设,通过多项措施推进全省高速公路路政执法队伍的党风廉政建设。全局以规范化建设为重点,坚持继承与创新结合,健全制度与落实并重,按照"决策科学化、工作制度化、阵地标准化、活动特色化"的工作思路,研究制定《基层党组织规范化建设实施方案》,努力形成内容全面、制度健全、运转规范、职责明确的党建工作新机制。健全基层党组织,配齐配强支部书记和党务干部,使党内政治生活正常化、规范化,积极打造为民、务实、清廉的服务型基层党组织。积极落实党风廉政建设"两个责任",推进教育、制度、监督并重的惩防体系建设,打造廉洁路政。加强廉政宣传教育和廉政文化培育,筑牢党员干部思想防线。健全廉政制度,制订廉政风险防控手册,做到权力清单化。严格执行中央"八项规定"及省委、厅党组纪律作风要求,深入开展"效能风暴"行动、机关作风整顿和整治不作为慢作为专项行动,着力解决工作作风方面存在的突出问题,提升工作效能和服务水平。公开执法举报投诉电话,开通"12328"投诉咨询服务热线,拓宽群众咨询、投诉渠道,自觉接受社会监督。强化内部审计监督,有重点地对各路政执法处和高速公路路政执法大队预算执行和财务收支、建设项目和建设资金、非税收入征缴等进行审计,并开展科级干部任期经济责任审计工作,切实规范了资金使用管理。

第三节　甘肃省高速公路文化建设

一、设计理念

甘肃省高速公路四大项目法人始终坚持"公路建设与环境保护并举,公路发展与自然环境和谐"的指导思想,将"保护优先、预防为主、防治结合、综合治理"的原则贯穿于勘察设计和施工全过程,坚持功能优化与人性化、环保化设计相结合。一是突出"精品理念",建设精细化高速公路。坚持以提升工程品质为目标,以施工标准化为着力点,以总结观摩交流、推广试点经验为抓手,高起点谋划,高标准建设,高效率运行。强化精细化管理,对涉及高速公路建设和管理的各种因素实施无缝对接,形成"管理精细化到实施精细化再到工程精细化"一环扣一环的管理链,做到重细节、重过程、重基础、重具体、重落实、重质量、重效果,真正把精细化管理落实在行动上,体现在工作中,使精细化工作全员化、全方位化和全过程化,确保精细化实施细则的各项要求落到实处。二是突出"环保理念",建设生态型高速公路。注重挖掘高速公路的自然内涵和文化内涵,创造独具甘肃特色的人文高速建设模式。在设计环节上,加大设计管理力度,凸显"环保、人文、景观、美学"的建设理念,坚持对生态环境"最小限度的破坏,最大限度的保护,最强力度的恢复"的原则,做到"施工不流土,竣工不露土"。施工过程中,把工作重点放在环保措施的落实上,最大限度地利用自然条件,通过对边坡、立交的自然式绿化,营造舒适、和谐、自然的路域环境,实现高速公路与自然、地域景观特色、人文环境协调发展。三是突出"科技理念",建设创新型高速公路。紧紧抓住设计创新这一切入点,选择有实力的设计单位进行设计,积极组织专家现场踏勘和多方案论证比较,重视专家咨询,加强课题攻关,应用创新成果。注重引进和推广新技术、新材料、新工艺、新设备、新方法,使科技应用和科技创新成为高速公路建设和管理的亮点。四是突出"服务理念",建设和谐型高速公路。强化服务理念,自觉地为经济社会发展全局服务,为高速公路沿线经济带服务,为人民群众生产生活服务,为驾乘人员安全便捷出行服务。在设计上突出以人为本,服务至上;在建设中注重高速公路使用者的需求,突出便捷、高效、安全、舒适,不断满足高速公路服务对象不断增长的视、听、行需求,构建"人、车、路"的和谐。五是突出"节约理念",建设节约型高速公路。在设计规划中强化节约理念。通过严格控制用地指标、合理运用技术标准、反复优化设计方案、综合应用各种新技术、新工艺等措施,节约建设用地。因地制宜设计路线及工程构造物,节约造价和降低后期维护成本,提高综合服务能力,在高速公路服务区、收费站大力推广使用节能高效的照明系统,打造节约型高速公路。

二、文明施工

甘肃省高速公路四大项目法人按照文明施工管理指南规定,从以下方面抓好文明施工:一是督促各单位认真推行现代工程管理,科学组织施工,做好施工现场各项管理工作。按程序办事,按工艺标准施工,标准化作业、规范化操作。二是要求各单位起终点设置鲜明标牌,施工场地统一规划布置,大宗材料、成品、半成品和机具设备的堆放,严禁侵占道路及安全防护设施。施工材料堆放整齐,场区内管线布置整齐、清洁。三是加强施工现场管理工作,做到工完料净场地清,施工机械设备按规行驶,摆放整齐,按时检修,并要求施工机械操作人员必须持证上岗,禁止无证人员操作。四是加强施工区域及生活区域环境卫生检查、消毒工作,建立和完善有关规章制度,落实责任制,创建良好环境,并设置足够的临时卫生设施,及时做到清扫、消毒处理;认真做好施工生产和生活废水处理和排放,杜绝随意污流现象。五是做好施工便道及通车路段安全、指示、警告等标牌的设置设立及整修、洒水养护,确保施工安全,文明生产。六是尊重当地民风民俗,遵守地方法规,充分发挥优良传统,积极帮助地方群众,搞好与当地政府、邻近居民的关系,创造良好的施工外部环境。

三、环境保护

甘肃省高速公路四大项目法人严格按照《中华人民共和国环境保护法》《建设项目环境保护验收管理规定》(国家环保总局第14号令)和交通部《交通行业环境保护管理规定》的有关要求,在高速公路建设项目工程进行可行性研究时,积极与交通环保部门做好环境影响报告及有关报表的编制。事先对环保工作的重点及各设计阶段应采取的措施加以明确并做出相应的工程设计,做到与主体工程同时设计、同时施工、同时投产使用。

1. 动植物保护

在草原、山区,尤其是野生动物保护区内施工,专门为野生动物设置足够的横向通道,方便其觅食、繁殖和迁徙,并设置保护设施避免动物进入公路遭到伤害。在水源地受到限制的路段,增设人工蓄水设施为其创造饮水条件。尽量减少对自然植被的破坏,合理规划施工便道、场地和营地,严格划定影响范围和车辆行驶路线,防止对施工范围以外的植被造成破坏。这在气候干旱或生态条件特殊的地区尤为重要。

2. 水资源保护

高速公路设计中尽量对饮用水源地进行避绕,当路线无可避免地穿越饮用水源地或其附近时,既要严格保护自然水流形态,又要有完善的"封闭式"路基排水,使高速公路运营期间可能对水源造成污染的路基边坡水通过该系统排向饮用水源地以外的水域或水处理场所,保护饮用水源地不受污染和破坏。养护中不断完善排水系统,加强对排水设施的管理和修缮,不使未经沉淀的路面排水随意排入农田、湿地或河流,或因泄露而污染饮用水源。服务区、收费站等生活污水集中产生地应设有污水处理设施,不将未经处理的污水随意排放。

3. 大气污染防治

对汽车尾气加以控制,对汽车性能加以改良,对汽车燃料加以改进,全面降低废气有害物质含量。环境监测表明,合理布局和设计公路出入口、科学管理降低大气污染,合理设计绿化林带,抑制高速公路大气污染,减少沿线居民区及作物蒙尘。

对于施工中的粉尘污染,除采取遮盖和洒水灭尘手段外,借鉴国外将土工合成材料用于施工期的临时土质粉化保护,用于治理施工带来的扬尘、水土流失等环境问题。

4. 噪声防治

对噪声防治主要采取以下几种措施:

①调整公路线位,在选线上尽量远离住宅区、学校、医院等地段。

②在设计上,噪声的影响,土方路段比桥梁要好得多,挖方段的噪声影响最小。

③定期维护修理机械,加装消声装置,控制施工机械产生的噪声。

④消减振动噪声。振动主要来源于水泥混凝土接缝、修补接缝、台阶、伸缩缝等地段。采用橡胶填塞伸缩缝的方法,有效解决接缝不平与错台的难题,减少振动。

⑤设置防音壁,种植攀悬物、植树、设置林区隔音带等,减轻噪声对周边人群的干扰。

5. 固体废弃物处置

施工过程中产生的废料,在施工过程适当环节进行利用或再生。如将砂石等可填筑路基、作基础垫层,将废混凝土回收再生利用用于铺筑、改善地方道路、生产道路、乡间场坝等。对确实无法利用的废料,在确认其对环境不造成危害的前提下集中深埋或销毁。

6. 建设绿色服务区

提高全员环境保护意识,全面推进服务区的环境管理工作,以建设绿色服务区为目标,以"环保、健康、安全"为核心,结合ISO14001环境管理体系标准,预防和减少运营期服务区对环境的影响程度和影响范围,使服务区对周围环境的不良影响控制到最低水平或控制在环境自身能承载的范围内。

四、规章制度

甘肃省高速公路四大项目法人高度重视规章制度建设,在每一个项目开工之初,项目办依据高速公路技术标准和施工规范以及交通运输部"五化"管理要求、省交通运输厅

《甘肃省高速公路标准化建设管理指南》以及《公路建设项目管理办法》等规定,通过参照省内外已建和在建高速公路的成功管理经验,并结合本项目实际,科学地制订和完善了一整套项目管理的基础性文件和管理制度。如建立了项目办主任岗位责任制、管理人员岗位责任制以及质量、安全、廉政责任制,建立了各部门工作职责,制订了标准化管理细则、工程检查验收和质量管理办法、计量支付管理办法,建立了合同管理及进度控制制度、安全生产管理办法和项目资金、财务、廉政、质量考核与奖惩办法等各项管理制度,较系统地规定了工程质量监督管理程序、质量标准、质量检测控制及关键工序施工工艺等各项具体要求和管理职责,使项目管理日常工作做到有章可循、有据可依,项目办将这些制度汇编成册并下发各参建单位执行。

项目办结合项目实际和管理重点,研究制定了《"业主代表负责制"实施细则》《首件工程认可制实施细则》《工程质量违约责任管理办法》《建设项目领导夜间带班巡查制度》《工程材料招标采购管理办法》《工程质量通病防治手册》《关键工艺施工技术指南》《路面精细化施工作业手册》《农民工管理办法》等一些专项的管理办法,结合工程进展实际需要,及时予以补充修订和完善,使得项目管理制度在执行中具有了较强的操作性和指导性。

规范项目管理,重在制度落实,项目办要求所有人员对有关制度、办法,既要熟记于心,又要落实在具体行动上。项目办各级管理人员严格要求自己,自觉遵守项目规章制度和工作纪律,在工作中坚持原则、大胆管理、热情服务,树立了良好形象。在项目建设期间,项目办人员多数时间都深入在施工现场,认真协调解决各类问题,积极督查工程质量和工期进度,狠抓安全生产和文明施工管理,促进工程建设顺利进行。在加强管理督查的同时,项目办还积极开展现场观摩和检查评比活动,形成了"每周一工作例会、每月一现场观摩会、每季一生产调度会"制度,严格落实项目"优质优价"奖罚措施;2012年组织开展"大干120天"劳动竞赛活动,2013年组织开展了"大干100天"劳动竞赛活动,2014年又开展了"大干60天"劳动竞赛活动,并结合日常巡查、现场观摩、每月的工地大检查等情况,从现场管理、工程质量、工程进度及内业资料等方面对参建单位进行综合打分,对综合评比靠前的单位进行表彰奖励,对管理水平较低、施工进度滞后、综合评比落后的单位予以违约处罚。通过加强管理、检查评比和奖罚办法的有效实施,促使各施工单位形成了良性竞争,对提高项目建设质量、促进工程进度起到了良好的推动作用。

五、安全生产

甘肃省高速公路四大项目业主始终坚持以人为本、安全发展的理念,按照"安全第一、预防为主、综合治理"的方针,制定了"加强教育培训,落实安全投入,专职安全员现场巡查"的安全生产管理工作思路。成立了安全生产领导小组,对安全生产进行强化管理。

1. 严格落实安全生产责任制

一是按照省厅安全生产责任控制目标,全面实行"一岗双责"和"双目标责任考核制",与各责任单位签订了目标责任书,实现安全生产责任制的全覆盖,制订并下发了《项目安全生产管理办法》《危险源辨识与防控》等多项规章制度,使安全管理得到了制度保证。

2. 健全安全保障体系

加强培训与考核,对重点控制性工程实施安全风险评估和方案评审。项目办积极开展岗前教育培训,进行施工前安全交底。特别针对国家安监总局、交通运输部等四部委下发的《隧道施工安全九条规定》,对隧道施工进行专项技术交底和开展集中整治。严格审查了安全生产从业人员资质,对特种人员要求考核合格持证上岗,还组织专家对控制性工程进行了安全风险评估,对桥隧进行了施工技术与安全措施评审,并根据方案内容对现场进行严格监督。

3. 强化施工现场的安全管理,保证安全经费的落实

项目办和现场办实行"专职安全员"制,按照项目办编发的《重大危险源控制点台账》《重大危险源责任人手册》,每10d对全线的安全生产情况进行巡查通报。根据现场实际情况对挖孔桩、墩柱施工、爆破、高边坡、隧道施工、火工品的管理、特种设备使用等重大危险源进行了分级统计,以隐患排查为主线,及时开展各类检查活动。在雨季、山洪、施工高峰等特殊时段,先后开展了防汛逃生、隧道坍塌、爆破物伤人、火灾、高空坠落等各类应急救援预案演练。同时,加强安全经费审核管理,对各施工单位的安全生产费用计量采用实报实销制度,通过现场实体核查、发票核查等办法,严格核算各单位的安全生产费用,确保各单位有足额的安全生产投入。督促各单位建立详细的安全经费使用计划和台账,安全专项经费必须全额用于购置安全用品,发票齐全并全部用于施工现场,经现场办、项目办安全科审核通过后方可计量,确保了安全专项费用足额使用到项目建设安全生产工作当中。

4. 通过信息手段实现重点部位的动态管理

在桥梁、隧道施工现场和拌和站、梁场、工地临时炸药库等可能存在隐患的部位,装备高清晰度的摄像头,实现全方位、全过程、全天候的监控。在隧道施工现场安装使用电子情报板、电子门禁系统并在每个施工人员的安全帽上加装数字芯片,配以专门的管理软件,对隧道施工现场人员、机械作业等情况进行监控。

5. 强化隧道施工安全和交叉施工路段的安全管理

项目办持续对隧道施工安全管理保持高压态势,认真落实《隧道施工安全九条规定》的内容,保持高频率的检查整改力度,绝不因为工期紧张就放松安全的要求。切实落实安全责任,特别加强路口及交叉作业面的安全管理,在施工路段安排专职安全人员,设置明

显的施工标志、警示标志,配备必要的夜间照明设施等,绝不允许非施工车辆上路。同时,现场办成立了安全巡查小组,每天上路巡查,强化安全隐患排查治理,防患于未然。

6. 加大安全生产工作巡查工作

项目办在日常安全管理中加大日常巡查和监管力度,狠抓隐患和安全问题的整改落实工作。及时进行安全巡查,及时发现各类安全问题和隐患,并督促各施工单位对存在问题和隐患立即进行整改,实现过程监管和现场检查闭合率100%、重点防范监管部位各项措施落实率100%,施工现场安全防护达标的安全管理目标。

六、精神文明

社会主义精神文明是社会主义社会的重要特征,是加强社会主义民主政治的必要条件,也是促进改革开放、加强经济发展的重要保证,为国家综合实力的提高提供了有力的精神支撑和强大的凝聚力,也为物质文明的发展提供了精神动力、智力支持和思想保证。甘肃省高速公路建设、养护、路政和收费等单位在面对汶川地震、甘肃岷县、漳县发生6.6级地震和甘肃舟曲特大泥石流灾害时,响应及时,第一时间奔赴一线抗震救灾,并积极组织捐款活动。

(一)职工面貌

甘肃省高速公路建设、养护、路政和收费等单位的干部职工在履行职责的过程中,能够团结一心、奋勇拼搏、靠前服务,呈现出不怕苦、不怕累的精神面貌,较好地完成了高速公路建设管理、养护管理、路政管理和运营收费等各项目建设任务。同时,为充分调动一线职工工作的主动性、自觉性,甘肃省高速公路建设、养护、路政和收费等单位积极开展"送温暖、送清凉"活动,组织职工体检,定期为基层一线职工送去茶叶、冰糖等防暑降温用品。高速公路建设单位在各项目建立流动书屋,以满足职工的精神文化诉求。高速公路运营收费单位持续开展"送文化下基层"活动,共建成职工书屋185个、书刊总量达到71585册,建成"亲情网吧"143个、配备电脑459台,极大地丰富了职工业余文化生活。

(二)甘肃高速行业精神文化

1. 甘肃高速公路行业精神文化的内涵

经过10多年的运行发展,甘肃省高速公路管理系统不断积累行业精神文化底蕴,凝炼出了"认真、自信、实在"的行业精神文化。在抗震救灾的关键时刻,在应急救援的生死关头,在保通保畅的紧要时刻,在高速公路管理工作的各个岗位,从党员领导干部到一线收费员,广大干部职工以自己的实际行动弘扬、彰显、塑造、诠释了"认真、自信、实在"的行业精神。"认真、自信、实在"这三者之间是辩证统一的关系,认真精神中贯穿着自信和实在,自信文化中体现着认真精神和实在作风,实在作风中渗透着认真和自信,三者相辅相成、互为补充、缺一不可。认真就是行业精神文化建设的标杆和骨架,自信、实在就是行业精神文化的经脉与血肉,只有用认真把行业精神文化建设的骨架立起来,让自信文化、实在作风把行业精神文化的脉络理清晰、血肉丰满起来,行业精神文化建设才会无往而不利,才会凝聚起一万多名职工的强大精神力量,推动甘肃省高速公路管理事业科学健康持续发展。

2.甘肃高速公路行业精神文化建设的主要内容和任务

(1)让干部职工在服务社会中寻找人生价值

甘肃高速人的人生价值就是在投入高速公路管理服务工作中,把"路在心中,心在路上"的工作态度贯穿到为民、利民、便民工作的各个环节,实现人、车、路的和谐融洽,在为他人送温暖、为社会做贡献的平凡过程中提高精神境界、培育文明风尚、实现人生价值。

(2)让干部职工在满意高速中追求成就感

甘肃高速人就是在积极打造"综合、品质、平安、智能、满意"五个交通中,深化甘肃高速公路"三项服务",促进全行业由方便管理转向方便服务,实现社会对甘肃高速公路管理行业的高度认同,让干部职工在一句问候里、在一个微笑里、在三尺岗亭里,为他人送温暖,追求工作的成就感。

(3)让干部职工在宽容互助中享受人生

甘肃高速人在热爱本职工作、履行岗位职责、宽容互助友爱的良好职业习惯中,坦率宽容地讲话办事,胸怀高度的使命感和责任感,保障高速公路建设发展和安全畅通,在乐业奉献互帮互助的工作氛围和职业友情中享受快乐的人生。

(4)让干部职工在以人为师中提高自身素质

甘肃高速人善于发现吸收身边同事的优点,向身边的人学习,以人为师,在岗锻炼,以虚怀若谷的学习态度,以阳光的心态多看他人的优点,养成自觉学习的良好人生习惯,不断增强干事创业的本领,提高自身综合素质。

(5)让干部职工在投身站班建设上增强荣誉感

甘肃高速人在打造设施完善、功能齐全、环境优美、服务优质的"温馨家园"中,建设人尽其才、持续发展、具有活力的高速公路行业,让小岗亭成为大舞台,让小班站有大作为,营造"以站为家、站要像家"的工作生活环境,增强干部职工爱站如家的荣誉感。

(6)让干部职工在"比学创"中搭起事业发展的平台

甘肃高速人就是要在比奉献、学先进、创业绩中,共同创造"公平、竞争、有序、合理"的发展环境,建立标准化、精细化的管理激励机制和畅通发展的渠道,使广大干部职工在平凡的岗位上、在艰苦的条件下,把工作当事业,把事业当追求,恪尽职守、建功立业,搭建起干部职工事业发展的平台。

3. 甘肃高速公路行业精神文化建设的举措和成效

为了使行业精神文化内化于心、外化于行,甘肃省高管局在"甘肃高速"在线网站上开设行业精神文化建设专栏专题,举办"创先争优看典型""职业道德讲堂""核心价值观网上论坛"等活动。并通过手机短信群发、短信创作竞赛、开设微博、《中国高速公路·甘肃高速》杂志专栏等形式,引导甘肃高速公路行业精神文化建设向纵深发展。同时,紧密结合甘肃文化特色和高速行业特点,将行业精神文化建设与高速公路发展相结合、继承传统与创新发展相结合,通过组织主题学习、座谈交流、知识竞赛、专题讲座、岗位练兵等一系列学习教育活动,积极培育广大干部职工诚信友善、拼搏进取、精细务实、快乐充实的高尚情操。深化基层文化长廊、趣味班组、礼仪岗亭等小型多样的行业文化示范点建设。作为行业精神文化的延伸和发展,2014年,甘肃省高速公路管理局以大力开展"整风肃纪、创优提质"活动为契机,在全系统又掀起了提升文明优质服务的新热潮,一名名"微笑之星""微笑之花""微笑大使"、一个个旅游服务型收费站以及一批批扎根基层的服务品牌在甘肃高速中落地生根、茁壮成长,于耳濡目染中影响着甘肃高速人的责任感和使命感。

在行业精神文化的推进过程中,甘肃高速逐渐形成一批具有当地文化特色的服务品牌。以"微笑在宝天,满意在高速"为代表的陇东南地区文明优质服务让微笑在陇原高速上美丽绽放;以"南梁红,高速情"为代表的红色服务品牌让"坚定信念、勇于探索、一往无前、实事求是、无私奉献"的红色精神在甘肃高速上延伸;以"黑戈壁,红柳园"为代表的河西片区服务品牌,更让"艰苦奋斗、勇于创新、不畏风险、默默奉献"的交通精神在茫茫戈壁上得到继承发扬。面对枯燥机械的平凡工作和艰苦单调的工作环境,全系统干部职工并没有退缩,工作得更充实更乐观,生活得更快乐也更幸福。"认真、自信、实在"的行业精神文化力量,在潜移默化之中影响着甘肃高速人的归属感和自豪感,让他们在服务社会中寻找到人生价值,在宽容互助中享受人生,在以人为师中提升素质,在"比学创"中搭起事业发展的平台,成为甘肃高速行业精神文化的"代言人",真正使品牌形成文化,用文化诠释品牌。

第十章
甘肃省高速公路建设的特点和经验教训

第一节 甘肃省高速公路建设的特点

一、地形地貌

甘肃省地处青藏高原的东北边缘,西边有塔克拉玛干沙漠、库姆塔格沙漠和占尔班通古特沙漠,北部有巴丹吉林沙漠和腾格里沙漠。地形具有南北扁平、东西狭长的特征。全省地域狭长,地势呈"西南高、东北低"地貌特点。甘肃地貌复杂多样,山地、高原、平川、河谷、沙漠、戈壁,类型齐全,交错分布,地势自西南向东北倾斜。河西地区戈壁沙漠,陇东地区又是老黄土地质,定西地区属于湿陷性黄土,天水陇南多为石质高山。

高速公路作为穿越不同地貌单元的线状人工构造物,其建设和发展受地貌的制约和影响较大。因为地形地貌的不同,对于高速公路建设提出的要求也不同,尤其是设计阶段,要针对不同的地形地貌做出最合理的设计思路,对路线的规划、选线、造价、行车的舒适与安全、与环境的协调及施工、养护都具有极为重要的影响。尤其是地勘工作要加强深度及频率,尽量避免类似于黄土地区由于地勘深度不够造成工程开工之后大量的设计变更出现。根据影响公路的地貌几何要素,甘肃省分可为河西走廊平原区、黄土高原丘陵区、北山中低山区、陇山(六盘山)山地、陇南中低山区、甘南高原区、祁连—阿尔金高山区七个大的地貌单元。在不同的地貌单元中所建设的高速公路也各不相同,例如:

十天高速公路地处中国大陆二级阶梯向三级阶梯的过渡地带,位于秦巴山区、青藏高原、黄土高原三大地形交汇区域,西向青藏高原北侧边缘过渡,北接陇中黄土高原,东与西秦岭和汉中盆地相连,南邻四川盆地;整个地形西北高东南低。西秦岭和岷山两大山系分别从东西两方伸入全境,境内形成了崇山峻岭与河谷盆地相间的复杂地形。

雷西高速公路位于陕甘宁构造盆地之南部,处于东西向构造带、祁吕贺兰山字形构造体系、新华夏构造体系的复合部位。东西向构造带是本区的基础构造,其他构造体系均先后发生较晚,它们之间的各自构造形迹,共同构成本区地质构造的格架。项目处于稳定的鄂尔多斯地块,各构造体系的构造形迹表现比较微弱,地质构造不甚发育,对本路段的路基及构造物基本无影响。沿线地表层多为黄土覆盖,基岩零星出露,风化比较严重,主要不良工程地质有采空区(窑洞)、滑坡、崩塌、湿陷性黄土、黄土陷穴等。

临夏至合作高速公路,是省会兰州通往临夏、甘南及四川阿坝等少数民族自治州的重要通道,其在国家及甘肃省干线公路网中具有重要战略地位。作为甘肃省甘南藏区的首条高速公路,途经地区为大夏河沿岸的峡谷地带,人均耕地稀缺,沿线村镇密集,地域情况复杂,宗教氛围浓郁,它的实施具有一定政治意义和深远的历史意义。该项目的建设,进一步加强了西北、西南和对外的沟通与交流,对完善甘肃省高速公路网体系、促进沿线经济发展、应对自然灾害及突发事件、加强民族团结、发展旅游业等均具有十分重要的意义。

平定高速公路全线处于水土流失严重、地质灾害频发的黄土高原地区,横穿六盘山脉,经过地区大多为黄土沟壑、峁梁、丘陵以及地下黄土溶洞纵横交错的地带,沿线有泾河、响河、祖河、厉河等河流穿过,地理复杂、气候多变,雨水对黄土的侵蚀非常严重,而黄土湿陷会引起路基地基沉陷、边坡坍塌。

武罐高速公路总体线位沿阴平古道布设,工程质量要求高,技术难度大,施工条件艰险,安全控制任务重,点多线长面广,桥隧密集。全线有桥梁122座,隧道46座,互通立交7处,桥隧比例达69%;洛塘至余家湾段桥隧比例高达93%,质量标准高,全线有特大桥12座,最长桥梁5.3km,特长隧道3座,最长隧道9km;尤其是洛塘河双层高架桥由于河道弯曲、地形狭窄、坡岸陡峻顺河布设,左右双线上下层并行。

营盘水至双塔高速公路是甘肃省首条在沙漠地带修建的高速公路。

二、融资特点

"十二五"之前,甘肃省建设的高速公路都是国家投资+银行贷款的融资模式,融资体制主体单一,政府承担了主要的投融资责任,公路建设资金来源于中央政府的转移支付、地方政府出面获取政策性和商业性贷款以及依靠政府信用举借的外债等。这种单一化的项目主体投资,资金结构简单,资金筹措渠道狭窄,在一定程度上制约了甘肃高速公路建设的规模及速度,使得"十二五"以前甘肃省高速公路投资相对比较缓慢,年平均投资也不过100亿元左右。

2011年,为构建甘肃省相对完备的立体交通运输体系,也为实现甘肃旅游由资源大省向产业强省的转变,甘肃省高速公路建设规模不断加大,投资增速迅速加快。为了适应建设规模的需要,结合甘肃省情,甘肃省创造性地将公路、航空、旅游等相关联产业统筹架构,集群共进,提出了"公路促民航、交通带旅游"发展理念并付诸实施,组建了省公航旅集团,提出了融资新概念,构建和完善了"交通政府平台融资、公航旅集团融资、交建集团融资、地方交通实体融资、社会资本融资"的五轮驱动融资体制。2014年,仅省公航旅集团就完成融资508亿元。

"十三五"初,中央提出国企混改及供给侧改革等一系列重要政策,PPP、BOT等多种工程建设模式在甘肃省交通建设中落地,促使了融资体制多元化。2015年,甘肃省以收费公路为主要领域积极推广PPP项目模式,先后将9个项目纳入财政部PPP项目综合管理信息平台,6个项目纳入甘肃省发展改革委PPP项目库,16个项目纳入甘肃省财政厅PPP项目综合管理信息平台,其中两(当)徽(县)高速公路被财政部列入第二批全国PPP示范项目。

"十三五"以来,甘肃采取多渠道投融资方式,积极扩大投融资方式,吸引社会资本进入交通领域,先后有中国交建、中国建筑、中国铁建、中国电建、华邦控股等社会资本进入甘肃交通领域,参与高速公路建设。同时,根据国家"一带一路"倡议的要求,积极寻求新的建设投融资渠道,设立了"甘肃丝绸之路交通发展基金""甘肃交通投资基金""甘肃公路发展基金"和"甘肃省交通产业投资基金"四支交通类基金,使得甘肃省高速公路建设投融资渠道社会化、多元化、普遍化。

三、建设特点

1. 规范管理,推进施工标准化

一是落实标准化管理制度。结合项目建设的实际情况,严格落实《甘肃省高速公路施工标准化管理指南》,全面实现"三个集中"工厂化建设目标,即"混凝土集中拌和、混凝土构件集中预制、钢筋集中加工",使部分影响质量的因素在源头上得到有效控制。严格执行"三项准入",即严格进场人员、施工设备、施工原材料准入。人员管理方面,按照合同要求,对进场施工监理人员资格进行了审查,对进场人员、设备实施动态管理,采取现场点名考勤和随机抽查结合的方式对人员的出勤、机械设备的到位情况进行考核,确保设备、人员到位率和稳定率;施工设备管理方面,按照标准化管理细则的要求,落实了隧道施工、桩基施工、钢筋加工等关键设备,并通过业主代表按施工阶段对其使用情况进行跟踪核查;原材料管控方面,对地材质量控制上在对沿线料场调查、掌握料源质量的基础上进行招标,同时委托中心试验室对进场材料高频抽检,对不合格的坚决清除出场。在钢材、水泥、沥青等材料的选用上,通过中心实验室对各厂商的产品进行了严格的分组试验,并结合交通运输部全国抽查的情况,建立信誉台账,确保进场材料合格。

二是推行标准化施工工艺。结合全国和甘肃省高速公路建设的一些成熟做法和成功经验,进一步细化和推行标准化施工工艺。具体施工中,对钢筋加工采用数控设备,在桩基施工中,全面采用滚焊机进行钢筋笼加工;梁板骨架钢筋采用定位模架和高强砂浆垫块,提高了钢筋间距、保护层厚度等合格率;在梁板预应力施工中,推行梳编穿束、智能张拉、真空辅助压浆等工艺;在隧道工程中,引进推广多臂凿岩台车、湿喷机等新设备。

三是积极发挥"首件认可"和"样板引路"的作用。在各项分部工程开工前召开技术研讨会,组织施工和监理单位的技术人员对施工方法和工艺进行探讨研究,认真分析影响工程质量、安全、进度的管理薄弱环节,确定便于保证质量的施工方法,并适时召开全线的观摩会,组织所有单位进行参观学习。

四是提升试验检测质量水平。编制下发《项目试验检测管理办法》,对各级试验室的职责进行明确,对中心试验室的抽检频率、工作流程、不合格材料处理程序和时限等均做了明确规定;加强了中心试验室对原材料的抽检,抽检试验不再按时间进行,全部改为量化指标和时限性要求;推行三级试验室盲样互检和比对试验,盲样由业主代表亲自采集编号,送至两家以上的试验室进行试验,以此监控各级试验室的工作质量。

五是以信息化手段把控项目质量。在施工管理中,通过完善项目信息化管理系统,搭建综合信息管理平台,实现各类管理信息的动态收集、实时发布、实时监控和实时统计;不断提升信息化管理手段,如在混凝土拌和站全部安装了"黑匣子",完整记录拌和参数,形成质量追溯;在压路机上安装GPS定位系统,监控碾压轨迹、遍数,确保压实质量。

2. 加强过程控制,推进现场控制精细化

一是加强对质量通病的防控和治理。在总结建设经验的基础上,归纳易发生质量通病的部位,对施工中易出现问题的表现形式、危害、防控措施和质量管理重点环节进行了详细的阐述和规定,成为在质量管理中的重要执行依据。在路基土石方工程施工中,根据湿陷性黄土地区路基填筑的特点,明确规定了填筑工艺和辅助的检测手段,要求每个工作面必须配置振动羊足碾,采取羊足碾振动压实、平碾振动收光的方式进行分层碾压。在桥梁工程施工中,明确要求在吊装和进入下道工序前由中心试验室对混凝土的强度进行100%的回弹;在隧道工程施工中,重点加强了对开挖断面、初支厚度、拱架间距、二衬厚度、防排水等工程的质量控制;在对质量通病易发生的仰拱施工时,要求使用满足设计的弧形钢模及中心水沟定型模板。

二是强化对"三背"、边坡施工质量控制。对所有桥台、涵台、挡土墙"三背"及填挖结合部进行统计排查并建立台账和档案。墙背回填每100m建立档案,由现场技术员、现场监理、业主代表三方联合签订责任卡,对"三背"、填挖结合部、个别工作面狭小的填方边角全部采用高速液压夯实机按照每填高1.5m进行补强夯实。另外,所有填方边坡表层均采用高速液压振动夯进行夯实处治,保证坡面密实。

三是推行"优质优价"管理措施。在十天高速公路建设项目中,率先在甘肃省推行了工程质量优质优价管理。在招标文件中即明确规定合同价的1.5%为优质优价奖罚基金,项目办根据《优质优价奖罚管理办法》,每季度末由项目办组织各监理单位对各合同段本季度检查情况进行量化打分,以工程质量为主,综合考虑标准化建设、工程进度、安全生产和文明施工、环保、水保、内业资料、人员设备等方面,按评比结果给予最高100万元的奖励或处罚。此外为充分调动现场监理人员、现场施工技术人员的工作积极性,对他们进行相应的奖励或处罚。"优质优价"管理措施的推行,激发了参建单位和管理人员的积极性,一定程度上提升了工程质量。

3. 重视环境保护

一是依法、规范征用建设用地。要求施工单位做到依法、规范、合理地使用建设用地,合理规划取料场位置,杜绝对当地基本农田等进行随意乱采、乱挖、乱取,保护农村耕地和生态环境。二是坚持尽量"避开城镇、避开村庄、避开农田"的设计原则。对项目路线走向进行了长期的实地调查,优选了合理、科学的设计方案,既降低了投资成本,也严格控制了工程建设用地。三是在项目设计和施工过程中,坚持以"不破坏就是最大的保护"为理念。设计中尽量避免高填深挖,减少对原有地形和生态环境的破坏,施工中严格坚守公路红线,不容许施工单位随意在红线之外作业和停放车辆,保护公路沿线植被。隧道施工中按照"早进洞、晚出洞"的原则,避免了洞口段侧坡及仰坡的大挖大刷,维护了原有的生态地貌等,坚持把环保工作从每一个细节抓起。四是在路基工程即将完工之际,及时监督施工单位对取料坑和临时占用耕地进行恢复。保持了原有地貌耕地的完整,对桥梁、涵洞进出口、导流堤开挖、防护、河道、水渠、农道堆积的砂石料等及时进行了清理,保护高速公路沿线的生态环境。通过一系列积极措施,在环保方面始终做到了最大限度的保护、最小限度的破坏、最高标准的恢复,为项目最终建成"生态路"奠定了基础。

4. 实行文明施工

按照文明施工管理指南规定,从以下方面抓好文明施工:一是督促各单位认真推行现代工程管理,科学组织施工,做好施工现场各项管理工作。按程序办事,按工艺标准施工,标准化作业,规范化操作。二是要求各单位起终点设置鲜明标牌,施工场地统一规划布置,大宗材料、成品、半成品和机具设备的堆放,严格禁止侵占道路及安全防护设施。施工材料堆放整齐,场区内管线布置整齐、清洁。三是加强施工现场管理工作,做到工完料净场地清,施工机械设备按规行驶,摆放整齐,按时检修,并要求施工机械操作人员必须持证上岗,禁止无证人员操作。四是加强了施工区域及生活区域环境卫生检查、消毒工作,建立和完善有关规章制度,落实责任制,创建良好环境,并设置足够的临时卫生设施,及时做到清扫、消毒处理;认真做好施工生产和生活废水处理和排放,杜绝随意污流现象。五是做好施工便道及通车路段安全、指示、警告等标牌的设置设立及整修、洒水养护,确保施工安全,文明生产。六是尊重当地民风民俗,遵守地方法规,充分发挥优良传统,积极帮助地方群众,搞好与当地政府、邻近居民的关系,创造良好的施工外部环境。

5. 加强文化建设

以工地标准化建设为契机,项目办及各参建单位在驻地建设中,努力完善绿化、美化工程,住宿与办公实现分区建设、分区管理,标准化的办公室、试验室、会议室、资料室等,为标准化管理提供了保障。工地食堂、职工宿舍、完善的运动场所和医务室等，为职工提供了良好的生活保障。同时，对工地一线劳务人员的驻地也同样按照项目部的标准进行规划建设，为一线操作人员提供了良好的生活和工作条件。项目办、各项目部通过各种形式的文体、文娱活动，不断增强参建职工的凝聚力、战斗力，为推动项目建设有序进行起到了很好的作用。

6. 重视农民工管理

为规范农民工管理，保障农民工的合法权益，在项目建设过程中，相关部门随时深入施工一线，对现场劳务人员工资发放情况进行调查、摸底，对调查发现拖欠劳务费用等现象的项目经理部，督促其限期补发，每逢节假日期间，协调、督促各施工单位及时发放劳务工资及费用，保障农民工合法权益。同时，为保障农民工通过劳动获得报酬的权益，将各单位每月计量价款按适当的比例进行暂扣作为农民工工资保证金，待农民工工资全部发放完成后，在下期计量申请时，将农民工签认的农民工工资发放表作为附件提出农民工工资保证金申请，经项目办随机调查落实后连同计量一并支付，杜绝拖欠农民工工资行为，保障了农民工工资的正常发放。

7. 强化人员教育及管理

高度重视发挥党支部在项目管理中的政治核心作用和在项目建设中的保证监督作用，不断健全基层党、团组织，通过调动全体党员干部的积极性，激发爱岗敬业和自觉奉献的职业精神，保证各项政策制度的有效落实，确保项目建设任务的顺利完成。在日常管理中，注重加强对各级人员的思想教育、职业道德教育和法治教育，及时宣传项目建设的有关法规政策，定期向参建单位传达交通运输部及省交通运输厅等各级部门的重要决策和部署安排，通过思想教育、政策教育和形势教育，努力促使各级管理人员提高思想认识和大局意识，激发调动广大建设人员的工作责任心和工作热情，确保项目建设管理的良好运行。

四、监管特点

甘肃省公路建设全面推行招投标制度，按照国家规定，对符合程序的建设项目进行市场公开招标。在公路建设中实行"政府监督、法人管理、社会监理、企业自检"四级质量保证体系，"分级管理、责任到人"，由省质监局代表政府进行监督，建设单位从事专业的建设管理，引进社会监理公司进行质量全程监督，施工企业履行自检义务，并承担质量责任终身制。同时，对公路建设从业单位实行信誉评价制度，推行黑名单制。

五、文化特色

高速公路作为交通出行的重要基础，在以往的公路建设中只强调工程质量，控制工程造价,狠抓工程进度,无形中忽略了公路作为一种产品的属性。随着人民生活水平的日益提高,单纯的通行不能满足驾驶者的需要,驾驶者更需要安全、舒适的驾驶环境,因此公路环境特色与人文特色就要在公路建设中体现出来。甘肃省在十天、临合、临渭、永古、兰永等公路项目实施过程中,坚持可持续发展理念,以"最小限度的破坏、最大限度的保护、最强力度的恢复"为原则,不乱砍一棵树、不乱挖一方土,不乱占一寸地,切实增强环保意识,遵守乡规民约,尊重当地民俗,文明、规范、科学施工,将工程建设与自然环境有机融合为一体;结合高速公路建设沿线人文景观,在附属设施中进行展示,以增添高速公路的文化内涵。以十天路为例,在沿线超过200m长度的声屏障上设置了颇具甘肃特色的敦煌飞天、马踏飞燕、九曲黄河、驼队、麦积山、月牙泉等喷绘;还在沿线5处挖方段设置了交通宣传标语,如"关心交通、理解交通、支持交通、发展交通"等;在路基两侧设置26块浓缩甘肃各区域精品文化和旅游名片的"绚丽甘肃"的景观展示牌,以此营造出"人文高速,生态高速"的建设理念。

第二节 甘肃省高速公路建设的经验教训

一、问题和不足

甘肃省在近30年的高速公路建设管理中,取得了很大成就,但认真总结,回顾反思,也存在一些问题和不足,留下了深刻的教训,主要表现在以下几点:

1. 高速公路建设资金短缺问题突出

当前,高速公路建设项目较为集中,资金供求原本紧张,在物价上涨压力较大、货币政策持续收紧的背景下,高速公路建设面临资金缺口加大、融资困难等诸多制约,特别是省级高速公路,没有国家资本金注入、银行贷款困难,资金压力巨大。

2. 高速公路建设刚性约束因素增多

面对严守生态保护红线、环境质量底线、资源利用上线的要求,高速公路建设刚性约束越来越强,项目实施制约因素增多,工程建设推进难度加大。随着集体林地和农村土地确权改革的推进,涉及基本农田用地审批、交通基础设施建设征迁难度和成本进一步加大。

3. 高速公路项目建设管理存在薄弱环节

部分高速公路建设项目前期工作水平不高,风险分析和形势预判考虑不周,工可设计研究深度不够,施工管理方式粗放、管理模式单一,征地拆迁推进困难,质量控制手段不强,各类质量和技术问题频发。少数项目推进缓慢,安全生产基础还需不断增强等,与建设品质工程和人民满意交通的要求还有差距。

4. 项目工程质量管理中存在的问题

一是勘察设计部门勘察布点和勘察深度不够,对沿线复杂的水文地质情况调查不准确,也未能充分和深入地进行地质研究和周密地设计考虑,导致设计变更大,投资增加大。二是对勘察设计和设计工作未进行认真总结,未充分汲取过往勘察设计中的经验教训。三是工程质量的不均衡现象比较突出。不同的建设项目之间,一个项目中的不同标段之间,一个标段内不同的分项工程之间,都存在较明显的差别。四是一些质量通病未得到解决。如桥头跳车问题,路面的车辙、裂缝,高边坡的稳定性问题,构造物的质量不均衡问题,防排水系统不完善,以及防排水设施等附属工程早损破坏造成的质量问题和缺陷时有发生,造成了一些不利的社会影响,也影响了工程形象和自身形象。

二、经验和措施

1. 优化高速公路政策环境

提请省政府印发实施《甘肃省高速公路网规划》《甘肃省高速公路网规划(2009年调整)》《甘肃省省道网规划(2013—2030年)》等规划,为高速公路科学有序建设提供了政策保障和基础依据。出台《支持甘肃省公路建设的若干意见》,明确了高速公路、普通国省干线、农村公路和瓶颈路、接头路等重点建设任务,为加快公路建设指明了努力方向;针对公路建设前期工作滞后问题,提出改革公路项目前期工作审批制度,建立多部门分工负责、并联审批的工作机制,简化审批程序,下放审批权限;提出科学划分省、市、县三级政府和交通运输主管部门建设投资公路的事权,充分发挥市场机制的决定性作用,构建全方位、多元化、多层次的融资体系;提出加大地方财政资金支持力度,减免相关税费,明确地方政府征地拆迁的责任,为公路项目提供良好的建设环境;明确建立加快公路建设的组织保障机制,落实工作责任,强化目标责任考核,高效推进公路建设。

2. 狠抓项目前期工作,严把勘察设计质量关

勘察设计是公路工程建设的前提,是工程管理的龙头,是工程质量的基础,没有高质量的勘察设计,就不会有优质工程。因此,重视公路工程勘察设计中的质量管理,严把设计质量关,完善设计过程,贯彻先进设计理念、优化设计方案。建立设计调度会制度,保证勘察设计的进度与质量。在建设中为了加强各单位之间的相互配合和协调,便于勘察设计中的质量管理,建立了"设计调度会议制度",通过定期和不定期的召开调度会的方式进行勘察设计质量管理。一是建设单位能够全面了解和掌握勘察设计各标段设计进展情况,对存在的需要建设单位协调解决的问题,做好服务保障工作;二是可以使各单位之间相互进行技术交流、达到资源共享;三是能够起到统一设计思路的作用,避免其他设计和

主体工程设计脱节;四是有效地控制了合理的设计周期;五是可以有效地发现存在的问题,并及时予以纠正。通过设计调度会方式进行勘察设计质量管理,有效地协调解决了包括环保、水保、省界接线、专家咨询意见的贯彻落实等方面的诸多问题,收到了良好的效果。

3. 坚持公开、公正、公平的招投标程序,严格选择设计、施工和监理队伍

在加快公路建设的热潮中,严格按照基建程序与制度办事。对项目建设管理中坚持实行招标制度,同时严格审核合同,对合同的有关条款进行与时俱进的增补,使得合同更具有履约性、约束性,对合同双方的责任与义务更加细化而明确,从而保证了在工程建设全过程中,用合同制度进行管理的顺利实施。

4. 树立新型质量观,把质量意识贯穿到工程建设项目管理的全过程

随着社会文明的进步和人民生活水平的不断提高,工程质量已成为人类创造文明财富、保护生态环境、推进科技创新、体现人文景观成果的综合反映。要提升质量意识,要以人为本,使建设项目的实施与生态环境相协调,体现人工结构物的建筑艺术美,高度重视景观、线形以及每个局部、细节的技术处理,使其自然和谐。坚持全新的质量意识,增强抓好工程项目建设质量的使命感和责任感,坚持质量第一的方针,把工程质量作为项目管理的中心环节,抓项目、抓工程,必须先抓质量。

5. 强化工程质量安全管理

全面推行现代化工程管理,建立健全质量监督机构,严格实行工程建设全过程控制,重点公路工程实施联合监督,着力加强重点行业、重点时段、重要场所的安全监管,针对薄弱环节,开展专项治理,强化路政巡查和治超工作,坚决有效遏制重特大安全事故。

6. 强化监督考核

各交通建设主管单位负责管辖范围内交通建设项目的监督工作,定期或不定期对各地交通基础设施项目实施情况进行专项和综合性监督检查,制定详细的项目清单,按项目逐个验收,确保建设项目优质、足量、按期和廉洁地交付使用。

7. 坚持以科技进步为主导,大力开发推广和应用新技术、新材料、新工艺、新成果

交通基础设施建设质量的提高必须走技术创新的路子,同时充分利用信息技术、网络技术,提高工程管理水平,严格概预算和工程变更设计管理。

8. 提升高速公路运营服务水平

开展了"微笑大使""微笑之花"优秀班组争创活动,打造"丝路春雨""金苹果"等服务品牌。搭建了高速公路公众出行服务平台,与省人民医院联合组建的"高速医联体"已在兰州北、定西等高速公路服务区投入试运行。在兰州北服务区引进进口食品免税店,建

成首座服务区汽车充电站,礼县、武威两个高速公路服务区跻身"全国百佳示范服务区"行列。

9.加强高速公路养护管理

启动公路养护管理改革试点,高速公路招标养护、普通干线专业化养护和农村公路社会化养护试点已全面展开,为促进公路网良性运行,增强服务能力提供了有力保障。

10.强化对外沟通联系

针对旧路改建段存在的施工安全压力大问题,积极与高速交警联系并建立共管保安全机制,对车辆通行路线改移方案、各类警示、警告、导向、提醒、预告等交通标志进行了完善、补充,并由高速交警实行现场疏导、指挥,确保了旧路改建段施工、通行安全,也为工程顺利实施确保质量提供了保障。

第十一章
甘肃省高速公路建设对地方经济社会发展的影响

第一节 高速公路建设对甘肃道路运输发展带来的变革和影响

汽车的诞生,引导着公路的出现和发展历程;公路的价值,最直接的是通过来来往往的汽车来体现。道路运输是国民经济的基础性行业,道路运输意味着车流、人流、物流、信息流,也意味着大沟通、大交流、大开放、大发展,在经济社会发展中发挥了不可取代的作用。道路运输业的快速发展,促进了公路建设的不断加快;公路建设高潮的到来,特别是高速公路建设的不断加快,不仅给人们的经济生活及日常出行方式带来了深刻的影响,促进了经济繁荣与社会发展,同时,又将道路运输推向了一个高速发展的新时期。从1994年第一条高速公路建成运营以来,历经20余年,全省高速公路营运里程从最初的13.15km发展到2017年的4014km,为道路运输业发展带来了重大机遇,发展思路、服务能力、发展模式、经营结构等都发生重大调整,以高速公路为主要通道的甘肃道路运输服务保障体系逐步形成并完善。

一、服务保障能力稳步提升

1994年,是甘肃省公路史上转折性的一年,13.15km的天北高速公路通车,意味着零的突破。1998年,是甘肃公路史上划时代的一年,超过20亿元的公路建设投资成为年度全省的十大新闻之一,掀开了交通大建设的新纪元。特别是,进入"十一五"以来,随着公路建设"会战东部"战略的实施,甘肃公路由少到多,由线成网,由普及到提高,发生了巨大的变化。截至2017年底,全省公路通车里程达到14.3万km,公路密度达到33.4km/100km^2,路网整体水平明显提高,运输条件得到极大改善。干线公路建设逐步形成了以主骨架公路和次骨架公路两个层次构成的干线公路网,高速公路通车总里程达到了4014km,甘、青、宁三省(区)省会之间实现了高速公路连接,省会兰州的6个出口全部实现了高速化,14个市(州)政府驻地全部以高速公路贯通,县通高速公路达到55个,连霍、京藏、青兰、十天等国家高速公路在甘肃境内全线贯通,高速公路服务体系的形成,为全省道路运输行业的持续发展奠定了基础条件。

上世纪90年代,全省道路运输业致力于"人便于行、货畅其流"目标,着力解决"乘车难、运货难"问题,初步取得了成效。截至1994年底,全省营运车辆达到5.1万辆,年度完成客运量8061万人,货运量5142万t,从业人员达到15万人,有效缩短了客货在途时间,运输服务速度不断提升,但与全省经济社会发展需要和人民群众便捷出行需求相比仍显滞后。进入"九五"以后,全省公路建设的逐步加快,公路路网的优化和高等级公路网的逐步形成,进一步缩短了时空距离,扩大了道路运输服务网络覆盖面,对组织实施高速、舒适的新型运输方式,广泛运用先进的现代化运输装备,实现安全、快速、便捷、优质的服务创造了基本条件,也进一步引发了全省道路运输业的产业革命。道路运输生产能力的不断提高和服务意识的持续增强,为全省人民群众出行、物资流通提供了便利的条件,缓解了道路运输业对国民经济发展的"瓶颈"制约作用。全省道路运输经济发展平稳有序,运输量保持快速稳步增长,为全面实现甘肃省经济发展的战略目标发挥了基础先导作用。在"十五"至"十一五"期间,保持6%~8%的增长速度,"十二五"期间超过10%,一度达到两位数增长速度,道路运输经济发展实现了提质增效,适应了新常态,在综合运输体系中起到了举足轻重的作用。到2017年底,全省营业性客货运车辆达到了32.54万辆,完成客运量3.8亿人、旅客周转量247.8亿人km,货运量6.0亿t、货物周转量1048.9亿t·km,从业人员达到64.18万人,与1994年相比,分别增长了6.8、4.6、10.2、4倍。全省道路运输顺利完成春运、五一、十一等重大节假日和"兰洽会""兰州马拉松""国际卡车集结赛"等重大集会道路运输保障任务。

同时,着力提升综合服务保障能力,积极承担服务保障任务。2004年有效应对了"非典"、禽流感疫情,2005年先后解决了兰州市榆中县蔬菜外运困难、平凉市电煤运输紧张等问题,2007年积极应对冰雪天气、完成极端天气下的道路运输服务工作。2008年5·12汶川地震灾害发生后,全省道路运输行业立即启动《甘肃省道路运输行业地震运输应急预案》,3d内全省共落实应急客运车辆460辆1.66万个座位、应急货运车辆349辆2320个吨位,开通了兰州—合作—川主寺—九寨沟(松潘、汶川)、兰州—临洮—武都—九寨沟、兰州—天水—两当—凤县(汉中)3条运输通道,并在通道沿线部署了1.28万辆客货救灾储备运力、设立了46个维修救援站点,地震期间先后输送救灾人员及受灾人员1.5万余人,救灾物资43万余吨,无一发生滞留或安全事故,实现了客运不停班,货运不停运。同时,圆满完成了赴四川九寨沟、汶川和松潘县3次运输救援任务,出动客车70辆350个班次、货车35辆,转运四川灾区群众1600余人,运送援川物资236t,顺利完成省抗震救灾总指挥部下达的6万套活动板房运输任务,得到交通运输部党组和四川省灾区政府及人民群众的高度赞扬。全力做好2008北京奥运火炬省内传递转场物资运输车辆维修保障工作,组建40辆车的北京奥运志愿者通勤保障甘肃车队,圆满完成奥运赛会志愿者通勤保障任务。2010年,青海玉树发生地震灾害后,省运管局及时派出4支运输保障车队执行抗震救灾任务,其中3支运输保障车队分3批次赴玉树地震灾区执行抗震救灾任务,另1支运输保障车队负责执行从兰州中川机场向兰州各大医院转运灾区伤员和家属的任务。2010年舟曲特大山洪泥石流灾害发生后,全省储备抗洪抢险救灾应急客运运力506辆,货运运力850辆,先后转移灾区群众和抢险救灾人员4万余人次。2016年,全省道路运输行业科学安排运力储备,开展车辆安检综检,实行车辆电子围栏管理,安排运政人员进站服务,开展交通综合演练,派驻工作组进驻现场靠前调度,联合交警等部门联合监管运输市场,顺利完成了敦煌文博会道路运输保障任务。

二、基础设施条件日益改善

道路运输场站是交通运输网络的主要节点,公路网络的建设加速了交通运输的交汇和集疏,道路运输基础设施条件不断改善。在全省高速公路刚刚起步的1994年,全省等级汽车站只有22个公用型汽车站。"九五"期间,为提升服务水平、打通运输通道,全省改造建设客货运汽车站达到229个,并在公路干线沿线和货物集散地建成了12个货运中心、1705个货运服务网点,运输站场在省域范围空间布局的不断优化,成为进一步支持道路运输业转型发展的基础和依托。"十五"期间,积极深化站场投融资体制改革,开放站场建设市场,推行站运分离,探索经营权有偿转让,实施项目法人招投标,充分调动社会资金、民间资本和外资投资站场建设,全省道路运输基础设施面貌焕然一新。进入"十一五",加快建设"十大客运站"和"十大物流中心"项目,相继建设了兰州客运中心站、嘉峪关、定西、张掖、平凉客运中心站、白银汽车西站、西峰汽车南站、临夏汽车站和兰州物流中心、酒嘉、平凉、张掖、定西、武威、白银、天水等道路运输物流中心。同时,建设了以快速货运通道建设为重点的"十大快速货运集疏中心",在京藏(刘寨柯—海石湾)、连霍(天水—星星峡)、平庆定(庆阳—平凉—定西)3条高速公路的35个服务区,建设了货运集疏运输中心。进入"十二五",紧密结合国家公路网布局,建设了兰州、酒(泉)嘉(峪关)、张掖、天水、平凉5个国家级公路运输枢纽,相继建设了武威客运中心、酒泉公路客运站、敦煌旅游客运站、兰州汽车南站、兰州中川公路客运枢纽站、甘肃陇运旅游客运站、嘉峪关汽车站、天水汽车西站、麦积旅游客运站、张掖客运中心、平凉客运枢纽站、平凉快速客运站以及兰州定远物流园区、兰州货运西站、兰州货运北站、酒泉物流园区等客货运输枢纽,改造建设县级客货运站14个,稳步建设农村客运站点。截至2016年底,全省等级汽车站达到965个,其中,一级站27个,二级站44个,三级站66个,四级站93个,五级站735个。与1994年相比,客货运输站场的个数分别增长了15%和20%。同时,建设了826个乡镇汽车站,覆盖全省87%的乡镇和一批农村旅游景点,建设了1.14万个行政村停靠站,覆盖全省68%的建制村,实现了市(州)有一级汽车站,县(区)至少有一个二级汽车站、农村有客运站点的目标,基本形成了以国家级公路运输枢纽为中心,市、州区域性枢纽为依托,县、乡、村三级站场为基础的点线相连、辐射到面的道路运输基础设施网络。

三、发展战略定位不断提升

高速公路的建设,逐步推动了道路运输发展战略的提升。随着连霍高速公路等省内交通通道的逐步打通,全省道路运输行业紧盯经济社会发展大局,进一步拓宽发展思路,提升了服务保障能力。"九五"期间,道路运输行业确立了"围绕国民经济需求抓运输、运用市场运行规则管行业、以道路运输结构调整促发展"的发展思路,基本建立了以兰州为中心、以国省干线、高速公路为纽带,连接各市(州)、辐射外省(市、区)的快速客货运输网络,实现了重点干线在400~800km以内当日往返,800~1000km以内当日到达。同时,以大城市货源集散地为基础,重点发展了省级货运,开通了兰州至陕西、宁夏、青海、新疆、四川等省会城市间10条快速货运专线,在天水、酒泉、白银、临夏等几个货运基础较好的地区开通了快速货运专线和零担货运班线。截至2000年底,全省已开通客运班线3726条,营运里程达63.3万km。其中,跨省线路375条666个班次;跨区线路1095条2837个班次;区(县)内班线2256条9672个班次。快速客运已覆盖到全省14个市(州),并延伸到青海、宁夏、陕西等省会城市;乡镇通客车率达到96%,行政村通客车率达到85%。

"十五"期间,加快实施"一线一圈"战略,着力建设新丝绸之路甘肃段千里运输大通道和市、县、乡三级道路运输一小时经济圈,大力发展以航空式服务为主要特点的快速客运,发展以现代物流为主的快速货运,积极服务区域内及区域间商流、物流、人流、信息流的流动。同时,以农村公路为依托,建设了遍布城乡四通八达的全省农村客货运输网络,逐步实现了全省村到乡、乡到县、县到市1h内到达。截至2005年底,全省已开通客运班线3877条,营运里程达68万km。其中跨省线路412条760个班次,延伸到全国24个省(自治区、直辖市),货运遍布全国;跨区线路1089条2912个班次,全省14个市(州)政府驻地和72%的县(区)开通了快客班车;省内快件运输基本实现24h到达;全省乡镇通客车率达到98%,行政村通客车率达到87%。

"十一五"期间,积极实施"提速中部、东联西拓"发展战略。一是实施"中部地区提速发展",以兰州国家公路运输枢纽为中心,以省级枢纽白银、定西、临夏为依托,以兰州—临洮、兰州—定西、兰州—白银、兰州—武威、兰州—西宁、兰州—永靖、兰州—临夏7条快速运输线为通道,以临洮、榆中、皋兰、平川、靖远、永登、西固、红古、永靖、广河、和政11个县(区)为节点,建设以100km为半径的1h交通运输圈,加快圈内城乡客运网络建设,提升中部地区道路运输发展水平和产业化水平,推动了"农村通班车、县区通公交、城乡客运一体化"。同时,发挥中部地区承东启西作用,以天水到嘉峪关高等级公路为依托,发

第十一章
甘肃省高速公路建设对地方经济社会发展的影响

展高速快客、高速快货运输,建设千里陇原一日行运输线;发挥中部地区连南接北作用,以国道 109 为轴线,以兰州为主体,以西宁、银川为两翼,建设以一体两翼的快速客运旅游精品专线、城际物流配送专线,信息资源共享为特征的黄河上游甘青宁三角黄金运输区域。二是实施"东部地区联网发展",以国家级公路主枢纽天水为中心,以省级枢纽平凉、庆阳、陇南、甘南为依托,以兰州—牛背、兰州—雷家角、兰州—郎木寺、兰州—罐子沟、庆城—甜水堡、天水—平凉、天水—武都、岷县—合作 8 条快速运输线为通道,以陇西、武山、甘谷、会宁、静宁、泾川、庆城、环县、渭源、岷县、宕昌、罐子沟、秦安、庄浪、华亭、礼县、西和、成县、夏河、碌曲、郎木寺、玛曲、卓尼、临潭 24 个县(区)为节点,使甘肃运输东联陕西、南接四川,与国家中东部及西南地区经济相融。三是实施"西部地区拓展网络"战略,提升甘肃交通运输在全国的区域枢纽地位。以国家级公路主枢纽酒(泉)嘉(峪关)为中心,以省级枢纽张掖、金昌、武威为依托,以兰州—星星峡、安西—敦煌、酒泉—金塔、张掖—民乐、武威—景泰、武威—民勤 6 条快速运输线为通道,以天祝、古浪、永昌、山丹、临泽、高台、玉门、马鬃山、安西、敦煌、阿克塞、金塔、航天城、民乐、景泰、民勤 16 个县(区)为节点,使甘肃运输与新疆、青海、西藏、宁夏、内蒙古 5 省区相连,进一步提升甘肃省在西部地区的交通枢纽地位。同时,加强区域合作,先后建立了西部道路运输、黄河上游甘青宁三角黄金运输线和陕甘川三省十六市运输协作交流平台,启动了甘肃、新疆、内蒙古口岸运输协作、甘津鲁陆港运输协作,与上海市交通管理局签订了《新亚欧大陆桥东(沪)西(甘)道路运输合作框架性协议》和沪甘客运班线和货运专线开通、沪甘两地物流品牌企业交流 3 个备忘录。

"十二五"期间,全省道路运输实施"一圈两翼、圈层带动、两翼支撑、组团突出"发展战略。其中,"一圈两翼"是规划方略,即将甘肃道路运输划分为以兰州、白银为核心,以临夏、定西为外层的中部运输圈,以关中—天水经济区、平凉—庆阳经济区为核心,以陇南、甘南为外层的东翼;以酒泉、嘉峪关、张掖为核心,以武威、金昌为外层的西翼。"圈层带动"是战略突破口,即依托兰白经济圈和兰州国家公路运输枢纽建设,加快推进兰州、白银及周边城镇的运输一体化,发挥甘肃省中部运输圈层在全省乃至西北地区的枢纽辐射和带动作用。"两翼支撑"是战略重点,即依托天水、平凉国家公路运输枢纽建设,结合"关中—天水"经济区和陇东能源化工基地建设,进一步完善运输基础设施和服务网络,推进东翼地区道路运输发展;依托酒(泉)嘉(峪关)、张掖国家公路运输枢纽建设,结合河西新能源及新能源装备制造基地建设,建设河西走廊综合运输大通道,推进西翼地区道路运输发展。"组团突出"是战略目标,即通过整体提升甘肃道路运输服务质量和效率,基本建立运力充足、结构优化、运行高效、服务优质、安全环保的道路运输体系,使道路运输业成为甘肃国民经济支柱产业,在全国道路运输业中处于突出位置。

进入"十三五",全省道路运输实施"建运并举"战略,紧盯公路网络规划布局,按照省委、省政府交通战略方针整体安排,建设集道路的建设、养护、管理、运输为一体的交通产业链,实施客运通达、货运通畅、辅助业通万家工程,道路运输实现了装备上层次、经营上规模、管理上规范、服务上水平,逐步做活了市场、做强了企业、做大了产业。截至2016年底,全省开通客运班线5531条,营运里程达86万km。其中,跨省线路357条,延伸到全国19个省(市区);跨市(州)班线794条,快速客运覆盖全省所有县(市区);开通农村客运班线3621条,平均日发班次1.81万班次,全省乡镇通班车率达到99.84%,建制村通班车率达到90.85%。

四、信息建设顺势而为

大力实施"科技兴运"战略,努力改造传统产业,规范数据采集,加强信息交换,推进资源整合。"十五"至"十一五"期间,全省完成了道路运输智能信息系统、交通信息资源整合、快速货运通道、道路运输IC卡智能管理系统、道路运输投诉中心和道路运输指挥中心项目建设;建成县区级道路运输信息站52个、企业信息站20个、GPS监控分中心130个、市州交通局信息化项目12个;对35户二级以上客运站、13家物流园区、18家货运站、43所驾驶员培训学校、24户汽车检测站进行了信息化改造和联网;在信息化推广上,通过办公自动化、运政管理信息、视频会议系统的应用,实现了全省运管机构的网上办公、运政业务的网上受理、会议的远程召开,提升了行业管理水平。通过GPS监控、应急救援指挥、智能IC卡、客运信息、物流信息和驾校及检测站管理等系统的开发应用,实现了运输车辆和场站的实时监控及调度管理,逐步实现货运信息共享和客运联网售票,提升了行业监管能力。通过网站、96779综合语音服务系统等应用,实现了社会公众的网上投诉咨询、信息网上告知,提升了运输服务质量。"十二五"以来,相继建成了交通战备应急指挥、道路运输车辆动态监管、北斗物流云信息服务3个省级平台和"12328"交通服务监督热线、客运联网售票、客运包车信息管理、机动车驾驶计时计程、一二级维修企业联网监控5个省级系统,基本形成了以行业管理为重点、公众服务为导向的道路运输信息平台。截至2016年底,全省道路客运联网售票已覆盖全省14个市(州)和80个县(区),覆盖率达到93%,数据已与交通运输部对接,剩余的6个县也实现了网络平台售票的全覆盖;组建成立了省级交通一卡通公司,并在兰州、武威、平凉等市开展了试点;重点营运车辆联网联控数据传输稳定,入网率达到100%,上线率达到92.23%,重型载货汽车和牵引车入网率达到98.85%;道路运政管理系统、12328交通运输服务监督电话系统完成省互联互通。建设的道路运输公众服务平台,升级成为全省交通运输行业提供综合信息服务的公众平台,于2016年8月1日上线运行,初步实现了汽车站、维修场站、网售购票服务、路况路情等信息的共享。科技信息技术在道路运输和生产运营中不断普及,有力提升和改造了传统运输产业,促进了智慧交通发展。

五、行业结构调整逐步加快

全省交通运输网络的日益完善和经济社会的持续发展,不仅推动了道路运输行业服务能力的提升,同时也推动了产业的转型发展。道路运输是较早实行全面开放的行业之一,20世纪80年代改革初期,道路运输行业实行"国营、集体、个体一起上"的开放政策,掀起了社会各界投资道路运输业的高潮,使甘肃省道路运输生产力得到了较快发展,运力短缺、紧张、落后的局面有了明显改善。到90年代初,道路客货运输量超过铁路在综合运输体系中跃居第一,两个周转量分别超过全国平均水平,并保持13年不变。面对激烈的市场竞争,国有运输企业也从被动接受市场转向主动适应市场,在不同时期,分别采取了单车承包经营、放权让利等为主要内容的内部改革,"职工身份置换、产权置换"等以产权为核心的产权制度改革等措施,逐步适应了从计划经济体制向社会主义市场经济体制的转变,进一步加快了发展步伐。"九五"期间,金昌市以资产为纽带整合全市国有运输企业、民营企业、个体业户、客运站场,组建了资产近亿元、具备二级经营资质条件的飞龙集团;定西地区对全区运输企业联合重组,积极组建交通运输企业集团;张掖、酒泉两地5户中、小国有、民营运输企业积极筹建跨地区、跨所有制的西部运输集团。2000年甘肃陇运快客公司的成立,又掀起了企业调整运输组织方式的高潮,在其带动下,有12户地属运输企业投资于快速客运,快速客运已覆盖了全省大部分地市,在与铁路客运竞争中显示出一定的优势。特别是2002年以来,通过实施"国退民进、发展优先""小企业、大集团""抓两头、带中间"三大战略,加速了企业改革和结构调整步伐,使运输企业逐步走出了困境,焕发了新的生机和活力。到2003年底,全省运输企业整体实现扭亏为盈,实现利润1.9亿元。2007年底,全省国有86户客货道路运输企业全面完成改制,5000户客货经营业户完成了公司化改制,民营经济成分主导起了全省道路运输市场,形成了以东运、兰运集团为龙头,20家区域性运输企业为骨干,300家客货运输企业竞争发展的合理格局,运输企业逐步走出了困境,焕发了新的生机和活力。运输企业竞争实力的提升,为繁荣运输经济、推动行业发展起到了很好的主体引导作用。进入"十一五"以来,按照"跳出运输看运输、科学规划谋运输、脚踏实地干运输"的思路,进一步推进道路运输结构调整,大力发展快速客运、旅游客运等优势运输业务,树立了"陇运快客"等一批快速客运品牌,"甘肃交运旅游运输公司"等一批旅游客运品牌。促进传统货运向现代物流转型,培育了"宇臻物流""三和通物流"等一批现代物流企业,建成了"兰州陆上货运交易中心"等一批物流园区。大力发展辅助业,建立了张掖、平凉等集维修和汽配为一体的维修市场,庆阳等集教学和考试为一体的驾培市场,白银等集信息化、智能化为一体的检测市场,全省汽车综合检测站实现联网运行。"十二五"期间,紧盯市场形势变化,促进客运模式转型,试点开展了班线经营服务质量招投标,出台《客运班线经营服务质量招投标管理办法》,配合武都至罐子沟等高速公路建设运营,开通了兰州至天水等多条高速客运专线,调整旅游客车经营年限,支持组建了一批专业旅游公司。创新货运发展模式,建成武威金沙等综合物流园区,城市配送物流发展加快,东运集团甩挂运输试点通过交通运输部验收,陇南农村电商物流迈出先行一步。创新辅助业发展模式,加快机动车维修业资源整合,初步设立高速公路服务区维修救援点,鼓励和推行上门式维修服务,全省二级维护企业和检测站基本实现联网运行。截至2015年底,全省拥有经营资质的客货运输企业300户,其中,一级客货运企业3户,二级客货运企业9户,三级客货运企业29户,四级客货运企业64户,五级客货运企业91户。道路运输企业达2.97万户。

六、行业管理水平不断提高

1995年交通部下发了《关于加快培育和发展道路运输市场的若干意见》,1997年甘肃省第八届人民代表大会常务委员会第二十七次会议通过《甘肃省道路运输管理条例》,2004年国务院第四十八次常务会议通过《中华人民共和国道路运输条例》,2014年省十二届人大常委会第八次会议表决通过《甘肃省道路运输条例》,这为提升行业管理水平、规范道路运输经营提供了法律保障。一是在运政队伍建设上,完成了全省道路运输管理机构与交通主管部门的分设,进一步规范了市、县道路运输管理机构设置和名称。积极推行运政管理体制改革,甘南、定西、嘉峪关、临夏、庆阳等市(州)实行市州以下道路运输管理机构垂直管理,运政人员参照公务员管理。按照运政管理与执法监督相对分离的原则,建立了全省统一规范管理的三级运政执法队伍,实行成品油价格和税费改革,全省运政管理人员全部纳入燃油税转移支付供养范围。推进行政审批制度改革,实行客运资源信息发布制度和服务质量招投标制度,推行"阳光运政"工程,建立省市县"统一流程、运作规范、公正透明、一门受理、窗口服务"的运政大厅,实行集中受理和"一站式"办公,方便人民群众办事。二是在市场监管服务上,加强规划研究执行,实行油价运价联动机制,开展企业质量信誉考核,健全从业人员诚信档案,强化行业宣传引导,探索多部门联合整治工作模式。综合运用经济、法律和必要的行政手段,有效疏导了市场矛盾,维护了行业稳定,依照全省道路运输业发展统一规划,对运力投放、站场布局、维修企业网点等进行了有效调控,抑制了盲目增长,兰州、天水等市还对客运出租车经营权进行了改革。市场调控能力不断增强,企业主体责任不断落实,源头监管持续增强,"打非治违"等专项整治活动成为常态,道路运输公共场所视频监控系统初步建立,危货液体罐车全部安装紧急切断装置,重点营运车辆纳入联网动态监管。安全监管能力全面提升,安全生产形势稳定向好。完善应急预案体系,开展各类综合演练,实行24h值守制度,不断提升了道路运输行业应急处置能力。三是精神文明建设上,深入开展"双优一文明""三学一创建""双十佳文明驾驶员""创先争优""六十佳"竞赛等行业文明创建活动。加强行业人力资源建设,举办了全省汽车驾驶员技能大赛、汽车维修行业技能竞赛等职业技能竞赛活动。行业发展软实力明显增强,"十一五"期间,全行业共创建地厅级文明单位(集体)13个。省运管局于2006年被省委、省政府命名为"省级文明单位",2008年被全国总工会授予全国"五一"劳动奖状,2009年被国家人力资源和社会保障部、交通运输部授予"全国交通运输系统先进集体",2010年9月被交通运输部授予"全国交通运输文明行业",2010年12月被省委、省政府、省军区授予"舟曲抢险救灾先进集体"称号。"十二五"以来,先后涌现出"中华总工会工人先锋号"骋达刘家峡出租公司、"全国见义勇为司机"马俊麟等先进典型,全系统共有11个单位、10余人荣获国家和省部级荣誉表彰,省运管局被中央宣传部、司法部评为"2011—2015年全国法治宣传教育先进单位",被交通运输部评为"全国六五普法先进单位"。

第二节　高速公路建设带动了甘肃经济社会发展

1994年7月,甘肃省第一条高速公路天水至北道高速建成通车;2005年底,甘肃省高速公路通车里程达到1006km,成为全国第18个高速公路通车里程突破1000km的省份;2010年底,甘肃省高速公路通车里程达到2000km,在全国排名第20位,在西北五省区排名第2位;2017年底,全省高速公路通车里程达到4014km。甘肃省高速公路发展走过了20多年,漫步陇东,回望河西,一条条宽阔平坦的高速公路,西出阳关,东联内地,纵横联网,尽显风姿。高速公路使甘肃与内地、沿海的时空距离日益缩短,使甘肃的投资环境日益改善,竞争实力不断提升,以往贫瘠的土地如今正在变成投资的热土,从前偏远的乡村挣脱了封闭的桎梏。

一、高速公路对交通运输业发展的促进作用

高速公路的规划和建设,极大地提高了公路交通运输能力。30年前,甘肃的大部分路是沙石路,能铺上柏油就非常不错了,100多公里的路汽车要跑大半天。高速公路的建成通车,在大大增加公路平均运输距离的同时,节省了运输时间,降低了运输成本,增强了综合运输通道的运力和运量,与其他运输方式形成互补和良性竞争,全面提升了综合运输体系的效率和服务质量;大大缩短了城市、地区之间的时空距离,加速了人流、物流的流动,进一步强化了公路运输在综合运输体系中的基础性作用。高速公路将各种运输方式更加紧密衔接,并为铁路运输以及城际间快速轨道交通提供了快速转运的保障。高速公路网的初步形成,解决了各种交通运输方式衔接不畅、交通运输整体效率不高的问题。交通运输方式衔接过程中资源的集约以及客运的"零距离换乘"和货运的"无缝衔接"理念

自此有了实现的可能。高速公路网的不断完善,对发挥各种运输方式的比较优势和整体效率,实现集约高效和可持续发展的意义十分重大。高速公路促进了运输组织结构的改善和运输领域的扩展,使车辆装备水平大幅度提升。长途卧铺客运、冷藏保鲜运输、集装箱运输、大件运输等专业化运输从普通运输中迅速分离,特种、快速、大型运输车辆加速普及,公路运输效率和质量大幅提升。

二、高速公路对全省经济发展的支撑作用

(一)对经济直接的带动和促进作用

高速公路高额的固定资产投资,对经济的直接带动和促进作用十分明显。在高速公路的造价中,仅材料费用就占到40%~50%,高速公路征地拆迁、通信监控等交通设施费用在造价中也占有很大比重。据统计局资料,1978年以来,全省交通项目累计完成投资占全省固定资产累计投资的8%,其中1978年至"六五"末、"七五"期、"八五"期交通项目投资分别占全省固定资产投资的比重为1.3%、0.9%、3.1%,"九五"期、"十五"期、"十一五"期、"十二五"期比重分别为7.7%、13%、8.5%、7.3%。高速公路的巨额固定资产投资,带动了钢材、水泥、沥青等产业及相关加工业的生产,带动了工程机械制造及租赁业的发展,并对原材料和建筑材料价格上扬起到了有益的促进作用。初步测算,高速公路建设每投资1亿元可直接拉动GDP约1.5亿元,拉动相关产业产出约3.5亿元,创造直接就业岗位1800个,间接就业岗位2100个。可以看出高速公路建设投资对甘肃省经济发展带动作用较大。加强高速公路建设投入,是在当前经济发展相对落后的情况下,提升甘肃省经济发展速度的有效举措。

高速公路的快速发展,极大地促进了车辆的更新换代,加速了汽车进入家庭的步伐。汽车工业的发展,直接拉动钢铁、电子、机械等产业的发展。近年,随着高速公路联网、自动化监控等管理提升的需求大幅增长,相关的自动化控制、电子、通信产业也相应快速发展,与百姓出行密切相关的导航、地图、出版以及高速公路加油、汽车修理、餐饮服务等第三产业也得到快速发展。

(二)促进区域经济和沿线经济的发展

高速公路的运行大大缩短了时空距离,使原有分散的生产力要素得以重新组合,并且在更大范围内将不同地区连贯起来,大大增强了不同地区的经济互补,改变了地区范围内的生产力布局,使沿线工农业高新技术、外向型经济、商业和旅游业等各类产业迅速发展和崛起。通过高速的人流、物流、信息流的传输格局,逐渐形成沿高速公路及其连接线分布的新的产业带,并促使第一产业向第二产业、第三产业转移,推动区域经济全面发展。

第十一章
甘肃省高速公路建设对地方经济社会发展的影响

甘肃省以岷口至柳沟河、柳沟河至忠和、白银至兰州、中川至树屏、兰州至海石湾、兰州至临洮、康家崖至临夏等高速公路为依托,形成了以兰州为中心的、半径100余公里的现代化都市区,包括白银、中川、永登、海石湾、永靖、临洮、榆中、皋兰、定西等"卫星城",从兰州到以上这些地方,1h内均可到达,城市与城市之间更加紧密地联系在了一起。而宝天和天定高速公路的建成通车,为天水及天水以西地区融入关中—天水经济区提供了快速大通道。宝天高速公路的通车,使陕西、甘肃两省首次实现高速公路对接,从西安到天水只需4h的车程。天定高速公路的建成,使天水到兰州的行车时间缩短至3h。2013年,G2012营盘水至双塔高速公路通车,使北京、青岛等地经银川至拉萨、霍尔果斯及甘肃省河西地区高速公路里程缩短约190km,打开了甘肃省中北部的大门,打通了兰白都市经济圈、河西新能源区、宁夏银川地区和内蒙古"呼包鄂城市群"北向经济带的交通大动脉,将陕、甘、宁三省区在陇中地区紧紧地连接在一起,架起陕西、宁夏、甘肃、青海四省之间交流与合作的桥梁和纽带,对密切甘肃、宁夏、青海、新疆等省区与华北、东北各省市的经济交流合作具有重要的战略意义。实践证明,高速公路是一条致富之路、希望之路、发展之路。

(三)改善投资环境、促进外向型经济发展

世界各国的经验表明,良好的投资环境是经济发展的重要条件,其必须具备的四大硬件是港口、通信、机场和高速公路。其中高速公路起着决定性的作用,因其能进一步沟通沿线与大城市、交通枢纽、工业中心的联系,改善投资环境,增强外商投资的吸引力,同时可以改变地区对外开放的格局,使对外经济开放区由沿海城市向内地辐射和扩展。目前甘肃省与周边陕西、四川、青海、宁夏、新疆、内蒙古6省(区)均实现出口高速化,总出口达到12个,全省14个市州政府驻地以高速公路贯通,县通高速比例达到62%。

武威、白银、定西等市借助高速公路建设带来的交通便利和无限商机,纷纷加快城市基础建设,内引外联,招商引资。武威市借助高速公路带来的便利,大力招商引资,凉州区通过组团走出去招商,请省外企业走进来考察洽谈,成功引进了江苏雨润、山东威龙、河北中旺、新疆天康、中国高新和中天铝型等一大批知名企业在武威投资。G6白银至兰州高速公路建成后,凸显了白银及周边地区的区位优势,为这座资源型城市的可持续发展奠定了坚实基础,白兰高速公路进入路基施工的当年,白银市招商引资的形势很快发生了显著变化,当年签约招商引资项目38个,签约资金38.2亿元,是过去10年的5倍多。昔日"苦甲天下"的定西市,在G30岷柳高速公路建成后,依托便捷的公路运输,调整产业结构,引进了奇正藏药等一批知名企业。同时,做大做强洋芋、花卉等特色产业,成为我国西部欠发达地区城市改革开放的一个成功范例。高速公路的发展,使甘肃与内地、沿海的距离日益缩短,投资环境日益改善,竞争实力不断提升。

（四）带动沿线扶贫开发，繁荣农村经济

对于甘肃人民来说，有了路，就意味着打开了开放之门、文明之窗，看到了脱贫致富奔小康的希望。农村经济在极大程度上依赖于公路运输，高速公路开通可缩短农产品特别是鲜活农产品的储运时间，保证农用物资的及时调入，有效提高了农村经济市场化、组织化程度，直接推动沿线乡镇企业的快速发展和农村经济结构多元化的调整。2011年，西峰至长庆桥至凤翔路口高速公路通车，标志着高速公路连通了董志、长武两塬，连通了平凉、庆阳两市，连通了陕、甘两省，从此结束了庆阳老区没有高速公路的历史，加强了陇东地区与兰州、西安等城市的联系，对两地石油煤炭资源的开发、农副产品的外运、旅游业的发展等都具有十分重要的意义；2013年，G22雷家角至西峰高速公路通车，使青岛至兰州国家高速公路在甘肃境内的最后"瓶颈"被打破，形成东进陕西的另一省际高速通道，向北可直达延安，实现两个老区的紧密相连，助力革命老区脱贫致富奔小康；2015年G7011大石碑至天水高速公路贯通，彻底打通了天水南部出口，加快秦州区西南山区精准扶贫精准脱贫步伐，带动了沿线皂郊、天水、汪川等9个乡镇数十万群众增收致富。

三、高速公路对社会生活的改善作用

（一）提高了公众的生活质量

当前，出行在百姓生活中的地位日益重要。高速公路给城乡居民个性化出行的需求提供了多种选择，使人们出行的机动性、随意性和自由度大幅提高，使"千里陇原一日还"的梦想成真。自驾游成为可能而且逐步普及，极大地带动了旅游业、餐饮、住宿等相关服务产业的发展，促进了消费水平的提升。出行方式的改变，开拓了普通百姓的视野，活跃了人们的思想，使小农经济、计划经济陈旧、保守的消费思想观念被渐渐突破，消费的结构产生了极大的变化。以前跑长途运输的驾驶员，想找个饭馆吃个饭都难，现在服务区和宾馆随处可见。交通条件的改善，使兰州市短途旅游半径扩大，旅游业得到快速发展，从兰州到敦煌莫高窟、天水麦积山、夏河拉卜楞寺、平凉崆峒山的旅游线路更加火热，逐步形成了以兰州为中心的丝绸之路旅游区，并与四川、陕西两省联合开拓了甘肃甘南—四川九寨、甘肃天水—陕西宝鸡"大关中旅游经济圈"等区域旅游线路。空间的突破，改变了人们的生活观念，正在逐渐形成1h生活圈。得益于高速公路的便利，临洮县城市化建设正在向兰州卫星城和后花园的目标迈进，生活在干燥、多尘环境中的兰州人，获得一束来自临洮花圃的"紫斑牡丹"已成时尚，兰州自古就是"丝绸之路"上的商埠重镇和著名的"茶马互市"，现已发展成为西部地区重要的商品集散中心，兰州周边城市的人到兰州购物成为时尚。

（二）在自然灾害、突发事件中的生命通道作用

甘肃省地形地貌复杂，生态环境脆弱，自然灾害频发。近年来出现了5·12汶川地震、陇南暴洪、舟曲泥石流、岷县漳县地震、陇东南水毁等自然灾害。2010年舟曲泥石流灾害发生后，一批批救灾物资通过G75兰州至临洮高速公路快速运抵灾区，为救灾赢得了宝贵的时间。甘肃省陇南地质灾害频发，经陇南武都、文县到达四川的古道史称"狄道""阴平道""川蜀道"，因地形险要，一直不能通行大车，陇南通往四川方向原本只有G212线，是新中国成立初期在当时经济十分困难的情况下，沿线各级人民政府发动群众，对国民政府时期修建的低等级甘川公路进行抢修而成的，而G212线抗自然灾害能力较差，在2008年的"5·12"特大地震灾害中受损严重。2013年，G75武都至罐子沟高速公路的通车，发挥了自然灾害中生命通道的作用。

（三）大幅提高了车辆行驶的安全性

高速公路大幅提高了车辆行驶的安全，公安交通管理部门统计显示，高速公路事故率比普通公路降低40%。据公安部统计，2007年高速公路、国道和省道事故大幅下降，高速公路事故导致5925人死亡，同比下降10.8%，国道和省道事故分别导致19916人和20943人死亡，同比分别下降13.7%和9.5%，与当年道路交通死亡人数达到81649人相比，从高速公路承担的1/5车流量来看，安全性明显提高。同年，在交通部和世界银行联合召开的"中国高速公路绩效评估与跟踪"研讨会上，世界银行发布的专题研究报告《中国的高速公路：连接公众与市场 实现公平发展》指出，"高速公路网在交通安全上也发挥了重要作用，很多高速公路吸引了其他公路多达70%的交通量，而这些低等级公路的事故率通常比高速公路要高得多，高速公路对交通量的分流大量降低了现有公路的事故次数。"

四、在土地利用、节能环保方面具有较高的综合效益

全立交、大通行量的高速公路为使用者提供了一个高效率、高效益的运行环境。据测算，每公里高速公路的土地占用面积为一般二级公路的2~3倍，造价为二级公路的2~4倍，但通过能力为二级公路的5~10倍，即按单位土地占用和资金投入形成的通过能力来算，高速公路是二级公路的2.5倍以上。相对于普通道路的使用者，高速公路用户获得了节约运输时间、缩短运输距离、降低油耗和车辆磨损等直接的经济收益。目前，我国所有高速公路项目都根据国家环境保护法规实施了生态保护和环境美化配套建设，道路两侧的绿化带有效地降低了汽车噪声对周边环境的污染，成为天然的"绿色声屏"。同时，完善的交通工程系统中也专门考虑了环保设施，以切实满足环境评价标准的要求。

第十二章
甘肃省高速公路建设的地方行政法规

第一节 甘肃省高速公路管理法规建设情况

"十五"以来,甘肃省交通基础设施建设的投资力度不断加大,公路事业得到了快速发展,高速公路发展迅猛,成为甘肃省高速公路发展史上投资最多、规模最大、速度最快的时期。随着高速公路规模的不断扩大,联网运行的初步形成,对高速公路运营、养护和路政、安全管理提出了许多新的、更高的要求。如何适应甘肃省高速公路事业发展的需要,规范和加强高速公路管理,保障高速公路的完好安全和畅通,为人民群众出行提供更加良好便捷的服务,充分发挥高速公路的社会经济效益,是摆在甘肃交通法制建设部门面前的重要任务。2005年以来,省交通厅和各相关部门在加强高速公路管理,提高高速公路公共服务能力,促进全省经济社会发展方面做出了很大努力,取得了一定成绩。但是全省高速公路管理工作中运营效率不高、公共服务不到位、各相关部门之间协调配合机制不健全等问题还比较突出,尤其是高速公路的服务质量、交通安全管理、养护施工、路政管理等问题,已成为社会关注的焦点和热点。这些问题的存在与高速公路管理法规的滞后有着密切关系,与制度规定不明确,责任利益划分不清有关。一些在高速公路管理工作中形成的成熟经验也有必要上升为法律规定。为适应当前和今后全省高速公路的发展需要,大力提升全省高速公路的服务水平和社会经济效益,通过地方立法对高速公路养护、运营、使用和管理作出规定,明确管理责任,规范管理行为,使各项工作的开展有章可循,有法可依,是十分迫切和必要的。

根据省人大常委会和省政府的立法计划,甘肃省交通厅于2006年下半年成立了《甘肃省高速公路管理条例》起草小组。通过深入调查研究,依据《中华人民共和国公路法》《收费公路管理条例》《中华人民共和国道路交通安全法》《中华人民共和国道路交通安全法实施条例》等有关法律、行政法规,参照交通部、公安部有关高速公路管理规定,同时借鉴江苏、山东等16个省份已出台的高速公路管理条例和办法,开展了起草工作。先后召开了多次座谈论证会,征求了有关单位的意见,省政府法制办对起草工作给予了全面指导,省人大财经委和法工委也参与了起草论证和修改工作。2006年10月完成了初稿,在广泛听取各方面意见和建议的基础上,经过近十次修改形成了条例送审稿,于 2007 年 5 月 19 日上报省政府。在省政府法制办审查过程中,省交通厅又组织人员赴辽宁、广西、贵州考察学习了高速公路管理的立法经验。同时,省政府法制办还在网上公开征求社会意见,向有关部门发出了征求意见函,并先后两次召开修改座谈会,举行论证会,征询有关专家和驾乘人员意见,充分吸收各方意见。2007 年 8 月 27 日省政府第 106 次常务会议讨论通过后,根据会议提出的意见再次进行了修改,形成了条例草案。2008 年 5 月 29 日省十一届人大常委会第三次会议正式通过了《甘肃省高速公路管理条例》,自 2008 年 7 月 1 日起施行。

《甘肃省高速公路管理条例》的颁布,标志着甘肃省将彻底改变高速公路管理缺乏法律依据、职能界定不清的局面;它的实施也将进一步规范全省高速公路管理和高速公路资源的高效运转,实现为人民群众提供更为方便快捷、人性化出行服务的重要保证。

改革开放以来,甘肃省公路建设取得了巨大的成绩,随着改革开放经济建设的深入,甘肃省公路工程建设任务十分繁重,质量安全监督工作责任重大,市场及建设监督管理难度不断增大,迫切需要在法律法规的建设上提供强有力的支持和保障。但实际上,用于指导甘肃省公路工程质量安全监督工作的法律法规并不完善,尚无公路建设质量安全监管的地方性法规,而现行法律法规体系又具有一定的局限性,因此,公路工程质量安全监督行政执法行为迫切需要建立健全法律法规体系,以国家强制力形式来保障实施。2012 年,甘肃省交通运输厅开始《甘肃省公路工程质量安全监督条例(草案)》的建设工作,并成立了工作小组,制定了总体思路,开始了条例的前期调研及起草工作。2013 年形成了《甘肃省交通工程质量安全监督条例(初稿)》,2014 年组织相关人员外出调研,进行了多次专题讨论,形成了《甘肃省交通建设工程质量安全监督条例(送审稿)》。2015 年 5 月 28 日,《甘肃省交通建设工程质量安全监督条例(送审稿)》在甘肃省政府法制信息网面向社会公开征求修改意见及建议。10 月 28 日,省政府法制办根据征求的意见,对条例送审稿进一步进行了补充和完善。2016 年 4 月,甘肃省人大财经委组织甘肃省交通运输厅相关人员又进一步修改了部分条款。7 月 12 日,甘肃省政府法制办邀请有关律师、高校教授、高级工程师等多名专家,召开了条例草案的论证会,肯定了条例草案,提出了修改意见,完善了内容。2016 年 8 月 30 日,甘肃省人民政府第 126 次常务会议讨论通过了《甘肃省公路工程质量安全监督条例(草案)》,提交甘肃省人大常委会会议讨论。2016 年 11 月 24 日甘肃省第十二届人大常委会第二十七次会议正式讨论通过了《甘肃省公路建设工程质量安全监督管理条例》。

第二节 甘肃省高速公路建设地方行政法规(选编)

甘肃省高速公路管理条例

第一章 总 则

第一条 为了加强高速公路管理,保障高速公路完好、安全和畅通,根据《中华人民共和国公路法》《中华人民共和国道路交通安全法》和国家有关法律、法规,结合本省实际,制定本条例。

第二条 本条例适用于本省行政区域内高速公路的养护、运营、路政、交通安全管理。

第三条 省人民政府交通行政主管部门主管全省高速公路工作,其所属的高速公路养护、运营、路政管理部门依据本条例的规定分别负责高速公路的养护、运营和路政管理工作。省公安机关主管全省高速公路交通安全管理工作,公安交通管理部门具体负责高速公路的交通安全管理工作。

第四条 省人民政府有关部门和高速公路沿线各级人民政府,应当积极支持高速公路的管理工作。

第二章 养护管理

第五条 公路养护部门应当按照公路技术规范和操作规程实施高速公路养护,实行专业化养护,做好预防性、周期性养护,保证高速公路处于良好的技术状态。

高速公路养护应当积极应用新技术、新材料、新工艺,降低养护成本,及时处治公路病害,提高养护质量。

第六条 公路养护部门应当加强高速公路巡查和公路技术状况检测评定。发现公路病害和危及高速公路正常运行的情况时,应当及时组织修复,排除险情。

第七条 高速公路管理、养护人员实施检查、维护作业时,应着统一的安全标志服装。高速公路管理和养护作业车辆、机械进行现场作业时,必须设置明显统一的标志,开启示警灯;在确保过往车辆通行的前提下,其行驶路线、方向、速度和停靠可以不受高速公路标志、标线限制,过往车辆应当注意避让。

高速公路养护、维修施工时,应当选择交通量较小的时段,避免影响车辆通行。施工单位应当设置规范的施工标志、安全标志等养护安全设施。通过施工现场的车辆,必须减速并按设置标志行驶,服从现场指挥人员的指挥。

养护作业人员进行正常养护作业时,任何单位和个人不得阻挠。

第八条 公路养护部门在高速公路占道养护作业时,应当事先通报公安交通管理部门、路政管理和公路运营管理部门。影响交通安全的,公安交通管理部门应当根据情况适当增加警力,加强交通安全监督检查,维护道路交通秩序。

高速公路养护作业需要半幅封闭或者中断交通时,养护单位应当编制施工路段现场交通安全预案,在施工5日前通过新闻媒体和高速公路信息发布系统公告相关信息,并在施工路段前方与相关入口设置公告牌。

高速公路养护作业完毕,养护单位应当迅速清除公路上的障碍物。确认无安全隐患后,方可恢复通行。

第九条 公路养护专用料场应当依法办理有关手续,在专用料场采取养护用料时,任何单位和个人不得非法干涉。

第十条 高速公路养护、运营管理部门应当制定紧急抢险预案。因自然灾害致使交通中断时,应当及时组织修复,恢复通行,并发布相关信息。难以及时恢复通行的,应当报告当地人民政府帮助组织抢修。

第三章 运营管理

第十一条 高速公路运营管理部门应当健全制度,加强管理,公开收费、服务等事项,接受社会监督,提高公共服务和运营调度水平,保障服务设施完好,为通行车辆及人员提供安全、快捷、文明、优质的服务。

第十二条 高速公路服务区应当实行统一的规范化经营管理,提供必要的住宿、餐饮、加油、车辆维修等经营性服务和免费停车、洗手间等公益性服务。

省高速公路运营管理部门应当加强对服务区经营单位服务质量的监督检查。对达不到管理要求的,应当责成其采取相应措施,限期整改。

第十三条 高速公路互通出入口、服务区的增设或者关停,应当适应当地经济社会发展需要,以方便群众生产生活和符合高速公路建设规定为原则,并报经省交通行政主管部门批准。

第十四条 高速公路运营管理部门应当及时收集、汇总和掌握辖区路段内交通流量、路况、施工作业、气象等有关信息,并对路网信息及时研究分析和判断,需要做出调度决定的,应当及时下达路网调度指令,并通过新闻媒体和高速公路信息发布设施发布有关服务信息。

第十五条 驶入收费高速公路的车辆,均应缴纳车辆通行费,法律、法规另有规定的除外。

收费高速公路的车辆通行费收费标准、收费期限和收费站设置应当按照国务院《收费公路管理条例》的规定审批。收费标准和年限应当在收费站口向社会公示。收费公路收费期满的应当按照规定停止收费,拆除收费设施,并由省人民政府向社会公告。

收费高速公路实行联网收费。

对进入高速公路的货运车辆,其通行费收取可以采用计重收费的方式,具体办法由省人民政府制定。

第十六条 驶入收费高速公路的车辆应当在收费站入口领取通行凭证,在收费站出口交回通行凭证,不得冲卡、损坏和中途更换通行凭证。

对无通行凭证、损坏通行凭证、互换通行凭证、违规折返进出同一收费站的车辆,按照联网区域内最大里程收取车辆通行费。

对无正当理由超时行驶的车辆,按照时速60km所能行驶里程收取车辆通行费。

第十七条 收费人员识别车辆收费类别时,车辆驾驶人员应当出示相应的有效证件或者证明材料,拒不出示证件或者证明材料的,应当在收费站指定的停车地点接受处理。

第十八条 高速公路运营管理部门应当根据车流量开启足够的收费道口。收费道口全部开启后,待交费车辆排队超过200m或者遇有紧急情况时,应当启动应急措施,保证道口畅通。

第十九条 紧急抢险救援、部队军事行动、运输鲜活农产品及其他重大活动需通行高速公路时,相关部门应事先与高速公路运营管理部门进行协调,高速公路运营管理部门应当在进出口设立专门通道,确保快捷通行。

高速公路上发生重特大交通事故以及其他突发事件时,有关救援机构应及时告知高速公路运营管理部门为执行现场抢险、救护任务的车辆开辟免费紧急通道。

第二十条 高速公路运营管理部门及其工作人员不得有下列行为:

(一)违反收费标准收费;

(二)在车辆通行费标准之外加收或者代收其他费用;

(三)强行提供商业性服务。

第四章 路 政 管 理

第二十一条 公路路政管理部门应当依法加强路政管理,保护公路路产路权,保障公路完好畅通。

第二十二条 高速公路隔离栅外缘起30m,立交桥、特大型桥梁隔离栅外缘起50m范围为高速公路建筑控制区。没有隔离栅的,建筑控制区范围从公路用地外缘起算。

在建筑控制区内,除公路防护、养护需要外,禁止新建、扩建建筑物和地面构筑物。

拆除建筑控制区内既有合法建筑物,应当按规定给予补偿。

第二十三条 高速公路特大型桥梁周围300m、大中型桥梁周围200m、隧道洞口上方和洞口外100m范围内以及公路两侧一定距离内,不得从事挖沙、采石、取土、倾倒废弃物、爆破、地下开采等危及高速公路安全的活动。

第二十四条 在高速公路、高速公路用地范围内、高速公路建筑控制区内设置广告设施及其他非公路标志,应当报省路政管理部门批准。

第二十五条 任何单位和个人不得擅自占用、挖掘、阻断高速公路。因工程建设等确需占用、挖掘高速公路、高速公路用地和附属设施,跨越或者穿越高速公路修建桥梁、渡槽、架埋设管线及修建地下构筑物,以及在高速公路建筑控制区内埋设管线、电缆及修建地下构筑物的,建设单位应当报经路政管理部门批准。

因工程建设损坏已有公路的,建设单位应当在撤离现场前修复或者给予相应经济补偿。

高速公路改扩建时,相关设施建设单位应当根据签订的合同将其设施迁移。

第二十六条 任何单位和个人不得损坏、擅自移动、涂改高速公路标志、标线、标桩、界桩以及其他附属设施;不得填埋高速公路边沟、开设平面交叉道口。

第二十七条 在高速公路上行驶车辆的外廓尺寸及轴载质量必须符合公路工程技术标准。超限车辆不得在限定标准的高速公路及其桥梁、隧道通行;确需通行的,超限运输承运人应当向路政管理部门提出书面申请,并按要求采取有效的防护措施。承运人不能按规定采取防护措施的,由路政管理部门帮助采取防护措施,所需费用由承运人承担。

路政管理部门应当在省人民政府批准的超限运输检测站对载货车辆进行检查。载货车辆应当按照引导标志行驶到指定地点接受检查处理,不得强行通过。

第二十八条 运输易抛洒物品的车辆在高速公路上行驶时,应采取有效封闭措施,不得向车外滴漏、流淌、抛洒物品。

第二十九条 对高速公路及其附属设施造成损坏的,当事人应当立即报告公路路政管理部门。公路路政管理部门应当及时赶赴现场调查处理。

第五章　交通安全管理

第三十条 公安交通管理部门应当依法加强高速公路交通安全管理工作,保护高速公路交通参与者的人身、财产安全。

第三十一条 进入高速公路的车辆应当配备故障车警告标志牌和灭火器;货运车辆和挂车要按规定安装、粘贴侧面及后下部防护装置、车身反光标识。

禁止在机动车号牌上安装、喷涂、粘贴影响交通技术监控信息接收的材料。

第三十二条 机动车在高速公路上行驶,不得超过限速标志标明的速度。在无限速或者解除限速标志的路段,车辆最低时速不得低于60km;小型客车最高时速不得高于120km;大型客车、货运车辆最高时速不得高于100km;运载危险物品的货运车辆最高时速不得高于80km。

第三十三条 车辆在隧道或者特大型桥梁遇障碍、发生故障等原因停车的,驾驶人应当采取安全措施,组织乘车人迅速撤离,并立即报告公安交通管理部门。

在高速公路上行驶的车辆发生故障不能立即修复的,应当报告公安交通管理部门,公安交通管理部门应当将故障车辆拖离。

第三十四条 除执行指挥疏导交通、抢险救援等紧急任务的车辆机具及其他从事高速公路管理、养护活动的车辆机具外,其他车辆禁止在应急车道内行驶。正常通行车辆遇前方交通堵塞等情形时,须在右侧行车道内依次排队等候,不得占用最左侧车道,同时开启危险报警闪光灯,夜间还应当同时开启示廓灯、后位灯。

第三十五条 车辆通过收费站安全岛通道时,最高时速不得超过5km;在安全岛通道前后各100m内应当按照标线、道口指示灯行驶,不得变更行驶路线。

除领卡、缴费和其他特殊情况外,禁止在安全岛通道前后各200m内停车及上下人员。除执勤警察及高速公路管理工作人员外,其他人员不得在上述范围内行走、滞留。

除遇有障碍、发生故障等必须停车的情况外,高速公路上禁止停车、上下人员或者装卸货物。驾乘人员休息、检查车辆应当进入服务区。

第三十六条 因雨、雪、雾、沙尘天气和路面结冰、道路施工作业、交通事故、突发事件及其他情况影响车辆正常行驶时,公安交通管理部门可以采取限制车速、车道等临时交通管制措施,并在车道入口处设立明显标志。

确需关闭高速公路的,由省公安交通管理、高速公路运营管理部门共同商定,并及时发布信息。紧急情况下,现场执法人员可以先行处置,同时分别报告省公安交通管理、高速公路运营管理部门组织路网调度和区域交通分流。需要关闭高速公路的情况消除后,有关部门应及时开通高速公路,恢复交通。

第三十七条 运输爆炸物品、易燃易爆化学物品以及剧毒、放射性等危险物品的车辆通过高速公路时,承运人应当按照公安交通管理部门指定的时间和速度行驶,悬挂明显标志,采取必要的防护措施。

运输危险物品车辆发生事故或者故障,当事人应当立即报告公安交通管理部门或者有关部门。安监、公安、卫生、环保、质监等部门,应当在当地县级以上人民政府的统一指挥下,协作配合开展事故抢险救援工作。

第三十八条 公安交通管理部门应当积极查处破坏、盗窃、损坏高速公路设施的行为,追缴盗窃的公路设施,取缔非法设置的摊点、加水点等,保障高速公路行车安全。

第三十九条 公安交通管理部门或者路政管理部门接到高速公路上发生交通事故报

告后,应当相互通告,并及时赶到事故发生地点,实施救援,按各自职责分工,勘查现场和路产损失,疏导交通,尽快恢复正常交通秩序。

公安交通管理部门在处理涉及高速公路路产损失的交通事故时,应当通知路政管理部门,处理路产损失的赔偿。

对交通肇事逃逸的车辆,高速公路运营管理部门应当积极协助公安交通管理部门缉查。

第六章 法律责任

第四十条 违反本条例规定,拒交、逃交车辆通行费的,由高速公路收费站责令补交;拒不补交,堵塞收费车道,影响其他车辆正常通行的,由路政管理部门将堵塞收费车道的车辆拖离,所需费用由当事人承担,并处以200元罚款。

第四十一条 违反本条例规定,在高速公路建筑控制区新建、扩建建筑物和地面构筑物的,由高速公路路政管理部门责令限期拆除,并可处以2万元以下罚款;逾期不拆除的,由高速公路路政管理部门拆除,所需费用由修建、设置者承担。

第四十二条 违反本条例第二十条第(一)项规定的,由价格主管部门依法予以处罚,省交通行政主管部门应当对运营管理部门负责人和有关责任人给予行政处分。

第四十三条 违反本条例第二十三条、第二十五条、第二十六条规定的,由高速公路路政管理部门责令停止违法行为,限期恢复原状,并可处以2万元以下罚款。

第四十四条 违反本条例第二十七条规定,车辆在高速公路上擅自超限行驶的,由路政管理部门责令停止违法行为,可以处以3万元以下罚款。

第四十五条 违反本条例规定,运输易抛洒物品的车辆向车外滴漏、流淌、抛洒物品的,由高速公路路政管理部门责令改正,可以处以500元以下罚款;造成严重后果的,依法承担法律责任。

第四十六条 围堵收费站、服务区,聚众闹事,闯卡通行,打骂、侮辱收费服务人员,妨碍正常交通秩序的,由公安机关依法处理;构成犯罪的,依法追究刑事责任。

第四十七条 违反本条例交通安全规定的,由公安交通管理部门依照有关法律法规予以处罚。

第四十八条 高速公路相关管理部门工作全员有下列行为之一的,由其主管部门按照规定给予行政处分;构成犯罪的,依法追究刑事责任:

(一)违反规定在高速公路上拦截车辆的;

(二)收缴的罚款不按规定上缴国库的;

(三)违法扣留车辆及其他有效证件的;

(四)勒索驾乘人员财物的;

（五）不履行法定职责的。

第七章 附 则

第四十九条 全封闭控制出入并收取车辆通行费的其他公路管理,参照本条例执行。

第五十条 本条例自2008年7月1日起施行。

甘肃省公路建设工程质量安全监督管理条例

2016年11月24日省十二届人大常委会第二十七次会议通过

第一条 为了加强公路建设工程质量和安全监督,维护公路建设市场秩序,根据《中华人民共和国公路法》《中华人民共和国安全生产法》等法律、行政法规,结合本省实际,制定本条例。

第二条 本省行政区域内公路建设工程质量和安全生产及其监督管理活动适用本条例。

本条例所称公路建设工程,包括新建、扩建、改建、大修的公路工程及其附属工程和配套服务设施建设。

第三条 省人民政府交通运输主管部门负责全省国家高速公路和普通国道建设工程质量安全监督管理工作,其交通工程质量安全监督机构具体负责日常监督工作。

市(州)、县(市、区)人民政府交通运输主管部门负责本行政区域内地方高速公路和普通省道建设工程质量安全监督管理工作,其交通工程质量安全监督机构受本级交通运输主管部门委托负责相关监督工作。

县级以上人民政府交通运输主管部门负责农村公路建设质量安全监督管理工作,其他相关部门按照各自职责,做好公路建设工程质量安全监督管理的相关工作。

第四条 交通工程质量安全监督机构对公路建设工程质量和安全生产进行监督管理,并履行下列职责:

(一)监督检查建设、勘察、设计、施工、监理和试验监测单位按照国家相关质量标准和技术规范开展各项工作;

(二)监督检查勘察、设计、施工、监理、试验检测等单位相应等级的资质证书和从业人员的执业资格;

(三)对公路建设工程质量和安全生产情况进行抽检,定期发布质量和安全生产动态信息;

(四)依法查处违反公路建设工程质量安全监督法律法规的行为;

(五)依法受理公路建设工程施工质量和安全生产的举报、投诉;

(六)法律法规规定及交通运输主管部门委托的其他职责。

第五条 县级以上交通运输主管部门应当建立和完善公路建设工程质量安全监督管理体系,建立健全公路建设工程质量和安全监督管理制度,配备相应的质量安全监督人员和装备。

第六条 建设单位应当对公路建设工程项目质量安全全面负责,并履行下列义务:

(一)建立健全工程质量安全管理制度;

(二)设立专门的工程项目质量和安全生产等管理机构;

(三)审查施工现场安全生产条件;

(四)组织排查质量安全隐患,对发现的工程质量问题和安全问题及时进行整改。

第七条 建设单位应当依照法定程序对公路建设工程项目发包,并以书面合同形式明确工程质量安全责任和措施。禁止转包和违法分包。

第八条 建设单位应当执行国家规定的公路工程基本建设程序,坚持先勘察、后设计、再施工的原则,依照合同约定处理工程质量安全事项,保障公路建设工程的合理工期。

第九条 建设单位在申请施工许可证前,应当办理工程质量安全监督手续,未办理的,交通行政主管部门不得发放施工许可证。

第十条 建设单位应当按照法律和合同约定及时拨付公路工程建设资金。

建设单位在公路工程概算中,应当按照有关规定比例列支公路工程安全生产费用,且在招投标时不列为竞争性报价。安全生产费用应当按照建设单位预留、项目支出、确保需要、规范使用的原则进行管理。

第十一条 建设单位在项目完工后应当按照工程建设标准和合同约定组织交工验收,未经交通工程质量监督机构检测或者对检测意见提出需要整改问题未整改的,建设单位不得组织交工验收。

公路建设工程交工验收合格后方可进入试运营期。试运营期满后,建设单位应当向交通运输主管部门申请竣工验收,交通运输主管部门委托交通工程质量监督机构进行工程质量鉴定,质量鉴定不合格的,不得组织竣工验收。

对交工验收和竣工验收不合格的工程,施工单位应当负责返工或者修复,返工或者修复的费用由责任方承担。

第十二条 公路建设工程实行质量责任终身制,建设、勘察、设计、施工、监理、试验检测等单位在工程质量缺陷责任期内应当对因其原因造成的质量安全问题负责。施工单位应当负责处理在缺陷责任期内因其施工原因造成的质量安全问题,并承担相应的工程返工及维修费用。

第十三条 勘察设计单位应当按照公路建设技术标准、技术规范进行勘察设计,并对勘察结果、设计文件负责。

勘察单位应当按照公路建设工程技术标准和技术规范进行实地勘察、测量,开展水文、地质、地下管网调查;遇到不良地质、特殊性岩土、有害气体等不良环境或者其他可能造成工程质量安全隐患的情形,应当提出防治建议,必要时应当组织专家论证。

设计单位应当在设计前期对桥梁、隧道、高边坡等建设条件复杂、技术难度大和具有较大危险性的公路建设工程进行风险评估,编制风险评估报告,提出应对措施;对涉及工程质量安全的不良地质、工程重点部位和环节以及采用的新技术、新材料、新工艺、新产品在设计文件中注明,提出保障工程质量安全的相应措施和建议。

第十四条 勘察设计单位应当在建设工程施工前进行施工图纸技术交底,在施工现场设立代表处或者派驻代表,及时处理施工中出现的与勘察设计相关的技术问题,作好后期服务。

勘察设计单位应当在工程竣(交)工验收时,对工程主要技术指标的完成情况是否满足勘察、设计要求提出评价意见。

第十五条 施工单位应当按照设计图纸、施工技术标准和合同约定进行施工。

施工单位在施工阶段,应当对桥梁、隧道、高边坡等建设条件复杂、技术难度大和具有较大危险性的公路建设工程进行风险评估,编制风险评估报告,提出应对措施。

施工单位应当按照设计文件、施工规范、风险评估报告编制施工组织设计和专项施工方案,经监理单位审查,建设单位批准后组织实施,并对公路建设工程施工质量安全负责。

施工单位应当按照有关规定足额提取安全生产经费,专款专用,不得挪作他用。

第十六条 施工单位应当对施工作业班组、作业人员进行安全知识和业务知识培训,并在施工前对工程质量和安全施工的有关技术要求、重大危险源和应急处置措施等,向施工作业班组、作业人员作出书面详细说明,双方签字确认。

第十七条 施工单位应当对下列危险性较大的公路建设工程编制专项施工方案,并附安全验算或者安全性评价结果:

(一)不良地质条件下有潜在危险性的土方、石方开挖;

(二)滑坡和高边坡处理;

(三)桩基础、大型挡墙基础、深水基础及围堰工程;

(四)桥梁工程中的梁、拱、柱、索等构件施工等;

(五)隧道工程中的不良地质隧道、高瓦斯隧道、水底隧道等;

(六)爆破工程;

(七)大型临时工程中的大型支架、模板、便桥的架设与拆除,桥梁的加固与拆除;

(八)其他危险性较大的工程。

施工单位应当在施工现场对工程项目重大危险源、危险部位进行公示,设置安全警示标志,并在上述危险部位派专人值守。

第十八条 施工作业人员应当遵守工程施工的强制性标准、操作规程和施工管理规章制度,不得违章作业、冒险作业。

施工作业人员有权拒绝违章指挥和强令冒险作业;在发生危及人身安全的紧急情况时,有权立即停止作业或者在采取必要的应急措施后撤离危险区域。

第十九条　施工单位在公路工程建设中应当加强环境保护和水土保持,及时治理和修复由该项目造成的环境破坏和水土流失。

第二十条　施工单位对隐蔽工程、返工可能造成较大损失的工程以及地质条件、结构复杂的桥梁、隧道、拌和场、人员密集区等工程重点部位,应当采取视频监控等信息化手段记录施工过程。

第二十一条　监理单位应当按照监理合同的约定配齐人员和设备,设立相应的现场监理机构,建立监理制度。监理人员不得同时在两个以上的监理合同段执业。

第二十二条　监理单位应当按照法律、法规以及工程建设强制性标准、设计文件和工程监理合同,公正、独立、自主地开展监理工作,对施工质量与施工期间的安全生产承担监理责任。

第二十三条　监理单位应当审查施工组织设计的安全技术措施和专项施工方案等,按照监理规范,采取巡视、旁站和平行检验等方式,监督施工组织设计和专项施工方案的实施,重点监管关键部位、环节、工序的施工;发现质量或者事故隐患,及时督促施工单位整改,必要时下达暂停施工指令,并及时报告建设单位和交通工程质量安全监督机构。

第二十四条　试验检测单位应当按照法律法规和有关技术标准、规程进行检验检测。

试验检测单位不得在工程项目的同一合同段同时接受建设、工程监理、施工等多方的委托;试验检测单位的从业人员不得同时在两个以上的试验检测单位执业;试验检测单位开展的检验检测项目和参数不得超过其等级证书授权的范围,并对检测数据和检测意见的真实性负责。

第二十五条　施工单位不得擅自调整主要管理人员和技术人员,监理和试验检测单位不得擅自调整监理和试验检测人员。确需调整的,应当经建设单位同意,并不得降低合同约定的资格资历等条件。

第二十六条　交通运输主管部门和交通工程质量安全监督机构应当按照法律法规和有关规定进行监督管理,履行监督检查职责时可以采取下列措施:

(一)进入被检查单位和施工现场进行检查;

(二)要求被检查的单位提供有关工程质量安全的文件和资料及情况说明;

(三)发现有影响工程质量和违反安全生产要求的行为时,责令纠正,有重大安全事故隐患的责令停工整改;

(四)对检查中发现的重大质量和安全隐患实行约谈和挂牌督办;

(五)法律、法规规定的其他措施。

第二十七条　公路建设工程质量安全监督实行信用信息管理制度。交通运输主管部门应当建立公路建设工程信用管理体系,对建设、勘察设计、施工、监理、试验检测等单位从事公路工程建设的信用情况进行评价,并向社会公开。

信用评价结果应当作为公路建设工程招投标活动中评标的依据之一。

第二十八条 建设单位违反本条例第六条规定,由县级以上交通运输主管部门或者交通工程质量安全监督机构责令限期改正;逾期不改正的,责令停工整顿,可并处一万元以上二万元以下罚款。

第二十九条 建设单位违反本条例第十一条第一款、第二款规定的,由县级以上交通运输主管部门或者交通工程质量安全监督机构责令限期改正并停止试运营,处合同价款百分之二以上百分之四以下罚款。

第三十条 勘察设计单位违反本条例第十三条第三款规定,未按照规定对桥梁、隧道和高边坡治理等工程进行安全风险评估的,由县级以上交通运输主管部门或者交通工程质量安全监督机构责令限期改正,可处十万元以下罚款;逾期未改正的,责令停工整顿,可并处十万元以上二十万元以下罚款。

第三十一条 施工单位违反本条例第十五条第二款、第三款规定,有下列情形之一的,由县级以上交通运输主管部门或者交通工程质量安全监督机构责令限期改正;逾期不改正的,责令停工整顿,可处十万元以上三十万元以下罚款：

（一）未按照规定对桥梁、隧道、高边坡等具有施工安全风险的工程进行施工安全风险评估的；

（二）对危险性较大工程未按照规定编制专项施工方案,并进行相关论证的。

第三十二条 试验检测单位违反本条例第二十四条规定,提供的检测数据不真实或者出具虚假检测意见的,可责令停业整顿,并视情节降低或者撤销其等级证书;造成损失的,依法承担赔偿责任。

第三十三条 施工、监理、试验检测单位违反本条例第二十五条规定的,由县级以上交通运输主管部门或者交通工程质量安全监督机构责令限期改正,可处一万元以上二万元以下罚款;情节严重的,处二万元以上五万元以下罚款。

第三十四条 交通工程质量安全监督机构不履行公路建设工程质量和安全生产监督职责,不承担质量监督和安全监督责任的,由交通运输主管部门视情节轻重,给予警告并责令整改。交通工程质量安全监督机构工作人员在公路建设工程质量安全监督管理工作中有下列情形之一,由其主管部门给予行政处分;构成犯罪的,依法追究刑事责任：

（一）对发现的施工质量和安全生产违法违规行为不予查处的；

（二）在监督工作中,索取、接受他人财物,或者非法谋取其他利益的；

（三）对涉及施工质量和安全生产的举报、投诉不处理的；

（四）其他玩忽职守、滥用职权、徇私舞弊行为的。

第三十五条 本条例自2017年1月1日起施行。

附 录
甘肃高速公路建设大事记

1992 年

8月8日,甘肃省交通厅在敦煌召开全省"河西千里窗口"公路经验交流会议。在会议上,省交通厅、省公路局、省天水公路总段与天水市交通局共同审定了天北高速公路修建方案,正式批准天(水)北(道)高速公路项目立项工作。

8月18日,省交通厅与天水市人民政府联合发出《天(水)北(道)高速公路改建工程座谈会议纪要》。

10月12日,天(水)北(道)高速公路改建工程指挥部成立并召开全体工作人员第一次会议。

10月20日,天(水)北(道)高速公路改建工程外业勘测工作完成。

10月30日,天(水)北(道)高速公路改建工程方案通过省交通厅、省公路局、天水市人民政府审定。

10月31日,天水市人民政府发布《关于天水至北道高速公路改建工程的通告》。

12月22日,天(水)北(道)高速公路举行开工奠基仪式,省交通厅厅长秦中一、副厅长夏家邦、天水市市长王文华等省、市领导和干部群众3000多人参加奠基仪式。

1993 年

1月10日,省交通厅公路局总工程师徐小权带领天(水)北(道)高速公路改建第二阶段设计会审组,对天(水)北(道)高速公路改建工程第二阶段完成的设计工作进行会审。

2月22日,省交通厅党组书记、副厅长夏家邦等领导检查天北高速公路各项工作的进展情况。

4月1日,兰州至中川一幅高速公路破土动工。省交通厅公路局第二工程队、第三工程队和酒泉总段、兰州总段、天水总段工程队5个中标单位进驻工地。省交通厅成立现场办公室,负责现场调度指挥。

5月25日,全省道桥专家50余人到天(水)北(道)高速公路施工建设工地参观指导。专家们对工程进度、施工质量和管理工作情况予以充分肯定并提出了多项可行性建议。

6月23日,中国公路运输工会主席张在兹在天(水)北(道)高速公路检查工程建设情况并指导工作。

7月1日,经天水市政府批准,天(水)北(道)高速公路改建工程指挥部委托天水市信托投资公司从即日起发行天北公路建设债券人民币贰仟万元。

8月22日,省交通厅厅长胡国斌等领导到天(水)北(道)高速公路改建工程施工现场检查改建工程进展情况。

8月31日,天(水)北(道)高速公路改建工程进展顺利,水泥混凝土路面铺筑正式开始。

9月23日,甘肃省委书记阎海旺在天水市领导陪同下,视察天(水)北(道)高速公路工程施工情况。

12月16日,交通部计划司副司长刘鹏视察天(水)北(道)高速公路工程施工进展情况。

12月20日,甘肃省第一条高速公路——天水至北道高速公路半幅贯通。

1994年

2月19日,省交通厅厅长胡国斌、副厅长庹述芬检查天(水)北(道)高速公路工程施工情况,研究解决施工中遇到的技术、资金和存在的有关问题及竣工后管理等事宜。

3月29日,兰州至中川一幅高速公路青土岘隧道贯通仪式在施工现场举行。省、市领导及省交通厅领导参加典礼。青土岘隧道长300m,有效高度6m,宽10.5m。1993年8月1日开工,1994年3月9日贯通。

5月10日,天北高速公路改建工程指挥部举行天(水)北(道)高速公路混凝土路面贯通仪式。

5月12日,省政府向天(水)北(道)高速公路改建工程指挥部发传真电报祝贺天北高速公路水泥混凝土路面全面贯通。

6月17日,省交通厅、天水市政府、天(水)北(道)高速公路改建工程指挥部共同主持天北高速公路工程建设初验工作。

6月27日,交通部公路管理司向天(水)北(道)高速公路工程建设指挥部发贺信,祝贺天北高速公路顺利建成。

同日,甘肃省物价委员会、省财政厅批准天(水)北(道)高速公路车辆通行费收费标准(试行)。收费标准开始为每次每吨2元,后调整为4元,再调整为5元。

6月29日,由交通部、省交通厅、天水市政府、天(水)北(道)高速公路工程指挥部共同组建的检验委员会对天北高速公路工程进行全面检查验收;经全体委员会委员认真评审,天北高速公路工程质量总得分:93.2分,按交通部颁发的标准被评为优良工程。

6月30日,天(水)北(道)高速公路工程全线竣工并通过验收,交付使用。

7月1日,天(水)北(道)高速公路通车典礼在天水举行。天水市各界群众、党政领导、机关单位和省交通厅、省公路局、省天水公路总段及省相关部门领导、工程技术人员参加通车典礼。天北高速公路是由省公路局设计并由省、地公路交通部门组成的天北高速公路指挥部主持修建的甘肃省第一条全封闭式高速公路,设有互通式立交桥1座,全长21.04km(包括辅道、匝道等)。历时18个月建成,工程投资7212.88万元人民币。此公路工程被评为优良工程。

7月31日,兰州至中川一幅高速公路全线竣工。该路东起皋兰县忠和乡,西至永登树屏乡,全长23.1km,路基宽15m,沥青混凝土高级路面,设计时速80km,路段内设反光标志和标线,有互通式立交桥1座,300m隧道1处,分离式立交桥19座,共完成路基石方140万m^3,占地1411.44亩。施工期16个月。

8月3日,甘肃省物价委员会、省财政厅批准对兰州至中川一幅高速公路收取车辆通行费。

8月6日,省交通厅举行兰州至中川一幅高速公路通车典礼。省、市领导、省交通厅领导及建设施工单位职工参加通车典礼并剪彩。交通部公路管理司发贺信致贺。

1995 年

4月27日,兰州至中川一幅高速公路辅道工程(马家山至尹家庄)在兰州开标。该工程全长23.6km,计划5月15日开工,10月15日竣工。

8月30日,省物价委员会、省财政厅调整天(水)北(道)高速公路车辆通行费收费标准。

12月30日,天(水)北(道)高速公路于1995年获甘肃省优质样板工程一等奖。

1997 年

9月22日,兰州至中川一幅高速公路马尹辅道工程通过省交通厅工程处主持的验收,并正式交付使用。马尹辅道按山岭重丘区四级公路标准设计,全长23.6km,路基宽6.5m,路面宽4.5m,桥涵与路基同宽,渣油表处理路面。工程于1995年5月开工,历时2年零4个月。工程总投资3429万元,占用耕地660亩,投入劳动力37万个工日,机械5500个台班。

1998 年

5月9日,国家计委向国务院呈报世行项目柳(沟河)古(浪)高等级公路可行性研究报告。

6月8日,国务院批准世行项目柳(沟河)古(浪)高等级公路可行性研究报告。

8月19日,交通部批准柳(沟河)古(浪)高等级公路工程项目初步设计。

9月,省交通厅以甘交计(1998)158号《关于报送国道主干线永昌至山丹段工程可行性研究报告》报省计委。1998年11月18日,省计委印发(1998)605号《关于报送国道主干线永昌至山丹段工程可行性研究报告的批复》,同意该项目建设。

11月,交通部以交规发(1998)784号《关于嵚口至兰州柳沟河公路可行性研究报告的批复》批准嵚(口)柳(沟河)高速公路立项,并正式列入国家"九五"计划公路建设重点项目。

1999年

2月4日,世行贷款公路项目——柳沟河至忠和高速公路项目监理培训班在省交通干部学校结束。在英国哈克沃尔公司咨询专家阿铁·迈克先生指导下,省内外90名学员学习了先进的工程监理知识。

2月6日,世行贷款公路项目合同签字仪式在兰州举行。工程采用"菲迪克"条款,向国际公开招标,39家投标商通过资格预审,甘肃省公路工程总公司等7家单位中标承建。省交通厅及有关部门的领导出席签字仪式。

4月5日,交通部批准柳(沟河)古(浪)高等级公路开工报告。

4月29日,尹家庄至忠和高速公路工程可行性研究报告在兰州通过评审。

同日,忠和至中川机场高速公路工程可行性研究报告在兰州通过省计委评审。

6月28日,世行贷款项目国道312线连(云港)霍(尔果斯)公路柳(沟河)界(牌村)段高等级公路开工奠基仪式在中川公路骆驼岘子举行。柳(沟河)界(牌村)段高等级公路含柳(沟河)忠(和)高速公路,全长34.7km,概算投资13.56亿元(其中世行贷款1亿美元),路基宽21.5m,设计行车速度80km/h,全封闭、全立交,双向四车道。是甘肃省首次利用世界银行贷款修建的公路。

是月,交通部以交公发(1999)302号《关于嵚口至兰州柳沟河公路初步设计的批复》批准了该项目的初步设计。

7月22日,省交通厅以甘交计(1999)104号《关于国道主干线连(云港)霍(尔果斯)公路嵚口至兰州柳沟河及丹(东)拉(萨)公路白银至兰州高速公路建设单位的通知》委托省交通厅工程处为嵚柳高速公路建设单位。

8月,省交通厅工程处以甘交计(1999)021号《关于组建兰州至嵚口段项目办公室及组成人员的通知》正式成立嵚柳高速公路项目建设办公室,负责工程建设现场全面管理。同月,嵚柳高速公路建设项目办公室成立。

9月26日,白(银)兰(州)高速公路开工典礼在白银四龙路口举行。省委有关领导及省交通厅领导为白(银)兰(州)高速公路开工奠基。白兰高速公路起自白银市四龙路口,迄止忠和,接柳(沟河)忠(和)高速公路,全长59.964km,概算15.89亿元;建设工期3年。

同日,嵚(口)柳(沟河)高速公路开工典礼在定西十八里铺举行。省政府、省人大、省政协相关领导及省交通厅、定西地区等相关领导出席。嵚(口)柳(沟河)高速公路起自定西岘口,讫止柳沟河,全长78.27km,概算21.84亿元;建设工期3年。

2000年

1月13日,省交通厅以甘交计(2000)11号文批准甘肃省公路工程总公司就古(浪)永(昌)高速公路项目进行融资、建设、经营管理。

1月,省交通厅与中国人民保险公司甘肃分公司签订协议,为白(银)兰(州)、岘(口)柳(沟河)两条在建高速公路投保总额17.2亿元建筑工程保险和第三者责任保险。

4月1~5日,交通部在兰州主持召开国道109线刘寨柯至白银高速公路工程可行性研究评审会。

6月15日,甘肃省远大路业集团有限公司与中国建设银行兰州市铁路支行举行银企合作协议签字仪式。建设银行兰州市铁路支行将向远大路业集团贷款10亿元,用于修建兰州至临洮的高速公路。

6月20日,甘肃省高等级公路建设开发有限公司在兰州挂牌成立。

7月1日,尹(家庄)中(川)高速公路在永登县中川镇举行开工奠基仪式。

7月6日,白(银)兰(州)高速公路高岭子隧道左右线先后贯通。

7月10~12日,国家计委委托中国国际咨询公司,对国道109线兰州至海石湾高速公路可行性研究进行现场调研。

7月12日,省远大路业集团有限公司与省工商银行签订合作协议,省远大路业集团有限公司贷款10亿元用于建设兰(州)临(洮)高速公路。兰临高速公路全长93.7km,预计总投资30亿元。

7月27日,省计委在兰州主持召开兰(州)临(洮)高速公路工程可行性研究评审会。

是月,交通部以公交发(2000)346号文对铁道部第一勘察设计院编制的连(云港)霍(尔果斯)国道主干线古浪至永昌公路初步设计文件进行了审查和批复。

8月3日,根据交通部《公路建设市场管理》及省交通厅《关于下发尹(家庄)中(川)机场和古浪至永昌高速公路前期工作有关问题的会议纪要的通知》精神,经省交通厅党组研究,决定成立"甘肃省交通厅古浪至永昌高速公路建设项目办公室",负责古永高速公路建设管理事宜,行使建设单位的职责。

8月4日,古(浪)永(昌)高速公路土建工程开始招标,并在《中国交通报》《中国建设报》《甘肃日报》三大媒体发布招标通告。

8月15~17日,完成了古永高速公路土建工程招标、评标工作,并确定了中标的施工单位。

8月16日,由省交通规划勘察设计院承担的国道主干线兰州至海石湾高速公路初步设计方案通过省交通厅组织的专家评审。

8月22日,古(浪)永(昌)高速公路项目办和甘肃省国土资源厅签订了《统一征地拆迁包干协议》。该协议是甘肃省公路建设史上第一次采用统征包干方式进行公路征迁工作。

8月22~26日,兰(州)临(洮)高速公路工程可行性研究评审通过交通部审查。

9月5日,省交通规划勘察设计院组织勘测设计人员进入现场,对永(昌)山(丹)高速公路进行野外勘测工作。

9月8~12日,交通部部长黄镇东来甘肃考察白(银)兰(州)、巉(口)柳(沟河)等多条高速公路的建设工作。

9月14日,省交通厅印发(2000)216号文《连(云港)霍(尔果斯)国道主干线永昌至山丹二期工程初步设计的批复》,批准概算投资5.51亿元。

9月28日,巉(口)柳(沟河)高速公路赵家楞杆隧道(现改名为定远隧道)贯通。

10月25日,省交通规划勘察设计院组织勘测设计人员完成了永昌和山丹高速公路野外勘察工作。

11月8日,巉(口)柳(沟河)高速公路新庄岭隧道(现改名为和平隧道)贯通。比计划工期提前40d完工。

11月14~16日,山(丹)临(泽)高速公路工程可行性研究通过省计委预审。

11月26日,巉(口)柳(沟河)高速公路白虎山隧道(现改名为兴隆隧道)贯通。

同日,古(浪)永(山)高速公路、永山高速公路二期工程在武威市谢河乡奠基开工。古永高速公路全长69.5km,永山高速公路42.7km;概算投资分别为9.98亿元和5.5亿元。路基宽均为25.5m,设计行车时速80km,全封闭、全立交,双向四车道。

12月26~30日,山(丹)临(泽)高速公路工程可行性研究通过交通部审查。

是月,巉(口)柳(沟河)高速公路关川河大桥主体工程竣工。

是月,省交通规划勘察设计院向省交通厅提交了永山高速公路永昌过境段野外勘察工作施工图设计文件。

2001年

1月,省交通规划勘察设计院向省交通厅提交了永(昌)山(丹)高速公路山丹过境段的野外勘察工作施工图设计文件。

4月26日,巉(口)柳(沟河)高速公路土家湾隧道贯通,该隧道全长2552m。

8月20日,尹(家庄)中(川)高速公路半幅临时通车。

10月12日,兰(州)临(洮)高速公路开工奠基。该工程全长92.69km,总投资32.64亿元。

12月16日,兰(州)海(石湾)、山(丹)临(泽)高速公路开工。兰海高速公路全长

105.94km,总投资38.64亿元;山(丹)临(泽)高速公路全长97km,总投资21亿元。

2002年

3月4日,省交通厅、兰州市、省国土资源厅共同签署兰州忠和至海石湾高速公路建设用地统征包干协议。

3月29日,日本国际协力银行北京代表处和甘肃长达路业有限责任公司在北京签订刘寨柯至白银高速公路项目贷款协议。

4月2日,古(浪)永(山)高速公路路面工程开工。

4月3日,柳(沟河)忠(和)高速公路房建工程开标。

4月16日,省高等级公路监控通信收费总中心开工奠基仪式在兰州天水路收费站东侧举行。该中心建设总投资4000万元。

6月18~22日,中国公路学会理事长李居昌率领中国公路学会西部地区公路建设技术交流团一行,在甘肃考察高等级公路建设和公路环境建设工作。

9月15日,兰(州)海(石湾)高速公路胡洼山隧道贯通。胡洼山隧道为上下行线分离隧道,总长1579.2m。

9月24日,兰(州)海(石湾)高速公路青土岘隧道贯通,该隧道全长430m。

10月26日,白银至兰州、巉口至柳沟河、柳沟河至忠和、尹家庄至中川机场、古浪至永昌、永昌至山丹(二期)6条高速公路通车典礼在兰州天水路收费站举行。交通部发贺信祝贺。6条高速公路总通车里程307km,总投资71.15亿元。

10月29日,省交通厅印发《甘肃省高等级公路收费运营管理暂行规定》。

11月4日,省交通厅召开表彰大会,表彰在甘肃省6条高速公路建设中涌现出来的先进单位和先进个人。

11月8日,临(泽)清(水)高速公路开工奠基。该路段全长99.7km,设计路幅宽26m,行车时速100km,总投资18.4亿元,工期3年。

11月21日,天(水)巉(口)、白(银)兰(州)、巉(口)柳(沟河)、柳(沟河)古(浪)高速公路开始对过往车辆实施收费通行。

12月16日,甘肃省高等级公路运营管理中心正式成立,负责全省高等级公路的监控、通信、收费清分、养护统计、协调服务等管理工作。

12月18日,刘(寨柯)白(银)高速公路开工奠基。该公路全长110.08km,设计路幅宽24.5m,行车时速80km,总投资27.7亿元(其中日元贷款200.13亿元),工期3年。

2003年

2月8日,国道连霍公路临泽至清水高速公路建设用地《统征包干协议》签订。

4月28日,柳(沟河)忠(和)高速公路21km处北龙口服务区正式开业。

6月，国道312线罗汉洞至定西高速公路可研性工程通过专家评审。

是月，省交通厅决定向全省交通基础设施建设重点项目派驻纪检监察组，监督检查项目建设单位的党风廉政建设和各项规章制度的执行情况。

7月26日，兰（州）海（石湾）高速公路忠（和）树（屏）路段工程建设全面完工。该工程是兰州至中川高速公路的组成路段，全长21km。

8月18日，甘肃省在原天（水）巉（口）、巉（口）柳（沟河）、柳（沟河）忠（和）、白（银）兰（州）高速公路联网收费的基础上，合并尹（家庄）中（川）、兰（州）海（石湾）高速公路忠（和）树（屏）段，实现甘肃中西部路网"一卡通"。

8月22日，兰州至中川机场高速公路全线通车。该路由柳（沟河）忠（和）、白（银）兰（州）、兰（州）海（石湾）、尹（家庄）中（川）高速公路四段公路组成，全长65.57km，总投资24.9亿元。

8月25日，永昌至山丹一级公路改高速公路工程开工，该工程全长117.8km，概算投资3.44亿元。

9月13~14日，交通部部长张春贤一行数人在甘肃省天水视察公路交通工作，重点对规划中的陕（西）甘（肃）界宝鸡至天水高速公路甘肃段的公路建设进行调研和考察。

9月18日，兰（州）临（洮）高速公路临洮特大桥合龙，该桥总长1047.08m。

10月11日，省交通厅召开宝鸡至天水高速公路甘肃段的前期工作座谈会。

10月17日，兰（州）临（洮）高速公路芦家沟大桥合龙。该桥总长399.8m。主跨115m，桥高84m，为甘肃省桥梁中最高墩身、最大跨度、最深钻孔灌注、最重单片梁的桥梁。

10月31日，兰（州）海（石湾）高速公路湟水河一号大桥合龙。该桥总长766.9m。

11月8日，兰（州）临（洮）高速公路新七道梁隧道上行线贯通。该隧道全长4003.19m，按山岭区高速公路设计。

11月14日，连霍路树（屏）徐（家磨）、清（水）嘉（峪关）高速公路举行开工奠基仪式，两项工程分别长22.915km、95.9km。至此，甘肃省建成和在建高速公路已突破1000km。

11月16日，连霍路树屏至徐家磨、清水至嘉峪关高速公路开工新闻发布会在兰州举行。

12月15~20日，亚行贷款项目罗汉洞至定西高速公路亚行项目技援代表团到兰州开展前期工作，并召开项目启动工作座谈会。

2004年

2月15日，宝鸡至天水高速公路航测单位向省交通规划勘察设计院提交了全线基础控制测绘资料、数字地面模型数据文件和数字化地形图。

2月25～27日,亚行贷款项目平凉至定西高速公路建设项目准备阶段技术援助合同谈判在菲律宾马尼拉举行。亚洲开发银行、日本东方咨询有限公司以及中国政府代表参加了谈判。

3月5日,连霍国道主干线清(水)嘉(峪关)高速公路建设项目用地统征包干协议签字仪式在嘉峪关市举行。根据协议,省交通厅一次性支付统征包干费用9500万元。

3月10～11日,省交通厅邀请交通部规划勘察设计院专家对连霍国道主干线宝鸡至天水高速公路、牛背至天水段工程可行性研究报告进行了现场调研及咨询,并审查了初稿。

3月12日,宝鸡至天水高速公路甘肃段工程可行性研究报告在兰州通过了由省发改委主持的预审。

3月25日,宝鸡至天水高速公路工程可行性研究编制单位完成报告稿。

3月29日,宝鸡至天水高速公路工程可行性研究报告上报国家发改委,同时报交通部和交通部规划勘察设计院等有关单位。

4月5～8日,省高级公路建设开发公司分别在《中国交通报》和《甘肃经济日报·交通周刊》上正式发布宝鸡至天水高速公路勘察设计及后续服务工作招标预审资格公告。

4月17～19日,宝鸡至天水高速公路工程可行性研究报告咨询评估会在北京召开。国家发改委委托中国国际工程咨询公司主持。

5月10日,宝(鸡)天(水)高速公路设计招标前会议在天水市召开,全国共有12家竞标单位的代表参加会议。

5月16日,国家环保评估中心在天水市对宝(鸡)天(水)高速公路环保大纲进行了现场评估。

5月21日,宝(鸡)天(水)高速公路设计招标开标,中交二院、甘肃省交通规划勘察设计院、中咨公司3家单位中标。

同日,宝(鸡)天(水)高速公路地质灾害危险性评估通过了专家评审。

5月26日,省国土资源信息中心专家对宝天高速公路占压矿藏资源情况进行了现场勘察。

6月17日,宝(鸡)天(水)高速公路前期工作办公室与天水市有关部门就占压矿藏问题进行了协商。

是月,甘肃省高等级公路"绿色通道"首次开通,为拉运鲜活农产品车辆实行减半收取通行费。从2008年开始,全省高速公路"绿色通道"实行省内外无差别政策,"绿色通道"车辆全部免交通行费。

9月13日,甘肃省省委、省政府和省交通厅领导分别向交通部部长张春贤汇报了甘肃公路交通建设情况及宝(鸡)天(水)高速公路甘肃段前期工作进展情况。

10月11~12日,宝(鸡)天(水)高速公路第三次专家咨询会议在兰州召开,8位国内知名专家提出了咨询意见。

10月20日,徐(家磨)古(浪)高速公路工程可行性研究报告通过专家预审。

10月21日,宝(鸡)天(水)高速公路天水过境段工程可行性研究报告在兰州通过专家预审。

同日,天水至定西高速公路工程可行性研究报告在兰州通过了由省发改委主持的预审。

10月27日,省物价局、省财政厅批复甘肃省6条高等级公路车辆通行费收费标准。

是月,尹(家庄)中(川)高速公路竣工通过验收。

是月,宝(鸡)天(水)高速公路调研报告通过交通部专家评审。

11月8日,甘肃省第一条与亚洲开发银行合作建设的平凉罗汉洞至定西十八里铺高速公路贷款谈判在北京举行,贷款3亿美元。

11月14日,省交通厅召开6条高等级公路通车发布会,通报了甘肃省将于年底陆续建成通车的6条高等级公路情况和公路建设总体情况。这6条高等级公路是兰州至海石湾、兰州至临洮、永昌至山丹、山丹至临泽高速公路和罗长一级公路、合郎二级公路,总长528.23km,总投资112.57亿元。

11月15日,山丹至临泽高速公路建成通车,全程97km,总投资21亿元。

11月16日,宝(鸡)天(水)高速公路初步设计(一期)在兰州通过专家预审。

11月26日,甘肃兰州至青海西宁高速公路全线贯通。交通部发来贺信,甘(肃)青(海)两省在交界处甘肃境内海石湾举行了隆重的贯通仪式。甘肃省委、省政府,青海省委、省政府及甘青两省交通系统相关部门负责人参加。兰西高速公路由甘肃兰州至海石湾高速公路和青海马场垣至西宁高速公路组成。甘肃兰(州)海(石湾)高速公路全长101.94km,投资38.64亿元,于本月建成;青海马(场垣)西(宁)高速公路全长118.65km,投资43.75亿元,于2003年6月建成。兰州至西宁高速公路全线贯通后,两地间快速客运正式开通。

12月19日,兰(州)临(洮)高速公路建成通车,全长92.69km,投资32.64亿元。至此,兰州5条出口路段全部实现高速化。

12月20日,古浪至永昌、永昌至山丹、山丹至临泽高等级公路实现联网收费。

12月23日,武威过境、嘉峪关至安西、临夏至合作、华亭至庄浪4条高等级公路同时开工,总长434.96km,投资52.77亿元。

是月,《大道行——甘肃6条高等级公路建设纪实》由人民交通出版社出版发行。

2005年

1月22日,省交通厅在兰州召开表彰大会,表彰在兰州至海石湾等6条高等级公路建设中涌现出来的先进单位和先进个人。

是月,全省高等级公路全面启动"陇原交通卡"。

2月28日,省交通厅在兰州召开《甘肃省高速公路网规划(征求意见稿)》方案论证会。

3月9日,《甘肃省高速公路网规划》研讨会在北京召开,交通部相关部门的专家和学者20余人参加会议。

3月18~23日,中国国际工程咨询公司受国家发改委委托,组织专家对《天水至定西高速公路可行性研究报告》《凤翔路口至长庆桥、西峰至长庆桥高速公路可行性研究报告》《临洮至罐子沟高速公路预可行性研究报告》进行评估。

3月24日,甘肃省与亚行签订平凉罗汉洞至定西高速公路3亿美元贷款合同。

4月18日,宝(鸡)天(水)高速公路工程地质勘查专家咨询会在兰州召开。

是月,受国家发改委委托,交通部规划研究院在兰州对永登(徐家磨)至古浪高速公路工程可行性研究报告进行评估并通过。

5月4~8日,省交通厅组织专家对平凉至定西高速公路施工图设计作业勘察工作进行验收并通过。

5月11日,宝(鸡)天(水)高速公路牛背段项目初步设计经进一步完善后通过审查。

5月15日,交通部规划研究院对宝(鸡)天(水)高速公路天水过境段和天水至定西高速公路工程可行性研究报告进行审查。

6月9日,交通部批复宝(鸡)天(水)高速公路牛背至天水段初步设计。

6月23~29日,省交通厅引资办组织亚洲开发银行专家,深入陇南市对武罐高速公路项目进行视察。

8月10日,临(泽)清(水)高速公路建成通车。该路全长99.72km,总投资18.48亿元。

8月31日,宝(鸡)天(水)高速公路在天水市麦积区举行奠基仪式。交通部部长张春贤,省委、省政府、省人大、省政协及省交通厅、天水市委、市政府等相关单位领导参加奠基仪式。

10月20日,树(屏)徐(家磨)高速公路主线全线贯通。

10月31日,平凉至定西高速公路奠基,该工程路段全长258km,由东西两段组成,总投资76.8亿元人民币。

11月16日,甘(肃)(四)川两省交通厅负责人在兰州召开会议,就兰州至海南海口高速公路甘川两省接线方案进行座谈研究。

11月17日,省交通厅和省监察厅联合向宝(鸡)天(水)高速公路项目派驻监察组。

是月,宝(鸡)天(水)高速公路主线施工准备就绪。全线征地5113.55亩,拆迁房屋

4.22万 m^2，任务完成率百分之百。

12月7日，省政府新闻办公室召开甘肃省高速公路通车1000km新闻发布会。

12月13~14日，亚洲银行官员一行，在我省就武(都)罐(子沟)高速公路项目技术援助工作的进展情况召开第二次会议。

12月16日，丹拉国道主干线兰州至银川高速公路贯通仪式在甘(肃)、宁(夏)两省区交界处甘肃境内刘寨柯举行，甘肃省委、省政府、省人大、省政协领导和宁夏回族自治区区委、区政府、区人大、区政协领导、兰州军区、甘肃省军区领导，甘宁两省区交通部门的领导和当地干部群众一起参加了贯通庆典。交通部为兰州至银川高速公路贯通发来贺信。刘(寨柯)白(银)高速公路全长110.8km，投资37.7亿元。

同日，树(屏)徐(家磨)高速公路、清(水)嘉(峪关)高速公路建成通车。树徐段全长22.92km，概算投资3.3亿元，系在原二级汽车专用公路基础上改建而成；清嘉段全长96.364km，概算投资18.45亿元。

2006年

2月11日，平(凉)定(西)高速公路土建工程合同签字仪式在会宁举行。

2月16日，全国人大代表项目建设视察组一行6人对甘肃交通工作进行了视察。

2月16~18日，康家崖至临夏回族自治州高速公路工程可行性研究报告评审会在兰州召开。

3月8~10日，交通部副部长黄先耀一行在甘肃省兰州、武威和平凉等地调研交通工作。

3月22日，省交通厅与省监察厅向平定高速公路项目办派驻纪检监察组。

是月，宝(鸡)天(水)高速公路项目办会同项目监理部对已经开工的隧道工程、桥梁基础工程进行全面检查。

是月，康家崖至临夏回族自治州高速公路初步设计全面展开。

是月，兰(州)临(洮)高速公路芦家沟特大桥工程获"火车头"优质工程奖。

4月12日，《甘肃省高速公路网规划》审查会在兰州召开，省上领导、国家高速公路网的主要编制者、交通部规划研究院副院长戴东昌以及省直有关部门负责人、有关高校、科学研究所的专家学者参加会议。

7月10~12日，由中国公路学会理事长、交通部原副部长李居昌带领的山区高速公路环保技术问题调研组一行，专门就宝天高速公路项目的生态保护、水土保持和污染防治等工作进行了调研。

7月20日，平(凉)定(西)高速公路土建工程保险合同在平定项目办签订，这是甘肃省首次在高速公路建设中引进保险合同和保险经纪人。

7月26~28日,交通部典型示范工程专家咨询组在宝(鸡)天(水)高速公路建设工地调研时指出,要把宝天高速公路建成生态景观路。

9月1日,由中交第一勘察设计院、甘肃省交通规划勘察设计院、北京中咨公司、重庆交科所4家单位共同承担设计的武(都)罐(子沟)高速公路初步设计外业工作通过验收。

同日,西(峰)长(庆桥)凤(翔路口)高速公路工可研报告通过评审。

9月6~7日,交通部副部长冯正霖一行在酒泉、嘉峪关等市,实地考察了甘肃省高速公路建设的情况。

9月17日,省交通厅邀请有关专家对甘肃路桥公路投资有限公司和长安大学联合完成的"高速公路产业管理问题研究"课题进行了评审。该课题研究达到了国内先进水平。

9月19日,连霍国道主干线GZ45清水至嘉峪关高速公路建成通车。该路段全长95.9km,概算投资18.44亿元。至此,武威、张掖、酒泉、嘉峪关4市实现了高速连接。

11月16日,武(都)罐(子沟)高速公路亚洲银行贷款协议和项目协议在北京签字。

12月15日,天水至定西高速公路开工奠基仪式在天水市秦州区举行。

12月27日,武威过境高速公路建设项目竣工并通过省交通厅组织的交工验收。

12月28日,武威过境高速公路正式通车。

2007年

5月22日,由省交通规划勘察设计院有限责任公司完成的徐家磨至古浪、康家崖至临夏回族自治州的高速公路工程可行性研究报告,通过了国家发改委的审批。

6月,武(都)罐(子沟)高速公路初步设计文件编制完成,上报交通部审批。

7月3日,亚洲开发银行专家一行抵达兰州,对亚洲开发银行贷款甘肃公路建设项目平(凉)定(西)高速公路建设情况进行调研。

7月14日,亚洲开发银行甘肃南部公路项目贷款启动签字仪式在兰州举行,省交通厅和亚行在仪式上签署了项目贷款启动团会备忘录,标志着武(都)罐(子沟)高速公路项目前期工作取得重大进展。

7月26日,省交通厅和临夏回族自治州政府签订了康家崖至临夏回族自治州高速公路联建协议,成为甘肃省首次采用联建方式建设的第一条高速公路。

是月,康家崖至临夏回族自治州高速公路施工图外业勘察设计工作全面展开。

9月,交通部专家在康临高速公路的初设线路实地踏勘调研指导工作。

10月15日,全国桥梁安全检查组在平(凉)定(西)高速公路王公大桥施工现场检查指导工作。

10月22日,省交通规划勘察设计院有限责任公司完成了西(峰)长(庆桥)凤(翔路口)高速公路景观绿化工程初步设计。

是月,省交通规划勘察设计院有限责任公司完成了兰州—海口国家高速公路临洮至渭源段工程可行性研究报告。

11月9日,兰州、酒泉、武威、定西、平凉5个高速公路管理处及下设的柳树、白兰等17个收费管理所挂牌仪式在兰州举行。

11月24日,甘肃省东部地区的重要通道——西(峰)长(庆桥)凤(翔路口)高速公路工程项目初步设计方案通过了交通部的审查。

11月26日,甘肃省民族地区首条高速公路——康家崖至临夏回族自治州的高速公路开工建设。

是月,省交通厅召开会议通过了兰州南绕城高速公路、青岛至兰州国家高速公路雷家角(陕甘界)至西峰及省道304线庄浪至莲花段公路改扩建工程可行性研究预审报告。

12月18日,西(峰)长(庆桥)凤(翔路口)高速公路奠基暨甜水堡至木钵二级公路通车仪式在庆阳西峰区举行。

12月29日,连霍国道主干线嘉峪关至安西(瓜州)高速公路通车典礼在嘉峪关举行。省交通厅和嘉峪关市政府领导为通车剪彩。嘉安高速公路全长235.42km,概算投资30.69亿元,设计速度100km/h,按双向四车道标准建设。

2008年

1月18日,亚洲开发银行正式函电,亚行武(都)罐(子沟)工程项目贷款生效。

3月25日,省监察厅和省交通厅联合向天水至定西高速公路建设项目派驻的纪检监察组进驻项目办。

4月10日,省交通厅向康家崖至临夏回族自治州高速公路建设项目派驻的纪检监察组进驻康临项目办。

是月,宝鸡至天水高速公路天水过境段工程初步设计正式通过交通运输部批复,该项目总投资22亿元,建设工期4年。

5月7日,兰州高速公路收费管理处柳树收费管理所兰州收费站获得全国"五一劳动奖状"、全国"工人先锋号"和甘肃省"劳动先锋号"荣誉称号。

5月12日14时28分,四川汶川发生8级地震。甘肃省陇南、天水等地的道路交通基础设施遭到严重损毁和破坏。全省有1条国道主干线、7条国道、26条省道、28条县道(专道)严重受损,有104条乡道、1251条村道交通中断,造成直接经济损失76亿元。

5月12~19日,省交通厅领导带领厅属有关单位的负责人分别赶赴地震灾区了解受灾情况,指挥抢险救灾工作。

是月,武(都)罐(子沟)高速公路项目初步设计方案通过交通运输部审批。

7月1日,《甘肃省高速公路管理条例》正式实施。

7月21日,甘肃省最长的公路桥宝天高速公路建设项目李子坪特大桥顺利合龙。

7月31日,省交通厅与天水市在兰州签订天水过境段高速公路联建协议,连霍国道主干线宝鸡至天水高速公路天水过境段项目建设工作正式启动。

是月,兰州中川机场高速公路收费所荣获交通运输部、共青团中央颁发的"2007年度全国交通行业青年文明号"称号。

8月25日,省交通厅与省财政厅签订了甘肃南部公路发展项目《转贷协议》。

8月26日,宝鸡至天水高速公路天水过境段工程开工。

9月3日,金昌至永昌高速公路工程联建协议签字仪式在金昌举行。

9月4日,金昌至永昌高速公路工可研报告通过了省发改委、省交通厅组织的评审。

10月11日,省交通厅与武威市政府共同签订了连(云港)霍(尔果斯)国道主干线永登(徐家磨)至古浪高速公路联合建设协议。

10月20日,连(云港)霍(尔果斯)国道主干线永登(徐家磨)至古浪高速公路开工奠基仪式在古浪举行。这条高速公路的开工,将使河西5市通往省会兰州及东南省市的"瓶颈"路段顺利打通。

同日,金昌至永昌高速公路在金昌市举行开工奠基仪式。金永高速公路是甘肃省第一条由省、市两级政府和企业与交通部门共同融资修建的地方高速公路,这条高速公路建成后,将使"镍都"金昌对外的交通运输更加顺畅。

10月22日,交通运输部部长李盛霖一行到甘肃调研交通工作,视察了平(凉)定(西)高速公路施工建设情况。

10月27日,宝天高速公路大坪里特长隧道正洞3号竖井顺利贯通。大坪里特长隧道施工距离最长段的通风难题被攻克。

是月,十堰至天水国家高速公路甘肃段——大石碑至天水公路工程可行性研究外业调查工作展开。

是月,青岛至银川国家高速公路定边至武威联络线景泰营盘水(甘宁界)至古浪双塔段高速公路环境影响评价报告书通过了由国家环境保护部组织的专家现场技术评估。

12月3日,西(峰)长(庆桥)凤(翔路口)高速公路建设开工动员大会在庆阳市举行。

12月11日,由省交通厅引进外资项目管理办公室主持完成的"干旱半干旱地区高速公路沿线生态环境建设试验示范研究"项目,在兰州通过成果签订。

是月,国家发改委委托北京博拓投资有限公司在兰州主持召开了"兰州至海口国家高速公路临洮至渭源段工程可行性研究报告"现场调研评估会。临洮至渭源高速公路工程可行性研究报告顺利通过评审。

是月,省交通厅制定了《甘肃省高速公路服务区管理办法(试行)》。

附 录
甘肃高速公路建设大事记

2009 年

1月1日,全省高速公路正式推行电子不停车收费方式。

1月16日,兰州至海石湾高速公路工程项目竣工通过验收。

1月19~20日,省交通厅主持召开评审会,原则通过金昌至永昌高速公路项目的施工图设计方案。

2月22日,省高等级公路运营管理中心举行全省高速公路计重收费工程项目管理办公室揭牌仪式,全省高速公路计重收费工程项目建设启动。

3月3日,平(凉)定(西)、西(峰)长(庆桥)凤(翔路口)高速公路建设项目2009年联席会议在平凉召开。会议听取了平定、西长凤高速公路项目办对项目工作进展情况的汇报。

3月17日,省交通厅在武都与陇南市委、市政府召开陇南市国道、省道干线公路灾后恢复重建暨武(都)罐(子沟)高速公路建设联席会议。就陇南市国、省道干线公路灾后恢复重建暨武罐高速公路建设的议题进行了全面沟通和商榷。

3月30日,永(登)古(浪)高速公路完成项目招标和征地拆迁工作。

是月,省发改委组织召开了平凉至武都高速公路成县至武都段工程可行性研究报告审查会。

是月,国土资源部规划司组织专家来甘对景泰营盘水至古浪双塔段高速公路建设项目进行了实地查看。

5月4日,省交通厅与陇南市签订武都至罐子沟高速公路建设用地统包协议。

5月19日,天定高速公路定西市连接线建设备忘录签字仪式在兰州举行。

6月1日,交通运输部、国家发改委联合组团,邀请中国国际咨询公司知名专家与甘肃、新疆、内蒙古三省区交通厅有关负责人到甘肃内蒙古交界处甘肃境内的马鬃山镇,就北京新疆国家高速公路工程可行性在甘肃、新疆、内蒙古三省区进行实地踏勘调研。

6月3日,宝天高速公路甘肃段控制性工程——麦积山特长隧道全线贯通,该隧道全长12.7km,宝天高速公路建设进入最后冲刺阶段。

6月9日,全省高速公路路政管理工作指挥部成立。

6月16日,零时起,全省高等级公路实施计重收费。

是月,甘肃省启动高速公路路线命名编号调整及标志更换工程施工图设计工作。

7月6日,国土资源部正式批复临洮至渭源高速公路项目建设用地预审申请。

7月16日,交通运输部党组成员、驻部纪检组组长杨利民与甘肃省纪委领导,分别代表驻部纪检组和甘肃省纪委在北京签署了《连云港至霍尔果斯高速公路天水过境段预防腐败及工程廉政部省联建工作协议》。

8月13日,甘肃省高速公路路线编号调整及标志更换工作开始。

9月18日,平定高速公路全线隧道实现全面贯通。

9月25日,连(云港)霍(尔果斯)国道主干线宝鸡至天水高速公路(甘肃段)通车典礼在天水市麦积区举行。参加典礼仪式的有省委、省人大、省政府、兰州军区、省军区及省直有关部门和省交通运输厅、天水市委、市政府等相关领导。宝天高速公路(甘肃段)通车是甘肃省实施交通"东部会战"战略以来取得的重大成果,对加快连霍国道主干线甘肃段高速化进程、优化甘肃省东部地区的路网结构具有重要意义,同时也标志着甘肃省连接陕西及中东部地区的快速通道彻底打通,在甘肃省交通建设历史上具有里程碑式的意义。

同日,省交通运输厅在天水市召开宝天高速公路(甘肃段)建成通车表彰大会,对宝天高速公路项目办等17家单位集体和26名先进个人进行了表彰。

是月,受国家发改委委托,交通运输部规划研究院组织专家对十堰至天水国家高速公路甘肃段徽县(大石碑)至天水公路工程可行性研究报告进行了现场评估。至此,平凉至天水、徽县至天水、成县至武都三条高速公路建设项目前期工作取得重大进展,并即将进入实施阶段。

11月3日,省交通运输厅与庆阳市政府在兰州签订《西峰至长庆桥至凤翔路口(甘陕界)高速公路工程庆阳南互通立交连接线建设备忘录》。

11月3~7日,中央纪律检查委员会副书记何勇在甘肃考察工作时专程到连霍国道主干线天水至定西高速公路建设工地,实地察看了项目建设进展情况,并慰问工作在一线的干部职工。

11月11日,中央扩大内需国债资金检查组在西(峰)长(庆桥)凤(翔路口)高速公路建设项目部就国债资金使用情况进行检查。

是月,2009年新调整后的《甘肃高速公路规划网》经省政府批准实施。

12月14日,平定高速公路工程建设项目通过验收。

同日,省道212线金昌至永昌高速公路金昌连接线工程施工招标资格预审评审会在金昌市召开。

12月24日,甘肃省里程最长、跨越市县最多的一条高速公路——平凉至定西高速公路建成通车。

12月25日,甘肃省东西走向的重要通道——连霍国道主干线瓜州至星星峡高速公路开工建设。连霍国道主干线甘肃境内高速公路1551km路段将全部实现高速化。

12月29日,省交通运输厅在兰州召开平(凉)定(西)高速公路建设项目表彰大会,对在平定高速公路建设项目中作出突出贡献的先进单位和先进个人进行表彰。

2010年

2月26日,金(昌)永(昌)高速公路金昌连接线工程举行奠基仪式。金永高速公路金昌连接线工程是金永高速公路工程的重要组成部分,该项目线路起点位于金昌市新材料工业园区东环路端点,终点与金东公路相交,全长4km。

3月19日,省交通运输厅组织有关专家和单位召开成县至武都高速公路初步设计外业验收会,会议通过成武高速公路建设项目初步设计和外业勘察验收。

3月20～22日,省专项治理工作领导小组第四检查组对省交通运输厅厅属单位承建的金永、永古、天水过境段、康临4条高速公路建设项目进行了重点抽查。

3月26日,省交通运输厅在天水召开全省高速公路标准化管理动员大会,总结全省高速公路标准化管理的创新成果,全面动员部署"高速公路标准化管理年"的各项工作。

是月,兰(州)海(石湾)高速公路收费管理所海石湾收费站荣获国家级"青年文明号"称号。

是月,省交通规划勘察设计院有限责任公司全面展开临洮至渭源高速公路的初步设计。

5月27～29日,省发改委组织有关专家和相关单位人员召开成县至武都高速公路初步设计审查会,对成武高速公路初步设计工作进行全面审查。

6月23日,省交通运输厅为荣获全省"巾帼文明岗"荣誉称号的机场高速公路收费管理所中川收费站等5个先进集体举行揭牌仪式。

8月8日,舟曲发生特大山洪泥石流灾害,全省高速公路开辟救灾车辆专用通道,优先保障救灾车辆通行。截至8月30日零时,全省高等级公路累计通过救灾车辆1.23万辆,减免通行费65.2万元。

9月1日,武(都)罐(子沟)高速公路建设项目构造物施工监控暨项目信息化综合管理系统正式投入使用。

9月6日,金昌至永昌高速公路永昌互通式立交桥合龙。金永高速公路永昌互通式立交桥全长1104.11m,采用三肢半定向型设计,包括A、B、C、D4座跨线桥,4座跨线桥均上跨国道312线,其中A、C跨线桥两次跨越连霍高速公路。4座跨线桥墩柱最高15.5m,上部现浇箱梁1.58m。

9月14～16日,省交通运输厅组织有关专家和相关单位人员在成县召开成(县)武(都)高速公路施工图设计审查会。

9月24日,天水过境段高速公路梁家山隧道下行线顺利贯通。梁家山隧道下行线长170.9m,是天水过境段高速公路最长的黄土隧道,也是全线的控制性工程。

9月26日,康临高速公路控制性工程——南阳山隧道下行线全线贯通。南阳山隧道是一座上、下行分离的四车道高速公路特长隧道,上行线全长3290m,下行线全长3328m。

10月9～11日,交通运输部在西安主持召开了青岛至兰州高速公路雷家角(陕甘界)至西峰段初步设计审查会,雷西高速公路初步设计通过评审。

10月27日,雷家角(陕甘界)至西峰高速公路开工奠基仪式在庆阳市西峰区彭原乡举行。

10月28日,成县至武都高速公路开工奠基仪式在成县举行。

11月3～4日,交通运输部科技司工作组在天水至定西高速公路沿线对参建单位项目工程进行了质量抽检。

11月9日,康临高速公路最长的黄土隧道——南阳山隧道上行线贯通,南阳山隧道全线顺利贯通。

11月10日,甘肃省第一条省地联建的地方高速公路——金昌至永昌高速公路建成通车。

同日,甘肃省境内首条在沙漠地带修建的高速公路——景泰营盘水(甘宁界)至古浪双塔高速公路奠基仪式在武威市古浪县黄花滩乡举行。

同日,省交通规划勘察设计院有限责任公司完成金昌至武威高速公路勘察设计工作。

12月20日,金昌至武威高速公路开工暨武威火车站站房改造工程运营仪式在武威市举行。

2011年

1月,省交通运输厅与兰州市政府在兰州签订兰州南绕城高速公路等4个公路联建项目协议,加快省城兰州的交通基础设施建设速度。

3月16～21日,国家发改委委托搏拓投资有限公司对《兰州至海口国家高速公路渭源至武都段工程可行性研究报告》进行了审查,专家组对全线重点工程进行现场踏勘,并在兰州召开了评审会。

4月5～7日,日本协力银行第三方咨询专家对已经建成的刘(寨柯)白(银)高速公路进行了评估。

4月12日,甘肃省公路航空旅游投资集团有限公司与国家开发银行甘肃分行共同签署了80亿元中期票据主承销协议,所筹集的80亿元资金主要用于金昌至武威高速公路、兰州沿黄一级旅游公路,兰州南绕城高速公路、永登至古浪高速公路、临洮至渭源高速公路、临夏至合作高速公路、成县至武都高速公路等项目建设。

4月19日,甘肃省高速公路管理局在兰州挂牌。

4月21日,省交通运输厅召开新闻媒体通气会,向人民日报甘肃分社、新华社甘肃分社等12家中央驻甘媒体及省、市主要媒体通报了甘肃省高速公路规划、建设及发展情况,并组织记者参观了全省高速公路标准化管理的相关设施和运行状况。

4月22日,省交通运输厅和陇南市签署了《成县至武都高速公路建设用地统征协议》,为成武高速公路的顺利推进奠定了重要基础。

附 录
甘肃高速公路建设大事记

5月25日,交通运输部西部交通建设科技项目管理中心组织专家在兰州对《连霍国道主干线牛背至天水高速公路地质环境与生态安全评估及对策研究》进行了成果鉴定验收,认为成果已达到国际先进水平。

5月31日,连霍高速天水至定西高速公路秦州(关子)隧道建成通车,标志着全长235.07km的天定高速公路全线贯通。

同日,全省高速公路电子缴费系统工程项目于5月31日全部完工,50条电子缴费车道正式交付使用,电子缴费车道的收费站已占全省高速公路现有收费站总数25%。

是月,由省交通规划勘察设计院有限责任公司承担的兰州南绕城、临洮至渭源高速公路初步设计外业勘察工作通过省交通运输厅的验收。

7月1~7日,交通运输部组织专家对武都至罐子沟高速公路进行了设计回访。

7月15日,全省54条高速公路ETC电子不停车收费车道正式开通运营。

8月18~19日,省交通运输厅组织专家对兰州至郎木寺高速公路临夏回族自治州至甘南合作段初步设计进行了外业验收。

9月6日,被称为"甘肃第一桥"的泾河特大桥顺利合龙,标志着G22青岛至兰州国家高速公路和G70福州至银川国家高速公路在甘肃省境内重要组成路段——西峰至长庆桥至凤翔路口高速公路建设取得重大进展,为年内全线建成通车奠定了坚实基础。

9月8日,尹家庄至中川机场高速公路茅茨岘互通式立交工程正式开工建设。

9月26日,兰州至郎木寺高速公路(S2)临夏回族自治州至甘南合作段初步设计方案通过省发改委评审。

11月23日,兰州至海口国家高速公路渭源(路园)至武都(两水)段工程项目正式启动,勘察设计工作公开招标。

11月24日,国家发改委批复同意建设十堰至天水国家高速公路甘肃段徽县(陕甘界)至天水高速公路。

12月2日,临夏回族自治州至甘南合作高速公路开工仪式在甘南州夏河县王格尔塘镇举行。

12月8日,十堰至天水高速公路甘肃段奠基暨宝鸡至天水国家高速公路天水过境段通车仪式在宝天高速公路天水过境段皂郊互通立交枢纽举行。

12月21日,连(云港)霍(尔果斯)国道主干线永登至乌鞘岭暨瓜州至柳园高速公路通车仪式在永登服务区举行。

12月22日,西峰至长庆桥至凤翔路口高速公路通车仪式在庆阳市宁县长庆桥镇举行。

2012年

3月10日,十堰至天水高速公路徽县至天水段项目建设全线用地放线工作开始。该项目正式进入实施阶段。

3月16日,甘肃省高速公路路政执法管理总队成立。

4月12日,武都至罐子沟高速公路固水子大桥顺利合龙。固水子大桥位于陇南市武都区汉王镇,斜跨白龙江,全长507m。

6月5日,甘肃省首座波形钢腹板刚构桥,也是目前国内首座波形钢腹板刚构桥——临洮至渭源高速公路临洮县玉井镇2号桥墩梁固结节点模型试验在清华大学土木工程系结构实验室顺利完成。

7月1日,成县至武都高速公路马街隧道右洞顺利贯通。成武高速公路实现首座千米隧道双线贯通。

8月17日,武都至罐子沟高速公路洛塘河双层高架桥下层合龙。

8月25日,武都至罐子沟高速公路拇指咀隧道左线顺利贯通。

8月30日,国家高速G30连(云港)霍(尔果斯)高速公路瓜(州)星(星峡)段正式通车运营,实现了甘肃省西出口公路的高速化。

9月4日,《甘肃省高速公路服务区液化天然气工程可行性研究报告》通过省交通运输厅评审。

9月20日,交通运输部组织召开重大节假日小型客车免费通行工作视频会议,交通运输部部长杨传堂出席会议,并对国庆节日期间高速公路通行费征收工作提出具体要求。视频会议后,省交通运输厅及时召开专题会议,对全省交通运输系统保障重大节假日小型客车免费通行工作进行安排部署。

10月14日,青(岛)兰(州)高速公路雷(家角)西(峰)高速公路全线最长的特大桥——三官特大桥合龙。

10月16日,甘肃省最长的高速公路桥梁——武(都)罐(子沟)高速公路武都高架特大桥合龙。

是月,武(都)罐(子沟)高速公路率先在全省采用液压夯实对桥涵构造物台背回填部位进行局部补强。其应用在甘肃高速公路建设史上尚属首例。

11月12~14日,省交通运输厅组织召开了兰州至海口国家高速公路临洮至渭源段初步设计审查会。

是月,省交通规划勘察设计院有限责任公司集中技术力量,展开了平凉(甘肃)至绵阳(四川)高速公路武都(甘肃)至九寨沟(四川)段工程可行性研究。

12月2日,永(登)古(浪)高速公路乌鞘岭隧道群中最长的安远隧道顺利贯通。

12月7日,环境保护部环境工程评估中心在玉门市主持召开了《京新国家高速公路(G7)甘肃段白疙瘩至明水公路环境影响报告书》评估会。会议通过了白疙瘩(内蒙古甘肃交界)至明水(甘肃新疆交界)高速公路环境保护评价报告的评审。

12月19日,省政府召开新闻发布会,国家高速公路兰(州)海(口)、临洮至渭源等4条高速公路、省道301线海石湾至岗子沟等9条二级公路以上及陇南成州民用机场等14个交通重点项目于当天同时开工建设。

2013年

1月,交通运输部表彰了2010—2011年度全国交通运输行业精神文明建设先进集体和先进个人。省高速公路管理局、宝(鸡)天(水)高速公路收费管理所、甘肃华运高速公路服务区管理有限公司等单位榜上有名。

3月6日,柳园高速公路收费管理所柳园北收费站被全国妇联授予"全国五一巾帼标兵岗"荣誉称号。董小玲被授予"全国五一巾帼标兵"荣誉称号。

3月11日,国家高速公路连(云港)霍(尔果斯)永登(徐家磨)至古浪段乌鞘岭隧道群高岭隧道右洞贯通。

4月22日,西峰高速公路收费所凤口收费站被授予甘肃省"劳动先锋号"荣誉称号。

7月13日,国家高速公路兰州至海口武(都)罐(子沟)高速公路重点控制性工程之一的西秦岭特长隧道右洞贯通。

7月30日,连(云港)霍(尔果斯)国家高速公路(G30)永(登)古(浪)高速公路乌鞘岭隧道群通车试运营。连(云港)霍(尔果斯)国家高速在甘肃境内全线实现高速化。

8月8～9日,交通运输部党组书记、部长杨传堂在甘肃省岷县、漳县调研抗震救灾和交通恢复重建工作。

9月5日,金昌至武威高速公路主线全线贯通。

9月22日,营(盘水)双(塔)高速公路全线贯通。

9月27日,省交通运输厅组织召开了甘肃省高速公路计重收费等四项工程项目竣工验收会。

10月5日,甘肃省首座高速公路双层高架特大桥——兰州至海口国家高速公路甘肃境内武(都)罐(子沟)段高速公路洛塘河双层高架特大桥合龙。

10月28日,青(岛)兰(州)高速公路雷(家角)西(峰)路段全线完工并通过交工验收。

11月15日,营(盘水)双(塔)高速公路全线通过交工验收。

11月20日,雷家角至西峰、营盘水至双塔、金昌至武威3条高速公路通车试运营。

11月22日,省交通运输厅与省卫生厅共同签署全省高速公路突发事件紧急医疗救援联动协作协议。

12月4～6日,交通运输部档案馆会同甘肃省档案局、甘肃省交通运输厅、甘肃省交通工程质量安全监督管理局等单位共同组成项目档案专项验收组,对西(峰)长(庆桥)凤

（翔路口）、天水过境段、天（水）定（西）高速公路项目档案进行专项验收。

12月26日，武都至罐子沟段高速公路通车。该路线全长130.32km，全线采用双向四车道标准建设，路基宽24.5m，于2009年6月开工。

是月，平凉至绵阳国家高速公路（G8513）平凉（华亭）至天水段工程可行性研究报告通过预审。

2014年

3月20日，由省发改委、省交通运输厅、中交一院、长达公司、省交通规划勘察设计院等有关单位组成的武（都）九（寨沟）高速公路可研预审专家组，对武九高速公路两水走廊路线进行了实地踏勘。

3月28日，省交通建设投资管理有限公司成功引进27.98亿元保险债券资金，用于兰州南绕城高速公路建设。

7月1日，零时起，甘肃省第一条高速公路——天（水）北（道）高速公路正式停止征收车辆通行费。天北高速公路自1994年7月1日收费至2014年7月1日收费运营已满20年。

7月4日，交通运输部党组成员、副部长翁孟勇在甘肃视察高速公路管理工作。

8月22～27日，由交通运输部组织的以"新丝路·大交通"为主题的"交通文化之旅"采访团，以连（云港）霍（尔果斯）高速公路为主轴，在甘肃省兰州、武威、张掖、酒泉、嘉峪关、敦煌等地采访，探寻丝绸之路交通文化遗存，对甘肃省公路交通建设和养护管理、物流发展、道路运输、航空运输、综合交通运输体系建设等情况进行全面采访报道。

10月24日，《银川至昆明国家高速公路（G85）彭阳（甘宁界）至平凉至大桥村（甘陕界）段工程可行性研究报告》通过了省发改委的审查。

11月9～10日，交通运输部副部长冯正霖深入甘肃省天水市武山县、连（云港）霍（尔果斯）高速公路甘肃境内定西段、兰州至永靖沿黄线路视察交通工作。

11月26日，国道569线北山（甘肃内蒙古界）至仙米寺（甘青界）高速公路、北山至武威段项目开工奠基。

12月1日，G8513国家高速公路甘肃境内段成县至武都高速公路、省道314线瓜州至敦煌两条高速公路建成通车。

12月9～12日，交通运输部公路局主持召开了北京至乌鲁木齐国家高速公路（G7）甘肃段白疙瘩至明水初步设计审查会，初步设计顺利通过审查。

12月11日，临夏双城至达里加高速公路开工奠基。该项目起点接临夏至合作高速公路，终点位于甘（肃）青（海）界达里加，接青海循化至达里加高速公路，全线按设计时速80km的一级公路技术标准建设。路线全长37.26km，项目投资估算总金额为50.79亿元,建设工期3年,计划于2017年建成通车。

12月22日,甘肃省高速公路电子不停车收费全国联网工程可行性研究报告通过省发改委审查。

12月26日,临夏至合作高速公路正式通车,标志着我省14个市(州)全部通了高速公路,是甘肃省高速公路建设史上的一个重要的里程碑,也结束了省内甘南藏区没有高速公路的历史。

2015年

1月7日,省交通运输厅与兰州市政府召开交通项目建设对接会,专题研究兰州市国省道路网规划以及制约兰州经济社会发展的交通瓶颈问题。会议确立了兰州"四环十六射两横"的高速公路与国省道公路并举发展的路网规划格局,并就兰州周边的高速公路、国省道环线和兰州周边道路等重点项目建设达成共识。

1月10日,自即日起,全省高速公路客车通行费车型分类将按照交通运输部颁布的《收费公路车辆通行费车型分类》(JT/T 489—2003)规定进行归并。

3月11日,省交通运输厅召开《中国高速公路建设实录》(甘肃分册)编撰工作启动会议。

3月16日,省交通运输厅组织召开京(北京)新(乌鲁木齐)国家高速公路(G7)白疙瘩(内蒙古甘肃界)至明水段(甘新)公路工程施工图设计审查会。

5月1日,省高速公路天翼应急调度指挥智能对讲系统平台正式启用。

6月29日,国道316线两当至徽县高速公路、国道312线平凉西至界石铺二级公路改造项目同时开工建设,该项目建设由省交通建设集团有限公司承担。

7月3~10日,十(堰)天(水)高速公路甘肃段青泥岭隧道左、右洞相继顺利贯通。

7月8日,交通运输部委托中交第一公路勘察设计研究院对平凉(华亭)至天水高速公路工程可行性研究报告进行审查。

7月13日,省交通运输厅就武都(甘肃)至九寨沟(四川)、绵阳至九寨沟高速公路同期开工建设等有关事宜与四川省交通运输厅达成共识。

7月27日,《中国高速公路建设实录》编委会主任、原中国交通运输部部长黄镇东一行到甘肃调研《中国高速公路建设实录》(甘肃分册)编撰工作的进展情况。甘肃省就编写"实录"工作进展情况向调研组进行了汇报。

8月31日,甘肃省高速公路电子不停车收费系统(ETC)实现全国联网运行,有效地解决了高速公路收费站交通拥堵的问题,提高了高速公路通行服务能力。

9月23日,十(堰)天(水)高速公路甘肃段通过交工验收。十天高速甘肃段(徽县至天水)起自徽县大石碑(陕甘界),接陕西省在建的汉中至略阳(陕甘界)高速公路,经徽县李家河、成县、纸坊、西和、长道、盐官、天水镇，止于天水市皂郊镇，接在建的连云港至霍尔果斯国家高速公路天水过境段。十天高速甘肃段全长约189km，全线采用双向四车道高速公路技术标准建设，是甘肃与陕西、湖北经济交流与合作的主要纽带和桥梁。

10月1日，十(堰)天(水)高速公路甘肃段徽县至天水、金昌至阿拉善右旗(甘肃内蒙古界)高速公路正式通车。

10月8日，财政部公布了第二批PPP(政府和社会资本合作)示范项目，甘肃省推荐上报的G316线长乐至同仁、两当县杨店(甘陕界)至徽县高速公路建设项目入选，成为西北地区唯一首次入选的高速公路PPP示范项目。

10月28日，兰州中通道高速公路试验段项目开工。G1816乌海(宁甘界)至玛沁(甘青界)国家高速公路兰州新区至兰州段(中通道)高速公路上跨宝(鸡)兰(州)客专段，作为试验段项目开工建设。兰州中通道高速公路是甘肃省重点高等级公路项目之一，全线总长86.50km，建设工期为48个月。

10月23~26日，兰州至海口国家高速公路(G75)甘肃境内渭源至武都段初步设计评审会议在兰州召开，初步设计文件通过审查。

11月25日，渭源至武都高速公路建设项目初步设计方案获交通运输部以交公路函〔2015〕828号文件批复。

11月26日，新建成的机场高速公路中川收费站正式启用。

12月4日，西峰至长庆桥至凤翔路口(甘陕界)高速公路建设项目通过验收。

12月22日，省交通运输厅召开了G316线长乐至同仁公路、两当县杨店(甘陕界)至徽县李家河段高速公路初步设计评审会议。

12月30日，甘肃交通投资基金首期募集资金5亿元成功投放两(当)徽(县)高速公路，完成了首支系列基金甘肃两徽交通投资基金的设立以及资金的募集和投放，为缓解我省交通建设资金压力，推动全省的重点交通建设项目的发展起到了重要作用。

是月，甘肃高速智能路况管理系统在省高速公路交通调度指挥总中心正式上线运行。甘肃高速智能路况管理系统以图形的形式在GIS地图系统上显示当前路况、空间数据浏览、地图基本操作、图层管理、查询定位、当前道路实时视频监控等功能。其最大的优点是对全路网内由于突发事件等因素造成的道路拥堵可自动报警，并在地图上显示准确方位，对交通拥堵事件能够及时发现、处理和预警，有效提高了突发事件的处置效率。

2016年

3月3日，甘肃省地方标准《高速公路安全设施设计规范》可行性研究报告评审会在兰州召开。会议就该项目"可行性研究报告"进行了评审，经专家委员会评审，同意甘肃省地方标准《高速公路安全设施设计规范》课题立项。

3月28日,省交通运输厅召开《G316线两当县杨店(甘陕界)至徽县段工程采用政府和社会资本合作(PPP)模式项目实施方案》联审会议。

4月13日,省交通运输厅组织有关单位和专家对柳(园)格(尔木)国家高速公路(G3001)甘肃境内敦煌至当金山高速公路进行了现场踏勘,并在现场召开了初设外业验收会议;会议同意设计单位的设计方案,并提出了一些建设性的意见和建议。柳格高速(G3001)敦煌至当金山高速公路两阶段初步设计外业通过验收。

5月11日,临夏州政府与中国交通建设股份有限公司西北区域总部举行PPP模式合作建设永靖至大河家沿黄河一级公路和临夏至大河家高速公路项目签约仪式。

6月12日,平凉至绵阳国家高速公路(G8513)平凉(华亭)至天水段工程可行性研究报告经国家发改委(甘发改交运〔2016〕241号)批复。

6月30日,甘肃敦煌至当金山口高速公路项目和甘肃彭阳(甘宁界)至平凉至大桥村(甘陕界)两条高速公路项目正式开工建设。

同日,两当至徽县高速公路开工仪式、两当至徽县高速公路PPP项目社会投资人签约仪式和甘肃两徽高速公路项目管理公司揭牌仪式在徽县举行,标志着甘肃省首条PPP高速公路项目全线拉开建设序幕。

7月5日,G22国家高速公路青岛至兰州高速公路项目建设重点工程——六盘山特长隧道正式建成通车。车辆通过六盘山的时间由之前经312国道的1h左右缩短至20min左右。

9月21日,兰州南绕城高速公路项目建设重点工程——西固黄河大桥主桥顺利合龙。

10月22日,平凉至绵阳国家高速公路(G8513)、武都至九寨沟(甘川界)高速公路开工建设。

10月31日,省高速公路管理局组织实施的"互联网+高速公路电子支付系统"示范工程在兰州至中川机场高速公路中川收费站开始试运行。

12月20日,由省交通规划勘察设计院有限责任公司承担设计的柳园至格尔木国家高速公路(G3011)敦煌至当金山口高速公路初步设计方案工作完成。

潮涌风劲正扬帆
——甘肃省交通规划勘察设计院股份有限公司

甘肃省交通规划勘察设计院股份有限公司前身为1952年甘肃省交通厅成立的测量队,1978年正式成立甘肃省交通规划设计院,2003年12月改制为甘肃省交通规划勘察设计院有限责任公司,2016年7月变更为甘肃省交通规划勘察设计院股份有限公司。2017年11月划归省政府国资委管理,是甘肃省内最大的公路工程勘察设计单位。

由小到大,在开拓中加速发展

60多年来,伴随着甘肃交通事业发展的巨大变化,甘肃省交通规划勘察设计院股份有限公司始终围绕陇原交通大建设的主题,以服务全省交通发展为己任,以"精心勘察、科学设计、服务交通、造福社会"为宗旨,解放思想、锐意进取、求真务实、拼搏奉献,为全省交通事业发展做出了积极贡献。公司几代交通设计人扎根黄土地,攻坚克难、披荆斩棘,树立"开路先锋"形象,孕育了"务实严谨、开拓创新、拼搏奉献、和谐发展"的企业精神,推动了企业持续健康和谐发展。

在长期发展过程中,甘肃省交通规划勘察设计院坚持把促进生产能力建设和提升专业化技术水平作为核心工作来抓,从最初的道路测量到现如今的公路勘察设计咨询综合业务,从低等级公路设计到高等级公路、大型复杂桥梁隧道的设计,公司的生产经营能力实现了跨越式发展。仅"十二五"期间,公司累计完成公路工程可行性研究7731.88km,初步设计3365.94km,施工图设计3671.99km,房屋建筑设计57.69万m^2,地质勘探22.39万m,累计完成产值30.94亿元,同比"十一五"增长315.7%。近年来,公司充分发挥交通勘察设计主业优势,先后设计完成了以宝鸡至天水高速公路、雷家角至西峰高速公路、十堰至天水高速公路(甘肃段)、兰州至永靖沿黄一级公路、兰州南绕城高速公路等为代表的一

批重点公路项目。同时,公司积极开拓新兴产业,增加市政设计、高层建筑设计、咨询审查业务市场占有份额,扶持环境工程、智能交通、检测加固、工程代建等产业,公路养护新材料研发、新技术推广、新咨询服务模式应用等得到了长足发展,多产业齐头并进的良好格局初步形成。

经营是企业发展的"龙头"。甘肃省交通规划勘察设计院股份有限公司不断适应市场新变化,抢抓市场机遇,全方位开展市场开发工作,积极承揽项目。一是加大资质申报工作,制定并实施了《公司资质晋升工作规划(2013—2017)》,在原有资质的基础上,截至目前成功申报取得了建筑设计甲级、市政行业(道路工程、桥梁工程)甲级、公路工程试验检测综合甲级、桥隧专项检测甲级、房建工程监理甲级等资质,使目前公司拥有甲级资质16项、乙级资质4项,在西北同行业企业中占据明显资质优势。二是积极学习和适应新的投融资体制和建设管理模式,在公司牵头的设计施工总承包项目上取得历史性突破,在公路工程代建项目、省外公路项目、PPP项目上取得了显著成果。先后参与了两徽高速公路等7个公路工程PPP项目,承揽了G312古浪至丰乐金三角二级公路、G247线靖远至会宁二级公路等多个设计施工总承包项目。三是积极开拓省外市场,大力实施"走出去"发展战略,先后中标承揽了山西、陕西、内蒙古、云南、宁夏、湖南、广东、四川、新疆等省区部分重点公路项目的勘察设计、工程监理、机电施工任务,扩大了业务空间,提升了公司在全国的影响力。

由弱到强,在创新中实现跨越

甘肃省交通规划勘察设计院股份有限公司大力实施科技兴企战略,不断完善科技创新的投入、研发、转化、应用机制,加大创新平台建设,创建了"甘肃省路面材料循环利用技术工程实验室""甘肃省公路养护工程技术研究中心""甘肃省复杂地质气候条件下公路养护技术研发中心"等3个省级科研服务平台,公司"甘肃省交通BIM技术工程研究中心"被命名为省级工程技术中心。创建"科技创新基金",加大科技创新培植力度,近年来公司在"特殊性岩土地区公路修筑技术""特殊结构桥梁设计""桥梁抗震""复杂隧道设计""养护维修材料研发""沥青快速检测技术"等领域取得了一大批科技创新成果。加强技术创新成果的推广应用,对高地应力软岩隧道大变形机理及新型支护构造提出新的挤压大变形支护结构,已申报国家发明专利。沥青快速指纹识别仪及快速维修材料等新材料设备已在陕西、新疆、青海和山西得到了推广引用。智能交通产业起步良好,研发的公路隧道智能监控系统已在省内成武高速、临合高速上推广应用。截至目前,公司先后完成了西部科技项目8项,交通部"九五"联合科技攻关项目2项,甘肃交通科技项目31项,目前在研各类项目达到35项。公司先后获得包括甘肃省科技进步二等奖等各类奖项50余项,累计申请专利25项,授权15项,公司已被认定为国家高新技术企业。

甘肃省交通规划勘察设计院股份有限公司坚持把勘察设计质量视为企业的"生命线"。一直以来,公司牢固树立"六个坚持、六个树立"的勘察设计理念,促进设计工作向设计创作转变。加强勘察设计过程管理和控制,建立健全质量管理体系,规范设计管理程序,大力推行精细化设计,严格设计成果审查和责任追究,切实保证了勘察设计质量。高度重视设计后续服务工作,严格执行技术交底制度,及时组织全面设计回访,有效解决施工过程中的各类设计技术问题,确保了工程顺利实施,维护了公司良好声誉。

贯彻落实安全、环保、舒适、耐久、经济的全方位设计理念,公司设计完成的舟曲至峰迭新区公路、雷西高速公路、临合高速公路、成武高速公路等10多个重点项目被评为甘肃省建设工程"飞天金奖"和"飞天奖";宝天高速公路麦积山隧道被中国公路勘察设计协会评为"新中国成立60周年公路交通勘察设计经典工程",雷西高速公路、营双高速公路等项目获得中国公路学会优秀勘察设计奖;祁家黄河大桥工程两阶段施工图设计、武罐高速公路洛塘河双层高架特大桥工程项目获得甘肃省优秀设计一等奖;设计完成了主跨536m西北地区单跨最大的悬索桥——刘家峡黄河大桥、主跨360m的钢混结合梁斜拉桥——河口大桥和西固黄河大桥、小西湖立交桥改造、武罐路双层高架桥等一批标志性桥梁工程,促进了甘肃省桥梁技术的进步,创造了数项省内第一。同时,公司在不同地质条件下的路基防排水设计、复杂地质条件下的长大隧道设计、不同气候条件下的路面结构设计等方面形成了自身独特优势。

由浅到深，在改革中激发活力

甘肃省交通规划勘察设计院股份有限公司积极适应交通发展形势，加快改革攻坚步伐，全面推进依法治企，先后修订完善了行政管理、生产经营、人力资源管理、技术质量管理、财务管理等制度50多项，党务类制度30多项，形成了覆盖全面、衔接有序的管理制度体系。持续推进体制改革，健全法人治理结构，进一步明晰了公司股权结构，完成了股份制改造，聘请专业中介机构开展尽职调查，理顺股权管理关系，全力推进"新三板"挂牌工作。以权、责、利对等为原则，优化调整内部组织机构，进一步明确了管理部门职责，形成了以生产分院为主体，有10个管理部门，13个设计分院和6家子公司的设计咨询集团企业。加强目标管理，推行目标责任制考核和绩效薪酬体系，将经济效益与工作任务完成情况、技术质量、安全、廉政等具体目标挂钩，提高了产品质量。加强"三资"管理及财务预决算管理，规范下属公司财务管理，推行下属子公司委派财务主管制度，实行审计"联审联责"制度，有效化解了企业财务风险。实施集约化、一体化发展，启动甘肃交通科技产业园区项目，项目总建筑面积达6.5万 m^2，落成后将集设计咨询、培训与研发、新材料加工、智能交通产业开发、公路养护技术研发推广、试验检测、国家重点实验室、总部行政等于一体，将为甘肃交通高新产业发展提供新的平台。

坚持"人才强企"战略，加快引进和培养高技术人才，造就高水平团队，人才队伍建设取得了突破，一大批科技人才成长为行业的领头人。制定并实施《"十三五"人力资源发展规划》，推行技术和行政两种晋升渠道，建立科学竞争激励机制和薪酬激励机制，使全员的成才观念明显转变。目前公司有博士研究生14人，硕士研究生188人，正高级专业技术人员46人，副高级专业技术人员161人，注册建筑、结构等各类注册人员99人，专业技术人员比例达84%，本科以上人员比例为87%，是甘肃省交通运输系统名副其实的"人才高地"。公司拥有交通运输部科技专家2人，享受国务院政府津贴专家1人，甘肃省领军人才、交通部"新世纪十百千人才工程"第一层次人选1人，中国公路百名优秀工程师1

人,"西部之光"访问学者3人,"陇原青年创新人才扶持计划"人选2人。

由点到面,在发展中壮大"软实力"

作为国有企业,甘肃省交通规划勘察设计院股份有限公司在取得经营生产、综合管理丰硕成果的同时,勇担社会责任,积极回报社会。在汶川地震、青海玉树地震、舟曲泥石流灾害、陇南暴洪灾害发生时,公司第一时间组织专业技术队伍投入抢险救灾保通的战斗中,积极开展灾后重建项目勘察设计工作,为交通运输系统夺取抢险救灾的胜利提供了有力的技术保障。公司勇担扶贫开发任务,坚持扶贫与扶志相结合,先后承担了甘南州临潭县三个贫困村的精准帮扶工作。近3年来,在扶贫开发方面累计投入扶贫资金上百万元,用于改造联系村的通村道路勘察设计、村容村貌整治、捐资助学等民生工程和项目,加速了联系村脱贫致富奔小康的步伐。公司的精准扶贫工作得到了上级组织的一致认可,2016年被省交通运输厅评为精准扶贫先进单位。

长期以来,甘肃省交通规划勘察设计院股份有限公司大力弘扬"务实严谨、开拓创新、拼搏奉献、和谐发展"的企业精神,丰富精神文明载体,搭"连心"桥、建温馨"家",营造了和谐发展的良好氛围,企业精神文明建设和文化建设取得了显著成效。公司2009年被甘肃省总工会授予"甘肃省五一劳动奖状",2014年被交通运输部评为"全国交通运输系统先进集体"和"全国交通运输文化建设示范单位";公司2人被交通运输部评为全国交通运输系统劳动模范;2人被省总工会授予"甘肃省五一劳动奖章"荣誉称号。

"十三五"是全面建成小康社会的决胜阶段,是甘肃交通事业转型跨越发展的重要机遇期,也是甘肃省交通规划勘察设计院股份有限公司迎接挑战、攻坚克难、实现跨越发展的关键时期。甘肃省交通规划勘察设计院股份有限公司作为甘肃省交通事业的排头兵,必将站在新的历史起点上,面向未来,乘风破浪、启帆远航。构建做强"设计咨询、养护及试验检测、项目建设管理、科研开发应用、投资管理"五大产业,实现"体制改革、产业发展、经营生产、资质晋升、人才发展、质量进步、技术创新、园区建设、组织建设和企业文化建设"十项目标,坚定不移贯彻创新、协调、绿色、开放、共享的发展理念,抢抓国家实施"一路一带"战略及甘肃交通提升行动的黄金机遇,创新管理机制、拓展业务资质,狠抓市场经营、建立科研创新体系,大力提升勘察设计质量和水平,铸造优质勘察设计品牌,为服务全省交通运输事业和经济社会发展,实现交通强国的伟大目标做出更大的贡献。

甘肃路桥建设集团有限公司

甘肃路桥建设集团有限公司是甘肃省第一个集投资、施工为一体的国有大型综合性公路施工企业,具有"公路工程施工总承包特级"资质,"桥梁、隧道、公路路面、路基、机场场道工程专业承包壹级"资质,"市政工程总承包叁级"资质及"对外承包工程经营资格"。企业业务涵盖公路桥梁、市政工程、机场场道、项目投资、房屋建筑、地产开发、科技研发、设计咨询、试验检测等领域。年综合生产能力200亿元以上。

翻开甘肃路桥的历史画卷,公司在改革中发展,在创新中成长,其前身最早可以追溯到20世纪50年代中期。1954年,经甘肃省人民政府批准,甘肃省交通厅成立了甘肃省公路工程总队,后经发展,变身为甘肃省公路工程总公司,隶属于甘肃省交通厅,业务归甘肃省公路局负责与指导。1998年,与甘肃省公路局企事分离,2005年改制为甘肃路桥建设集团有限公司,2017年11月16日,省交通运输厅、省国资委、省交建集团签订了国有股权划转协议,甘肃路桥正式与省交通运输厅脱钩。

60多年来,甘肃路桥倾情于交通事业,专注于公路施工,得到了迅速的发展,现已成为全国建筑业先进企业,甘肃省交通建筑业龙头企业。业务范围以公路施工为核心,涵盖桥隧施工、市政工程、机场场道、项目投资、房屋建筑、房地产开发、科技研发、设计咨询、试验检测、交安绿化、公路养护等领域。拥有4个三级总承包资质、16个一级专业承包资质、27个二级专业承包资质以及行业设计、试验检测双甲级资质、对外承包工程经营资格、特种设备安装改造维修许可证等多项资质。2004年,公司在省内同行业中率先通过质量、环境、职业健康安全"三位一体"综合管理体系认证。

近年来,甘肃路桥致力于打造交通业内领先、全国一流综合性公路施工企业,积极抢抓交通建设黄金期带来的发展机遇,坚持质量效益型发展,专注于公路建设,用工匠精神打磨"路桥品牌",助推企业转型升级,成功跨入年承揽任务百亿元的施工企业行列。各类荣誉纷沓而来,荣获全国五一劳动奖状、全国质量奖鼓励奖、甘肃省人民政府质量奖第一名、全国建筑业先进企业、中国建筑业成长性200强企业第26名、全国科技创新领军企业、全国建筑业AAA级信用企业,交通运输部公路施工企业信用评价AA级企业,是甘肃省唯一一家进入AA级企业的公路施工企业,甘肃省建筑业五星级诚信企业,综合实力稳居省内交通建筑企业首位。一项项荣誉的背后,印证着甘肃路桥多年来砥砺奋进的坚实足迹,也是甘肃路桥扎实推进改革创新、强化项目建设、铸造施工品牌的累累硕果。

深化改革,转型升级促发展

作为一家老牌国有交通建设企业,如何永葆青春活力的发展劲头,使得企业保持住可持续发展,是甘肃路桥人一直为之奋斗的目标。

多年来,甘肃路桥以改革促发展,以创新谋生机,紧跟国企改革步伐,不断完善现代企业制度,形成了"党委会把关、董事会决策、经营层执行"的企业经营管理制度,建立了权责清晰的母子公司管理架构,老牌交通企业焕发着朝气和青春。"主业专业化,产业多元化"战略开创了企业发展新局面,企业在做强做优公路施工主业的同时,产业延伸到房建、交安、绿化、养护、检测、材料研发、材料加工销售等领域,全产业链产业布局基本形成,走出了一条适合企情、迎合市场的可持续发展之路。在做强主业方面,一方面落实国企兼并收购政策,先后收购了顺达、五环、万泰三家公路工程总承包壹级资质企业,及天地、新路两家专业承包企业,综合竞争实力持续增强;另一方面坚持走专业化、品牌化发展道路,减少了所属子公司同业竞争,从精、专、尖上谋出路,确立了所属顺达公司、路桥三公司以路面施工为主,路桥四公司、万泰公司以隧道施工为主,五环公司以桥梁施工为主,飞宇公司以交安工程为主,圆陇公司以绿化工程为主,宏大公司、宏盛公司以房建工程为主,在省内打响了甘肃路桥品牌。

同时,深化结构调整,延伸产业链条,一批高附加值产业迅速兴起。倾力打造了智通检测公司、养护科技公司、曼特睿尔材料公司三家甘肃省高新技术企业;在兰州新区养护科技产业园投资引进了甘肃省首条安迈4000型沥青混合料再生生产线,具备了年生产改性沥青30万t的能力;同时在兰州、天水、柳园、嘉峪关布局建设了覆盖全省、辐射周边的沥青仓储加工物流体系,沥青总储量达5万t/年,沥青系列产品销售额已突破3.5亿元,畅销甘肃、陕西、新疆、宁夏、西藏等地区,养护产业形成了"一园区四库区"的发展格局。投资筹建兰州新区重型装备产业园,及兰州高新区智慧交通总部、智慧交通产业园、智慧交通城市综合体,形成了产业化的发展格局。产业化发展道路,夯实了企业发展根基,培育了新的经济增长点,成为企业实现可持续发展的坚实保障。

稳中求进,品质管理出成效

"问渠哪得清如许,为有源头活水来"。从2004年在甘肃省同行业中率先通过三体系认证,到2016年首批导入卓越绩效管理模式,甘肃路桥始终以坚持质量效益型发展、追求卓越绩效为企业发展的源头活水,保持了良好的发展态势,取得了可喜的发展成效。

作为省内交通建筑业的领头羊,甘肃路桥始终是甘肃公路建设新模式、新措施的尝试者和实践者。近年来,公司在巩固常规项目经营开拓的同时,积极涉足高端项目领域,投资建设了省内首条PPP公路项目,财政部第二批PPP示范项目两徽高速公路项目;甘肃省首批公路BT项目张恭、西合公路;甘肃省首个公路设计施工总承包项目宕迭二级公路项目,公路投资金额已逾87亿元。同时,在巩固省内项目的同时,积极开拓省外项目,施工足迹遍布河北、吉林、陕西、河南等多个省份,2016年承建了2022年北京冬奥会保障项目延崇高速公路项目,省外市场占有率稳步提升。

公司取得一系列骄人的成绩,离不开科学有效的管理。公司导入卓越绩效管理模式,大力推行《卓越绩效评价准则》,一批体现管理新理念、新思想的管理新举措得到有效落实,共形成各项管理制度百余项,成为推动企业快速发展、保障企业健康发展的助推剂。为严守"质量、安全、廉政"三条高压线,公司从源头入手,借助新能量,以创新的思路寻找新方法,从本质上得以严密管控。在质量管理上,公司建立了集团、子公司、项目三级质量保证体系,同时,做实项目质检体系,明确管理职责,靠实管理责任,通过督查项目质检体系的正常运转来规范项目质量管理,通过全覆盖式的质量巡检和纠偏改进等手段不断提升施工质量;推进全面、全员、全过程的"三全"质量管理,由粗放型向精细化转变,在集团管理思路的落实、管理流程的设计、管理职责的制定上体现管理新思想。在安全管理上,以"安全生产月""反三违"等专项整治活动为契机,借力造势,开展地企安全演练、安全知识竞赛等活动,营造了"人人讲安全、人人要安全"的良好施工氛围;同时,结合行业特点,创新安全教育模式,在承建项目建立安全培训体验馆,变填鸭式、说教式教育为体验式教育,提高了安全教育的效果。在廉政管理上,坚持从严治党,项目建设到哪,党组织就建立到哪,做到了党建全覆盖,成为监督项目施工管理的重要力量;充分利用公司完善的"数字路桥"信息化管理系统,大力实施富有甘肃路桥特色的科技反腐新模式,同时,推行监察员制度,使纪检监察工作成为保障企业健康经营管理的一把利剑。

人才始终是甘肃路桥的发展核心。公司积极践行"发展企业,成就个人"的人才建设理念,实现了企业和个人的双赢。一是实施"5522 人才领航计划",打造了一批创新能力强、有一定影响力的行业领航人才;二是开展校企合作,与长安大学、兰州交通大学、兰州理工大学进行合作,为企业科技创新和人才培养提供了保障;三是开办网络大学,打破时空限制,变革培训模式,满足了员工任何时间任何地点的学习需求;四是重视专业技术人员和技术工人引进培养,培养了一批代表企业水平,在省内有一定影响力的金蓝领、好工匠;五是实施制度留人、感情留人、待遇留人机制,一批管理先进、技术精湛、德才兼备的优秀技术管理人才扎根路桥,奉献路桥,成为建设百年路桥的坚实根基。

"工欲善其事,必先利其器",公司坚持"机械化、班组化、专业化"发展道路,拥有瑞典阿特拉斯凿岩台车、芬兰挪曼尔特湿喷台车等现代化大中型机械设备 955 台(套),拥有德国 INFRATEST 沥青混合料抽提机、美国 TROXLER 旋转压实机等高精尖仪器设备 2899 台(套),各类设备原值 6.2 亿元。同时,积极开展设备自主研发,成功研发并应用隧道多功能作业台车、自行式二衬台车、干喷一体机等设备,装备水平位列西部同行前列。

创新驱动　攻坚克难显实力

创新是发展的第一动力。多年来,甘肃路桥坚持产业富企、科技强企,形成了产、学、研、用一体化的科技创新道路,引进、消化、吸收、应用、改进了一批四新技术,在长大隧道、高架桥梁、路基路面、新型高分子路用材料等公路施工领域,取得了一系列技术成果,科技创新能力明显增强。

60 多年的技术攻坚,60 多年的奋力跋涉,甘肃路桥不仅掌握了大断面三车道黄土隧道施工、节能环保水压爆破、沙漠地区宽幅超厚水泥稳定碎石铺筑等一批公路施工先进技术,还成功开发出了改性沥青、乳化沥青、橡胶沥青、灌封胶、稳定剂、特效水泥等多项公路新材料,并在瓜星、永古、酒嘉城际、雷西、临合、金阿、兰州机场高速路面技术改造工程等多个高速公路项目得到广泛的应用。多项创新成果得到业界的普遍认可和广泛赞誉。目前,公司承担国家及省部级科研项目45项,拥有国家级工法5项,省(部)级工法57项,专利70项,注册兆力牌系列商标1项;拥有"公路建设与养护技术、材料及装备"1个交通运输行业研发中心,"甘肃省省级企业技术中心""甘肃省道面工程技术研究中心""甘肃省隧道工程技术研究中心""甘肃省公路再生技术工程研究中心"4个省级技术研发中心;拥有中国公路学会科技三等奖1项,公路工程科技创新成果奖12项,甘肃省建设科技进步奖17项,甘肃省科技示范工程13项;甘肃省职工创新成果4项,省交通运输系统"五小发明"成果12项;编制交通运输行业标准1部,甘肃省地方标准3部。

甘肃路桥在管理创新方面也迈出了可喜步伐,"互联网+"的信息技术已广泛应用于施工生产和管理工作中。为破解管理瓶颈,打通集团、子公司、项目部层级屏障,发挥集约化经营管理优势,自2009年开始,公司按照"总体规划、分步实施"的原则,推进"数字路桥"信息化建设,建成了配套设施完备的数据中心及"数字路桥"四大系统15个子系统,实现了对管理业务的"知、管、控"动态管理,各业务系统间数据共享、互为制约、协同联动、高度集成,成效显著;公司拥有11项软件著作权,开发了材料采购集中平台、开发了企业微信端,开办了网络大学,打破了时空限制,提高了管理效率和品质。2014年,公司荣获兰州市两化融合示范企业;2016年,甘肃路桥信息网荣获全国建筑业精品网站,综合业务管理系统荣获全国建筑业企业信息化建设特优案例。

追求卓越　铸造品牌树丰碑

品牌是企业赖以生存的生命。甘肃路桥专注于品牌建设,努力践行"干一项工程、铸一个精品、树一座丰碑"的质量理念,致力于打造优质耐久、安全舒适、经济环保、社会认可的品质工程,路桥品牌享誉省内,同时,也得到了吉林、河南、河北等省份的认可,品牌影响力不断扩大,这得益于甘肃路桥专心专注、精益求精、追求卓越、乐于奉献的工匠精神。

60多年来,甘肃路桥建设集团在陇原大地从东到西,从南到北,到处洒下了建设者的心血和汗水,为甘肃省交通事业的发展做出了巨大的贡献。先后承建了永靖祁家黄河大桥、乌鞘岭隧道群、腊子口隧道、省道313线舟曲县城至峰迭新区段公路特大山洪泥石流灾后恢复重建工程,瓜星、武罐、成武高速公路等一大批国家和省重点工程项目。甘肃路桥人始终怀揣"匠心",视技术为艺术,把产品当作艺术品,精心雕刻细节,严把质量关,严守安全关,铸就了32项省部级及以上优质工程奖。其中兰州中川机场场道工程获国家"鲁班奖";金武高速公路金阿段获得李春奖,永山一期一级公路、天巉公路路面工程两项工程被评为全国公路建设优质工程;雷西高速公路四标、十天路面三标被评为全国建筑业"绿色施工示范工程";兰临高速公路临洮特大桥、舟曲灾后重建工程峰迭新区公路等四项工程获甘肃省建设工程"飞天金奖";永靖祁家黄河大桥、武罐高速公路大岸庙特大桥、酒泉至嘉峪关城际一级公路1合同段等21项工程获甘肃省建设工程"飞天奖"。

润物无声　企业文化入人心

60多年的栉风沐雨，甘肃路桥沉淀了深厚的文化底蕴，打造出了一支敢打敢拼、坚忍不拔、精益求精、积极奉献的"路桥铁军"。在践行"筑路架桥，造福社会"的进程中，路桥人弘扬劳动精神、劳模精神、工匠精神，孕育出了"大道至简，德行天下"核心价值观，从中华优秀传统文化中汲取营养汁，从路桥基业的传承中激发精气神，打造出了诚信"德"文化、和谐"安"文化、书香"学"文化、温馨"家"文化、温暖"善"文化、清正"廉"文化、劳模"正"文化等"1+7特色品牌集群"模式，增强了企业软实力，成为推进企业提质增效、转型升级的新思路和新路径。通过开展"拒绝造假、做诚信之人、建放心工程"、评选"最美路桥人"、评选"路桥十大工匠"、开展多读书，读好书，做有知识的路桥人、开展志愿服务活动，弘扬路桥正能量，形成了"诚信、责任、创新、奉献"的干事氛围。近年来，公司在实现企业快速发展的同时，积极履行社会责任，在抗震救灾、抗洪抢险、义务献血、精准扶贫、社会关爱帮扶中冲在前面，2017年秋季开学之际，公司分别向长安大学、兰州交通大学、兰州理工大学捐助10万元用于奖励优秀学子，同时公司领导班子成员每人每年向长安大学捐助4000元，捐助4年，用于一对一资助贫困学生，帮助他们圆满完成学业。近3年来，公司及所属单位在公益事业投入500余万元，彰显国企责任担当。公司荣获"抗震救灾重建家园工人先锋号""全国交通运输文化建设示范单位""全国交通运输行业文明单位""全省交通运输精准脱贫暨双联行动先进单位"等称号。

未来，甘肃路桥将坚持"项目支撑、技术引领、重点突破、全面提升"的工作总基调，以质量和效益为中心，大力推行信息化、层级化、科学化的管理模式，倡导富有家国观、人才观、匠心观、品牌观的企业文化，做强做优公路主业，打造全产业链一体化，全力推动基地建设，迅速扩大经营总量；同时，实施科技强企战略、品牌制胜战略，发挥企业技术优势，打造质量品牌、安全品牌、廉洁品牌、绿色品牌，推动甘肃路桥实现更高质量、更好水平、更有效率和更可持续的发展，全面建成交通业内领先、全国一流的公路施工企业。

后　记

欣逢盛世,盛世而修史,乃中华之优良传统。公路交通是国家的重要基础设施,是国民经济的先导,是一方对外开放和经济社会发展的前提条件。改革开放以来,甘肃的公路交通建设取得了辉煌的成就,尤其是高速公路建设,发生了巨大的变化,实现了跨越式发展,截至2017年,通车里程达到4014km,实现了地级市全通高速公路的目标。

为了忠实地记录甘肃高速公路建设的发展历程,根据交通运输部的有关安排,在甘肃省交通运输厅的领导下,甘肃省公路学会组织编撰了《甘肃高速公路建设实录》一书。本书全面地记述了甘肃高速公路从无到有,从小到大,从少到多的起步、探索、规划、建设、管理、运营的历史,彰显甘肃高速公路发展轨迹,传承甘肃公路文化建设,展现改革开放以来甘肃高速公路建设取得的巨大成就,是一本记史存遗、资料储存的实录性图书。内容涉及甘肃高速公路建设的方方面面,包含甘肃的地理地貌、高速公路网规划、高速公路的勘察设计、建设情况、甘肃境内各条高速公路基本情况、桥梁与隧道建设、科技创新、高速公路运营管理、精神文明建设、高速公路对地方经济建设的推动与影响、甘肃省高速公路建设的地方行政法规、甘肃高速公路建设大事记等内容。

本书的编撰是在甘肃省交通运输厅的领导下,由甘肃省公路学会牵头组织,由甘肃省交通运输厅办公室、规划处、财务处、公路处、安全处、法规处,甘肃省公路航空旅游投资集团有限公司、甘肃省公路管理局、甘肃省道路运输管理局、甘肃省公路路政执法管理局、甘肃省高速公路管理局、甘肃省交通工程质量安全监督管理局、甘肃省公路网规划办公室、甘肃省交通规划勘察设计院股份有限公司、甘肃路桥建设集团有限公司提供资料并参与编撰。为了确保编撰进度和编写质量,甘肃省公路学会制定了详尽的编撰方案和编写大纲,责任到人,落实到位;在编写过程中,分别于2016年8月和2017年10月,召开了两次由省交通运输厅分管领导主持的编写工作会议,研究解决编写中的一些具体问题,掌控和督促编写进度,确保按时按点、保质保量完成编写任务。具体分工为刘波编写凡例、第一章第一节、后记;胡雄韬、张卫东、雷黎黎编写第一章第二节、第十章、第十一章第二节;许辉、张军平、马润田编写第二章第一节、第八章第二节;葛芝玲、张丁之、周静、刘芃麟编写第二章第二节、第十一章第一节;郭峰编写第三章;陈宏斌、刘金平、宋吉坚编写第四章;牛思胜、刘金亮编写第五章第一节、第二节;周小平编写第五章第四节;郑彦荣编写第五章第五节;廖维太、付霞霞编写第五章第六节(一)、陈亚民编写第五章第六节(二);陈旺生、张斌编写第六章;丁兆民、陈斌编写第七章;张军仁、张伟军、曹慧霞编写第八章第一节、第九章;高加峰、姚小强编写第八章第三节;陈新编写第十二章;蔡富选编写大事记,并承担全书图片的拍摄、编辑、选用及文字稿的编审,通阅全书,勘误校对;全书由刘波同志统稿,负责全书的修改与审定。甘肃省公路学会副理事长、秘书长贺得荣同志领导主持了全书的编撰工作,全面负责组织、指导、协调、经费落实等工作,并直接参与了通稿、编审、修改、校对、定稿等工作。本书在编撰过程中,得到了甘肃省交通运输厅领导的关怀与支持,省交通运输厅李睿厅长、刘建勋副厅长、杨惠林总工程师、原省交通运输厅王繁己巡视员等领导,都对本书的编撰给予了深切的厚望和支持,在此表示诚挚的谢意。

数载批阅,增简删繁,一朝成书,唏嘘难抑。然雪泥鸿爪,敝帚自珍,难免挂一漏万,错讹谬误在所难免。敬请读者哂笑,多提宝贵意见,请专家学者予以指教。

《甘肃高速公路建设实录》编写组
2018 年 5 月